정원의 단테와 베아트리체, 1903년, 이탈리아 화가 Cesare Saccaggi da Tortona의 작품

홍응표의 단테 〈신곡〉 해설서
지옥·연옥·천국편

초판인쇄 2023.5.15.
지은이 홍응표
펴낸곳 서로북스
출판등록 2014.4.30
주소 경기도 파주시 회동길 480, A-407호
전자우편 minkangsan@naver.com
팩스 0303-0941-9484

Copyright ⓒ 서로북스 2023

*이 책은 저작권법에 따라 보호받는 저작물이므로 무단 전제와 복제를 금합니다.
*잘못된 책은 바꾸어 드립니다.

ISBN 979-11-87254-47-8(03800)
값 35,000원

홍응표의
단테 신곡 해설
지옥·연옥·천국편

- 차례 -

서문 공부는 존재의 이유입니다 · 6

감사의 글 1 이 책을 홍 목사님께 헌정합니다 · 10

감사의 글 2 단테 신곡 해설집 출간을 축하드리며 · 14

제 1 편 - 지옥 · 19

제 2 편 - 연옥 · 241

제 3편 - 천국 · 455

도움받은 글 · 695

단테 알리기에리(Dante Alighieri)

서문

공부는 존재 이유입니다.

 '인생 반 고비에 어두운 숲에서 길을 잃었다'는 첫 대사로 시작하는 신곡은 오랫동안 나의 의식을 사로잡았다. 단테는 인생 반고비일지 모르나 지금의 나는 인생 끝자락인데 여전히 숲을 헤매는 것 같다. 이런 인생 여정에 나의 별은 로마서와 단테의 신곡이었다.

 신학교를 졸업한지 25년 만에 목사안수를 받고 과천의 가정교회에 부임한 후 주일 예배를 마치고 오후에 4명이 〈신곡 독서회〉를 시작하였고 이 〈신곡 독서회〉를 통해 우리는 영성과 지성의 깊이를 더해 갈 수 있었다. 가정교회 목회중에 도서관을 즐겨 찾아 책을 읽는 것이 취미였던 나는 과천도서관 사서로부터 이기언 선생을 소개받았다. 그와 이야기를 하다 보니 하늘이 연을 이어주는 것 같은 천륜을 느꼈다. 월드컵 축구로 온 나라가 하나 되어 대한민국을 외쳤던 2002년 12월 〈신곡 독서회〉를 시작하게 되었다. 이후 준비해 간 신곡 해설 원고를 차곡차곡 모으는 일과 컴퓨터에 저장하는 일은 모두 이기언 선생의 몫이었다. 선생을 만나지 못했다면 단테 신곡의 해설 원고도 어디론가 사라지고 말았을 것인데, 기록과 보존의 달란트를 가진 선생으로 말미암아 기록물로 남아 출판되니 실로 감개무량하다.

 네비게이토선교회를 나와서 기독교의 본질을 찾고자 노력한 사상가인 우찌무라 간조(內村鑑三)를 알게 되면서 제도적인 교회를 탈피한 무교회주의 사상에 매료되었고 진리탐구의 구도자적인 태도를 유지하게 되었다.

또한 우찌무라 덕분에 일본의 기독교 사상가이자 무교회 기독교 지도자인 야나이하라 다다오(矢内原忠雄)도 알게 되었다. 야나이하라는 기독교의 새로운 운동이 우치무라 간조의 무교회로 실행되고 있다고 확신했고, 개인 월간지 '가신(嘉信)'을 발간하면서 대학생들을 상대로 자신의 집에서 고전독서회 '토요 학교'를 열고 단테, 밀턴 등을 읽었다. 나는 야나이하라가 청년들과 함께 시작한 '토요 학교'로부터 시사 받아 고전 독서회를 열고 싶었다.

토요일에 고전을 공부한다는 의미로 〈토요클래식-古典讀書會〉이라 이름을 짓고 단테의 신곡을 공부하게 되었다. 단테의 신곡에 더 매력을 가졌던 것은 단테 망명 생활의 처지와 나의 처지가 유사해서 더 애정이 갔기 때문이다. 또한 신곡은 그동안 매료되어 공부해 왔던 로마서와 비슷한 면이 많다. 로마서 1~7장에서 구원의 도리 곧 칭의를 설명하는데 이는 단테의 지옥편에 해당한다. 로마서 8~11장은 구원의 과정으로서 성화를 그리는데 단테의 연옥편에 해당한다. 마지막으로 로마서 12~16장은 구원의 완성으로서 영화를 표현하는데 단테의 천국편이 여기에 해당한다. 신곡에는 450여 구절의 성경이 인용되어 있고, 〈문학적 성경 공부〉 교재로서 단테의 신곡만 한 것이 없다고 본다.

70세가 되어 과천 가정교회를 은퇴하고 캄보디아 오지의 신학교에서 3년 6개월 동안 강의를 하고 성경과 불경을 비교하며 연구하였다. 아쉽게도 캄보디아에 가 있는 동안 〈신곡 독서회〉에 함께할 수 없었다. 이기언 선생은 3기와 4기, 신곡 독서회와 오디세이아 등 고전공부도 병행해 책임 맡아 인도해 주시어 〈토요클래식〉은 지금까지 그 명맥을 이어올 수 있었다. 여기에 주인의식을 갖고 같이 해주신 회원들의 지적인 호기심과 열정, 그리고 성실함으로 서로 돌아가며 인도하여 전회원이 지도자화 되었다고 말씀드릴 수 있다. 토요클래식은 김태연 선생, 김문자 선생, 김용동 선생 등의 인도와 함께해주신 분들의 열정과 준비로 더 풍성하게 발전해 올 수 있었음에 감사드린다. 한자에 고장난명(孤掌難鳴)이라는 말처럼 한 마음 되어 손뼉을 같이 쳐주신 〈토요클래식〉의 모든 회원들께 감사의 마음을 전한다.

토요클래식은 지난 21년간 942차례의 모임을 갖고 〈신곡 독서회〉 7회기차 독회를 진행 중이다. 지난 20년, 긴 시간 동안 함께 한 〈토요클래식〉의 식구들은 한 가족같이 가까운 사이가 되어, 몸과 마음이 노화된 80대 후반인 지금도 내 일상 중 가장 우선적인 비중으로 매주 토요일 독서회에 기대를 걸며 먼 길인데도 기쁨으로 출석하고 있다.

이런 역사와 사연을 담은 토요클래식의 〈신곡해설서〉를 대전에서 만난 김종생 목사가 주선하여 출간의 길을 열었다. 대전의 또 다른 제자인 고 이규호 형제의 이름으로 출판을 해준다니 너무 고맙고 한편으로는 미안한 마음이다. 그렇지만 그런 사랑과 배려는 나의 인생 여정을 더없이 가치 있게 만드는 것이어서 기분 좋게 받고, 나의 영예로 오래 기억하고자 한다. 마음 속 깊은 고마움을 전한다.

2023년 5월

홍응표

감사의 글

이 책을 홍 목사님께 헌정합니다

    홍 목사님을 처음 만나 뵌 것은 1978년 이른 봄, 故이규호 형제의 집(대전시 복수동)에서 가진 〈로마서 강해〉 시간이었다. 침례신학대학교 故조덕형 형의 소개로 동석한 자리였다. 10여 명 젊은이가 홍 목사님의 열정적인 로마서 강해에 매료되어 강의자나 수강자 모두 혼연일체가 되어 있었다.

    지금도 기억에 생생한 것은 하나님의 의에 관한 로마서 3장의 강해다. "21절의 '그러나 이제(but now)'는 율법시대와 복음시대의 분기점이며, 전환점을 나타내는 말이다. 3:21~26 사이에 '의(義)'라는 단어가 7번 나온다. 이 부분은 로마서의 핵심이자 바울신학의 중심이다. 율법은 '죄를 들추어내되, 복음은 의(긍휼)를 나타낸다'. 율법은 요구만 하되 주는 것이 없다. 그러나 복음은 주되 요구하지 않는다. '하나님의 의가 나타났다'. 여기서 '하나님의 의'는 속성(성품)으로서의 '의'라기보다는 사람과의 바른 관계를 뜻한다. 반드시 신과 인간 사이에 매개자를 필요로 했다. 그 매개자가 바로 예수그리스도다." 복음으로 주어진 하나님의 은혜와 긍휼로 주님과 사람들 앞에 서 있게 되었다.

    로마서 강해로 뵙게 된 홍 목사님은 필자에게 건축의 머릿돌처럼 기초를 쌓아주셨다. 기독교 신앙의 기초위에 끊임없는 탐구정신과 대인 관계의 겸손함을 일깨워 주셨다. 필자가 온양제일교회에 부임하면서 가진 위임식에 오셔서 기뻐해 주신 선생님은 〈토요 클래식〉 로마서 강해에 다음과 같은 글을 남기셨다.

"지난 주일(2/23) 오후 온양제일교회에서 김종생 목사 위임식이 있었다. 위임식은 2시간 만에 끝났다. 성가대석엔 100명이 앉아 있었다. 우리 교회 주일 예배참석자의 5배이다. 교인 수가 1천 명이라 했다. 온양에서 제일 규모가 크니 그 이름에 걸맞은 교회이다. 강대상 의자가 12개 나 되었다. 모든 순서가 끝나고 김 목사의 인사가 있었다. 그는 맨 먼저 96세 된 어머님을 소개했다. 그리고 나를 나 되게 도와주신 여러 목사님을 거명하면서 홍응표 목사를 소개했다. 20세 대전에서 나의 가정 모임에 다니며, 성경과 고전을 배우며 영적 도움을 받았다고 했다. 나는 TV에서 그를 보았다. 용산 참사 사건이 얽혀 있을 때 김목사는 개신교를 대표해서 중재 역할을 많이 했다. 임직식 자리에서 용산 사건에 관련된 가족 몇 분을 소개했다. 37년 전의 대학생이 큰 나무로 자라 천명의 양무리를 사역하게 되었다. 나는 오늘 한 사람을 향한 사역이 일천 명 교회의 목회자가 되어 있는 사실을 목격하고 하나님께 감사했다. 아담 한 사람이 전 인류에게 죽음을 가져왔다면, 예수님 한 분으로 말미암아 온 인류에게 생명을 가져왔다. 한 사람의 생명이 온 천하보다 귀하다는 예수님의 말씀을 명심하자. 그러므로 한 사람이 중요하다."

대전의 한울모임에서 만나 뵌 홍 목사님은 지금은 고인이 된 故이규호 형제(필자의 처남)의 스승이기도 하셨다. 이제 그는 이 땅에 살지 않지만 홍 목사님을 흠모하고 배우고 따르는 제자였다. 그는 홍 목사님께 더 오랫동안 사사를 받았을 뿐만 아니라 홍 목사님의 가르침에 충실한 이였다. 지적 호기심으로나 열정, 나아가 구도자의 자세와 더불어 탁월한 언어 실력 등 홍 목사님의 가르침을 구현하는데 최적화된 형제였다. 여기서 굳이 그를 소개하는 것은 그의 이름으로 홍 목사님의 책을 출간하는 것이기 때문이다. 지난해 故 이규호의 출판기념회 및 1주기 추도예배에 다녀오시면서 〈신곡 해설서〉와 〈로마서 강해〉를 출판하는 것이 남은 과제라고 하셨다. 그래서 제자 된 도리로 '신곡독회'의 해설서인 〈홍응표의 단테 신곡 해설〉을 출간하고 이 책을 홍 목사님께 헌정하게 되었다. 고인이 된 '이규호'와 같은 마음인 가족들 이복순(김기덕), 이규영(이충근), 이규숙(김종생), 이규일(박옥심) 님들이 홍 목사님께 감사함을 드리고 싶었다. 그래서 이 책의 출간을 준비했고, 그 과정에 교정을 맡아 함께해주신 이기언 선생님과 임세영 교수님께 감사를 드린다.

이 책이 홍 목사님의 기쁨이요 보람으로 기억되면 좋겠다. 부족한 점 많지만 한울모임의 제자인 우리는 홍 목사님의 신앙과 구도자로 사는 삶을 본받아 이후에도 진실과 성실함으로 살아갈 것이다. 우리를 위해 가난을 자청하셨고 가족에 쏟아야 할 사랑과 시간을 할애해 주심에 감사하면서도 송구함이 컸다. 홍 목사님과 사모님, 그리고 세 자녀분 들에게 이 자리를 빌려 마음깊이 감사드린다. 부디 건강하시고 한결같이 진리를 탐구해 가시길 두 손 모아 염원한다. 홍 목사님, 사랑합니다! 존경합니다!

2023년 5월

김종생 올림

감사의글 2

단테 신곡 해설집 출간을 축하드리며

나와 홍응표 목사님과의 첫 만남은 지금부터 21년 전 2002년 10월 과천도서관에서였다. 그 당시 남산교회학교의 고등부 교사로 봉사했던 나는 성경과 관련된 신앙 서적들을 열심히 섭렵하던 시기로 대출을 담당하던 사서의 눈에 띄었던 것 같다. 하루는 종합정보 자료실에서 대출 서적을 찾고 있는데, 잠시 나를 부른다. "언젠가 당신과 똑같은 사람이 또 한 분 있다고 했던, 그분이 바로 저분"이 라고 일러준다. 그렇게 세 사람이 함께하자, 사서가 우리 도서관 직원 중에 신자들이 많은데, 신우회를 만들면 좋겠다고, 제안했다. 그러자 홍 목사님이 도서관에서는 독서회가 더 어울린다고 주장. 2002.12.21. 신곡 지옥편 1곡 홍 목사님의 첫 강의로 시작, 지금의 토요 클래식(古典 讀書會)이 태어났다. 매주 토요일 오전 10시에 과천도서관 회의실에서 모임을 했는데, 2020. 3. 21.부터는 코로나19로 채팅방 독회로, 2021.1.23.부터는 Zoom Meeting 독회로 그리고 대면 독회로 다시 회복된 것은 2022.5.14. 898회차로 우여곡절을 겪으며, 이제 942회차(2023.4.15.) 독회로 신곡 전체 100곡을 7회째 강독을 진행하고 있다. 그동안 신곡 외에도 많은 문학작품과 동서양 철학사상, 문제작품들도 신곡 강독 사이에 함께 다루었다.

이처럼 홍 목사님과의 만남으로 출발한 우리 토요 클래식(古典 讀書會) 독서회는 홍 목사님이 그리던 일본의 야나이 하라(矢內原忠雄) 교수가 동경대 총장을 마치고 향리로 내려와 가정에서 청년들에게 토요학교(神

曲 講義)를 개설한 모습과 너무나 흡사하다. 그들 중에서 훌륭한 인재들이 많이 배출되었다고 한다. 홍 목사님도 대전에서 대학생들에게 성경과신곡을 강의하셨다는데, 가정과 자녀를 돌보기보다는 어떻게 이 젊은이들을 나라의 동량지재(棟梁之材)로 키울까 하는 꿈과 구도자(求道者)적 정신으로 가르치셨던 것이 아닌가 생각된다. 홍 목사님은 과천도서관에서 가까운 교회에 목회하시면서, 도서관에서 거의 사셨다. 사택과 교회가 함께 붙어있는 구조인데, 성경과 각종 영문주석서를 시작으로 신학과 동서양의 철학, 그리고 고전 서적들을 엄청나게 보유하고 계셨다. 한 번은 국립중앙도서관에서 목사님 댁에서 보았던 영문 서적들을 얼마나 찾을 수 있을까 찾아보았는데, 기독교 원서는 홍 목사님 보유장서가 훨씬 많다는 것을 알고는 국립중앙도서관에 대해 엄청나게 실망하고 말았다. 이 이야기를 했더니 홍 목사님의 학구적 열정은 한번 눈에 띄어 읽고 싶은 서적을 발견하면, 백만 원이 들더라도 돈을 모아 꼭 사셨다고 한다.

　홍 목사님은 과천도서관이 문을 열면 일과가 시작되듯, 거의 도서관에서 사셨다. 우리 토요클래식 모임이 있는 토요일이 되면, 항상 먼저 오셔서 준비를 도우셨다. 그리고 여름이나 겨울 휴가철이 되면 대부분 독서회모임들은 휴강하는데, 우리 토요클래식은 휴가철에도 휴강하지 않았다. 홍 목사님은 철저하게 원칙을 지키시며, 느슨한 생활 태도를 아주 싫어하셨다.

홍 목사님은 무척 근면하고 노력하셔서, 우리 회원들에게 신학은 물론 동서양 철학(노자의 도덕경, 장자, 묵자, 아리스토텔레스, 플라톤, 어거스틴 등), 고전 작품과 인문학의 거의 모든 분야에서 해박한 지식으로 독서회를 이끌어 오신, 일반이 만나기 쉽지 않은 귀한 분이라는 것을 항상 느끼고 있었다. 그런데 어느 날 단테 신곡을 시작한 지 만 5년/2회 독회가 거의 마무리 되어가는 (2007. 12. 27.) 천국편 27곡을 마치고 홍 목사님은 캄보디아 선교를 떠나셨다. 홍 목사님이 없는 토요클래식을 과연 지탱해 나갈 수 있을 것인지, 이대로 토요클래식 모임은 끝나는 것인지, 나에게는 큰 시험대에 오른 기분이었다.

  도저히 신곡을 이끌 자신이 없었다. 고민하다가, 이제 재미있는 책으로 바꾸기로 하고 오디세이아(도서출판숲, 천병희 역)로 시작을 했는데, 재미가 있어서인지 참석자가 줄지 않았다. 그러나 다시 신곡 강의 준비를 위해서는 많은 시간이 필요했다. 홍 목사님의 강의 자료를 기본으로, 각종 국 영문 번역본을 대조하며 강의 자료를 새로 쓰는 것이 쉽지 않았다. 3년 반이 지나 홍 목사님이 돌아오시자, 모든 것이 예전으로 회복되어 긴장감이 풀리는 듯했다.

  그렇게 지나온 세월이 이제 20년이 넘은 우리 토요클래식(古典 讀書會) 독서회의 송년회에 참석하면서, 토요클래식이 단단하게 굳어져 서로를 더욱 신뢰하게 된듯하여 감사했다. 특별히 31회 율목 문학상을 받은 회원을 포함, 시와 수필 등 회원 모두가 각 분야에서 뛰어난 인재들의 면모를 새롭게 보는 것 같아 우리 독서회가 자랑스럽기까지 하다. 이 모두가 홍 목사님의 가르침과 편달이 부족한 우리를 오늘 여기까지 이르게 한 것 같아 더욱 감사의 말씀을 드린다.

이제 홍 목사님의 제자들이 팔순의 후반에 갑자기 기력이 떨어지는 목사님이 걱정되어 그동안 강의하셨던 신곡 해설 자료들을 모아 책으로 출간하고자 한다는 소식에 기쁜 마음으로 홍 목사님과 제자 분들께 다시 한 번 감사하다는 말씀과 함께 축하를 드린다.

2023년 5월
토요클래식(古典讀書會) 회장 이기언

제1편

지 옥

제1곡 죄악의 어두운 숲

줄거리

인생 행로 반 고비(35세)에 단테는 정로(正路)에서 벗어나 죄의 숲(세속)에 빠진 자신을 발견한다. 잃어버린 자신을 보자마자 단테는 눈을 들어 떠오르는 첫 햇살(태양은 하나님의 비침을 상징)을 본다. 햇살은 작은 산등성이(기쁨의 산)를 비친다. 때는 부활절이며 해는 춘분을 가리키고 있다.

단테는 희망을 갖고 기쁨의 산을 즉시 오르기 시작한다. 그러나 곧 그의 길은 세속을 상징하는 3마리의 짐승에 의하여 막힌다. 그것들은 정욕을 상징하는 표범, 폭력을 나타내는 사자 그리고 탐욕을 뜻하는 암 이리이다. 이 중에 암 이리는 단테를 절망으로 몰아 죄의 숲속으로 끌고 간다. 모든 희망이 끊어지는 그 순간에 사람의 모습이 눈앞에 보인다. 그것은 베르길리우스의 그림자(영혼)이다. 베르길리우스는 단테를 바른길로 인도하기 위해 보냄을 받았다고 설명한다.

짐승들을 피하려는 사람들은 멀고도 험한 길을 가야 한다. 먼저 그는 지옥(죄의 인식)으로 내려간다. 그 다음 연옥(죄를 씻음)을 올라가고, 그 후에 기쁨의 절정인 천국에 가서 하나님의 빛 앞에 선다. 베르길리우스는 단테를 안내한다고 제의하나 인간의 이성이 갈 수 있는데 까지만 인도한다.

다른 안내자(신적 사랑의 상징인 베아트리체)가 최종의 천상에 인도해야 한다. 왜냐하면 인간 이성은 스스로 제약되어 있기 때문이다. 단테는 기쁨으로 베르길리우스의 안내에 자신을 내어 맡긴다. 그들은 같이 길을 떠난다(John Ciardi의 지옥편 제1곡 요약).

[그림1 죄악의 어두운 숲]

해설

1. 나는 치어다보았노라(1-30행)

어두운 숲속에서 단테 길을 잃다(1-9행), 산등성이의 햇살(10-21행), 직유 : 파선의 생존자 바다를 되돌아 봄, 숲의 길로 돌아서다(22-30행).

누가 - 신곡의 주인공은 단테이다. 자신의 내면세계의 편력기이다. 호머나 세익스피어의 작품들은 그 인물의 생애를 몰라도 작품을 감상할 수 있다고 한다.

그러나 단테의 신곡은 작자의 생애와 내용이 밀접하게 연결되어, 그의 처절한 삶에 대한 이해 없이는 작품을 이해할 수 없다. 영문판(John Ciardi)이나 우리 번역(최민순) 1곡에서 '나', '나에게', '나를'이라는 1인칭이 30여회나 나오는 것이 이를 증명한다.

언제 - 단테는 언제 '올바른 길 잃고 헤매'었으며 '컴컴한 숲속에 서' 있었던가 (2-3행). 그는 1265년에 태어났고 지옥편은 1304년에서 1308년 사이에 쓰여졌다. 지옥편의 무대는 1300년 성 금요일의 전야였다. '나그네 길 반 고비(35세)' 즉 1300년은 그가 피렌체의 집정관으로 있었으며, 정치적 파탄(1302년)이 목전에 다 달았을 때였다. '컴컴한 숲속'이란 단테가 살았던 세상이었으며, 자신의 마음 상태를 가리키며 동시에 우리 자신의 모습이기도 하다. 1행은 "우리 인생 여정의 한 가운데서 나는".....으로 시작한다. 단테는 이 첫 문장에서 우리와 나를 대비 시킨다. 컴컴한 숲은 죄로 물든 나 개인의 세상인 동시에 우리들의 세상이다.

어디서 - 단테는 참길(True Way)에서 벗어나(12행), 피비린내 나는 정쟁의 한 가운데(숲속) 들어가 있었다. '그토록 잠은 깊었던 탓이어라'(12행). 여기의 '잠'이란 정치몰입, 사랑에의 몰입, 그리고 세상 학문에 심취한 상태를 가리킨다. 1-9행에서 난파당한 자신의 마음 상태를 깊이 드러내 보여주고 있다. 그는 햇살을 입고 있는 산등성이 앞에 이르러 '이를 드높이 치어다본다'(16행). 시편기자는 '내가 산을 향하여 눈을 들리라. 나의 도움이 어디서 올까'(시편 121:1)라고 노래했다. 절망의 심연에서 단테는 복음(기쁨)의 산을 쳐다보았다. '무서움이 그제사 자그만치 가라앉았나니'(19-21행), '잠시 지친 몸을 쉬고 난 다음'(I lay to rest from my heart's race-28행)의 구절들은 회심한 자들이 누리는 마음의 상태를 나타낸다.

2. 영적 순례를 방해하는 죄들(31-60행)

다시 비탈을 오름 : 표범 한 마리(28-36행), 새벽과 재확신(37-43행), 사자와 암 이리 앞에 정신이 나감(44-54행), 직유 : 노름꾼이 다 잃어버림(55-60행).

숲속에서 회심을 경험한 시인은 순례의 산을 오르려 할 때 돌연히 표범 한 마리를 만난다(31-33행). 표범은 육욕을 상징하며, 지옥의 상층부, 또는 파쟁과 격변을 거듭하는 피렌체를 의미한다고 한다. 때는 1300년 봄, 부활절이 시작되는 금요일 아침이다. 태초에 하나님이 천지를 창조할 때의 그 태양과 별들이 단테가 여행을 시작할 때도 떠올랐다. 영적 탄생(재창조)을 암시한다(37-39행). 유성(18행)은 태양이고, 태양은 하나님을 상징한다. 하나님이 함께함으로 살갗 가죽에 무늬 있는 짐승과 맞서 싸울 준비(42-43행)가 된 것이다. 산을 오르려니 또 다른 짐승이 나타나서 희망이 가시고 두려움에 다시 사로잡힌다(43행).

사자는 폭력, 오만을 상징하고, 사자는 신성로마 황제를 뜻한다고도 한다. 어떤 이는 중간지옥(Middle-Hell)이라고도 한다. 설상가상으로 암 이리를 보고서는 등산(기쁨)의 희망을 잃어버렸다(49-54행). 암 이리는 탐욕의 상징인데 야나이하라(矢内原)는 당시의 교황을 가리킨다는 주석을 인용했다. 구원받은 우리가 하나님께 나아가고자 할 때 반사적으로 직면하게 되는 것이 죄의 세력들이다. 믿음으로 정진할 때 용수철처럼 반동하는 것이 죄의 세력이다. 3마리의 짐승은 불교의 삼독(三毒) 즉 탐(貪), 진(瞋), 치(痴)를 생각나게 한다. 양 날개를 꼼짝 못 하게 하는 그물이 죄(罪)라는 한자의 뜻이다.

3. 길잡이 베르길리우스를 만나다(61-111행)

버질의 나타남과 단테의 첫말(61-66), 버질 자기소개를 함(67-75), 버질의 질문(76-78), 단테가 버질을 찬양하고 도움을 청함(79-90), 버질의 경고 : 암 이리의 힘(91-100), 사냥개가 암이리를 몰아낼 것이라고 예언함(101-111).

단테는 지푸라기라도 잡아야 될 형편인데 누군가를 보고 구조를 요청한다

(61-66행). 그 영혼은 베르길리우스, 그는 자기소개를 한다(67-72행). 베르길리우스는 그가 쓴 서사시 〈아이네이스〉의 주인공 아이네아스의 사적을 읊조렸다(73-75행)고 말한다. 이 말을 듣고 단테는 그 영혼이 자기가 흠모하는 스승 베르길리우스임을 알고 감격해한다(79-90행). 베르길리우스는 바로 인간의 이성을 상징하며, 계시에 대한 신앙은 반드시 인간의 이성의 도움(안내)을 받아야 한다는 것이다.

이성의 뒷받침이 없는 신앙은 맹목이요, 광신으로 전락하기 쉽다. 신앙(계시)의 뒷받침 없는 이성 또한 위험한 것이다. 하나님을 무시하는 현대의 지성은 세계를 파멸로 몰고 가지 않느냐? 스승 베르길리우스는 3마리 짐승 중 마지막에 등장한 암 이리의 지독함에 대하여 설명(91-99행)한다. 암 이리는 지옥 최심층의 죄악(탐욕, 시기, 악의, 배신)들을 상징하기에 설명이 길다. 사냥개(101행)의 출현으로 암 이리는 지옥에 갇힌다(100-111행). 사냥개가 구원자를 가리키는 것은 확실하나 구체적으로 누구를 가리키는지는 불확실하다.

4. 나를 따르라, 당신을 따르리라(112-136행)

버질이 단테에게 지옥, 연옥 순례를 약속함(112-120). 두 번째 안내자가 단테를 천국에 안내할 것이라 함(121-129). 단테 지옥, 연옥 여행을 맡기고 같이 출발함(130-136).

베르길리우스는 단테에게 길(92행)을 바꾸라고 권면한다. 그리고 자신이 지옥행의 안내자가 될 터이니 따르라고 명한다(112행), 절망, 둘째사망, 그리고 고통만이 있는 지옥(115-117행), 희망을 향해서 불꽃 속에서도 만족해하는 연옥(118-121행) 여행을 미리 말해 준다. 천국여행은 '나보다 훌륭한 영혼(베아트리체-122행)이 맡을 것이며 베르길리우스의 임무는 여기서 끝나고, 떠나간다고 말해준다. 자신이 천국에 들어가지 못하는 이유(124-126행)를 말하고 천국에 뽑힌 이들을 축복한다(127-129행). 단테는 스승의 안내에 자신을 내맡긴다.

제1곡은 신곡 전편(지옥·연옥·천국)의 총서이다. 단테가 여기서 소개한 것들은 작품 전체의 주제들이다. 그래서 1곡은 100곡 중에서 가장 중요한 서곡인 것이다(Mark Musa). 삶은 치열한 전투장이다. 이기는 자만이 생존의 권리가 있다고 한다면 이것은 잘못된 것이다. 인생의 승리자는 자신이 서 있는 모습을 직시하고, 눈을 들어 하나님을 쳐다보는 자이다. 그리고 스승의 안내를 받는 자이다. 번뇌의 현실을 자각하고 구원의 믿음을 가지되 스승의 안내를 받아야 한다.

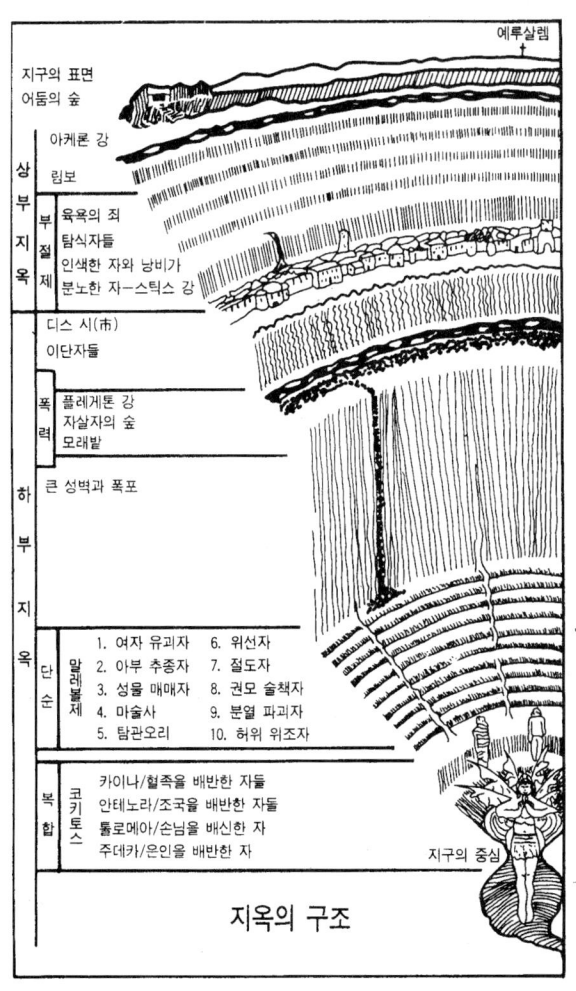

지옥의 구조

제2곡 포기/설득/재기

개요

- 제1, 2곡의 같은 병행구조
  1곡 : a) 단테의 위험(1-27), 직유(22-27), b) 세 짐승(28-60), 직유(55-58), c) 버질의 확신(61-136)
  2곡 : a) 단테의 갈등(1-42), 직유(37-40), b) 세 천녀(43-126), 직유(127-130), c)단테의 확신(127-142)
- 곡 중의 대화
  지옥 제11곡의 92%는 버질과 단테의 대화로 구성되어 있다. 그 다음 제2곡의 142행 중 118행(83%)이 대화체이다.
  a) 단테의 말(10-36), b)버질의 말(43-57), c) 베아트리체의 말(58-74), d) 버질의 말(75-84), e) 베아트리체의 말(85-114), f) 버질의 말(115-126), g) 단테의 말(133-140) - R. 홀랜더 역. 36쪽

줄거리

순례자 단테는 버질을 따라나섰다. 힘들고 지쳐 피곤해지자 단테의 마음에 동요가 일어난다. 버질(Virgil)이 제안한 지옥여행을 과연 해낼 능력이 있을까? 자신에 대한 의구심을 가진다. 그리하여 자신은 아이네아스(Aeneas)도, 바울(Paul)도 아니니 여행을 포기해야겠다고 말한다. 자신의 지식을 총동원하여 여행(旅行) 포기의 변명을 늘어놓는다. 이에 버질은 그의 비겁함을 꾸짖으며

단테에게 그가 여기에 오게 된 경위를 설명한다. 성모 마리아가 천상에서 절망 중에 있는 순례자를 긍휼히 여긴다. 성 루치아를 불러서 그를 도우라고 명한다. 이에 루치아(Lucia)는 베아트리체를 불러 지옥(림보)에 내려가 그녀의 친구인 단테를 안내해 줄 것을 버질에게 부탁한다. 전후의 사정을 다 듣고 난 순례자는 크게 감동을 받고 사기가 충천하여 버질의 뒤를 따라나선다.

[그림 2 어두워지는 첫날 밤의 하늘]

해설

1. 나는 아이네아스도 바울도 아니라(1-42행)

1곡이 신곡 전체의 서곡이라면 2곡은 지옥편의 서곡에 해당 된다. 여행은 성 금요일 저녁부터 토요일 해질녘 사이의 24시간 동안 행해진다. 마음을 다져먹고 지옥행을 출발했으나 순례자는 마음 깊이 갈등 하다가 여행을 포기한다. 인도자인 버질에게 논리정연하게 여행 포기의 변을 늘어놓는다. 순례자 단테는 버질의 서사시인 〈아이네아드(Aeneid)〉의 주인공인 아이네아스(Aeneas)의 지옥여행을 인용한다. 아이네아스는 명부에서 아버지, 안키세스(Anchises)를 만나 뵙고 로마제국의 건설에 대한 예언을 듣고 돌아온다. 그러므로 단테가 로마 건국 신화의 영웅인 아이네아스의 사적을 예로 든 것은 그의 지하세계 여행은 충분히 가치 있는 일이었으며, 너무나 명분이 뚜렷하고 실적 또한 위대한 것이었다(16-27행). 단테는 또 한 사람 바울을 예로 들었다(고린도후서 12:1-4). 바울은 삼층천에 다녀왔고, 중세인들은 그가 지옥을 다녀왔다고 믿었다. 구원의 신앙에 큰 역할을 했다. 단테는 그럴듯한 논리로 자신의 지옥여행을 단호히 거절했다.

신곡 독회에 참석하기로 결심한 사람들에게도 이런 일이 생기는 것을 나는 여러 번 체험했다. 그들도 단테와 마찬가지로 그럴듯한 이유를 앞세운다. 그러나 만약 단테가 지옥행을 포기했더라면, 〈신곡〉 같은 고전은 오늘 우리에게 주어지지 않았을 것이다. 단테가 2곡의 서두에 이 글을 쓰는 이유는 독자의 심리를 대변한 것이다. 신곡 특강을 듣고 감동을 받았으나, 그 사이에 마음을 바꾸어 먹은 이들이여! 이 2곡을 꼭 읽어보시라!

2. 천상의 세 숙녀, 마리아(Mary), 루치아(Lucia), 베아트리체(Beatrice) (43-75행)

버질은 단테의 심중을 읽어내고, 차분하게 그 두려움을 풀어주기 위하여 답변을 시작한다. 먼저 버질은 그가 단테 앞에 서게 된 과정을 들려준다. 베아트리체는 림보(Limbo) 지옥까지 내려와 버질에게 단테를 부탁했다. 베아트리체는 버질을 칭찬한다. '내 그 사연을 하늘에서 들은지라(64행)' 머리카락 한 개까지 세시는 하나님. 지상의 일을 천상에서 다 알고 있는 것이다. 지상의 인간은 천상의 일을 알지 못해도 천상의 하나님은 인간사의 섬세한 일까지도 다 알고 계시다. '사랑이 나를 움직여 내게 말을 시킴이로다(72행)' 버질을 통하여 하나님은 사랑하는 자녀들의 일거수일투족을 살피시는 분임을 알게 되었다.

3. 어찌하여 여기까지 내려오셨나이까?(76-114행)

버질은 베아트리체가 '어떻게 림보까지 내려오게 되었는지?' 그 경위를 알고 싶어 질문을 했다. 베아트리체는 성모 마리아가 성녀 루치아에게 단테가 당한 일을 말했고, 루치아는 베아트리체에게 다시 단테를 부탁했고, 베아트리체는 버질을 보낸다고 말했다. 마리아는 〈자비〉를 상징하고 성 루치아는 〈하나님의 은혜〉를 상징하며, 베아트리체는 〈구원과 축복〉을 상징한다고 마크 무사(Mark Musa)는 말했다. 1곡에서 세 마리의 짐승이 순례자의 길을 막았다면, 2곡에서는 천상의 세 여인은 천국 순례의 길을 열어주고 있다. 1곡에서 단테는 골짜기 기슭에서 능선의 햇빛을 보고 거기로 오르기 시작했으나, 짐승들에 의하여 길이 차단되었다. 버질이 나타나서 순례의 코스를 바꾸라고 제안하였다. 먼저 지옥으로 내려간 뒤, 연옥 산을 오르고, 마지막에 천국으로 가야 한다고 했다. 왜, 태양(하나님)의 빛이 비치는 능선의 봉우리로 바로 안내하지 않았을까? 그것은 먼저 겸손을 배워야 했고 자신의 실상을 보아야만 했다. 하나님이 율법을 인간에게 주신 목적은 죄를 죄로 바로 인식하도록 함이었다.

표범, 사자 그리고 암 이리가 날뛰는 내 마음 속의 동물원을 보아야 한다. 단테는 세 마리의 짐승으로 표상되는 자신의 죄성을 심각하게 각성했다. 로마서 1장 18절 이하 3장 20절까지의 내용은 〈죄 아래 놓인 인간의 실상〉을 말한다. 인간에게 그리스도의 십자가 죽음이 왜 필요했던가? 죄 아래, 심판 아래, 죽음 아래 놓인 〈나〉를 인식해야만 그리스도의 복음을 〈복음〉으로 받아들이게 된다.

〈주기도문〉은 '뜻이 하늘에서 이루어진 것같이 땅에서도 이루어지이다'라고 했다. 이 말을 뒤집어놓으면. 땅에서 일어난 모든 일은 하늘에서도 잘 알고 있다는 말이 된다. 스데반이 돌에 맞아 죽기 전에 그는 하늘을 우러러 기도했다. 주 예수께서 하나님 우편에 서신 것을 보았다(사도행전 7:55). 참새 한 마리도 하나님의 허락 없이는 땅에 떨어지지 않는다.

4. 어찌하여 그대 멈춰 섰느뇨(115-142행)

이렇게 버질이 그 동안의 경위를 다 말한 다음, 단테를 책망한다. 단테는 밤 추위에 고개를 숙이고 오므라든 꽃들에 햇살이 그것들을 쬐어 줄 적에 함빡 그 줄기에 피어오르듯 (127-129행), 사기충천하여 베아트리체와 버질을 찬양한다 (133-135행).

이제 순례자 단테는 버질이 나타난 이유를 확실히 알았다. 앞으로 닥칠 험난한 여행과 거기서 겪게 될 온갖 고생을 각오하고 결연히 스승과 하나가 되었다.

신곡 삼계(지옥, 연옥, 천국)의 여행은 7일 만에 이루어진 단기 코스지만 70여년의 일생을 함축한 것이다. 호사다마라는 말이 있다. 좋은 일에는 반드시 그 일을 방해하는 일이 많다. 1곡에서 단테는 〈나〉라는 일인칭을 30여회 사용했는데, 2곡에서도 〈나〉라는 일인칭을 계속 사용하고 있다.

'한 뉘 나그네 길 반 고비에, 올바른 길 잃고 헤매던 나'(1곡 1-3행)는 헤매던 〈우리〉라고 읽을 수 있다. 단테의 개인 이야기는 우리 모두의 이야기가 된다. 신곡 윤독회에 참석하려면 방해하는 일이 많을 것이다. 단테가 포기하려던 여행을 계속함으로써 불후의 작품을 남긴 것처럼, 우리도 꾸준히 이 책을 읽음으로 큰 보화를 얻을 수 있으리라. 모험이 없으면 얻는 것도 없다.

제3곡 지옥문과 아케론

개요 (지옥문/깃발/아케론강/카론)

- 온갖 희망을 버려라(1-30)
- 깃발 뒤를 좇는 자들의 형벌(31-69)
- 아케론강과 뱃사공 카론(70-99)
- 아케론강과 추풍낙엽(100-136)

[그림 3 지옥문]

줄거리

지옥편 1곡은 신곡의 총서, 지옥편 2곡은 지옥의 서곡이라면, 지옥편 3곡은 지옥의 현관에 해당된다. 두 시인(단테와 버질)은 지옥문 위의 글을 본다. 여기는 지옥권의 앞마당 또는 현관과 비슷한 곳이다. 선에도 악에도 무관심했던 자들, 환언하면 기회주의자들이 깃발을 따라 끝없이 달리는 것을 본다. 그들은 말벌 떼와 파리 떼에 쏘여 울부짖는다. 두 시인은 곧 아케론 강가에 이른다. 뱃사공 카론(Charon)이 망령들을 싣다가 단테를 보고 승선을 거부한다. 버질의 책망을 듣고 나서 그는 조용해진다. 맞은 편 언덕에 망령들이 순식간에 모여든다. 가을 낙엽이 땅에 떨어지듯 그들은 보트를 탄다. 강변은 지진으로 진동하고, 단테는 실신한다.

해설

1. 온갖 희망을 버려라(1-30행)

지금부터 지옥의 이야기가 시작된다. 본문의 나(1-3행)는 지옥을 의인화한 나이다. 지옥문 위의 글귀를 읽고 단테는 어려워한다. 영어표현(Mark Musa)은 '나는 슬픈 도시로 들어가는 길이다(I am the way into the sorrowful city)'라고 했다. 지옥은 여기저기 있는 것이 아니다. 그리스도 없이 죽은 자들은 한 곳 지옥으로 모인다. 부정관사 'a way'가 아니고 정관사 'the way'에 유의해야 한다. 지옥은 성부, 성자 그리고 성령-삼위일체 하나님이 만드셨다(마태복음 25:41). 하나님의 정의가 지옥을 예비하셨다. 지옥의 형벌이 없다면 세상의 모든 악, 부조리, 불합리, 억울한 일, 현세의 모든 눈물은 영원히 설명되지 않는 미궁으로 들어갈 것이다. 지옥은 하나님의 정의가 살아있다는 징표다. 하나님 앞에서 역사와 개인의 일은 공정한 심판을 받게 되어있다(4-6행).

지옥의 망령들은 '지성의 행복(Good of Intellect)'을 상실한 자들이다. 최상의 진리, 지성의 최고선은 하나님이시다(또한 그들이 마음에 하나님 두기를 싫어하매 하나님께서 그들을 그 상실한 마음대로 내버려 두사 합당하지 못한 일을 하게 하셨으니. 로마서 1:28). 뱀은 원래 다리가 있었는데 사용하지 않으므로 퇴화 되었다고 한다. 사람도 하나님에 대한 삶을 포기하면 인성의 퇴화를 면치 못하는 것이다. 버질은 '지옥문의 표어'를 읽고 어려워하는 단테에게 여기는 지성을 상실한 사람들이 오는 곳이라고 설명했다(16행). 그리고 안내자는 단테의 손위에 자기 손을 얹고서 안심시킨다(19-21행). 지옥의 첫인상은 온갖 소리 들의 퓨전(Fusion)같다. 그 소리 들은 황사현상에 떠돌아다니는 모래알에 비유했다(28-30행).

2. 저 백성들은 누구 오니이까?(31-69행)

온갖 아픔, 통곡의 소리치는 사람들을 보고 단테는 버질에게 물었다. 선을 행할 용기도 없었고, 악을 저지를 담력도 없이 하나님 편에도 충실하지 않았고, 반역 천사(루시퍼) 편에도 가담치 않았던 중립 천사들의 무리에 섞인 사람들이다. 저들은 천국에서 내쫓김을 받았고, 깊은 지옥에서도 받아들이기를 거부당한 자들이었다. 요한계시록 3:16은 차든지 뜨겁든지 하라고 했다. 미지근하면 토해낸다고 했다. 지상의 삶에서 파리처럼 작은 이익을 쫓아다니며 주장도 없고, 생각도 없고, 지도자도 스승도 없이 삶다운 삶을 살지 못하는 자들은 지옥에서 끝없이 돌아가며 달리는 깃발을 쫓는 벌을 받는다. 여기 회색분자들의 망령들은 중립주의자들과는 구별되어야 한다. A도 아니고 B도 아닌 경우, C라는 중도의 길은 옳은 것이다. 코앞의 이익을 쫓아다닌 자들은 지옥에서 파리 떼, 말벌 떼에게 쏘이며, 그 피와 눈물이 벌레들의 발에 엉겨 붙어 빨아 먹히는 벌을 받는다. 이생의 삶에서 나의 브랜드가 명품이 아니더라도, 자기브랜드는 분명히 가지고 살아야 한다. 깃발을 쫓는 자 중 단테가 알아보는 망령이 있었다. 그는 마음이 약하여 보니파시우스 8세에게 교황의 자리를 내어준 셀레스틴 5세(1294년 교황)이다.

3. 아케론강의 망자들(70-99행)

　두 시인은 깃발을 쫓는 무리들과 그들이 형벌 받는 비참한 모습을 본 뒤 지옥의 첫 번째 강인 아케론으로 간다. 아케론에 가자 카론이 보인다. 카론은 그리스 신화에 나오는 귀신의 이름이다. 헤르메스가 망령들을 인도하여 카론에게 오면 망령들은 카론에게 삯을 치르고 지옥으로 간다. 카론은 분노에 차서 마구 욕지거리를 해댄다. 카론이 단테를 보자 승선을 거부하며 다른 배를 타고 가라고 한다. 그것은 단테가 여기 올 자가 아니며 그는 연옥으로 갈 자임을 암시하는 것이다. 버질의 책망을 듣고 카론은 잠잠해진다. 버질은 단테의 지옥여행이 그의 자의로 하는 것이 아니며 하나님의 뜻에 의한 것이라고 설명한다(94-96행).

4. 아케론의 추풍낙엽(100-136행)

　아케론의 망령들은 카론의 모지락스런 말을 듣자마자 하나님, 저들의 조상, 전 인류의 고향과 생일을 저주한다. 자기의 죄를 남의 탓으로 돌리고 악을 쓰는 곳이 지옥이다. 여기 아케론에서 망자들을 강 건너로 실어 나르는 동안, 망자들이 삽시간에 모여든다(106-108행). 112-114행은 일리아드의 글에서 인용한 것으로 '인생무상'을 읊조린 글이다. '나뭇잎 같은 인생이어라. 잎들은 바람에 불리어 땅에 떨어지고, 봄이 오면 또다시 새움을 틔우나니, 인생도 이와 같이 누구는 태어나고, 또 누구는 죽느니라.'

　'저들이 물을 건너기에 재빠른 것은 하나님의 정의가 저들을 발길로 차, 무서움은 도리어 하고픔이 된 탓이니라'(all their fear is changed into desire, 124-126행). 구원의 희망이 전무함으로 형벌에 기꺼이 따르려는 마음을 표현한 것이다. 맞으면서 쾌감을 느끼는 정신질환을 프로이드는 피학대 가학 음란증이라고 불렀다. 지옥의 공포를 기꺼이 받으려는 심리 이것은 병적이다. 아케론 강을 건너는 망자들과 뱃사공 카론이며, 무서움에 눌린 단테를 안내하는 버질의 깊은 배려에서 사후에 벌어지는 인생의 모습을 보았다.

[그림 3 아케론강을 건너가는 배를 타려고 구름같이 몰려드는 망자들의 모습]

제4곡 림보(Limbo)의 위대한 혼들

개요

- 단테 깨어나서 아무것도 보지못함(1-12)
- 버질의 안색과 통곡아닌 한숨(13-30)
- 버질, 단테에게 림보를 설명함(31-42)
- 림보를 벗어난 자가 있나이까?(43-63)
- 존귀한 자들은 누구오니이까?(64-78)
- 시인들의 도래와 단테를 끼워줌(79-105)
- 고귀한 성 안의 잔디밭과 모든 것을 봄(106-117)
- 그리스인, 트로이인, 로마인 그리고 살라딘인을 봄(118-129)
- 그리스, 로마, 아랍의 철학자들을 봄(130-144)
- 단테, 다 설명할 수 없는 아쉬움을 말함(145-147)
- 두 시인이 제2환으로 감(148-151)

줄거리

단테가 실신 상태에서 깨어나 보니 아케론강을 건너와 있는 자신을 발견한다. 두 시인은 밑이 보이지 않는 분화구 같은 제1 지옥에 와있다. 단테는 이를 환(還) 혹은 둘레라 불렀다. 둥근 큰 지반이 깊이 함몰되어있고 내측에는 암붕(岩崩:Ledge)이 나와 있다.

[그림 4. 단테와 그리스-로마 시인들.
귀스타브 도레(1832~1883년), 삽화,
1857년.]

지옥의 처음 제1환(第1還:the foremost circle)을 림보(Limbo)라 한다. 림보는 변경(邊境:Border Land)이다. 그리스도 강림 전의 덕스런 이교도와 그리스도 이후 세례 받지 못하고 죽은 어린 혼들이 살고 있다. 버질을 포함하여 림보의 영들은 육체의 고통은 없으나 긴 한숨을 내쉬고 있다. 왜냐하면 하나님을 뵈올 희망 없이 이루지 못한 바램만 갖고 있기 때문이다. 이곳에서 구원받은 자들이 있는가? 라는 물음에 답하여 버질(Virgil)은 구약의 성도들을 그리스도께서 내려와서 건져냈다고 말한다. 두 시인은 호머(Homer BC9세기), 호레이스 (Horace BC 65-AD 8), 오비디우스(Ovid, BC 43-AD 18), 루카누스(Lucan AD 39-65)를 만난다. 7겹의 큰 성안으로 들어가서 이방의 영웅, 호걸, 현철 그리고 학자들을 본다. 성안에서 단테는 엘렉트라(Electra), 아이네아스(Aeneas), 시저(Caesar), 살라딘(Saladin), 소크라테스(Socrates), 아리스토텔레스(Aristoteles), 플라토(Plato), 오르페우스(Orpheus), 키케로(Cicero), 아비체나 (Avicenna) 그리고 아베로에스(Averroes)등을 보았다. 두 시인은 그들을 떠나

제2 환의 어둠 속으로 간다.

해설

1. 무서움이 아니고 불쌍히 여김이다(1-21행)

까무러침에서 깨어난 단테는 자신의 위치를 확인한다. 무저갱(無低坑:Bottomless Pit)같은 분화구 모양의 안을 들여다보아도 아무것도 보이지 않는다(11-12행). 두 시인은 지금 지옥 전체의 가장자리에 서 있다(I tried my best to find out where I was, 5-6행). 단테는 파랗게 질린 스승의 얼굴을 보고 낙담을 한다(16-18행). 버질(Virgil)은 저 아래 지옥 백성의 고뇌가 내 얼굴에 반사된 것이니 착각 말라고 안심 시킨다. 스승이 앞서고 제자가 뒤 따름이 사제지위상(師弟之位相)이다. 미지의 세계를 탐색함에 있어 반드시 선도자의 안내를 받아야 한다. 영적 세계의 순례에는 더 더욱 훌륭한 지도를 받아야 한다. 눈먼 세계(Sightless World)로 가는 마당에 지도자는 눈과 같은 존재이다.

2. 누구인지 왜 너는 묻지 않느냐?(22-63행)

3곡 73-91행에서 단테는 스승에게 물었다. 그러나 그때 버질은 답변을 보류했었다. 그런데 4곡 31행에서 안내자는 질문 없는 단테를 책망한다. 질문을 할 줄 아는 학생이 똑똑한 사람이다. 시의적절이라는 말이 있다. 묻지 말아야 할 때 단테는 물었고, 정작 물어야 할 때 묻지 않았다. 요즈음 말로 하면 타이밍을 맞출 줄 알아야 한다는 말이다. 버질은 이 곳의 영들 중에는 세례 받지 않고 죽은 자들과 그리스도 강림 전에 하나님을 바로 예배하지 못한 자들이 여기와 있다고 말해준다. 림보(Limbo)는 중세 스콜라 신학의 교리이다. 복음을 듣지 못한 영혼들은 모두 멸망한다는 것이다. 단테는 약간의 수정을 가하여 유덕한 이교도를 림보에 집어넣었다. 이는 단테의 관대 자유 정신의 표현이라고 한다. 단테는 시대의 아들이면서 시대를 넘어섰다. 림보는 성경적인 가르침이 아니다. 그리스도 이전의 사람들, 복음을 듣지 못한 자들을 모두 지옥에 집어넣는 것은 무리가 있다고 생각된다. 로마서 10:14에 '그런즉 그들이 믿지 아니하는 이를 어찌 부르리요 듣지도 못한 이를 어찌 믿으리요 전파하는 자가 없이 어찌 들으리요'라는 말씀을 묵상해 보아야 하지 않을까? 또 한 가지 짚고 넘어가야 할 문제는 세례이다. 단테는 '너 믿는 바 믿음의 한 몫인 성세(聖洗)(36행)'라는 말을 하고 있다. 다른 번역에는 '세례를 믿음에 이르는 문'이라고 했다. 주의를 요하는 표현이다. 세례는 내면에 일어난 구원사건의 인침이지, 세례 자체가 죄를 씻는 것이 아니다.(베드로전서 3:21 참조) '값진 사람이 림보에 걸려있음을 안 탓이어라(43-45행)'. '림보의 혼들 중에 천국의 축복을 받기에는 쳐지고, 지옥의 가책을 받기에는 억울함으로 그사이에 매달려있는 영혼들이란 뜻이다. '남의 공덕이든 제 공덕으로 여기서 벗어난 자들이 있느냐?(49-56행)고 단테가 물었다. 주석가들은 이 질문이야말로 스승을 시험하는 물음이라고 한다. 성서는 자력 구원이든 타력이던 그리스도의 공로 이외의 어떤 공덕도 인정하지 않는다 (에베소서 2:8-9).

3. 저기 존귀한 족속은 누구입니까?(64-102행)

64-75행에서 새로운 장면이 나타난다. 그리스 로마시대에 걸쳐 탁월한 시인들에 대하여 언급을 하고 버질이 얼마나 존귀한 시인인지를 단테가 말한다. 그리고 단테 자신도 이 6명의 시성(詩聖)중의 한사람임을 은연중 드러내고 있다. 여기서 '암흑의 반구를 부수던 한 가닥의 불빛(67행)'은 이성의 빛이다. 림보의 위대한 혼들은 인간 이성의 역할의 한계를 말하고 있다. 이성의 빛은 지옥에서도 빛을 발하고 있다. 중세 암흑기에 부패가 절정에 달해 있을 때에도,

계시가 위기에 처해 있을 때에도 토마스 아퀴나스 같은 신학자가 있어서 어둠 속을 빛내었다. 토마스는 아리스토텔레스의 철학(이성)을 계시에 접목했다. 단테는 비기독교 이방인 호메로스, 풍자시인 호레이스, 변신을 쓴 오비디우스, 루카누스를 소개하고 위대한 안내자요 스승인 버질을 림보에서도 극진히 떠받들고 있다. 〈믿음만의 믿음, 오직 성서〉라는 종교개혁의 모토(Motto)는 귀중한 진리이다. 그러나 믿음 믿음, 성서 성서하면서 칼뱅의 해골 속에 갇힌 신학자들을 보아왔다. 성서를 지킨다는 미명하에 성서를 죽이는 어리석음을 범해서는 안 된다. 이교도 시인들을 자기 가슴속에 녹여서 신앙의 진리를 빛낸 단테의 위대함을 찬양하게 된다. 그의 닫힌 신앙이 아닌 열린 신앙을 높이 평가하는 바이다.

4. 성중의 고귀한 혼들(103-151행)

단테와 스승은 7겹 드높은 성벽으로 들어가서 역사와 시공을 초월한 영웅, 호걸, 장군, 철인, 학자들을 보고 스스로 우쭐해졌다(120행). 마치 인물 박람회장을 방불케 한다. 시성들을 맨 먼저 소개함에는 깊은 뜻이 있을 것이다. 호머가 그리스 및 유럽 세계에 미친 영향을 생각해 보라. 버질의 서사시 '아이네이스'가 로마제국에 미친 영향은 두말할 것이 없다. 단테는 소크라테스(Socrates), 플라토(Plato)보다 아리스토텔레스(Aristoteles)를 특별히 부각시키고 있다. 그리고 트로이 전쟁의 영웅 헥토르(Hector)와 아이네아스(Aeneas)를 전면에 내세우고 있다. 위대한 혼들을 림보에서 부각시킨 저의는 과연 무엇일까?

제5곡 프란체스카와 파올로

개요

- 사음(邪淫)지옥, 판관 미노스(1-15)
- 미노스 단테의 길을 막음, 버질이 책망함(16-24)
- 제2환의입구 묘사, 정욕의 죄인들(25-39)
- 공중에 떠다니는 무리들은 누구입니까?(40-51)
- 버질이 옛날의 귀부인과 기사들의 이름을 열거하다(52-69)
- 프란체스카와 파올로, 한쌍의 연인들(70-87)
- 단테 프란체스카의 말을 듣다(88-108)
- 단테의 반응에 대한 질문, 프란체스카에게 묻다(109-120)
- 프란체스카의 두번 째의 말(121-138)
- 슬픈 결말과 단테의 졸도(139-142)

[그림 5. 파올로와 프란체스카의 영혼]

줄거리

지옥 3곡은 전지옥(前地獄: Ante-Inferno), 혹은 환외(環外)의 옥으로 불린다. 4곡은 림보(Limbo), 즉 지옥의 변두리이다. 5곡 이하 8곡까지는 상부 지옥으로 본지옥이다. 이곳들은 애욕의 무리(5곡), 탐식의 무리(6곡), 인색, 낭비의 무리(7곡) 그리고 분노자(忿怒者, 8곡) 등 여기는 무절제의 혼들이 있는 곳이다. 림보는 지옥 같지 않은 지옥이다. 버질은 림보에서 단테를 제2옥(무절제의 첫 번째 옥)으로 데리고 내려간다. 입구에 끔찍한 모습의 심판관 미노스가 앉아있다. 미노스는 죄질에 따라 이에 상응하는 지옥으로 보낸다. 미노스는 두 시인의 통과를 거부하나 버질은 이를 물리치고 2환의 어두운 공간을 지나간다. 거기에는 애욕의 혼들이 울부짖고 있다. 혼들은 거센 광풍에 휘말려 떠돌아다닌다. 버질은 세미라미스, 디도, 헬렌, 클레오파트라, 아킬레우스, 파리스, 트리스탄을 보라고 한다. 단테는 그다음 프란체스카와 그녀의 연인 파올로에게 말을 건넨다. 두 연인이 나타나는 모습은 아마도 지옥편에서 가장 유명한 에피소드가 될 것이다. 단테는 프란체스카의 슬픈 사연을 다 들은 후 애처로움에 못이 겨 땅에 쓰러진다. 5곡의 열쇠 말은 아모레(amore)와 피에타(pieta)이다.

아모레(사랑)는 5곡에서 11회(61, 66, 69, 78, 100, 103, 106, 119, 125, 128, 134행) 나오고, 이에 비하여 피에타(pity, 불쌍히 여김)는 4회(72, 93, 117, 140행) 나온다.

해설

1. 넓은 길에 속지 말라(1-24행)

지옥의 환(環)마다 마귀가 있다. 5곡의 마귀는 미노스이다. 미노스는 그리스 신화에 나오는 크레타 섬의 신화적인 왕의 이름이다. 그의 지혜와 정의가 하도 유명해서 사후에 망령들의 판관이 되었다고 한다. 단테는 미노스라는 괴물로 자기의 목적에 맞는 캐릭터를 만들었다. 염라대왕 비슷한 이미지의 형상이 미노스이다. 2환은 더 좁혀졌는데 괴로움은 더욱 큰 곳(less space, much pain)이다(2행). 카론이 3곡에서 망령들을 아케론강 위로 실어 날랐다. 그 다음 망령들이 지옥에서 배치 받는 묘사가 퍽 인상적이다. '행한 대로'의 심판의 원리가 적용되는 것(로마서 2:6)을 본다. 미노스는 하나님의 심판의 일꾼이라 생각할 수 있다. 구치소에서 미결수들이 판결을 기다리는 모습을 연상시킨다. '들목이 넓다하여 속아서는 아니 된다'(20행)(Do not be mislead by that wide and easy passage, Ciardi 역) 미노스는 단테에게 '좁은 문으로 들어가라 멸망으로 인도하는 문은 크고 그 길이 넓어 그리로 들어가는 자가 많고 생명으로 인도하는 문은 좁고 길이 협착하여 찾는 자가 적음이라'(마태복음 7:13-14)는 말씀으로 경고했다. 유혹받기 쉽고 범하기 쉬운 것이 사음(邪淫)이다. 들어가기 쉽고 빠져나오기 어려운 것이 음란죄이다. 미노스는 이 말로 버질의 역량을 단테의 마음에 심으려는 의도가 있었던 것으로 보인다. 버질은 단테의 지옥행이 망령들과 전혀 다른 성질의 것임을 말해 주었다(지 3:94-95, 지 5:21-24행).

2. 광풍에 휩쓸리는 망령들(25-51행)

사랑의 탈선자들, 비련에 죽은 혼들을 광풍에 밀려 암공(暗空)에 떠가는 황새떼에 비유한다(40행). '이성을 정욕 앞에 굽혀버린 육욕의 죄인들이 형벌 받는 모습을 한 폭의 그림처럼 묘사하고 있다. 단테는 그릇된 애욕을 '맞 바람(29행), 풍랑(29행), 태풍(31행), 저 바람(42행), 저 폭풍(48행), 저 검은 대기(51행)'에 비유하고 있다. 남녀의 탈선행위를 '바람났다'고 말한다. 일본사람들은 연애를 암(闇)이라 표현한다. 그릇된 사랑은 어둠으로 몰고 가기 때문이다. 심하면 패가망신으로 가버린다. 최근 TV드라마를 보노라면 탈선적 애정을 부추기는 느낌까지 받게 된다. 사랑 아닌 사랑을 찬양하는 것 같다. 바울은 이 때문에 하나님께서 그들을 부끄러운 정욕대로 살게 버려두셨다. 그래서 여자들까지도 정상적인 성생활을 버리고 변태적인 것을 즐기며(로마서 1:26-27)라고 했다. 욕정의 죄를 단테는 가볍게 취급했으나 바울은 성의 타락을 탐욕의 죄보다 더 근원적인 죄로 다룬듯하다. 성의 타락보다 더 근원적인 죄는 하나님을 버리고 피조물을 조물주보다 더 경배하고 섬기는 것이라 했다(로마서 1:25). 간음죄는 가장 깊은 인간관계를 파괴하는 죄이다. 에덴동산에서 아담과 이브의 관계를 깨어버린 죄를 어찌 가벼이 볼 수 있을까?

3. 호색의 망령들(52-72행)

　버질은 단테에게 '휩쓸려오는 무리 중의 몇 명을 손가락질하며 그 이름을 거명 한다(54,67-69행). 먼저 전설적인 여러 황후들의 이름을 들려준다. 황후 세미라미스(BC 1356-1314)는 아시리아의 황후였으나, 페르시아, 아프리카를 정복한 여걸이자 음탕녀로 권력으로 자신의 음행을 합법화한 법률을 제정했다고 한다. 다른 하나는 아이네이아스를 사랑하다 자살을 한 카르타고의 여왕 디도이다(61행). 세미라미스 보다는 한결 나은 '바람'이라 할 수 있다. 셋째는 미모를 정권 유지에 이용한 클레오파트라이다(63행). 이집트의 왕녀로서 부왕의 사후 오라비의 부인이 되었다가 카이자르와 안토니우스의 정부(情夫)가 되기도 하고 옥타비아누스를 유혹하다 실패하자 자살로 생을 마쳤다. 네 번째 음녀는 트로이 전쟁의 화근이 된 헬레네이다(64행). 10년간 그리스와 트로이 전쟁의 희생자와 전비로 날아간 자금과 물자는 상상을 초월했다. 그다음 거명되는 자는 트로이 전쟁의 그리스 명장이었던 아킬레우스이다. 적장의 딸인 폴릭세네를 사랑하다가 파리스의 독화살에 발뒤꿈치에 꽂혀 죽었다. 아킬레우스는 갓난아기 때 그의 어머니 테티스가 저승의 강 스틱스에 담가서 누구도 그의 몸에 상처를 낼 수 없었는데, 어머니가 손에 쥐었던 자리인 발뒤꿈치는 물에 젖지 않아 불사의 힘을 얻지 못했다. 인간마다 지닌 최대의 약점을 '아킬레스 건'이라한다. 이 유명한 어휘의 유래가 된 장본인이다. 연애의 열애로 애욕의 노예가 된 자들의 비참한 형벌의 현장을 보았다.

4. 프란체스카와 파올로(73-138행)

　망자들이 미노스 앞에서 받은 형량은 욕정의 바람 앞에서 이성을 잃고 비극을 맞이했기에 지옥에서는 암공의 어두운 바람에 떠다니는 모습이 되었다. 버질은 몇 명의 바람둥이의 예를 들고 나서, 단테에게 5곡의 주제인 프란체스카와 파올로의 슬픈 사연을 듣게 한다. 1275년 리미니의 군주 말라테스타는 그의 장자 장치오토를 라벤나의 군주 구이도 폴렌타의 딸 프란체스카와 결혼을 시킨다. 이는 정략결혼으로 장치오토가 추남에다 절름발이어서 동생 파올로를 결혼식장에 대신 보낸다. 다음 날 아침에 일어나보니 옆에 장치오토가 진짜 신랑이었음을 알게 된다. 이는 사기 결혼이었던 것이다. 그러나 프란체스카와 파올로, 이들의 마음 속에는 서로를 보는 순간 큐핏의 화살이 꽂혔던 것이다. 시동생이자 연인이 된 두 사람은 정략결혼의 희생자였지만 어찌할 수 없는 애욕 때문에 피의 죽음을 당하게 된다. 100-108행에서 프란체스카는 '아모르 (Amor 사랑)'를 4번이나 되풀이 한다. 애절하고 동정의 눈물을 자아내게 하는 비련에서 프란체스카는 자신의 비극의 책임을 사랑에 돌리고 있다. '비참 속에서 행복스런 때를 회상하는 것처럼 더한 아픔이 없나니(121행)'라는 구절은 가슴을 찡하게 한다. 사랑이 아무리 달콤하고 짜릿해도 이성의 통제를 벗어나게 되면 비극으로 끝난다는 것이 단테 의도인 것 같다. 에로스로 시작하여 아가페로 승화시킨 단테의 아모레를 상기할 필요가 있다. 프란체스카와 파올로의 사랑은 낭만주의자와 도덕주의 독자들 사이에 논쟁을 불러일으키는 대목으로 유명하다. 당신은 어느 편에 설 것인가?

제6곡 탐식자(貪食者)의 형벌

개요

- 단테 깨어나서, 제3환에 오다(1-12)
- 괴물 케르베로스에 대한 묘사(13-33)
- 단테가 치아코를 몰라보니 자신을 밝힘(34-57)
- 치아코가 피렌체의 정쟁을 예언함(58-93)
- 최후의 심판 때 망령들의 운명(94-115)

줄거리

단테는 실신 상태에서 깨어나자 지옥 제3원에 와있는 자신을 발견한다. 컴컴한 공중에서 춥고 음산한 영겁의 비가 내리고 질퍽한 땅에서는 썩은 냄새가 코를 찌른다. 탐식자들의 망령이 여기저기 뒹굴고 있다. 머리 셋 목구멍 세 개가 달린 괴물 케르베로스(Cerberus)가 사나운 발톱과 이빨로 망령들을 할퀴고 갈기갈기 찢어놓는다. 저들은 세상에서 하나님이 주신 재능(은사)을 사용하지 않고 먹고 마시는 일에만 전념했다. 이승에서 저들의 삶이야말로 단지 쓰레기 생산자들에 불과했다. 두 시인이 허깨비들 위를 디디고 지나가는 동안에 한 놈이 일어나 앉더니 단테와 말을 주고받는다. 그는 단테와 동향인 치아코(Ciacco)로서 피렌체에 대한 정치적 예언을 말해준다. 이어서 단테는 파리나타를 비롯해서 당대의 저명인사들이 어디 있느냐고 물으니 그들은 저 아래 지옥에

와 있다고 대답한다. 단테는 버질에게 최후의 심판 때 망령들의 운명에 대하여 묻고 답변을 듣는다.

[그림 6. 여기저기 뒹구는 탐식자들의 망령]

해설

1. 나는 제3원에 와 있노라(1-33행)

지옥 2원 애욕자들의 형벌은 '바람'에 비유되었으나 지옥 3원 탐식자들의 형벌은 '비, 우박 그리고 질퍽한 땅'의 이미지로 묘사되어있다. 하나님이 "내가 너희를 위하여 하늘에서 양식을 비같이 내리리니"라고 모세에게 하신 말씀 (출애굽기 16:4)이 연상된다. 취객이 온갖 더러운 오물을 토해놓고 길바닥에 누워있는 모습을 연상시킨다. 폭음 폭식은 위(胃)에 소낙비처럼 내려가서 위를 질퍽하게 만든다. 지옥 3원에서 망령들에게 형벌을 가하는 괴물은 케르베로스

(Cerberus)이다. 그는 그리스 신화에서 지옥문을 지키며 지상으로 돌아가려는 망령들을 막는 괴물이다. 단테는 지옥의 각원마다 귀신들을 배치했다. 이교 신화에서 이끌어왔다. 3곡에서는 카론, 5곡에서는 미노스 그리고 6곡에서는 케르베로스이다. 케르베로스는 머리가 셋, 입이 셋이니, 탐식을 표상하는 귀신이다. 불교의 아귀(餓鬼)와 비슷한 괴물이다. '옆구리와 옆구리를 서로 막이 삼아(20행)'는 '등을 돌려 배를 감싸고, 배를 돌려 등을 감싼다(김문해 역)'는 번역도 있다. 케르베로스가 망령을 찢으려 달려드니 몸을 계속 돌려 뒹굴 수밖에 없었던 것이다. '가엾은 모독자(21행)'는 배(胃)를 신으로 삼은 탐식자(빌립보서 3:19)들에 대한 지칭이다. 케르베로스는 식탐의 형상화요, 우박과 비는 입, 식도를 거쳐 위장에 내려가는 음식과 술에 대한 형상화이다. 탐식자에 대한 형벌과 처참한 정경을 단테는 너무나 잘 그려내고 있다(22-33행).

2. 나는 치아코(Ciacco)이다(34-93행)

1) 탐식자 하나가 맨땅에 누웠다가 일어나 앉더니 단테를 알아보나(42행), 단테는 그를 알아보지 못한다(43-45). 치아코는 단테가 21세 때 죽은 자인데 그에 대해서 알려진 정보는 없다. 탐식은 인간성과 얼굴을 알아보지 못하게 만들어버린다. 탐식에 대한 야유요, 비틀음이다(43행). '너 누구인지 내게 말하라'고 하자 치아코가 '아직 피렌체가 깨끗했을 때 (정쟁이 없을 때) 거기서 지냈다(김문해 역 50행)'고 말한다. 저승에서 본 현세는 그래도 지옥에 비해서는 깨끗하고 아름답게 보였다(34-57행). 1300년의 피렌체의 정치 싸움의 원인을 단테는 질투(50행)라고 보았다. 더 귀족적이나 더 가난했던 흑파(Donati)와 더 부유한 백파(Cerchi)간의 싸움이었다.

2) 지옥의 망령들은 현재 일에 대하여는 시각장애인나 장래 일에 대하여 예언의 능력이 있다고 생각한 것이다. 단테는 저승에 가서도 이승의 일을 잊지 못한다. 조국 피렌체의 정치적 장래가 염려되었기 때문에 치아코에게 물었다. 단테는 피렌체에서 일어났던 과거의 사건을 미래화한 것이다. 피렌체의 정쟁은 백당과 흑당사이의 싸움이었다. '숲에서 온 이'는 단테가 속했던 백당이고, '다른 편(66행)'은 흑당이다. 백당이 먼저 흑당을 몰아내고, 1302년에 흑당에 의해 백당이 추방될 것을 예언했다. 흑당은 교황 보니파시우스 8세의 힘을 빌어 백당을 몰아냈다(67-69행). '의인이 둘 이어도(73행)'는 구체적으로 누구인지 알 수 없으나 단테와 그의 친구 구이도 카발칸티라는 설도 있다(58-75행).

3) 단테는 파리나타(궬피당의 지도자)를 비롯한 당시 피렌체의 저명인사들의 사후 운명에 대하여 치아코에게 더 물어 본다. 그들은 더 아래 지옥에 있다고 답한다. 지옥에서도 치아코는 이승에서 자기의 이름이 기억되기를 기대하고 있다. 호랑이는 가죽을 남기고 사람은 이름을 남기고 싶어 하는 것이 인간의 본능이 아닌가 싶다. 치아코는 머리를 드리우고 다른 망령들처럼 땅바닥에 쓰러진다(76-93행).

3. 최후의 심판(94-115행)

단테는 최후의 심판 때에 이 망령들은 어떻게 될 것인가? 라고 버질에게 묻는다. "그가 큰 나팔소리와 함께 천사들을 보내리니 그들이 그의 택하신 자들을 하늘 이 끝에서 저 끝까지 사방에서 모으리라"(마태복음 24:31)는 말씀을 근거로 최후 심판 때 영과 육이 결합하여 저들은 완전해진다. 완전해짐은 형벌의 완성을 의미하는 것이요, 구원된 자는 행복의 완전을 의미한다고 답변한다. '너의 지식에로 돌아갈지니(106행)'는 아리스토텔레스의 철학이다. 사물이 완전에 이를수록 기쁨도 고통도 커진다. 최후의 심판은 완성의 때를 의미한다. 그 때에 저주받은 망령들은 고통도 더 크게 느낄 것이란 뜻이다. 우리의 속담에도 '금강산도 식후경'이라는 말이 있다. 먹고 마심은 인간의 생명 유지를 위한 필수조건이나 6곡에서 탐식자들은 먹고 마심의 일에 탐닉하다가 벌을 받았다. 예수님은 "썩을 양식을 위하여 일하지 말고 영생하도록 있는 양식을 위하여 하라"(요한복음 6:27)고 하셨다.

칼릴 지브란은 〈예언자〉에서 '먹고 마심에 대하여' 다음과 같이 말했다 "그대가 짐승 하나를 죽일 때는 마음 속으로 이렇게 속삭이라. 너를 죽이는 바로 그 힘으로 나 역시 죽임을 당하며 나 역시 먹힌다. 그대가 사과를 한입 깨물 때 마음 속으로 이렇게 속삭이라. '너의 씨앗이 내 몸속에서 살아갈 것이며, 너의 미래의 싹이 내 심장 속에서 피어나리라.'" 식사를 대할 때 우리는 감사의 기도를 드린다. 빵 한 조각을 놓고 기도하는 노인의 모습을 그린 그림을 본 적이 있는가? 우리의 식사 기도는 음식 따로, 기도 따로의 형식적인 기도가 아닌지 반성해 보아야 한다. 먹고 마심을 광의(廣義)의 성만찬이 되게 하자. 이 같은 자세를 가질 때 식욕을 다스릴 수 있을 것이다. 식사는 단지 생리적 본능을 충족시키는 행위가 아니다. 일용할 양식을 영적 차원으로 올려야 한다. 수년간 1일 1식을 해본 적이 있다. 먹지 않는 공복의 즐거움도 있다는 것을 체험했다.

신화 해설

케르베로스(Cerberus)

그리스신화에서 하데스 입구를 지키는 개. 티폰과 에키드나의 아들이다. 헤시오도스에 따르면 케르베로스는 50개의 머리와 청동 목소리를 가졌고, 후세의 문학과 미술에는 3개의 머리와 뱀 꼬리가 달려 있고 등에도 뱀의 머리가 달린 것으로 그려져 있다. 헤라클레스는 12가지 공로의 마지막 일로 케르베로스의 포획을 명령받고 맨손으로 지상으로 끌어냈다가 다시 하데스로 돌려보냈다.

제7곡 인색자와 낭비자(제4환)/분노자(제5환)

개요

- 버질이 플루토스의 입을 막다(1-15)
- 제4환 인색자와 낭비자의 충돌(16-35)
- 단테의 세가지 질문에 대한 버질의 답변(36-96)
  a) 단테(36-39)-버질(40-48)
  b) 단테(49-51)-버질(52-66)
  c) 단테(67-69)-버질(70-96)
- 제5환(97-99), 스틱스에 내려감(100-108)
- 두 부류 분노자들 사이의 싸움(109-130)

줄거리

두 시인은 제4환의 입구에서 괴물 플루토스의 저지를 받는다. 그는 재물에 대한 탐욕의 상징적 표현이다. 베르길리우스는 무서운 질책으로 플루토스의 위협을 물리친다(1-15행). 이곳의 망자들은 인색자와 낭비자로 나뉘어 서 있다. 두 패거리들은 원 둘레의 한 점을 향하여 무거운 바위를 굴리고 있다. 부딪치면 서로 욕설을 퍼붓고 반대 방향으로 바위를 가슴으로 밀고 간다. 원의 반대편에서

부딪치면 또 욕을 한다. 수전노와 탕자들은 이런 벌을 영원히 받고 있다(16-35행). 현세에서 그들은 금전만을 생각하고 다른 아무것도 추구하지 않았기 때문에 인격이나, 개성이 파괴되어 얼굴을 알아볼 수 없게 되었다. 환언하면 개성멸실(個性滅失)이다. 여기서 베르길리우스는 하나님의 계획안에서 행운 (幸運 Fortune)이란 무엇이며 이의 작용을 단테에게 일러준다(36-96행). 이 부분은 '철학의 위로'를 쓴 보에티우스의 사상의 인용이다. 행운 혹은 운명은 중세문학의 주제이기도 하다. 여기서 중세 기독교의 금전관을 엿볼 수 있다. 다음에 두 시인은 제5환인 스틱스(Styx)의 늪에 온다(97-108행). 여기서 처참한 망자들의 육탄전을 본다. 폭발적 분노자와 내성적 분노자의 모습을 그린다 (109-116). 진흙탕에 처박힌 자들의 넋두리를 듣는다(117-126행). 두 시인은 스틱스를 돌아서 어느 탑 아래 이른다(127-130행).

해설

1. 괴물(怪物) 플루토스(1-18행)

'파페 사탄(1행)'은 플루토스의 성난 음성이며. 두 시인을 보고 놀란 플루토스가 상위의 힘(Satan)에게 도움을 구하는 소리라고도 하고, 파페는 교황 (Pope)이라는 설도 있다. 그러나 확실한 뜻은 아직도 모른다. 알레프(Allepe)는 히브리어 알파벳의 첫 글자이다.

4행, '두려움이 너를 그르치지 않게 하라(Let no fears do thee wrong -Sayers).'는 버질이 단테를 격려하는 말이다. 8행 '입 닫으라. 저주받은 이리야! 너 자신의 분노로 네 속을 태워버려라.'는 말은 최악의 저주이다(Singleton). 미가엘(요한계시록 12:7-9)이 대담한 공격(the bold assault 11행)으로 원수풀이를 한 바'는 사탄이 하나님과 사람의 관계를 끊어 놓는 행위에 대한 복수이며, 이를 '오만한 간음'으로도 번역된다. 플루토스는 그리스 신화의 부의 신이며, 하계(지옥)의 신으로서 불교의 지장보살과 약간의 공통점이 있다. 부요 및 평화의 상징으로 묘사되어 있다. 단테는 자기식으로 변조하여, 부의 신은 인류로부터 평화를 앗아간 원수(6-15행)로 보고 있다(디모데전서 6:10). 부에 대한 그리스적 해석과 단테의 해석은 정반대이다. 청부(淸富)도 있지 않은가? 부를 하나님으로 섬길 때 이것은 인류에게 화근이 된다. 가난만이 좋은 것일까? 뼈저린 언덕(17행)은 제4환을 가리킨다.

[그림 7-1 부의 괴물 플루토스]

2. 인색(吝嗇)과 낭비(浪費)의 두 패거리(19-36행)

'이 누구신고(20행)'-하나님의 형벌을 받는 장본인들이다. 하나님의 진노와 심판을 두려워하는 사회에 진정한 기강과 질서유지가 있다. '카리디 위의 물(23행)'은 이태리 남단의 장화 끝 모양과 메시나(카리디) 해협을 가리킨다. 정반대 방향에서오는 '해류가맞부딪혀파도는파도와부딪혀부서지는데(22행)'는 4환구

령의 망자들의 모습을 비유(22-23행)한 것이다. '지옥의 어떤 환보다' -'far more than were above(25행)'이다. 시지프스 신화를 연상시킨다(27행). 거대한 바위를 산 위에 들어 올리고, 올리면 굴러 떨어짐의 반복이 얼마나 지겹고 무의미할까?

[그림 7-2. 제 4층 탐욕지옥]

탐욕의 결과 및 무익하고 희망 없는 노동만큼 무서운 형벌은 없다. 대체로 노동자들은 반복 동작에 시달리고 있다. 30행의 이태리 원문 "perche tieni"? "perche burli"?의 직역은 '왜 너는 인색 하느냐?, 왜 너는 낭비하느냐?'이다. 최민순 역은 '돈 모아서 요 꼴이냐'? 또 '탈탈 털어서 요 꼴이냐?'라고 했는데 풍자적 의역이다. 4환의 양쪽에서 서로 맞은편으로 돌면 필경 한 지점에서 부딪히고, 욕을 하고선 뒤로 돌아 원을 돌면, 또 한 점에서 만나 충돌한다. 끊임없이 추구해도 만족이 없는 것이 재물이다. 무한히 불만스러운 것이 금전 추구다. 다시 충돌을 위해 저마다 반원을 돌아간다(35행). 25행-'부'를 남용한 죄는 보편적이다.

3. 황금이 평안을 주지 못하노라(37-66행)

1) 성직 남용자들(37-49행)

까까머리(빡빡머리 39행), '첫 번째 삶'은 현세의 삶이다(40행). 교황과 추기경들을 낭비자의 첫 순위에 둔 단테의 용기에 경의를 표한다. 당시 고위 성직자상의 반영이다. 중이 고기 맛과 성직자가 돈 맛을 보면 지옥행의 지름길이다. 교권과 금력의 커넥션을 삼가야한다. 같은 죄악

(50행), 즉 과다지출은 탕자, 과소지출은 인색자는 설사와 변비의 관계와 같다.

2) 황금은 인간성을 앗아간다(50-66행)

단테가 이들 중 몇 명을 알아낼 법하다(51행)하니, 베르길리우스가 이르되 황금에 맛들린 자들은 천편일률의 얼굴이라 한다. 환언하면-개성, 인격을 찾아볼 수 없다는 말이다. '풀어 헤친 머리 (stripped of its very hair,56행)'는 이태리속담에 노름하다가 돈을 잃으면 '머리털까지 털어 먹는다'고 한다. 사람들 즉 '야단법석'은 불교에서 야외의 불법강의를 뜻한다. 돈법석(63행)은 돈으로 시끌벅적하다는 뜻이다.

"이 세상이 즐기는 재물로는 네 근심과 고초를 못 면하리.
또 숨질 때 위로를 못 얻으며 저 천국에 갈 길도 못 찾으리."
(찬송가 179장 '주 예수의 강림이' 3절)

4. 행운(幸運)과 재화(財貨)(67-100행)

'내 가르치는 말(72행)'은 5세기 로마의 집정관, 철학자 보에티우스의 사상이다. "도대체 너는 돌아가는 수레바퀴를 멈추게 할 셈이냐! 모두 죽어 없어질 것들 중에서 가장 어리석은 자, 너 인간아, 만일 행운이 언제까지나 머물러 있기 시작한다면 그것은 이미 행운이 아니니라". 인색자와 낭비자에 대하여 말한 뒤 '단테는 베르길리우스의 입을 빌어 중세와 르네상스 작가들(보에티우스, 페트라르카, 보카치오, 그리고 마키아벨리)의 주제였던 행운(운명의 여신)에 대하여 교훈한다. 행운은 수레바퀴를 돌리는 여성으로 상징된다. 행운은 사람의 흥망을 지배한다. 단테는 보에티우스의 철학사상을 빌어서 행운과 불운의 천사가 하나님의 일(재화 분배)을 대행한다는 것이다. 단테의 문학세계에서 행운의 여신은 사람들 가운데서 하나님의 목적을 수행하는 천사이다. 말하자면 단테는 이교의 여신(행운, 불운)을 기독교화 한 것이다. '운행할 자(74행)'는 천사이다. '다스리고 안내할 자(78행)'는 그것을 전적으로 맡아 보는 운명이라는 여신이다.

'그 선고는 풀 속의 뱀처럼, 밖에서는 보이지 않는다'(82행, 김문해 역), '이 자가'(87행)- 운명의 여신이다. '필연은 운명을 빨리 움직이게 한다.' 부침(浮沈, 90행)은 유전(流轉)으로도 번역 할 수 있다. 뜨고 가라앉음이다. '십자가에 그이를 못 박으니라'(93행), 운명의 여신을 욕하고 저주함이다. '내 떠날 제(98행)'는 4월 8일 성금요일이다. '벌써 다 졌으니'(99행)- 지옥행의 제2일 째이다.

5. 스틱스 늪의 분노자(忿怒者)들(101-130행)

스틱스(Styx)는 지옥의 2번째 강 이름이다. 지옥의 모든 강들은 서로 연결되어 있다. 아케론강에서 흘러내린 물이다. 스틱스는 슬픔이란 뜻이 있다(108행). 여기 지옥의 제5환은 분노자들이 고통당하는 곳이다. '폭발성의 분노자들(109-114행)'은 분노를 이겨내지 못한(116행)망자들이다. '내성적 분노자들(118-120행)'은 물밑에서 한숨을 물거품으로 뿜어 올린다. 진흙에 묻힌 자들의 넋두리 (121-126행)이다. '갈그랑거린다(126행)'- 목구멍에서 가래가 섞여 나오는 소리(gargle)다. 단테의 금전관은 현대인의 눈으로 보아도 본질을 꿰뚫고 있다. 수전노와 탕자들의 심리를 너무나 잘 묘사하고 있다. 이들 중에 성직자들이 먼저 나오는 것은 충격적이다.

'운명의 여신'이 재보(財寶)를 모두 관리하는 것은 아니다. 인간의 의지가 중요하다. 청부(淸富)와 성숙한 자본주의를 무조건 죄악시 할 것은 아니다. 싸움과 전쟁의 원인이 탐욕에서 비롯한다. 재물은 인간의 문제를 긍극적으로 해결하지 못한다. "오디세이아"의 '참아라, 마음이여 이보다 더 비열한 일도 참았었다'라는 경구는 모든 분노자에게 주는 교훈이다.

[그림 7-3. 강에서 고통에 몸부림치는 영혼들]

제8곡 스틱스의 분노자(제5환)와 디스의 문: 마귀들(제6환)

개요

- 제5환 스틱스의 분노자들(1-81행)
  두 불빛의 교신(1-15행), 사공 플레기아스의 분노(1-24)
  단테가 아르젠티를 알아봄(25-42),
  버질이 단테를 칭찬함(43-63)
  두 시인이 디스(Dis)성에 도착함(64-81)

- 제6환 디스 성의 악령들(82-130)
  버질이 악령들과 담판함(82-93)
  독자에의 호소(94-96), 버질이 단테를 위로함(103-108)
  단테의 절망(109-111), 버질이 악령들께 쫓겨남(109-120)
  천사가 두 시인을 구조하러 내려올 것이라고 말함(121-130)

줄거리

이 곡은 초조한 상황을 나타내는 몇 개의 3연체로 시작된다. 단테와 버질은 스틱스(Styx)늪의 한쪽 가장자리에서 맞은 편 성루 높은 탑에서의 불빛 신호와 어두운 곳에서 또 하나의 신호의 교신을 본다. 이 일이 있은 후 뱃사공 플레기아스가 보트를 타고 재빨리 두 시인을 향해서 오며 저들에게 분노로

으르렁댄다. 그러나 그는 어쩔 수 없이 베르길리우스의 말에 눌려 두 시인을 싣고 늪을 건넌다. 진흙투성이의 망자가 물속에서 일어나 단테에게 말을 걸어온다. 그는 이승에서 단테의 정적이었으며 원수였던 필리포 아르젠티였다. 접근해 오는 그를 매정하게 물리친다. 버질은 단테의 의분을 칭찬해준다. 아르젠티는 패거리들로 부터 갈기갈기 찢긴다. 악인의 응징받는 것을 보고 단테는 하나님께 찬미하고 감사한다. 그사이 시인들을 태운 보트는 앞으로 나아가고 단테는 디스(Dis)성의 이슬람 사원과 쇠로 된 성벽을 본다. 성벽 문 입구에 내리자 수많은 악령들의 저주 소리를 듣는다. 버질은 단테를 혼자 두고 성문으로 갔다가 쫓겨난다. 단테는 절망에 빠지고, 버질은 그를 위로하며 반드시 이 싸움에서 이긴다고 말해준다. 천사가 내려올 것이며 그이로 말미암아 디스의 문은 열려진다고 말해준다.

[그림 8. 스틱스강 플리기아스와 두 시인]

해설

1. 스틱스의 뱃사공 플레기아스(1-24행)

'잇달아서 말하거니와(1행)'는 7곡에서 말한 것을 계속한다는 뜻이다. 늪 건너편의 탑에서 불빛 신호를 보내고 다른데서 응답신호가 온다. 두 시인의 동태에 대하여 디스성의 마귀들은 바짝 긴장하여 정보를 교환하는 모습을 묘사하고 있다(1-6행). 단테의 묻는 말을 알아차리고 저쪽에서 무엇이 오고 있다고 스승이 말해준다(10-16행). 스틱스 망자들을 '디스(Dis)'로 실어 나르는 플레기아스는 '나는 마침내 너를 잡았구나! 못된 넋아'(18행, 김문해 역)라고 소리 지른다. 단테가 그림자 넋이 아니고 산 사람인 것을 보고 놀란 것이다.

플레기아스(19행)는 아폴로가 자기 딸을 강간하였기에 분노를 못 이겨 델피의 아폴로 신전에 불을 질렀다. 이에 아폴로는 플레기아스를 죽여 하계로 보냈다. 단테는 플레기아스를 분노의 화신으로 만들어 스틱스의 뱃사공으로 삼았다. 단테가 타자 배는 짐을 실은 것같이 기우뚱 했다 (27행). 세심한 관찰에 놀란다.

2. 필리포 아르젠티(25-81행)

사람을 실었으니, '다른 이를 실을 때와는 아주 엉뚱하게 … 물결을 가르며 가더라'고 묘사한 것은 배가 무거우니 아래로 내려가고 따라서 힘 있게 물결을 갈라놓은 것이다. 단테의 과학적인 사고가 묻어나온다(28-30행). 도중(途中)에 흙투성이를 보고 말을 나눈다. 그도 단테가 산 사람인 것을 알아보고 저주를 퍼붓는다. 그가 단테를 해치려 뱃전에 두 손을 잡으려 하므로, 스승은 그를 밀쳐버린다(31-42행). 흙투성이가 늪에서 일어났다. 그는 생전에 단테의 정적이요, 원수이며 피렌체로의 귀환을 맹렬히 반대했던 자 필리포 아르젠티였다. 그는 자기의 말을 은으로 장식하였다. 그릇된 분노자와 바른 분노자를 여기서 본다. 이 스틱스에는 '개떼'(41행)가 있었다. 그들은 분노자의 패거리였다. 스승 베르길리우스는 단테의 냉혹한 처신과 저주의 말을 듣고 이례적인 제스처를 보인다. 목을 휘어 감고 얼굴에 키스를 하면서 '의젓한 넋이여!(분노의 혼이여!), 너를 잉태한 여인이 복된지고'(45행)라고 칭찬을 한다. 간접으로 어머니에 대해 말한 것은 신곡 중에서 여기뿐이다. 버질의 입을 빌려 누가복음 11:27을 인용하고 있다. 프란체스카(5곡)나 치아코(6곡)에게는 눈물의 동정을 보여 주었으나 여기서는 냉정하게 대한다. 신곡은 인간 영혼이 완성을 향해가는 여정의 기록이다. 앞에서 아무 말이 없던 베르길리우스가 여기서 단테를 칭찬한 것은 무슨 의도에서일까?

여기서 단테가 죄를 있는 그대로(He sees sin as it is) 본 것이다. 지옥에서 동정과 눈물이 섞이면 바른 응징이 방해받게 된다. 예수를 잉태한 마리아가 복된 것처럼, 단테를 낳고 기른 어머니도 복되다는 것이다(누가복음 11:27). 비로소 단테의 마음에 정의와 공분이 태어났다고 생각하고 단테를 칭찬 한 것이다. 버질은 필리포 아르젠티가 진흙 늪에서 발광하는 이유를 설명해 준다 (46-48행). 현세의 통치자 중에도 장차 '진흙의 돼지 모양'이 될 자가 많다고 (49-51행)했다.

단테는 잘못된 권력자들을 멸시하고 있다. 정적에 대한 분노의 반영(52-63행) 을 본다. 신곡은 상처 받은 혼 단테의 의분을 발산한 문학임을 기억하자. 여기서 좀 심한듯하나 단테는 분노할 것에 분노했을 뿐이다. 필리포 아르젠티의 참담한 최후를 본다. 패거리에게 갈기갈기 찢기면서, 제 몸에다 이빨을 윽박질하는 망자(61-63행)의 분노와 성전에서 분노하신 예수님(요한복음 2장)의 모습을 비교해보자.

'디스(Dis)'라 이름하는 도읍(64-78행) 아르젠틴(Agentine)은 은이 나는 나라라는 뜻이다. 필리포는 그의 말을 은으로 장식했고 오만방자한 인간(46행)

이었다. 필리포를 거기 두고 나간다(64-66행). 보트 안에서 스승은 디스(Dis)와 그 속의 시민이 가까이 온다고(67-69행) 말한다. 성문은 디테(Dite)라 하고 영어로는 디스라 발음한다. 단테는 원래 마왕 플루토의 이름을 도시 이름으로 불렀다. '디스'시는 성벽에서 지심에 이르는 지옥 전체인데, 여기는 고질적으로 사악한 성정의 죄인들이 살고 있다. 8곡부터는 하부지옥인데 '죄벌이 무거운 사람들이 살고 있다. 단테는 '불더미 속에서 나온 듯 시뻘건 이슬람 사원(72행)을 본다.' 이 성내에 모스크가 서 있다는 것은 불신앙과 이단이 있다는 뜻이다. 단테 시대의 유럽인은 이슬람교를 기독교의 이단으로 보았다(Perversion of Church). 하부지옥에는 영원히 타는 불이 있어 이 모스크(Mosque)도 붉게 보이는 것이다. 단테도 그 시대의 아들이었다. 당시의 십자군의 만행과 죄를 생각해보자(73-75행). 이슬람에 대한 정당한 자리매김과 평가가 필요하다고 본다.

3. 디스(Dis) 성문 앞에서(82-130행)

1) 악마들의 저주 소리(82-93행)

사공이 디스 성 입구에 두 시인을 내려준다(79-81행). 악마들은 타락한 천사들이다. 성문 위의 악마들은 욕설을 퍼부으며 버질만 남고 단테는 돌려보내라고 한다(88-93행). 하나님을 정면으로 대적하는 죄가 디스의 죄이다. 무절제의 상부지옥 보다 죄질이 악한 곳이 디스성이다.

2) 단테의 절망(94-111행)

저주의 말소리를 듣고 맥이 풀린 단테는 당시의 마음 상태를 독자들에게 호소했다(94-96행). 단테는 버질(人間理性의 상징)에게 자기를 버리지 말라고 호소하면서 되돌아가자고 간청한다(97-102행). 아래 지옥(74행)은 폭력, 사기 등의 의지가 능동적으로 개입되었기에 인간 이성도 한계를 드러낸 것이다.

스승은 단테를 혼자 두고 악마들과 담판하러 간다(103-111행). 스승은 '너를 구렁 밑의 세상에 버리지 않겠다(109행)'는 말을 들었지만 단테는 의심에 사로잡힌다 '그렇다', '아니다(111행)', 스승이 돌아올 것이다, 돌아오지 않을 것이다 하면서 마음 속의 갈등을 이렇게 표현한 것이다.

3) 베르길리우스의 한계(112-130행)

스승과 악마들이 잠시 담판을 하다가 저들은 안으로 들어가고 (112-114행), 문을 닫아 버린다. 성문 진입은 커녕 쫓겨난 버질은 '그 누가 저 비탄의 집(디스 성)을 내게 거부 하였는고!(120행)'라고 탄식한다. 인간 이성은 어느 정도 죄를 억제할 힘이 있으나 궁극적으로 죄 문제를 해결하지 못한다. 버질은 '나는 이 싸움을 이길 것(122행)'이라고 말했다. 위에서 오는 천사의 도움으로 디스 성에 진입할 것이란 뜻이다. 이성을 무시하고 계시의 신앙만을 강조하는 것도 위험하고, 신앙 없이 이성의 힘만을 의존하는 것은 더욱 위험하다. 신앙의 조명을 받는 이성이어야한다. 8곡에서 저질의 분노와 정의에서 비롯되는 분노를 보았다.

인간 이성은 디스 성벽의 문을 열지 못한다. 신앙의 도움으로 문은 열린다. 이슬람을 기독교의 사생아 내지 이단으로 취급한 것은 잘못이다. 이슬람도 불교처럼 하나의 종교로 인정해 주어야한다. 8곡은 하부지옥의 서곡이며 하나님을 반역하는 죄의 실상을 아래에서 공부하게 될 것이다.

제9곡 제5환에서 제6환으로

개요

- 버질의 절망과 단테의 불안(1-36)
- 세 푸리에가 단테를 위협함(37-63)
- 전령(천사)출현전의 상황(64-81)
- 천사의 도래와 책망(82-103)
- 디스성에 들어감/이단자들의 무덤(104-133)

줄거리

디스(Dis)의 입성을 거절당한 베르길리우스의 얼굴엔 동요와 초조의 빛이 보였다. 이를 본 단테는 불안해진다. 조심스럽게 질문을 던진다. 스승이 과연 바닥 지옥까지 안내를 할 수 있을 것인지에 대해서…. 베르길리우스는 자신이 다녀온 이야기를 들려주며 안심을 시킨다(1-33).

다음 장면에 그의 눈은 집중된다. 탑 꼭대기에 3명의 복수의 여신(Furie)이 일어나서 메두사(Medusa)를 불러 단테를 돌로 만들어 버리겠다고 위협한다. 겁에 질려 스승의 옆에 바싹 달라붙는다. 메두사를 보면 지상으로 돌아가지 못한다고 말하며, 스승은 손으로 단테의 눈을 가린다(34-63).

기다리던 하늘의 전령이 스틱스(Styx)늪 위로 걸어온다. 폭음과 태풍이 양 기슭을 흔들어 놓는다. 가렸던 눈을 풀어주고 이 장면을 보라고 일러준다.

천여 명의 망가진 영들이 도망가고, 단테는 그에게 묵묵히 절한다. 닫힌 문을 거침없이 열고서는 악령들을 책망한다. 그는 임무를 마치자 오던 길로 돌아간다(64-103행).

두 시인은 아픔과 지독한 형벌로 가득 찬 넓은 벌판에 이른다. 이곳은 이단의 두목들과 각 종파의 추종자들이 무덤 안에서 벌을 받고 있다. 무덤과 무덤사이에 불꽃이 퍼져있고 뚜껑마다 들려있다. 무덤 들판 여기가 제6환(Circle)이다(104-133행).

해설

1. 버질의 절망과 단테의 불안(1-36행)

   1) '온갖 지식의 바다(8곡7행)'라 불리는 베르길리우스가 문전 격퇴 당하고 안색이 변한다. 이를 보자 단테는 불안해진다. 안내자요 해결사인 스승의 말이 앞뒤가 맞지 않기 때문에 그의 마음에 의문이 생긴다(1-15행). '그 분(8행)'은 베아트리체이고 '그 이(9행)'는 하늘의 전령 천사이다.
   2) 지옥사정(地獄事情)과 그 통로를 참으로 알고 있는지 단테는 이 질문으로 스승을 테스트해본다. 림보(제1옥)에서 이 비참한 심연의 바닥을 향해 내려간 자가 있습니까?(허인역 본16-17행). 베르길리우스는 무녀 에리토(Erichtho)의 요술에 의해 유다의 환(제9옥4원)까지 다녀왔으며, 그곳은 지심(地心)의 최심부(最深部)이며 원동천(原動天)에서 가장 먼 곳이라고 말하고 제자를 안심 시킨다(22-30행). '하늘(29행)'은 제천의 운행(運行)을 맡는 제9천, 즉 원동천을 가리킨다. '의분 없이는(33행)' 두 가지 해석이 가능하다. '지옥에 살고 있는 자의 노(怒)를 받지 않고는 이

중에 들어가기 어렵다.' 또 다른 해석은 '지독한 악취 때문에 시인들이 분노하지 않고서는 들어가기 어렵다'라는 뜻이다(16-33행). 인간 이성의 꽃이라는 과학기술이 구축한 현대문명은 디스(Dis)성문 앞에서 맥을 추지 못하는 베르길리우스와 같다 하겠다. 20세기가 쌓아 올린 문명이 오히려 인류를 파멸로 몰고 가는 징조는 한둘이 아니다. 〈제3차 산업혁명〉의 저자 제러미 리프킨(Jeremy Rifkin)교수는 "향후 가장 중요해질 세계 이슈는 〈기후변화〉 딱 한가지며, 환경재앙으로 3~4세대 안에 인류가 멸망할 수도 있다(동아일보, 2016. 1. 14.기사)"고 경고했다.

2. 세 푸리에(Furie)가 단테를 위협함(34-63행)

1) 안내자의 말이 단테의 귀에 들어오지 않은 것(34행)은 탑 꼭대기로 그의 눈이 향했기 때문이다(36행). '세 푸리에(Furie, 38행)'는 그리스말로 에리니에스(Erinyes, 45행)이다. 고전 신화에서 푸리에는 복수의 여신으로 피에 젖어있으며 머리는 뱀들로 칭칭 감겨있다(40-42행). 푸리에는 마왕 플루토의 처의 시녀들이다. 3명인데 질투의 메가에라, 불안의 알렉토 그리고 복수의 티시포네(46-48행)다. 저들의 동작에 질린 단테는 시인에게 달라붙는다(49-51행).

2) '메두사를 부르라 우리는 그(단테)를 돌로 바꾸어 버리겠다(53행)' 메두사는 너무 무서워서 누구든지 이 여괴(女怪)를 보기만 해도 돌로 변한다고 한다. 은유적으로 메두사는 절망의 이미지(Image)이다. 은유(allegory)란 무엇인가? 신곡을 이해하는데 "알레고리"란 말은 대단히 중요하다. 베르길리우스는 로마의 시인을 가리키지 않고, 신앙으로 깨우침을 받지 못한 인간 이성을 뜻한다. 행동하고 말할 때, 베르길리우스의 실재 역사적 맥락과는 상관이 없다. 베아트리체 역시 단테와의 사실적 관계와는 상관없이 추상적으로 취급된다. 베아트리체는 은유적으로 믿음을 통한

[그림 9-1 단테를 위협하는 세 푸리에]

계시 혹은 신학을 뜻한다. 주인공 단테는 아주 사실적 인물인데도 불구하고, 은유적으로 일종의 개별인간을 뜻한다(R. Hollander Introduction. xxix)
　메두사를 보면 마음이 굳어져 회개할 힘이 없어진다. '테세우스(54행)'는 플루토의 처를 구하려 지옥에 갔다가 포로가 된다. 헤라클레스가 그를 구출해낸다. 3명의 푸리에는 테세우스를 놓친 것을 원통해 한다(54행). 베르길리우스는 테세우스를 나타낸다. 테세우스의 전례가 없었더라면 베르길리우스가 감히 지옥여행을 모험 하려 들지 않았을 것이기 때문이다. '고르곤(Gorgon, 56행)'은 3명의 여괴이다. 그중 막내가 메두사이다. 메두사는 '절망과 불신앙'을 상징한다고 한다. 스승은 단테가 믿기지 않아 자기 손으로 그의 눈을 가린다(60행). 여기가 공포의 절정 장면이다. 주기도문에 '시험에 들게 하지 마시옵고 악에서 구하시옵소서(마태복음 6:13)'라는 말씀을 예수님이 우리에게 가르쳐주셨다. 마약, 도박, 폭음,

섹스 등이 우리를 유혹하는 것들이며 절망과 불신의 나락으로 우리를 떨어뜨린다. 주기도가 베르길리우스의 손(60행)이다. '현묘한 시(52-57행)'의 교훈은 절망, 사악함 그리고 불신앙을 삼갈 것이며, 단테 신곡의 전체이다(矢內原. 신곡강의).

3. 전령(천사) 출현직전의 정경(64-103행)

1) 스승의 동요(64-81행)

모순된 말에 불안해진 단테는 푸리에의 위협을 받고, 공포는 설상가상으로 절정에 달해졌다. 공포의 심연에서 하늘의 기쁜 소식이 온다. 질풍처럼 스틱스의 지축을 흔들며 전령(천사)이 오고 있다(64-72행). 안내자는 단테의 눈에서 손을 떼며 눈앞의 정경을 보라고 한다(73-75행). 보면 반드시 죽는 것이 있다. 보면 반드시 살아나는 것이 있다. 불신은 죽음을, 신앙은 생명을 준다.

2) 천사의 도래와 책망(82-103행)

그가 스틱스 늪 위를 당당히 걸어올 때 망령들은 도망을 쳤다(81행). '전령'은 하나님의 계시이며, 천사이다. 사망의 세력은 하나님의 능력과 은혜 앞에 사라진다. '불의에 대한 분노(88행)'를 보인 전령(Messenger)은 굳게 잠긴 문을 아무런 저항 없이 열었다(90행). 사람은 할 수 없으나 하나님은 하신다(로마서 8:3). 전령(하나님의 사자)은 악령들의 교만을 책망하면서 두 시인의 여행은 하나님의 뜻이라(94-95행)고 한다.

이어서 두 시인의 길을 저지하는 것은 사울이 그리스도인을 핍박함이 '가시채를 뒷발질하기'라는 사도행전 26:14의 말씀을 인용하고 있다.

케르베로스(6곡 13행)는 헤라클레스가 하계에 내려갔을 때 반항함으로 목에 쇠사슬을 메었으므로 턱과 목 사이(99행)에 상처를 입고 털이 나지 않았다. 천명에 항거하면 '케르베로스'처럼 된다고 경고한다. 하나님의 사자의 말을 듣고 힘을 얻은 두 시인은 앞을 향해 걸어간다(103-105행).

[그림 9-2] 하나님의 전령 천사의 도래와 책망

4. 제6옥의 무덤들판(104-132행)

천신만고 끝에 성안으로 들어온 두 시인의 눈앞에 넓은 벌판이 전개된다(109-111행). 여기는 무덤들의 고장이다. 지옥에서 단테는 '죄를 보지 않고 죄의 벌을 본다(矢內原)'는 말이 옳다. 무덤과 무덤 사이에 불꽃이 퍼져있고 '뚜껑마다 들리어져 애처로운 소리가 밖으로 솟구친다(122행). 이곳에는 각 종파의 이단 두목들과 그 추종자들이 벌을 받고 있다(127행). 죄질에 따라서 더 뜨겁고, 덜 뜨거운 무덤들이 있다(130행). 이단자들은 진리의 빛을 잘못 가르쳤기에 불꽃 심판을 받고 있다. 그들은 영혼의 불멸을 부정한 자들이다. 육체의 죽음과 함께 영혼도 사멸한다고 가르쳤기에 무덤 속에 갇혀있다. 마지막 심판 때까지 뚜껑이 열려있어야 거기에 영들이 들어올 것이고 마침내 뚜껑이 닫혀 질 것이다. 이단자는 하나님의 말씀을 정면으로 부정하는 사악한 무리들이다. 그래서 하부지옥의 첫 번째 벌 받는 자들은 이단사설(異端邪說)을 주장하고 가르친 자들이다.

[그림9-3 제 6옥 무덤의 벌판에 온 단테]

제10곡 에피쿠로스와 그의 추종자들

개요

- 버질이 단테의 궁금증을 풀어줌(1-21)
- 단테의 첫 번째 파리나타와의 대면(22-51)
- 방해: 단테가 카발칸티와 대화를 나눔(52-72)
- 단테의 두 번째 파리나타와의 대면(73-114)
- 스승의 배려와 격려(115-136)

줄거리

지옥 6옥은 이단과 회의론자들의 무덤이 있는 곳이다. 기벨린당의 지도자 파리나타(Farinata)와 궬피당의 카발칸티(Cavalcanti) 및 프리드리히 2세, 추기경을 만난다. 이들은 모두 영혼의 불멸을 부정한 에피쿠로스(Epicurus, 사도행전 17:18)주의자이다. 에피쿠로스(BC 342-270)는 그리스 철학자로서 '최상의 선은 행복'이라고 주장했으며, 그것은 감각적 즐거움이 아니었고 마음의 평안이었다. 후일 에피쿠로스를 감각적 쾌락주의자로 본 것은 오해이다. 단테는 무덤 가운데를 지나며 묻고, 버질의 답변을 듣는다(1-21행). 두 시인이 성벽 아래 길을 따라갈 때 망령 하나가 단테의 목소리를 듣고 그가 토스카나 사람임을 알아본다. 불타는 무덤 속에서 단테를 부르며 그의 모습을 드러낸다.

그는 파리나타(1264년-사망)였다. 그의 풍채가 지옥 자체를 압도하는 것 같다. 그는 단테의 족보를 묻고 곧 자기의 반대 당파임을 알아본다. 그들은 피렌체의 정쟁에 대하여 대화를 주고받는다(22-51). 곧 같은 무덤에서 일어선 다른 망자에 의해 그들의 이야기는 방해를 받는다. 저는 구이도 카발칸티의 아버지 카발칸테 데이 카발칸티이다. '그대 천재로 이 엄청난 여행을 감행한다면, 왜 내 아들은 동행하지 않았소?'라고 묻는다. 단테는 내 힘으로 여기 온 것이 아니고, 그대의 아들 구이도(Guido)가 싫어하는 분(베르길리우스)의 도움 때문이라고 대답한다. 부(父) 카발칸티 디 카발칸티(Cavalcanti De Cavalcanti)는 단테의 말을 듣고 아들은 죽었다고 지레 짐작하고 뒤로 넘어진다(52-72). 파리나타는 동료의 행동에 아랑곳하지 않고 자기변호를 계속한다. 그는 단테가 피렌체에서 추방될 것이라고 예언하면서, 자신의 정치적 입장을 변호하고 단테의 질문에 답해준다(73-93). 망령들은 미래를 예견할 수 있으나 현재를 알지 못함에 대하여 설명해 준다. 그리고 함께 있는 자들 중의 두 명의 이름을 말해준다. 단테는 그의 정적 파리나타에게 상당한 존경을 표시하고, 엎어진 자(카발칸티)의 아들 구이도가 아직 살아있다고 말 한다(94-136행).

[그림 10-1 무덤 속에 있는 파리나타와 대면하는 단테]

해설

1. 버질이 단테의 궁금증을 풀어준다(1-21행)

'배신의 환(環)(4행)'은 불신 혹은 불경의 환옥(環獄)들이다. '여호사밧 골짜기(요엘 3:2, 12)'는 예루살렘 밖의 골짜기(기드론)이며 최후의 심판이 이곳에서 행해진다고 중세인들은 믿었다(11행). 에피쿠로스(Epicurus, 342-270BC)는 철학파의 창시자이며 스토아 철학의 창시자인 제논과 동시대인이다. 그는 지상의 행복(幸福)이 인간의 최종목표라고 했다. 그의 학설은 쾌락설이나 육감적 쾌락주의자는 아니었다. 단테는 그가 영혼불멸의 부정, 내세 부정, 그리고 신의 존재를 부정했기 때문에 철저히 정죄했다. 세이어(Sayers)는 15행 (영혼이 육체와 함께 죽는다)이 에피쿠로스의 진정한 가르침이 아닌 것 같다고 했다. 동양 사회의 군사부일체나 단테의 스승에 대한 관계는 수직적 권위에 대한 복종이나, 현대는 그물망 사회(Network Society)로서 선생과 제자의 관계를 재설정 할 필요가 있다. 오늘날 교육이 기능적이며 지식매매의 경향으로 나아가고 있는 것은 크게 우려되는 바이다. '앞에서 끌어주고 뒤에서 밀며'라는 초등학교 졸업식 노래의 일절이 그리워진다. 단테의 마음을 다 읽어내는 스승(17행)이 돋보인다.

2. 파리나타와의 정쟁(政爭) 이야기(22-51행)

1) 지옥을 압도할 듯한 파리나타의 풍모 (22-39행).

'토스카나는 지방명이고 피렌체는 그 안에 있는 도시 이름이다. 단테의 고향인 토스카나어는 현대 이탈리아어의 모체이고, 신곡은 토스카나어로 쓰여 졌다.

2) 파리나타(32행)는 피렌체 기벨린당의 지도자(AD 1239)이다.

단테는 지옥 6곡 79행에서 그가 어디 있는지를 물었다. 그의 지도하에 두 번이나 궬피당을 몰아냈다가 자신도 나중에는 추방되었다. 1264년에 죽었고, 1283년에는 이단으로 정죄되었다. 그가 죽은 지 1년 후(1265)에 단테가 출생했다. '저들이 쫓겨나긴 했어도(49-51행)', 궬피당은 두 번 (1248, 1260년) 추방되었다가, 두 번(1251, 1266년)째 피렌체로 돌아와 그 후 기벨린당을 다시 발붙이지 못하게 했다. 단테는 원수요 정적이었던 파리나타를 위풍당당하게 묘사했고 심지어 존경까지 했다. 그는 지옥 무덤에 누워있으면서도 지옥을 경멸하는 듯한 자세를 취했다(36행). '재주(51행)'는 Art(Ciardi 역), 혹은 Trick(Sayers 역)등의 다양한 번역이 있다. 피렌체를 탈취하는 기술이다. '저들(46행)'은 궬피당이며 '내 당파 (47행)'는 기벨린당이다. 43-51행은 단테 출생 이전 의 피렌체의 정쟁이 얼마나 치열했던가를 보여준다. 파리나타가 죽은 지 36년 후에 지옥에서 그를 만난 셈이다. 파리나타가 이곳에 있는 것은 '에피쿠로스'의 가르침을 신봉했기 때문이다.

3. 구이도의 아버지가 끼어들다(52-72행)

'그 곁에 한 혼령(52-54행)'은 카발칸테 데이 카발칸티(Cavalcanti)이다. 그는 단테의 친구인 구이도 카발칸티의 아버지이며 궬피당의 기사이다. 구이도는 파리나타의 사위이기도하다. 단테의 첫 작품 '신생'은 그에게 바쳐졌다. 둘의 우정은 깨어졌다. 구이도 역시 에피쿠로스 이단이었다. '그 곁에'는 파리나타와 같은 무덤 속에 있다는 뜻도 되고, 옆의 무덤이라고도 볼 수 있으나 전자가 맞을 것 같다. 궬피당은 그 후 백당(Neri)과 흑당(Bianchi)으로 분당, 단테와 구이도의 우정은 정치적 문제로 금이 갔다. 단테가 구이도의 추방 결정에 동참했다고 한다. 같은 진영의 동지들이 여야로 갈라져 정적이 되어 우정이 깨어진 사례는 우리 정치권에서도 흔히 보는 바이다. 단테와 구이도가 적이 된 것은 정파에도 문제가 있었지만 더 근원적인 것은 구이도가 이단사설에 빠져있기 때문이었다. 구이도의 아버지는 왜 구이도가 동행하지 않았는가?(70-72행)를 묻자 단테는 스승 베르길리우스의 '내세'에 관한 사상을 구이도가 업신여겼다고(61-63행) 대답한다. 단테는 천재적 능력으로 여기 온 것이 아니고 스승의 안내로 여기 왔고, 구이도가 스승을 업신여겼기에 여기 함께하지 못했다는 말을 듣고 아버지는 '너 무어라고 말했느냐? 그가 ~어겼다고 (61-68행)'하면서 아들이 죽은 것으로 단정하고 뒤로 넘어진다(70-72행). 구이도의 아버지는 궬피당의 기사였다. 그는 파리나타에 비해 퍽 정적이다. 둘은 반대당이면서 한 무덤 속에서 고통을 받고 있으나 둘 다 에피큐리안이다. 둘은 무척 대조적이다. 파리나타는 허리춤까지 보였고, 구이도의 아버지는 턱만 보였다. 전자는 정치에 후자는 아들에 관심이 있다. 전자는 의지의 사나이, 후자는 눈물의 사나이, 전자는 애국지사형, 후자는 다정다감한 아버지형이다. 단테는 10곡에서 파리나타의 큰 키, 튼튼한 사지백체, 그의 웅변, 무공 등에 더 무게를 싣고 있다. 단테의 현실정치에의 관심을 보여주고 있다.

4. 파리나타와 다시 이야기하다(73-114행)

1) 파리나타는 옆에서 고꾸라져도 얼굴, 목 그리고 옆구리를 꿈적도 하지 않았다(73-75행). 파리나타는 자기 당파의 사람들이 피렌체로 돌아오는 재주(기술, 전술)를 아직 익히지 않았다면 그것은 이 관 속에 있는 고통보다 더하다(76-78행)고 말한다. '여기를 다스리는 마나님(79행)'은 달(Moon)이다. '쉰 번 타기 전에(80행)'는 달이 비치는 50개월 전이라는 뜻이다. 단테가 50개월 이내에 추방당할 것이라는 예언(Ciardi 역)이라고도 하고, 50개월 내에 고국에 돌아가지 못할 것으로 해석(岩波 文庫, 240쪽)하는 사람도 있다. 그 재주(기술)가 어떤 것을 가리키는 지는

확실하지 않다. 파리나타가 단테에게 불길한 예언을 했다. 단테의 '재주'에 대한 파리나타의 반격은 단테를 실망에 빠트렸다. 궬피당이 피렌체를 마침내 장악하고 파리나타 일당의 피렌체 귀환을 금지한 이유를 단테가 설명해 준다(82-85행). 파리나타의 변호의 말이 계속된다(88-93행). 파리나타는 애국자임을 단테도 인정한다.

2) 단테는 파리나타를 통하여 망자들이 미래를 예견하나 현재의 일은 아무것도 모른다는 사실을 알고(97-108행), 구이도의 아버지께 구이도가 살아있음을 전해달라고 부탁한다(109-114행). 구이도는 1300년 8월에 죽었다.

5. 스승의 배려와 격려(激勵)(115-136행)

단테는 파리나타를 통하여 프레드릭 2세(AD 1194-1215)와 추기경(1273년-사망)도 에피큐리안으로서 여기 묻혀있음을 알아낸다. 단테는 파리나타의 불길한 예언을 생각하고 있으나(126행), 스승은 자기 손가락을 세우며(129행), 베아트리체 앞에 설 무렵(131행), 생애의 길을 안내 받을 것이라고 격려한다. 파리나타의 불길한 예언은 단테를 낙담케 했을 것이나, 스승의 격려는 단테를 살렸다(121-132). 스승의 '손가락'은 위를 보라는 즉 신앙의 길이다. 10곡은 에피쿠로스 이단자들이 지옥 6환 무덤에서 고통당하고 있음을 그렸다. 파리나타, 구이도, 구이도의 아버지, 프레드릭 2세, 추기경 그리고 천여 명의 망자들은 모두 현세주의자들이었다. 단테가 에피쿠로스의 철학사상을 이단으로 규정한 것은 그들이 내세와 하나님을 부정했기 때문이다. 여기서 단테는 진리와 정의에 충실한 사람임을 우리는 인정하지만 역시 그도 중세인의 한계를 면치 못하고 있다. 중세의 가톨릭은 이단 정죄에 민감했다. 단테가 속한 가톨릭은 정통표준이고 기타의 종파는 인정하지 않았다. 종교개혁 당시 서로가 인정하지 않으므로 종교 전쟁까지 치르는 비극을 우리는 알고 있다. 제2 바티칸 공의회

이후 가톨릭은 타 종교와의 대화 및 공존의 길을 모색하고 있다. 세상이 너무나 달라졌다. 그러므로 이단 시비는 극히 신중해야 한다.

제11곡 하부지옥의 구조와 죄의 분류

개요

- 교황의 무덤과 악취(1-15)
- 버질의 하부지옥 구조설명(16-66)
    - 폭력지옥(제7옥 28-51)
    - 사기지옥(제8옥 52-60)
    - 배신지옥(제9옥 61-66)
- 상부지옥의 벌이 가벼운 이유(67-90)
- 고리대금이 죄가 되는 이유(91-111)
- 결말 : 떠날 시간이 됐다(112-115)

줄거리

제6옥 (이단자들)의 계속이다. 1곡이 신곡 전체의 총서라면, 11곡은 디스성 아래 즉 하부지옥(7, 8, 9옥)의 총론이다. 두 시인이 커다란 바위를 쌓아서 이룬 강둑 끝에 이른다. 교황 아나스타시우스의 무덤 뒤에서 악취에 익숙해지기를 기다리는 동안(1-15행), 단테는 버질로부터 하부지옥의 구조와 죄의 분류를 설명 듣는다(16-66행). 디스성 안팎의 죄의 경중을 비교한 뒤 고리대금업이 죄가 되는 이유를 설명해 준다(67-90행). 디스성 아래의 제1옥(지옥 전체에서 제7옥)은 폭력범들의 지옥이며 이는 3개의 원으로 세분된다.

제7옥-1원은 타인에게 폭력을, 제7옥-2원은 자기에게 폭력(자살)을, 제7옥-3원은 하나님, 기술, 자연에 폭력을 행한 자들이 벌을 받고 있다(28-51행). 디스의 제2옥(제8환)은 말레볼제라 불리는 10개의 주머니(낭)로 구분되어 있다(52-60행). 제9옥(아주 좁다)은 최심층(最深層) 지옥이며 마왕(Dis)과 반역자들이 있다. 단테는 상부 지옥에 있는 자들이 어찌하여 디스에서 벌을 받지 않느냐고 묻는다(67-90행). 이어서 고리대금업이 왜 죄가 되는지를 묻는다. 버질은 아리스토텔레스의 물리학으로 설명해 준다(91-111행). 결말(112-115행).

[그림 11 심한 악취에 도로 물러난 단테와 버질]

해설

1. 교황 아타나시우스의 무덤(1-16)

'포티누스가 바른길에서 떼어 제친 교황 아나스타시우스를 내 지키노라 (8-9행)' 이 대목은 역사의 배경에 대한 지식이 필요하다. 포티누스는 데살로니가의 성직자였고, 그리스도의 신성을 부정한 아카시우스의 이단설에 교황 아나스타시우스를 끌어들였다고 전해진다. 단테는 교황 아나스타시우스(AD 496-498)가 포티누스의 포섭에 의해 이단설에 빠졌다는 중세 전승을 그대로 받아들였다고 한다. 포티누스는 아카시우스가 제명되었을 때 그를 복적 시키려고 로마로 갔고, 거기서 교황을 만났다고 한다. 이를 계기로 교황은 성직계의 미움을 사고 급기야 파문되었다고 한다. "단테가 여기에 교황을 둔 것은 이 시대 정적을 함정에 빠트리기 위해 이단에 끌어들이는 일이 많았던 교회를 비판하기 위함이다. 단테는 구원을 주는 이념상의 교회와 조직에 속한 현실의 성직자와의 구별을 한 뒤에 성직자를 비판한다. 인간은 비판해도 교회 개념 자체는 보호함으로써 교회의 쇄신을 기도했다(原 基晶-日譯π 167쪽).

주석가들은 단테가 교황 아나스타시우스와 동시대 사람인 황제 아나스타시우스(AD 491-518)를 혼동했을 것이라고 한다. 가톨릭측은 이 설을 지지하나 야나이하라는 반론을 제기하고 있다. "사실 여부를 떠나서 단테가 말하는 교황이라는 지위가 조금도 인간을 신성화하지 못한다는 견해는 옳다"고 했다. 단테는 몇 명의 교황을 지옥에 보냈다. 기름부음 받은 종이라 해서 죄를 지어도 면책이 보장되는 것은 아니다. 교황 무오설 같은 교리는 넌센스이다. 바울은 "무릇 율법 없이 범죄한 자는 또한 율법 없이 망하고 무릇 율법이 있고 범죄한 자는 율법으로 말미암아 심판을 받으리라"(로마서 2:12)고 했다.

2. 디스(Dis)성 아래의 삼옥(三獄, 16-66행)

1) 16-27행, 현장 적응을 위하여 잠시 쉬는 시간을 선용하기 위해서 단테는 이야기를 들려달라고 부탁한다. 이에 스승이 입을 열어 이 아래에 '좁혀진 3옥(three lesser circles, 17행)'이 있다고 대답한다. 하부의 3개 지옥은 6옥에 비해 좁다. '네가 떠나온 것들(18행)'은 상부 지옥을 말한다. 세 개의 옥은 제7, 제8, 그리고 제9옥을 가리킨다. '악성(惡性-22행)'은 이태리 원문은 Malizia, 영어 Malice는 의지가 작용하는 죄들로 하나님이 미워하시는 중죄이다. 하부 지옥의 죄를 나타내는 열쇠 말이 사악(邪惡,fraud)이다.

2) 28-51행, 디스성 아래의 제1옥(28행)은 지옥 전체에서 볼 때 제7옥이다. '삼위일체 신에게 행하여지므로(29행)'- 이곳은 3개의 아래로 내려가는 원으로 구성되어 있다(30행). 그 셋은 '이웃, 자기 그리고 하나님과 그들의 것(33행)'이다. 신에게 속한 것은 자연과 그의 은혜이다. 살인자, 중상모략자 그리고 강도들은 폭력으로서 이웃에 대한 폭력자로서 상처, 파괴, 방화, 약탈 그리고 죽음을 행사한다(34-39행). 제2원에는 '제 몸과 제 재산에게 폭력을 가한 자들이 있다. 자살은 제 몸에 행한 폭력이다. 제3원에는 '하나님을 모독하거나 그를 부정한 자들이 있다(46-51행). 좁디좁은 원(49행)'은 제7옥-3원이다.

3) 52-60행, '제2원(57행)'은 지옥 제 8옥이다.   '저를 믿는 이(53행)'는 특수의 신뢰 관계에 있는 사람들 부부, 사제, 친구 관계이다. '믿어주지 아니하는 이(53행)'는 이웃, 시민, 동족 등의 관계이다. '뒤에 것의 이 행패(55행, the latter mode of fraud)'는 자연(인류애)이 만드는 사랑의 관계를 끊어 버림이다. 제8환은 10개의 악한 주머니 즉 말레볼제(malebolge)로 나뉘어 있다. 10개의 낭(주머니)엔 각각 위선자, 아부 추종자, 사람을

혹하는 자(마술 따위), 가짜 금(속임질), 성직 매매자(시모니아), 여자를 속여 파는 자(뚜쟁이), 탐관오리(등쳐먹기) 등이다. '앞에 것의 행패(61행, the former mode of fraud)'는 특수 신뢰 관계를 가리킨다.
4) 61-66행, '아주 작은 환(64행)'은 지옥의 최심층부, 곧 땅의 중심으로 보는 제9옥이다. '디스(64행)'는 악마(Devil), 루시퍼, 혹은 사탄 등과 동의어이다. '모든 반역자(66행)'는 가인과 유다의 무리들이다. 이곳은 우주의 중심이며, 디스(Dis)의 보좌이다.

3. 상부 지옥의 벌이 가벼운 이유(67-90행)

'심연(68행)'은 심처(深處)라고도 번역되며 제 7, 8옥(환)을 가리킨다. 70-72행의 죄인들은 디스성 밖의 여러 지옥에 있는 자들 즉 상부 지옥에 있는 자들을 가리킨다. '흐물흐물한 늪에 있는 저들(70행)'은 7곡 109행의 분노자들 이고, '바람이 쓸어가고(71행)'는 5곡 48행의 정욕을 잘못 사용한 죄인들이고, '비가 매질하며(71행)'는 6곡 34행의 탐식자들이고, '말씨로 서로 겨루는 자들(7행)'은 7곡의 수전노와 낭비자들을 가리킨다. 단테는 왜 저들이 디스성 내의 죄인들처럼 중벌을 받지 않는가(73-75행)라고 묻는다. 버질은 아리스토텔레스의 〈니코마코스의 윤리학〉 제7권 권두의 말을 인용하여 답한다. 단테는 아리스토텔레스의 윤리학에 기초하나 이 분류를 그대로 따르지 않고 먼저 방종과 사악으로 2분하고, 다시 키케로의 설을 근거로 사악을 폭력과 기만으로 나누었다. 방종이 사악보다 가볍다고 했다. 바울은 로마서 1장에서 죄의 뿌리를 불경건(불신)이라 했고, 거기서 모든 불의가 파생한다고 했다. 그러나 단테는 정욕의 죄를 사악의 죄들 앞에 두었다. 바울은 죄를 연역적으로 보았으나, 단테는 죄를 귀납적으로 보았다.

4. 고리대금이 죄가 되는 이유(91-111행)

'철학(97행)'은 아리스토텔레스의 '물리학'이다. 아리스토텔레스는 철학뿐만 아니라 시학, 미학, 윤리학, 물리학 등 모든 학문의 아버지였다. 어거스틴은 플라톤의 철학으로 신학을 설명했으며, 토마스 아퀴나스는 아리스토텔레스의 철학을 근거로 중세 신학 체계를 세웠다. 단테는 토마스 아퀴나스의 신학설을 따라, 버질의 입을 빌어 고리대금업이 왜 죄가 되는지를 말하고 있다. 인간의 기술(재주)은 자연의 모방에서 나왔고, 자연은 하나님께로부터 나왔으니 인간은 하나님의 손자라는 것이다. 창세기 3장 17절에서 사람은 땅을 경작하여 양식을 얻었다. '이 두 가지(107행)'는 자연과 재주(기술)이다. 새가 우는 소리를 모방하여 음악 예술이 나오게 된 것이 좋은 예이다. 돈놀이 즉 고리대금업은 자연의 이치를 어기는 것이기에 죄가 된다는 것이다(111행). 한 방울의 땀도 흘리지 않고, 부동산 투기로 엄청난 돈벌이에 재미를 들여온 그간의 일은 큰 죄악이 아닐까? 농경사회를 거쳐 산업화 정보화 시대를 살고 있는 현대에 금융업을 죄라 생각하는 사람은 아무도 없다. 단테가 보는 기술은 자연을 모방하는 것이나 현대의 기술은 자연을 떠난 것으로 인류의 문명을 위협하는 것이 많다. 단테의 주장은 현대인의 눈에 다소 무리가 있으나 깊이 음미해볼 것이 있다. 자연을 모방하는 것이 하나님을 따르는 것이다. 인간을 비인간화 하는 기술과 과학은 경계해야 한다. 비인간화 된 기술은 악성의 죄들을 양산화 할 뿐이다.

5. 결말(112-115행)

　버질은 별자리(The Fishes)의 움직임을 보고, 토요일 해뜨기 2시간 전 새벽 4시경이니 자리를 떠나자고 한다(112-115행). 단테 시대는 별자리의 이동이 시계를 대신했다.

제12곡 폭력배들의 지옥

개요

- 제7환 1원의 지형묘사(1-10)
- 미노타우로스의 발광(11-27)
- 바위가 굴러 떨어진 경위(28-45)
- 켄타우로스에 대한 설명(46-99)
  - 골짝 아래의 광경(46-63)
  - 켄타우로스들에 대한 설명(64-75)
  - 버질이 케이론에게 길안내 부탁(76-99)
- 피강(血河)의 폭력자들(100-138)
- 네소스(Nessus)가 여울을 도로 건너감(139)

[그림 12-1 단테가 미노타우로스를 만남]

줄거리

여기는 폭력배들의 혼이 고통 받는 지옥 7환 제1원이다. 거기 내려가는 낭떠러지는 매우 가파르고 험난하다. 이곳은 이웃과 이웃의 재산에 폭력을 가한 자들이 벌을 받고 있다. 두 시인은 우두인신(牛頭人身)의 괴물 미노타우로스를 만난다. 그는 자해하며 분통을 터뜨린다. 버질이 호통을 치자 괴물은 발광을 한다. 그 틈을 타서 두 시인은 절벽 아래로 내려간다. 산사태로 바위가 여기저기 깨져있고 모양이 황폐하다. 버질은 이렇게 된 경위를 설명한다(28-45행). 두 시인은 산골짜기를 내려가다가 반인반마(馬人)의 괴물 켄타우로스의 위협을 받는다(46-63행). 버질은 켄타우로스의 대장 케이론, 부하 네소스 그리고 폴로스를 단테에게 소개한다(64-75행). 버질이 케이론에게 지옥 방문의 목적을 말하고 단테의 안내를 부탁한다. 그는 네소스에게 안내를 명한다(76-99행). 네소스는 눈썹까지 잠기운 폭군들, 낯짝만 내놓은 놈, 목 그리고 가슴까지

지옥 89

드러낸 놈들이 누구임을 단테에게 말해준다. 이어서 끓는 피강(血河)의 이쪽은 얕고, 저쪽은 깊다고 말한다. 그것은 폭력의 경중에 따라 나눈 것이다. 네소스는 임무를 마치고 제자리로 돌아간다(100-139행).

해설

1. 괴물 미노타우로스(1-45행)

1) 낭떠러지의 내리막 길(1-10행)

제11곡 마지막(115행)에서 단테는 제7환 1원을 "내려갈 낭떠러지"라고 묘사했고, 저 멀리 아득하다"고 했다." 두 시인을 둘러싼 광경은 매우 황폐하였다. "거기 버티고 있는 놈(2행)"은 우두인신의 괴물 미노타우로스이다. 트렌토(4행)'는 이탈리아 북부 알프스 산자락의 도시로 가파른 계곡 사이에 자리 잡고 있다. 아디체(5행)는 이탈리아 북방을 흐르는 하천의 이름이다. 1-9행은 10행의 '저 낭떠러지의 내리막'을 묘사하고 있다. "부스러진 바위(8행)"-단테는 유랑생활 중 산사태(AD 883년경)가 일어나서 아디제 강물 밑 지형의 굴곡이 험해진 것을 직접 목격했다고 한다.

2) 우두인신(牛頭人身)

'미노타우로스(10-27행)'는 전설에 의하면 크레타 섬의 왕, 미노스의 아내 파시파에(Pasiphae)가 바다의 신 포세이돈이 미노스에게 선물로 준 황소를 연모한다. 장인 다이달로스는 쇠가죽으로 덮은 목제 암소를 만들어 준다.

파시파에가 그 속에 들어간다. 황소를 통해서 난 것이 미노타우로스라는 괴물이다(Singleton, 186쪽). 미노스왕은 이를 크레타의 치욕으로 알고, 괴물을 미궁(Labyrinth)에 가둔다. 미노스(Minos)는 아테네의 미소년과 소녀 각 7명씩을 조공 받아, 미노타우루스에게 먹였다. 아테네의 테세우스 공은 이에 분개하여 크레타 섬으로 간다. 미노스의 딸인 아리아드네 (이복누이)의 도움을 얻어 미노타우르스를 죽인다(Sayers, p146). 귀로에 헤매지 않으려 몸에 실을 감고 갔기에 살아서 돌아온다. 귀족 또는 왕후가 바람피운 이야기는 많다. 이 신화는 인간성 속에 수성(獸性-짐승)이 깃들어 있음을 표현한 것이다. 레위기(20:15-16)는 수간(獸姦)을 엄금했다.

3) 버질은 이곳의 산사태 발생의 경위를 단테에게 설명해 준다(28-45행). '누구의 말(41행)'은 엠페도클레스(BC 490-430)의 학설이다(최민순, 92쪽 참조). 그리스도가 십자가에서 운명하실 때(마태복음 27:51) 지진이 일어나 여기가 이 모양이 되었다는 것이다. 미노타우로스는 분노의 상징이다. 애증의 불균형의 결과로 이렇게 되었다는 것이다.

2. 괴물 켄타우로스(46-99행)

1) '피의 강변(47행)'은 아케론, 스틱스에 이은 지옥의 3번째 강 플레제톤 강이다. 살인자와 폭군들이 벌 받는 곳이다. 이승의 분노가 미치는 저승에서의 결과(49-51행)를 본다.

2) 켄타우로스(56행)는 반인반마(半人半馬)의 괴물이며, 포학의 상징이다. 인간 이성이 욕정의 노예가 된 모습이다. 케이론(65행), 네소스(68행), 그리고 폴로스는 모두 켄타우로스이다. 살인자와 폭군들의 지킴이들이다. 단테는 케이론을 3명의 대장으로 부각시키며, 비록 그를 지옥의 지킴이로 두었지만 그는 고대 그리스 영웅들과 아킬레스(트로이전의 용장)며 테세우스 공을 길러낸 교사였다. 나다나엘 호손은 케이론을 그의 작품 속에 재생시켰다. 교실에서 학생을 가르치는 선생이 머리와 얼굴은

사람인데 다리와 몸이 말의 모습을 하고 있다고 했다.

3) 케이론에게 버질이 길 안내를 부탁한다. 케이론이 네소스에게 이 일을 맡긴다(76-99행). '화살 통으로 자신의 턱 수염을 뒤로 제끼더라(He parted his beard to both sides of his jaws. 78행 ,p227).' 롱펠로우는 이렇게 썼다. '모든 위대한 예술은 보고 믿는 바의 어떤 것을 나타냄이다.' 단테는 12곡 78행을 묘사함에 있어서 꿈에도 상상할 수 없는 장면을 실제로 본 것처럼 그려내었다. 천재 시인의 상상력과 캐릭터 묘사에 감탄한다.

'두 모습이 한데 이어진(83행)'- 인성과 마성이 합쳐진 케이론이다. '정말 저는 살아있고 홀몸이기에 나는 캄캄한 골짜기를 저에게 보여주어야 하나니(85행)'- 버질이 케이론에게 이곳을 방문하는 목적을 말한 대목이다. 스승은 단지 제자에게 지식전수자가 아니고 삶 자체를 체험시키는 자이다. 체험은 제자의 몫이고 스승은 계기를 마련해주는 자이다. 싯타르타가 가빌라 성에서 환락만 즐겼다면 어찌 인생의 진면목을 보았을까? 그는 성 밖에 나와서 생로병사의 사고에 마주치게 되었다. 지옥의 현장은 도처에서 언제든지 우리가 보는 바이다. 신학대학 교실에서 목사가 나올 수 있다. 그러나 현장 체험을 겪지 않으면 그의 설교는 온실 속 화려한 꽃에 불과하다. 단테는 피렌체의 피비린내 나는 정쟁의 중심인물이었다. 그는 지옥 체험의 산 증인이기에 그의 글은 우리에게 설득력이 있다. 직장생활 10년이란 세월 속에서 지옥의 부분을 나 역시 체험하였기에 그리스도 복음의 필요와 진가를 알게 되었다.

3. 피강(血河)의 죄인들(100-139행)

[그림 12-2 켄타우로스와 프레제톤 강에 잠긴 폭력배들]

두 시인은 켄타우로스 네소스의 '믿음직한 호위를 받고(100행)' - 뜨거운 피강 프레제톤에 잠긴 폭력배들은 그들의 죄질에 따라 누구인지를 하나 하나씩 안내를 받는다. 피와 약탈을 일삼은 폭군(105행)들은 눈썹까지 잠겨있다. 폭력의 무게 때문에 눈썹까지만 보인다.

이 중에서 알렉산더(BC 365-323)가 보인다. 30세에 마케도니아제국을 건설하기까지 그를 통하여 흘려진 피는 강을 이룸직하다. 히틀러는 600만명의 유대인의 생명을 없이 했으니 그 역시 알렉산더 못지않은 벌을 받고 있을 것이다. 대량살상 무기를 만들어 세계를 파멸로 몰고 갈 인물들도 '눈썹 혈탕'에 들어가야 할 것이다. 악의 축으로 거명된 인물들은 전쟁을 일으켜 수많은 인명을 죽게 하고 세계를 황폐시킨 자들이었다. 그 다음은 새까만 머리와 낯짝만 내놓는 놈(109행), 그 다음은 피강 위에 목만 내어놓는 놈(117행), 외로이 서있는 그림자(118행), 머리며 가슴까지 드러낸 백성도 보았다. '그림자(118행)'는 헨리가 아니고 그를 죽인 몬포르테였다.

성당에서 미사를 드리고 있을 때 몬포르테가 죽었다. '신의 품'은 성당 안이다. 심장을 시신에서 끄집어내어 상자에 담고 템스 강 다리위에 집을 세워 기념하고 있다는 것이다(The heart still dripping blood). '플레제톤'의 이쪽은 점점 얕고 맞은편은 점점 깊다고(124-130행)한다. 폭력살인, 약탈의 경중을 가리킨다. 예수님은 '검을 쓰는 자는 검으로 망한다.'고 했다. 단테 시대의 폭력은 국지적이었으나 현대는 인류전체의 멸망을 가져올 폭력 앞에 서있다. 세계의 패권 국가들이 중동과 우크라이나의 하늘을 폭력으로 물들이고 있다. 예수님이 '검을 든 자는 검으로 망한다.'고 했다. 현세에서 남의 피를 흘린 죄는 지옥에서 끓는 피의 강물에 잠기는 벌을 받고 있다. 신화는 인면수심의 인간성을 리얼하게 그려주고 있다.

제13곡 자살자의 숲과 하르피이아

개요

- 자살자의 숲과 괴조(怪鳥) 하르피이아(1-21)
- 피에르 델라 비냐의 항변과 사연(22-78)
- 두 번째 질문과 피에르의 답변(79-108)
- 재산에 폭력을 가한자들의 벌(109-151)

줄거리

제7옥 2원에는 자기육체(자살)와 자기재산(도박)에 폭력을 가한 자들이 살고 있다. 전자는 자살로, 후자는 도박으로 끝장을 낸 자들이다. 켄타우로스의 하나인 네서스(Nessus가 플레제톤의 맞은편으로 다 건너가기 전에, 단테와 버질은 길 없는 자살자의 숲에 이른다. 자살자는 마디 투성이의 굽은 나무로 변해있고, 도박자는 암캐에게 쫓기며 물어뜯기고 있다. 새의 몸에 여자의 얼굴을 한 괴물(鳥身女面) 하르피이아(Harpies)가 이곳을 지키고 있다. 버질은 단테에게 가지 중 하나를 잘라보라고 말한다. 그랬더니 나무가 울며 피를 흘리고, '왜 나를 찢느냐'고 항변한다. 이승에서 저의 이름은 시칠리 왕의 대신 피에르 델라 비냐였다. 왕의 총애를 한 몸에 받았으나 음모에 의한 질투 때문에, 투옥되고 견디다 못해 자살한다. 망령은 자살의 경위와 자신이 받는 형벌을 설명하고, 〈최후의 심판〉 때에 육체를 회복하지 못한다고 말한다.

단테는 망자들의 불쌍함에 압도되어, 스승에게 자기를 대신해서 한 번 더 물어 달라고 부탁한다. 갑자기 사냥꾼의 거친 소리가 들리고, 두 시인은 방해를 받는다. 벌거벗은 두 망자는 시에나 사람 라노와 산토 안드레아의 자코모 이다. 개는 그 중 한 놈의 살점을 물고 가버린다. 이 와중에 찢겨진 나무 가지들은 애통하기 시작한다. 마지막으로 자살수로 변한 한 피렌체인이 이 도시의 장래를 예언한다.

[그림 13 자살자의 숲과 하르피이아]

해설

1. 자살자의 숲과 하르피이아(Harpies)(1-21행)

1) 자살자의 숲에 대한 묘사는 대단히 간결하고 문학적이다(1-9행). 흔적도 있지 않는(2행), 푸른 것도 아니요(4행), 열매는 커녕(6행), 곧지 못해(5행), 살지 않으려만(9행) 등의 일련의 부정사로 이어져 있다. 자살은 자기증오, 자기파괴, 생명부정임을 알게 한다. 숲속의 지형지세 묘사(7-9행)는 황량하기 그지없다.

2) 이곳의 지킴이 '하르피이아(Harpies)'는 여자의 얼굴에 새의 몰골을 지닌 괴물이다(10-15행). 하르피이아는 '파멸의지'와 '절망'을 상징한다. 괴조(怪鳥)는 아이네아스의 연회상에 날아와서 음식을 먹고 오물을 싸서 그 자리를 망쳐놓았다. 아이네아스가 저들을 쫓아내자 그 중의 한 마리가 불길한 예언을 한다. '너희가 굶주릴 때 우리 상에 와서 먹으리라'고, 그 후 트로이 인들이 예언대로 쫓겨났다. 미노타우로스와 달리 하르피이아는 여성적이다. 단테는 하르피이아에게 자살자의 숲을 지키는 임무를 부여한다. 10-15행은 아이네이스 3권 209-218절의 인용이다.

3) '내 말에서 믿음을 앗아가는(21행)' 끔찍한 일이 벌어질 것을 예고하고 있다. 아무리 버질의 말이라 해도 듣는 것만으로는 믿을 수 없다는 뜻이다.

2. 피에르 델라 비냐의 항변과 사연(22-78행)

1) 단테는 울음소리를 듣되 사람을 보지 못하고 당황하여 서 있었다(22-24행). '숨어버린 백성(25행)'은 창세기 3:8의 '하나님의 낯을 피하여 동산 나무 사이에 숨은 아담 과 하와'를 가리킨다. 스승은 나뭇가지를 꺾어보라고 한다(28-31행). 가지 하나를 꺾었더니 '왜 날 찢느냐?'는

소리와 함께 검붉은 피가 흐른다(28-36행). 이승에선 '사람이었더니 이젠 숲이 되었노라(37행)'고 말한다. 40-45행은 단테의 섬세한 식물관찰에서 나온 묘사이다.

2) '나는 프리드리히의 마음의 열쇠를(58행)'- 피에르 델라 비냐(AD 1190-1240)는 이탈리아 남부에서 출생하여, 황제 프리드리히 2세의 가장 신임받는 대신이 되었다. 그의 '예스(Yes)'는 황제의 마음을 열고, 그의 '노우(No)'는 황제의 마음을 닫는다. 58-78행은 그가 자살을 하게 된 사연이다. 단테가 꺾은 가지는 피에르 델라 비냐 였다. 롱펠로우는 그의 자살에 대하여는 깊은 의문이 있다고 했으며, 단테는 그의 명예를 지켜주었다고 썼다. '궁중의 질투(66행)'를 음녀로 표현했다. - TV드라마 '여인천하'에서 질투의 현장을 우리 모두 시청한 바 있다. 카이사르의 궁(64행)은 시칠리 프레드리히의 궁을 가리킨다. 최선의 충성이 최악의 형벌로 되돌아왔을 때, 그는 자신의 결백을 자살로 나타냈던 것이다(58-72행). 자살은 문제의 해결책이 아니다. 내 몸을 내 것이라 착각한 것이 그의 불찰이었다. 소유주는 하나님이시다. 이 점 우리 모두 깊이 명심해야 할 것이다. 비냐의 깊이 서린 한의 소리가 내 가슴 깊이 울려온다(73-78행).

3. 두 번째 질문과 답변(79-108행)

단테는 나무로 변한 자살자가 너무 불쌍해서 차마 더 묻질 못하고(79-84행), 버질로 하여금 다시 묻도록 부탁하니, 이에 피에르 델라 비냐는 다시 말한다(85-90행).

1) 질문의 요지는 '어찌하여 저런 마디에 얽혀 있는지를, 그리고... 이런 지체에서 풀려 나오는 자도 있느냐'(88-90행)이다. 지상에서 자살자는 하나님이 주신 몸을 부정했기 때문에, 지옥에서 그는 완전히 몸의 형태를

부정 당한다. 자살자의 영혼은 미노스(96행)에 의해서 제 7옥으로 보내지고, 거기서 제멋대로 던져진 씨앗처럼(97-99행), 싹이 트고 새순이 돋는다. 하르피이아가 그 잎 새를 먹는다(100-102행). 잎새는 인간의 희망을 상징한다. 자살자는 모든 희망이 잘린다. 고통을 받을 때에만 자기 의사 표현을 한다(100-102행). 자살자는 고통에서 해방을 받으려 일을 저질렀지만, 사후 나무에 갇히고 만다. 자살은 결코 문제의 해결이 아니라 문제를 더 꼬이게 한다.

2) 그 다음의 물음은 가지에서 '풀려나오는 자도 있느냐'이다.

최후의 심판 때 자살자들은 지옥의 다른 망자들처럼 지상(여호사밧 골짜기)으로 육체의 반환을 요구할 수 있으나, 그 몸과의 결합은 부정 당한다(103-108행). 자살은 하나님의 소유인 자기 몸을 도적질하는 것이다. '제 스스로 버렸던 것을 가짐이 옳지 못함 이니라(105행).'- 영어로 'It is not just that a man should have what he takes from himself(Sayers, 154쪽)'이다. 단테는 자살을 일종의 자신이 자기에 대한 도적질이라고 했다. 도적은 훔친 장물을 제 것이라고 주장할 수 없음과 같다. 단테의 이 주장(105행)은 마지막 부활의 교리에 위배 된다고 공격을 받았으나, 이것은 시적 상상의 언어로 봉인된 문학이라는 점을 감안해야 할 것이다.

4. 재물 폭력자(탕진자)에 대한 벌(109-151행)

1) 재물 탕진자의 벌(109-129행) - '누구(112행)'는 사냥꾼들 중에서 짐승의 도망가는 길을 지키는 자이다. '짐승 떼(112행)'는 멧돼지와 사냥개 모두이다. 112-114행의 '흡사~ 같더라.'는 사실적 묘사이다. 114행은 두 재산 탕진자의 도망치는 모습(115-117행)의 도입 문이다. '앞 엣놈(118행)'은 라노인데 재산 탕진하던 자로서 토포에서 싸울 때 전사(1288년)했다. 그는 이승에서 재산탕진으로 스스로의 죽음을 재촉했다. '딴놈(119

행)'은 산토 안드레아의 자코모로 세상에 드문 탕자였다. 재산 탕진이란 도박하여 돈을 잃은 것을 가리킨다. 그는 심심풀이로 은화를 강물에 뿌렸다. 뼈아프게 돈을 벌어보지 못한 사람들이 재물에 폭력행위를 하기 쉽다. 쉽게 얻은 재물은 쉽게 날리기 일쑤이다. '토포(Toppo)에서 겨룸(120행)'은 전투를 이름이다. 재산 탕진 자들에게는 하르피이아가 아닌 검정 암캐들이 달려들어 물어뜯고는 지체(肢體)를 물고 먹어버렸다(124-130행). 노름꾼들은 한 순간에 다 날렸으니 그것이 폭력이었다. 지옥에서 개에게 순식간에 몸이 찢기는 형벌로 보복을 받는 것이다.

2) 피렌체 인의 등장과 예언(130-151행) - 앞서 자코모가 숲속에 쓰러졌다(123행). 두 놈의 난리 통에 '수풀 가지란 가지는 모조리 부러지더라'(117행). 부러질 때 망령은 자기의 말을 한다. 이것도 엄청난 형벌이다. 부러진 가지들이 자코모에게 "나를 방패 삼아 너에게 무슨 유익이 있느냐(133-135행)"? 고 말한다. 찢긴 나무 가지가 "너의 죄과를 왜 내가 져야 하느냐?"(133-135행)라고 하소연을 한다. 이에 버질은 네가 누구냐?(137행)고 물으면서 그 망령에게 말을 시킨다. 그는 피렌체 인으로 자기 도시가 전에는 군신 마르스(Mars)를 수호신으로 섬겼다가 지금은 세례자 요한을 수호성인으로 삼고 있기 때문에 피렌체가 자주 화를 입는다고 말한다(142-144행). 피렌체는 군신(軍神)의 난리 때문에 화를 입게 되리라(145행)고 한다. 피렌체는 상업으로 번창하여 정신이 해이해져 자살자가 많아졌다는 것이다.

단테는 자살자와의 인터뷰를 통해 이승의 독자들에게 그의 심정을 잘 변호해 주고 있다. 자살자의 심리통찰이 놀랍다. 자살자를 나무로 표현한 것은 '혼이 아무리 버둥거려도 벗어날 수 없는 고뇌를 나타낸 것'이다. 굽은 가지 매듭은 순진하게 자라지 못한 것을 나타내고, 새 순과 잎사귀가 나오는 순간 하르피이아에게 쪼아 먹히는 것은 희망이 잘리는 것이다.

나무의 마디들은 꼬인 인간성을 상징한다. 자살자는 매사에 부정적(4-9행)이고, 극심한 고통에서의 출구를 자살에서 찾는다(70-71행). 해방은커녕, 혼이 나무속에 갇힌다(88~90행). 자살자는 상처받은 영혼(46행)이며 영원한 한의 소유자이다.

139-151행은 무명 자살자의 피렌체에 대한 예언이다. 피렌체가 수호신을 군신 마르스로부터 성인 세례자 요한으로 바꾸었기 때문에 전란이 자주 일어났다고 한다. 상업 번성으로 정신이 해이하여 자살자가 많아졌다는 것이다. 그는 상무 정신을 역설한다. 그는 자기 집에서 자살을 했다(151행). 자기 집이란 피렌체의 도시를 가리킨다. 모든 자살은 죄인가? 난제이다. 신념을 지키기 위해서, 정조를 지키기 위해서 의로운 자살을 하는 자도 있다. 생명 존중의 포기가 자살이다. 13곡을 통해서 자살자의 심중을 들여다보는 것 같다. 자살은 희망을 상실하고 절망에 빠졌을 때 일어나는 사건이다. 그러므로 자살은 이성을 상실했을 때 일어난다. 한 생명은 온 천하보다 귀하다고 했다. 생명은 내 것이 아니다. 하나님의 것을 내 마음대로 훼손(폭행)했으니 큰 죄가 아닐 수 없다. 생명의 소중함을 다시한번 되새기자. "온 천하를 얻고도 제 목숨을 잃으면 무엇이 유익하리오"(마태복음 16:26). 가와바다 야스나리(1899~1972, 雪國, 일본, 노벨상 수상자)는 자기 문학의 한계를 절감하고 자살했다. 일본인들의 자살 선호 풍조는 비판받아야 한다. 2005년, 국내 1위 대기업가의 자제가 왜 목숨을 스스로 버렸을까? 자살행위를 한 칼에 모두 정죄할 수 없다. 옳고 그름을 쉽게 판단 내리기 어려운 문제이기도 하다. 예수께서 "내가 온 것은 양으로 생명을 얻게 하고 더 풍성히 얻게 하려는 것이라"(요한복음 10:10)고 말씀하셨다.

제14곡 카파네우스와 노거인상(老巨人像)

개요

- 모래벌판과 불비(火雨)형벌(1-42)
    - 자살자의 숲 언저리, 모래벌판(1-15),
    - 세 종류의 신모독자(16-42)
- 신 모독자 카파네우스(43-90)
    - 저 키다리 뉘 오니이까?(43-60)
    - 카파네우스를 설명함(61-72)
    - 실개천, 플레제톤(73-90)
- 지옥강들의 내력(91-120)
    - 크레타 섬의 전설(91-102)
    - 문명의 5시대(103-120)
- 단테의 물음에 답변함(121-138)
- 결어: 내 뒤를 따르라(139-142)

[그림 14 격렬한 불비로 고통받는 불경 죄인들]

줄거리

　지옥 제7환의 3원은 하나님과 그 성물에 폭행을 가한 자들이 벌을 받는 곳이다. 14곡은 신을 모독한 자들이 벌을 받고 있고, 15-16곡은 남색자(男色者)들, 17곡은 고리대금업자들이 받는 형벌을 묘사하고 있다. 두 시인은 자살자의 숲 언저리에 와 있다(12행). 여기는 모래벌판 위에서 3종류의 죄인들이 불비를 맞으며 고통을 받고 있다. 누워서 하늘을 향하여 하나님을 모독하는 말을 토하는 카파네우스, 남색자(자연에 대한 폭력), 고리대금업자(자연은 하나님의 솜씨를 드러내고, 모든 산업은 자연에서 나온 것이니 산업은 하나님의 손자에 해당한다. 그러나 고리대금업은 자연을 거스른 反산업이다)를 등장시킨다 (21-27행). 14곡은 그중의 하나인 신모독자 카파네우스가 주인공이다. 그는 제우스신께 끝까지 항거하다가 죽는다(52행). 단테는 제우스를 하나님으로(70행), 카파네우스를 하나님을 모독하는 자로 바꾸어 놓았다. 두 시인은 자살자의 숲의 가장자리를 따라 피의 강 플레제톤에 온다. 버질은 뜨거운 '플레제톤'이 아래로 흐름을 말해 주고(81행), 크레타섬의 이다(Ida)에서 제우스의 출생이며(100행), 우뚝 서 있는 거인상은 머리로부터 발까지 순금, 은, 구리, 철, 흙(106-111행)으로 구성되어있다고 설명한다. 순금의 머리에서 흙발에 이르는 노거인상은 역사의 쇠락과정을 상징하고 있다. 머리를 제외한 모든 부분에서 흘러내린 눈물이 지옥의 여러 강이 되었다고 말한다(113행). 단테는 스승의 답변에 만족하지 않고 플레제톤과 레테(Lethe)의 소재를 묻는다(130행). 모래벌의 불모, 하늘에서의 불비는 자연과 하나님의 진노를 상징하며 카파네우스는 독신자의 대표이고, 노거인상(老巨人像)은 쇠락의 역사를 가리키고, 노인상의 눈물은 지옥 강의 기원을 설명해 준다.

해설

1. 모래땅(砂漠)과 불비(火雨) 형벌(1-42행)

1) 모래벌판의 지세(1-15행)

동향인 자살자의 곁가지를 되돌려 주고(1-3행), 두 시인은 정의의 무서운 솜씨(Arts) 즉 신벌의 무서운 업을 곧 보게 된다(6행). 불모지 모래땅은 리비아 사막(14행)과 다를 바 없다고 했다.

2) 하나님의 복수(復讐)(16-42행)

3종류의 폭력자들을 소개한다. 첫째는 앙와자(仰臥者)들이다. 등을 땅에 대고 반듯이 누워 위를 쳐다보는 자들이다. 하나님을 경멸하는 모습이다. 수는 적으나 고통은 아주 크다(22행). 둘째는 고리대금업자들이다. 저들은 금리계산에 부심하느라 이마에 땀을 흘리며 '웅크리고 앉아'있다(23행). 이익을 계산하는 모습이다. 17곡에서 이들에 대하여 상세히 다루고 있다. 셋째 부류는 남색의 무리들(24행)이다. 욕정의 격류에 끌려 다니는 생전의 심리상태를 잘 묘사하고 있다. 남색자들이 가장 많고 신 모독자들이 적으나 고통은 더 크게 받고 있다. 15-16곡에서 다시 읽을 것이다.

신을 향한 인간의 폭력에 대한 하나님의 진노는 불비(30, 32, 34, 37, 42행)로 응징하고 있다. '여호와께서 하늘 곧 여호와께로부터 유황과 불을 소돔과 고모라에 비같이 내리사(창세기 19:24)'는 말씀에서 암시를 얻었다. 불비(30행)를 바람 없는 날 알프스에 내리는 눈에 비유한 것이나, 알렉산더의 인도 원정, 부싯돌과 불꽃(39행)등의 묘사는 절묘하다.

2. 독신자(瀆神者) 카파네우스(43-90행)

[그림 14-2 불경죄로 벌을 받는 카파네우스]

1) 하나님에 대한 폭력은 생명을 주신 창조주를 부정하는 것이므로, 그 행위의 근원적인 불모성을 드러낸다. 그러므로 죄인들은 생명 없는 불 사막에서 벌을 받고 있다. 카파네우스가 자기의 최후의 날을 이야기한다 (43-60행). 여러 죄인들의 고통을 묘사한 뒤 단테는 한 캐릭터에 초점을 맞춘다. 그의 지독함을 '저 불꽃에도 아랑곳없이 깔보며 눈 흘기며 자빠진 (46-47행)'이라고 묘사한다. 단테가 스승에게 카파네우스를 가리켜 묻는 것을 눈치 채고(49-50행) 스스로 제 이야기를 한다. 카파네우스는 테베 일곱 왕 중의 하나이다. 52-60행은 51행의 설명이다. '나야 살아서나 죽어서나 마찬가지란다'. 하늘을 주 무대로 활동해온 제우스(Jove 라고도 함)는 총력을 기울여 나를 때려(번개) 죽이려 했고 마침내 나는 죽었다. 그러나 지옥(14곡)에 와서도 주신 제우스를 모독하고 있다. 예루살렘의

유대교 지도자들은 예수에게 신성모독죄를 덮어씌워 십자가에 매달았다. 하나님을 모독한 자들은 오히려 종교지도자 들이었다(사도행전 2:36).

2) 카파네우스가 신을 모독한다(61-72행). 돌을 차면 제 발부리만 아픈 것 같이, 제우스를 대항할수록 괴로움은 더 크다고 버질이 말해준다(64-65행). 사울도 예수를 박해했다. 예수님은 그에게 '가시채를 뒷발질하기가 네게 고생이니라(사도행전 26:14)'고 말씀하셨다. 70행에서 '제우스'는 하나님으로 바뀐다. 단테는 이교 신화를 빌어 신성 모독죄를 설명하고 있다. 성경 안에 이교 신화와 비슷한 이야기들이 있다. 홍수이야기는 고대의 다른 민족 신화에도 있었다. 신화라고 해서 모두 가위질할 것이 아니다. 단테처럼 신화를 활용하여 해석을 하는 것이 중요하다. 신화는 단지 허황된 이야기가 아니다. 융은 신화를 집단무의식 연구의 소재로 썼다. 신화를 통해서 인간에게 전하려는 진리가 있다.

3) 실개천에 대한 설명(73-90행)이다. 이는 91-120행의 서곡이다.

시인의 치밀한 구성 능력을 본다. 실개천(77행)은 플레제톤 피(血)의 강이다. 79-80행은 비유이고 81행을 설명해 준다. 불리카메는 유황온천인데 창녀들이 냇물에 도랑을 내어 자기들 집으로 끌어 들이어 목욕을 했다. 일반 부녀자들로부터 따로 갈라놓음같이 그 플레제톤도 갈라져 모래 밑으로 흘러갔다고 한다. 불모의 모래벌판 묘사에서 지옥의 실개천, 냇물, 그리고 시내의 지형을 설명하는 것이 대조적이다

3. 지옥 제천(諸川)의 내력(91-142행)

버질은 단테에게 크레타의 전설, 레아가 제우스를 낳은 이야기, 키 큰 옛 노인의 상을 통하여 쇠락사관(衰落史觀)을 설명하고, 황금시대 이후 비애의 눈물이 지옥의 제천을 이루었다고 말한다.

1) 91-102행 크레타 섬의 전설은 에덴동산의 타락설화를 연상시킨다. 100-102행은 고대 그리스 신화의 압축이다. 우라노스(하늘)와 가이아(땅) 사이에 레아가 나온다. 레아는 크로노스(시간)와의 사이에 제우스(主神)를 낳는다. 자식이 나오는 대로 크로노스가 잡아 삼키므로 레아는 제우스 대신에 돌을 아기처럼 감싸서 삼키게 하고, 막내 제우스를 이다(Ida)산에서 몰래 키운다. 야훼 와 신화의 신들을 비교해보자.

2) 103-111행은 다니엘서(2:31-33)에서 암시를 얻었다. 기원전 8세기의 헤시오도스의 인간의 5세대 신화와 비슷하다. 황금시대-(머리), 은시대-(팔과 허리), 동시대-(가랑이), 철시대-(다리), 흙시대-(오른발,교회), 왼발은 신성로마제국을 상징한다. 역사는 쇠퇴하고 있다는 것이다. 단테는 황금시대 이후의 모든 눈물이 모여 내(川)를 이루고 이것이 바위를 꿰뚫고 내려서 여러 강이 되었다는 이야기를 듣는다(112-120행). 문명은 진보하는가? 아니면 퇴보하는가? 현대는 발전사관(發展史觀)에 대하여 의구심을 일으키게 하는 많은 문제를 제기하는 것도 사실이다. 떼이야르 샤르뎅 신부는 지구와 인류의 장래를 진화의 입장에서 논하고 우리에게 희망을 준다. 그에 의하면, 지구의 첫 단계는 광물권(鑛物圈- 무생명)에서 둘째는 생명권(生命圈), 셋째는 인간권(人間圈), 넷째는 정신권(精神圈), 그리고 마지막은 그리스도권(Christ圈)이라고 했다. 역사는 쇠퇴하기도 하지만 종국적으로는 그리스도권으로 완성을 향하여 발전하고 있다는 것이다. 진화적 창조론이다. 심사숙고 해볼 사상이다.

3) 121-142행, 단테는 크레타 섬의 황금시대로부터 지옥 맨 밑바닥 빙지(氷地) 코키토스에 이르는 방대한 이야기를 듣고 스승에게 질문을 한다. 정녕코 이 시내가 우리들 세상에서 흘러나왔다면 어찌하여 이 벼랑 가에서야 비로소 나타나는 것입니까? (121-123행) 스승이 답변(124-129행)을 하나 그 내용이 난해하다. 답변이 만족하지 않은 듯 또 묻는다.

플레제톤과 레테는 어디 있느냐고. 플레제톤은 이미 네가 보았다고 말한다. 레테에 대하여서는 한마디만 하고 지나간다(연옥편). 불타는 벌판은 사막의 불모지와 불의 이미지를 나타내고 있다. 참람, 남색 그리고 고리대금업은 모두 부자연스러우며 삭막한 행동이다. 살 수 없는 사막은 죄인들이 영원히 살아야 하는 곳이며, 비옥하게 하며, 시원케 하는 비는 여기서 불이 되어 내려온다. 카파네우스는 자연의 진노뿐 아니라 하나님의 진노 아래 있으며, 참람함의 뿌리인 자신의 내면의 폭력에 의하여 고통을 받고 있다. 지옥의 강은 죄라는 관점에서 본 인류 역사의 흐름이다. 당시의 서구 기독교가 인류 전체를 구원한다고 생각하여, 단테는 거노인상에 그런 사상을 표현하여, 과거(이집트, 메소포타미아)에 등을 돌리고, 로마(미래) 즉 기독교를 바라보는 거상의 시선에 그것을 표시하고 있다. 그것을 위해서 단테는 버질을 통해서 이 거상을 설명하고 최후에 인간의 죄를 씻는 연옥 산의 레테(망각의 강)를 말한 것이다(原 基晶 譯, 554쪽). 모래벌판 위에서 불비를 맞으며 형벌 받는 죄인들 그 중에서도 카파네우스의 신에 대한 끔찍한 항거는 우리의 모습을 보게 한다. 구운 흙발의 시대에서 교회의 사명을 다시 한번 생각게 한다. 모든 시대의 죄의 눈물이 지옥 강들을 형성해 왔다(115-117행)는 글에서 깊은 인상을 받는다.

제15곡 동성애자 브루네토

개요

- 두 시인이 강둑 길을 걸어가다(1-15)
- 단테와 브루네토가 서로 알아 봄(16-45)
- 브루네토가 단테의 장래를 예언함(46-78)
- 스승에 대한 감사와 단테의 각오(79-102)
- 브루네토의 동료(동성애)들을 묻다(103-124)

줄거리

때는 4월 9일 토요일 새벽녘(52행)이다. 여기는 7옥 3원이고 자연을 거스른 남색자(男色者)들이 벌을 받고 있는 곳이다. 그들은 순리대로 써야 할 성을 바꾸어 역리로 사용한 자들(롬1:24-27)이다. 플레제톤 실개천의 증기가 둑으로 몰아칠 불꽃과 열기를 막아줌으로 두 시인은 둑 위를 걸어갈 수 있었다(3행). 둑 밑으로 남색(동성애)의 무리들과 마주쳤는데 그중 하나가 단테를 멈추게 한다(16행). 시인도 그가 브루네토 라티니임을 알아본다. 그는 시인이 스승으로 모시는 사람으로 존경심에 가득 찬 마음을 보여준다. 그는 지옥편에서 최고의 대우를 받는 인물로 등장한다. 그는 단테의 장래를 예언해주고, 피렌체에서의 처신을 말해준다(55-69행). 호기심 많은 시인은 남색의 무리들 중 몇 명을 소개해 달라고 부탁한다(100-102행). 저들은 전에 성직자 및 이름난 학자들이었다. 브루네토는 단테와 헤어져 무리들에게 합류한다(119-120행).

[그림 15-1 불비 속에서 남색자 브루네토를 만남]

해설

1. 단단한 언덕(1-15행)

두 시인이 걸어온 단단한 둑은 플레제톤(실개천)의 수증기가 모래벌의 불기를 막아주었다. 두 도시 사이(60리, 약 24km)를 피안드라(현재 네델란드) 사람들이 방파제를 쌓은 것 같이, 상부 이탈리아 하천(브렌타)언저리의 사람들이 알프스 산지(키아렌타나)의 빙하가 녹아 홍수가 나기 전에 그들 마을과 성곽을 막고자

둑을 쌓은 것처럼, 그다지 높지도 않고(사람 높이) 두텁지도 않은 언덕(信仰의 地盤)도 쌓아졌다. 지옥은 하나님이 지으셨지만, 이 언덕은 누가 지었는지 단테도 모른다고 고백하고 있다(40행).

2. 단테와 브루네토가 서로 알아 봄(16-45행)

마크 무사는 '언덕 위(16행, 최민순 역)'라 아니하고 '둑 옆'(beside the bank) 이라고 표현했다. 한 무리 영혼들과 마주쳤는데 그들의 시력은 아주 나쁘다. 이성의 작용이 마비된 채 정욕을 좇은 남색자들의 모습을 잘 묘사하고 있다(16-21행). 한 패거리를 주목하다가 한 놈에게 알려졌다. 그는 키만큼 둑 아래 서 있으니 단테의 옷자락을 붙잡고 아주 놀란다. 화상 입은 그의 얼굴을 단테도 알아본다. '세르'는 영어의 써(Sir:卿)에 해당하는 존칭어이다. 브루네토는 1294년에 죽은 자로서 단테에게 영향을 준 사람이었다. 단테가 29세 때 죽었다. 단테가 피렌체로 부터 추방되었을 때 이미 그는 죽고 없었다. 그의 저서인 테소로(백과사전)를 통하여 단테는 많은 것을 배웠다.

지옥에서 만난 망령들 중 최대의 경의를 그에게 표시하고 있다. 그의 '뒤에 처져서(32행)' 무리와 거리를 두고, 단테와 이야기하기를 원한다. 이에 단테는 스승과 앉아서 이야기하자고 제안하니 그는 정색을 하고 잠시 걷는 일을 멈추기만 하면 100년이나 누워서 불꽃 세례를 받는다(콘트라파소)고 말했다. 한순간도 정욕의 발동(情慾發動)을 정지하면 무서운 형벌이 기다리고 있다는 것이다. 그래서 단테는 앞서고 브루네토는 아래서 바싹 뒤 따른다. 영벌(永罰)을 받는 옛 스승과 단테는 가까이 있으나 둑에서 내려가지 못하는 것이 지옥의 엄연한 현실이었다. 죄인의 자리에 내려가면 단테는 하늘 집에 돌아가지 못한다. 단테는 신앙의 언덕을 고수한다. 한 키 아래에 스승을 두고 머리를 숙이며 경의를 표한다.

3. 브루네토가 단테의 장래를 예언함(46-78행)

[그림 15-2 Brunetto]

　브루네토는 어떤 운명이 너를 여기까지 오게 했는가? 그리고 누가 길을 가르쳐 주었던가? 라고 묻는다. 단테는 35세의 젊은 나이에 인생의 길을 잃고 미망의 숲에서 헤맬 때 베르길리우스를 만나 여기 온 과정을 말한다(46-52행). 천국 15번째의 노래와 함께, 지옥15곡은 시인 단테의 자전적 요소가 가장 많이 드러나는 곳이다.
　브루네토는 단테의 이야기를 듣고 현세(아리따운 세상) 너의 천분을 따르는 한(별을 따르는 한), 지상의 영광에 꼭 닿을 것(56-57)이라고 말한다. 브루네토는 하나님을 믿지 않았기에 단테를 잘못 알고 있는 듯했다. 그가 일찍 죽었기에 단테에게 힘이 되지 못함을 유감이라고 말한다(55-60행).
　단테는 브루네토의 입을 빌려 피렌체시의 내력을 말해 준다. 시저가 피에솔레(원주민)를 정복한 뒤 피렌체를 건설했다고 한다. 그 후 피에솔레인이 함께 지배자인 로마인들과 섞이면서 피렌체의 화근이 되었다고 말한다. 로마인은 소수이고 귀족이었고, 피에솔레인은 다수였다.
　단테 자신은 로마인의 후예라 여기고 저들을 경멸한다. 자기를 단 무화과나무라 하면, 저들은 시금털털한 청량채(淸凉菜) 같으니 서로 어울리지 않는다고 했다. '까마귀 우는 곳에 백로야 가지마라'는 옛 시가 단테의 주장과 비슷하다. 흑백 양당파(黨派)로부터 거리를 둘 것을 당부했다(71행).

    짐승 같은 피에솔레인이 짚을 깔지 않고, 제 몸을 검불 삼거든, 즉 더러운 생활을 하거든 그대로 두라. 풀 나무(74행)는 인물을 가리킨다. 진짜 사람이 저들의 부패한 피렌체의 시중에서 나오면, 손을 대지 말라. 그 속에서 갸륵한 로마인의 후손이 나타나서 피렌체를 부흥시킬 것이라고 말한다(76-78행).

4. 스승에 대한 감사와 단테의 각오(79-102행)

    내 뜻한 바가 성취되었던들 당신은 아직 죽지 않고 살아 있었을 것이라고 단테는 그의 죽음을 아쉬워한다(79-81행). 그의 어버이다운 모습을 회상한다. '명성은 사후에도 그 사람을 살아있는 사람처럼 느끼게 한다.'는 브루네토의 가르침을 반영한다(Singleton, 267쪽). 앞서 치아코(6곡64행)와 파리나타(10곡 79행)의 예언과 함께 스승의 예언을 기억해 두었다가 베아트리체 앞에 가면 그녀가 해석해 줄 것을 기대하고 있다(88-90행). 예측할 수 없는 장래의 운명 앞에서 단테의 자세(91-93행)를 본다(I am prepared for Fortune as she wills-Hollander, 283쪽).

    '최선을 다한 후에 하늘의 뜻을 기다린다(盡人事待天命).' 이것이 단테의 운명론이었다. 행운의 수레바퀴는 다음 순간에 불운으로 바뀐다. 운명과 인간의 계약은 상거래(商去來)와 다르다. 여하튼 운명의 변화 앞에서도 만족해야 한다. 이것이 단테의 운명관이었다(94-96행).

5. 브루네토의 동료들을 묻다(103-124행)

베르길리우스는 단테의 '운명론(91-96행)'을 듣고 '마음에 주의 깊게 담아두는 것이 잘 듣는 것(99행)'이라고 칭찬해준다. 스승에게 대답할 틈도 없이(100행), 단테는 브루네토의 동료들 중에 유명한 사람은 누구인가 묻는다(102행), 많이 있는데 그중에 몇 명을 말해 준다.

그들은 모두 이승에서 성직자요, 큰 학자였으나 동성애자들로 자신을 더럽힌 자라고 말한다 (106-108행). 프리시아누스는 6세기의 라틴 문법 학자였고, 프란체스코는 동시대의 법률학자인데 남색의 무리와 함께 앞서가고 있다(109-110행). 이 중에 '힘줄이 늘어져 뻐드러진 그놈(114행)'은 피렌체의 성직자(AD1287-1295) 안드레아였다. 품행이 악하였기에 교황 보니파시우스 8세에 의해 아르노에서 바르킬리오에로 좌천되었던 자이다. 원래 '종들의 종'이란 교황에 대한 경의의 호칭인데 단테는 여기서 야유조로 이렇게 불렀다. 과도한 남색 행위로 근육이 형편없이 늘어졌다는 뜻이다. 아마도 남근의 힘줄이 아닌가 한다(114행). 맞은편에서 정치인, 군인의 무리(16곡)가 오기 때문에 둘의 이야기는 더 계속할 수 없게 된다(115-117행). 남색의 무리 들도 직업, 직위에 따라 분류한 모양이다(118행). 테소로(Il Tesoro)는 브루네토의 백과전서적 저작이다.

이 책을 권하고 그는 앞서간 동료들을 향하여 달려간다. 성(性)은 종족 보존에 일차 목적이 있다. 이것이 자연의 질서이다. 그러나 사람들은 성을 쾌락의 수단으로 남용하였다. 독신 성직자도 인간이기에 가정을 갖는 것이 자연스럽다고 생각한다. 독신 성직자들에게 남색 죄가 많았던 것은 우연이 아니다. 동성애는 자연법을 거스른 폭력이라는 단테의 주장을 오늘의 우리는 어떻게 생각해야 하고 해석해야 할까?

제16곡 피렌체의 세 남색자

개요

- 세 망령의 그림자를 만나다(1-27)

    a) 폭포 소리(1-3) b) 망령들이 단테를 알아 봄(4-9)

    c) 그들의 상처(10-12) d) 버질이 예의표시 하라함(13-18)

    e) 세 망자가 원을 만듦(19-21) f) 직유-레슬러(22-27)

- 대변자 야코보(28-63)

    a) 세 망자의 이름(28-45) b) 단테 그들을 포옹하려 함(46-51)

    c) 세 망자에 대한 단테의 애정(52-63)

- 지옥에서도 피렌체를 사랑함(64-90)

    a) 루스티쿠치의 물음(64-72) b) 단테, 그의 물음에 동의함(73-78)

    c) 세 망자가 단테의 말에 동의함(79-85)

    d) 세 망자가 물러가고 두 시인이 계속 걸어감(86-90)

- 괴물 게리온이 올라오다(91-136)

    a) 시끄러운 폭포소리(91-93) b) 직유:' 아쿠아체타'강(94-105)

    c) 단테의 허리띠를 버질이 던짐(106-114)

    d) 단테의 속뜻을 버질이 알아차림(115-123)

    e) 독자에게 단테가 호소함, 게리온이 올라옴 (124-136)

[그림 16-1 불비를 맞는 남색자들]

줄거리

두 시인은 7옥이 끝나고 플레제톤이 폭포가 되어 제8옥으로 떨어지는 언저리에 이른다. 15곡에 이어 다른 종류의 남색자들이 등장한다. 때는 4월 9일 새벽녘이다. 피렌체 출신의 문무 고관 3명의 망자가 단테 쪽을 향하여 달려온다. 그들은 구이도 구에르라, 테기아이오 알도브란디 그리고 야코포 루스티쿠치이다. 단테의 옷차림을 보고 곧 고향 사람인 줄 알아본다. 세 남색자는 원을 만들어 빙글빙글 돌면서 말을 걸어온다. 남색 죄의 형벌은 계속 움직여야 한다. 야포코가 동료 2명과 자신을 소개한다. 저들의 처참한 모습을 보고 연민의 정을 느낀다. 단테는 지옥 순례의 목적을 말해 주고 피렌체의 부패를 신랄하게 비판한다. 망자들은 세상에서 그들이 기억되기를 부탁하고서는 도망치듯 사라진다. 두 시인은 폭포 소리에 서로 말이 들리지 않는 곳까지 온다. 버질은 단테의 허리띠 밧줄을 취하여 절벽 아래 늪으로 던진다. 그것을 신호(sign)로 안 듯 괴물 게리온이 물 밑에서 올라온다.

해설

1. 세 그림자를 만나다.(1-27행)

1) 〈1-6행〉 '다다른 자리란 ~ 거길레라(1-3행)' 제7옥에서 8옥으로 폭포수가 떨어지는 곳에 와있다. '겁벌(劫罰)의 비(4행)'는 영원한 불비의 형벌이다. 문무관의 세 남색자(5행)가 단테에게 달려온다. 15곡의 남색자는 성직자와 학자들이었다.

2) 〈7-9행〉 '옷 꼴을 보아하니(8행) ~ 누구로다' 입은 옷으로 나라를 나타내듯, 단테 시대는 복장으로 어느 도시 사람인지를 알아봤다. '썩어 빠진 우리 고장(9행)'은 부패한 피렌체를 가리킨다. 금융업의 발달로 부유해진 피렌체는 도시국가로의 탈바꿈을 하고 내전을 거듭 치르면서 민심은 피폐해졌다(三浦逸雄 譯).

3) 〈10-18행〉 '세 망자의 상처를 생각하는 것조차 괴롭구나(12행)!' 지옥의 실물과 실상을 대했을 때의 단테의 고통을 엿볼 수 있다. 지체 높은 피렌체 출신의 망자들이니 예의를 갖추라고 스승이 일러준다(15-18행).

4) 〈19-27행〉 '낡은 노랫가락(20행)'은 습관화된 비탄의 소리이다. '셋이 다 동그라미(21행)' 정욕의 발동에 의해 잠시도 쉬지 못하는 것이 이 죄의 특징이다.

2. 대변인 야코보(28-63행)

1) 〈28-45행〉 야코보가 자신과 동료들을 단테에게 소개한다. 무른 땅(28행)은 모래 위에 발을 밟으면 빠진다. 정욕에 빠진 자의 묘사이다. 지상에서의 명성과 여기서의 몰골(29-31행)이 현저한 대조를 이룬다. '살아있는 발(33행)'은 생사람 단테를 가리킨다. 화상으로 가죽이 타고 육(肉)이 노출된 자(35행)는 구이도이다. 유명 인사도 벗겨놓으면 허위로 가득 차 있다. 세상에서 명성이 뛰어나도 명성이 죄를 가려주지 못한다.

2) 〈40-45행〉 테기아이오도 지용겸비(智勇兼備)의 군인 출신이다. '십자가에 매달린(45행)'은 고통 받고 있다는 뜻이다. '억척보두(bestial) 내 여편네(45행)'- 야코보도 군인이고, 이혼 후 여자에 대한 반감이 그를 남색에 빠지게 했다. 여자의 바람이 가정파탄의 한 원인이었던 것 같다. 그의 아내는 맹렬여성이었다. 당시 여성들도 성에 대하여 수동적이 아니었다고 한다. 봉건 무사 사회에서는 남색이 일반적이었다. 전시대 한국의 남성들 사회는 첩을 두는 습관이 있었다. 클린턴의 바람은 미국 사회의 성풍속도의 일면이다. 여성 증오, 결혼혐오가 남색의 한 원인이었다. 단테는 베아트리체를 이상화함으로 육정을 극복한 것 같다. 15, 16의 두 곡을 남색에 할애할 정도로 단테는 이를 중요시 했다.

3) 〈46-63행〉 망자들을 위한 측은지심이 발동하였으나, 단테가 그들에게 뛰어들면 몸이 구워질 것이라 자제했다(46-51행). '어른의 말씀(55행)'은 16곡 15-18행이다. '쓸개(61행)'는 쓰디쓴 죄를 가리키고, '미더운 길잡이(61행)'는 버질을, '단 열매(62행)'는 구원을 가리킨다. 죄를 철저히 알아야 구원의 진의를 안다. 이것이 지옥 순례의 목적이다.

3. 지옥에서도 피렌체를(64-90행)

1) 〈64-72행〉 무엇을 물을 때 축복의 말을 해주는 것이 지옥의 상례이었다. 야코포가 단테를 축복한 뒤(64-66행), 피렌체의 근황을 알고 싶어 한다. 지옥에서도 야코포는 피렌체를 사랑하고 있다. 지금도 거기에는 미풍양속이 남아 있는가(67-69행)? 그들은 최근에 이곳에 온 구일리엘모의 말을 듣고 충격을 받았기 때문이다(70-72행).

2) 〈73-87행〉 피렌체는 13세기 말 근방에서 이주해온 사람들과 벼락부자들에 의해서 '거만과 악덕이 새끼친다(75행)'고 단테는 피렌체를 신랄하게 비판하고 개탄한다. 빈부의 차가 점점 커져서 분란의 싹이 튼지도 오래 되었다(75행)고 말한다. 이렇게 고개를 쳐들매 단테의 탄식하는 말이 대답인 줄 알고(77행), 서로 얼굴을 번갈아 본다. 셋은 '말의 은사를 가진 단테는 행복하다'(Happy art thou, that hast the gift of speech, 81행)고 칭찬을 한다. '이 어두운 곳(82행)'은 모든 것을 상실한 땅이다. 현세로 돌아가서(83행), '난 가 보았노라(84행)'는 지옥 여행기를 쓸 무렵에 우리에 대하여 보고 듣고 느낀 바를 전해 달라고(85행) 말하고는 동그라미를 풀고 그들은 사라진다(86행).

3) 〈88-90행〉 피렌체 성당에서는 예배가 끝나기도 전에 '아-멘'을 하는 것으로 유명하다. 그들이 사라지는데 걸린 시간은 '아-멘' 소리보다 더 빨랐다. 일종의 빈정댐이다.

4. 게리온이 올라오다(91-136행)

7환 언저리에 오자 폭포 물소리에 두 사람의 말소리는 겨우 들린다(91-93행).

1) 〈94-105행〉 단테는 아래 묘사하는 지방의 지리에 정통하다. 우리에게는 생소하나 당시의 독자들에게는 친숙했을 것이다. 북 이탈리아 롬바르디

지리의 묘사이다. 단테는 플레제톤의 폭포소리를 아펜닌 산맥 기슭에 위치한 베네딕투스 수도원 가까이의 아콰퀘타 강이 만든 폭포에 비교한다. '마치(94행)~ 울리듯(103행)'을 예로 들어서 절벽 아래로 떨어지는 피빛 물소리(103-104행)를 묘사한다.

[그림 16-2 게리온]

2) 〈106-114행〉 '가죽에 무늬 있는 표범(107-108행)' 1곡에 묘사된 표범(바둑호랑이)은 단테의 길을 막은 짐승이었다. '한번 잡아 보리라(108행)'는 자기의 정욕을 제어한다는 뜻이다. '새끼줄로 허리를 동여매고(106행)', 프란시스 교단의 수사들이 매고 있는 밧줄(참바)이다. '몸에서 말끔히 풀어내어(110행)'는 정욕의 죄가 있는 곳을 통과함으로써 이제 그것은 필요 없이 되었다는 해석과 기타 다른 해석들이 있다. 낚시꾼이 낚시 밥 (미끼)으로 고기를 낚아 올린다. 허리 새끼줄은 겉은 금욕을 상징하나

당시 수도사들의 속은 정욕이 들끓었다. 진실의 허리띠(에베소서 6:14)라고도 한다.

3) 〈115-123행〉 스승은 속생각을 꿰뚫어 보시니, 제자는 번거로운 생각을 버리고 단순하게 생각할 것이다. 그것이 스승을 돕는 길이다. 두 시인 사이의 사제도의 일면을 본다(118-120행). 거짓으로 거짓을 낚아 올린다는 해석(124행)과 진실을 던져서 허위를 낚아 올린다는 설이 있다. 너무 진실함으로 사람들이 믿지 않는다는 뜻이다(124-126행).

4) 〈127-129행〉 신곡의 구구절절은 진리이니 입을 다물어야 할 것이로되, 그래도 독자에게 호소한다. 단테 자신은 신곡에 기대와 자신감을 갖고 있다. 그것은 후일 사실로 증명되었다. 자기의 혼을 불어넣는 작품에 대한 사랑을 본다.

5) 〈130-136행〉 절벽 아래 진한 어두운 공기(130행). 잠수부가 작업을 마치고 물에서 올라오는 모습으로 게리온을 묘사하고 있다. 제16곡에서 단테는 "조국과 자신의 망명에 관하여 인식을 새롭게 하여 왔다. 73-75행에서 단테의 입에서 나오는 조국 피렌체의 정치적 윤리적 결함을 듣게 된다. 단테가 생각하는 신의 섭리라는 역사관의 근저에는 세계평화라는 당시 최신의 사상이 등장한다. 왜냐하면 봉건제의 시대에는 전투의 용기가 높이 평가되었다. 그러나 상업 사회의 발흥기에 있어서는 평화가 절실했기 때문이었다."(地獄篇, 原基晶 譯, 561쪽)

제17곡 인면사체(人面蛇體)의 괴물 게리온

개요

- 사기(邪欺)의 화신, 게리온(1-27)

　　버질이 괴물이 와 있음을 알림(1-4)

　　버질이 괴물을 불러들여 자리를 잡게 함(5-9)

　　괴물의 묘사(異種混交體-人面,蛇身,獅足,10-18)

　　게리온을 묘사하는 직유(19-27)

- 고리 대금 업자들을 만남(28-78)

　　7옥 변두리에서 고리업자들을 봄(28-36),

　　단테는 죄인들에게로, 버질은 괴물에게 감(37-42)

　　단테 혼자서 고리업 죄인들께로(43-45),

　　고리업자들의 눈물과 바쁜 손(46-48), 직유(49-51)

　　죄인들의 눈엔 돈 자루만 보인다(52-57)

　　다섯 중에 셋은 문장(紋章)으로 알아봄(58-78)

- 두 시인이 게리온의 등을 타고 내려옴(79-136)

　　버질이 괴물의 등위에서 단테를 안심시킴(79-84)

　　직유/ 단테가 용기를 얻음(85-90)

　　단테가 게리온의 등 위에 타자 버질이 하강을 명함(91-99)

　　직유-보트와 뱀장어(100-105)

> 단테의 공포(파에톤과 이카루스)와 하강을 알아차림(106-126)
>
> 직유-게리온이 바닥에 도착(127-134)
>
> 두 시인을 내려놓고 날아가 버림(135-136)

줄거리

7옥 3원 3지대이다. 고리대로 벌 받는 자들이 모여 있다. 16곡 130-136행 끝에서 접근해 온 괴물은 게리온이었다. 그의 얼굴은 버젓한 사람의 몰골이었고, 짐승의 발과 뱀의 잔등과 꼬리를 달고 있었다. 스승이 괴물과 말을 거는 동안 단테는 벌 받고 있는 고리대금업자들을 본다. 얼굴을 알아볼 수 없게 되었다. 목에 걸고 있는 돈주머니에 그려져 있는 색깔과 문양을 보고 어느 가문에 속한지를 알아보았다. 지갑을 영원토록 응시하고 있으니 그들의 눈엔 눈물이 나올 수밖에 없다. 게리온의 등을 타고, 단테는 격려의 말씀을 듣고 스승의 보호를 받으며 7옥에서 8옥으로 내려온다. 허공 속의 암흑에서 괴물의 잔등에 업혀있는 단테의 심리묘사는 파에톤과 이카로스의 신화를 인용하여 설명한다.

해설

1. 괴물 게리온(1-27행)

〈1-15행〉 게리온은 머리가 셋 몸 셋의 거인으로 스페인의 신화적 왕이었다. 그는 왕의 성을 탐낸 헤라클레스에게 살해되었다. 단테는 자기식으로 변조하여 게리온을 사기(邪欺)의 원형으로 삼았다. 일부는 계시록(9:7-11)에서 이끌어냈다. 그러나 대부분은 그 자신의 창작이다(John Ciardi). 얼굴은 순수하게 보여 일단 신뢰를 얻게 된다. 화려한 채색의 잔등은 사람들을 유인하는 힘이 있다. 그러나 두 발톱은 사자를 연상시킨다. 전갈의 꼬리는 사람을 친다(지17곡26-27행). 사기꾼은 부드러운 인상으로 좋은 옷을 입고, 화려한 사무실 그리고 고급승용차를 타고 다니며 기만극(欺瞞劇)을 연출한다. 타타르 사람과 투르크인(16행)은 "중세 유럽에서 좋은 품질의 비단을 생산하는 것으로 유명했다(지옥편, 최민순 역, 243쪽)". 〈19-27행〉 물과 뭍 양쪽에 걸쳐있는 쪽배(19행), 물개의 버티고 앉은 모양(22행)은 전갈의 꼬리로 무장한 게리온의 모습을 잘 묘사해 주고 있다.

[그림 17 단테와 괴물 게리온]

2. 고리대금업자들을 만남(28-78행)

〈31-51행〉 '바른 쪽으로 내려가(31행)' - 늘 왼쪽으로 돌았다. 9곡 130-132행을 참조하라. 왜냐하면 열하가 그들의 왼편에 있기 때문이다. 고리대(高利貸)는 〈산업의 역행〉이라고 본 단테는 왼편돌기에서 오른쪽으로 내려간 것이다(Singleton,299쪽). '한 족속이 모래톱 위에 앉아 있음을 보았노라(36행)'-땀 흘리지 않고 앉아서 돈벌이 하는 모습을 상징한다. 돈을 빌려주고 고리로 돈을 버는 것은 자연에 위배 되는 폭력이다. 남색은 생육과 번성의 창조 질서를 파괴하는 행위요, 고리대는 본성상 번식할 수 없는 것을 증식시키니 죄라는 것이다. 물품에는 사용 가치가 있으나 화폐는 교환가치뿐이다(矢內原). '저들의 꼴을 보아두라(39행)' 본 것을 세상에 가서 전해주어야 하기 때문이다. '돌아오기까지 나는 저놈과 말을 걸어(41행)' - 스승 없이 혼자서 죄와 싸워야 한다. 그동안 경험을 쌓았으니 단독으로 죄와의 대결을 한다. 단테의 신앙이 성숙했음을 암시한다. "거기서는 말이 짧아야 한다"(40행)는 주의 말씀이다.

'앉아 있음'은 35, 45, 65, 69행에 반복되어있음에 유의하라. '아픔은 눈에서 솟아나고(46행)'-돈이 불어나는 주머니를 보고 좋아했던 그들이라, 여기서는 그것만 뚫어져라 내려다보아야 하니 눈물만이 나온다.

〈52-78행〉 돈 욕심에 인간성을 상실했으니 제 모습이 사라졌다(I knew not one-54행). '저들의 눈이 살찌는 양하더라(57행)' - 전도서 4:8의 외로운 부자를 연상시킨다. 그들이 가진 주머니 색깔과 문양으로 어느 가문에 속한지를 알아보았다(58-65행). '빼어난 기사여 오소서(73행)'- 피렌체 제1의 고리대금업자로서, 그를 비아냥하는 말이다. 모멸과 조소가 섞여 있다. 그의 이름은 '부이아몬테'로서 기사 칭호를 받고, 공적 일에도 참여하였다. 그가 몰락하자 가난하게 죽었다(AD 1310). '피곤한 영들(78행)'은 고리대금업자들이다.

3. 게리온의 등을 타고 내려오다(79-136행)

〈79-84행〉게리온의 등에 동승한 스승은 여러 말과 동작으로 제자를 격려하고 보호한다. '굳세고 담대하라(81행)' '앞에 타거라(83행)' '두 팔로 얼싸안고(95행)'… 단테 연구가 중 한 사람은 신곡의 사제지도를 살펴보면 하나의 논문이 나올 것이라고 했다.

'이런 사닥다리로 내려가야 하나니(82행)'- 게리온의 등을 계단 삼아 내려간다는 뜻이다. '저 꼬리가 해치지 못하도록(83행)'-현란한 잔등의 색채에 눈이 끌려있는 사이에, 괴물의 꼬리가 단테를 칠 수 있으니 스승은 맨 앞에 제자를 둔 것이다. 단테와 유혹의 무기 사이에 스승이 걸터앉아 있는 것이다. 스승 버질은 이성을 상징한다고 앞서 여러 번 언급했다.

〈85-99행〉'학질 앓는 사람이 네 째 직일이(85행)- 4일째가 되면 간헐적으로 열이 나는 병자가 와들와들 떠는 것 같이 게리온의 등위에서 단테는 떨고 있었다. '어진 상전 앞에서 종은 굳센 법(90)'-스승의 깊은 배려에 감격한다는 뜻이다.

'바퀼랑(98행)'-단애(斷崖)의 지옥 밑은 원추형(圓錐型)이다. 유혹과 기만을 상징하는 괴물의 잔등을 타고, 유혹과 기만을 극복하는 모습을 본다. 세상 안에서 살면서 세상에 속하지 말라(In the world, not of the world)고 예수님이 말씀하셨다. 세상 밖에서 도피 은거해서 살면 죄의 유혹을 덜 받는다. 그러나 참 신앙(信仰)은 때로는 독립적으로 혼자 대결하기도 하고, 힘겨울 때는 스승의 도움을 받아야 하고 결정적일 때는 하나님의 가호에 맡겨야 한다. 제 목숨을 잃을 각오로 진리 탐구에 나가면, 위험에 직면하나 진리를 얻는다(마태복음 16:25). '네 짊어진 짐(99행)'-단테의 몸무게로 무겁다는 뜻이다.

〈100-105행〉허공 속의 암흑의 절벽 아래 둥둥 떠 있다(102행).

〈106-136행〉'파에톤(106행)'은 아폴로가 제 아비가 아니라는 말을 듣는다. 그래서 소년은 아비에게 자신이 태양신의 자손임을 증명해 보이도록 하루만 전차를 운전케 해달라고 부탁을 한다. 파에톤은 말고삐를 놓쳐 전차는 궤도를 이탈한다. 그래서 하늘을 태운 것이 은하수가 되었다고 한다. 제우스(쥬피터)는 이를 듣고 지구 가까이 와서 불을 질렀다. 번개로 그를 죽여 버린다. '이카루스(108행)'는 다이달로스의 아들이다. 아버지가 아들에게 왁스(Wax) 날개를 달아준다. 크레테 섬을 벗어나 태양에 접근하지 말라는 아버지의 말을 어기고 마침내 날개가 녹아버린다. 그는 에게해 바다에 떨어져 죽었다. 파에톤과 이카루스는 교만과 부주의로 죽었던 신화의 인물이다. 단테는 이 두 추락으로 자신의 경험을 설명하고 있다. 게리온과 그 위에 탄 두 시인 외에는 어두운 허공뿐이다. 그가 겪은 공포를 상상해 보라(114행), 아래로 가까이 내려왔다는 징후는 '아래서 호통 치는 소리(119행)', '불꽃이 보이고(122행)', '애달피 우는 소리가 들린다(122행)' 이것들은 8옥의 지옥이다. 훈련된 매는 새를 잡기 위해 공중에 떠 있어야 한다. 사냥꾼이 부르지 않으면 공중을 빙빙 돌다가 기진맥진하면 아래로 내려앉는다(132행). 게리온의 하강하는 모습도 이와 같다. 게리온은 두 시인을 바위 옹두리의 언저리 맨바닥에 내려놓고(134행) 사라진다.

4. 결어

단테는 경제발전을 부정하는 보수주의자는 아니었다. 단테는 금전의 이자로 새로운 금전을 만들고, 노동에 의한 가치가 나오지 않은 것을 죄로 보았다. 그러므로 그는 금전 자체를 부정하지 않았다. 오직 그에게 있어서 금전은 교환의 수단이요, 사유할 것이 아니고, 공유재로서 사회의 발전에 쓰여져야 할 것이었다. 그래서 17곡 게리온의 묘사는 거짓 부(富)로 변질된 금전이 도시국가를 망치고, 전쟁을 일으키고, 세계를 파멸시킬 것을 암시하고 있다(地獄篇, 原 基晶 日譯, 563쪽). 디스 성 밖은 무절제의 죄가 벌 받는 곳이고, 디스 성안은 폭력이 벌 받는 곳이었다. 절벽폭포가 7옥과 8옥을 갈라놓았다. 17곡은 7옥의 끝이자 8옥 사기 지옥의 시작이다.

제18곡 말레볼제(제1낭, 제2낭)

개요

- 말레볼제(惡의 巢窟)의 구조(1-18): 성벽, 해자, 다리, 구렁
- 제1낭 : 뚜장이 베네디코(19-63): 매질당하는 죄인들(19-39),
  뚜장이 베네디코(40-63) 이아손의 뚜장이 짓(64-99):
  뚜장이 놈들(64-78), 이아손을 보라(79-99)
- 제2낭 : 아첨배들(100-136행): 똥물 속에 잠겨있는 자들
  (100-114), 창녀 타이데(115-136)

[그림 18-1 Punishment of the panderers and seducers]

줄거리

게리온의 등에서 내려진 후 두 시인은 말레볼제(malebolgia)라 불리는 지옥 제8옥에 서 있게 되었다. '말레(male)'는 사악(邪惡), '볼제(bolgia)'는 구덩이(巢窟-소굴)라는 뜻인데 이곳은 10개의 주머니모양의 구덩이로 나뉘어 죄인들이 벌을 받고 있다. 경사진 원형극장 모양의 큰 돌들로 둘러 쌓여있다. 일련의 돌다리가 절벽으로부터 아래를 향하여 가운데로 뻗쳐 있다. 두 시인은 제1낭(囊:길쭉한 자루모양의 협곡)으로 간다. 단테는 다리 위에서 아래 제1낭의 죄인들을 본다. 그들은 뚜장이(pander)와 엽색가(獵色家:seducer, 여인을 꾀는 자)들이다. 낭 안에서 2개의 길다란 행렬이 서로 반대쪽에서 걸어오는데, 전자는 뚜장이들이고, 거기에서 베네디코를 본다. 또 하나의 행렬이 반대쪽으로 오고 있는데, 그들은 엽색가들이고, 그중에서 베르길리우스는 이아손(Jason)을 가리킨다. 뿔 달린 귀신들이 저들을 사정없이 매질하며 몰고 있다. 이승에서 다른 사람들을 충동질한 그들인 지라, 여기서는 그들 자신이 끊임없이 빠르게 내몰리고 있다. 귀신들은 죄인들의 본성을 상징한다. 시인들은 제2낭에서 똥물을 뒤집어쓴 아부꾼 루카의 알레시오와 갈보 타이데를 본다.

해설

1. 말레볼제(malebolgia)의 구조(1-18행)

1) 1-9행, 말레볼제는 합성어이며 단테의 신조어이다. 8옥은 하부 지옥에 속하는 곳이다. 각종 사악을 행한 중죄인을 10가지로 분류하였다. 절벽 아래 약간 경사진 벌판이 8옥의 〈말레볼제〉이다. '깊숙한 구렁(5행)'은 지옥 제9옥이다. 절벽 아래와 구렁(9옥) 사이의 테두리(8환)-넓은 벌판-바닥에 열 개의 소굴- 고랑(계곡, 9행)이 있다.

2) 10-18행, 성벽 주위에 10겹의 해자(垓子:moat)가 파 있는 것처럼(10-12행), 해자가 해자 사이를 연결하는 돌다리가 자전거 축을 향해 살이 뻗은 것처럼 내려오다가 9옥의 축에 이르러 끊어지고 한데 모였다(16-18행).

2. 제1낭 : 1-1 매질 당하는 죄인들과 뚜장이 베네디코 (19-63행)

1) 19-39행, 매질 당하는 죄인들 - 두 시인은 '왼쪽으로 내려간다(21행)'- 왼쪽은 죄의 방향이다. 그들은 무거워져 가는 죄의 양상을 보려 왼편으로 내려간다. 내려가다가 단테는 오른편 제1낭의 매질당하는 죄인들(23, 36, 37행)을 본다. 지금까지의 지옥과 결정적으로 다른 무엇이 여기서 암시되는 것을 본다(22-23행).7옥에 비하여 그들의 죄는 색다르며, 고통도 색다르며, 매질하는 귀신도 색다른 모습이다(22-24행). 제8옥은 폭력(제7옥)에 이어 사기죄로 벌 받는 곳이다. 사기란 이성의 특별한 기능을 남용한 죄이다. 제1낭에는 뚜장이와 엽색가들이 득실거린다. 저들은 제 이익을 위해 남의 정욕을 매질한 자들이었다. 여기서는 뿔 달린 귀신들에게 매질을 당하며 짐승들처럼 쫓겨 다니는 것이다(36행). 이곳에서 두 행렬의 한쪽은 뚜장이들이고, 반대쪽에서 오는 무리는 엽색가(獵色家)들이다(25-27행). 단테는 로마에서 1300년 희년에 수십만의 군중들이 100년에 한 번 있는 참회와 특사의 기회를 얻고자 모여든 무리를 생각한듯하다. 교통 정체를 막기 위해 다리 한 가운데를 갈라놓고 서로 다른 방향으로 가게 했던 것처럼 제1낭의 행렬도 그러하다는 것이다(31-33행). 매질 당하는 망자들의 고통을 잘 묘사하고 있다(37-39행).

2) 40-63행, 뚜장이 베네디코 - 상부 지옥에서 망자들은 단테를 만나려 애썼는데 이곳의 망자는 '스스로를 감추려(47행)' 얼굴을 숙였다. 단테가 찾아낸 인물(46-48)은 베네디코(1228-1303)였고, 그는 교황당의 유력한 일족 출신이었다. 단테는 그의 사연을 이끌어 내는데 성공한다(52-54행).

그는 돈 때문에 여동생 기솔라벨라를 꾀어 후작에게 넘겨주었다고 말한다 (55-57행).

1-2 이아손의 뚜장이 짓(64-99행)

1) 64-78행, '돈 나오는 계집(66행)'- 뚜장이라는 놈은 여자를 감언이설로 속여 다른 사람에게 팔아서 돈을 챙기는 인간이다. 포주에게 상경한 시골 처녀를 팔아넘기는 자들이 여기에 속한다. 버질은 같은 방향으로 가던 뚜장이의 얼굴을 보지 못했음으로 단테에게 그들의 얼굴을 보게 해주마 (77행)라고 말한다.

2) 79-99행, 그 중에 이아손(Jason)이란 자를 보라 한다(83행). 지옥에 와서도 이승의 풍모(風貌)를 지키는 자라고 한다(82-83행). 이아손은 그리스 신화에 나오는 인물이며 흑해의 동쪽에 있었다는 코르키스에 황금 양털이 있다는 말을 듣고 그것을 빼앗으러 간다(85-87행). '렘노스 섬(90행)'- 에게해의 섬이다. 비너스가 이 섬의 여신을 존경하지 않을 뿐 아니라 이 섬의 남자들도 여자를 무시 하게 만들었다. 여인들이 분노하여 남자들을 죽였다(88-89행). 이런 일이 있은 다음 이아손은 렘노스 섬을 거쳐(90행), 토아스왕의 딸 힙시필레를 속였다. 힙시필레 또한 많은 사람들을 속이고 여왕이 되었다. 기는 놈 위에 나는 놈이 있다고 이아손은 힙시필레를 속이고 농락할 뿐 아니라 콜키스의 왕녀 메데이아도 속였다. 한 무리 속에 매질 당하는 자가 바로 이아손이었다.

[그림 18-2 타이데의 망령을 보여주는 버질]

제 2낭 : 아첨(阿諂 flatter)배들(100-136)

1) 100-114행, '홍예문(虹霓門,102행)-활꼴모양의 다리'- 아취(arch)이다. 구름다리가 골짜기 위에 걸려있기 때문이다. 제2낭은 아첨, 아부꾼이 벌받는 곳이다. 코미디언이 상대에게 무엇을 얻어내려고 아쉬운 소리를 할 때의 몸동작을 생각하면 이 대목은 이해하기 쉬울 것이다. 구렁 속의 족속은 똥물 속에 잠겨있다(114행).

2) 115-136행, 아부자들은 지옥에 와서도 지상에서의 한 짓이 부끄러워서 얼굴을 감추려 하고 있다(120행). 단테는 한 놈을 직시하고 그의 이름을 부른다. 알레시오는 소문난 아부꾼 이었던 모양이다. 알레시오는 자기의

혓바닥이 나를 이 속에 빠뜨렸다고 탄식한다(126행). 타이데는 그리스의 화류계에서 유명한 여자였다. 그녀의 정부(情夫)로부터 노예 소녀를 선물 받는다. 심부름한 사람에게 그녀의 반응이 어떠냐고 물으니 아주 감사해하더라는 이야기를 단테는 변경하여 이 문답이 직접 정부와 타이데 사이에 교환된 것처럼 썼다. 주고받은 이 말이 유명한 아첨의 말이라고 한다.

4. 결어

 대인 관계에서 진정한 말의 교류는 아주 적다. 대다수의 말들이 겉치레요, 나의 이익을 위하여 속에도 없는 말로 도배질을 한다. 술집, 캬바레, 상거래 심지어는 친구 사이, 연인 사이라 하면서도 입방아만 돌리고 있는 것이 우리의 현실이다. 5곡에서 프란체스카와 파올로의 사련에는 그래도 순정과 순애가 있었다. 비록 그것이 왜곡된 사랑이었더라도… 그러나 18곡의 뚜쟁이는 성을 상품으로 전락시켜 오물이 되게 했다. 성을 이익의 수단으로 생각하고 사람을 속이고 유혹하는 것은 무거운 벌을 받아 마땅하다. 18곡에서의 비참한 죄인들의 묘사는 상부 지옥의 여러 층과는 명백하게 다른 일획을 긋고 있다. 지금까지 죄인들을 벌하는 것은 기본적으로 우박이나 불비라는 자연계에 존재하는 것이나 그리스 신화에 등장하는 악마들이었다. 그러나 8옥 말레볼제에 들어오자 기독교 세계에 익숙한 마귀가 죄인들을 매질하고 있다. 단테는 말레볼제의 다리를(27-32행) 설명함에 바티칸의 성베드로 성당을 방문하려는 수많은 군중들의 교통을 통제하기 위해서 만든 성 안젤로 다리로 설명하고 있다. 지옥을 설명함에 왜 성 바티칸에 있는 다리를 동원했을까? 부를 돈으로 저축한 당시의 교황들을 신랄하게 비판한 것이라고 생각된다.

제19곡 말레볼제(제3낭) 성직매매

개요

- 단테의 격분, 신의 심판을 찬양함(1-21행)
- 단테 교황 니콜라우스 3세에게 묻다(22-51행)
- 단테와 니콜라오스가 주고받은 말(52-87)
- 성직 매직 교황에 대한 단테의 질책(88-133)

[그림 19-1 돌 구덩이에 거꾸로 벌 받는 교황과 대화]

줄거리

　18곡 8환의 제 1, 2낭에서 성(性)을 이익의 수단으로 삼고 여자를 속인 자들이 벌을 받는다. 19곡에서 두 시인은 제3낭에 와있다. 때는 4월 9일(성토요일) 아침 6시 경이었다. 단테는 성직매매의 원조격인 시몬(사도행전 8:9-24)과 그의 졸개들을 책망한다. 제3낭(Bolgia)은 양쪽 벽을 따라 바닥 위에 납색 돌구멍들이 즐비하게 파 있다. 구멍마다 죄인들의 발과 정강이 그리고 넓적다리가 밖으로 삐져나와 있고 머리와 몸통은 거꾸로 처박혀 있다. 발바닥엔 불이 붙어 있고 오금팡이(무릎 구부리는 안쪽)가 퍼덕거리고 있다(1-30행).

　순례자는 그중 한 놈을 주목하고 구멍투성이의 좁은 바닥으로 왔다. 말뚝처럼 박히어 거꾸로 선 너는 누구냐고 물으니, 망자는 순례자(Dante)를 교황 보니파시우스 8세로 잘못 알아보고 넋두리를 쏟아낸다. 망자는 니콜라우스 3세(교황)이다. 그는 다음에 이 튜브 같은 구멍에 들어올 후임 성직 매매자 2명의 죄를 폭로한다. 역대 성직 매매 교황 4명이 튜브 모양의 구멍에 순서대로 처박혀 아래로 내려간다. 새 망령의 머리가 먼저 놈의 발을 밑으로 내리면 새 망령의 발끝은 불에 굽힌 채 타고 있는 식이다. 순대 주머니가 새것을 집어넣으면 먼저 것이 아래로 내려감과 같은 모양이다(31-87행). 단테는 교황 니콜라우스3세와 다른 성직매매자들의 죄를 호되게 책망한다. 예수께서 베드로에게 천국열쇠를 맡길 때 나를 따르라고만 하고 다른 아무 요구도 하지 않았다는 선례를 들려준다. 그리고 계시록 17장의 말씀을 인용한다. 교황들은 음녀와 같다고 단테의 이야기를 듣던 베르길리우스는 아주 흡족해하며 그를 무지개다리 꼭대기로 데리고 간다(88-133행).

해설

1. 제3낭의 돌구멍 죄인들(1-51행)

   1) 〈1-21행〉 마술사 시몬(사도행전 8:9-24)과 그의 무리는 선의 신부이어야 하는데(2행), 성직과 성물을 매춘(Prostiitute, 4행)하였으니, 셋째 구렁의 튜브 같은 돌구멍 속에 거꾸로 처박혀도 마땅하다. 중세 재판관의 판결은 통고인이 나팔을 불어 알린다(6행). 단테는 삼계(天, 地, 獄)에 걸쳐 하나님의 판단의 공정을 찬양한다(10-12행).
   순례자 단테는 무지개다리의 꼭대기에서 아래로 같은 크기의 돌구멍들이 즐비하게 있는 것을 보았다(13-15행). 이것들은 피렌체 성당의 세례반(洗禮盤:Baptismal font)의 모양과 같다(16-18행). 단테는 세례반(洗禮盤)속에 빠진 아이를 구해내기 위하여 그것을 파괴했기 때문에 성물 모독을 했다는 비난을 받았으나 아니라고 변호한다(19-21행).

   2) 〈22-30행〉 튜브 같은 돌구멍 속에 머리를 처박고 발바닥에 불이 붙어 고통 받는 죄인들은 역(逆)세례의 상징이다. 머리에 살수(撒水)하는 대신에 발바닥에 불세례를 받는 것이다. 성물을 파괴한 자는 단테가 아니고 성직매매자들이었다.

   3) 〈31-45행〉 단테는 무지개다리 꼭대기에서 아주 고통스러워하는 한 놈을 주목한다. 저놈이 누구냐고 물으니 스승이 구멍투성이의 바닥으로 데려다준다. 직접 그에게 물어볼 수 있도록 해주었다(46-51행). 그를 보고 말뚝처럼 박히어 거꾸로 선 너는 누구냐(46행)고 묻는다. 그때의 단테 심정은 당시 암살자를 형벌할 때, 머리를 거꾸로 무덤에 넣어 생매장하려 할 때의 고해 받는 신부와 비슷하다고 했다(49-51행).

2. 니콜라우스 3세와 단테의 책망(52-120행)

1) 〈52-57행〉 '저는 소리치되(52행)'-저는 니콜라우스3세(재위1277-80) 교황이다. 19곡의 주역 죄인이다. 젊은 날 청렴결백한 성직자였고 동방교회와의 화해에도 힘썼으나 친인척(71행) 때문에 성물매매를 하게 되었다고 전해진다(146쪽. 참고). 보니파시우스는 단테를 20여년 유배시킨 인물로 알려져 있다. 그는 세속정치에 관여하여 피렌체의 백당을 붕괴시키는 역할을 했다. 니콜라우스 3세는 단테를 보니파시우스로 착각(53행) 하였다. 그의 계산보다는 3년 빨리 왔으니 '예언의 책'이 자기를 속였다(54행)고 생각했다. 그래서 '진작부터 너 여기 있었더냐(52행)' 고 말한 것이다. '그를 푸대접하더니만(57행)'은 교회 재산을 사사로이 취했다는 뜻이다.

2) 〈58-87행〉 망자의 말뜻을 못 알아들은 단테가 혼란에 빠져있는데(58-60행) 스승이 시킨 대로 '난 아니다(62행)'라고 말한다. 망령은 한때 자기는 교황이었다고 말한다. 세상에서는 지갑 속에 돈을 넣었었지만 지금은 자신이 지갑(구덩이)속에 들어있다(72행)고 말한다. 이 구멍은 전직 교황들이 전세라도 낸 듯 순대처럼 먼저 처박힌 놈은 다음 놈에 밀려 아래로 내려간다(73-75행). 3낭의 죄인들은 모든 것을 전도망상(顚倒妄想)하고 있다(76-78행). 교황도 돈을 먹으면 지위 신분의 전도, 사고의 전도, 신앙의 전도 현상이 일어난다. 보니파시우스 다음의 클레멘스 5세(재위1305-1314)는 선임 두 교황보다 더한 시몬이스트(聖職賣買者:Simonist)였다. 그는 마카비 시대에 돈으로 대제사장직을 산 야손에 비견된 인물이다. 교황청을 로마에서 프랑스 아비뇽(AD1309-1377)으로 옮긴 인물이다. 돈으로 프랑스 왕을 구워삶은 자이다. 니콜라우스는 이렇게 3대의 죄를 폭로하였다.

3) 〈88-102행〉 망자 니콜라우스의 긴말을 다 듣고 단테 역시 긴말로 책망을

시작한다. 예수님과 사도들은 베드로와 맛디아에게 직분을 맡길 때 금품을 요구하지 않은 모범을 보였다는 것(91-96행)이다. 나폴리와 시칠리의 왕 카를로를 거스려 불의로서 얻은 재산을 간직 하라고(97-99행)했다.

4) 〈103-114행〉여기서는 개인 교황이 아니고 너희라는 성직자 무리들에게 말한다. 그들의 죄는 선인은 짓밟고 악인은 들어 올리는 것이었다(103-105행). 이 목자들은 '많은 물 위에 앉은 큰 음녀(계17:1-3)'와 같다는 것이다. 계시록의 짐승은 원래 로마제국, 일곱 산은 로마가 걸터앉은 언덕들이고, 열 개의 뿔은 제왕을 뜻하는 것인데 7두(頭) 10각(角)의 짐승을-교회의 7성사(聖事) 10계명으로 해석한 것이다. 성직매매자들은 황금을 천주로 삼았고 우상 숭배자는 하나를 섬겼는데 저들은 금권, 교권 등 온갖 욕심을 우상으로 섬겼다는 것이다(106-111행).

5) 〈115-120행〉 콘스탄티누스(AD274-337) 대제가 제국의 수도를 콘스탄티노플에 옮긴 후, 로마와 서방을 교황 실베스트로 1세(재위 314-335)에게 증여한 재산이 일만 악의 뿌리가 되었다고 단테가 그대로 믿고 탄식하는 부분은 사실이 아니라고 한다(최민순, 277쪽, 주667). 그렇지만 황제가 기독교를 제국의 공인 종교로 인정한 후 교회는 부유해졌고, 교회는 부패했다는 것은 사실이다(矢內原).

3. 무지개 다리에 올라옴(121-133행)

　길잡이는 단테의 말에 아주 흡족했으며 43행에서 옆구리를 안고 아래로 내려갔으나, 올라갈 때는(126행), 그의 품에 안고 있었다. 세심한 스승의 사랑을 묘사하고 있다. 19곡은 중세 암흑의 교회사의 일면을 우리에게 보여 주었다. 성직과 돈을 바꾼 인간 탐욕의 끈질김의 무서움을 절감한다. 단테는 성직매매라는 개념을 지렛대로 삼아 피렌체의 전란의 원인을 세속권(정치권력) 확장을 겨냥하는 교황청에 있다고 생각한 것 같다. 교황들을 신랄하게 비판했으나 교황권 자체의 유효성은 부정하지 않았다.(地獄篇-原 基晶 驛, 570쪽)

　19곡은 외형적 성장을 곧 성공의 척도로 착각하는 목회자들에게 큰 경종을 울려준다. 단테가 니콜라우스의 말을 듣고 배운 것처럼, 한국교회도 '성직 성물'을 사고 팔은 교황들을 통해서 많은 도전을 받아야 할 것이다.

제20곡 머리가 뒤로 붙은 점술사(제4낭)

개요

- 서언(1-30)

    제20곡에 대한 서언(1-3) 점술사들의 몰골(4-18)

    독자에의 호소(19-24) 단테의 눈물과 버질의 책망

- 버질의 점술사들소개(31-99)

    암피아라오스(스타티우스,31-39) 테이레시아스(오비드, 40-45)

    아론타(루카누스,46-51) 만토(버질의 아이네이스, 52-56)

    만토와 만투아의 연혁(57-99) f) 단테의 반응(100-105)

- 버질 다시 점술사들 소개함(106-123)

    에우리필로스(버질,106-114) 미켈레 스코트(115-117)

    구이도 보나티(118) 아스덴테(118-120)

    여점술사 무리(121-123)

- 결말(124-130)

    버질이 단테에게 길을 재촉함(124-129)

    두 시인이 길을 떠남(130)

줄거리

19곡 성직매매자들의 형벌이 상하 즉 위(머리)와 아래(발바닥)의 도착(倒錯)이었다면, 20곡 점성술사들의 그것은 앞(가슴)과 뒤(등허리), 즉 전후의 전도이다. 여기는 지옥 8환 제4낭 이다. 때는 4월 9일 토요일 아침 6시경이다. 두 시인은 계곡의 바닥을 주의 깊게 내려다본다. 그들의 몰골은 흉측하기 이를 데 없다. 얼굴은 뒤틀려 등 쪽을 향하여있고 발은 뒤로만 걸어가게 되어있다. 머리털은 가슴으로 내리고 눈물은 엉덩이로 흘러내린다. 등가죽이 바로 가슴패기이다. 단테는 이 모습을 보고 바위에 기대어 몹시도 서럽게 운다. 베르길리우스는 단테를 꾸짖으며 머리를 들라고 한다. 암피아라오스, 테이레시아스, 아론타 그리고 만토 등을 보라면서 그들을 소개한다. 이어서 자신의 고향인 만토바의 내력(27-99행)을 길게 이야기해준다.

[그림 20-1 점성술사들의 형벌]

해설

1. 눈물이 등골을 타고(1-30행)

   1) 〈1-18행〉 망령들의 몰골- 겁벌(劫罰 ,1행)은 형벌이고, 첫 노래(2행)는 3계 중 지옥 전체를 가리킨다. 기도의 행렬(7행, 주에 있음). 저들은 '묵묵히(8행)' 걷는다. 이승에서 말을 많이 했고, 목이 비틀어져 있기 때문이다. '사람들(9행)'은 형벌 받는 점술사들이다. '턱에서 앞가슴까지(11-12행)'는 턱과 윗 가슴 사이가 소름 끼칠 정도로 뒤틀려있다고 번역하면 좋을 것이다. 목이 뒤로 비틀어졌으니 뒤로 걸어갈 수밖에 없다(13-15행). 이런 모양을 처음 보았으니 보면서도 믿기지 않는다고(16-18행) 말했다. 얼굴의 전후 도치가 저들에겐 치명적인, 형벌이었다.

   2) 〈19-30행〉 단테는 눈물을 흘릴 수밖에 없는 자신의 심경(19-24행)을 말한다. '독자여!(19행)'는 자주 쓰는 탄원의 말이다. 지금부터 쓰는 것을 읽고 이익(열매)을 얻게 할 것이니(하나님), 독자는 잘 판단하라는 뜻이다. '우리와 같은 얼굴이면서도 뒤틀리어(21행)'는 존엄은 인간의 본질이고 하나님의 형상이다. 점술사는 인간의 품위를 깨뜨린 자(창세기 1:26)이다. 너무 불쌍해서 지옥의 현장임을 망각하고 울다가 단테는 스승에게 책망을 받는다. '여태 너는 어리석었구나(27행)'는 '예수께서 이르시되 너희도 아직까지 깨달음이 없느냐(마태복음 15:16)'라는 말씀을 생각나게 한다. 자비를 없애버림이 자비를 살리는 것이니(28행)' - 이태리어 pieta는 pity(자비)와 piety(경건)의 동의어이다. 지옥에선 자비를 말끔히 지워 버리는 것이 하나님을 섬기는 경건이다(28-30행).

2. 이름난 점술사들(31-96행)

1) 암피아라오스(31-39행)는 교재의 주(註)를 참고하라. 그리스의 큰 점쟁이이며 영웅이었다. 테베를 공격한 7왕 중의 하나(지옥1 4곡 67-72행)이다. 전투에 나가면 죽을 것을 예견했으므로 피신했는데, 적의 뇌물을 받은 아내가 그의 은신처를 알려주어 지옥에 떨어졌다(Statius에서 인용). 구약의 예언자도 앞을 내다보고 백성들의 갈 길을 제시했다. 현실을 직시하고 이대로 가면 망한다는 예언자들의 역할은 우리 시대에도 절실하다. 그러나 점쟁이들은 현실의 직시도 없고, 도덕성도 없이 자기의 이익을 위하여 하나님의 세계를 엿보고 초능력을 도적질한 자들이며 또 그것을 사사로이 사용한 자들이기에 한 치 앞도 보지 못하고 뒤만 보게(38-39행)된 것이다. 콘트라파소(contrapasso)의 형벌을 받은 것이다.

2) 테이레시아스(40-45행)는 테베의 유명한 점술사이다. 성을 즐기던 쌍뱀을 지팡이로 쳐서 여자가 되었다가 다시 다른 쌍뱀을 쳐서 남자로 되돌아왔다고 한다('오비드'에서 인용).양성을 경험한 그에게 어느 성이 성적 쾌감이 더하냐고 여신들이 물었다. 여성이라고 대답하자 시각장애인이 되었다. 제우스가 그에게 예언의 능력을 주었다고 한다.

3) 아론타(46-51행)는 시저(카이사르)와 폼페이의 싸움에서 시저의 승리를 예언한 유명한 점술사이다(Lucan에서 인용). 누가 누구에게 이길 것이라는 예언은 도덕성이 없고 치자(治者)로 하여금 점을 더욱 의지하게 만들 뿐이다. 현재 그의 몰골역시 앞이 뒤가 되고 뒤가 앞이 되어있다. 점쟁이에 대한 형벌이 너무 코믹하며 또 한편 기가 막힌다.

4) 만토와 만토바(도시)의 내력(52-60행), 나까야마(中山) 역(譯)의 제20곡 서두에 '~후방으로 걷는다. 그중에 만토라 불리는 요녀(妖女)가 등장하고, 만토를 만났으므로 베르길리우스는 그 일과 관련하여 상세히 지방의 지리와 도시형성의 연혁을 단테에게 이야기해준다.'고 썼다. 99

행까지가 이런 내용이다. 만토는 테이레시아스의 딸이다. 바쿠스(58행)는 바카스(Bacchus)를 주신으로 섬긴 테베이다. 테베는 터키의 더베(행전 14:20)가 아닌지… '헝클어진 머리채(53행)'-단테는 여기서 때때로 밤에 요녀가 벌거벗고 머리를 풀어 헤치고 배회하는 모습을 암시한다.

5) 만토바의 지리(61-96행), 이태리인에게 지리산의 지형과 지명이 생소하듯, 이 대목 역시 우리에겐 어렵고 지루하다. 단테는 여러 곳에서 강의 흐름이며 이태리 지명에 비상히 관심이 많다. 강의 흐름에서 굽이굽이 인생 행로를 연상한 듯하다.

3. 눈 여겨 볼 다른 점술사들(97-129행)

1) 만토바의 연혁에 대한 다른 전설을 믿지 말라(97-102행). 아이네이스(Aeneid)에도 만토바의 전설이 있다. 단테는 베르길리우스의 입을 통하여 여기의 전설이 더 옳다고 주장한다.

2) 단테는 지옥에 온 김에 대단한 욕심을 부린다. 하나라도 더 보고 한 가지라도 더 알려고 애를 쓴다. 여행자들이 귀담아 읽어 둘 대목이다. '눈여겨 볼만한 자를(104행)' 소개해 달라고 한다. 만토바의 내력을 듣고 진력이 날 것이어늘 단테의 호기심은 솟아나는 샘물과 같다. 탐구심, 학구심이 개인과 역사 발전의 원동력이다. 중지하면 정체되고 뒤쳐지고 버림받는다(103-105행).

3) 스승은 다시 에우리필로스(112행)를 소개한다. 트로이 전쟁에서 그리스 함대가 떠날 시간을 예언한 자이다. '내 장엄한 비극(113행)'은 아이네아스를 가리킨다. 베르길리우스의 비곡(悲曲)은 라틴어의 고아(高雅)한 문체인 반면 단테의 희곡은 통속어이며 구어체로 쓰여졌다. 그다음은 미켈레스코토(AD1175-1235)이다. 그는 아리스토텔레스 학자이며 점성가였다. 프레데릭2세를 비롯해 많은 군주에게 봉사했던 자이다. 그는

스코틀랜드인이었다. 그다음은 구이도 보나타(Guido Bonata)이다. 그는 기와를 잇는 기술자였다. 플로렌스에서 활동하던 자였다. 아스텐데(Asdende)는 전직이 제화공이었고 이가 없는 자였다. 제 직업을 제쳐놓고 '점(占)'에 몰두한 것을 베르길리우스는 안타까워하고 있다(120행).

4) '카인과 가시(124행)'는 '계수나무 한 나무 토끼 한 마리'처럼 중세 이태리인은 가인이 벌을 받고 가시를 지고 있는 달 속의 모습을 이렇게 표현했다. 북반구의 끝은 예루살렘이고, 반대쪽은 연옥의 정죄산이다. 이를 남북으로 관통한 선이 지구의 중심이었다. 동쪽은 갠지스강, 서쪽은 스페인이었다(124-126행).

5) '간밤'은 4월 8일 전야(127행)이다. 지옥 1곡 1-2행에서 단테가 길을 잃고 헤맬 때 희미한 달빛은 그에게 도움이 되었다. 달빛은 은유적으로 고전철학이다. 20곡은 지루하고 생소한 대목이 많았지만, 19곡에 이어 점술이 얼마나 무서운 형벌을 불러 오는지에 대해 우리에게 경각심을 불러일으킨다. 점쟁이는 현실의 직시 없이 윤리성과 도덕성이 없이 하나님의 세계를 엿보고 자기의 이익을 위해 사탄에게 이끌려 예언한 자이다. 이 시대에 역술인은 전문 직종으로 자리를 굳히고 신문에도 자주 광고를 내고 있다. 교회 안에서도 예언 기도라는 것이 있다. 배우자의 진급, 자녀의 대학 입시, 사업 선택 등에 대하여 시원한 대답을 기다리는 신도들이 많다. 대통령 선거, 국회의원 선거 때 역술인은 성업 중이라고 들었다.

제21곡 8옥 (제5낭) 탐관오리

개요

- 다리 위에서 5낭을 내려다 봄(1-21)

    20곡의 끝에 이어 이야기를 계속함(1-3)

    제5낭의 울음소리와 어두움(4-6)

    직유: 베니스 선창(7-21)

- 마귀가 죄인을 다루는 모습(22-57)

    버질의 첫 번 경고와 단테의 반응(22-28)

    죄인을 걸쳐 멘 마귀(29-36)

    루카로 돌아가는 마귀(37-42)

    마귀 떠나다(43-45) e)숨어서 추는 춤(46-54)

    솥 안에 삶기는 고기의 직유(55-57)

- 버질이 마귀를 설득시킴(58-87)

    버질이 두 번째 단테에게 주의 줌(58-63)

    버질이 적을 마나러 감(64-66)

    직유: 가난뱅이, 개떼(67-71)

    버질이 개들(마귀)에게 명령함(72-75)

    말라코다가 부름을 받고 옴(76-78)

마귀가 버질의 말을 들음(79-87)

- 단테가 스승에게 감(88-126)
  버질이 바위틈에서 단테를 불러냄(88-99)
  마귀가 '스카르밀리오'의 장난을 막음 (100-108)
  마귀가 두 시인에게 길 안내를 제안함(109-126)

- 단테의 불평과 악마들의 모의(127-139)
  단테가 다른 안내자를 원함(127-132)
  버질의 말씀(133-135)
  악마들이 두목에게 신호를 보냄(136-139)

줄거리

[그림 21 Devils tormenting a barrator from Lucca]

때는 성 토요일 오전 7시경이다. 여기는 8옥 제5낭의 역청 지옥(瀝靑地獄)이다. 다리(arch) 위에서 아래를 내려다보니 이상스럽게도 캄캄하다. 베네치아 선창(船倉)의 역청처럼 그것은 끓어올랐다가 다시 쪼그라든다(19-21행).

한 시꺼먼 마귀가 돌다리 위로 치달아옴을 본다(30행). 말레브란케(Malebrance)라는 두목 마귀가 한 놈의 죄인을 둘러메고 와서 역청 속에 내동댕이친다(43행). 여기는 직권을 남용하여 사리를 탐한 탐관오리들이 벌을 받고 있다(41행). 죄인이 역청 위로 떠오르려 하자 마귀들이 작살로 콱콱 찔러

누른다(52행). 베르길리우스는 마귀들과 담판하러 가면서 단테에게 몸을 바위 뒤로 감추라고 한다(58-60행). 마귀들의 협박을 받으나 베르길리우스는 당당하게 그중의 한 놈과 이야기한다(82-84행). 단테에게 이곳을 안내하는 것은 하늘의 뜻이라고 말해준다. 말라코다(Malacoda)는 설득을 당하고 창을 발치에 떨어뜨린다. 베르길리우스는 단테를 안심시킨 다음 자기한테 오라고 한다(91행). 마귀들은 단테에게 여전히 위협적이다. 말라코다는 단테를 가해하려던 졸개(스카르밀레오네)를 꾸짖는다(105행). 두목 마귀는 6낭에 이르면 다리가 부러졌으니 다른 길로 가라고 한다(111행). 말라코다는 두 시인을 안내할 대원들을 선발한다(118-126행). 그러나 단테는 스승에게 불평을 털어놓으며 둘이서 가고 싶다고 말한다(127-129행). 졸개들은 두목에게 인사하고 떠난다.

해설

1. 역청지옥(瀝靑地獄)의 광경(光景)(1-21행)

   1) 〈1-6행〉 '희극(1행)'은 신곡(Comedia)이고 '상관없는(2행)'이란 한 번 더 읊을만한 가치도 없다는 뜻이다. '맨 꼭대기(3행)'는 활꼴(아치) 다리의 꼭대기이다. '다른 틈서리와 다른 헛된 통곡(5행)'은 5낭의 틈새이다. 거기 그 골짜기(6행)에서 단테는 '캄캄함(6행)'을 보았다. 탐관오리들이 검은돈을 비밀리에 거래하는 것을 상징한다.

   2) 〈7-21행〉 베네치아 조선소는 AD 1104년에 세워졌고 유럽에서 가장 활발한 조선소 중의 하나였다. 배를 만들거나 수리할 때 역청을 틈새에 발랐다. 끓는 역청 주위의 분주한 작업 장면으로 단테는 제5낭의 광경을 설명한다. '아무 것도 보지 못하였고(20행)'는 뇌물의 은밀한 거래를 암시한다.

역청은 '부풀었다가 쪼그라들었다(21행)'- 부패한 정치는 돈으로 결합했다가 이해가 엇갈리면 이합집산을 되풀이한다. 정치의 속성을 잘 묘사한 대목이다.

2. 말레브란케(Malebrance)의 출현(22-57행)

1) 〈22-36행〉 시꺼먼 마귀가 죄인(汚吏)을 걸쳐 메고 다리 위 두 시인의 뒤에 나타난다. '보라! 보라(23행)'는 조심하라, 위험하다의 뜻이다. 25-30행은 무서운 것을 보고 싶은 사람의 심리상태를 잘 묘사하고 있다. 31-36행은 모질고 무서운 마귀의 모습이다. 귀신에게 날개가 돋쳐있다. 34-36행은 백정이 가죽을 벗기기 위하여 짐승의 사체를 운반하는 모습을 연상시킨다.

2) 〈37-57행〉 말레브란케(38행)는 '악의 발톱'이라는 뜻이며, 단테의 신조어이다. 악마의 총칭이기도 하다. 성 치타(St. Zida)는 룩카(Lucca)의 마을이다. 치타는 룩카 시민이 존경하는 수녀의 이름이다. 그 이후로 룩카 시를 성 치타(St. Zida)라고 불렀다. 룩카 시의 행정관은 10명인데 이들은 모두 부패한 관리였다. 그중에 1인을 여기에 메고 왔다. 그중에 한 놈을 역청 속에 처박으라(39행)고 한다. '본투로(41행) 말고는'(反語)는 13세기 초에 루카시 당수로 그가 매관매직을 가장 많이 한자이다. 비꼬는 말이다. 라틴어 이타(ita)는 영어의 '예스(Yes)'이다. 다수의 의원이 돈으로 매수당하여 '아니오(42)'할 경우에 '그렇다(Yes)'하여 정치는 돈에 의하여 좌우되었다. 43-45행의 말레브란케는 역청 속으로 죄인을 던져 넣고 도적을 쫓는 개보다 빨리 제자리로 돌아갔다. '산토볼토(SANTO VOLTO 48행)'는 목제 십자가상의 그리스도의 모습(역주 참조)이다. 룩카 시민들이 기도할 때 산토볼토(SANTO VOLTO)를 불렀다. 죄인들이 등을 동그랗게 꾸부린 모습은 기도하는 모습과

비슷하다. 마귀들이 기도해도 소용없다고 비웃은 것이다. 어두운 곳에서 추악한 생활을 한 사람은 밝은데 나올 생각을 하지 말라는 뜻이다(46행). '숨어서 추는 춤(53행)'-물밑 혹은 안방에서 정치배들의 부패를 통렬히 비판하고 비꼰 말이다. 주방장이 조수를 시켜 가마솥 안의 고기를 뜨지 못하게 하는 것과 같다(55-57행). 이런 것도 단테가 보고 시의 소재로 삼은 것이다.

3. 마귀를 설득시킴(58-87행)

마귀와 담판 지으러 가는 스승이 제자에게 몸조심을 당부한다(58행). 신변에 위험이 닥친다 해도 너는 나를 염려하지 말라(61-63행). '여섯째 언덕(65행)'은 제5낭과 제6낭사이의 제방이다. 베르길리우스는 귀신들의 위협 앞에서 초연히 맞선다(71행). 대표자가 너희 중에서 한 사람 나와서 내 말하는 것을 듣고 행동하라(73-75행)고 했다. "악의 꼬리"라는 뜻을 가진 말라코다(Malacoda)는 제5낭의 마귀두목이다(76행). 베르길리우스는 합리적으로 당당히 마귀들에게 맞섰다. 돈을 주거나 비겁한 짓을 했다면, 역청 속에 던져졌을 것이다. 마귀도 이성적이나 도리는 통하지 않는다. 스승의 말을 알아들었다. 여기까지 온 것은 하나님의 뜻이다. 저 이(단테)를 안내하는 것은 하나님의 뜻이다(82행) 라고 말했다. 인생길(苦痛, 誘惑, 더러운 꼴)을 걸어 온 것은 하나님의 뜻이란 신앙을 가지면 어떤 난관도 극복한다. 결국 신의는 마귀의 공격을 물리치게 한다(85-87행). 예수의 광야시험(마태복음 4:1-11)을 생각해 보자.

4. 단테가 스승에게로 감(88-105행)

1) '카프로나(94행, 역주참조)' 1289년 룩카인과 피렌체인이 연합하여 피사 성을 함락시켰다. 그때 단테(24세)도 이를 목격한 듯하다. '조약을 맺고(94행)'-피사 군이 항복하면 살려 준다는 약속이었다. 피사 군이 성에서

나와서 많은 적군(피렌체인)을 보고 기겁을 한 것처럼(96행), 단테도 마귀들이 언약을 어길까봐 몹시 두려워했다(93행). 마귀들이 단테에게 해를 가하려 할 때, 아까 스승과 담판하던 말라코다가 부하들을 제지했다(103-105행). 마음 속의 영적 싸움을 잘 묘사해준다.

2) 말라코다는 신중하게 베르길리우스를 속인다. 그러나 이 특별한 순간에는 절반의 사실을 말하고 있다. 제6번째 다리는 참으로 무너졌다(107행). 말라코다는 다른 길을 알려준다(109-111행). 말라코다가 말한 6낭의 붕괴는 사실이다. 그러나 다른 길이 있다고 한 것은 거짓말이다. 단테는 언제나 시간을 정확히 측정한다(112-114). '돌다리 하나가 있으니(111행)' 말라코다가 고안한 거짓말이다. 마귀는 이때 베르길리우스보다 더 지능적이었다. 말라코다는 '죄인들 감시차 몇 놈을 보낼 것이니 함께 가라(115-117행)'고 했다. 사탄은 두 개의 사실 속에 한 개의 거짓말을 끼워 넣는다고 한다.

3) 말라코다의 부하들(118-126행). 여기 등장하는 마귀들의 이름은 코믹하면서 무섭다. 두 시인에게 겁을 주면서도 제스쳐와 장난끼 마져 보인다. 그들의 이름을 번역하지 않고 그대로 둔 것은 이름의 뉘앙스를 살리기 위해서이다. 어떤 비평가는 여기 마귀들의 이름은 단테의 원수들인데 그들을 조롱하기 위해서라고 한다(118-123행). '돌다리까지(126행)'-이것은 말라코다의 두 번째 속임이다.

5. 단테의 불평(127-139행)

단테는 '길잡이 없이 단둘이 가십시다(128행)'라고 불평을 말한다. 험악한눈초리로 우리들을 위협하고 있다(129행). '역청에 잠겨 고통 하는 자들(135행)'에게 위협하는 것이니 스승은 안심하라고 한다. '혓바닥 내밀고(137행)', '엉덩이로 나팔을 불었다(139행)'- 저속하다고 단테를 비평하는 자도 있으나 전체의 구조상 적절한 표현으로 변호하는 사람도 있다. 21곡은 탐관오리들을 역청에 던져 넣고 마귀들의 감시 또한 엄격하다. 마귀의 간교한 속임수와 정치의 부패 생리를 잘 묘사하고 있다. 어두운 곳에서 비밀리에 돈으로 매수당한 자들의 형벌이 얼마나 끔찍한지를 배운다. 정치권의 부패는 탐관오리들이 서식하기 가장 좋은 조건이다. 뇌물정치, 안방정치, 물밑정치는 정치권이 해결해야 할 숙제이다. 개혁을 외치는 자가 개혁의 대상이 되는 것이 우리의 현실이다.

제22곡 역청지옥 : 참폴로 II

개요

- 두 시인이 마귀들과 동행(1-30)
- 가죽 벗김 당하는 참폴로(31-54)
- 참폴로의 고통, 라틴사람들(55-96)
- 참폴로의 뺑소니(91-132)
- 두 마귀의 싸움(133-151)

줄거리

[그림 22 Ciampolo escapes the Alichino in the fifth bolgia]

22곡은 제8옥 5낭의 계속이다. 때는 4월 9일 오전 8시. 두 시인은 역청 늪가를 따라 걸어간다. 단테는 바르바리차(21곡 139행)의 야릇한 신호를 전투에서 경험했던 신호들(7-12곡)과 비교해본다. 열 마귀와 동행하면서 줄곧 역청 위에 시선을 집중한다. 죄인(망령)들은 돌고래의 활등처럼 또는 개구리의 코끝처럼 잠시 역청 위로 내밀다가 바르바리차(魔鬼두목)가 오면 곧 밑으로 숨어버린다(30행).

그중 한 놈이 그라피아카네에게 머리채가 휘감긴다. 단테는 미리 마귀들의 이름을 외워 두었다(37행). 마귀들이 루비칸테에게 죄인을 할퀴라고 소리친다(40행). 단테의 요청으로 베르길리우스는 죄인의 신분을 묻는다. 그는 나바르왕국 출신이며 사기(詐欺)질로 벌을 받고 있다고 말한다(53행).

그의 이름은 참폴로이며, 한 놈이 그의 살점을 찍어낸다(72행). 드라기냐쵸가 또 가해하려 들자 괴수가 그를 진정시킨다. 참폴로는 고미타(修道者)와 미켈찬케(汚吏)의 이야기를 들려준다(88행). 파르파렐로가 눈방울을 굴리자 두목이 저지한다(94행). 참폴로는 마귀들의 성급한 공격에서 벗어나기 위해 속임수를 생각해낸다(100-106행). 카냐초는 속지 말라고 경고하고, 알리키노가 참폴로의 제안을 받아들이고 한 발씩 물러나게 한다.

모두 눈을 딴 편으로 돌렸을 때 참폴로는 역청 속으로 뛰어든다. 그의 도주에 대하여 마귀들은 책임을 전가하다가 서로 싸운다. 두 놈이 역청 위에 떨어진다(141행). 두 시인은 그들이 소란을 부리는 동안에 거기를 떠난다(151행).

해설

1. 두 시인이 마귀들과 동행(1-30행)

   1) 1-15행 마귀들의 호위를 받으며 두 시인은 걸어간다(13행). 1-9행은 단테가 24세(1289) 때 캄팔디노 전투에 참전하여 본 것을 기록하고 있다. 쇠북은 사기진작을 위한 종이다. 북, 기(旗)와 연기 또는 봉화로 군호하는 것을 보았다. 아레초는 토스카나 동남쪽에 있다. 1-9행에서는 10-12행의 야릇한 신호를 보지 못했다. 마귀 분대의 독특한 신호(21곡 139행~꽁무니로 나팔을 불더라)를 강조하고 있다. 단테가 보아 온 군대에서는 본 적이 없다(1-12행). '성자는 성당에 있고, 탐식가는 술집에(13-14행)'-이는 유명한 속담이다. 로마에 가면 로마의 풍습을 따르라는 뜻. 지옥에 있으나 지옥에 속하지 않는다. 세상 안에 있으나 세상에 속할 수 없는 것이 그리스도인이다(요한복음 15:19). 그리스도인이라 해서 별세에 사는 것이 아니다. 발은 땅에 머리는 하늘에 두어야한다.

   2) 16-30행 단테는 마귀들과 동행하면서 눈은 역청 위에 머물러 있다(16-18행). 돌고래가 수면 위로 활모양의 등을 내보이면 태풍의 징조라는 것이 중세인들의 관습(19행)이다. 역청 밑의 죄인들은 제 등허리를 식히려 떠올랐다가 찬 공기를 쏘이고는 순식간에 몸을 감춘다(22-24행). 개구리 떼가 코끝만 내어놓은 것처럼(25-27행) 귀신 두목 바르바리차가 오자 모두 밑으로 자취를 감춘다(28-30행). 마귀와 죄인들 사이의 숨바꼭질을 잘 묘사하고 있다. 속에 근심 밖에 걱정이다. 나오면 작살이, 내려가면 끓는 역청이 기다리고 있다.

2. 가죽 벗김을 당하는 참폴로(31-54행)

한 죄인(31)은 22곡의 주연 참폴로 인데 마귀 그라피아카네에게 붙들렸다. 끌어당기어 나온 모습은 물개 모양이었다(31-36행). 단테는 미리 마귀들의 이름을 다 암기해 두었다(37-39행). 놈들은 루비칸테야를 부르며 포로의 가죽을 벗기라고 아우성을 지른다(40-42행). 생전에 탐관오리는 남의 가죽을 많이 벗겼으니 여기서 그는 이 고통을 받아 마땅하다. 베르길리우스는 단테의 요청을 받고 죄인의 신분을 묻는다. 그는 나바라왕국(프랑스와 스페인사이,14세기초) 출생이며, 아버지는 자살했고, 어머니는 그를 상전의 하인으로 보냈다(51행). 그 후 나바라왕 테오발드의 비서관이더니, 사기질에 골똘한 탓으로 지금 이 형벌을 받는다고 대답한다.

3. 참폴로의 고통, 라틴사람들(55-96행)

55-63, 바르바리차가 참폴로를 껴안고 스승(버질)을 향하여 딴 놈들이 해치기 전에 물어보라고 한다(55-63행). 포로가 된 참폴로는 양쪽에 어긋니가 쑥 삐져나온 치리아토(21곡 21행)에게 물어 뜯긴다(55-57행). 64-78행, '라틴사람(65행)'이란 로마 부근의 이태리인을 가리킨다. 단테는 결코 이태리란 말을 쓰지 않는다. 스승이 나바라 인에게 역청 아래의 동료를 아느냐(65행)고 물으니 방금 작별하고 왔다(67행)고 한다. 리비코코가 쇠갈퀴로 팔의 살점을 찢어서 가지고 간다(72행).

드라기냐초가 정강이를 잡으려 할 즈음에 눈매로 제지를 시킨다(75행). 79-96행, 참폴로가 역청 밑에 두고 온 놈은 수도승이었고, 사르디니아 섬의 한 지방인 갈룰라인으로 아귀 같은 자로서 '허기의 그릇(82행)'이라 단테는 불렀다. 그는 갈룰라 지사의 비서관으로 신임을 얻고 직권남용을 자행했다. 그는 적의 포로들을 관리하는 직책을 맡았는데 뇌물을 먹고, 포로들을 놓아 주었다(87행). 또 한 놈의 이름은 미켈 찬케이다. 그는 사르디냐의 로고도로 지방에 살았고,

황제 프레데릭 2세의 서자이었으며 로고도로의 지사였던 엔지오를 배신하고 그의 처를 취하여 스스로 지사가 되었으나 1275년에 피살되었던 자이다. '저들의 혀는 피로를 모르고(90행)' 도둑질한 얘기를 나누었다. 참폴로는 공격을 노리는 마귀들 때문에 말을 더 계속할 수가 없었다(93행). 두 명은 모두 이름난 탐관오리였다. '사르디냐(89행)'는 피사에 가까운 섬이다. 두목이 눈망울을 굴리는 파르파렐로를 책망한다. 두목 바르바리차는 참폴로를 졸개들로부터 지키어 준다. 마귀는 하나님을 적대하나 역청 지옥에서는 단테와 베르길리우스를 돕고 있다. 참폴로를 통하여 역청 아래 죄인들의 죄상을 베르길리우스는 듣고 있다. 졸개 마귀들의 복수 의지 또한 얼마나 강렬한가!

4. 참폴로의 뺑소니(97-132행)

97-105행, 참폴로는 최악의 절망 속에서도 살아남기 위한 사기극을 꾸며댄다. 나바라인은 토스카나인(단테)이나 롬바르디아인(베르길리우스)들을 데려 올 테니, 마귀들을(101행) 자기로부터 한 발 물러가게 해달라고 한다(102행). 휘파람을 불어서 여러 명을 역청 위로 불러오겠다는 것이 참팔로의 계교이다. '휘파람(103행)은' 죄인끼리의 비밀신호이다.

106-117행, 카냐초의 경고(108행)에 참팔로는 되받아서 '친구에게 봉변을 당하게 하려는 짓을 하려니 자기는 나쁜 놈(111행)이라고 말한다. 깡패, 도적놈들 사이에는 나름대로의 의리가 있다. 도적들끼리는 도적질하지 않는다고 한다. 악당도 동료들 사이엔 신의가 있다. 마귀는 마귀에 대하여 신의를 갖고 있다. 참폴로는 마귀에 대하여 성실을 다하지 않으면 자신이 나쁜 놈이 된다는 이런 식의 말이 마귀를 움직인 것이다. 알리키노는 참폴로의 말을 거절치 못하였다 (112행). 참팔로는 마귀들의 눈을 딴 편으로 돌리게 해놓고 자기는 뺑소니쳤다 (118-123행). 사기를 천직으로 삼는 마귀들이 참폴로의 사기극에 휘말려든 것이다. 사기는 더 간교한 사기를 낳을 뿐이다. 항생제가 더 고 단위의 항생제를

만들어 내듯이.

5. 두 마귀의 싸움(133-151행)

참폴로를 놓친 마귀들은 분을 참을 수 없었다. 더욱이 실패를 저지른 알리키노는 더했다(126행). 칼카브리나는 그놈이 도망친 것은 차라리 좋다. 그렇지 않아도 알리키노를 벼르던 차에 한판 붙을 구실이 생긴 것이다(133-135행). 두 놈이 서로를 할퀴다가 끓는 늪 한가운데로 떨어졌다(140행). 바르바리차는 급히 구조대를 가동 시켜 두 놈을 건지려 한다(148-150행). 마귀들이 소란을 부리는 사이에 두 시인은 거기를 떠난다(151행).

22곡의 참폴로, 고미타 그리고 미켈 찬케는 앞서 말한 대로 크게 해먹은 관리들이었다. 죄인들의 형벌은 너무나 처참했다. 복수에 굶주린 마귀들의 행태묘사가 무서우면서도 코믹하다. 죄인들과 마귀들의 치열한 숨바꼭질에 연민의 마음도 일어난다. 참폴로의 사기 수법은 마귀들을 뺨칠 정도로 탁월하다. 야나이하라(矢內原)는 단테의 지옥은 공상이나 호기심의 산물이 아니고 지상의 정치, 피렌체의 사회를 반영한 것이라고 했다. 단테는 부패정치를 분개하고 증오하더니 급기야 조롱을 했다. 어찌 피렌체에만 국한하랴! 우리사회, 우리정치를 보는 듯하다.

제23곡 위선자의 지옥 (8옥 제6낭)

개요

- '말레브란케'들로 부터 몸을 숨기자(1-24)

    두 시인은 프란시스코 수도사처럼 걸어감(1-3)

    단테 눈앞의 싸움(22곡)을 생각하며 생쥐와 개구리의

    우화를 생각(4-9)

    그 일을 생각하다가 한 생각이 떠올라 무서움이 더해짐(10-12)

    말레브란케들이 조롱을 당한 줄로 여겨, 추격해 올 것을

    예상, 단테가 숨자고 제안(13-24).

- 두 시인이 위기를 모면한다(25-57)

    버질이 제6낭으로 탈출 계획을 세움(25-33)

    마귀들이 날아오자(34-36)

    어미가 아기를 안고 달아나듯 버질은 단테를 안고

    다음 구렁(6낭)으로 곤두박질침(37-51)

    말레브란케는 더 이상 추격할 힘을 잃음(52-57)

- 납 옷 입은 두 위선자(58-110)

    겉은 금칠, 속은 납으로 된 망토 입은 수사들(58-67)

　　　　단테가 버질에게 위선자들이 누군지 알아 달라고 함(68-75)

　　　　단테의 토스카나 방언을 위선자들이 알아 봄(76-93)

　　　　단테 자기소개한 뒤 그 들을 알고 싶어 함(9499)

　　　　나는 카탈리노, 저의 이름은 로데린고(100-108)

　　　　단테 말하다가 중단함(109-110)

　　- 위선자 가야바(111-126)

　　　　카탈리노가 가야바에 대하여 말함(111-123)

　　　　버질이 가야바를 이상히 여김(124-126)

　　　　버질이 카탈리노에게 도움을 구하고, 카탈리노는
　　　　말라코다가 속였다고 함(127-138)

　　　　버질의 반응과 카탈리노의 답변(139-144)

　　　　버질이 분노하며 떠남, 단테는 따라감(145-148)

[그림 23-1 말레브란케들의 추격]

해설

1. 두 시인 '말레브란케'들의 추격을 피함(1-57행)

 1) 마귀들의 추격을 예상하고 단테는 스승에게 구조를 요청한다(1-24행). 22곡의 시끌벅적한 정경과는 대조적으로 둘은 침묵, 고독 가운데 하나는 앞에서 또 하나는 뒤에서 걸어간다(1-3행). 칼카브리나와 알리키노의 싸움은 개구리와 생쥐이야기(이솝우화)를 생각나게 하였다. 남을 해치려는 자들이 어떤 피해를 입는지를 교훈하는 우화이다. 사기를 천직으로 삼는 마귀들(개구리)이 참폴로(생쥐)에게 속았으나, 양편 모두 솔개(하나님의 정의)에 의하여 심판을 받는다. 개구리를 마귀에

단테와 베르길리우스를 생쥐에 비유하는 해석도 있다(4-9행). '처음의 무서움(12행)'은 두 시인이 마귀의 안내 제의를 받을 때의 무서움이다. '놈들이 우리로 해(13행)'- 두 시인이 참폴로에게 질문한 것이 원인이 되어 마귀들이 조롱과 멸시를 당했다는 뜻이다.

2) 두 시인의 위기모면(25-33행). 잠언의 '물에 비치면 얼굴이 서로 같은 것같이 사람의 마음도 서로 비치느니라(잠언 27:19)'는 말씀처럼 두 시인의 마음이 이심전심으로 통했다(25-33행). '두 가지 중에서 한 가지 꾀(30행)'는 단테의 생각과 베르길리우스의 생각을 합해서 한 가지 결론을 내었다는 뜻이다. '한 가지 꾀(30행)'는 도망치는 것이다. 삼십육계도 마귀를 피하는 좋은 방법이다.

3) 6번째 구렁으로 곤두박질쳤다(34-57행). 34-36행은 마귀들의 추격하는 모습이다. 마귀들이 날아옴을 보자 베르길리우스는 이성의 판단이 아니고 본능적 반응으로서, 불난 집에서 어머니가 아들을 꼭 껴안듯이 붙잡고 6번째 구렁으로 곤두박질친다(37-45행). '뭍에서 물레방아(46행)'는 단테 시대에 유행하던 강물의 흐름을 이용한 물레방아와 구별해야 한다. 뛰어내림의 빠르기가 홈통의 물이 바큇살에 부딪칠 그때의 빠름보다 더했다(46-48행)는 뜻이다. 스승이 단테를 길벗 이상 제 자식처럼 보호해 줌을 묘사했다(49-51행). 치외법권의 지역에서 그 나라의 치안이 권리행사를 할 수 없음같이 마귀들도 자기구역 밖에서는 위협할 수 없어서 두 시인은 안심하게 된다(52-57행).

2. 납옷 입은 위선자들(58-123행)

1) 납 옷 입은 자들은 위선자들의 상징이다(58-72행). '무색옷을 입은 사람들 (58행)'은 화려한 색깔로 채색된 무리이다. 현세에서의 위선자들은 민첩했다. 그러나 여기서 걸음걸이가 너무 느리다. 이것이 그들 퀼른의

[그림 23-2 납 옷 입은 위선자들과 가야바]

벌이다. '클루니의 수사(61행)'- 클루니는 독일의 부유한 수도원을 가리킨다고도 하고, 부르군디의 베네딕트 수도원이라고도 한다. 지옥 위선자들의 모습이 클루니 수사들의 모습과 비슷하다. 3행의 길가는 작은 수사는 프란체스코 회원들이고, '클루니'는 (61행) 교황청 직속의 수도회로서 세속권 확대의 첨병 노릇을 했다. '카푸초(63행)'는 외투 목에 달린 모자이다. 그들의 모습은 외화내빈이다. 겉은 금칠로 빛나나 속은 납덩어리였다. '프리드리히가 입힌 것은 차라리 짚일레라(66행)'-왕이 죄수를 벌할 때 납옷을 입혀 끓는 솥에 집어넣었다고 한다. 프리드리히가 벌로 입힌 옷은 이것에 비하면 너무 가벼웠다는 뜻이다. 어떤 스님이 쓴 책 '옷을 벗지 못하는 사람들'이 생각난다. 토마스 칼라일의 〈의상 철학〉을 읽어 보기 바란다. 옷이 날개라는 말도 사람의 값어치를 옷으로 평가하는 말이다. 성직자들의 가운, 박사들의 가운, 후드(hood)등에 사람들이 속아 넘어가기 쉽다. 사기꾼들의 옷차림새에 현혹되지 말아야 한다. 그들은 항상 양심을 속인다. 스스로를 속이고 남을 속인다. 속사람이 날개여야 한다. 외모로 사람을 취하지 말라는 말씀을 명심하자. "이는 하나님께서 외모로 사람을 취하지 아니하심이라" (로마서 2:11)

2) 토스카나인들을 만난다(73-99행). 지옥에서도 모국어는 통한다. 단테는 여러 곳에서 동향인을 찾았다. 고향을 사랑하고 조국을 사랑하는 마음을 엿본다. '이렇듯 달리는 자들아(78행)'-위선자들의 입은 옷이 너무 무거워 시인의 보통 걸음을 달린다고 말했다. 지옥에서 그들은 느림보가 되었다. 시인들과 죄인들의 걸음걸이는 대조적이다. 일반인과 위선자들의 차이는 무엇일까? 자기주장과 실제 마음이 정반대이다. '흘긴 눈으로(86행)'-납 모자는 머리를 쉽게 움직일 수 없고 거짓을 품고 있으니 사람을 바로 보지 못해 눈을 흘길 수밖에 없다. 위선의 짐은 이렇게 무겁다. 토스카나가 여러 번 나온다(76, 92행). 피렌체를 관통하는 아르노강은 실제로 아름답지 않다고 한다. 못생긴 아이도 자기 자녀일 때는 아름답게 여기는 것같이 이 말엔 피렌체의 아르노, 그리고 토스카나에 대한 단테의 애정이 깃들어있다(94-96행). '눈부신 형벌(99행)'은 형량에 따라 다르다. 죄가 중할 수록 금칠이 더 눈부시다. 위선이 심할수록 겉과 속의 거리는 멀다.

3) 두 수도자의 자기소개 및 가야바의 무리(100-123행). '귤(橘)빛 망토(101행)'는 도금색이다. '저울들을 삐걱하게 한다(102행)'는 위선의 과부하가 저울로 하여금 소리를 내게 한다. 겉이 가볍고 속이 무거우니 균형이 깨지고 저울이 삐걱거린다. 겉과 속의 균형이 맞지 않는 것이 위선자의 특색이다. '놀아먹던 수도자, 볼로냐 내기들(103행)'-원래 마리아의

기사단은 정파간의 알력 조정, 귀족간의 화해를 도모, 피압제자들을 돕는 단체였는데 기강이 흐려져 나중에는 희락수사라 불리었다. '놀아먹던'이란 이런 뜻이 깔려있다. 두 토스카나인은 카탈리노(구엘포)와 로데린고(기벨린당)이다. 한 사람이 피렌체를 다스려야 하는데 둘이 다스렸다. 그들은 나중에 교황(클레멘트)의 지시를 받아 정치를 더 어렵게 만들었다. 둘의 공모하에 기벨린당을 억압하였다. 지금도 피렌체시의 일부인 '가르딘고'에서는 두 사람이 평화유지에 공을 세운 사람처럼 보고 있으나 사실은 아니라는 것이다. 카타리노는 가야바의 무리와 유대의 산헤드린이 벌 받고 있는 것을 보고 단테에게 설명해 준다(109-123행). '인민을 위하여 한 사람을(116행)'-이 말은 애국적이고 합리적인 말인 것처럼 보이나 가야바의 속셈과 다른 위선의 말이다. 그는 납 옷을 입지 않고 벌거벗은 몸으로 두 팔과 발(포개어)을 못 박힌 채 땅바닥에 누워있다. 망자들이 그를 밟고 지나갔다. 대 위선자의 형벌을 본다(118-120행). 예수 십자가의 처형이 유대인에게 나쁜 씨앗이 되었다(122행).

3. '말라코다'에게 속은 베르길리우스(124-148행)

베르길리우스는 '가야바'의 참담한 모습을 보고 이상히 여겼다(126행). 그는 그리스도 이전에 출생하여 이 사건을 보지 못했기에 이상히 여길만하다. 위선 수사에게 7번째 구렁에 이르는 길을 안내받고, 말라코다에게 속은 것을 알게 되었다(133-141행). 이성적으로 생각하고 신앙을 배제하면, 비록 과학적 입장이라 할지라도, 신앙을 무시하면 속아 넘어간다. 바른 신앙이 동반되지 않으면 이성은 인생의 바른 안내자가 될 수 없다. 단테는 스승의 약점에도 불구하고(124-126,139,145행) 스승의 발자취를 따른다. 위선이란 육적인 욕망을 실체로 보고 선은 그것의 장식으로 생각하는 것이다. 악의 편에 서서

편의상 선을 이용하는 것이 위선이다. 예수는 위선을 가장 싫어했다. "눈먼 바리새인이여 너는 먼저 안을 깨끗이 하라 그리하면 겉도 깨끗하리라(마태복음 23:26)"

   선 쪽에 서서 거짓에 휘말리는 것은 위선이 아니다(矢內原).

제24곡 도둑과 독사의 지옥(제8옥 7낭)

개요

- 직유: 농부/서리(霜),버질 불편한 심기를 회복함(1-21)
- 더욱 험난해진 오름(22-45)
- 버질의 독려, 단테의 오름(46-63)
- 제7낭을 내려다 봄(64-81)
- 뱀 지옥에서 벌 받는 죄인들(82-120)
- 도둑 반니푸치의 독백(121-141)
- 반니푸치가 단테의 장래를 예언함(142-151)

[그림 24 독사에게 고문 받는 도적들]

줄거리

두 시인은 8옥 제7낭(구렁)에 와있다. 이곳은 뱀들이 득실거리는 지옥이다. 도둑의 망령들이 뱀에게 형벌을 받고 있다. 악마에게 속은 줄 알고 베르길리우스(23곡)의 심기는 불편했다. 그가 평정을 회복하자 온화한 얼굴로 단테를 대해준다(21행).

스승은 한 바위의 꼭대기 쪽으로 그를 높이 들어올리며(28행), 저리로 타고 올라가라고 명한다(29행). 오르자마자 너무 지쳐서 그만 주저앉아 버린다(45행). 베르길리우스는 단테를 훈계하며 힘을 실어준다(46-57행). 앞에서의 길들보다 더 힘들었지만 그의 길을 간다(63행). 바로 이때 바닥(7째 구렁)에서 알아들을 수 없는 목소리가 들려온다. 그 아래를 내려다보았으나 전혀 분간할 수가 없다.

이어서 7째와 8째를 갈라놓는 가장자리(아취)에 이르게 된다. 형벌 받는 도적들의 모습을 보려고 제7 구렁의 다리를 건너 제방 아래로 내려간다(80행). 거기서 흉측하고도 징글징글한 각종 뱀들을 본다. 죄인들의 손은 뒤로 젖혀져 뱀으로 묶여있다. 차마 형용할 수 없는 비참한 죄인들의 모습을 본다(94행).

뱀 하나가 날라 오더니 죄인의 목을 관통해버린다. 불이 붙어 재가 되더니 다시 아까 몸으로 돌아간다(103행). '지엄한 하나님의 복수'를 리얼하게 그려놓았다. 형벌 받는 죄인은 반니푸치였다(126행). 그의 죄는 성당 안의 성물을 훔치고 남에게 그 죄를 뒤집어 씌운 것이다. 단테는 그가 피와 분노의 인물임을 알아본다(129행). 걷잡을 수 없는 수치를 느낀(135행) '반니푸치'는 단테에게 피스토야와 피렌체의 정쟁에 대하여 예언을 한 뒤 단테에게 독설을 퍼붓는다(150행).

해설

1. 불편한 심기를 회복하심(1-21행)

베르길리우스가 '약간 노기에 얼굴을 찌푸렸다'(23곡145행). 스승의 얼굴 표정의 변화에 의하여 단테의 마음도 평정을 되찾은 것을 설명하기 위하여(16-18행), 봄의 광경, 농부와 목초 이야기를 썼다(1-15행).

'태양은 보병궁(Aquarius성좌) 아래 머리 빗는다(2행).'는 표현은 직유(simile)로서 날씨의 따뜻함이 더해간다는 뜻이다. '밤은 이미 남으로 돌아간다(3행)'는 역주(186쪽)에 있다. 춘분에 가까워 갈수록 태양은 북으로, 밤은 남쪽으로 향하여 점점 낮은 길고 밤이 짧아진다는 뜻이다.

'흰누이(4행)'는 눈이다. 서리는 눈을 흉내 내도 곧 사라진다. 말의 풀이 떨어지매 농부가 들판을 내다보고 실망한다(7-9행). 잠시 후 나가보고 들판에 풀이 있는 것을 보고(13-15행), 짐승 떼를 치러나간다. 농부가 서리를 눈으로 착각하고 실망했다가 서리가 사라지매 기운을 차린 것처럼 스승의 마음도 악마에게 속아서 좌절했다가 평정을 되찾는다. 이 경우 스승은 농부에, 단테는 양에 비유된다. 산기슭(21행)'은 지옥 1곡의 산기슭이다.

2. 더욱 험난해진 오름(22-45행)

여기서부터 무너진 바위를 올라간다. 등산가의 자세를 본다(22-24행). '납 옷 입은 위선자(31행)'들의 길과는 다르다. 베르길리우스는 육체가 없으니 '가볍게(31행)', 단테는 육체가 있으니 매달려 바위에서 바위로 올라간다(31-33행).

제5 낭의 제방에서 6낭의 밑으로 내려가는 것보다 6낭 밑에서 7낭으로 가는 것이 거리가 짧다(34-36행)는 뜻이다. '샘의 어구(37-40행)'는 지옥의 밑이다. 두둑할수록 아래쪽이고 덜 두둑한 쪽이 위편이다(40-42행). 마침내 마루(날망,

42행)에 올라오자 단테는 숨이 가빠 주저앉아 버렸다(43-45행).

3. 스승의 훈계(46-81행)

1) 깃털 방석 위에 앉고 비단 이부자리에 눕는 자가 명성을 얻은 예는 없다(46-48행). 명성을 얻지 못하고 제 목숨을 끝내는 자(49행)는 공중의 연기나 물거품처럼 사라진다(49-50행). 죄와의 싸움에서 이긴 혼으로 숨 가쁨(54행)을 이겨내라고 스승은 훈계와 격려를 하며 실행하라고 한다(52-57행). '더 높이 올라야 할 사다리(55행)'는 연옥의 긴 계단이다.

2) 스승의 말씀에 힘을 얻어 험한 길을 계속 간다. 지옥 심층부로 가는 길은 갈수록 험난하다. 지금까지 거쳐온 길보다 더 힘들다(58-63행).

3) 지옥 8옥 제7 구렁에 와 있다. 도적의 망령들이 있는 곳에 온 것이다. '다음 구렁(65행)'은 제7구렁이다. '동뜬 소리(66행)'는 말이라 할 수 없는 소리이다. 말뜻은 몰라도 '화가 치민 것(69행)'은 알 수 있었다. 밑으로 내려 갈수록 죄와의 싸움은 치열해진다. 신뢰를 저버린 죄가 가장 중한 죄이며, 그것과 싸우는 것이 가장 어려울 수밖에 없다. 아래를 내려다보았으나 어둠 때문에 보이지 않는다(70-72행). '다음 둘레(71행)'는 제7 낭과 8 낭 사이의 제방이다. 암교를 건너 7낭의 '아래쪽으로 내려 주소서(73행)'. 여기서는 상황 파악이 되지 않기 때문이었다.

4) 네가 구하는 바는 실행하면 이루어진다(76행). 제7 낭의 모습이 환히 눈앞에 드러났다(81행).

4. 뱀 지옥에서 벌 받는 죄인들(82-120행)

1) 제 7구렁의 광경을 기괴하게 묘사하고 있다. 도적의 곳에 뱀이 있는 것은 양자가 비슷한 점이 있기 때문이다. 뱀의 간계와 음험함과 증오는 도적의

표상이다. 뱀은 모든 사람이 싫어함 같이 도적도 미움의 대상이다. 각종 무서운 뱀들이 그려져 있다. 리비아 사막, 이디오피아의 뱀들을 총망라 열거해도 여기 있는 것들과는 비교가 되지 않는다(85-90행).

2) 숨을 곳을 찾을 희망도 없는 족속(도적들) 들은(91행), 두 손이 뱀으로 묶여져 있고(94행), 허리엔 뱀의 꼬리와 머리가 삐져나와 있다(95-96행).

3) 뱀 한 마리가 한 놈의 목으로 관통해 버린다(97-99행). 몸에 불이 붙더니 재가 되었다가 다시 몸으로 돌아온다(100-105행). 너무나 끔찍한 형벌을 묘사하고 있다. 도적이 나타났다 사라지는 속성을 잘 그려놓았다.

4) 불사조(phoenix,107행)가 죽었다가 되살아나는 데에도 500년이 걸린다는데 지옥의 이 망자들은 순식간에 재로 변해 없어졌다가 몸으로 다시 나타난다(115-117행). '위대한 현자들(106행)'은 오비디우스를 비롯한 여러 사람들이다. 여기 장면을 단테는 '오비디우스의 변신(Metamorphosis)'에서 인용하였다. 하나님의 복수는 이렇듯 무섭고 지엄하다(118행).

5. 반니푸치의 예언(121-151행)

1) 반니푸치(Vanni Fucci)가 자기소개(121-139행)를 한다. 이 망자는 성당 안의 성물을 훔쳤다가 그 죄를 남에게 덮어씌웠다. 사형 후 반니는 자수했다고 한다. 죄에 상응한 형벌을 그는 받고 있다.

2) '반니푸치'를 단테는 알아보았다. 그는 피와 분노의 인물(127행)이었다. 자기의 비참을 수치로 느낀다(133-135행).

3) 반니푸치는 지옥에서도 제버릇을 들어낸다. 단테에게 불길한 예언을 말했다. '피스토야, 네리, 비앙코는 역주 참조(186쪽). 24곡과 25곡은 도적들에 대하여 썼다. 민첩한 뱀과 기어 다니는 도적들 사이에 유사점이 있다. 우리가 아는 것과 같이 도적들은 남의 것을 훔치는 자들이다. 여기서

도적들은 자기 자신의 몸을 도적맞고 있다. 중세에서 사람의 재산은 그의 연장으로 이해하고 있었다. 도적질은 재산에 대한 폭력이다.

제25곡 도둑과 뱀의 상호변신(8옥, 7낭 계속)

개요

- 반니 푸치, 켄타우로스, 3명의 영들(1-45)
  '반니'의 신성모독과 뱀의 공격(1-9),
  단테의 격정(아포스트로피):피스토이야(10-15),
  반니의 도주와 켄타우로스의 추격(16-18),
  시인은 악마 '카쿠스'를 생각해낸다(19-24),
  버질이 '카쿠스'를 구체화함(25-33),
  세 도적이 갑자기 나타남(34-45).
- 도적 찬파와 뱀 아뇰로의 융합변신(46-93)
  6번째 독자에게 호소함(46-48),
  아뇰료가 새로운 모양을 찬파와 나눔(49-78),
  직유: 도마뱀이 길을 건넘(79-84),
  뱀(프란체스코)과 사람(부오소)의 교합(85-93).
- 뱀과 사람의 상호 변신과정(94-151)
  단테가 루카누스와 오비디우스를 능가한다고 주장함(94-102),
  부오소가 형체를 프란체스코(뱀)와 바꿈(103-141),
  시인의 사과(142-144), d) 푸초 만이 변형되지 않음(145-151)

줄거리

[그림 25-1 8옥 7낭 도둑과 뱀의 지옥]

　4월 9일 정오 조금 전에 두 시인은 8옥 제7낭에 와있다. 24곡 끝에서 일장의 연설(133-151행)을 끝낸 반니 푸치는 하나님을 심히 모욕한다. 이어서 한 마리의 뱀이 반니의 목을 또 한 마리는 팔을 휘 감는다. 단테는 이 기회를 타서 '피스토야(pistoia)'의 죄를 질책하며 회개를 촉구한다. 반니 푸치는 도망가고 켄타우로스가 나타난다(17행).그의 등엔 많은 독사가 있고, 정수리 뒤에 불을 붙여주는 용이 있다(23행). 켄타우로스(카쿠스)는 뱀이 된 반니를 뒤 쫓는다 (18행).

　단테는 곧 피렌체의 5적을 만난다. 그들 뒤에 덮친 무서운 응징을 본다.

도적들의 일부는 사람의 모습을 다른 놈들은 뱀의 모습으로 변한다. 그들 중 한 놈 말고는 모두 변신을 한다. 아넬료(67행)가 사람의 모습을 취하고 여섯 다리의 도마뱀이 된 '찬파'와 융합한다. 부오스는 작은 뱀으로 나타난 프란체스코와 형상을 바꾼다(93행). 오직 푸초 시안 카토 만이 변신하지 않았다(140행). 끝없는 고통의 연속이 도적들의 최후 모습이다. 현세에서 저들은 남의 물건을 취하여 그것을 자기의 것으로 바꾸어 버렸다. 그래서 지옥에서 그들의 몸은 계속 탈취를 당하는 것이다. 이렇게 그들은 사람에서 뱀으로, 뱀에서 사람 사이를 왔다 갔다 한다. 자기의 정체성이 사라진 것이다.

해설

1. 반니푸치, 켄타우로스 그리고 3영들(1-45행)

　1) 도둑놈 반니 푸치는 하나님을 향하여 상스런 욕을 한다. '손가락 새 엄지 손가락질(1행)'은 성교의 외설적 제스쳐이다. 단테가 마을을 거닐다가 이런 모욕을 받고 시의 소재로 삼았다 고 한다. 도둑은 뱀들의 공격을 받고 꼼짝 못하게 된다(9행). 이 기회에 단테는 '피스토야'를 질책한다. '피스토야'는 기벨린당의 근거지며 거기서 당쟁이 생겼다. 회개하여 새 출발하라는 것이다. '피스토야'인의 죄는 카파네우스(14곡 46-72행)보다 더 심각하다. 단테의 지옥관이 반영되어있다(1-15행). 회개는 죄의 연결고리를 단절한다.

　2) 뱀이 된 반니 푸치가 도망치자 켄타우로스(반인반마: 지옥 12:55)가 뒤쫓는다. 켄타우로스(카쿠스)는 전에 거인 도적이었다. 헤라클레스의 소를 훔쳤고 많은 사람을 죽였다(27행). 지옥 7옥에 있으나 이놈은 도적이었기에

8옥에 와 있다(25-30행). 헤라클레스의 몽둥이 10대를 맞고 죽였으나 90대를 더 맞았다(16-33행).

3) 단테와 베르길리우스는 영혼들의 외치는 소리를 듣고서야 그들에게 정신을 집중한다(35행). 세 영혼이란 아뇰로(68행), 부오소(140행) 그리고 푸초 시안카토이다. 이들은 모두 피렌체의 대도였다. 이들이 누구인지에 대하여 잘 알려진 것이 없다. 3명의 도적이 찬파(Cianfa)와 동행했는데 갑자기 그가 사라져서 어디 있느냐고 물은 것이다(43행). 손가락을 입에다 대고 조용하라는 신호를 보낸다(34-45행).

2. 찬파와 아뇰로의 융합변신(46-93행)

1) 지금부터의 묘사는 단테 자신도 곧이 듣기 힘든 내용이어서 미리 독자의 주의를 환기시키기 위하여 이렇게 쓴 것이다(46-49행). 찬파가 변신하여 여섯 발을 가진 뱀이 되어 한 놈(아뇰로)를 감아 버린다(49-51행). 찬파와 희생자(아뇰로)가 서로 엉키어 색깔을 섞어 두 놈 다 이전의 모습은 이미 없어졌다(61-66행). 먼저 몸을, 그 다음에 색깔을 섞어 버렸다. 남녀가 하나 즉 한 몸(창세기 2:24)이 되었다. 둘의 개체가 보존되며 또 둘은 한 몸이 되었으나 지옥에서는 이도 저도 아니다. 도적은 내 것도 너의 것도 없는 자이다. 도적은 자신의 형상과 인격을 상실한 것이다. 무서운 형벌이다.

2) 다른 두 놈(부오소, 시안카토)은 공금을 횡령한 아뇰로(68행)의 변신을 보고 한 마디 한다(69행). 이상한 괴물이 된 것이다. '작은 뱀(83행)'은 프란체스코가 변신한 것이라 한다. 두 놈(84행)은 '부오소'와 '시안카토'를 가리킨다. '영양을 취하는 그 자리(86행)'는 배꼽이다. 프란체스코가 변형이 된 작은 뱀은 부오소의 배꼽을 뚫더니 몸에서 떨어진다(87행). 그놈(부오소)은 뱀을, 뱀(프란체스코)은 그놈을 마주보고 서로 연기를 뿜어대는 기이한 광경(91-93행)이다.

3. 뱀과 사람의 변신과정(94-151행)

[그림 25-2 아뇰료의 변신]

1) 단테가 목격한 그 죄인의 변신묘사는 옛 작가 루카누스와 오비디우스의 변신 담에 비하여 더 훌륭하다. 사벨로와 나시디오는 카토군의 군인들이며 괴물에 물려 죽었다. 카드모스와 아레투사는 오비디우스의 책에 나오는 자들로 카드모스는 테베의 건설자이다. 저도 뱀에 물려 죽었다. 단테는 오비디우스의 변신담을 질투하지 않는다(99행). 94-99행의 변형은 '하나의 자연이 하나의 자연으로 바뀌는 것이다. 즉 일방적 바뀜이다. 카드모스가 뱀이 되고 아레투사가 뱀으로 변하고, 사벨로가 재가 되고 나시디오의 몸이 작열하였다. 그러나 단테가 본 바에 의하면 2개의 자연이 상면하여 상호적으로 바뀐다. 남자가 뱀이 되고 뱀이 남자가 되는 양방의 변화이다.' 거죽만 바뀐 안은 그대로 두 낱인 까닭(102행)'은 '각각의 형상이 그 질료를 바꾸지 않기 때문이다(日譯). 플라토의 형상

(Form)과 질료(Matter)를 스콜라 철학이 그대로 차용한 것을 단테가 인용하고 있다. 형상은 자연의 본질이며, 질료는 본질 속에 있는 본체이다. 2개의 자연(형상)을 바꾸어서 양자가 각각 질료(Matter)를 취한다고 야나이하라 교수는 긴 설명을 하였다. 제 살결은 부드럽고(110행)는 말은 뱀이 사람의 살결을 취했다는 뜻이고, 남의 살은 딱딱이 굳어졌더라(111행)는 사람이 뱀의 살결을 취했기 때문이다. 뱀이 사람으로 변형하는 과정(109-117행)을 그리고 있다.

2) '한 놈은 탈을 덮어씌우고(119행)'는 지금까지 뱀이 되어 털이 나고, 지금까지 인간이었던 자는 뱀이 되어 털을 뽑는다(118-120행). '이놈은 일어서고(121행)'-뱀에서 사람이 되니 일어서고, '저놈은 자빠지고(121행)'는 사람에서 뱀이 되니 자빠지는 것이다. 먼저는 뱀이었다가 인간이 되는 과정(124-129행)을 묘사하고 있다. 그 다음은 사람이었다가 뱀이 되는 과정(130-139행)을 그리고 있다. '짐승이 되어버린 영혼(136행)'은 부오소이다. '뒤엣 놈(138행)'은 부오소를 경멸하며 부초 시안카토(140행)에게 뱀이 된 부오소가 이 길로 달려갔으면(141행)이라고 말한다. 제 7낭의 수없이 변신 되는 것을 보고(143행), 단테는 시가 다듬어지지 못했어도 용서를 빈다(144행). 단테가 사람→뱀의 변신과정을 보고 산란했던 심정을 쓰고 있다(145-147행). 프란체스코는 가빌레 사람에게 살해당하고 우는 그놈이다(151행).

4. 결어 : 도적놈은 제 것과 남의 것의 구분이 없다.

인간으로서의 개성이 없다. 인격도 없다. 인간이 아니며 짐승이다. 켄타우로스보다 더 괴이한 놈이다. 단테의 상상력이 충분히 발휘되었다. 기막힌 묘사력에 감탄하는 바이다. 그리스도인은 예수와 결합한 자이다. 뱀과 인간의 결합은 둘도 아니고 하나도 아니지만 부부합일, 삼위일체, 신자와 그리스도의 연합은 각각의 개성을 존중하면서 인격이 몰각되지 않는 연합이다.

진정한 결합에는 의무 책임 그리고 사랑이 있다. 인간이 짐승으로, 짐승이 인간으로 끊임없이 변신하는 고리를 끊는 길은 하나님께 대한 회개와 예수께 대한 믿음뿐이다.

제26곡 거짓충고와 오딧세우스의 항해(8옥, 8낭)

개요

- 피렌체의 죄를 책망함/제8낭으로 올라감/단테의 반성(1-24)
- 단테 바닥을 내려다 봄/직유(1-2)/단테의 반응과 버질/(25-51)
- 오딧세우스와 디오메데스가 벌 받음을 단테에게 설명함(52-90)
- 버질이 오딧세우스의 항해 이야기를 말하게 하고 단테가 들음(91-142)

[그림 26-1 불꽃에 쌓여 벌 받는 악한 모략가들]

줄거리

때는 4월9일(토) 정오 쯤, 제8옥 8낭은 모략가들이 불꽃에 싸여 벌을 받는 곳이다. 단테는 도둑들의 소굴(7낭)에 피렌체인이 5명이나 있음을 보고 신랄하게 비판했다. 두 시인은 힘겨운 발걸음으로 8낭(구렁) 바닥을 식별할 수 있는 지점에 이른다. 8낭의 죄인들은 모두 지능범들이다. 단테는 재능을 남용내지 악용한 죄인들을 슬퍼하며 자신의 시적 천재성 또한 억제한다(19-22행). 바닥이 보이는 거기, 불꽃에 가리워 죄인들은 보이지 않는다(31-42행). 베르길리우스는 오딧세우스(율리시즈)와 디오메데스(55-56행)가 거기서 벌 받고 있다고 말해준다. 오딧세우스의 죄는 1)트로이를 망하게 한 목마의 계략과 2)상인으로 가장하여 아킬레스에게서 연인 데이다메이아를 가로채고, 3)아킬레스를 트로이 전에 출전시켜 트로인들의 구세주 격인 팔라디움 상을 훔쳐내었기에 신의 보복과 진노를 받고 있다고 말해준다(61-62행). 단테는 스승에게 그들에 대하여 많은 것을 알려달라고 간청한다(66행). 베르길리우스는 화염 속에 갇혀있는 두 영혼에게 특히 오딧세우스에게 그가 겪은 마지막 항해 체험을 들려달라고 한다. 이에 오딧세우스는 거침없이 이야기를 한다(88-142행).

해설

1. 피렌체의 죄를 탄식함(1-24행)

1) 1-12행 피렌체의 죄악이 지옥까지 이름을 날린다. 7낭의 도둑들 중 5명이 피렌체인이니 우쭐거릴게 없다. 프라토의 추기경 니콜라스가 1304년에 피렌체에 와서 정파 간의 정쟁조정을 했으나 실패했다. 그는 돌아가면서 피렌체를 신과 교회의 이름으로 저주했다. 그 후 각종 재난이 일어났다(7-12행). 단테는 피렌체의 참상을 탄식한다.

2) 13-24행 두 시인이 서있는 길은 외딴 길(17행)이며, 손과 발을 총동원 할 정도로 험난하다(13-18행). 단테는 천부의 재능을 받았기에 이를 남용해서는 안 된다고 생각했다(20-24행). 모략가들은 지능범들이었다. 하나님이 주신 재능을 남용했다. 이를 본 단테의 마음은 슬퍼졌고(19행), 자신의 허리띠를 동여맸다. 지능은 덕의 견제를 받아야 바로 쓰여 진다. '운 좋은 별(행운)'과 '더 좋은 무엇(하나님의 은총)'이 '운 좋은 일(23-24행)'에 쓰여 져야한다고 단테는 다짐한다.

2. 바닥을 내려다보나 보지 못함(25-51행)

1) 25-42행, 밤이 짧아지고 낮이 길어지는 여름철(25-27행) 저녁에 농부가 골짜기에서 반딧불 떼를 보는 것같이(28-30행), 여덟째 구렁은 어디나 빛났다(31-33행). '파리가 모기에게 밀려날 무렵(28행)'즉 저녁은 기가 막힌 묘사이다. 아름다운 농촌의 정경이 눈에 선하다. 엘리사가 엘리야의 병거를 보려 해도 연기밖에 보지 못하였듯이(37-39행, 열왕기하 2:11-12), 8째 구렁의 불꽃의 하나하나도 그 중에 죄인을 감싸고 그의 모습이 밖에 나타나지 않았다. 구렁의 밑바닥은 좁고 길다. 혀로서 모략가들은 사람들을 속였으니(야고보서 3:6), 그 혀는 불이 세계를 태우듯 주변을 태웠다. 모략가의 죄는 혀의 죄이다. 웅변과 문장은 본심을 가리고 사람들을 현혹시켜왔다.

2) 43-51행 단테는 붕괴된 다리 위에 서 있으므로 튀어나온 바위를 두 손으로 꽉 잡았다(43-45행). '움켜쥠(44행)'은 은유로 자기억제를 뜻한다. 스승은 그에게 '도가니(구렁)속에는 넋들이 있다(47행)'고 했다. 불꽃 속에 사람들이 있다는 것이다. 교언영색(巧言令色)은 스스로를 태우는 불꽃 속의 감춤과 같다.

3. 오딧세우스와 디오메데스가 벌 받음(52-90행)

1) 52-63행, 테베(Thebe)의 신화를 비유로 오딧세우스와 디오메데스의 죄를 설명해주고 있다. 테베의 주권을 쟁탈하려 에테오클레스와 그의 형제 폴리네이케스가 서로 겨루다 같이 쓰러졌다. 이들의 시신을 태우니 불꽃이 둘로 갈라진 것처럼(53행), 호메로스 서사시의 2대 영웅인 오딧세우스(知)와 디오메데스(力)의 갈라진 불꽃 속으로 함께 왔다(53행). '로마의 지체 높은 조상(59행)'은 아이네아스이다. 두 영웅이 신화에서도 함께 공모했듯이 지옥에도 함께 뛰어 들었다(57행). 두 영웅의 죄는 '트로이 목마'의 계책으로 트로이 인을 속여 그리스에게 전승을 가져온 것이요(60행). 둘째는 데이다메이아를 죽게 한 죄를 짜낸 것이다. 아킬레우스의 어머니는 트로이 전쟁에 아들이 참가하면 죽을 것을 알고 스키러스 섬의 궁정에 숨겼다. 아킬레우스는 왕녀 데이다메이아를 사랑하여 그녀를 임신케 했다. 호메로스의 두 영웅은 아킬레우스를 찾아내어 그를 전쟁에 참여시켰다. 이별의 슬픔을 못 이겨 데이다메이아가 자살을 했다. 셋째로 그들의 죄는 트로이 인들이 숭상하는 파라디움 상을 훔쳐낸 것이다. 이 세 가지 죄는 모두 지능을 악용하여 상대에게 치명적인 손상을 입힌 것이다.

2) 64-90행, 단테는 '천 번이고 거듭 거듭 당신께 구하노니(64-66행)'라는 말로 호메로스의 두 영웅에 대하여 알고 싶어 한다. 스승은 단테의 알고 싶어 하는 마음을 칭찬하고(70행), '말일랑 자기에게 맡겨두라(74행)'고 한다. 호메로스의 두 영웅은 그리스인들이었고, 라틴인 단테보다는 우월감을 갖고 있었던 듯싶다. 단테는 이태리인이고 그의 조상(전설)은 그리스에게 패배당한 아이네아스이다. 그래서 그리스인 영웅들은 직접 단테와 이야기하기를 꺼려 할 것이라고(75행) 말한다. 베르길리우스는 고대인이고 단테는 천 수 백년 후의 사람이니, 그리스영웅들에게 스승이

말하는 것이 더 효과적이라고 생각한 듯하다. 불꽃이 다가오자 그는 '너희 중 하나가 어디서 헤매다가 죽었는지 알려다오(84행)'라고 물었다. 이렇게 오딧세우스는 항해 이야기를 시작한다(90행).

4. 오딧세우스(율리시즈)의 항해(航海) 이야기(91-142행)

[그림 26-2 사람들을 돼지로 변신시킨 요녀 키르케]

1) 91-99행, 지금부터 오딧세우스 자신의 이야기이다. '나'는 오딧세우스(율리시즈)를 가리킨다. '그(91행)'는 오딧세우스 일행이 트로이에서 그리스로 돌아오는 도중의 그곳이다. 태양신의 딸 요녀(키르케)는 오딧세우스의 사람들을 돼지로 변신 시켰고, 오딧세우스를 감금시켰다(93행). 그 후 그곳 이름을 유모를 생각하여 가에타(Gaeta)라고 지었다. 키르케를 떠나올 그 때에 그는 일체의 사랑스런 인간관계들을 끊었다고 말한다(94-96행). 미지의 세계를 탐험코자 자식, 아내, 부모를 뒤에 두고 그는 떠났다. 마치 아브라함처럼(97-99행), 전자는 인간의 용맹으로, 후자는 신의 명령에 따른 신앙이다.

2) 100-126행, '저 좁은 목(108행)'은 지브랄톨 해협이다. 헤라클레스가 세계의 서쪽 끝, 곧 그 이후가 낭떠러지라고 표시한 기둥이다. 거기 왔을 때 그의 동행자들은 늙고 동작이 느려졌다(109행). '세빌랴(110행)'는 스페인 서남 도시명이고 세타(111행)는 모로코(아프리카)이다. 개척, 모험 그리고 진취의 서구정신의 뿌리는 오딧세우스의 항해이야기에서 그 뿌리를 보는 듯하다. 콜럼버스보다 200년 전에 단테는 이런 기상을 갖고 있었다. 중세기 사람들은 북반구에만 사람이 살고 있다고 생각했고 남반구에는 사람이 없다고(115-117행)믿었다. 112-120행은 오딧세우스의 동료들을 향한 연설이다. '뱃머리를 아침으로 돌려(124행)'-아침은 동쪽이다.

3) 124-142행, '딴 지극의 뭇 별들이(127행)'- 남극이고 여기서 '우리의 반구(북반구)'는 사라진다. 항해자가 적도를 넘어 남반구에 나아가면서 실제로 본 바를 묘사하고 있다(127-129행). '달 아래 빛이 다섯 번 켜졌다가 또 다섯 번 꺼졌을 무렵(132행)'은 5개월의 기간을 뜻한다. '산 하나(133행)'는 정죄산(예루살렘 반대쪽, 연옥 산)이다. 136-142행의 6행에서 단테는 아주 간결하게 배가 난파하여 잠기는 광경을 생생하게 묘사하고 있다. 단테가 이 대목에서 오딧세우스의 이야기를 독창적으로 재구성했다. 그리스인의 덕과 지식만으로는 정죄산에 오르지 못한다. 오딧세우스의 항해 이야기는 아주 감동적이다. 진취와 모험을 통해서 난관을 돌파하려는 현대인에게 큰 도전이 된다. 그러나 단테는 여기서 오딧세우스의 항해가 난파된 것은 하나님 없는 지혜와 모험은 망할 수밖에 없다는 점을 강조하고 있다. 26곡에서 19-24행은 주목할 만한 대목이다. 천부의 재능을 악용, 남용하는 죄를 범해서는 안 된다. 지능범(모략)들을 불꽃으로 비유(40-42행)한 것은 인상적이다. 혀는 불이고 불이 세계를 불사름(야고보서 3:6)을 우리는 깊이 명심해야 할 것이다. 오딧세우스의 항해 이야기에 매료되었으나 결국 그 여행이 난파로 끝난

것은 우리에게 무엇을 시사하는 것일까? 하나님의 지혜와 하나님을 의지함이 없는 진취, 모험, 탐구는 결국 죽음으로 끝날 수밖에 없다. 아브라함의 모험은 하나님의 인도가 있었기에 영구히 우리의 기억에 남는 것이다.

제27곡 모략가 구이도 다 몬테펠트로
(8옥, 8낭 계속)

개요

- 새 불꽃 구이도가 버질에게 물은 것을, 단테로 대답하게 함(1-33)
- 단테가 로마냐 지방의 현 상황을 구이도에게 말해줌(34-54)
- 구이도의 자서전: 군인, 수도사, 여우 짓, 교황의 하수인(55-129)
- 구이도의 불꽃이 떠나고, 두 시인은 제9낭으로 간다(130-136)

줄거리

오딧세우스(율리시즈-라틴명,지26곡)의 영혼을 품은 불꽃이 자기 이야기를 끝내자마자 베르길리우스의 롬바르트 액센트를 엿들은 다른 불꽃이 앞으로 나아온다. 그는 두 시인을 멈추어 서게 하고, 로마냐 지역의 현 상황이 어떻게 돌아가느냐고 묻는다. 단테는 최근의 소식을 들려주고, 불꽃에게 누구냐고 묻는다. 불꽃에 감싸인 죄인의 망령은 질문자 버질이 지옥에 떨어진 혼으로 생각하고 자신과 자기의 죄를 털어놓는다. 그 불꽃속의 죄인의 이름은 구이도 다 몬테펠트로(1220-1298)로 27곡의 주인공이다. 전직은 무사였고, 기벨린당의 수령을 지냈으며 모략가로 이름을 떨치던 인물이다. 교황 보니파시우스 8세의 부탁을 받고 콜로나가(家)를 쳐부수는 모략을 베푼다. 그는 수도사의 서약을 깨고 죄를 범했으므로 지옥(8옥 8낭)에 떨어졌다고 했다. 교황의 공약(公約)은 공약(空約)이 되었다.

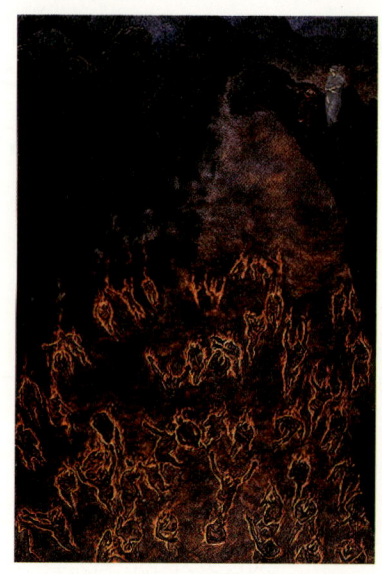

[그림 27] 불꽃에 감싸인 죄인의 망령

해설

1. 구이도의 질문에 단테가 응답함(1-33행)

  1) 불꽃 오딧세우스는 베르길리우스의 '가라 더 물을 것이 없다(27:20-21행)'는 말을 듣고 떠났다(1-3행)
  2) 단테는 오비드와 여러 작가의 글을 인용하여 7-12행을 썼다. 시칠리의 폭군 팔라리데를 위해 아덴의 조각가 페릴루스가 죄인들을 고문하기 위한 도구(청동제 황소모양)를 만들었다. 그 속에 죄인을 가두고 불을 지피면 황소의 울음소리와 같은 소리가 들리도록 설계하였다. 첫 번 희생자가 제작자인 페릴루스 자신이었다. 다른 역본(최민순)에는 암소로 되어있다. 자기가 만든 덫에 자신이 희생된 예는 구약 에스더서(6:4)와 사무엘하 아히도벨(사무엘하 17:23)이 있다. 책략가인 구이도 보다 교황의 책략은 한수

위다. 교황은 여기서 그리스도의 대리자가 아니고 마귀의 사주를 받고 있다. 인간이 아무리 좋은 생각과 방책을 고안해도 마귀는 그 꼭대기에 앉아있다. 인간의 장점도 마귀가 이용하는 거점이다. 하만이 모르드개를 죽이려 만든 형틀에 자신이 매달려 죽었다. 또 다른 불꽃의 소리가 금속 황소의 그것과 비슷했다(4-12행).

3) 13-18행의 복잡한 묘사는 전화할 때 먼저 말이 전파로 전송되고 상대편에서 말로 바꾸어지는 과정을 연상시킨다.

4) 19-33행, 두 번째 불꽃이 롬바르디아 방언(베르길리우스의 고향)으로 말하는 것을 엿듣고(19-21행), 베르길리우스에게 말을 건넨다. 그는 시인들의 관심을 자기에게로 끌어들인 후, 베르길리우스도 방금 지옥에 떨어진 줄 알고(27행), 로마냐(이태리 동북부-라벤나, 체세나)의 정치판이 어떻게 돌아가느냐고 묻는다(28행). 이 불꽃은 자기의 출신지를 말해준다(30행). 길잡이는 단테에게 그대가 라틴내기(이태리인)이니 말을 걸어보라고 한다(33행).

2. 로마냐 지방의 정치형세(34-54행)

1) '폴렌타의 독수리가 그를 품어준 덕택에 (40-42행)'-1300년에 폴렌타가의 수령 구이도 베키오와 프란체스카의 아버지는 라벤나와 주변지역을 다스렸다.

2) '일찍이 오랜 시련을 치렀고(43-45행)'-불란서와 궬피당에 의해서 포위되었으나 포를리(Forli)시의 기벨린이 승리하였다. 1282년 5월에 포를리시의 주민(구이도 다 몬테펠트로의 지도하에)들은 포위를 뚫고 적들을 많이 죽였다. 그렇지만 1300년에 포를리는 오르텔라피 가에 의하여 지배를 받았다. 이 집의 문장은 녹색 사자였다.

3) '베루키오의 늙은 마스틴과 젊은 마스틴은(47행)'-베루키오는 말라테스타와

그의 아들의 성이다. 늙은 맹견(마스틴)은 제5곡의 파올로와 잔치오토의 아비이다. 몬타냐는 '리미니'시의 기벨린당의 당수였으나 말라테스타 부자의 간계에 빠져 옥사 당했다. 단테는 그들 부자의 잔인성을 보고 '개'라고 불렀다. 말라테스타(1295-1312)는 리미니의 군주였다.

4) '라모네와 산테르노의 고을들은(49-51행)'-이 둘은 강의 이름이다. 마기나르도(로마냐의 기벨린당)가 이 지역을 다스렸고, 그의 문장은 푸른 사자이었고, 정치적 불안정으로 유명했다. 사계절이 변하듯 그는 기벨린당에 있으면서 때로는 궬피당에 가담하여 싸웠다.

5) '고을(52행)'은 체세나이다. 이 도시는 군주의 지배를 받지 않아 자유로웠으나, 리미니의 영주 말라테스티노의 지배를 받았다. 이처럼 로마냐의 정치판은 복잡했다. 단테가 지옥여행을 하기 전의 로마냐에는 전쟁이 없었으나 군주들은 언제나 전쟁의 기회를 노리고 있었다고 했다.

3. 구이도의 자서전 : 약속은 많이, 지킴은 적게(55-129행)

1) 구이도는 단테가 지옥에 떨어진 망령인줄 착각하고 자신의 죄를 숨김없이 털어놓고, 자신이 누구였던가를 이야기해준다. 구이도 다 몬테펠트로는 기벨린당의 영수였고 별명은 여우였다. 그는 1220년에 나서 1298년에 죽었다. 교회와 우여곡절 끝에 화해를 하고 추방당했다가 돌아왔다. 1296년에 프란시스 교단의 수도사가 되었고 2년 후에 죽었다. 보니파시우스 8세에게 정치적인 모략을 베푼 죄로 지옥에 떨어지게 되었다. 전직(정치, 군인)을 바꾸어 수도사가 되어 속죄를 원했는데 교황에게 정적을 제거하는 묘안을 제시함으로 여기 오게 되었다(58-72행).

2) 현세의 삶에서, '뼈와 살의 허울을 아직 내가 지니고 있는 동안'(73-74행), 75행의 구이도의 모략 "약속은 많게, 이행은 적게"는 유명한 구절이다. 마키야벨리의 〈군주론〉은 이 부분을 주제로 삼았다고 한다. 구이도의

삶은 사자라기보다는 여우의 짓이었다. 아히도벨이 압살롬의 책략가로 활약했으나 결국 자살했던 것처럼, 항해(人生航路)가 끝남으로 '돛 내리고 닻 감아야(79-81행) - as it must come for every man, to lower the sails and gather in the lines(Mark Musa) -할 때가 온 것을 알고 바른 삶을 살려고 수도 서원까지 했는데(84행)….

3) '새로운 바리새(And then the prince of New Pharisees,85행)'-1297년에 셀레스틴 5세의 사직을 무효라고 생각하는 콜로나 가(家)와 보니파시우스 8세 사이의 갈등이 표면화 되었다. 바리새인은 종교적 위선자의 대명사로 여기에 쓰여 졌다. 교황(보니파시우스 8세)은 시리아의 한 읍(아크리,88행)을 치러 간 것도 아니요 이집트 알렉산드리아(이슬람)땅의 장사꾼을 친 것도 아니다. 기독교인들을 치러갔다(88-90행). '새끼(93행)'- 프란체스코 수사의 허리띠는 수사들의 청빈을 상징한다. 교황이 구이도를 찾아온 이야기(94-96행)며, 자신의 교만의 열병(학질,97행)을 고치고자 하였다. 교황은 콜로냐 가의 요새인 페네스트리노를 타도하는 묘책을 구했다(100-102행). 교황은 천국의 열쇠(마태복음 16:19)를 가졌다고 구이도에게 말했다(104행). 구이도는 교황의 설득에 말려들어 마침내 지옥에 들어오게 된 자신의 죄는 '약속은 많이 해놓고, 지키지 않으면 된다'는 모략 때문이라고 털어놓는다(109-111행). Mark Musa역엔 '약속은 많이 이행은 적게를' 'Ample promise with scant fulfillment(110행)'라 표현했다.

4) 교황은 콜로나 가에 완전한 사면을 약속해 놓고, 그들이 항복한 뒤 그들의 모든 것을 앗아갔다. 구이도가 죽은 뒤 프란체스코와 마귀와의 싸움을 묘사하고 있다(112-117행). 마귀의 말에 주목하자. 교황은 죄를 범해도 미리 용서해 준다는 보증을 했다. 구이도는 제 덫에 걸려 교황을 믿은 것이다. 달리는 놈 위에 나는 놈이 있다. 사기꾼이 사기당하는 아이러니...

회개와 죄를 범하려는 생각이 동시에 일어나는 것은 모순이다. 모사를 꾸미면서 동시에 회개하는 것도 마찬가지다. 예수께서 죄를 용서해 주실 것이니, 죄를 짓고 회개하면 되지 않느냐 하는 식은 자기기만이다. 교황도 인간인데, 인간이 어떻게 인간의 죄를 사면할 수 있는가? 하나님만이 죄를 사면하실 수 있는 것이다(112-129행)

4. 구이도가 떠남/두 시인은 제9낭으로(130-136)

두 시인은 9낭 위의 다리에 다다랐는데, 거기는 일체의 이간질한 죄인들이 죄 값을 치르고 있었다. 로마냐의 정치판은 세상의, 바로 우리의 정치판과 다를 바가 없다. 책략가인 구이도보다 교황의 책략은 한 수 위다. 교황은 여기서 그리스도의 대리자가 아니고 마귀의 사주를 받고 있다. 인간이 아무리 좋은 생각과 방책을 고안해도 마귀는 그 꼭대기에 앉아있다. 인간의 장점도 마귀가 이용하는 거점이다. 오늘날도 종교계의 지도자들 중에도 책략(소위 교회정치, 총회장, 감독 선거)으로 성공(?)을 추구하는 자들이 많다. 현실을 직시하자.

제28곡 분열 선동자들(Sowers of Discord) (8옥, 9낭)

개요

- 여러 싸움터의 참담함 보다 더 징그러운 제9낭 (1-21)
- 종교 분열의 씨를 뿌린 자 〈마호메트와 알리〉 (22-63)
- 정치 분열의 씨를 뿌린 자 〈피에르 다 메디치나와 쿠리오〉 (64-102)
- 친족 분열의 씨를 뿌린 자 〈모스카, 베르트람〉 (103-142)

[그림 28 자신의 머리를 등불처럼 든 베르트람]

줄거리

두 시인은 아홉째 구렁(Bolgia)의 언저리에 와서 끔찍하게 절단된 망령들을 내려다본다. 때는 1300년 4월 9일 오후 1시경이다. 여기는 세상에서 불화, 분리를 획책한 망령들이 벌 받는 곳이다. 하나님이 하나 되게 한 것을 찢고 절단한 것이 그들의 죄이다. 망령들은 찢어진 몸을 구렁 여기저기에 끌고 다닌다. 망령들은 저지른 죄의 정도에 따라 형벌을 받는다. 이곳의 처참한 광경은 로마인들이 과거에 여러 차례 벌인 전쟁보다 더 비참하며, 필설의 한계를 단테도 한탄한다.

이곳의 죄인들은 3 종류로 분류하고 있다. 첫째부류는 종교적 불화의 씨를 뿌린 자들이다. 마호메트가 그들 중에 첫째로 등장한다. 다리사이에 오장이 삐져나와 있다. 마호메트의 사위 혹은 종형인 알리가 그 앞을 지나간다. 이 둘은 기독교와 이슬람사이의 분열을 상징한다. 마호메트는 돌친 수사에게 역설적 경고의 말을 한다(55-60행). 둘째 부류는 정치적 분열을 일으킨 자들이다. 그들 중에는 피에르 다 메디치나, 호민관 큐리오, 모스카 등인데 죄질에 따라 몰골이 흉측하다. 마지막은 친족사이에 이간을 만들어낸 베르트람(133행)이다. 그는 아버지 헨리2세 왕으로부터 왕자를 분리시켰다. 자기의 머리채를 한손으로 높이 쳐들고 마치 그것이 등불인 양 흔들어댄다(121행).

해설

1. 징그러운 아홉째 구렁(1-21행)

'푸는 말(2행)'은 산문이다. 산문으로 써도 이곳의 참상을 다 쓸 수는 없다. 단테는 여기서 남 이태리에서 벌어진 전쟁을 몇 가지 열거하고 있다. '트로이인(7행)'은 로마인이고 이곳의 원주민인 삼니트(Samnite)인과 싸워 이들을 죽였다. 이것이 제1 전쟁(8행)이다. 제2 전쟁은 포에니 전(BC 218-201)으로 카르타고의 한니발이 로마군을 격파하여 7만 명을 죽이고, 사망자의 손에서 몇 자루의 금가락지를 노획했다. 이것이 '지루한 전쟁(10행)'이다. 제3의 전쟁(13행)은 노르만디의 용장 루베르토가 교회를 위하여 그리스인과 사라센인들과 싸워 이를 격퇴했다(11세기). 제4 전쟁(14-16행)은 체페란(전략상 요지), 1266년에 앙주의 샤를이 나폴리를 공격 시 귀족들이 체페란 다리를 적에게 내어 주었고, 시칠리 왕 만프레디가 전사하였다. 제5의 전쟁(16-17행) - 탈리아코초는 로마의 동쪽에 있는 성시이며 앙주의 샤를이 만프레디의 조카 콘라딘을 격파한 곳이다. 프랑스군의 노장 알라르도의 권면을 듣고 샤를이 적을 전멸시켰다(처음에는 졌으나 역전). 이상의 5차례 전쟁의 전사자를 다 모아놓는다 해도, 그 비참함이 지옥 제8환 9낭의 그것만 못하다는 말이다(19-21행). 단테는 2번이나 전투에 참전한 경험이 있어 그때의 경험이 여기에 반영되어있다.

2. 종교 분열을 씨 뿌린 자들(22-63행)

1) '마호메트의 잘라진 꼴'(22-42행). 마호메트(AD 570-632)는 메카에서 출생한 이슬람의 창시자이다. 기독교회와 이슬람사이를 쪼갠 자로 묘사되어있다. 단테 당시의 기독교인들의 일부가 마호메트를 본래는 기독교인이었고, 교황이 되고자 한 추기경이라고 믿고 있다고 한다. 기독교 분열자로 묘사하고 있다. '알리(33행)'는 마호메트의 사위(혹은 종형)로 이슬람 최초의 분열자라 한다. 생전에 종교 분열의 씨를 심었기에 이곳에서 자기 몸이 찢어지는 벌을 받았다. 단테 당시의 기독교의 이슬람에 대한 편견과 증오를 본다. 오늘날도 이슬람교는 기독교인들에게 바른 평가를 받지 못하고 있다. 마귀는 무자비하게도 칼로 저들을 찢어놓으면 곧 상처가 아물고 또다시 잘라놓고를 반복한다. 알리가 수니파와 시아파를 갈라놓았다.

2) 마귀가 굽어보는 단테에게 '너는 누구냐(44행)'고 물으니 스승이 단테를 변호하고, 지옥여행의 목적을 말해준다(43-51행).

3) 마호메트의 돌친 수사에게 한 경고(55-63행). 돌친 수사는 사도시대의 단순성으로 돌아가자고 주장하며, 재산공유와 아내공유를 주장하다가 교황 클레멘트 5세에 의하여 이단정죄를 받은 자이다(56행). 그는 13세기 후반 노바라에서 태어났다. 그는 교회 당국을 공격했고, 마지막에는 추종자들과 함께 굶어 죽었다.

3. 정치 분열을 씨 뿌린 자들(64-102행)

1) 피에르 다 메디치나(75행)는 폴렌타와 말라테스타 귀족들 사이에 이간을 붙인 자이며 단테가 직접 그를 보았기 때문에 그는 '내가 본 그대여(72행)'라고 했다.

2) 구이도와 안졸렐로(77행)는 둘 다 파노의 귀족인데 리미니의 영주인 말라테스티노의 초청으로 회담차 가던 도중, 말라테스티노의 간계에 의해 바다에 빠져 죽었다. 신곡 집필시기에서 보면 79-81행은 장래일이니 예언이다. '외눈박이 배신자(87행)'는 애꾸눈이 말라테스티노(폭군)이다. '포카라의 바람(89행)'- 몹시 강풍이 불어 지나는 배들의 안전을 위해 수부들이 기도했다. 구이도와 안졸렐로는 이미 죽었으니 빌 필요가 없어졌다(90행).

3) 쿠리오(91-102행)는 카이자르로 하여금 루비콘강을 건너게 한 자이며, 로마의 호민관이었다. 루비콘은 당시 골(Gaul)과 로마의 경계선이었다. 카이사르가 루비콘강을 건너감으로 로마 시민전쟁이 일어났다. 쿠리오는 카이자르와 로마를 분열시켰다.

4) 두 손 잘린 놈(103-111행) - 피렌체의 구엘포 / 기벨린의 싸움은 양가의 작은 일(결혼)에서 비롯했다. 아미데이 가의 소녀와 부온델몬테가 약혼했다가

파혼하고 도나티 가의 소녀와 결혼했다. 아미데이 가의 친척들이 복수를 의논할 때 모스카(Mosca)가 '이미 일어난 일은 단행하는 것(106-197행)'이라고 주장하여 파혼자 부온델몬테를 죽여 버렸다. 이 일이 피렌체의 악 즉 구엘포 /기벨린의 불화의 씨앗(108행)이 되었다.

4. 친족 분열의 씨를 뿌린 자(112-142행)

1) 지옥편에서 가장 처참한 모습은 보르니오의 베르트람(134행)이다. 베르트람(AD 1140-1215)은 사제였고 영국 왕 헨리2세의 왕자 헨리를 꼬드겨 부왕을 모반케 했다. 부자의 관계는 머리와 몸에 비길 수 있다. 그의 머리를 자기 손으로 높이 쳐들고 마치 초롱(Lantern)인양 흔들었다. 이간에 비상한 재능을 가진 자였다. '젊으신 나라님(135행)'- 헨리 2세의 둘째아들 왕자 헨리(AD1155-1183)는 부왕 재세(在世)시에 2번이나 대관식을 가졌다. 단테는 압살롬과 다윗의 관계를 이간시킨 아히도벨(사무엘하 15:12이하)을 인용하고 있다. 죄는 하나님과 인간을, 인간을 자연으로부터, 인간과 인간 사이를 떼어놓는다. 28곡에는 '찢어진(22행)', '잘라진 꼴(30행)','끊기었을 뿐(65행)', '혀가 끊기어진(101행)', '끊어진 대가리(121행)', '부자를 서로 등지게 한 자(136행)'등의 표현이 많다. 예수님은 산상수훈에서 '화평케 하는 자는 복이 있다고 말씀하셨다. 정치와 정치가, 경제와 경제가, 문화와 문화가 서로 만나는 세계화 시대에 화평과 일치는 가장 중요한 과제이다. 단테가 지금 살고 있다면 마호메트를 분열의 씨를 뿌린 자로 보지 않을 것이다. 단테는 위대한 시인이었지만 그 시대의 아들이란 제약 속에 갇혀 있었다. 그 역시 타종교의 존재를 인정하지 않았다. 글로벌 시대에 교회는 타종교에 대한 대화와 그들의 존재를 인정해야 한다. 이슬람 극단주의자(ISIS)들의 만행 때문에 12억 이슬람을 정죄하거나 배타해서는 안 된다. 최근에 런던시장은 파키스탄 이민의 아들 무슬림이 아닌가? 화평케 하는 자는 복이 있다.

제29곡 위조범들(연금술사)(8옥10낭)

개요

- 버질의 책망과 단테의 변호(1-39)/제리 벨 델로
- 위조범들이 벌받고 있는 참담한 모습(40-84)
- 연금술사/아레초와 카포키오(85-139)

줄거리

단테가 제8옥9낭(구렁)의 망령들에게 지나친 관심을 보이자 베르길리우스는 볼 것은 많고 시간은 조금 남았으니 빨리 가자고 독촉을 한다(1-12행). 단테는 아래를 내려다보고 서 있었던 이유를 설명한다. 친족중의 한 넋을 찾고 있다고(13-21행)했다, 스승은 '네가 찾고 있던 놈의 이름은 '제리 델 벨로'인데, 베르트람을 주목하는 사이에 지나갔으니 이제부터 다른 놈을 살펴보라(22-30행)'고 말했다. 단테는 친족의 원수풀이를 아직 못했기에 그가 나에게 위협을 했다고 한다(31-36행). 두 시인은 제리 델 벨로(Geri del Bello)의 이야기를 나누면서 10낭까지 왔다. 수도원 회랑처럼 보이는 10낭(마지막)의 수도자들(僞造者, 詐欺師, 僞證者)에 대한 비아냥을 가까이서 본다. 죄인들은 애달픔의 화살을 단테에게 쏘므로, 두 귀를 틀어막았다(40-45행). 10낭엔 속임수를 베푼 자들이 각종 질병의 벌을 받고 있다. 아이기나 섬(p441,주997참조)의 비참보다

더 했다. 10낭의 처참한 광경을 묘사한다(67-84행). 그 중 2놈 아래 초의 그리폴린의 사연(109-120행, 참조)과 한센병이 든 카포키오의 사연을 듣는다. 단테는 시에나 인들의 허영을 공격하고 있다. 제쳐놓구려!(126, 129, 132행)는 강조하는 반어법이다. 스트 리카(Stricca, 126행), 니콜로(Niccolo, 129행)는 모두 허영에 가득 찬 위인들이었다.

[그림 29-1 10낭(마지막)의 수도자들]

해설

1. 버질의 책망과 단테의 변명(1-39행)

9낭에서 10낭으로 가는 도중 두 시인은 단테의 숙부였던 '제리 델 벨로'(25-30행)에 대하여 이야기를 주고받았다. 길잡이는 갈 길을 재촉하고, 단테는 한 곳 아래를 주시하는 이유를 설명했다. 친족 중 한 분이 살해당했다. 단테를 포함한 유족이 복수를 하는 것이 당시의 관습이었다. 단테가 베르트람에게 눈을 돌리는 사이에 '제리'는 자기를 알리려 했으나 못보고 지나갔다. 서로 빗겨가는 바람에 단테의 슬픔은 더 해갔다(36행).

2. 위조범들이 벌 받고 있는 모습(40-84행)

[그림 29-2 벌 받는 위조범들]

1) '말레볼제의 마지막 수도원(40행)'- 수도원의 벽(回廊)처럼 생겼기 때문에, 단테는 10낭을 이렇게 빈정거린다. 수도자들은 10낭의 망령들이다. '발디키아나와 마렘마 그리고 사르디냐'는 토스카나(이태리북부)의 늪지대 이름이다. 여름에 병이 많이 발생하여 종교단체가 세운 병원이 있다. 단테가 본 10낭의 광경을 이곳에 비유하고 있다(40-51행). 내측의 제방이 곧 '끝닿은 언덕(52행)'이다. 두 시인은 10낭의 다리에서 아래로 내려간다(53행). '그 속을 들여다보매(55행)'. 높으신 님(하나님)의 (보내신) 사도 즉, 속지 않는 정의(56행)가 적혀있는(요한계시록 20:15 "누구든지 생명책에 기록되지 못한 자는 불못에 던져지더라")바에 의하여 위조범들을 벌한다(57행). 야나이하라(矢內原)는 '정의가 지옥에 가서 위조범들을 벌한다'고 풀어썼다. 지옥편의 일관된 흐름은 강한 정의감과 형벌이다.

2) 아이기나(Aegina)섬의 사람들과 가축이 헤라(Hera 제우스의 부인: Juno)

의 분노 때문에 병들은 것 이상으로 이 제10낭에는 병든 자로 가득 차있다 (58-66행). '헤라'가 남편 제우스가 그리스의 작은 오이노피아섬의 요정 아이기나를 사랑하여 아들을 낳은 것을 분노하여 사람들과 가축들을 죽였을 때 아에아쿠스(Aeacus: 아이기나의 아들)만 살아남았다. 아에아쿠스가 제우스에게 빌매 개미떼가 모두 사람으로 변했다는 신화를 인용하고 있다.

3) 67-84행은 구렁 속 죄인들이 각종 질병에 걸려 고통을 받고 있는 모습이다. '마치 서로 맞붙어 끓는 냄비처럼(73행)'-열병을 앓고 있는 모습의 묘사이다. 또 악창으로 간지러움을 견딜 수 없어 손톱으로 제 몸을 쉴 새 없이 쥐어뜯고 할퀴어 전신에 딱지가 붙었다(75-78행). 빨리 일을 끝내고 집으로 돌아가려는 말꾼의 빗질도 이 병자들이 긁어대는 것보다 심하지는 않다(79-81행). 요리사가 생선비늘을 칼로 벗겨내듯 손톱은 딱지를 긁어내고 있다(82-84행).

3. 아레초놈과 카포키오(85-139행)

1) '너 손가락으로 네 몸의 갑옷을 벗기고(86행)'- 83행에서는 손톱으로 딱정이를 긁었는데, 여기서는 못을 뽑듯 손가락으로 딱정(갑옷)이를 떼어낸다. 아주 심한 상태이다. 베르길리우스가 이들 중에 이태리인(89행)을 찾으니 두 놈(92행)이 라틴내기라며 '그대는 뉘시니이까?(93행)'라고 묻는다. 스승이 단테로 하여금 병자들에게 말을 걸도록 해 준다(100-102행).

2) '첫 세상(103행)'-지상의 세계이다. 무언가 다른 사람에게 들으려고 할 때 관례로서 먼저 행복을 비는 말로 시작한 것이다(103-105행). '나는 아레초의 놈(109행)'- 이 사람은 그리폴리노(13세기중엽)이고, '알베로(110행)'는 시에나의 귀족이라 한다. 알베로에게 그리폴리노는 죽임당했다.

아레초 놈은 공중을 날줄 안다고 허풍을 떨다가 그 재주를 부리지 못하여 (지옥편 제17곡 106행 참조) 화형을 당한 것이다. 다이달로스는 크레테 섬에 살았다고 하는 장인으로, 그의 아들 이카루스에게 밀납으로 날개를 달아주어 하늘을 날게 했다는 신화의 인물이다. 알베로에게 다이달로스가 한 것 처럼 만들어 주지 못했다. 그가 죽게 된 진짜 이유는 연금술 때문이었다(120행). 그리폴리노(아레초인)는 물리학자였다고 한다. 젊은이로부터 거액의 돈을 긁어 낼 수 있다고 호언장담도 했던 놈이다. 그가 10냥에 오게 된 것은 연금술을 빙자하여 속임수를 썼기 때문이다.

3) 단테는 시에나인들을 경멸했다. 프랑스인들이 당하지 못할 바람잡이(허망한 사람들)이라고 했다(122행). '한 문둥이(124행)는 카포키오(Capoccio)로 연금술 때문에 1293년에 시에나에서 화형 당했다고 한다. 단테는 카포키오의 입을 빌려 시에나에서 허영과 방탕으로 보낸 일당의 젊은이들을 열거한다. '제쳐놓구려(126행)'는 반어(反語)이다. 카포키오는 단테의 말에 찬성하여 이렇게 떠들었다(121-123행). '잔나비(139행)' - 모방자라는 뜻. 야나이하라(矢內原)교수는 "연금술이 고대 서양에서도 아주 유명한 사기술이다. 학술연구의 과정에는 여러 번 실패가 있을 수 있다. 학술연구의 실험과 연금술은 구별해야 한다. 수은에서 금을 추출해 내려고 심혈을 기울이는 것은 연금술이 아니다. 금이 나오지 않았는데, 금이 나왔다고 하는 것이 연금술의 사기이다. 지식이 없는 사람을 속이기 위해서 지식을 이용하는 자가 많다. 단테가 여기에서 지적하는 것은 허망한 것을 사랑하며 성실이 없는 것을 말한다. '허망'을 사랑하는 것과 연금술은 밀접한 관계가 있다. '진리' 이외의 것을 사랑하여 즉, 명예, 돈, 그리고 쾌락을 추구하는 연구가 연금술의 특징이다."라고 결론을 내렸다. 그러나 융은 연금술을 부정적으로만 보지 않았다. 자신의 분석심리학의 연상으로 삼았다. 29곡은 물질을

이용하여 각종 사기(鍊金術詐欺)를 행한 자들과 부패한 마음의 상태(各種疾病)를 묘사하고 있다.

제30곡 위장, 위조, 위증범(Falsifiers)
(8옥10낭 계속)

개요

- 두 가지의 직유

　　(유노 vs 테베) : 아다마스(1-12행) – 로마신화

　　(운명 vs 트로이) : 헤카베(13-21행) – 그리스

　　　　　쟌니 스키키와 미라(22-27행)

- 변장한 사기꾼들(28-45행) : 쟌니와 미라(Impersonators)
- 화폐 위조범(46-90행) : 마에스트로 아다모(Counterfeiter)
- 거짓 증인들의 육탄전(91-129행) : 보디발의 아내,

　　　　　　　　　　시논(False Witnesses)

- 버질의 책망과 용서(130-148행)

줄거리

[그림 30-1 사기꾼들의 지옥]

30곡은 29곡의 연속이다. 29곡에서 연금술 사기꾼 아레초 놈과 카포키오를 다루었다. 때는 4월 9일 오후2-3시경 두시인은 10낭에 와 있다. 헤라가 테베의 혈족(아티마스 일가)을 미치광이(4행)로 만들어 죽음에 몰고 갔다. 또 하나 트로이의 멸망 후 프리아모스왕의 아내 헤카베(16행)는 그리스로 잡혀가 자녀의 죽음으로 넋을 잃었다(1-27행).

단테가 본 두 영혼(잔니 스키키와 미라)의 광포함은 테베나 트로이인 보다 더했다. '잔니 스키키'가 '카포키오'의 목덜미를 물고 바닥을 끌고 다녔다. 카포키오와 함께 있던 아레초 놈(그리폴리노)에게 단테는 어깨너머 있는 놈이 누구인지 묻는다(36행). 그녀는 제 모양을 거짓꾸며 아비를 범한 미라의 넋이라 한다(39행). 카포키오를 해친 잔니스키키는 '부오소 도나티'로 변장하여 유언을 한다(43행).

둘이 가고 난 뒤 단테는 균형이 일그러지고 움직이지 못하는 화폐 위조범 아다모의 영을 만난다(51행). 아다모의 넋두리와 복수심에 가득 찬 이야기를 듣는다(88행). 아다모는 수치스런 두 명 보디발의 아내와 시논(僞證者)을 가리킨다(98행). 거기서 시논은 제 이름이 불리운 것을 듣고 아다모의 배때기를 주먹으로 친다. 아다모는 반사적으로 시논의 낯짝을 갈긴다(105행). 이어서 둘의 입씨름이 벌어지고 단테는 버질의 책망을 들을 때 까지 구경에 홀려있다(131행). 스승은 헛된 입씨름에 홀린 것을 책망한다. 단테가 이 일을 즉시 뉘우치고 부끄러워하자 스승은 즉각적으로 용서하고 격려한다.

해설

1. 아타마스/헤카베와 잔니 스키키/미라(1-27행)

유피테르의 아내(Juno)는 테베왕 카드무스의 딸 세멜레(바카스를 제우스에게 낳아줌)의 혈족에게 복수를 했다. 세멜레의 동생 이노(아타마스왕의 아내)가 바카스를 양육한다고 벌을 받았고, 아타마스는 미쳐서 아들하나를 매대기쳐 죽이고(11행), 아내 이노는 다른 아이와 함께 익사하였다(오비디우스의 변신). 여자의 질투는 오뉴월에도 서리가 내린다는 말이 있다. 테베(그리스)나 트로이 멸망 후에 생긴 광포보다 10낭의 두 영혼(잔니스키키와 미라)의 잔인함이 더하다는 뜻이다(27행).

2. 변장한 사기꾼(28-45행)

1) 한 놈(잔니스키키)이 카포키오(29곡137행)를 공격한다. 함께 있던 아레초 놈(그리폴리노 29곡109행)이 단테에게 카포키오를 물고 끌고 다니는 놈이

[그림 30-2 근친상간의 미라]

잔니 스키키인데 그는 피렌체의 카발칸티 가에 속했다고 말한다. 단테는 아레초 놈에게 저기 떨어져 있는 놈이 누군(36행)고 묻는다. 그는 단테에게 그녀는 아비의 연인(變裝하여) 미라의 넋이라고 말해준다(37행).

2) 미라는 키프로스왕 키니라스의 딸이었는데 아버지를 사랑하여 근친상간을 해왔다. 왕은 속은 줄 알고 딸을 죽이려하니 미라는 도망쳐 신들의 도움으로 '미르나무'로 변형된다. 몰약(myrrh)은 미라(myrrha)에게서 나왔다(오비디우스의 변신이야기).

3) 잔니스키키는 변장의 달인이다. 시몬네는 아버지 부오소의 죽음 후, 잔니스키키를 아버지처럼 꾸며 유언을 말하게 해서 이익을 챙겼다. 잔니는 그 대가로 당시 토스카나에서 가장 좋은 암말을 자기 것으로 하였다(43행). 잔니스키키와 미라는 미쳐버렸다. 두 망령은 위장, 변장 그리고 변조로 거짓을 연출해낸 부류들이다. 취지는 다르나 '다말'이 창녀로 변장하여 시아버지 유다를 속였다.

3. 화폐 위조범(46-90행)

1) 변장술에 능했던 두 남녀의 영이 지나간 다음(47행), 단테는 화폐 위조범 마이스터(Meister 大家) 아다모를 본다. 그의 몰골(49-57행)은 만도린(Mandolin)같고, 수종병으로 배가 부풀어 사지는 고르지 못했다. 화폐를 변조했으니 여기서 몸의 모양이 이그러질 수밖에 없었다. 열병 환자가 갈증을 못 이겨 입술을 벌린 모습이다.

2) 아다모의 눈에 두 시인(버질과 단테)이 벌을 받지 않고 지나가는 모습이 이상하게 보였다(58-60행). '마에스트로 아다모(61행)'의 마에스트로는 영어의 마스터(Master)로 대스승, 대가의 존칭이다. 아다모는 로메나의 구이도의 명령으로 화폐를 변조했다. 1281년 피렌체에서 체포되어 화형을 받았다. 살아생전에 호사를 누리던 그가 여기 10낭에서 한 방울의 물(누가복음 16:24)도 혀에 댈 수 없는 자신의 처지를 한탄한다(62-63). '카센티노(64행)'는 아르노 강의 수원을 이루는 계곡이다. 아다모는 고향의 아름다움을 묘사했지만(64-67행), 이는 단테의 애향심의 표현이다. 망명생활에서 개천들의 모습이 눈에 선했을 것이다. 개천의 흐름에 대한 상상만으로도 병보다 더한 목마름을 불러일으켰다(68-69행).

3) '내가 죄지은 그 자리(72행)'- 카센티노 근처(僞造場所)를 펼쳐 보이니 그 자리가 자기를 벌한다(正義에 의해). '로메나(73행)'는 카센티노에 있는 성의 이름이다. 아다모는 위조화폐를 만든 죄로 화형을 당했다(75행). 억울하고 원통한 심정을 토로한다(76-78행). 위조화폐를 찍게 한 구이도 일가의 사람들의 넋을 본다면, 갈증을 돌아보지 않고 그 들에게 복수하리라는 뜻이다. 그의 원한의 깊이를 표현한다. 그는 병으로 움직일 수 없는 몸이다. 백년에 한 치씩이라도 걸어갈 정도로 가벼워진다면(82-84행), 그(구이도)를 찾아 다녔을 것 이라한다(87행). 10낭의 길이는 9낭의

절반이다. 아다모는 피렌체의 금화(피오리노)- 24 카랏트를 21 카랏트로 만들었다. 정부의 재정상태가 나쁠 때 쓰는 나쁜 정책이다.

4. 거짓 증인들의 육탄전(91-129행)

10낭의 4번 째 사기꾼은 위증자(False Accuser)들 이었다. 한 여자는 보디발의 아내(창세기 39장)이요, 한 남자는 시논(계획적으로 트로이군에 포로가 된 스파이)이다. 그리스인들이 만든 목마를 성내로 끌어 들이도록 설득하여, 마침내 트로이를 파멸케 했다. 목마가 트로이 성을 보호해 준다는 거짓말에 속아 넘어갔다. 시논이 아다모의 배때기를 주먹으로 치니, 아다모는 시논의 낯짝을 갈긴다(103-105행). 두 놈이 육탄전을 시작하더니 설전을 교환했다(109-129행). 서로의 죄를 들추어내어 혀의 포문은 불을 뿜어댔다. '눈앞까지 이렇게 울타리를 쳐놓은 썩은 물(122행)'- 배가 불러 앞이 보이지 않는다는 뜻이고, 썩은 물은 뱃속의 복수가 찬물을 말한다.

5. 버질의 책망과 용서(130-148행)

두 놈의 싸움에 홀려 있을 때 베르길리우스는 단테를 꾸짖는다. 단테는 즉각 자기를 돌아보고 부끄러워한다. 스승 역시 단테를 즉각 용서한다. 30곡에는 신화와 성경이 인용되고 이태리의 지명이 묘사되어있다. 변장으로 사람을 속이고, 돈을 위조하여 이익을 챙기고, 거짓 고발로 자기의 죄를 은폐하는 3종류의 사기꾼들을 살펴보았다.

화폐 위조범 아다모가 구이도를 향한 철천지한의 묘사는 가슴깊이 새겨지는 무엇이 있다. 지능범들의 수법은 우리 주변에서 오늘도 목도하고 있는 바이다. '보이스 피싱'을 비롯해 각종 사기 수법은 날로 진화하고 있다. 신문은 거의 매일 사회면에 사기 사건들을 보도하고 있지만 눈먼 고기들은 당하고 있다.

제31곡 최심층 지옥으로의 이동
(8환-9환1원 코키토스)

개요

- 두 시인은 말레볼제를 떠나 뿔나팔 소리를 들음(1-18)
- 저들은 거인이고 탑이 아니다(19-48)
- 버질과 니므롯(49-81)
- 에피알테스와 안타이오스(82-129)
- 안타이오스가 두 시인을 9환에 내려줌(130-145)

줄거리

[그림 31-1 에피알테스와 안타이오스]

때는 4월 9일 오후 3-4시경이다. 30곡 마지막에서 베르길리우스는 단테를 꾸짖은 뒤 부드러운 말로 위로한다(1-6행). 8환(말레볼제)과 9환의 경계를 갈라놓는 언덕(bank)을 넘어서 두 시인은 나아간다. 심연의 바닥에 있는 샘 같은 곳에 도착한다. 그 때 강렬한 뿔피리의 폭음이 멀리서 들려온다. 그 주위에 거인들이 서 있다. 소리 나는 쪽을 보니 여러 개의 탑이 둘려져있는 성 같은 것이 보이므로 스승에게 물어본다. 그것은 탑이 아니고 거인들이라고 말해 준다. 단테는 가까이 이르러 그들 가운데서 한 거인의 얼굴과 몸체를 식별하게 된다. 그는 알아들을 수 없는 성난 목소리를 낸다. 스승은 이자가 니므롯(Nimrod)이라고 말한다. 스승은 그에게 나팔을 열심히 불어 화를 가라앉히라고 했다. 두 시인은 왼쪽으로 나아가 다른 두 거인을 본다. 하나는 제우스를 거역하여 하늘에까지 오르려 했던 에피알테스(Epialtes)이고 다른 놈은 브리아레오스이다. 단테는 그를 만나보고 싶어 하나 스승은 안타이오스(Antaeus)를 소개한다. 안타이오스 외에는 모두 묶여있다. 스승은 안타이오스를 달래어 코키토스(Cocytos)로 데려 달라고 부탁한다. 안타이오스는 두 시인을 루시퍼가 유다를 물고 있는 맨 밑바닥 지옥에 내려놓는다.

해설

1. 뿔피리(角笛)소리를 들음(1-18행)

  1) 30곡의 마무리인 동시에 31곡의 시작(1-6행)의 노래이다. '먼저'는 30곡 132-133행이다. 같은 혀로 먼저는 아픔(責罰)을 주고 다음에는 위로(藥)를 준다. 당근과 채찍인데, 여기서는 채찍과 당근이다. '땅을 짚고 넘어진 자는 땅을 짚고 일어난다(傳燈錄).' 베르길리우스에 대한 존경과

신뢰를 나타내고 있다. '아킬레우스'가 그의 아버지 펠레우스에게서 받은 창에 찔린 쓰라림은 그 창에 다시 찔릴 때 치유가 된다'는 오비디우스의 책에서의 인용이다.

2) 두 시인은 8환 마지막인 10낭을 뒤에 두고(7행), 8환과 9환의 분기점이 되는 언덕위로 올라간다. 밤보다는 밝고, 낮보다는 어두운 곳에서(10행), 뿔피리 소리를 듣는다. 천둥소리보다 더 큰소리에 단테의 시선이 집중한다(15행). 프랑크 왕 샤를마뉴(AD 742-814)의 십자군이 적에게 전멸 당할 위기에 처했을 때, 오를란도가 뿔피리를 불었더니 그 소리가 30리 밖에까지 들렸다(롤랑의 노래)고 한다. 그 소리보다 지옥의 뿔피리는 더 크게 들린다(16-18행).

2. 저들은 거인이고 탑이 아니다(19-48행)

1) 탑(塔)이 아니고 키다리(19-33행) - 인간의 감각이란 멀리 있는 대상에 대하여 속기 쉬운 법(25-27행)이다. 단테는 높은 탑들처럼 보이는(20행) 것을 보고 이게 무슨 고장(고을)이냐고 묻는다. 스승은 '저놈들은 탑이 아니라 키다리(31행)'라고 답해준다. '언덕(33행)'은 8환과 9환을 갈라놓는다. 이 언덕을 둘러싸고 거인(Titan)들이 우뚝 서있다. 거인들을 여기 둔 것은 신을 거역한 교만을 벌하고 있음에 틀림없다. 지옥 8환(18-30곡)은 10개의 구렁으로 나뉘어져 다양한 죄인들이 벌을 받고 있다. 단테는 무절제의 죄를 다룬 뒤(상부지옥), 폭력의 죄인들이 있는 하부지옥으로 내려간다. 제17곡부터 8환이다. 8환에는 '악의'의 죄인들이 10개의 주머니(bolgia)에 나뉘어 벌을 받는다. 본 31곡은 8환과 9환의 사이에 있는 거인들의 거역죄에 대하여 말한다. 8환에서 9환으로의 두 시인을 내려주는 일에 거인이 등장한다.

2) 나는 보았노라(34-48행) – '그릇됨은 내게서 물러가고(39행)'– 미망이 사라진다, 거인을 탑으로 잘못 보았다. '몬테레존(AD 1213 시에나 북방 9리)'은 성벽 위에 14개의 탑(塔)이 둥글게 성을 에워싸고 있다. 거인들의 상반신이 탑처럼 우뚝 솟아있다. 단테는 그 중에 한 놈의 상반신을 제대로 본다.

3. 버질과 니므롯(49-81행)

1) 대자연이 하는 일(49-57행)– 자연이 이런 짐승(거인) 만들기를 그치고 군신 마르스에게서 그 졸개들을 빼앗은 것은 과연 잘한 일이로다(한형곤 역 49-51행). 거인들을 만들어 내지 아니하면 마르스신(Mars 神話)이 파괴하는 일을 못하게 하니 아주 잘한 것이라고 한다. 거인은 악의를 상징한다. '지성(이성)의 힘'이 악의의 폭력에 가세하면 인간의 힘으로는 도저히 막아낼 수 없다. 독재 권력자가 핵을 장악하면 세계평화에 가공할 위협이 되는 것과 같다. 김정은의 핵 놀이를 막아야 하는 이유이다.

2) 거인 니므롯(58-81행), '성 베드로의 솔방울(58행)'– 단테 시대에는 성 베드로 성당에 있었으나 지금은 바티칸 궁전의 정원에 있다. 그 높이는 4m나 된다. 거인의 얼굴 크기가 이와 같다. '그리하여 벼랑은 거인의 하반신을 가리는 앞치마 밖에 되지 않으니 3명의 키다리(네델란드 북방인)들이 무등을 타도 거인의 머리털에 미치지 못할 정도로 크다(61-63행).' 배꼽에서 망토를 걸치는 어깨까지(65행)'는 7m 쯤 된다(64-66행). 상반신이 11m 하반신이 11m 합하면 거인의 키는 22m 쯤 된다. 니므롯(창세기 10:8-10)은 바벨탑을 쌓은 자이다. 하나님이 언어를 혼잡하게 하여 의사소통이 단절되었다 한다(창세기 11장).' 그 몹쓸 생각(77행)'은 교만이다. 혼자의 힘으로 하늘에 닿으려한 것은 하나님께 대항하고, 하나님과 겨뤄 보겠다는 뜻이다. 하나님이 없는 자와 하나님을 모신 자

사이의 영적 대화는 의사불통이니 그냥 두고 지나가야한다(79행).

4. 에피알테스와 안타이오스(82-129행)

1) 결박당한 에피알테스(82-99행), '왼쪽으로(82행)'는 지옥 하강의 방향인데 항상 왼쪽이다. '활 한바탕(83행)'은 활을 쏘아 떨어지는 거리이다. 지옥에서 형벌을 내리는 주체는 하나님이신가? 사탄인가? 단테는 무지를 고백한다(85-86행). 진리탐구 의 태도는 모르면 모르는 것을 두고 그냥 나아가라는 것이다. 가다가 보면 알게 된다. 앞에서 단테는 성경에서 니므롯의 예를 들었다가 91-93행에서는 이교신화의 거인을 인용한다. 최고의 신 제우스를 거역한 에피알테스는 엄벌을 받는다(93행). 단테는 스승에게 백수백완(百手百腕)의 거인 브리아레오스를 보여 달라고 조른다(97-99행).

2) 안타이오스(100-129행)는 신과 땅 사이에 태어난 거인이다. 거인들이 올림푸스 신을 대항하여 싸울 때 태어나지 않았음으로 착고에 묶여있지는 않다(101행). '온갖 죄악의 밑바닥(102행)'은 제9환이다. 제 9환의 죄는 하나님을 거역한 교만이다. 안타이오스는 헤라클레스와 싸울 때, 아무리 땅에 넘어뜨려도 땅에 접촉 할수록 안타이오스는 힘을 얻는다. 라디오의 안테나는 여기서 유래한다. 안타이오스는 스키피오(로마장군)로 하여금 영예를 얻게 한 골짜기에 살면서 사자(獅子)를 먹고 살았다(118행). 스승은 안타이오스를 치켜 올리며 9환의 코키토스(氷地)로 내려 달라고 한다. 8환으로 내려 갈 때 괴물 게리온의 등에 업힌 것 같이 9환의 길은 안타이오스의 힘을 빌린다. 단테를 거인에게 소개시킨다(124-129행). 1300년(단테나이 35세)이 신곡의 시작 하는 해니 그가 살 햇수(56세에

작고)는 길다고 하겠다.

5. 안타이오스가 두 시인을 9환에 내려줌(130-145행)

[그림 31-2 안타이오스가 두 시인을 내려줌]

베르길리우스는 단테를 직접 안타이오스에게 넘기지 않는다. 그렇게 할 경우 단테가 아주 위험해 질 수 있기 때문이다. 악의 힘에서 단테를 보호한다. 베르길리우스는 '이성'을 상징한다고 앞에서 여러 번 말해 왔다. 건전한 이성이 악의 힘과 우리 사이에 끼지 아니하면 우리들은 악의 포로가 되기 쉽다. 포르노를 계속 보면 포르노의 포로가 된다. 안타이오스가 베르길리우스를, 베르길리우스가 단테를 안아 준 것(134행)'은 대단히 의미가 깊다고 할 것이다. 우리는 건전한 이성을 사용해야 하고, 이성은 결국 하나님을 의지해야 한다. 죄는 접근하지 않는 것이 상책이지만 죄에 노출되어 있는 것이 우리 인생의 현실이다. 그러므로 "시험에 들게 하지 마시옵고 다만 악에서 구하시옵소서"(마태복음 6:13)라는 기도를 매 순간 해야 한다. 31곡은 하부 지옥 중의 하부이다. 하부지옥의 죄는 사악(complex fraud)한 온갖 술수이다. 9환의 마지막 맨 밑바닥의 죄는 단순 사악이 아니고 복합적 사악(Complex Fraud)이다. 그 죄는 하나님을 대적하는 것이다. 거인(타이탄)들을 통하여 복합적인 최악의 죄를 보았다.

제32곡 9환 코키토스 지옥 :
제1원 카이나-제2원 안테노라

개요

- 시구(詩句)의 빈곤을 탄식함(1-15)
- 유리같이 보이는 호수(16-39)-코키토스
- 혈족을 배신한 안테노라의 죄인들(40-69)
- 조국과 당을 배신한 자들(70-123)
- 한 구덩이에 두 놈(124-139)

[그림 32-1 코키토스(Cocytos:氷板湖水)]

줄거리

때는 4월 9일 오후 4~6시경이다. 9환은 각종 배신자들이 벌 받는 곳으로 4원으로 나눠진다. 32곡에서 제1원의 혈족을 배신한자들(카이나/16-69)과 제2원의 조국 그리고 자기 당을 배신한 자들(안테노라/70-139)을 본다. 시인은 바닥지옥의 묘사에 언어가 모자라 시의 여신들(무사이/Muse)의 도움을 구한다(1-15행). 두 시인은 코키토스(Cocytos:氷板湖水)의 제1원에서 얼음 속에 있는 슬픈 영혼 들을 본다(16-39행). 여기가 '카이나' 이다. 아벨을 죽인 가인(Cain/창4장)에서 유래된 이름이다. 머리카락이 엉켜있는 두 망령이 자신의 발치에 붙어 있는 것을 알게 된다. 두 놈은 '알베르토' 백작의 아들로서 유산 때문에 싸우다 서로를 죽였다(61-69행). 그 외에 '아서 포카차', '사솔 마스케로니' 그리고 '카를린'등의 '카이나'인들의 이름을 '카미촌'으로부터 듣는다(61-69행). 그 다음 단테는 안테노라(Antenora)라고 불리는 코키토스의 제2원에 이른다. 머리 와 머리 사이(빙판위)로 빠져 나가다가 '보카'(Bocca)의 머리통을 걸어찼다(78행). 단테는 그 놈에 대해서 알고 싶어 머리털을 움켜쥐고 이름을 말하라고 윽박질렀다(99행). 그 놈이 자기를 밝히지 아니하자 다른 놈이 개입한다(106행). 단테는 그가 '몬타페르티' 전투에서 구엘프 당을 배반했던 보카임을 안다. 그리고 다른 동료들의 이름도 알려준다(118-123행). 두 시인은 '보카'를 남겨두고 가다가 어느 웅덩이에서 두 망령을 발견한다(124행). 한 놈이 다른 놈의 머리통을 물어뜯고 있다. 단테는 왜 그런 짓을 하느냐고 묻는다(135행).

해설

1. 시구의 빈곤을 탄식하노라(1-15행)

"단테는 여러 번 노래의 처음에 자기의 언어 묘사력이 부족한 것을 우려하고, 영감을 구하고 있다. 지옥 최심층 중심의 처절함에서 오는 중압감을 적절하게 노래할 말 재주가 지금 나에게 없다"(矢内原)고 했다. '애달픈 구덩이(2행)'는 지구의 중심이다. '온 누리의 바닥(7행)'은 프톨레미의 천문학에 의하면 지구의 중심이다. '암피온을 도와 테베를 막아버린 저 아가씨들이여(10행)'- 암피온은 음악의 천재로서 신화의 인물이다. 테베의 왕이 되어 성벽을 쌓으려 할 때, 무사이(Muse) 여신으로부터 받은 수금을 퉁기니 그 묘음의 마력이 산의 암석들을 굴러 내려서, 그것들이 성벽이 되었다고 한다. 단테가 여기서(11행) 무사이 여신에게 기원한 것은 물론 이교의 여신께 예배한 것이 아닐 것이다. 그것은 영감을 구하는 시적 관행이었다. 중대사를 의식하는 모든 사람은 그것을 실행하기 전에 반드시 기도해야 함을 가르쳐준다.

2. 유리같이 보이는 호수(16-39행)

'형제들의 머리(20행)'는 이 지옥의 죄인들의 모두를 가리킨다. '유리같이 보이는 호수(24행)'는 코키토스(Cocytos)호수이다. 크레타 섬의 거인의 눈물이 지옥을 흘러내려 이 바닥에 와서 '코키토스'가 되었다고 한다. 얼음이 덮힌 '코키토스'는 차갑고 잔인한 죄에 상응한 형벌을 상징한다. 빙판은 죄의 최종상태를 의미하는 것이다. 여기 들어온 자들은 배신자들로서 사랑이 없는 것이 특징)이다. 얼음처럼 냉혹하고 굳은 마음들이 저지른 죄가 무섭고 나쁜 죄인 것이다. 하나님과 사람에 대하여 사랑이 없는 마음은 결코 용서받지 못한다 (마태복음 12:31-32). 빙판의 두께 강도(28-30행)를 묘사한다. 보리이삭 줍는 일을 매일 하다 보니 꿈에도 그것을 본다(31-32행). 개구리가 코끝을 물위로 내미는 것도 추위를 느끼게 하는 묘사(33행)이다. 죄인들이 물위로 얼굴을 내민 모양이다(34-36행). 슬픈 마음은 눈물을 나게 한다(37-39행).

3. 혈족을 배신한 '안테노라'의 죄인들(40-69행)

9환 제1원은 앞서 말 한대로 자기의 혈연을 배신한 자들이 벌 받는 곳이다. '카이나'이다. '비센치오'(토스카나 주의 강, 56행)강이 흐르는 계곡은 알베르토 백작의 소유였다. 그의 사후 두 아들 '나폴레오네'와 '알렉산드로'는 재산상속을 둘러싸고 싸우다 상대를 죽였다(49-51행). 두 형제는 한 배에서 나왔어도 재산 때문에 살인이란 무서운 폭력을 가하여 두 놈이 붙어 있을 뿐 아니라(41행), 가슴을 맞대고(43행) 있었으며, 두 마리의 염소처럼 붙어 싸웠다(51행). 영국 왕 '아서'가 자기의 영지를 뺏으려던 조카(혹은 아들)를 창으로 찔렀다. 그 조카의 이름이 모드리드(Mordred)이다. 창을 뽑은 뒤 햇빛이 뚫린 구멍(창구)으로 나왔다(62행). '포카차(63행)'는 피스토야의 백당으로 백부를 살해(63행)했고, '사솔 마솔케로니라'는 피렌체인으로 조카를 죽였다(66행). 못이 나온 큰 통속에 갇힌 채 피렌체 시가를 한 바퀴 돈후 처형되었다. 이 말을 한 '카미촌 파치'는 혈족인 우베르티를 죽였다(68행). '카를린'은 자기 당(백당)을 배신했다(68행). '카를린'에 비해서 '카미촌'의 죄는 가볍다는 것이다(69행).

4. 조국과 당을 배신한 자들(70-123행)

1) 지상에 돌아온 후에도 빙판지옥의 죄인들을 생각하면 늘 소름이 끼칠 것이라(70-72행)고 단테는 말한다. 무서운 장면이 공포로 남아 그 후 비슷한 것만 보아도 놀라는 인간심리의 묘사이다. 단테의 구체적인 현실감을 여기서도 볼 수 있다. 사람의 눈에 우연이 결국은 하나님의 뜻으로 귀결되는 일이 많을 것이다. 단테의 발길에 채인 대가리는 우연이었다. 생각 없이 발길에

채인 죄인(Bocca)은 몬타페르티 싸움 때 구엘프 당에 소속해 있었으나 만프레드가 독일 기병에게 세가 꺾일 때 피렌체인의 기수의 손을 내렸다. 깃발이 내려짐으로 사기가 저하하여 구엘프의 패배를 가져왔다. 보카는 자기의 당을 배신한 자이다. '안테노라(89행)'는 9환의 제2원의 이름이다. 조국과 자기가 속한 당을 배신한 자들이 벌 받는 곳이다. 이 곳은 정치적 배신자들이 모인 곳이다. 이익을 따라 철새처럼 정당을 옮겨 다니는 무리들이다. 안테노라는 트로이인 안테노(Antenor)에서 유래하였다. 트로이를 그리스에게 매도한 자이다. 중세는 이렇게 믿고 있었다. 안테노는 또한 트로이의 팔라디움(지옥편26곡63행)을 도적질한 자라고도 한다. 단테는 여기서 자기의 당파를 배신한 자를 아주 증오하고 있다(103-105행). 배신자 쪽도 자기 이름의 노출을 아주 꺼리고 있다. '저놈(114행)'은 부오소 다 두에라이다. 부오소는 1265년 앙주의 샤를이 나폴리 왕 만프레디를 공격할 때 샤를에게 돈을 받고 프랑스인을 남진(南進)케 한 놈이다(115행). 그 외에 베케리아(수도원 원장), 가넬로네(매국노), 파엔차, 테발델로, 그리고 잔니데이 솔다니에르는 모두 같은 놈들이었다.

5. 한 구덩이의 두 놈(124-139행)

'그 놈'(124행)은 보카 이다. 갓(126행)은 모자를 가리킨다. 티데우스(131행)는 테베를 포위한 7왕 중의 하나이고 멜라니포스는 테베인으로 왕의 적이었다. 한 구덩이 두 놈의 모양이 이와 같더라(132행). 너무나 처참한 모습이다. 여기 나오는 주인공은 33곡에 나오는 우골리노 백작이다. 33곡의 1-90행은 우골리노의 이야기이다. 가인이 아벨을 쳐 죽인 이야기와 조국과 당을 배신한 이야기는 지금도 한국은 물론 세계 도처에서 계속되고 있다.

[그림 32-2 빵을 씹듯 머리통을 깨물고 있는 두 놈]

제33곡 9환 코키토스 지옥 :
제2원 안테노라 - 제3원 톨로메아

개요

- 안테노라(1-90) : 우골리노의 사연

    흉측스럽고 충격적언 시작(1-3)

    범행은 루지에리였다(4-21)

    우골리노는 꿈을 단테에게 말했다(22-42)

    7일 동안에 생긴 일(43-78)

    피사의 죄악을 탄식함(79-90)

- 톨로메아(91-157)

    단테에게 버질이 답하다(91-108)

    알베리고와 단테(109-150)

    제노바의 죄악을 탄식함(151-157)

줄거리

[그림 33-1 우골리노 백작과 그의 자식들이 아사한 기아탑 내부]

32곡에서 단테는 한 놈이 다른 놈의 '머리통과 목덜미가 닿은 곳을 깨물고 있는(128행)' 꼴을 보고 그 까닭을 물었다. 33곡은 32곡의 계속이다. 5곡과 33곡은 지옥편에서 가장 비참한 장면이며 사람들의 입에 가장 많이 오르내리는 대목이다. 전자는 비련이고, 후자는 배신의 비극이다. 13행 이하는 피사의 행정관(1284년)이었던 우골리노 백작과 그의 자식들이 함께 아사하는 장면과 사연을 쓰고 있다. 물어뜯는 놈은 우골리노 백작이고 뜯기는 놈은 배신자 루지에리 대주교이다. 아사의 과정을 기막히게 사실적으로 묘사하고 있다. 우골리노의 사연을 듣고 나서, 두 시인은 객과 동료들을 배신한 자들이 벌 받는 톨로메아(제3원)를 지나간다. 얼음위에 얼굴을 내민 죄인들을 본다. 그들의 눈물은 얼어 안구를 덮어버린다. 그 중에 한 놈은 눈에서 얼음을 제거해 주는 조건으로 자신을 밝히겠다고 한다. 그는 수도자 알베리고(118행)이다. 그의 혼은 여기와 있으나 몸은 아직 지상에 살아있다고 말한다. 알베리고는 브란카 도리아를 단테에게 소개한다. 알베리고가 눈에서 얼음을 깨어달라고 하나 단테는 약속을 지키지 않았다(149행).

해설

1. 우골리노 백작의 사연(1-90행)

1) 사연을 말하기전의 심정(1-15행)

여기는 아직도 제2원인 안테노라 이다. '그 죄인(1행)'은 우골리노 백작이고 '먹이(1행)'는 배신자 루지에리 대주교이었다. 사연을 말하기 전에 억장이 무너지는 심정의 표현(4-6행)이다. 말이 씨가 되어 원한을 푸는 계기(열매)가 된다면 나는 눈물로 하소연 할 것이다(7-9행). '이런 놈과 이웃하게 된(15행)'- 동병상린이 아니고 원수를 외나무 다리에서 만나듯 여기서 둘은 붙어있다(32곡40행 참조). 상담학에서 고백요법(Logo Therapy)이라는 것이 있고, 성당에서는 고해성사를 하고 있다. 단테는 청문을 하고 우골리노는 속내를 털어 내려하고 있다. 기독자는 그리스도에게 죄를 고백한다(요한일서 1:8-9). 아뿔사! 때는 이미 늦었다. 고해도 이 지상에 살아있을 때 효력을 본다. 여기는 지옥이니까, 버스가 지난 뒤 손 흔들면 무슨 소용이 있을까?

2) 기아탑(飢餓塔) 속에서의 꿈(16-39행)이야기

우골리노 백작은 토스카나 가문의 귀족이었다. 기벨린당에 가입하여 1284년엔 피사(Pisa)의 행정관이 되었다. 니노(손자)와의 권력싸움으로 피사의 구엘포 당은 분열한다. 이때에 대주교 루지에리는 먼저 우골리노를 편들어 니노를 추방한 후 민중들을 선동하여 백작을 투옥한다. 두 아들

두 손자들과 함께 탑에 갇혀 굶어 죽었다. 둘은 (우골리노와 루지에리) 안테노라와 톨로메아의 경계선에 있었다. 루지에리는 그의 동료를 잔인할 정도로 배신했다. '죽음을 당한 일쯤은~ 새삼스러우리라, 체포와 죽음은 네가 이미 알고 있는 터이다(17-18).' 들어보지 못한 일(21행)'은 어떻게 죽었느냐의 기아과정이다. 우골리노는 '기아 탑(22행)'의 장본인이 되었다. 피를 말리는 정쟁은 이태리만이 아니다. 이조의 사색당쟁도 예외가 아니다.' 많은 달을(25행) '1288년 7월~1289년 3월 아사까지의 8개월 동안을 가리킨다. 이하(28-42행)는 예언적인 불길한 꿈 이야기이다.' 이놈'은 루지에리(28행)이고, 루카와 피사 사이에 있는 산(28행)은 구알란디가에 있는 탑이고, '이리와 그 새끼들(29행)'은 우골리노와 자손들이다. '우두머리(30행)'는 루지에리이고, '암캐(31행)'는 기벨린당에 속한 대주교의 일당들이다. 루지에리는 먼저 피사의 귀족(32행)들을 앞세웠다. 34-36행은 자식들이 굶어 죽어가는 모습이다. 우골리노가 꿈을 깨었을 때에 자식들도 꿈을 꾸고 있었다(37-39행). 꿈결에도 배가 고파서 보채는 소리를 듣는다.

3) 자식들의 아사 장면(40-75행) - '너 슬퍼 할 줄 모른다면(41-42행)', 우골리노가 단테에게 동정을 구하는 말이다. 눈물이란 울기위해 있지 않느냐? 울어 주기를 간절히 바라는 말이다. 자식 손자들이 굶어 죽어가는 자리에서 누구나 눈물을 흘릴 수밖에 없다. 처절하지만 여기서는 마냥 눈물만 흘리고 있을 수만은 없다. 최악질 죄인들이 저지른 죄에 대해 동정일변도의 태도는 한계가 있으며 이 또한 금물이다. 한국사회의 병폐는 정으로 문제를 쉽게 해결하려는 데 있다. 정 때문에 불의를 눈감아 준다면 모두가 다 망하기 때문이다. 슬픔이 절정에 이르면 눈물도 말라버린다(49행). 안셀무초는 탑 속에서 가장 어린자이다. 아이들 얼굴이 기아의 공포에 질린 것을 보고(56-57행), 우골리노는 두 손을 깨물었다

(58행). 이를 보고 자식들은 자기들을 먹어 달라고 했다(61-63행). '어느덧 슬픔보다는 배고픔이 더 컸더라(Then hunger proved more powerful than grief, 75행).' - 우골리노가 자식의 시신들을 먹었는지, 아니면 죽음의 원인이 배고픔이었는지는 독자들의 상상에 맡겼다. 생리의 본능이 극한상황에서는 정신을 넘어 버리는 것 같다. 우골리노가 루지에리의 머리통을 씹는 것으로 보아 식인을 배제할 수도 없다.

4) 피사에 대한 단테의 분노(79-80행) '그렇다(Si: Yes)의 뜻을 소리 내는 아름다운 피사의 치욕거리여(79-80행)' - 피사인이 를 징계함에 대하여가 아니고 일가족(어린이를 포함한)을 굶겨 죽인 잔인성을 단테는 통렬히 비판했다. 피사는 아르노 강입구에 위치해 있어 그 앞의 두 섬(82행)으로 울타리를 쳐 피사 인이 모조리 빠져죽게 하라(84행)고 했다. 예언자 아모스와 이사야가 도시들을 저주하듯 저주했다. 테베는 그리스의 도시(88행)로서 많은 참사를 저질렀다. 그래서 피사를 새로운 '테베'라고 불렀다. 테베는 지옥편 여러 곳(16곡 69행, 20곡 25행, 30곡 22행, 32곡 11행)에 나와 있다.

2. 빈객(賓客)과 동료를 배신한 자들(91-120행)

1) '또 한 족속(91-120행)'-9환의 3원은 손님을 초청해 놓고 그들을 죽여 버린 배신자들이 벌 받는 곳이다. 이곳을 톨로메아(Tolomea)라고 불렀다. 마카베오상(16:11-17)은 구약외경이다. 거기 여리고의 수장 프톨레미가 있었는데, 그의 이름에서 유래했다고 한다. 한번 울어서 눈물이 나면 곧 얼어 버림으로 다음 눈물은 밖으로 나오지 못하고 안으로 되돌아간다. 톨로메아 죄인들의 참담한 몰골을 묘사하고 있다. 단테의 세심한 관찰력과 묘사력에 놀란다. 아리스토텔레스의 기상학을 동원하고 있다(101-105행). 태양열은 일종의 기를 내고, 건조함은 바람을 일으킨다. 습하면 비가 된다고

한다. 일광 없는 지옥에 바람이 이는 것을 단테는 이상히 여기고 스승께 묻는다(105행). 막다른 골(9환 4원, 쥬데이카)에 가면 마왕의 날개에서 바람이 나는 것을 보리라(108행). 거기서 수도자 알베리고(파엔차의 구엘포당 수령)를 만난다(118행). 알베리고는 1285년에 만프레디와 그의 아들을 연회에 초대해놓고 죽였다. 부하에게 내린 신호 메시지는 '과일을 가져오라'였다. 무화과는 저렴하고 대추는 아주 비싸다고 한다(120행). 그가 저지른 죄보다 더 무거운 벌을 받는다는 뜻이다.

3. 몸은 지상에, 혼은 지옥에 있는 자들(121-157행)

1) '알베리고'는 몸과 혼이 분리된 내용을 단테에게 설명해 준다(121-138행). '아트로포스(125행)'는 세 운명의 신 중에 하나이다. 3명의 여신이 연합하여 사람의 운명을 정한다고 한다. 클로토(Clotho)가 실을 짜고, 라케시스(Lackesis)가 실을 늘리면, 아트로포스(Atropos)가 실을 짜른다. 이것이 운명(Fate)의 신이다.

2) 단테가 '알베리고'에게 너는 나를 속이고 있다(139행). 알베리고는 살아있는 지상의 몸속에 마귀가 들어와 있고, 자기는 여기에 있다(142행)고 대답한다. 설명을 다 듣고 단테는 그의 눈을 열어 주지 않는다. 약속을 어긴 셈이다(148-150행). 마지막(151-157행)에 단테는 '살았다는 이름은 있으나 실상은 죽은 자'인 브란카 도리아의 출신지인 '제노바'의 죄를 규탄한다. 여기서 단테의 외지 망명생활이 반영되어있다. 손님을 초청해 놓고 살해한 죄를 심각하게 다루고 있다. 배신자들은 '내가 사는 것이 아니요, 내안에 마귀가 사는 자들이다. 그러나 그리스도인들은 이렇게 말해야 한다. '내가 사는 것이 아니요 내 안에 그리스도께서 사시는 것(갈 2:20)'이라고….

지옥의 강들

1. 아케론(지옥 3:70)
2. 스틱스(지옥 7:106)
3. 플레제톤(지옥 12:46)
4. 코키토스(지옥 14:118-120)

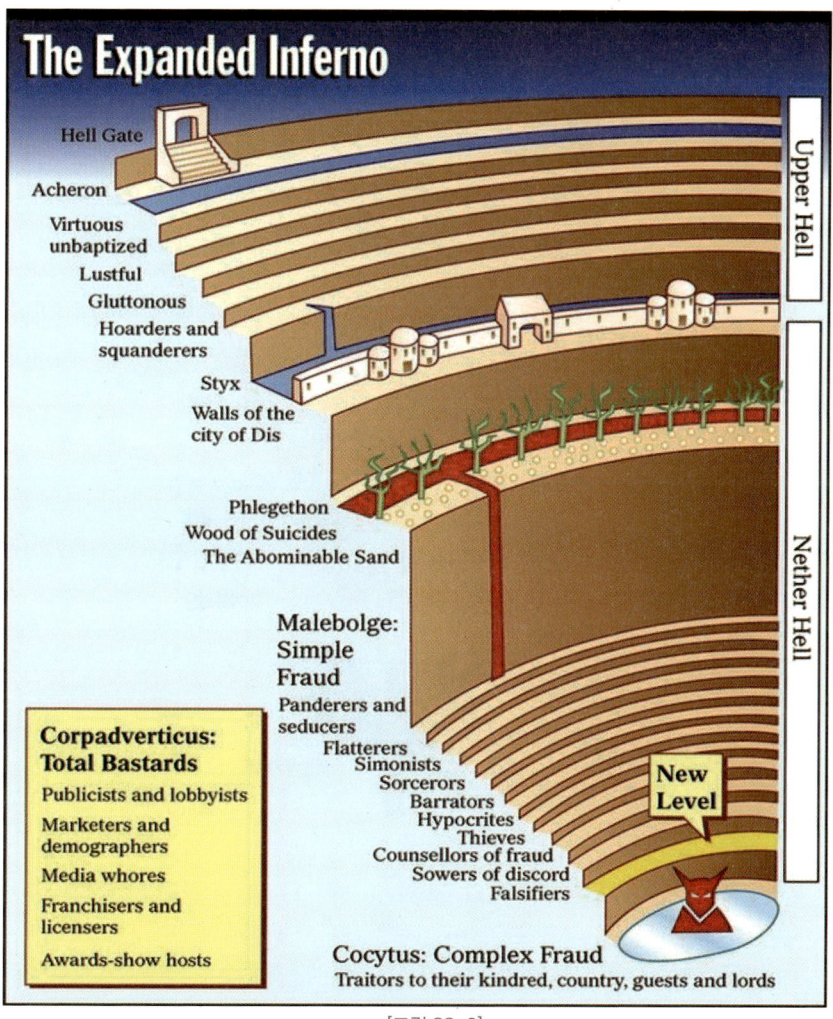

[그림 33-3]

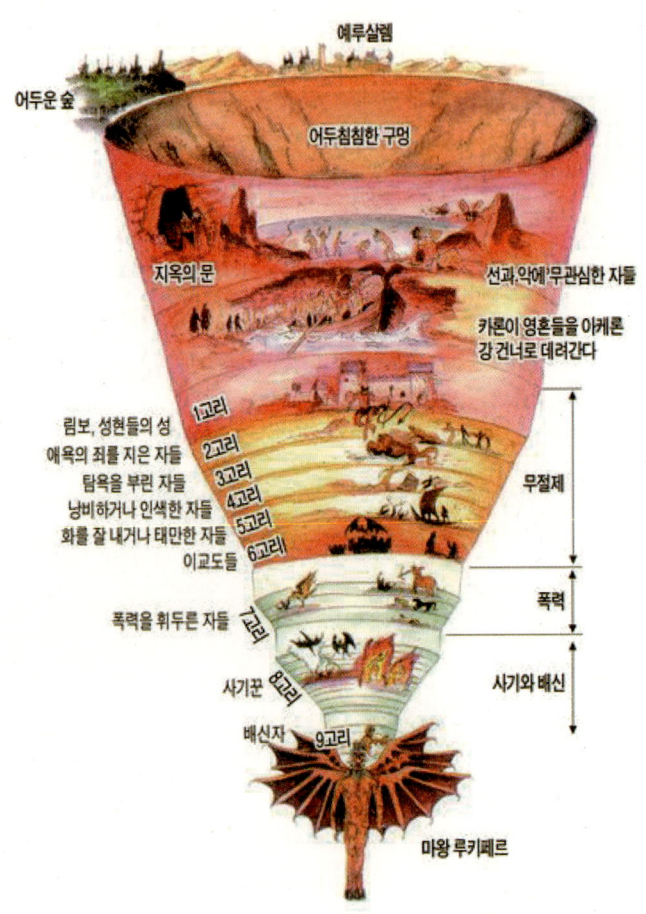

제34곡 9환 코키토스 지옥 :
제4원 쥬데이카(가룟 유다의 지옥)

개요

- 쥬데이카 (주군과 은인을 배신한 죄인 3명)(1-69행)
- 두 시인이 밑바닥에서 지상으로 올라감(70-139행)

줄거리

제9옥 4원은 쥬데이카(Judecca)라 불리는데 이곳이 지구의 맨 밑바닥이다. 은인과 주군을 배반한 자들이 벌을 받고 있는 곳이다. 제3원 톨로메아를 떠나 두 시인은 코키토스(Cocytos)의 최저인 쥬데이카에 들어간다. 얼음판 저 멀리에 루시퍼의 거대한 모습이 짙은 안개 속에서 풍차(물레방아)처럼 보인다. 얼음 밑에 망령들이 누워있기도, 직립해있기도 혹은 거꾸로 서있기도 하고 활처럼 구부리고 있기도 하다(13행). 지심에서 루시퍼가 가슴아래는 얼음 속에, 그 위로는 얼굴과 상체를 드러내고 있다. 필설로 묘사할 수 없는 추한 몰골이다. 한 머리에 세 얼굴을 갖고 있으며 최악의 배신자 3명을 각각 입으로 물고 있다. 그들은 예수를 팔아넘긴 가룟 유다(정면), 시저(카이사르)를 죽인 브루투스와 카시우스(좌우양면)이다. 베르길리우스는 등에 단테를 업고 마왕 루시퍼의 털복숭이 옆구리를 타고 내려오기 시작한다. 스승은 마왕의 옆구리가 쑥 내민 언저리, 허벅지가 굽이치는 데 까지 왔을 때, 머리를 발 두었던 자리로 돌려 몸을 위로 향한다. 왜냐하면 그들은 지구의 중심을 통과했기 때문이다. 이리하여 베르길리우스는 단테를 안전한 터널에 내려놓고 거기서 그들은 남반구의 표면 별이 보이는 자리까지 나온다.

[그림 34-1 쥬데이카에 갇혀 있는 루시퍼]

해설

1. 아직 나는 떠노라(1-15행)

  1) 1행의 라틴어 뜻은 원래 찬송가 '왕의 깃발이 나아온다.'에 단테가 지옥(Inferno)을 덧붙였다. '지옥 왕의 깃발이 나아온다'(1행)로 단테의 패러디(改作, 비꼬아서)이다. 마왕 루시퍼는 움직일 수 없다. '바람이 일어'(8행)-33곡 106행에서 바람이 일어나는 까닭은 마왕의 날개 짓 때문이다. 대피할 데가 없어 단테는 스승의 뒤로 몸을 비킨다(8-9행). 풍차 비슷한

모양의 마왕의 모습이 진한 안개에 가려 희미하게 보이고, 빙판 아래 4종류의 패거리(13-15행)의 모습이 묘사되어 있다. 누워있는 놈들은 자기와 동등 지위에 있는 은인을 판자들, 머리 쳐든 놈은 직립하여 있는데, 자기보다 지위가 낮은 은인을 판자들이다. 거꾸로(倒立) 발바닥을 쳐든자들은 자기 윗사람을 배신한 자들이고, 활처럼 구부리고 있는 자들은 높거나 낮은 2종류의 은인을 배신한 자들이라고 해석한다.

2. 마왕 루시퍼의 모습(16-69행)

1) 여기가 디스(Dis)이다(16-36행). 스승이 비켜서며(19행), 단테를 멈추게 하더니, '일찍이 아리따웠을 피조물을 보여 주며(18-19행)' '여기가 디스(Dis)이다.'라고 말한다. 한때 가장 아름다웠던 천사장 루시퍼였다. 하나님에 대한 교만이 그를 추한 자리에 떨어뜨렸다. 얼음 속에 묶여 고통을 받고 있다. 여기서 '디스'는 사탄 루시퍼이다(20행). 전에 죄인이었던 우리가 그리스도 안에서 가장 아름다운 신분을 얻었다. 그러나 '외면은 보살같으나, 내면은 야차' 같은 인간이 세상엔 많다. 그의 뿌리가 바로 이 루시퍼이다. '너는 모름지기 용기로 무장해야(20행)'-단테는 이성의 무장을 말한듯하다. 그러나 바울은 신앙의 무장(에베소서 6:13-17)을 강조했다. 마왕을 보고 단테는 '피가 얼고 맥이 빠졌다(22행)'고 했다. 정신이 나간 듯했다(25행). 무서움의 극치를 부족한 말로 묘사했다. 30행 (김의경 역)은 '그의 팔 길이가 거인의 키를 훨씬 능가하기에 차라리 내 키를 거인과 비교하는 편이 쉬울 정도이다'라 했다. 마왕의 앞에서 놀란 단테의 모습과 스승의 주의 말씀이다.

2) 마왕의 몰골(37-57행)- 한 머리에 세 얼굴의 루시퍼를 상상해보라. 3위1체 하나님에 대한 마귀의 세 모습을 대조해보자. '붉은 흑빛의 얼굴(39행)은 증오 즉, 무애를 상징하고 볼쪽(바른쪽)얼굴은 황색으로 무력을, 왼쪽은

흑색으로 무지를 나타낸다고 한다. 바람을 일으키는 큰 날개 둘(46행)과 6개의 눈구멍(53행)에선 분노와 실망의 눈물이 흐른다. 입도 세 개, 각 입은 죄인을 물고 있다(55행). 가운데 입은 유다를 물고 있다.

3) 세 배신자들(58-69행) -단테는 세계질서를 교회와 로마제국에 의해 다스려진다고 믿었다. 영적질서는 교회가 정치질서는 로마제국에 의해서 유지되어야 하는데 가룟 유다는 그리스도를 팔아넘겼으니 가장 무서운 벌을 받아야하고 브루투스와 카시우스는 로마건설자인 카이사르(시저)를 암살했으니 루시퍼의 입에 물려 고통 받는 것으로 묘사되어 있다. 정면의 입으로 마왕은 유다의 머리통을 물고, 발톱으로 등가죽을 발겼다(58-60행). 지옥편9곡의 성직 매매자들도 거꾸로 처박혀 발이 밖으로 삐져나오듯 성직 매매의 원흉격인 유다도 이와 같은 모양으로 벌을 받고 있다. 브루투스(AD85-42)는 카시우스에게 속임을 당하여 카이사르 암살을 도왔다. 단테는 카시우스(AD42사망)를 몸집이 크다고 했는데(67행)-실제는 몸이 야위었다고 한다. 루키우스 카시우스와 혼동한 것이라 한다. 유다는 구원자 메시야를 배신했고, 브루투스와 카시우스는 하나님의 뜻을 지상에 펼칠 제국의 왕을 죽였으니 죄인 중에 최악의 죄인으로 이해했다. 브루투스 이상의 죄인은 있을 수 있지만....

4) 두 시인이 마왕의 옆구리를 타고 내려온다(70-93행). '옆구리가 쑥 내민 언저리(76행)'-는 사탄의 몸의 중심이고, 프톨레미 천문학의 개념으로는 우주와 지구의 중심이다(76-77행). '다리를 버티었던 아까 그 자리에 머리를 대고 되올라가는 사람처럼(79-80행)' - 여기서 베르길리우스의 자세는 곤두박질 해버린다. 베르길리우스의 등에 매달린 단테는 처음 왔던 지옥으로 되돌아가는 줄 알았다(81행). 스승이 지심에 도달했을 때, 실제로 그는 사닥다리(마왕의 털)를 올라간다. 단테는 사탄의 자세와

관련해서 혼돈이 왔지만 스승의 위치와 자세에 대하여는 혼동하지 않았다. '루시퍼~ 다리를 위로 치켜 올리고(90행)' 이제 단테는 열린 곳(바위틈 사이 밖)의 가장자리에서 쳐다보고 있다. 단테는 방향감각을 잃었다. 91-93행에서 다른 번역은 '내가 거쳐 온 지점이 어디이며, 어떻게 생겼는지 알지 못하는 사람(우둔한 사람)에게는 혼돈케(상상케)되리라' 이다. 지금까지 루시퍼의 발이 아래에 있던 것이 '정강이를 위로 들고' 있는 것을 본다. 거꾸로 서있기 때문이다. 지구의 중심을 지나서는 상향과 하향이 반대로 바뀌었기 때문에 혼돈이 생긴 것이다.

3. 단테의 의문을 풀어줌(94-139행)

[그림 34-2 지옥에서 별이 보이는 지상으로]

1) 스승은 '갈 길은 멀고 행로는 거치니(94-96행)' 간단히 몇 마디하고 걸음을 재촉한다(94-99행). 단테는 3가지 질문(103-105행)을 한다. 베르길리우스는 답변을 한다(106-130행). '흉한 벌레(107행)'는 루시퍼이다. 79행의 거꾸로 몸 돌림의 동작을 설명한다(106-111행). 지심 통과의 순간은 남반구에서 북반구에로 이동을 의미하는 것이었다. 그래서

얼음이 없어졌으며, 거꾸로 섰으며, 밤이 새벽으로 바뀐 것이다.

2) 스승은 북반구와 남반구의 차이 및 남반구의 생성과정을 설명해 준다 (112-132행). 스승의 설명을 듣고 밝은 세계(하늘)가 보이는 곳까지 단테는 인도자의 뒤를 따라간다. '별들을 보러 이곳을 나오니라.(139행)'- 별은 신곡의 중심주제이며 희망을 상징한다. 3편 (地獄, 煉獄, 天國)은 모두 '별'로 끝난다. 34곡에서 마왕 루시퍼는 죄와 악의 실체(惡의 軸)로 묘사되어있다. 밀턴의 마왕은 도전적인데 비하여, 단테의 루시퍼는 수동적이다. 그는 움직일 수 없으며, 차디찬 빙판 위, 아래에 서있으며, 최악의 유다와 브루투스, 카시우스를 세입으로 물고 있다. 불의가 홍수처럼 넘쳐도 세계는 하나님이 다스리신다.

이것이 우리의 믿음이다. 단테는 지옥에서 죄와 형벌의 실상을 다 보았다. 악의 축은 혹독한 벌을 받고 있다. 그러므로 우리는 불의한 세계에 대하여 절망해서는 안 된다. 이상으로 신곡 지옥편 해설을 마친다.

제1곡 연옥 문지기 카토(Cato)를 만남

개요

- 단테, 시신(詩神)의 도움을 청함(1-12),
  하늘의 별들을 바라보았다(13-30).
- 카토의 용모(31-39), 카토의 질문(40-48),
  버질이 단테를 데리고 온 경위를 설명함(49-84)
- 카토가 마르키아를 얘기함(85-93),
  카토가 단테를 버질에게 부탁함(94-108),
  버질이 단테를 안내함(109-114)
- 버질이 단테의 얼굴을 이슬로 씻기고(115-129),
  단테의 허리를 갈대로 둘러줌(130-135)

줄거리

[그림 1-1 연옥편 1곡의 그림 도해]

단테는 지옥을 벗어나 연옥의 밝고 맑은 대기를 마시며 무사이(Muse) 칼리오페를 불러 시를 읊으려한다. 새벽이 밝아오자 그는 새 기분으로 하늘을 바라보고 네 개의 별을 본다(1-30행). 다른 지극으로 몸을 돌이켰을 때 가까이에 위엄 있는 한 노인이 서있다. 그분은 우티카의 카토(연옥문지기)이다. 카토는 두 시인이 지옥에서 온 피난민으로 알았다. 어떻게 그들이 지옥에서 피해왔는지 묻는다(31-48행). 베르길리우스는 단테가 아직 산사람이며 자신은 베아트리체(천상에서 온 부인)의 분부로 그를 안내하고 있다고 설명한다. 이미 그들은 지옥을 지나 왔으며, 지금은 연옥의 영혼들을 보고 싶다고 말한다(49-84행). 카토는 그들의 연옥 산 오르기를 허락한다. 그리고 베르길리우스에게 단테의 허리를 갈대 띠로 둘러주고 얼굴을 씻어주어 온갖 때 묻은 것을 그에게서 털어주라고 일러준다(85-108행). 두 시인은 해변으로 내려가 거기서 카토가 지시한대로 했다. 지옥에서 더러워진 얼굴을 스승이 씻어 주었다. 스승은 곧 갈대를 뜯어 그의 허리에 갈대 띠를 둘러 주었다(109-136행). 다른 갈대가 즉시 그 자리에서 새로 돋아난다.

해설

1. 연옥 하늘의 묘사(1-30행)

1) '한결 좋은 물(1행)'은 남반구의 해상이다. 쪽배(2행)'는 시재이다. '참혹한 바다(3행)'는 지옥이다. 지하에서 지하도를 통해서 왔으므로 1-3행은 비유이다. '둘째 왕국(Second Realm)'은 영혼을 정화하는 연옥을 일컫는 표현(4-6행)이다.
2) 지옥(2곡7-9행)에서 무사이(Muse)에게 도움을 청했던 것처럼 연옥을 노래하려는 이 자리에서도 간절히 빌고 있다. '죽었던 시(8행)'는 지옥편이다. '다시 살게 하다(8행)'- 연옥편에서 희망의 노래를 부르게 해달라는 뜻이다. '칼리오페(9행)'는 무사이중의 인도자이다. '피에리데스(10행)'는 마케도니아의 왕으로 9명의 딸이 있었다. 저들이 칼리오페에게 도전, 노래를 경쟁했으나 졌다. 피에리데스의 오만 때문에 칼리오페가 까치로 변형시켰다는 신화이다. 단테의 노래(詩)에 이 사연을 반주를 해 달라고 부탁한다(7-12행).

3) '죽어버린 공기(14행)'는 지옥의 대기이다. '첫째 둘레(15행)'는 지평선이다. '하늘의 바탕(16행)'은 중천이다. 여기 6연(tercets)은 연옥의 하늘을 묘사하고 있다. 해뜨기 전 새벽하늘의 아름다움을 그리고 있다. '아름다운 유성(19행)'은 샛별 금성(Venus)이다. '쌍어궁(雙魚宮: The Fish, 20행)'은 서양점성의 12궁(宮) 중의 하나인 성좌의 이름이다. 금성의 강한 빛이 '다른 지극(23행)'은 남극이다. '태초의 족속(23행)'-'아담과 이브'이다. 4개의 별(23행)'은 단테의 문학적 공상의 별이다. 남반구의 십자성(Southern Cross)으로 읽으면 흥미롭다. 4개의 별은 4가지 덕(智, 義, 勇, 節)이라고 한다. 사람이 산다는 북반구 사람들은 이 덕을 상실했다는 뜻이라고 한다(29행). 다른 구(29행)'는 북반구이다.

[그림 1-2 추덕 : 4개의 별은 4덕(지, 의, 용, 절)을 상징한다.]

2. 데리고 왔노라(31-84행)

1) 노인의 용모(31-39행)- 노인은 북아프리카 제2의 고대도시 우티카의 카토이다. 그는 49세(95-46BC)에 죽었으니 노인이 아니다. 단테는 그를 아주 존경하는 노인으로 묘사했다. 카토는 로마의 정치인, 스토아학자이며 공화정치의 자유를 옹호한 사람이다. 시저에 반대하여 폼페이에게 동조했으나 폼페이의 패배를 보고 우티카에서 자살했다. 단테는 그를 연옥의 지킴이로 만들었다. 어찌 이런 사람을 연옥의 지킴이로 세웠을까? 당대의 사회가 그를 존경했기 때문이며 문학적 효과를 위해서라고 말한다. 베르길리우스를 안내자로 모심과 같은 맥락에서라고 한다.

2) 카토의 질문(40-48행)- '정갈한 솜털(40행)'은 엄숙한 깃털이다. '눈먼 물결(41행)'은 지옥 땅속의 하천이다. '심연의 법칙(46행)'은 한 번 지옥에 들어간 자는 결코 거기서 나오지 못하는 법칙이다. 카토는 두 시인에게 너희는 누구며(42행), 길을 안내한 자는 누구이며, 심연의 법칙을 깨트린 것이 아니냐고 물었다(46행).

3) 베르길리우스가 단테를 데리고 온 경위를 카토에게 설명해 준다(49-84행). '한 아씨의 청'(53행)에서 아씨는 베아트리체(지옥 2:53)이다. '마지막인 저녁'(58행)은 영육간에 아직 죽지 아니했다는 뜻이다(This man has not seen his final hour). '이 길'(63행)은 지옥 길이다. 사랑이 이성을 도와서 지옥 순례를 마칠 수 있게 해 주었다(67-69행). 단테는 영혼의 자유와 정치의 자유를 위해서 목숨을 아끼지 않은 사람(70-72행)이라고 말하면서 당신(카토)도 로마공화정치의 자유를 위해서 '입성을 벗어 던졌다'(자살, 75행)고 했다. 베르길리우스는 자신은 림보(79행)에서 왔으며, 거기에 당신의 아내 마르키아도 있다고 말한다. 카토는 마르키아(妾)를 친구에게 주었다. 그 친구가 죽자 다시 돌아와 카토의 아내가 되었다. 베르길리우스는 카토가 그 아내를 어떻게 했는가를 상기시키며

'우리에게 너그러우리라'(81행)고 말한다. 단테는 하늘의 뜻으로 지옥에서 벗어 나왔지만 마르키아는 지옥에 그대로 있다. 이로보아 지옥의 법칙은 깨지지 않는다. '일곱 나라'(82행)는 연옥의 7층 대지의 산을 가리킨다.

3. 카토의 허락(85-114행)

[그림 1-3 연옥의 지킴이 카토(Cato)]

1) 카토는 마르키아가 '북반구(85행)'에 있을 때 어떤 원(願)도 베풀어주었으나 지금은 아케론 강이 흐르는 림보에 살고 있으므로(88행), 그로서도 지옥의 법칙을 어찌할 수가 없다고 말한다. 그러나 베아트리체의 요청으로 베르길리우스 그대가 연옥 산에 오르는 일을 허락하리라(91-93행)고 말한다.

2) '갈대로 띠를 둘러주고(94행)'-상부지옥과 하부지옥사이의 장애물이 가로 놓였을 때 큰 밧줄이 단테에게 주어졌다. 그는 지금 겸손을 상징하는 갈대 띠를 받는다. 연옥 산을 오를 때는 겸손의 띠(에베소서 6:14 진리의 띠와 대비)를 둘러야한다. 진리로 허리띠를 삼음과 같다. '첫 번의 지킴(97행)' 은 연옥문을 지키는 천사이다. '안개에든 흐려진 눈(98행)'은 지옥에서 더럽혀진 눈이다. '그 낮은 끝으로 기우는 까닭에(113행)'-지옥에서 연옥 산 저변에는 지하통로로 왔기 때문에 두 시인이 있는 곳은 해변보다 높다. 그래서 낮은 데로 내려가는 것이다.

4. 스승이 갈대 띠를 둘러 줌(115-135행)

'조과(아침기도, 115행)'는 여기서 동트기 전 새벽 가까운 밤을 뜻한다. 단테가 여행자로서 또는 등산가로서의 경험한 것을 반영(118-120행)하고 있다. 아무리 걸어도 길을 찾지 못하여 헛걸음을 쳤구나 생각하다가 처음에 잃었던 길을 찾아내고 숨을 몰아쉬는 사람처럼…. '태양과 싸우며(121행)'-햇볕에 견뎌낸다는 뜻이다. '눈물에 젖은(126행)'-지옥의 안개로 단테의 얼굴이 더러워져있다. 베르길리우스는 단테의 얼굴을 거기(응달)에 있는 이슬로 씻어준다. 연옥여행을 시작할 즈음에 단테는 두 가지를 준비했다. 하나는 갈대를 몸에 걸쳐 겸손을 배우는 것이요, 다른 하나는 지옥에서 묻은 때를 씻겨내는 일이었다. 위선을 제하고 정직한 모습으로 돌아오는 것이 필요했다. '황량한 기슭(132행)'은 연옥 산 해안엔 파도가 심하게 밀려왔다. 최후의 3행(134-136행)은 연옥 제1곡의 종결로서 아주 우수한 문학적 기교이다. 카토(이교도, 스토아학자, 차살자)를 연옥의 지킴이로 등장시킨 것은 신곡 3편의 기계적 구조에 변화와 흥미를 주기 위한 기교라고 한다. 야나이하라교수는 로마서의 입장에서 연옥편을 읽어야 한다고 했다. 연옥에는 율법주의 사상이 농후하며, 이는 중세기 일반적 경향이라고 한다. 단테도 시대의 아들이며, 연옥에는 은총과 믿음의 복음이 결여되어 있다고 했다. 베르길리우스의 자리(지옥 안내)에 그리스도를, 카토의 자리에 바울을 두면 복음의 풍성한 연옥편이 된다고 했다. 바울은 지옥에서는 칭의(Justification)가 강조되어야 하고 연옥에서는 성화(Sanctification)가 강조되어야 한다고 했다. 인간의 이성 및 율법에 무게를 두기 때문에 연옥편에는 로마서에서 말하는 신앙적 파악(믿음)이 결여되어있다. 사람은 행위(율법)와 믿음 양방에 의하여 구원 받는다는 가르침에는 문제가 있다.

제2곡 해안에서 카셀라를 만나다

개요

- 단테 시대의 지리와 천체(1-9)
- 천사가 해안에 도착(10-50)
  천사를 버질이 환영함(10-36),
  망령들의 합창(37-50)
- 단테와 카셀라가 주고받은 말(51-117)
  망령들 길을 묻다(51-60),
  버질이 대답하다(61-66),
  둘의 대화(67-117)
- 카토의 호통에 무리들 흩어짐(118-133)

줄거리

[그림 2-1 Arrival of souls on shores of Purgatory]

연옥 산의 새벽이 동튼다. 눈을 씻김 받고 허리에 갈대띠를 두른 단테는 아직 바닷가에 서있다. 별자리와 태양의 위치로 시간을 표시한다(1-9행).

그 때 순례자는 멀리서 한 천사가 연옥 행 망자들을 한배 가득히 싣고 오는 것을 본다(10-21행).

배는 빠른 속도로 해안에 접근한다. 마침내 두 시인은 뱃사공 천사의 두 날개를 분별한다. 배안의 망자들은 애굽에서 이스라엘을 구원하신 분(시편 114:1)을 노래한다. 버질은 하나님의 천사 뱃사공을 알아보고 소리친다(22-36행).

육지에서 바닷가로 영혼들을 내려놓고 천사는 떠나버린다(37-51행).

그들은 두 시인을 그들의 동류로 잘못 알아보고 산허리로 가는 길을 묻는다

(52-66행).

그들 중의 몇 명이 단테가 산 사람임을 알고 놀란다(67-75행).

그들 중 카셀라는 단테의 친구이다. 단테는 3번이나 친구를 포옹하려했으나 허공에 허탕을 친다. 단테는 카셀라와 말을 주고받는다(79-105행).

단테가 지은 노래(가사)를 카셀라가 부르고 모두가 즐거워한다(106-117행).

카토가 와서 산으로 오르지 않음을 책망하자 모두 흩어져 간다(118-133행).

해설

1. 단테 시대의 지리와 천체(1-9행)

연옥에서 단테는 천체의 방위로 시를 측정한다. 그는 지상의 4곳(예루살렘, 갠지스강, 연옥성, 그리고 지브롤터해협)을 지정한다. 예루살렘이 오후6시일 때 연옥은 오전6시, 갠지스가 한밤이면, 지브롤터는 정오이다. 지옥 골짜기 바로위에 예루살렘이 있고, 그 동쪽90˚에 갠지스강이, 그 서쪽90˚에 지브롤터가 위치한다. 연옥 산은 예루살렘의 반대편에 있다. 예루살렘과 연옥 산은 상하대극(上下對極)이며, 갠지스와 지브롤터는 동서좌우(東西左右) 대극(對極)에 두었다. '자오선(1행)'은 하늘을 공모양으로 생각하여 그 위에 태양이 지평선에 상정된 선이다. '천칭(6행)'은 별자리 천칭궁(the Scales)이다. 태양이 통과하는 천도를 황도라 하는데 12성좌가 있다. 천칭은 7번째 성좌의 이름이다. '밤이 힘을 얻었을 제 손에서 떨어뜨리는 천칭과 함께(4-6행)'-밤이 길어질 때, 해가 천칭궁으로 들어가고 밤은 이곳을 떠나게 된다. 밤은 천칭과 함께 떠오르고 있다. 그것은 천칭궁 안에 있다. 천칭궁은 백양궁(Aries) 반대쪽에 있다. 태양이 백양궁(3/21-4/21)에 머물러 있기 때문에 '밤(4행)'은 천칭궁 안에 있다(4/10).

1-6행은 예루살렘을 기점으로 하고 쓰여 졌다. 이스라엘이 애굽에서 나와서 약속의 땅으로 가는 것과 단테가 테베르 하구에서 연옥으로 오는 것을 비교하고 있다(Penguine, 22쪽). 태양이 도는 것이 아니고 사실은 지구가 태양을 향하여 돌고 있다.

2. 천사의 도래와 망령들의 합창(10-50행)

화성이 수증기를 일으킨다고 단테는 생각했다(11행, 자욱한 안개를 꿰뚫고). 수증기가 농후할 때 화성은 붉게 보인다. 10-12행은 단테의 등산 경험을 반영한다. 16행(다시 또 보기를 바라는)은 단테가 죽어 연옥 올 때 다시 보는 것을 말한다. 16-25행은 지옥3곡의 아케론강을 건널 때의 카론(지옥의 뱃사공)과 대조의 모습을 보인다. '멀고 먼 두 언덕(32행)'은 테베레(로마시를 거쳐) 하구와 연옥 산 사이이다. '썩어질 터럭(35행)'은 새의 깃털이다. '하나님의 새(37행)'는 하나님이 보낸 천사이다. 46행은 시편114편 1절의 출애굽의 찬미로서, 죄로 더러워진 영혼을 씻고 자유를 얻을 때 부른다.

3. 단테가 카셀라를 만남(51-117행)

[그림 2-2 Casella sings Dante's canzone]

'마갈(55행)'은 별자리의 하나이다. 백양궁이 지평선에 있을 때 마갈궁(염소좌)은 중천에 있다. 백양궁의 해가 솟아오르니 마갈궁은 중천을 벗어나 서쪽으로 내려간다. 성좌로 시간을 측정한다. '이제부터의 오르막은(66행)'-지옥 길과 연옥 길의 차이는 놀며 갈 정도이다. 비록 고생길이나 희망이 있다. 감내할 수 있는 연옥 길이다. '감람을 들고 오는 사자(71행)'-고대 로마에서 감람(올리브)가지를 들고 오는 자는 평화의 소식을 전하는 자이다. 노아 홍수 후 비둘기가 감람 잎을 물고 홍수가 끝났음을 알렸다. '예뻐지러(74행)'-죄를 씻음을 뜻한다. '홍동지(82행)'는 빨갛게의 뜻이다. '죽을 몸을 가지고도(88행)'는 세상에 살아있을 때이다. '풀려서도(89행)'는 육체로부터 벗어남 즉 죽은 뒤를 말한다. 91-102행에서 단테는 카셀라에게 '죽은지 오래되었는데 어찌 이제 온 이유가 무엇이냐(91-93행)'고 묻는다. 죽은 후 곧바로 연옥 행이 지연 된 것은 생전의 덕이 모자라서이다. 덕이 많은 자는 먼저 가고 선후가 있는 모양이다.

　단테의 생각은 바울의 가르침과 다르다. 공덕의 유무가 연옥 행의 선후를 결정하는 기준이 된 것 같다. 포도원에 일하러 온자 중 일찍 온자 늦게 온자의 임금은 차별이 없다(마태복음 20:1-15). 십자가상의 강도는 회개와 믿음뿐 아무런 선행이 없었지만 즉시 낙원에 갔다(누가복음 23:39-43). 구원은 십자가의 속죄에 달려있다. 신앙생활의 길고 짧음과 관계가 없다. 선행의 많고 적음과 관계가 없다. 오직 회개와 믿음뿐이다. 중세의 구원관은 바울과 다르다. '석달 동안 그는 들어오고 싶어 하는 자를 아주 편안하게 받아 들였느니라(97-99행)'-보니파시우스 8세가 선포한 대사의 기간이 1299년 4월 10일부터 3개월간이었다. 대사의 은혜를 입은 자는 천사의 배를 탈 수 있었다. 사죄의 은혜가 인간 교황의 선포로 이루어지는 것이 아니라, 그리스도의 속죄가 사면의 유일한 조건이다. 여기에 중세 가톨릭 교황의 전횡의 길을 열어 놓았다. 테베레강은 로마시를 통해서 바다로 간다. 구원은 로마교회를 통해서만 가능하다(100행). 이것이 중세 교회의 가르침이었다. 지금 가톨릭은 교회(로마) 밖에도 구원이 있다고 가르친다. 격세지감을 느낀다. '아케론(104)'은 지옥편 3곡 70행 이하에 나온다. '내 마음에 속삭이는 사랑은(112행)'-〈향연〉 3의 칸소네 1절이다. 카셀라의 노래는 무리로 하여금 넋을 잃게 했다. 연옥 산에 오르는 그들의 목적도 잠시 잊게 했다.

4. 카토의 호통으로 기슭으로 흩어짐(118-133행)

'한 노인(119행)'은 카토이다. '때꼽(122행)'은 영혼을 덮고 있는 죄의 때이다. 124-129행의 비둘기 떼의 비유는 문학적이다. 혼비백산하여 무리들은 산을 향했다. 연옥은 사후의 참회 생활을 그린 것이나, 이생에 지옥, 연옥, 그리고 천국이 혼재해 있다. 옛사람과 그리스도 안에 있는 새 사람의 싸움의 과정이 연옥이다. 애굽에서 나온 이스라엘은 광야 40년을 방황했다. 구원 얻은 성도들의 삶은 광야 생활 곧 연옥의 산을 오름과 비슷하다. 죄(罪)와의 싸움은 고통이 따르나, 또한 즐거움도 있다. 로마서 6-8장 바울의 안내가 복음적 연옥의 삶이다. 믿음으로 칭의를 얻은 그리스도인은, 믿음으로 성화(Sanctification)의 삶이 시작된다. 연옥 산은 내 마음 속에 있다. 그리스도의 생명을 가진 우리는 동시에 육의 몸에 아직 살고 있다. 육신을 벗을 때까지의 지상의 삶이 연옥 산의 등정이라고 생각한다.

제3곡 전연옥 해안에서 산기슭까지

개요

- 1-21 이성이 끌어주는 산(1-4),
  버질의 당황에 마음조이다가 정죄산을 바라보다(5-15),
  버림을 받음이 아닌가(16-21)
- 22-45 버질이 단테에게 그림자 없는 자신의 영체를
  설명하고 격려함(22-45).
- 46-99 두 시인이 산비탈에 다다름(46-51),
  단테가 스승에게 길 안내할 무리를 알림(52-63),
  버질이 단테에게 저리로 가자함(64-72),
  버질이 길을 일러라함(73-87), 망령들이 놀람(88-99).
- 100-145 만프레디가 단테에게 말을 걸다(100-111),
  콘스탄차를 만나 달라(112-117),
  죽기직전의 회개입신(118-120),
  죽음전후의 전말을 말함(121-135),
  코스탄차에게 중보기도를 부탁함(136-145).

줄거리

[그림 3-1 영혼의 무리가 나타남]

4월10일 오전 6시 30분경, 연옥입구의 첫째 비탈이다. 장소는 전연옥이며 해안에서 연옥 산기슭까지 두 시인이 가는 동안 생긴 일과 이야기이다. 카토의 질책을 듣고 무리들이 흩어지자 베르길리우스는 등산을 등한히 하고 단테로 하여금 카셀라의 노래에 홀리게 한 것을 부끄럽게 여겼다. 다시 길을 가기 시작한다. 단테는 하늘을 치솟는 산을 바라본다(1-21행). 등 뒤의 햇빛을 받고 땅을 내려다보니 자신의 그림자가 보인다. 그 순간 단테는 버림을 받은 것이 아닌가 하는 의심을 한다. 베르길리우스는 사후의 그림자 짓던 몸뚱이를 설명해 준다. 망령들에게 그늘이 그림자를 비치지 않을 지라도 고통, 열, 그리고 냉기에 민감하다. 이것은 창조주의 신비한 의지이다. 그것을 인간의 이성으로서는 알 수 없다(22-45행). 그 사이에 두 시인은 산기슭에 다다르나 경사가 급하여 오를 수가 없다. 그리고 느리게 다가오는 혼들의 무리를 보고, 길을 묻기 위하여 그리로 간다. 혼들은 단테의 그림자를 보고 놀란다(70-72행). 돌아서 곧장 앞으로 들어가라고 그들이 말해준다(102행). 무리의 대변자 만프레디가 파문당했음에도 불구하고 구원을 받았다(121-123행). 그는 임종에 즈음하여 회개함으로 연옥에 오게 되었다. 제3곡은 임종에 와서 회개한 자들이 모인 곳이다. 만프레디는 회개를 지연해온 30곱을 전연옥에서 기다려야 한다고 말했다. 만프레디는 최후의 순간에 생긴 일을 단테에게 말해준다(112-145행). 지상의 신실한 딸의 기도가 기다림의 고통을 단축할 수 있다고 말한다.

해설

1. 전열을 가다듬고(1-21행)

카셀라의 노래에 홀렸다가 카토의 질책으로 망자들이 벌판으로 흩어진 후, 이성으로 돌아왔다. 이성은 우리에게 박차를 가해주고, 정의가 우리를 정결하도록 찔러주는 산으로 방향을 바꾸었다(1-3행). 연옥 산은 정의의 벌로 우리를 아프게 한다는 뜻이다. '미더운 길벗(4행)'은 베르길리우스 즉 단테의 이성이다. 단테가 베르길리우스의 주관 안에 있는 이성과 카토의 객관적 이성(연옥 2:119)을 암시한다. 입신 이후의 이성의 안내는 불완전하다. 신앙생활 이후의 후회하는 심리상태를 잘 묘사했다(5-9행). 베르길리우스가 카토에게 질책을 당한 것은 객관적 이성보다 주관적 이성이 한 수 아래임을 암시한다. '죄어져 있던(my mind which at first had been restrained, 12행)'-긴장했던 마음이 풀리자 앞에 있는 연옥 산을 바라보았다(13-15행). 지옥편 1곡 13-36

행에서 멧부리를 쳐다보았으나 곧 좌절해 버렸다. 지옥편에서는 석양빛을 보았고, 연옥에서는 솟는 태양이 단테의 등을 비쳐 빛살이 부서진다(18행). 대조적이다.

2. 그림자 없는 몸(22-45행)

연옥 산기슭에서 단테는 무서움에 빠진다. 자기의 그림자뿐, 베르길리우스의 그림자가 없는 것을 알자 혼자서 버림받았다고 생각한다(19-21행). '나의 힘 되시는 이(my comfort, 22행)'는 베르길리우스이다.' 온몸을 돌이키시더니(turning full round, 22행)'를 '정 깊게 돌이키시더니'로 표현했다. 베르길리우스는 단테의 불신을 꾸짖은 다음(22-24행), 그림자 없는 자신의 몸뚱이에 대하여 설명한다(25-45행). 베르길리우스는 주전 19년 이탈리아 브린디시에서 병사했다. 여기가 새벽이니 거기는 석양이다. 황제 옥타비아누스가 그의 유해를 나폴리로 옮겼다(27행). 육체가 없지만 지금은 영체가 있다. 당시의 천문학에서 9중의 하늘은 투명했다. 베르길리우스의 영체도 빛이 투과하니 그림자가 없다. 그러나 차고 서늘함을 느끼는 성질의 영체이다. 삼위일체 하나님의 길을 인간의 이성이 이해하려는 것은 어리석은 짓이다. 사물이 있는 그대로의 지식(QUIA)을 받아들여라. 존재하는 모든 사물의 원인과 결과를 다 알 수 있다면 예수가 오셔서 계시할 필요가 있었겠는가(34-39행)? 너 자신을 사실(QUIA)에 한정하라(37행)고 스승은 말한다. 림보의 현철들도 '희망 없는 갈망 속에 있음을 보지 아니했더냐 (40-42행, 지4-42). '이마를 숙이고(45행)'-이성이 고개를 숙였다는 것은 인간이성의 한계를 말한다. 신앙에 의한 이해가 요청되는 것이다. 이성의 절대 신뢰도 미신의 일종이다. 이성이 할 수 없는 영역이 영의 세계요, 신앙의 세계이다.

3. 임종 참회자(Late-Repentant)를 만남(46-99행)

연옥 산기슭은 험준했다. '날개 없는 자(53행)'는 천사 아닌 자이다. 인간 이성이 벽에 부딪혔다. 베르길리우스가 비탈을 쳐다보고 탄식한다(52-56행). 디스의 성문 아래서 베르길리우스가 마군의 저지를 뚫지 못하고 있을 때 천사의 도움을 받아 문 안으로 들어갔다(지옥편 9곡). 여기서 단테는 임종에 다다라서 참회하고 들어온 혼들을 보았다. 제자가 스승에게 제안을 한다. '당신이 몸소 못하시더라도(62행)'는 이성의 한계를 표현한 말이다. 이성의 한계 앞에서 신앙의 길이 열린다. 죽을 때까지 믿지 않는 이들이었지만, 그들이 여기서 두 시인에게 도움을 준다. 단테의 제안을 음미하자. 제자가 선생 노릇을 할 때가 있다. '네가 뭐 안다고!' 스승은 제자의 말을 들었다. 완악하게 버티는 자들을 포기해선 안 된다. 전도는 끈기의 싸움이다. 신앙은 우리에게 희망의 길을 열어놓았다. 이성, 기술만능, 그리고 현세 뿐의 인생관이 삶을 망쳐놓았다. 그러므로 과학기술의 부정적인 측면이 부각되는 것은 다행한 일이다. 그리스어 '테크노로지(technology)'는 기술+합리의 합성어이다.

우리는 기술문명의 위기를 보고 있다. '테크노'만 있고,'로지'가 결여되어 있다. 21세기는 중세이상으로 하나님의 지혜와 계시의 도움을 받아야한다. '끝을 잘 맺어(good end,73행)'-인생의 처음과 과정이 잘 나갔다 하더라도 끝마무리가 가장 중요하다. 골인 지점에서 넘어지면 평생의 길이 허사가 되고 말지 않는가? 알면 알수록 시간의 낭비를 싫어한다(he who best discerns the worth of time is most distressed whenever time is lost. 78행 Mandelbaum p25). 생사람 단테를 보고 혼들이 놀라자 스승이 설명해 준다(88-99행).

4. 만프레디 이야기(100-145행)

'의젓한 족속(worthy group, 100행)'은 임종시 참회자들이다. 이탈리아인은 의사표시를 손등을 내어 보이며한다. '저들 중 하나(103행)'는 황제 프리드리히

2세의 서자로서 8년간(1258-1266) 나폴리와 시칠리의 왕이 되었다. 베네벤토 전투에서 전사한 인물이다(1266). '금빛 머리에 아리따운 훌륭한 모습(107행)'은 그가 보통 인물이 아님을 표현한 말이다. 그는 서자였기에 황후 콘스탄차의 손자(113행)라고 자신을 소개한다. 100-102행에서는 저들의 도움을 입었고, 112-114행에서는 연옥인이 단테에게 부탁한다. 세상으로 돌아갈 단테에게 부탁을 한다. 상부상조, 이것이 인간사이다. 서로에게 도울 것이 있고, 도움 받을 것이 있다. 그러기에 교제비용이니 문화비용을 치루면서 우리는 살아가는 것이다. 단테는 1265년에 태어났고, 만프레디는 1266년에 전사했으니 그를 알아보지 못하는 것이다(109행). 만프레디는 임사 직전에 회개하고 믿음의 세계로 들어온 것이다(120행). 만프레디는 교황에게 여러 번 파문당했고, 무덤도 교황에 의해 이장 당했다. 이복동생의 왕위를 찬탈했었다. 시신은 강물에 던져졌다. 교권이 그를 지옥에 보냈어도, 하나님은 그의 회개를 받아들였다.

 베르길리우스가 앞(25-27행)에서 말한 것 같이 만프레디도 혼의 모습으로 자신의 육신의 끝이 어떻게 되었는가를 말하고 있다(124-132행). 육체 밖에서, 영계에서 내려다보는 나의 육신과 세상사를 상상해 보자. 얼마나 덧없는 짓을 저질러온 삶들이었을까? 그러기에 '지금, 여기'의 충실함이 소중한 것이다. 만프레디의 육신은 돌 더미 아래 있을 지라도 그의 영은 구원을 받고 있다. 왕릉을 아무리 어마어마하게 축조해놓았다 해도, 그의 영이 지옥에 와 있다면 무슨 소용이 있겠는가? '꺼진 등불(132행)'-만프레디가 얼마나 무시당했기에 장례식에서 켜는 등불마저 꺼버렸을까? '한 줄기 푸름(133행)'-죽기 전 회개의 기회가 푸름의 희망이다. 죄인들을 오랫동안 살려두는 것은 구원의 기회를 주는 하나님의 은총이다. '거룩한 교회(136행)'는 공교회 가톨릭교회이다. 단테는 공교회의 권위를 굳게 믿고 있었으나 교회의 타락을 비판했다. 더디 회개한 햇수의 30곱을 임종 참회자들은 전 연옥에서 기다려야 한다. 50년을 지연한 자는 1500년을 기다려야한다. 이것은 단테의 발명이다. 지상의 충실한 자의 기도가 있을 때 그 기간은 단축된다고 가톨릭 신자들은 믿고 있다. 단테는 전 연옥에서 이 교리가 참인 것을 확인한다(139-141행). 사후(연옥에 들어 간자)의 혼들이 살아있는 이들의 기도의 힘이 필요하다는 가르침은 매우 흥미 있고, 그럴듯해 보이나 성경의 근거는 없다. 성직자들이 이 교리를 남용할 소지가 있다. 사후의 영혼을 지상의 교권이 장악하고 있으니 끔찍한 생각이 든다.

제4곡 태신자(怠信者) 벨라콰(Belacqua)

개요

- 영혼다수설의 오류(1-18) : 식물적 영혼, 감각적 영혼, 지적 영혼
- 등산의 어려움(19-96)
- 단테, 벨라콰를 만나다(97-135)
- 버질이 서두르다(136-139)

[그림 4-1 가파른 암벽을 오르는 스승과 단테]

줄거리

만프레디의 이야기를 듣는 동안 단테는 시간가는 줄을 몰랐다. 이를 계기로 단테는 영혼다수설이 오류였다고 말한다. 두시인은 가파른 암면 사이의 틈새를 찾아 오르기를 시작한다. 단테는 곧 지쳐서 더 오를 수 없다고 소리 지른다. 베르길리우스는 나태자들이 있는 암붕(돌출부:ledge) 까지 올라가도록 그를 독촉한다. 암붕 위에 앉자 베르길리우스는 첫 시도(참회로 돌이킴)가 항상 어렵다고 설명해 준다. 참회를 하며 올라갈수록 점차 가벼워지며, 은혜가 충만해지면 등산은 전혀 힘이 들지 않는다고 했다. 정상에는 인간 이성이 오를 수 없다. 거기의 인도자는 베아트리체(신적 사랑)이다. 태양이 어깨 왼쪽으로 이동하는 것을 보고 단테는 당황한다. 남반구의 지리적 위치 때문이라고 설명한다. 베르길리우스의 말이 끝나자 바위 뒤에서 빈정대는 말이 들려온다. 그는 피렌체에서 가장 게으른 자로 단테의 옛 친구이다. 나태로 인해서 선행과 은혜에의 열망을 죽을 때까지 연기해 온 것이다. 세상에서 하나님을 기다리게 했으므로, 여기 본 연옥문을 통과하기 전에 하나님도 그를 기다리게 하였다. 경건한 이의 기도가 없다면 늦장부린 만큼 기다려야 한다고 했다. 스승은 단테에게 해가 정오에 떠오르니 나태자들처럼 지체해선 안 된다고 말한다.

해설

1. 잘못된 영혼관 반박(1-18행)

단테는 카셀라의 노래 소리에 취했다가 카토의 꾸지람을 들었다(2곡118-120행). 3곡에서는 만프레디의 이야기에 집중했다(3곡112-145행). '우리의 어느 기관이 붙들려 있을 때면(1-2행)' 영혼이 하나이기에 무슨 일에 집중하면 다른 것은 잊어버린다. 그러나 종래 플라톤(Plato)은 한 사람 속에 여러 개의 영혼이 있다(4-6행)고 주장했다. 단테는 그것이 틀렸다고 반박한다. 1-18행은 3곡 만프레디의 이야기에 집중하게 된 철학적인 설명이다. 여기의 논리는 토마스 아퀴나스의 학설이다. 연옥편에서 현대인에게는 무미건조하고 지루한 이야기가 많다. 이점은 독자들이 넘어가야 할 산이다. 연옥편의 이해를 어렵고 복잡하게 만들지만 광석 속에 있는 다이아몬드를 얻기 위해서는 광석에 대한 지식 또한 필요한 것이다. 플라톤(Plato)은 '식물적 영혼은 간에 있고, 감각적 영혼은 심장에, 지적영혼은 두뇌에 있다'고 했다. 만약 두개의 영혼이 있다면 2개의 자극에 마음을 동시에 쓸 수 있어야 하는데 한곳에 마음이 쏠릴 수밖에 없었으니 플라톤의 학설은 오류라는 것이다.

2. 연옥 산 오름의 고통(19-51행)

3곡 76-77행에서 베르길리우스가 '우리에게 일러라, 위로 오를 수 있게시리 어디메에 산이 기울어져 있는지를'… 4곡 18행에서 응답이 왔다. '너희가 찾는 데가 여기로다'라고. '여기선 사람이 날아야 되나니(27행)'는 등정의 어려움을 극대화한 표현이다. 순례자의 비행은 신곡에서 중요한 메타포(metaphor)의 하나이다. 지금은 몸무게(죄짐)로 날기는커녕 오르기도 힘들지만, 지상낙원에서 죄를 다 씻은 뒤 단테는 베아트리체의 도움으로 힘들이지 않고 빠르게 날아오르는 날이 올 것이다. 자기완성으로 가는 길이 이처럼 험난하기에 하나님의 은혜가 절실하게 요청되는 것이다. 비탈은 사분원의 중앙에서 중심에 이르는 선보다 훨씬 가파르다(40-42행). 상한은 4분원이고, 상한의 중앙은 45도 각도이다.

3. 태양의 회전방향에 대한 의문(52-96행)

　가까스로 산허리의 돌출부(a ledge)에 오른 단테는 태양의 회전 방향을 보고 어리둥절해진다(57행). 지금 단테는 유럽의 대척지(남반구)에 있고 해의 회전 방향이 정반대라는 것을 깨닫지 못하고, 잠시 어리둥절해졌다. 연옥의 시간은 해와 별자리로 측정하기에 이에 대한 기본지식을 요한다. 베르길리우스는 신화의 인물을 예로 든다. '카스토르(Castor)와 폴룩스(Pollux)[Gemini,雙魚宮]는 성공적인 여행을, 파에톤(Phaeton)은 실패한 여행임을 암시하고 있다.

4. 나태의 영혼 벨라콰(97-139행)

　베르길리우스가 말씀을 마치자마자 벨라콰(Belacqua)라는 자가 등장한다. 그는 게으름의 대명사로 통하는 인물이었다. 피렌체 제일의 게으름뱅이로 악기 제조업에 종사했다고 한다. 단테와 아주 가까운 친구였다. 태양의 회전 방향에 대한 단테의 의문을 풀어줄 지음, 벨라콰가 끼어들어 내용은 다른 방향으로 전개되어 간다. 베르길리우스는 단테의 여행을 격려하는데 벨라콰는 빈정대고 그 순례의 길에 초칠을 하고 있다. 이에 대하여 단테는 반웃음으로 그를 받으면서 '어찌하여 연옥문 밖에서 게으름을 피우고 있는지'를 묻고 있다(124-126행). 벨라콰의 입을 통해서도 산자의 기도가 유효함을 반복한다. 기도자의 조건을 제시함이 앞에서와 다른 점이다. 은혜롭고 경건한 자의 기도가 연옥 문의 통과시간을 단축한다고 한다.

제5곡 임종시 회개한 자들

개요

- 망자들의 놀람과 버질의 책망(1-21)
- 두 시인과 망자 무리들과의 대화(22-63)
- 야코보 델 카세로의 최후 이야기를 들음(64-84)
- 부온콘테의 최후의 이야기를 들음(85-129)
- 피아 톨로메이의 최후 이야기를 들음(130-136)

줄거리

단테는 태만자들의 혼을 뒤에 두고 스승의 뒤를 따라 산을 올라간다. 무리중의 하나가 단테의 그림자를 보고 소리치니 뒤를 돌아본다. 스승은 산을 오르는 일에만 집중 하라고 말한다. 이들은 비명에 죽은 자들이다. 회개를 미루다가 죽기 직전에 회개 한 자들이다. 첫 번째는 야코보 델 카세로 였다. 그는 사사로운 원한때문에 죽었다. 갑자기 기습을 당하여 늪에서 피 흘리며 죽게 된 경위를 설명한다. 단테에게 기도를 부탁한다(70-72행). 둘째는 부온콘테(지옥 29:28-30 참조)이다. 그는 전사했다. 목이 뚫린 채 도망치며, 마리아의 이름을 부르다가 숨이 끊어졌다(101행). 그의 시신을 놓고 천사와 마귀가 싸웠으나 천사가 승리했다. 셋째는 가정비극으로 죽은 피아였다. 이 세 영혼은 단테가 세상으로 돌아가거든 자기들의 사연을 사람들에게 알려주고 기도를 해달라고 부탁한다.

[그림 5-1]

해설

1. 내 뒤를 따라 오르라(1-21행)

만프레디(제3곡), 벨라콰(4곡 123행)를 떠나 다시 단테가 산을 오르기 시작하는데, 그의 왼쪽에 햇빛이 비치지 않고 그림자가 드리우는 것을 보고 한 영혼이 소리쳤다. 단테가 뒤를 돌아보고 걸음이 느리자 스승이 책망을 한다. 목적지(地上樂園)를 향해 올라가는 일이 가장 중요하다.

다른 일로 한눈을 팔다가는 시간이 지체된다. 초점을 흐리게 하는 어떤 일도 삼가야한다(1-8행). '알맞은 낯빛(21행)'은 부끄러워 얼굴이 붉어졌음을 표현하는 말이다. 꾸지람을 듣고 스승에게 '갑니다(19행)'라고 말하고 낯빛으로 사과를 대신했다. 책망의 소리를 알아듣고 잘못을 표현할 아는 단테의 민감한 반응이 돋보인다.

2. 산허리에서 만난 무리들(22-63행)

[그림 5-2]

1) 망령들은 산허리를 가로질러 두 시인 앞으로 다가온다(22-24행). 연옥 산은 층에서 층으로(縱) 올라간다. 길은 산허리를 잘라 가로(橫)로 돌아간다. 시편 51편 1절의 '주여 우리를 불쌍히 여기소서(Miserere)'를 번갈아 부르면서온다. 저들은 단테가 생(生)사람인 것을 알아보고 통회의 노래는 놀람의 소리 '오오'로 바뀐다(25-27행). 파발꾼처럼 그 가운데서 두 명이 시인들에게 와서 누구냐고 묻는다(28-30행). 스승이 그들에게 말했다.

가서 이는 육체를 지닌 사람이며 '그에게 존경을 바침이 그들에게 이익이 되리라(36행)'고 말한다. 단테가 지상에 돌아가서 저들의 실상을 말해주고 중보기도를 부탁하면, 저들의 기도가 이들의 전연옥에서의 체재기간을 단축하니 이익이 된다는 말이다. '수증기라도(38행)'-아리스토텔레스는 '기상학'에서 수증기가 높이 올라가서 하늘에 접촉하면 기체가 불탄다고 했다. 이 연소하는 기체가 아래로 내려온 것이 유성이라고 설명했다. 당시의 과학은 유치하지만 이치를 따져보는 태도가 돋보인다.

2) 가면서 들어보라(43-63행). 스승은 무리들이 무슨 청이 있어 네게 오는 것이니 멈춰 서서 시간을 낭비하지 말고 가면서 들으라고 훈시한다(43-45행). 본업을 등한시하지 말고 잡무는 적당한 선에서 해결하라는 뜻이다. 우선순위를 정해놓고 그 일에 충실해야한다(43-51행). 저들은 질투 때문에 죽은 자, 전투에서 죽은 자, 가정비극으로 죽은 자 들이다.모두 폭력에 의한 희생자들이다. 죽은 자의 입장에서 최후의 순간에 회개하여 구원 얻은 자들의 이야기를 들어 봄직하다. 우리 모두는 언젠가 그 자리에 서기 때문이다. 마지막 순간 어떤 죽음으로 내 생의 막을 내릴 것이냐? 최후의 자리라고 생각하며 오늘의 순간을 살자. 하나님과 원수 되었던 자들이 화해된 몸(57행)으로 세상을 떠났다. 단테는 연옥의 영혼들에게 '중보기도의 부탁'을 세상에 알리겠다고 약속한다(61-63행). 네팔의 한 선교사가 최근 나에게 '중보의 기도'를 부탁했다. 어둠에 사는 백성들을 위해서, 여러 사역자들을 위해서 기도해 달라고.... 산 사람들 중에 연옥의 고통을 치루는 자들이 너무 많다.

3. 폭력으로 죽은 영혼들(64-136행)

1) '하나(64-84행)'는 지도자, 무사 그리고 정치인 이었던 야코보 델 카세로(1260-1298)였다. 단테 당시 그의 죽음은 너무나 잘 알려져서 거명할

필요조차 없어 '하나가 입을 떼니'라고 말했다. '로마냐와 카를로의 사이에 앉은 나라(69행)'는 현재의 나폴리였다. '파노(70행)'는 카세로의 고향이다. 지상의 성도가 연옥의 영혼을 위해 기도하면 전연옥에서의 체재기간이 줄어든다. 무거운 죄과가 씻어지기 때문이라는 것이 가톨릭의 교리이다. 카세로는 믿던 도끼에 발등이 찍힌 격이 되었다(76행). 안테리노 사람들이 에스티 가 사람과 내통하여 카세로를 죽게 만들었다. 갑자기 폭력에 의해 죽는 사람의 속사정을 우리는 알 길이 없다. 단테가 전해주는 연옥 사람들의 애달픈 소식은 우리의 심금을 찡하게 울린다. 숱하게 많이 죽은 친지들의 심정을 이글을 통하여 추정해보는 것만으로도 큰 소득이 아닐 수 없다.

[그림 5-3]

2) 부온콘테(85-129행)는 지옥편 27곡에 나오는 구이도의 아들이다. 기벨리노 당의 지도자로서 적을 추방하기 위하여 여러 번 전장에 나갔다. 1289년 캄팔디노전에서 패전하고 죽었다(91-93행). 부온콘테는 단테가 연옥 산의 정상으로 오르기를 먼저 소원(86행)하고서는 자기의 소원을 도우라고 말한다(87행). 그의 아내 조반나(90행) 마저도 그가 지옥에 간 줄로 알고, 기도해 주지 않았다. 그는 목이 뚫린 채 맨발로 도망치다 피를 땅바닥에 흘리고 죽었다고 한다(97-102행). 비참한 최후의 순간에 그는 구원을 받았으나 지상의 누구도 그가 구원받은 것을 모르고 있었다. 사람의 내면에서 일어나는 일, 밖에서 모르는 일이 얼마나 많은고! 역사의 기록보다 묻힌 역사가 더 많다. 임종을 눈앞에 둔 사람들에게도 복음을 전해야한다. 그가 의식불명의 상태일지라도 구원의 도리를 알려 주어야 한다. 부온콘테는 죽음의 순간에 생전에 들었던 마리아의 이름을 불렀던 것이다. 그의 시신을 두고 천사와 마귀가 씨름 했으나 천사가 승리했다 (106-108행). 부온콘테의 한 방울 회개의 눈물이 그를 살렸다(105행). 그리고 그는 두 팔을 뻗쳐 스스로 십자가 성호를 만들었다. 살아생전 받은 교육이 임종의 순간에 효력을 발생했다. 그러므로 우리는 믿지 않는 모든 이들에게 복음을 전해야한다.

3) 피아(130-136행). 피아는 시에나 시에서 출생했다. 마렘마에 있는 피에트라의 넬로와 결혼했으나 남자에게 비밀히 살해당했다고 한다. 단테를 보자 피아는 '넬로의 처인 나(피아)'를 생각해 달라고 호소한다.

카세로는 질투 원한(怨恨) 때문에 죽임을 당했고, 부온콘테는 전사했다. 부친은 지옥에 갔고, 아들은 구원을 받았다. 부자의 차이는 어디에 있는가? 부친은 한 방울의 눈물이 없었고, 아들은 한 방울의 눈물을 흘렸다. 피아는 아무도 그녀를 생각해 줄 사람이 없다. 간절히 사람을 찾으나 호소할 대상이 없다가 단테를 만난 것이다. 단테를 통해서 우리는 많은 피아를 생각해 보게 되었다. 단테 연구가들은 지옥편 '프란체스카와 파올로'의 이야기는 길게 써서 사람들의 심금을 울렸고, 피아의 이야기는 4행으로 짧게 비극의 이야기를 압축해 놓았다고 한다. 자기를 위해서 한 사람도 생각해주는 사람이 없는 자가 최대의 고독자이다. 이 고독의 절정에서 피아는 그리스도께 자신을 맡겼다. 최대의 비극 속에서도 희망이 있다. 그리스도가 피아의 최고 절대의 남편이었다.

신앙의 위대함이여!

제6곡 : 폭력으로 죽은 혼들-소르델로

개요

- 5곡의 계속: 기도를 부탁하는 이들(1-27), 은유(1-12), 혼들이 도움을 구함(13-24), 단테 빠져나옴(25-27)
- 기도의 효험(28-57): 단테의 '기도 무효론'에 대한 버질의 답변(28-48), 막간(49-57)
- 소르델로(58-151): 버질과 롬바르디아의 혼이 만남(58-75)
  이탈리아의 탈선(76-90)
  교회를 탄식함(91-96)
  황제 알베르트를 탄식함(97-117)
  하나님을 향한 탄식(118-126)
  피렌체를 향한 탄식(127-151)

[그림 6-1 노름판이 끝날 무렵(Amos Nattini작품)]

줄거리

부활절 4월 10일 때는 오후 3시, 연옥의 입구 둘째 비탈에서 생긴 일이다. 비명에 죽은 세 영혼과 말을 마친 후 단테는 또 다른 동류의 무리를 만난다. 그들 중의 여러 명을 알아본다. 이들은 모두 13세기의 인물들이다(13-24 행). 이 무리를 빠져나와 단테는 기도의 효력에 대하여 스승에게 물어본다. 베르길리우스는 기도가 효험이 있긴 해도 하나님의 공의를 바꾸지 못한다고 설명한 뒤 베아트리체가 완전한 설명을 해줄 때까지 기다리라고 말한다. 멀지 않은 곳에 조용히 앉아있는 영혼을 보고 그에게로 가서 길을 묻는다. 스승은 그가 롬바르디아의 만토바인 임을 알아낸다. 그도 반가워 서로 껴안는다. 그는 시인 소르델로이다. 두 시인의 모습을 보고 단테 역시 고향 생각이 나서 이탈리아와 피렌체의 부패와 악을 개탄하며 통렬히 비난한다.

해설

1. 거기서 빠져 나오너라(1-27행)

1) 노름판의 직유(Simile, 1-12행) : 단테는 5곡에서 만난 세 영혼을 뒤에 두고 가는데 또 다른 영혼들에 둘러싸인다. 단테에게 자기 얼굴을 알려놓으면 세상에 돌아갔을 때 친지에게 중보기도를 부탁할 것이기에 집요하게 달라붙는다. 단테는 이 장면을 당시의 주사위 놀음에 비유한다. '차라(zara)의 노름판(1행)'- 3개의 주사위로 승패를 겨냥한다. 당시 유행하는 도박이었다. '돈 잃은 자(2행)'는 혼자 남아서 주사위를 던져 원하는 숫자를 찾는다. 돈 딴 놈에게 가서 나머지 몇 푼을 달라고 손을 내민다. 이긴 자는 몇 푼을 주고 귀로만 듣고 몸은 그들을 빠져나온다(4-9행).

2) 전연옥에서 무리들에게 둘러싸인 모습을 '차라의 노름'에 직유했다. 단테는 비명에 죽은 여러 명을 예로 든다. 이들은 모두 13세기 단테 당시의 인물들이다. '브라반테의 아씨(22행)'- 이름은 마리아 이고 앙리6세의 딸이다. 필립3세의 후처가 된다. 피에르(22행)는 교살(絞殺)에 가담한다. 단테가 이글을 쓸 때 그녀는 아직 살아있었다. 이 경고를 들으라는 것이다.

2. 중보기도의 효능(28-48행)

단테는 중보기도를 부탁한 무리를 벗어나자 스승에게 그의 시(Aeneid:

아에네이드)의 한 대목을 인용하여 질문한다. 아에네이스가 지옥에 내려가 물에 빠져죽은 팔리누루스를 만난다. 스틱스 강에 왔을 때 팔리누루스가 강을 건너기를 청한다. 아이네아스의 길잡이 시빌리가 거절하면서 '기도로서 하나님의 정하심을 바꿀 수 있다고 바라지 말라'고 했다. '어느 대문에 밝히시기를(29행)'이라 한 것은 이를 말한다. 단테는 베르길리우스 시의 이 대목에서 혼돈에 빠진다. '전연옥에서 만난 이들의 기도는 허사입니까? 아니면 그대 말씀이 잘못된 것입니까?(31-33행).' 스승은 두 가지가 다 옳다고(34-36행) 대답한다. 하나님을 모르는 이교도의 기도를 하나님은 들어주지 않는다. 그러나 기독자의 기도는 헛되지 않다. '여기에 들어 있는 자(37행)'는 전연옥(입구)의 무리들이다. 세상에 있어 중보 기도하는 자들의 기도가 사랑의 불(38행)이다. 사랑의 기도가 하나님께로 가까이 간다. 그러나 하나님의 공의가 기도로 인하여 내려오지는 않는다. 뜨거운 사랑의 기도가 은혜의 자리에서 올려 질 때, 하나님의 공의는 바꾸어지지 않더라도, 하나님은 은혜를 주신다. 그러나 지체(연옥문 밖)의 시간은 단축되더라도 회개의 빚은 갚아야 한다(39행). 베르길리우스가 아에네이드(서사시)에서 말한 바는 기도가 하나님과 연결되어 있지 않기 때문에 '허물'이 아니 지워진다는 뜻이다(40-42행). 기독자의 기도 역시 하나님의 공의를 감할 수 없다. 그러나 기도는 인간의 신앙, 소망 그리고 사랑을 지탱해 나갈 수 있게 해준다. 희망을 잃고 있을 때 희망을 일으키고, 신앙이 흔들릴 때 기도가 그를 견고케 해준다. 기도의 효능에 대하여 베르길리우스는 일부의 답변을 해준다. 그것에 대해 포괄적이고도 만족한 답변은 베아트리체에게 넘긴다. 여기서 스승은 제자와의 이별을 예고한다(43-48행).

3. 소르델로를 만남(49-75행)

 1) 등산을 재촉함(49-57행). 연옥 5곡 10행, 45행에서 스승은 단테에게 오르기를 재촉했고, 베아트리체를 만난다는 말을 듣자, 단테는 스승에게

등산을 재촉한다(49-51행). 사랑은 피곤을 극복하는 힘을 준다. 산은 아주 높고 길은 험하다. 네 생각과는 다르다(54행) : 단테는 해가 지는 줄로 알았다. 비탈에 해가 가려서 그림자가 생기지 않았던 것이라고 베르길리우스가 설명해 준다. 외로이 앉아 두 시인을 바라보고 있는 영혼을 발견한다. 그는 스승이 롬바르디아의 혼임을 알아본다. 스승이 길을 물어도 그는 가르쳐 주지 않고 도리어 현재의 이탈리아 정치판이 어떻게 돌아가느냐고 묻는다. 스승이 '만토바(71행)'라고하자 그는 너무 반가워하며 서로 껴안는다(64-75행). 소르델로(75행)는 13세기의 시인 (1200-1269년?)이다. '만토바'라는 말만 들어도 애향심이 솟아오른다. 죽은 혼이 이렇게 애향심을 불러일으키자, 단테 역시 조국 피렌체와 이탈리아의 생각이 간절해진다.

4. 이탈리아를 개탄함(76-151행)

1) 단테는 이탈리아의 황제를 신랄하게 비판한다(76-93행) : '사공 없는 배(77행)'- 황제 없는 로마제국이란 뜻이다. '고을들의 아씨 아닌 갈보집이여(78행)'-여왕으로서의 이탈리아의 타락한 모습을 이렇게 묘사한다. '점잖은 저 영혼(81행)'은 소르델로이다. 죽은 혼도 이렇게 애향심을 발로하거늘 현세의 이탈리아인들은 같은 곳에 살면서 서로 물고 뜯는가?(79-84행). 해안 곳곳에, 또는 내륙오지 구석구석에 평화를 누릴 곳이 없다(85-87행). '안장(88행)'-군주의 자리이다. '유스티니아누스(Justinianus)는 비잔틴의 로마황제로 법전 편찬을 한 황제이다. 군주(안장)가 없는데 재갈을 고친들 소용 없다는 뜻이다(88-90행). 단테는 교황, 고위성직자들을 여기서 '너' 라고 불렀다(91행). 정치에 간섭할 것이 아니었고, 황제에게 맡길 것이었다. 〈제정론〉에서 단테는 정교분리를 주장했다. 이탈리아가 이렇게 된 것은 정교의 우두머리들이 각기 자기 역할을 다하지 못함에서 온 것이라고

했다.' 야수(96행)'는 황폐해진 이탈리아에 대한 직유(simile)이다.

2) 독일인 알베르트여!(97-117행). 알베르트는 오스트리아 합스부르크 왕가의 알브레히트1세이다. 교황권을 책망한 다음, 단테는 정치권을 향하여 독설을 퍼붓는다. 알베르트는 1298년에 신성로마제국 황제로 선출되었으나 대관식을 하러 이탈리아에 가지 않았다. 그는 1308년에 생질 요한에게 교살된다(97-99행). '후계자(102행)'는 룩셈부르크의 헨리7세이다. 1312년에 로마에서 대관식을 올리고 1313년에 죽었다. 단테는 헨리7세에게 기대를 걸었으나, 그의 사망으로 꿈은 깨어진다. '너며, 네 아비가(103행)'는 알베르토와 아비 루돌프가 독일에 대한 야망을 인하여 거기로 가서, 이탈리아는 황폐케 되었다는 뜻이다. '소견 없는 사람(106행)'은 알베르토이다. '저들은(108행)'-몬테키와 카펠레티 양가이고, '이들은(108행)'-모날디와 필리페스키 양가이다. 알베르토가 이 집안의 정파싸움을 와서 보고 '흠집(상처, 110행)'을 치유하라고 한다. '산타피오르(111행)'는 세도 있는 집안의 영지인데 질서가 문란했다. 그것을 볼 것이라고 말한다(111행). 집권자 없는 로마의 정치 공백을 이렇게 말한다(112행). '얼마나 서로 사랑하는지(115행)'는 야유이다. 사실은 정반대이다.

3) 하나님께 호소함(118-126행). 여기서 제우스(유피테르)는 그리스도이다. 이렇게 된 것이 당신의 섭리입니까?(121행)라고 묻는다. 124-127행은 독설, 비분강개의 절정이다. 마르켈루스(126행)는 카이사르의 적이며 야심가였다.

4) 피렌체를 향하여(127-151행). 피렌체인의 분별심이 없음과 천박함을 책하고 있다. 여기의 묘사들은 야유와 비꼼으로 가득 차 있다. '꾸며낸 제도(142행)'는 조령모개(朝令暮改)식이었다. 10월에 법령을 만들고 11월에 그것을 개정했다.

결어

단테가 비명에 죽은 피아(5곡)를 깊이 동정함은 자신 역시 고독했기 때문이다. 진정한 친구도 없이 행복한 가정도 없이 정치에의 기대 또한 산산조각이 났다. 비분강개하고 사정없이 채찍을 휘두르는 단테의 심정은 고독 그 자체였으며, 정의감의 발로였다. 단테의 정의감을 본다. 한국의 정치, 사회, 종교계를 생각나게 한다. 설교자는 많은데 단테 같은 예언자적 설교자가 보이지 않는데 문제의 심각성이 있다. 중국의 동북공정, 일본의 독도 영유권 주장, 북한의 핵무기 위협, 남한의 국론분열 등. 정치인은 정치 본연의 자리에, 종교인은 종교 본연의 자리로 돌아가야 할 것이다. 단테의 이탈리아가 바로 우리 이야기로 들린다.

제7곡 소르델로와 베르길리우스/군왕들의 계곡

개요

- 소르델로와 버질의 반가운 만남(6곡 계속, 1-63)
- 소르델로가 군왕들의 계곡으로 안내(64-90)
- 군왕들과 구일리엘모 후작을 바라봄(91-136)

[그림 7-1 군왕들과 후작의 계곡에서 Salve Regina]

줄거리

7곡은 제4 부류의 나태자들이다. 군왕들과 후작의 계곡이다. 그들 또한 세속정치에 묶여 살다가 죽을 때 회개를 한 자들이다. 소르델로(Sordello)는 6곡에서 자기를 껴안은 자가 단지 고향 사람만이 아니고 라틴인의 영광인 베르길리우스임을 알자 경의를 표한다. 베르길리우스는 그간의 여행경로를 소르델로에게 설명하고 본 연옥에 이르는 빠른 길을 안내해 달라고 한다(1-39행). 소르델로는 두 시인을 안내하겠다고 나선다. 그러나 밤에는 산을 오르지 않는 것이 연옥의 법이라고 말해 준다(43-45행). 그리고 가까운 곳으로 두 시인을 안내한다. 거기서 나태한 통치자로 불리는 영혼들을 내려다본다. 그들은 '살베 레지나'의 노래를 부른다. 그들은 합스부르크가의 루돌프 1세, 룩셈부르크의 헨리 7세, 보헤미야의 오토카르 2세, 프랑스의 필립 3세, 나바르의 헨리 1세, 아라곤의 페테르 3세, 앙주르의 샤를 1세, 아라곤의 페테르 3세의 말째아들 영국의 헨리와 후계자 에드워드, 마지막으로 맨 끝에 앉아있는 구일리엘모 후작 등이다.

해설

1. 소르델로가 베르길리우스를 알아봄(1-39행)

1) 6곡 75행에서 소르델로는 고향 사람 베르길리우스를 껴안는다. 이어서 단테는 조국 이탈리아를 생각하며 비분강개의 열변을 토한다(76-151행). 7곡 서두에서 소르델로와 베르길리우스가 다시 등장한다.

2) '그대는 누구시니이까(3행)'라는 소르델로의 물음에 베르길리우스는 대답한다(4-9행). '이 산(5행)'은 연옥 산이다. 그는 기원전 19년에 죽었

[그림 7-2 소르델로와 베르길리우스]

다. 그리스도가 구속 사업을 시작하기 전에 죽었으니, 신앙의 기회를 얻지 못하여 '구원을 잃었다(8행)'고 대꾸한다. 스스로 놀란 소르델로는 베르길리스의 무릎아래(15행)를 껴안고, 그를 칭송한다(16-21행). '우리 국어(17행)'는 라틴어이다. 아이네이스(Aeneid, 서사시)에 의해 라틴어의 광채가 드러났다. 이탈리아의 라틴어가 유럽어의 모체이었다.

3) 너무 감격한 소르델로는 '지옥 어디서(21행) 왔습니까?'라고 또 묻는다. '수도원(21행)'은 지옥(지옥 29:40)이다. 하늘의 도우심으로 나는 단테(24행)와 더불어 지옥 여러 환을 거쳐 여기까지 왔다고 말한다. 나는 죄를 범해서가 아니라 그리스도를 알지 못했기 때문에 림보에 있다고 한다. 림보는 슬픈 곳이며, 한숨 소리 들리는 곳(28-30행)이다. 림보에는 세례로 죄를 씻기도 전에 죽은 어린이들이 있는 곳이다(31-33행). 어린이의 죄란 원죄이다. 자범죄를 어린이들은 짓지 않았지만, 원죄가 있어 세례를 받지 않으면 림보 지옥에 온다는 교리가 여기에 반영되어 있다. '세 가지 거룩한 덕(34행)'은 믿음, 소망, 그리고 사랑이다. 22-36행은 구원을 잃은

베르길리우스 자신의 상태를 설명하고 있다. 베르길리우스는 본 연옥에 빨리 가는 길을 알려달라고 말한다(37-39행).

2. 소르델로의 안내를 받음(40-90행)

1) 지옥의 혼들은 각각 자기의 환에 갇혀있으나, 연옥에서는 위아래로 자유로이 다닐 수 있다(40-42행). '내 갈 수 있는 데까지만(42행)'은 본 연옥 입구까지이다. 소르델로가 안내 할 수 있는 지점이다. 밤에는 산을 오르지 못한다고 하니, 그 이유를 베르길리우스가 묻는다(40-60행). '해 가진 다음이면(53행)'-해는 하나님의 은혜를 상징한다. 하나님의 은혜 없이는 한 걸음도 움직일 수 없다. 은총 사상이 반영되어 있다(요한복음 11:10, 12:35).

2) 해가 지기 전(86행)이니 그사이 두 시인은 소르델로의 안내를 받아 움푹한 계곡으로 간다(61-72행). 계곡은 각종 꽃으로 장식되어 있다. 이 세상의 금속, 온갖 보석, 나무, 그리고 푸른 하늘을 다 합쳐도 이 계곡(연옥)을 메우고 있는 색채를 다 형용할 수가 없다. '이 품 안(77행)'은 계곡을 말한다. '지고 말리라-(77행)'- 지상의 어떤 경치도 이 빛깔을 이기지 못한다.

3) 단테는 '목장위에 뭇 영혼이 앉아서 '살베 레지나(Salve Regina)'를 부르는 것을 본다(82-84행). '살베 레지나'는 저녁예배 때 성모 마리아에게 드리는 찬양이다. '석양이 보금자리로 들기 전에(86행)'- 일몰 직전을 이렇게 표현했다. '저들 모든 이의 거동과 모습(89-90행)'- 왕들과 귀족들이다. '아래 쪽 구렁(88행)'은 계곡아래이다.

3. 군왕, 귀족을 바라봄(91-136행)

1) 지옥 5곡 52-70행에서 음행으로 소문난 왕후, 장수군, 중세 기사들의

이름을 열거했다. 연옥에서 등장하는 이들은 거의 왕들이며, 지옥에 비해서 그들의 거동 묘사가 자세하다. 모두 단테 당시의 13세기 인물들이며, 유럽의 정치사를 한눈에 보는 듯하다. 한 권의 역사책을 2페이지 정도로 압축해 놓았다고 할 수 있다. 살아생전에 원수였던 왕들이 연옥에 와서 서로 위로하며(97행), 함께 노래하는 모습(113행)은 감동을 준다.

2) 첫 번째 인물은 합스부르크가의 황제(1218-1291년) 루돌프 1세이다. 그는 신분이 가장 높아서 여기서도 가장 높은 곳에 있다. 가장 낮은 곳에는 후작 구일리엘모(134행)가 있다. 즉위하자 곧 이탈리아에 와서 다스릴 책임이 있었으나 그것을 하지 않았다(91-96행). '그를 위로하는 듯 보이는 자(97행)'- 보헤미아의 왕 옷토카르(1253-1278년)였다. 그는 이생에서 루돌프를 반대하던 원수였으나 연옥에 와서 루돌프를 위로하고 있다. 오토카르는 아들 벤체슬라우스보다 훨씬 훌륭했다(100-102행). '인자하게 생긴 자(103행)'- 나바라 왕 테발도 2세(지옥22:52 참조)의 형제 엔리코(1270년 즉위-1274년)이고, 그의 딸 조반니는 단테가 '프랑스의 불행'이라고 부르는 프랑스와 필립 4세의 비(妃)가 되었다. '납작코(104행)'- 프랑스 왕 필립 3세이다. 프랑스 왕 필립3세와 나바라 왕 엔리코가 조용히 이야기하는 모습(103-104행)이 아름답다. 지상의 세계와 연옥이 다른 점을 단테는 부각시키는 듯하다. 필립 3세가 스페인왕 페트로와 싸워 패배했다. 백합은 프랑스의 깃발이다. 백합의 명예를 실추했기에 그에게 납작코라는 별명이 붙었다.

3) 필립 3세(그의 가슴을 치는 자, 106행)는 자기 아들인 필립 4세를 생각하며 가슴을 치고, 엔리코는 사위인 필립 4세를 생각하며 부끄러워한다(106-108행). 전자는 아비이고, 후자는 장인이다(109-111행). '그럴싸한 몸집(112행)'- 프랑스의 아라곤 페트로 3세이다. '사내다운 코(112행)'- 앙주르의 샤를 1세이다. 둘은 생전에 적이었으나 이곳에서 합창하고 있다

(113행). 여기서(112-129행) 단테는 왕위는 자식에게 이양될 수 있어도 부왕의 덕은 자식에게 전달되지 않는다는 점을 강조하고 있다. 121행에서 부친의 덕이 자식에게 전달되려면 덕을 주시는 하나님께 기도해야 한다 (121-123행). 127행도 마찬가지의 이야기이다. 신앙과 덕은 유전되지 않고 각인이 직접 하나님으로부터 받아야 한다는 것이다. '제 가지에 보다 나은 소생(132행)'- 자식이 부친보다 훌륭한 경우이다. 에드워드 1세가 부왕보다 훌륭했다고 한다

결어

이 곡에서 연옥 산의 법칙을 본다. 해가 지면 산을 오를 수가 없다. 태양은 하나님을 상징한다. 연옥의 밤은 영적 어둠의 시간이다. 하나님의 은혜가 없이는 영적 전진을 계속할 수가 없다. 그다음 이 곡은 세상의 일에 너무 신경을 쏟다가 자신과 친지들을 향한 의무를 소홀히 한 게으름뱅이들이 정죄당하는 것을 다루고 있다. 단테는 역사를 묘사함에 우수한 문학적 재능을 발휘했다. 단테 당시의 유럽사를 교훈적으로 간결하게 표현했다. 전에 원수였던 루돌프와 보헤미야 왕이 서로 위로했으며, 프랑스 왕 필립 3세와 나바르 왕 엔리코가 서로 이야기했고, 나폴리 왕 샤를과 아르곤 왕 페테르 3세는 늘 원수지간이었지만 역시 여기서 합창했다. 왕들의 역사 속에서 직무를 태만히 하므로 백성을 도탄에 빠트린 일도 지적하고, 불초의 자식들 때문에 선왕들이 탄식하기도 하고, 국사에 전념하다가 신앙을 등한시하다가 임종 때 귀의하기도 했다. 권력과 부는 자식에게 물려 줄 수 있으나 덕과 신앙은 하나님께 기도해서 받아야 한다는 대목 (121-123행)은 감동적이다.

제8곡 군왕의 계곡(2), 천사가 뱀을 쫓다

개요

- 성가와 천사들이 내려옴(1-42)
- 삽화: 니노(Nino)가 계곡으로 내려옴(43-93)
- 천사들이 뱀을 쫓아냄(94-108)
- 삽화: 쿠라도(Currado)가 입을 열다(109-139)

줄거리

때는 부활절(4/10) 저녁이 저물어 가는 6시경이다. 단테는 계곡 아래 한 영혼이 일어나서 만도(晩禱)- '빛이 다하기 전에'-를 부르는 것을 듣고 넋을 잃는다. 군주와 제후의 혼들이 성가의 전곡을 합창한다(1-18행). 그들이 하늘을 응시하고 있을 때 칼을 든 두 천사가 내려오는 것을 본다. 이들은 골짜기 양쪽에 내려앉는다. 천사들은 뱀을 감시하러 왔다고 소르델로가 설명한다. 혼령들이 있는 골짜기로 두 시인을 안내한다(19-45행). 거기서 법관 니노를 만나 긴 이야기를 나눈다. 그는 전처의 재혼과 중보기도에 대하여 말한다(46-87행). 베르길리우스가 남반구의 별자리를 설명하고 있을 때, 소르델로는 뱀을 보라고 한다. 천사는 뱀을 쫓아낸다(88-108행). 거기서 쿠라도를 만난다. 단테는 그의 가문에 대하여 칭찬을 아끼지 않는다. 쿠라도는 단테의 장래에 대하여 예언한다.

[그림 8-1 뱀을 감시하러 하늘에서 내려오는 두 천사]

해설

1. 빛이 다하기 전에(1-18행)

1) 1-9행은 배가 항구를 떠나 멀리서 만종 소리를 듣는 순간 그리운 이들을 생각하고 서글퍼지는 때를 단테는 회상하고 있다. 7곡에서 혼들의 얘기를 많이 들었다. 더 듣고 싶지 않을 즈음 다른 혼의 손짓을 본다.

2) 그는 하나님께 '당신이 거기 계시는 것 외에는 아무런 생각도 하지 않나이다 (10-12행)'라고 기도하는 듯했다. 하나님께만 집중하며 '빛이 다하기 전에(Te lucis ante)'를 부르는 소리에 단테는 넋을 잃었으며(황홀경), 이어 계곡의 모든 혼들이 합창한다(13-18행).' 빛이 다하기 전에'는 암브로시우스의 찬미가의 1절이다. 밤중 하나님의 지켜주심을 기도하는 노래이며, 뱀의 유혹을 이기기 위해서이다.

2. 녹의(綠衣)의 천사들(19-42행)

1) 단테는 앞에서도 여러 번 독자의 주의를 환기시켜 왔다. 지옥편 9곡 61행에서도 말했다. 신곡 전체가 하나의 은유(알레고리)이다. 그 안에 있는 진리(19행)를 취하여 하나님을 찬미하고 내 인생의 등불로 삼기를 바라고 있다. '휘장(20행)'은 은유를 가리키는 말이다.

2) '왕들과 귀족(22행)'이 찬양을 끝내자 공포에 질린 듯 위를 쳐다본다. 두 자루 이글거리는 칼(창3:24)을 들고 내려온다. '칼끝이 부러졌다(27행)'는 것은 방어용임을 암시한다. 연옥은 녹색인데 그것은 희망을 상징한다(28-30행). 천사들이 머문 위치(31-33행)는 양편에, 무리는 가운데 있다. '그 빛 너무도 강렬하여 단테의 눈이 아찔 한다(34-36행).' 마리아의 슬하(39행)'는 성모가 계신 곳이다. 즉 청화천이다. 천사 도래의 목적은 계곡을 지키기 위함이다. 뱀 즉 사탄이 어디서 공격해 올지 모르니 단테는 무서워 스승의 어깨에 달라붙는다(40-42행). 주기도의 '시험에 들게 하지 마옵시고'를 생활화해야 한다.

3. 니노와 단테의 만남(43-93행)

1) '거대한 혼령들(43행)'은 군왕들이다. 림보에서 호머(Homer)일행이 두 시인을 환영했듯이 여기 왕들도 그대들을 환대하리라고 소르델로가

말한다(43-45행).

2) 여기서 니노를 만난다. 그는 궬피당 수령 조바니의 아들이며, 우골리노 백작의 외손자이다. 할아버지와 피사(Pisa)의 시정을 둘러싸고 여러 번 싸웠으며 1296년에 죽었다(53행). 지옥에 있지 않고 연옥서 만난 것을 단테는 기뻐한다(54행). 니노는 단테도 자기네의 동류인줄로 생각하고 티베르(Tiber)강에서 배타고 연옥 산기슭에 온 줄로 알고 있었다(55-57행). 단테는 4월10일 새벽에 지옥에서 여기로 왔으며, 자기는 현세의 사람이며 천국에 가는 것이 목적(58-60행)이라고 말한다.

3) 소르델로와 니노는 단테가 현세의 사람임을 알고 놀란다(61-63행). 둘은 단테를 외계인처럼 생각되어 어리둥절 한다. 니노는 '하나님이 사랑으로 뜻하신 바를 보러오라(66행)'고 쿠라도에게 소리친다. 인간이면서 연옥에 온 것은 하나님의 뜻에 의한 것이다. 하나님의 은총은 연옥편에 일관하는 사상이다. 하나님의 하신 일을 보러오라는 것이었다.

4) 니노가 죽은 뒤 처 베아트리체가 재혼을 한다. 니노는 단테에게 그의 딸 조반나에게 기도를 해달라는 부탁을 한다(70-72행). '첫 번 그의 뜻(68행)' 은 원초적인 왜? (Primal Cause)이다. 사람은 질문하는 존재이다. 인생에 대한 끝없는 질문을 거슬러 올라가면 하나님께로 간다. 원초적인 원인의 비밀을 간직하신 이는 하나님이다. '흰 목도리를 바꾼 다음(73행)'은 재혼 후이다. 베아트리체는 남편과 사별 후 1300년 비스콘티가의 갈레아초와 재혼했으나 헤어지게 되었다. 그래서 '가여워'했다. 베아트리체가 재혼을 후회한다는 뜻이다(75행). '독사(79행)'는 밀라노 비스콘티가의 문장이고 '수탉(80행)'은 니노 집안의 문장이다. 재혼하지 않고 니노의 아내로 죽었더라면 그녀에게 더 나을 뻔했다는 뜻이다(79-81행). 니노의 입을 통해서 단테는 재혼에 대한 자신의 견해를 말하고 있다. 여기서 단테의 애정관 자신의 가족관계의 일단을 엿볼 수 있다. 여자란 남자가 눈길과

스킨십으로 불을 계속 붙여 주어야 애정이 유지된다고 말한다(76-78행). 인간의 일반적 사랑의 속성을 잘 말해 주고 있다고 하겠다.

4. 천사가 뱀을 내쫓다(94-108행)

[그림 8-2 천사의 도래에 도망가는 뱀]

1) 단테는 남극의 별자리를 본다. '굴대(86행)'는 축이다. 남극은 축이다. 축(中心)에 가까우면 별의 운행속도가 느리고 멀면 속도가 빨라진다(85-87행). 아침에 보던 '4개의 별(91행)'은 지(智), 용(勇), 의(義), 절제(節制)를 상징한다. 단테는 지금 전연옥을 떠나 하나님의 산(本煉獄)을 오르려 한다. 세상의 도덕을 뒤로하고 하나님께 속한 3덕 즉 신(信), 망(望), 애(愛)의 3개의 별을 보고 있다.

2) 소르델로가 단테를 끌어당기며 뱀 있는 곳을 보라(94-96행) 한다. '이브의

쓴 밥(99행)'- 하와(이브)에게 먹여 타락시킨 선악과이다. '꽃과 풀 사이 (101행)'-이것은 유혹의 현장을 연상시켜 준다. 사탄의 유혹은 아름답고 현란함 속에 숨어서 타락의 기회를 노린다(100-102행). '하늘의 매(103행)'는 천사이다. 뱀에 대비되는 은총의 동작을 묘사한다. 빛과 어둠의 대치, 갈등, 싸움을 본다. 뱀은 천사의 날개짓에 도망쳤다. 뱀은 사라졌지, 죽지 않았다. 뱀을 죽이는 것은 그리스도의 일이다. 그리스도를 영접한 후 우리는 승리하도록 하나님이 조치해 주셨다. 넘어지더라도 하나님의 은총을 기억하고 믿음에 굳게 서면 승리는 우리의 것이다. 이것을 확신해야 한다.

5. 쿠라도의 예언(109-139행)

1) 법관(니노)이 부를 때 그에게 가까이 갔던 영혼(쿠라도)은 천사와 뱀의 싸움이 끝날 때까지 단테를 주시했다(109-111행). '촛불(113행)'은 하나님의 은혜이다. '칠보의 마루(113행)'는 연옥 산의 정상 즉 에덴동산이다. 쿠라도는 은혜와 자유의지를 갖고(114행) 정상에 오르라고 당부한다. 신구교 학자들의 논쟁 주제이다. 가톨릭 측은 '믿음+의지'를 주장하고, 개신교측은 믿음만의 구원을 주장한다. 하고자 하는 의지도 하나님의 은총으로 보아야 할 것이다. 쿠라도 자신의 소개(118-120행)인데 속세의 사랑이 연옥에서 순화된다고 단테에게 말한다. 121-130행에서 단테는 쿠라도의 나라(鄕土)를 극찬하고 있다. 1306년에서 얼마간 단테는 쿠라도의 향국에서 보호와 환대를 받았다. 여기서 이런 식으로 빚을 갚고 있다. '죄진 머리(131행)'는 사탄 혹은 보니파시우스 8세라고 한다.

2) 몬토네는 성좌의 백양궁이다. 여기 묘사는 태양이 백양궁 속으로 들어간다는 것이다. 성적이미지를 연상시킨다. 7년이 지나기 전에(1300

년부터) 하나님의 경륜이 예정한대로 그대는 말라스피나(쿠라도)가에 와서 보호를 받을 것이니 이 말을 깊이 새겨두라는 뜻이다. 실제는 말라스피나(1306-1308)가의 체재 후에 쓴 것이나 단테는 과거사를 미래시제로 바꾸어 놓았다.

결어

밀레(Millet)의 만종(晚種)을 연상해 본다. 밤은 유혹의 기회이면서, 영성을 깊게 하는 시간이다. 만도(晚禱)의 송가를 부르는 혼들에게서 밤의 유혹을 준비하는 모습도 본다. 진리에 집중해야 뱀의 유혹을 이긴다. "딴 것엔 마음이 없습니다." 단테의 재혼관의 일단을 보고, 하나님의 은총이 작용하기에 신앙의 여정은 밝다는 것도 배운다. 그리스도인의 신앙생활은 전투적이나 그리스도께서 이긴 싸움이니 겁낼 것 없다. 저 높은 곳을 오르기만 하면 된다. 남은 여정을 불안해하지 말진저!

제9곡 단테의 이마에 7죄인을 받다

개요

- 들어가는 말: 계곡에 달이 뜨고, 단테는 잠이 들다(1-12)
- 단테가 꿈을 꾸고, 깬 뒤 버질이 설명하다(13-69)
- 연옥문(73)/문지기, 루치아(88-93), 3계단(94-105), 7P's(112-114), 들어가라(133-138)

[그림 9-1 연옥문의 3 계단 수호천사 앞에 선 단테와 버질]

줄거리

단테는 깊이 잠에 떨어져. 꿈을 꾼다. 독수리에 채여 공중으로 들려 올라간다. 깨어보니 눈이 부시다. 옆에는 베르길리우스가 있을 뿐이다. 스승은 단테가 있는 곳에 대하여 설명해 준다. 그가 잠든 사이에 루치아가 와서 여기에 데려다 놓았다고 말한다. 연옥문 가까이 갔을 때 삼색 계단을 본다. 첫째가 흰 대리석, 둘째 계단은 암자색(暗紫)보다 더 검은색이다. 셋째 계단은 활활 타는 반암(斑岩) 색깔이다. 문지방 위에 칼을 든 수호천사가 잿빛 옷을 입고 앉아있다. 칼끝으로 단테의 이마에 7개의 P(罪:Peccata)를 긋더니 산에 오르는 동안 씻으라고 말해준다. 수호(문지기)천사는 베드로에게 위임받은 두 개의 열쇠를 갖고 연옥문을 열었다. 뒤를 돌아보면 추방되니, 조심하라고 천사가 말해준다. 돌쩌귀에서 무거우면서도 성스러운 소리가 들린다. 그 소리는 '천주여! 당신을 찬미 하나이다'라는 소리처럼 들렸다.

해설

1. 깊이 잠든 사이에(1-42행)

1) 1-18행은 난해구이며 해석도 다양하다고 한다. 아침의 여신 에오스(Eos:Aurora)는 트로이왕 티토노스를 사모하여 그의 아내가 된다. '동방 드높은 언덕(2행)'은 지평선이다. 이른 새벽의 미광을 '티토노스의 계집'으로 단테는 보았다. '꼬리로 사람을 후려치는 쌀쌀한 짐승 모양(4-5행)'-별자리 전갈좌(Scorpio)가 하늘에 나타남을 묘사한 것이다. 달이 떠오르려는 수평선 위에 전갈좌의 별이 빛나고 있음(5-6행)을 묘사하고 있다. 7-18행은 밤하늘의 정경을 묘사하며 시인의 있던 자리의 시간(때)을

묘사하고 있다. '두 걸음~셋째 걸음(7-9행)'은 시간을 걸음으로 표현했다. 오후 6시에 해가 지고, 한 밤중까지 올라가고 야중에서 아침 6시까지 걸음이 내려온다. 두 걸음은 오후 8시, '셋째 걸음으로 접어들려(9행)'- 오후 8시 30분경이라고 한다. '아담의 것(10행)'은 아담으로부터 물려받은 육체이다. 다른 혼령들은 잠드는 일이 없다. 단테가 육을 지니고 있었기에 잠이 들었다(11-12행). '다섯이 앉았던 곳'- 소르델로, 니노, 쿠라도, 단테 그리고 베르길리우스 5명이 있던 곳이다. '구슬픈 노래(15행)'- 아테네왕 테레우스가 처제 필로멜레를 욕보인 후 혀를 잘랐다. 가까스로 필로멜레가 왕비인 언니 프로크네에게 이 사실을 알렸다. 두 자매는 힘을 합하여 왕자 이티스를 죽여 그 고기를 왕에게 먹였다. 그 벌로 동생은 제비가 되고, 언니는 꾀꼬리가 되었다는 신화를 인용하여 새벽 제비의 지저귐을 묘사하고 있다. '우리의 얼(16행)'은 혼(Soul)이다. 새벽의 꿈은 당시 사람들에게 성스럽다고 생각되었다. 단테는 자신이 있던 자리, 밤하늘의 성좌 그리고 때의 변동을 아름답게 그리고 있다.

2) 19-42행은 단테가 꿈을 꾼 내용과 꿈에서 깨어난 이야기이다. '가니메데스(22행)'는 트로이 창건자 트로스의 아들로서 미청년이었다. 제우스가 보낸 독수리에 채어 올림포스에 가서 여러 신을 섬겼다. 단테는 가니메데스가 '이다(IDA) 산(24행)'에 있던 것 같은 자리에 와 있다. '불꽃에 까지 오르는 것(30행)'-대기와 달 사이에 화염이 있다고 생각했다. '그 어미가 제 품안에 아킬레우스를 잠재우며(34행)'-아킬레우스는 그리스의 명장이다. 어미 티토스는 트로이 전쟁에 아들을 보내지 않으려고 케이론의 손에서 잠든 것을 빼앗아 섬(스키로스)에 갖다놓고 여장을 시켰다. 오딧세우스에게 발견되어 전장에 나갔다는 이야기에서 아킬레우스가 잠에서 깨었을 때의 어리둥절함을 자신도 느끼고 무서워했다(40-42행).

[그림 9-2 제우스가 보낸 독수리에게 가네메데스 처럼 납치되는 꿈]

2. 연옥문 앞에 오게 된 경위(43-69행)

'내 곁에 계시기는 오직 나의 위로뿐(43행)'- 잠에서 깨어난 단테는 위로자인 베르길리우스가 옆에 있는 것을 발견한다. '해는 벌써 두 시간도(44행)'- 4월 11일 오전 8시 경이다. 스승은 놀란 단테를 안심시키고 연옥문 앞에 오게 된 경위를 설명해 준다. '벌어진듯한 들머리(51행)'는 연옥문 이다. 연옥의 법은 밤에는 쉬고 낮에 일을 시작한다. 그래서 새벽녘에 귀부인 루치아(55행)가 와서 니노, 쿠르도 등의 다른 혼들을 남겨두고 여기에 단테를 데리고 왔다는 이야기를 듣는다. 트인 연옥문을 보고 잠이 날라 가버린 것이다(63행). 두려움이 변하여 안심을 되찾은 단테는 스승의 뒤를 쫓아 높은 데로 오른다(69행). 지옥문은 넓으나 연옥문은 좁다. 두 문을 비교해 보면 시사하는 바가 크다. 루치아는 지옥편에서 단테가 처음에 길을 헤매고 있을 때 도와주었던 것처럼 여기서도 도움을 주고 있다. 루치아는 광명의 상징 즉 하나님의 계시를 뜻한다.

3. 연옥문에 이르는 세 층계(70-145행)

1) 연옥문 앞의 3층계는 색깔이 모두 다르다. 수호천사 문지기가 층계의 꼭대기 문지방에 앉아 있는 것을 본다. 베르길리우스가 문지기의 물음에 답하자 '저리로 가라(89행)'는 말을 듣고 간다. 연옥문 안 밖에서 벌어지는 정경은 단테의 시의 소재를 높일 것이다(70행). '문하나(76행)'는 성 베드로의 문이다(마태복음 16:19). 세 층계(76행)와 문지기를 본다(76-78행). 천사(문지기)가 손에 뽑아 든 칼이 너무 번쩍거려 보려고 해도 볼 수가 없었다(82-84행). '호위자(86행)'는 안내 천사를 가리킨다. 하나님의 은혜에 대하여 자기의 의지를 갖고 여기오지 않으면 해를 받는다. '호위자'의 지켜주심 덕분에 이곳까지 온 것이다. '하늘의 아씨(89행)'는 루치아이다. '첫 층계의 대리석(94행)'- 양심을 상징하고, '둘째 계단의 암자보다 진하다(97행)'- 마음의 어두운 그늘을 상징한다. '가로 세로 금이 간 것(99행)'- 죄상을 고백한 마음이 고집을 이긴 것을 의미한다. '셋째 층(100행)'은 회개의 열매를 맺어 신의를 이루겠다는 불타는 사랑을 뜻한다. 하나님의 천사는 앞에 나온 문지기이다(103행). 하나님에 대한 뜨거운 사랑의 표상과 십자가의 표상이 아주 다르며, 여기서 신앙만의 구원과 신앙과 사랑에 의해 구원 받는다는 교리의 차이점이 있다.

2) 106-145행에서 문지기가 베드로에게 위임받은 열쇠로 문을 열어주며 두 열쇠의 기능에 대하여 설명(121-126행) 해준다. 문을 통과 할 때 문지기의 경고의 말을 듣는다(103-132행). 112행의 7(일곱) P는 라틴어 죄(Peccata)를 뜻하는 첫 글자이다. 하늘나라에 들어가기 전에 씻어야 할 7가지 죄 즉 오만, 질투, 분노, 나태, 탐욕, 탐식, 사음의 죄목이다. 지옥편의 반대이다.

지옥 맨 아래 환의 죄는 오만이었다. 여기서는 가장 무거운 죄 오만이 맨 먼저 나와 있다. 가장 큰 죄부터 씻으면 등반자는 가벼워진다. 열쇠는 두개 '하나는 금(117행)'이다.- 금은 사제가 신을 대신하여 죄를 풀어주는 신권을 상징하고, 은은 청죄사제의 재량을 상징한다고 한다. '그 하나가 더욱 귀하나(124행)'- 황금 열쇠는 그리스도의 속죄의 피로 이것만이 천국에 들어가는 유일한 열쇠이다. 은 열쇠는 회개를 상징하며 회개가 진실한지 아닌지를 분간하는 것이니 비상한 솜씨나 재간이 있어야 한다 (125행). 신약성서에 의하면 천국을 여는 열쇠는 예수의 피와 믿음이다. 중세 사제들의 권위는 엄청나다. '내 발밑에 사람들이 엎드리거든(128행)'- 단테는 개혁가이면서 보수적이었다. 교황의 죄를 규탄, 비판했으면서도, 교황제도와 성직의 권위를 인정했다. 단테는 시대를 초월하면서도 시대의 교리에 갇혀있는 모습을 본다. '메텔루스(136-138행)'- 시저가 루비콘강을 건너 타르페이아의 신전에 가서 보물을 훔치려다 호민관 메텔루스의 저지를 받는다. 그러나 시저는 보물을 뺏는다. 그 때 신전은 이상한 소리를 낸다. 연옥문 안으로 들어섰을 때 단테는 '천주여, 당신을 찬미 하나이다' 라는 소리를 듣는 것 같았다(139-141행). 이제 단테는 전연옥을 지나 본연옥 안으로 들어온 것이다. 제9곡은 연옥문 통과의 조건으로 믿음만의 구원이냐? 구원의 조건으로 '믿음과 인간 의지'를 조건으로 하느냐의 문제를 제기하고 있다.

제10곡 (제1원) 겸손의 조각상들/짐 진 자들

개요

- 두 시인이 본 연옥문에 들어서다(1-16)
- 제1원의 축조양식(築造樣式) – 약15피트(몸길이 3배) (17-33)
- 겸손 상징의 조각상들(마리아, 다윗/미갈, 트라얀/과부) (34-96)
- 단테 독자에게(106-111),
  교만한 그리스도인들에게 말함 (97-139)

[그림 10-1 연옥문에서 첫 번째 대지에 오르다.]

줄거리

연옥문(베드로의 문)을 통과하자 두 시인은 문 닫히는 소리를 듣는다. 좁고 가파른 쪼개진 바위 틈새로 힘겹게 올라간다. 마침내 그들은 좁은 통로에서 기어 나와 쓸쓸한 암붕(선반) 위에 서있었다. 암붕(Ledge) 한쪽 편에 솟은 절벽 담(Wall)안에 겸손의 조각상을 본다. 첫 번째는 마리아의 수태고지의 모습이다. 둘째 상은 왕의 위엄을 잠시 제쳐놓고 하나님 앞에서 겸손히 춤추는 다윗의 모습이었다. 셋째상은 싸움터로 나가기 전에 말 위에서 불쌍한 과부의 탄원을 듣고 이를 해결해 주는 트라야누스(Trajan) 황제의 겸손한 모습이다. 겸손한 자들의 석상을 보고 있을 때(97-99행), 육중한 짐을 지고 두 시인을 향하여 오는 혼들을 본다. 그들은 교만의 혼들이다. 단테는 교만 때문에 눈이 어두웠던 그리스도인들을 타이른다.

해설

1. 바위 틈새를 오름(1-33행)

1) 1-6행 - 연옥 산은 상하 7층 대지(terrace)로 구성되어 있다. 10곡에서 12곡까지는 연옥 산 1층 대지이다. 베드로의 문에서 제1대지에 오르는 좁고 험한 바위 틈새의 지형을 묘사하고 있다. 1-6행의 다른 번역은 '구부러진 길을 곧게 보이게 하려는 비뚤어진 사랑이 마음속에 있는 한 이 문은 안 열리는데 그 문턱을 넘어 우리가 안으로 들어섰을 때, 요란하게 문이 다시 닫히는 소리를 나는 들었다. 내 만일 그것으로 눈을 돌렸던들 내 실수를 어떻게 설명할 수 있었을까?(연옥 9:132 참조)' 이다. 1행의 '영혼의 굳은 사랑'이란 악한 사랑이다. 모든 행동의 배후엔 선한 사랑과 악한 사랑이

있다는 것이다. 연옥의 혼들이 해야 할 일은 그들의 사랑을 새로운 방향으로 바꾸는 것이다. 죄는 무질서한 사랑의 연장이라고 단테는 생각했다.

2) 7-15행 - 좁고 굴곡이 심한 바위의 울퉁불퉁한 모양은 춤추는 바다의 파도 같았다. 여기선 워낙 길이 험해서 머리를 써야했다. 움푹 팬 바위를 타고 두 시인은 올라갔다. '바늘구멍'은 누가복음 18:25의 말씀이다. 부자가 하늘나라에 들어가기가 낙타가 바늘구멍을 통과하는 것 보다 어렵듯이 바위 틈새를 뚫고 나오는 것도 이와 비슷하였다. 16-21행- '산이 뒤로 움츠러든 자리(17행)'는 선반 같이 생긴 암붕이다. 앞이 툭 트인 곳이다. '우리 둘은 갈 바를 몰라(19행)'- 두 시인은 연옥을 와 본적이 없다.

3) 22-27행- 제1층 대지의 외측과 내측의 폭은 사람 키의 3배 정도이다. '이 추녀 끝(26행)'은 테라스(terrace, 대지)이다. 성모마리아상 - 바늘구멍 같은 통로를 나와 평탄한 길을 걷기 전(28행)에 단테는 그리스 조각가 폴리클레이토스(Polyclete)와 자연마저 무색할 만큼의 조각이 흰 대리석에 장식(29-33행)되어있음을 본다.

2. 겸손의 석상들(34-96행)

1) 34-45행 여기에는 가브리엘과 겸손의 상징인 성모마리아의 상과 "Ecce ancilla Dei"('주의 계집종이오니 말씀대로 내게 이루어지이다', 누가복음 1:38)가 새겨져 있음을 본다. 심장을 지니고 있는 쪽은 좌측이다(46-54행). 베르길리우스는 단테의 왼쪽에 서 있다. 연옥의 대지는 우측에서 우측으로 돌고 있다. 단애(斷崖)의 외측에 베르길리우스가 내측에 단테가 서있다.

2) 55-69행 성군 다윗의 상 -'거룩한 궤를 끄는 수레와 암소(56행)'- 다윗은 언약궤를 예루살렘에 옮기려고 아미나답의 집에서 가져갔다(사무엘하 6:1 이하참조). '내 두 감관(59행)'- 귀와 눈이다. 눈으로 보면 노래

[그림 10-2 겸손의 조각상(트라야누스 황제)]

소리가 들리는 것 같은데 귀에는 들리지 않는다. 이를 '이다, 아니다'라 한 것이다. '분향의 연기(61-63행)' - 여기서도 눈과 코가 연기냄새를 맡는 것 같아 '이다, 아니다'라고 한 것이다. 그 조각의 리얼함(寫實的)을 표현한 것이다. '성영자(聖詠者: 65행)'는 다윗이다. 춤추는 모습이 왕의 겸손을 나타내기도 하고, 체신을 깎아 내리는 것 같기도 해서 '상감보다 낫기도 하고 못 하기도(66행)'라고 한 것이다. 사울이 다윗에게 아내로 준 딸 미갈이 하나님 앞에서 기뻐서 춤추는 그를 멸시했다(67-69행).

3) 70-99행 트라야누스 황제의 상 '그레고리우스로 하여금(73행)' - 그레고리우스(재위 AD 98-117)는 교황이다. 교황이 그레고리우스의 혼이 구제되도록 기도했더니 천국에 갔다는 전설이 있다. 이를 '자신의 위대한 승리'라고 한 것이다. 그 군왕은 트라야누스 황제이다. 황제가 원정을 떠나려 할 때 홀어미가 탄원하였다. 황제가 그것을 들었다(76-91행). '우리한테는 전혀 새 소식인(95행)' - 단테가 자기시대의 정치를 신랄하게

비판한 말이다. 정의와 연민 등은 약으로 구하려 해도 볼 수 없었던 시대에 트라야누스 조각상이 말해 주는 것은 새 소식(95행)이었다. '새로운 것이라곤 본적이 없으신 그 이(96행)' - 하나님이다. 하나님께는 새것이 없다.

3. 무거운 짐 진 자들(97-139행)

겸손의 대표 세 사람의 상을 즐기고 있을 때(97-99행), 오만의 죄를 씻는 혼들이 무거운 짐을 지고 온다. 가장 무거운 죄를 제일 밑에서 씻는다. 무거운 돌을 짊어지고 있기에 걸음이 느리다(101행). 연옥의 벌만을 보지 말지니 이 짐은 벗는 날이 온다. 고난을 다 한 후 이들은 지복(至福)에 참여한다(106행). 연옥의 고통의 상태에 마음을 두지 말고, 그 결과 즉 구원에 들어가는 것을 항상 마음에 두라고 한다(109-111행). '위대한 선고(111행)'는 최후의 심판이다. '바위를 업고 오는 자(119행)'-오만의 짐이다. '천사 같은 나비의 모양(124행)'-그리스어로 나비는 '혼'이라는 뜻이 있다고 한다. 사람이 죽어서 나비같이 되어 심판대에 날아간다고 고대인들은 생각하였다. 벌레 같은 인간들이 오만심을 갖는 것이 얼마나 어리석으냐(127-129행). '굄목(130행)'은 지붕과 천정을 떠바치는 횡목이다. 무릎을 가슴에 붙인 상의 모습이 이와 같다. 무거운 짐 진 자들의 모습이다(131-139). 10곡에서도 지옥에서와 같이 죄에 비례하여 중벌을 받고 있으나 이것은 중세 스콜라 신학의 사고방식이다. 죄의 양과 벌의 양은 반드시 비례하지 않을 것이다.

제11곡 (제1원) 오만자 옴베르토/ 오데리시 죄를 고백함

개요

- 연옥의 교만자들이 주기도를 낭송하며 오름(1-24),
  버질의 요청과 응답(37-51)
- 옴베르토의 고해(52-78),
  오데리시의 고해와 명성의 허무(79-120),
- 프로벤잔이 연옥에 오게 된 경위(121-138),
  단테의 추방에 대한 오데리시의 예언(139-142)

줄거리

본 연옥 제1층 대지(Terrace)이다. 교만의 죄를 씻는 영혼들이 바위를 지고 주기도문을 외우면서 올라간다. 주의 기도를 풀어쓴 것이다(paraphrase). 베르길리우스가 영혼들에게 가장 빠른 길을 알려 달라고 하니 옴베르토라 이름하는 자가 대답한다. 옴베르토는 교만의 죄가 자신 뿐 만아니라 가문을 파멸케 했다고 말한다(67행). 그 다음 만난 혼이 오데리시이다. 그는 단테를 알아보고 인간이 갖는 재능이 얼마나 헛된 것인지를 실토한다(91-93행). 그리고 이어서 오데리시는 시에나의 독재자 프로벤찬의 교만과 그가 어떻게 여기 오게 되었는지에 대하여 설명한다(130행). 마지막으로 단테가 추방될 것을 예언한다(139-142행).

[그림 11-1 무거운 바위를 나르는 영혼들]

해설

1. 주기도문을 외우면서(1-24행)

단테의 주기도문 전문의 개작이다. 정죄산을 오르는 영혼들에게 적합하게 풀어쓴 기도문이다. 이 기도의 핵심은 교만의 죄를 씻고 하나님께 절대 신뢰를 다짐하는 것이다. 하나님의 성호와 권능을 찬미한다(1-6행). '뜻이 하늘에서 이루어 진 것 같이 땅에서도 이루어지이다(원문)'를 '당신 나라의 평화를 우리에게 내리소서(7행)'로 바꾸어 놓았다. 교만은 평화를 파괴하기 때문이다. 연옥의 여로는 출애굽의 광야를 연상시킨다. 여기서의 만나(manna)는 하나님의 은혜이다. 이것 없이는 연옥 산을 오르지 못한다(13-15행). 교만은 인간이 내세우는 의의 특징이다. 내 힘으로 하나님께 가겠다는 것이 교만이다. '하잘 것 없이 넘어가는 우리의 힘을 옛 원수와 더불어 겨루지 말게 하시고(Try not our strength, so easily subdued, against the ancient foe: 19-21행)' 옛 원수 마귀를 대항 할 때 내 힘을 의지하는 것이 교만이다. 나를 의지하는 것이 교만이요, 하나님을 의지하는 것이 겸손이다. '마지막인 기도(22행)'- 19-21행의 기도를 말한다. 연옥에 와있는 영혼들에게는 이 기도가 필요 없다. 그러나 교만자(the Proud)들에게는 지상에 남겨두고 온 이들을 위해서 이 기도가 필요한 것이다. 단테의 주기도문은 연옥 산의 7층(層)과 연계되어 7연(3행씩)으로 구성되어 있다.

2. 빠른 길을 가리키라(25-45행)

지상의 교회와 천상의 교회 사이에는 상호 기도와 선행의 연결이 있다(D.Sayers). 연옥의 영들은 우리를 위해서 기도하고(31행), 우리는 저들을 위해서 기도한다(33행). '서로 다른 괴로움(28행)'- 이 세상에서 저지른 죄의 정도에 따라서 사후의 고뇌가 다르다. '한 세상의 흐림(29행)'- 세상의 더러움과 저들이 저지른 죄에 대한 벌이다. 이것들을 씻는 곳이 연옥이다. '별들의 바퀴 936행)'- 제천은 둥글다. 각천은 원주를 돌고 있다. 탕자의 낡은 옷을 갈아입히고(稱義), 그 다음 목욕(연옥)을 시킴과 같다(34행). '층층대(40행)'- 윗 계단이다. 단테가 육체를 지니고 있으므로 오름이 더디다(45행). 본 연옥 믿음의 문(베드로가)을 통과한 신자는 반드시 성화(養育, 精進)의 과정을 지나간다.

3. 옴베르토 교만을 자책함(46-72행)

1) 베르길리우스의 물음에 한 영혼이 대답한다. 우리를 따라오라(49행)고 말한다. 그는 자기 목을 누르고 있는 바위덩이(驕慢)에 방해받지 않는다면

(54행), 이 짐을 가엾이 여겨달라고 하겠건만(57행)하고 탄식한다.
현세에서 교만의 죄는 정죄의 곳에서는 고개를 들지 못하게 한다.

2) 옴베르토는 시에나의 백작 구엘리엘모(연옥 6:109-111)의 둘째아들이다.
시에나 자객에 의해서 1259년 살해되었다(64-66행). '공통된 어머니(63
행)'- 하와(Eve)의 자손이란 뜻이다. 교만은 패망의 선봉(잠언)이다. 새로
배운 겸손이 그 자신을 교정하고 있다(67행). 교만을 회개하고 여기서
겸손을 실천하고 있다(72행).

4. 재능무상을 말하는 오데리시(73-108행)

1) 옴베르토가 권력무상을 실토함에 대하여 오데리시(色彩畵家, 1299년
죽음)는 재능이 주는 영광의 무상을 노래하고 있다. 보니파시우스 8
세는 그를 로마에 불러 교황청 도서관의 많은 책에 그림을 그리게
했다. '얼굴을 떨어뜨렸더니(73)'- 지옥에서 단테가 동정을 표시하다가
베르길리우스에게 책망을 받았으나, 여기서 단테의 동정은 자기의 오만을
회개한다는 해석도 가능하고 또 동정을 표현한 것이라고도 볼 수 있다
(73-78행).

2) 프랑코는 오데리시의 제자 혹은 후배이다. 오데리시의 회개와 겸허의
모습을 본다(82-87행). '죄 지을 수 있었을 적에(89행)'-현세에서 살아
있던 때를 가리킨다. 재능이 안겨주는 영광의 허무(91행)를 탄식한다.
'무디어진 세대(92행)'- 선배를 능가하는 인물이 나오지 않는 세대이다.
치마부에(Cimabue,1240-1308)는 예술가로서 이탈리아 회화의 시조였다.
그 전시대의 비잔틴파의 개념적인 그림보다 진일보 하였다고한다. 이
치마부에의 명성은 잠시였고, 그 후 조토(1266-1337)가 명성을 대신했다.
그는 근대 그림의 아버지로 일컬어진다(94-96행).

3) 한 구이도(1230-1276)가 다른 구이도(1256-1300)에게 시인의 명성을

빼앗기고, 또 하나의 시인(단테 自身을 暗示)이 그를 둥지에서 쫓아 낼 것이다(97-99행). 어릴 때 죽는 것보다 늙어 죽는 것으로 명성을 얻는다 할지라도, 그 장수가 천년을 가겠느냐? 천년이 길다해도 영원에 비하면 눈 깜박할 순간이 아니냐? (103-108행)

5. 프로벤찬 살바니(109-142행)

1) 프로벤찬(Provenzan)은 힘 있는 시에나의 귀족이었으며, 토스카나 기벨린 당의 지도자였다. 몬타페르티 전투이후 피렌체를 파멸시키자고 주장한 사람들 중 하나이다. 그는 1269년에 죽었다(109-124행).

2) 단테는 오데리시에게 프로벤찬이 죽을 때까지 회개하지 않았는데 어찌하여 그가 전연옥에 있지 않고 여기에 와 있는가를 물었다(127-132행). 오데리시는 그의 영웅적 겸손의 행위 때문이라고 대답한다. 프로벤찬의 친구가 포로가 되었다. 그는 1만 피오리노(화폐단위)의 속전으로 그의 목숨을 구할 수 있다는 소식을 듣고 캄포(시에나 最大의 廣場)에 자리 잡고 구걸행위를 하여 친구를 구했다(133- 138행).

3) '내 말이 흐림을 내 아노라(139행)'- 사람에게 구걸한 경험이 없으므로 너는 분명히 내 말을 알아듣지 못한다. '네 이웃의 행동으로 말미암아(140-142 행)'- 피렌체인들이 너를 추방할 때 너는 사람들에게 동정을 구하고 몸이 떨릴 때 내말을 분명히 알아들을 것이다. 프로벤찬의 겸손한 자선행위가 울타리(연옥문)를 치워주었다.

결어

단테는 겸손이라는 관점에서 주기도문을 연옥인의 입을 통해서 재해석하고 재표현을 했다. 자아(Ego)는 아무것도 아니며 모든 것은 하나님께 있다는 믿음이 중요하다. 단테는 집안 자랑의 옴베르토, 재능 자랑의 오데리시, 권력 자랑의 프로벤찬을 예로 들었다. 재능과 권력이 헛된 것 아니다. 이것들을 갖고 남을 멸시하고 남을 괴롭히고 오만해진 것이 문제였다. 재능이나 좋은 가문에 태어났다면 그것은 이웃을 섬기는데 사용해야 할 것이다. 노블레스 오블리주.

제12곡 (제1원) 교만자의 상, 겸손한 천사

개요

- 버질이 단테의 길을 재촉함(1-15)
- 교만으로 벌 받는 모습이 새겨진 바닥을 봄(16-78)
- 천사가 단테의 얼굴에서 첫 P자를 지우다(79-99)
- 두 시인이 교만을 뒤로 두고 제2대지로 올라감(100-136)

줄거리

단테는 베르길리우스의 말을 듣고 오데리시를 두고 나아간다(4행). 첫째 둘레의 두렁을 건너가면서 아래를 보니 돌바닥 위에 일련의 조각(a series of carvings)이 새겨져 있다. 그것들은 교만으로 망한 자들인데 13가지나 된다. 성서와 그리스 신화가운데서 취한 것이다. 그것들은 사탄(루시퍼), 거인 브리아레오스, 니므롯(34행), 니오베, 사울, 아라크네, 르호보암, 아들 알크마이온에게 맞아 죽은 어미 에리필레(49행), 아들들에게 죽은 산헤립(52행), 토미리스에 의한 키루스의 살육, 홀로페르네스의 멸망(58행), 그리고 마지막으로 트로이의 패망 등이다. 단테가 정신없이 그것들을 바라보고 있는 동안 시간은 부활절의 월요일 정오가 지나간다. 천사가 저편에서 나타나 팔을 벌려 날개를 펴고 단테를 손짓해 부른다(91-93행). 그가 날개를 이마로 치니 첫 P자가 없어진다(98행). 두 시인은 제2층 대지로 올라간다(115행). 전보다 몸이 홀가분해진 것을 이상하게 느낀 단테가 베르길리우스에게 까닭을 묻자 교만의 P 자를 이마에서 지워 주었기 때문이라고 답해준다.

[그림 12-1 죄 짐을 진 교만자들]

해설

1. 스승의 말을 듣고(1-24행)

1) 단테는 오데리시와 나란히 걸어간다. 암소들이 멍에를 지고 가는 것처럼… 순종과 겸손을 상징한다. '훈장님(3행)'- 아이들을 모아서 학교까지 데려가고 수업이 끝나면 집에까지 데려다 주는 교사(Pedagogue)이다. 단테의 스승에 대한 심정이 그러했다. 단테의 여행은 항해로 비유된다. 지옥 26곡의 율리시스는 교만으로 파선했으나 단테는 겸손으로 여행하니 성공할 것이다. 양자는 퍽 대조적이다. 정죄산을 오르는 것은 내발로 스스로 가야한다. 목사가 신자의 신앙을 대행하지 못한다(4-6행).

2) 교만의 죄를 느껴 생각은 머리 숙였으나 보행의 요구하는 바에 따라 단테는 꼿꼿이 몸을 폈다(7-9행). 오데리시를 남겨두고 스승의 발자국을 따르니 둘의 모습은 가볍게 보였다(10-12행).

3) 16-21행은 22-24행을 설명하는 내용이다. '것처럼(21행)~여기도 그와 같이 (22-23행)'라는 글귀 구조에 유념해야한다. 16절 '교회 바닥에 깔려있는 무덤들이(as tombs set in a church floor often)라는 번역(Mark Musa) 은 본문이해에 도움을 준다. '묻힌 자들에 의한 추억을 되살리기 위하여 그들의 석판이 생전에 어떠한 자들이었음을 보여준다(16-18행 Ciardi). '거기(地上의 무덤 19행) 그것(石板의 記錄)을 보고 추억이 되살아나서 정든 이들이 눈물을 흘리는 것처럼(19-21행)', 선반처럼 산에서 쑥 내밀어 길이 된 여기(정죄 연옥 산)서도 여러 사람의 모습이 그려져 있는데 그 솜씨는 지상의 것과 비교가 되지 않는다(22-24행).

2. 교만의 조각상 13가지(25-78행)

1) 그들은 세 그룹으로 나눈다. 제1 그룹은(25-36행) 성육하신 하나님의 겸손에 비하여 자신을 하나님의 자리에 오르려는 사탄(Lucifer)의 교만을 그리고 있다. '브리아레오스(28행)'- 그는 올림푸스 제신을 넘어뜨리려 했던 거인중의 하나이다(28-30행). 팀브라에우스, 팔라스 그리고 마르스 3신이 아비 제우스 곁에서 거인들의 끊어진 사지를 보고 있다(31-33행). 니므롯(창세기 10:8)은 시날 평지에서 바벨탑을 쌓으며 뽐냈던 자이다.

2) 제 2그룹의 새겨진 상들은 37-48행 사이에 있다. 이들의 교만은 다윗의 겸손과 대조되고 있다. 니오베는 테베왕 암피온의 아내로 14명의 자녀를 낳고 라토나보다 잘났다고 뽐내다가 이들이 모두 화살에 맞아 죽었다. 라토나는 제우스에게 아폴로와 다이아나를 낳았다. 니오베는 거만한 석상으로 변했다(37-39행). 사울은 이스라엘의 첫 왕으로 점차 타락

(사무엘상 13:13)하더니 길보아 산에서 블레셋인에 의하여 패배하고 자기 칼 위에 엎드려 자결하였다(40-42행). 아라크네(46-48행)는 미네르바에게 길쌈내기를 제안했다. 내기에 진 미네르바는 노하여 아라크네의 헝겊을 찢었다. 르호보암(46-48행)은 부왕의 늙은 신하들의 말을 듣지 않고 백성들을 중세로 억압했다. 젊은 신하들의 말을 듣고서 마침내 백성들이 그를 모반하게 만들었고 예루살렘으로 도주했다(열왕기상 12:18).

[그림 12-2 미네르바의 노여움으로 거미가 된 아라크네]

3) 제3그룹은 트라야누스 황제의 겸손과 대조되는 사람 앞에서의 교만을 실례로 들었다(49-63행). 에리필레는 테베의 전쟁을 피하여 숨어있는 암피아라오스(남편)왕을 적들에게 뇌물(목걸이)을 받고 알려주었다 암피아라오스는 싸움에 나가기 전에 아들 알크마이온(49-51행)에게 복수를 부탁한다. 알크마이온이 어머니 에리필레(에리)를 죽였다. 산헤립(52-54

행)은 앗시리아의 왕이다. 히스기야에게 패한 후 아들들에게 죽임을 당했다 (왕하19:37). 키루스(55-57행)는 페르시아 왕이다(BC 560-529). 스쿠디아 여왕 토미리스에게 죽임을 당했다. 그녀는 키루스를 죽이고 머리를 베어 '피에 주린 놈아!'하고 복수했다. 홀로페르네스(58-60행)는 12번째 바위 바닥에 새겨진 자이다. 앗시리아의 대장으로서 유다의 베뚤리아 고을을 포위하고 있을 때 유다의 과부 유디스가 적진에 들어가 그를 죽였다. 그는 하나님과 유다를 멸시하다가 죽었다. 〈트로이(61-63행)〉는 새겨진 것의 마지막이다. 교만으로 멸망한 최대의 예가 트로이다. 위에서 언급한 대로 단테의 원문은 A 그룹(25-35행)의 첫 행을 M으로 시작했고, B 그룹(37-46행)은 첫 행을 A로, C 그룹(49-58행)은 첫 행을 N으로 시작했다. 각행의 머릿자를 모으면 MAN이 된다. 이렇게 말이 되는 유희(遊戲)시를 영어로 acrostic이라 한다. 이는 일종의 글자 수수께끼인데 Dorothy Sayers는 그녀의 영역본에 이 MAN을 그대로 살려냈다(25-63행). 신곡은 이렇게 운율이 흐르는 시이다.

3. 천사 날개로 이마를 치다(79-99행)

1) 지상(발아래) 조각들에 의한 소감(64-75행)이다. 단테는 사울이나 니므롯의 실물을 보는 이상으로 예술가의 눈으로 그 얼굴 속에 잠겨있는 정신과 그들의 감정을 읽어내고 이를 강렬하게 표현하였다. 70-72행은 최초의 교만자 이브의 자손을 부르며 그들을 비꼰다. '낯짝을 숙이지 말라'한 것은 하나님이 인간을 교육하기 위해 많은 재료를 주위에 가득 채워 두었는데 이를 보지 못하는 미련함을 책망한 말이다. 73행은 단테의 마음이 지금 본 조각상에 사로잡혀 있어서 시간의 흐름을 알지 못한 상태를 표현하고 있다.

2) 천사를 맞이할 준비를 하라(76-87행). '그이(76행)'는 천사이다. 시간을

여인으로 의인화했다. 새벽 6시부터 낮의 업무가 시작되는 것으로 셈할 때 6번째는 정오(81행)이다. '계집종(81행)'은 시간의 상징어이다. 베르길리우스의 시간(때)을 지혜롭게 쓰라는 교훈을 단테는 명심하고 있다(85-87행). 종국의 목표는 천국이니 도중(지옥, 연옥)에 아무리 주의를 끄는 무엇이 있더라도 적절하게 시간을 할애하고, 보면서 지나가라는 교훈이다. 우리 인생은 나그네 길을 가고 있다. 도중에 어떤 것에 마음을 빼앗기지 말아야한다.

3) 날개로 이마를 치다(88-108행). '어여쁜 피조물(88행)'은 천사이다. '팔 벌리고(91행)'는 단테를 기꺼이 맞이하는 모습이다. '손쉽게 올라가리라(93행)'는 7가지 대죄 중 가장 무거운 죄가 교만이었다. 교만의 죄를 씻음 받았으니 가볍게 오를 수 있다. '알림을 듣고 오는 자 매우 드무니(94행)'-겸손한 자가 적다는 뜻이다. 인생의 목적은 '높이 나는 것(95행)'이다. 즉 천국에 가는 것이다. 천국에 가기 위해서 태어났다. 그러나 인생들은 실바람의 유혹에도 넘어진다(96행). 하나님의 은혜는 천사를 통해서 단테의 이마를 치며 P(罪)하나를 지우셨다(97-99행). 죄 씻음과 이의 안전을 확신시켜 주었다. 제1대지에서 제2대지로 이르는 층층대를 피렌체시의 몬테 알레 크루치(Monte Alle Croci)에 있는 산 미니아토(San Miniato)성당의 층층대에 비교하고 있다. '문서나 통판이 무사하였던 시절(103-105행)'은 당시 피렌체의 유명한 2대 사기사건을 말하고 있다. 1299년 피렌체의 사기꾼이 부정을 은폐하기 위해 이를 없앴다. 통판이란 저울인데 이를 속여 사복을 채운 사건이다. 1299년 전이란 말이다. 제2대지로 가는 층대가 완만해도 양쪽바위는 험했다(106-108행).

4. 교만이여! 안녕(100-136행)

　　산상수훈(마태복음 5:3 이하)의 말씀이 노래로 들려온다(109-111행). 좁은 길이어서 음향이 아주 제대로 들렸을 것이다. 단테는 연옥의 어구(112행)와 지옥문을 비교한다. 지옥문은 누구나 볼 수 있게 열려있으나 연옥의 문은 좁다. 연옥에서는 즐거운 노래이나, 지옥의 그것은 통곡이다. 교만의 P(죄)가 지워진 후 단테의 몸은 한결 가벼워졌다. 어찌해서 피로를 느끼지 못하는가를 스승에게 묻는다(115-120행). 나머지 6개의 P가 지워지면 어떻게 될 것인지를 말해준다(124-126행). 오른쪽 손가락으로 이마를 만져보니 6개 글자만 남은 것을 알았다(133행).

　　'열쇠를 가진 자(135행)'는 연옥 문을 지키는 천사이다. 신앙의 문에 들어 온 자는 연옥문을 통과한 자이다. 그러나 육신이 죽을 때까지 그는 죄와 힘겨운 씨름을 할 수 밖에 없다. 하나님의 은혜로 우리는 죄의 용서를 받았고, 계속 날마다 죄 씻음을 받으며 살아간다. 앞으로 짓는 죄도 이길 힘을 주실 것이다. 내가 나를 성화 시킬 수 없다. 하나님의 은혜로 성화를 받아나간다. 이생에 사는 동안은 광야의 생활이다. 그러나 승리가 보장된 광야 생활이나.

제13곡 (제2원) 질투의 죄와 사피아 이야기

개요

- 버질이 안내자를 구하는 기도(1-27).
- 세 가지 사랑의 소리 예(28-42)
- 질투자들의 상태와 단테의 동정(43-93)
- 사피아가 자신의 이야기를 말함(94-154)

줄거리

베르길리우스와 단테는 제2대지에 오른다. 거기 바위 색깔은 납색이며, 그것은 질투를 상징한다. 그들은 소리를 들으며, 질투의 죄 씻고 있다. 안내해 줄 혼을 찾지 못하여 베르길리우스는 태양을 향하여 기도한다(13-21행). 눈에 보이지 않는 영혼의 무리가 3가지 사랑의 모범을 소리높여 외우며 공중을 날아간다(28-30행). 이윽고 앞쪽에 거친 옷을 입은 사람들이 보인다. 다가가 보니 그들의 눈꺼풀은 철사로 꿰어져 있다(70행). 그들은 그 눈꺼풀 사이에 눈물을 흘리며 질투, 선망의 죄를 씻고 있다. 그중 시에나 출신의 사피아가 질투에 눈이 멀어 그녀의 고향인 시에나 군대의 패배를 기뻐했던 지난날의 자기 신세 이야기를 한다(106-129행). 사피아는 끝으로 시에나 시민들에 의한 탈라모네 축항계획의 실패를 예언한다(151-154행).

[그림 13-1 질투의 죄를 씻고 있는 영혼들]

해설

1. 너는 우리를 인도하라(1-27행)

　1-6행, 제2대지Terrace)는 제1 대지보다 좁기 때문에 '활등이 조금 더 굽어있다(6행)'고 했다. 연옥 산은 원추형 모양이다. 7-9행에는 그림자나 조각 같은 것이 없다. 질투의 죄를 씻는 곳이기에 여기 혼들의 눈꺼풀이 꿰매어져있다. 그래서 보지를 못한다. 12곡에서처럼 볼 것이 필요 없다. 여기서는 말소리로 교훈한다(25행 이하). 10-15행, 베르길리우스도 지옥 길은 알아도 연옥 길은 모른다. 그래서 안내자를 기다리는 초조한 마음을 표현하고 있다. 16-24행, '감미로운 빛(16행)'은 은총의 빛이다. 태양신을 향한 기도가 아니다. 태양은 하나님이시다. '다른 까닭(29행)'은 죄로 인한 장애이다. 혹자는 태양을 이성의

연옥 319

빛이라 해석하기도 한다.

2. 사랑의 세 가지 소리(28-42행)

25-36행, '사랑의 향연에 초청한다(26행).' 사랑의 모범을 실례로 들어 정죄자의 마음에 사랑을 기를 것을 구한다. 사랑은 질투의 반대이기 때문이다. 첫 번째 소리는 'VINUM NON HABENT(포도주가 떨어졌다, 28행)'이다. 요한복음 2장 3절 이하 가나의 혼인잔치에서 마리아가 예수님께 이 말을 했다. 이는 타인의 필요를 도우려는 사랑의 모범이다. 두 번째 소리가 들린다. 그것은 '나는 오레스테스로다(32행).' 오레스테스는 트로이 전쟁 때 그리스의 사령관 아가멤논의 아들이다. 간부 아이기스토스가 아가멤논을 살해한 후 오레스테스마저 죽이려 할 때 오레스테스의 친구 필라데스가 '내가 오레스테스라'한 것이다. 친구를 위해 목숨을 바치려한 사랑의 모범이다. 세 번째 들린 소리는 '너에게 해 끼친 자를 사랑하여라(36행)'이다. 마태복음 5장 44절의 변형이다. 원수의 사랑을 예수님이 모범으로 실천하셨다. 눈으로 볼 수 없으니 여기서는 소리로 정죄자들을 교훈하는 것이다. 37-42행, 채찍과 재갈은 말을 다스리는 도구들이다. 전자는 적극적 도구이고, 후자는 소극적 도구이다. '용서의 지름 길(41행)'은 용서의 관문 즉 제3대지의 입구이다. 이 지점에서 천사가 순례자의 눈썹에서 질투의 P를 지울 것이다. 그리고 그를 제3대지로 들어가도록 할 것이다.

3. 질투자들의 모습(43-93행)

43-48행, 스승이 지시하는 곳을 단테가 보니 거기에는 외투 입은 그림자들이 있다. 바위의 빛깔은 납색이다. 52-60행, '땅을 걷는 사람(52행)'은 지금 지상에 살고 있는 사람이다. '무거운 슬픔(57행)'은 죄를 아파하는 눈물이다. 처절하게 죄를 회개하는 모습을 묘사해 주고 있다(49-51행). '허름한 고복(58

행)'은 약대의 털처럼 거친 옷이다. 수행자들이 입던 옷이다. 지상에서 서로 질투했던 혼들이 여기서는 서로 의지하고 있다(59-60행). '대사일'은 교회에서 특사가 있는 날이다. 많은 사람들이 이날에 모인다. 이런 날에 시각장애인들도 가엾은 모양을 하고 사람들에게 구걸을 한다(61-63행). 제2대지의 혼들의 모습을 비유한 것이다. 여기 있는 그림자 혼들도 눈이 꿰매어져 하늘의 빛도 도움이 되지 않는다(67행). 하늘의 은총의 빛을 좋아하지 않는다. 70-72행, 매때가 길들여지기 전에 사람을 보면 도망가므로 눈 껍질을 꿰매어 길들이듯이 질투자도 이렇게 고통을 받고 죄를 씻음 받고 있다.

4. 사피아의 이야기(94—154행)

76-81행, 스승은 제자가 말이 없어도 그 마음을 꿰뚫어 본다. 이렇게 말했다. '간단히 그리고 요령 있게(Let your words brief and to the point)' 스승이 제자를 보호한다(79-81행)

82-84행, 경건한 그림자들은 50-51행의 혼들이다. '뜨끔한 솔기(83행)'- 눈꺼풀 꿰맨 곳이다. 57절에서 단테가 질투의 죄가 벌 받는 것을 보았을 때를 회상시킨다.

85-90행, '양심의 거품(89행)'- 양심의 불안, 불순을 제거해 주시기를 빈다. 그리고 '기억의 시내(89행)'- 망각의 강(레테)을 넘을 때 아름다운 기억은 남고, 좋지 않은 기억은 없애 주시기를 빈다.

91-93행, '라틴의 영혼(91행)'은 이탈리아인이다. 단테가 세상으로 돌아갔을 때 그의 친구들에게 청하여 기도를 올려줄 것이기에 '저(라틴의 영혼)'에게도 좋다는 뜻이다.

94-96행, '참다운 고을의 시민(95행)'-이곳에 온 영혼들은 하늘의 예루살렘의 시민이다. '순례자로서 이탈리아에 산 자(96행)'- 지상의 국적을 말한다. 단테에게 답하는 자의 말이다. 여기서 천국 시민(에클레시아)과 지상의 국적이

동시에 나온다. 단테의 애국심을 본다.

라틴의 한 영혼이 단테에게 말했다(94-96행). 그 혼은 시에나 출신의 사피아라는 귀부인(109행)이었다. 사비아(Savia:총명)라 부르지 않고 사피아(Sapia)라 한 것은 그녀의 소행을 빈정댄 것이다. Savia(총명)여야 하는데 단테는 Sapia라 했다. 타인의 불행을 자기가 잘되는 것보다 더 기뻐했다(111행). 이는 질투의 절정이다.

112-123행, '활등을 넘었을 즈음(114행)'- 35세를 넘기었다는 뜻이다. 단테는 제2대지의 영혼들이 고통을 받는 것을 본다(70-72행). 철사 줄로 눈이 꿰매어진 것을 보았고(83-84행), 장님처럼 턱을 위로 치켜 올리는 것을 보았다(102행). 혼들의 질투를 맹목에 비유했다. 단테의 예리한 관찰이 놀랍다. '콜레(115)'- 토스카나 주 엘사 계곡의 한 언덕명이다. '내 고장 사람(115행)'-시에나의 기벨린당이고, '저들의 원수(116행)'- 피렌체의 악당이다. '그 뜻이 이루어지다(117행)'- 아군의 패배이다.(1269년) '콩새'- 옛 이탈리아 속담에 콩새가 추위에는 몸을 웅크리는데 어느 날 날씨가 풀리자 '겨울은 이미 지나갔다. 주여! 나는 당신이 무섭지 않다'고 소리쳤으나, 아직 겨울이 다 가지 않은 것을 알고는 후회했다고 한다.

124-129행, '피에르 페티나이오(125행)'-빗 장수였는데 자애심이 많은 사람, 후일에 프란치스코 수도사가 됨. 그는 1289년에 죽었다. 사피아가 하나님께 회개했으나 피에르 페티나이오의 기도가 없었더면 전연옥에서 여기 본연옥에 오지 못했을 것이라고 말함(127-129행).

130-132행, 사피아가 '꿰매지도 않은 눈(131행)'과 '호흡마저 하는(132행)' 그대는 누구냐고 단테에게 묻는다.

133-138행, 단테의 소피아 아닌 사피아에게 하는 대답이다. 단테는 눈이 꿰매일 정도의 질투죄는 범하지 않았다(133-135행). 단테는 교만의 죄가 더 무섭다는 것을 알고 있다(136-138행).

142-144행, '뽑힌 혼(142행)'- 사피아(회개하고 구원받음)이다.(3곡 73-75행 참조) '세상에서 죽을 내 다리를 옮겨 주었으면(143-144행)'- 단테는 살아있는 사람이다. 언젠가는 단테도 죽는다. 그래서 '죽을 내 다리'라고 했다. 내가 세상에 돌아가서 너의 친지들을 찾아다니며 너를 위한 기도를 청할 것을 원한다면... 이라는 뜻이다.

145-147행, 사피아의 고마운 믿음이다.

148-151행, 사피아는 자기의 일가에게 지옥에 있지 않고 연옥에 있다고 부탁한다(148-150행).

151-153행, '탈라모네(151행)'는 토스카나 해안에 있는 작은 항구이다. 시에나인들이 제노바인들에 대한 상업, 군사적 목적으로 탈라모네(1302년)를 구입했다. 그러나 자본과 노력만 소비했다. '디아나(153행)'는 지하에 흐르는 강인데 이의 개발 역시 실패했다. 사피아는 디아나의 실패처럼 탈라모네 축항 역시 실패하리라고 예언을 했다(1513). 질투는 대인관계 특히 경쟁 관계에서 발생하는 죄이다. 치열한 경쟁사회이나, 협력관계를 유지해야 한다. 공정한 경쟁을 하며 더불어 살아야 한다. 약간의 질투심은 어쩔 수 없는 인간의 한계이다. 그러나 경쟁은 협력을 통해서 견제해야 한다. 경쟁심의 종말을 13곡에서 보았다.

제14곡 (제2원) 질투에 대한 소극적 교훈과 질투의 예

개요

- 두 대화자와 단테(1-27)
- 아르노 주변의 후손들에 대한 비난(28-66)
- 나는 구이도 저는 리니에리(67-129)
- 질투로 벌 받은 카인과 아글라오로스(130-151)

줄거리

14곡은 질투의 죄를 씻는 제2대지의 계속이다. 두 눈먼 혼이 그들 앞에 산 사람이 있는 것을 알고 긴 이야기를 주고받는다. 14곡의 126행까지는 막간의 몇 마디 외에는 두 영혼의 대화이다. 두 대화자는 14곡의 중간에까지 자신을 누구라고 밝히지 않는다. 81행에서 첫 번째 화자는 자기 이름을 구이도 라고 한다. 88행에 가서 그의 상대의 이름은 리니에리(Rinieri)라고 소개한다. 구이도는 단테가 아르노 강변의 출신임을 알자 강 연안의 여러 도시에서 일어난 악덕을 비난하고 그 참상을 탄식한다. 이어서 리니에리의 고향인 로마냐(Romagna) 지방의 퇴폐상을 성토한다. 두 시인이 이곳을 떠나려하자 하늘에서 소리 있어 질투가 벌 받고 있는 실례를 들려준다.

[그림 14-1]

해설

1. 저이는 누굴꼬(1-27행)

두 대화자의 소리는 아무런 소개도 없이 14곡의 막을 올리고 있다. 참으로 극적 서막이다. 1-3행, 알려지지 않은 두 혼 중의 하나가 '눈을 떴다 감았다(3행)'하는 이 사람(단테)은 누구인가? 라고 말을 시작한다. 4-6행, 동행자 중의 하나가 대꾸한다. 전자는 구이도이고 후자는 리니에리이다(88-90행). 7-9행, 두 혼의 모습에 대한 묘사이다. '오, 몸 안에 담겨진 채(10행)'-몸뚱이를 가진 채 연옥을 거쳐 천국에 가는 것은 큰 은혜이다. 바울은 '큰 보배를 질그릇에 담고 있다(고린도후서 4:7)'고 했다. 단테만의 특혜가 아니고 구원 얻은 모든 자의 보편적인 은혜이다. 우리는 모두 단테와 같은 천국행 순례자이기 때문이다. 16-21행, 구이도의 물음에 대한 단테의 답변이다. 단테는 출신지의 지형을 묘사(16-18행)한다. '시냇물(17행)'은 아르노 강이고, '팔테로나(Falterona)'는 아펜니노

산맥중의 한 봉우리이고 아르노의 발원지이다. 카센티노 계곡을 거쳐 토스카나 중부를 흐른다. '백밀리아(18행)'는 120리 강의 길이이다. '그 변두리(19행)'는 피렌체 시이다. 단테는 높은 산에 올라 강의 발원지도 보고 평야로 흐르는 것도 보았다. 단테는 영혼의 순례자 일뿐만 아니라 세계의 여행가임을 여기서 본다. 그는 지형 묘사를 상세하게 하고 있다. 19-21행, 단테는 출신지를 은근히 감추고 있다. 이 말 중에 곧 내 이름이 유명해 지리라는 뜻이 내포되어있다. 22-27행, 두 영혼 중 하나가 '그 변두리(19행)'라는 것은 아르노 강이라고 지적한다. 또 다른 하나(25-27행)가 지겨운 일(두려워하는)에 그리하듯 왜 저 시내의 이름을 숨기느냐고 따진다.

2. 구이도의 독설(28-66행)

28-36행, 구이도(28행)는 1202년경부터 기벨린당의 수령 피에르(Pier)의 추종자였다. 라벤나에서 궬피 당을 쫓아내는 일에 가담했다가, 구이도는 다음번에는 궬피 당에 의해서 추방을 당한자이다. 그는 남의 행복(82-84행)에 질투하던 자의 대표적 인물이다. 그는 아르노 연안의 여러 도시의 부패를 개탄한다. '빚을 갚되(28행)'는 대답하되 이다. '계곡의 이름이야 없어져야(망해야) 마땅하리라(30행)'라고 말한다. 31-36행, 아르노강의 발원에서 하구까지의 지형 묘사이다. '펠로로(Peloros)(31행)'는 시칠리 섬의 동북단에 위치하며 원래 본토에 붙어있던 것이 끊겼다고 한다. '아아한 산맥(31행)'은 경사진(steep)' 산맥이다. 아펜니노 산맥 중 아르노의 수원지보다 더 물이 넘치는 곳은 거의 없다(34-36행). '무진장한 물꼬(34행)'는 바다이다.

31-36행, 아르노의 지형묘사이다. 37-57행, '자리가 나쁜 탓(37행)'-지형의 열악을 말하고 풍속이 고약한 탓인지 인성이 변질되었다고 한다. '이 슬픈 골짜기(40행)'- 아르노 상류의 카센티노의 주민이다. '키르케(42행)'는 오딧세우스에 나오는 태양신 헬리오스의 딸로서 요녀이다. 사람을 짐승으로 변하게 하는 힘을

갖고 있다고 한다. 구이도는 토스카나 지방을 관통하는 계곡의 여러 도시를 경멸하여 짐승으로 비유하고 있다. 카센티노의 주민(40행)을 돼지(45행)라고 했고, 피렌체 인을 이리(51행)로, 피사(Pisa) 인을 여우(53행)로, 아렛초(Arezzo)인을 강아지에 비유했다. '코끝을 돌려버리고(48행)'-아르노 강이 4Km쯤 내려와서 서쪽으로 방향을 바꾼 표현이다. '남이 듣는다(55행)'-단테와 베르길리우스이다. 혹은 리니에리 라고도 한다. '진리의 신이 이 이가(56-57행)'- 단테가 나의 예언하는 바의 말을 듣고 지상에 돌아간 후에라도 기억한다면 그에게 이익이 되리라고 말한다. 58-66행, '너의 손자(58행)'- 구이도는 여러 도시들에 대한 독설적 예언을 마친 뒤 로마냐(Romagna)가문의 타락상을 질타한다. 리니에리의 손자 풀치에리는 1302년 피렌체의 장관(Podesta)이었던 자이다. 그는 흑당이 주는 뇌물을 먹고 백당의 궬피와 기벨린 양쪽의 사람들을 흑당에 팔아넘기거나 죽이고 추방을 했다. 극악무도한 인간이었다. 단테 자신은 궬피의 백당에 속했다. 1302년 단테자신도 백당의 일원으로 추방을 당했다. '애달픈 숲(64행)'은 피렌체이다. 풀치에리가 망쳐놓은 피렌체의 회복은 오랜 세월이 지나도 어렵다고 예언한다(66행). 한국이 단군이래 처음으로 구축한 경제도 잘못된 정치로 인해 추락하면 이의 회복 또한 지극히 어려우리라. 구이도의 예언을 우리 정치인 국민들이 귀담아 들었으면 한다.

3. 로마냐(Romagna)를 개탄함(67-129행)

1) 나는 구이도(67-96행). '내게 말했던 혼령(76행)'- 구이도이다. '너 내게 하고 싶지 않은 일을(77행)'-단테는 자기 이름을 밝히지 않으면서 영혼에게 이름을 묻는다. 이에 대한 구이도의 답변이다. 그에 대하여 알려진 바가 별로 없다. 리미니(Rimini)시의 재판관이었고, 베르티노로(Bertinoro)에서 추방 당해서 1229년 라벤나로 도망쳤다. 정쟁에 휩쓸린 인물이었다. 자신의 질투에 얽힌 사연을 고백(82-84행)한다. 자신이 뿌린 죄에 대하여

열매를 거두었다(85-86행)고 자백한다. '함께 누리게 되어있지 않은(86행)'것은 재물이다.- 지상의 재화는 나눌수록 줄어든다. 그러나 하나님의 사랑은 나눌수록 커진다. 질투가 얼마나 허망한 것인지를 탄식하고 있다(76-87행). '리니에리(88행)'는 저명한 악 당원이었으며 여러 도시의 행정장관을 거쳐 1294년에 추방된 자이다. 리니에리 시의 후계자 없음을 탄식한다(88-90행). 로마냐 주변의 지형묘사(91-93행). '참됨과 기쁨(92행)'은 전자는 정신적 보배이고 후자는 사교상의 기쁨이다. '이 혈족(93행)'은- 카볼리가 이다. '이 영역(94행)'- 로마냐 지역이다. '독스러운 둥지(94행)'는 패륜의 무리이다.

2) 로마냐(97-126행). 로마냐의 명문 귀족들의 이름을 열거한다. 이들은 모두 13세기 로마냐를 다스리던 사람들이다. 과거 이름 날리던 시절을 회상하며 그 때를 그리워(109-111행)한다. 그리고 그 뒤를 잇지 못한 현재를 안타까워한다(99,102,115행). '도둑아이가 되어버린 로마냐(99행)'는 부조의 덕을 계승할 힘이 없는 자식들을 도둑아이(庶子, 庶出)라고 한 것이다. '잡풀의 빼어난 줄기(102행)'-출신은 천해도 덕 있는 사람을 가리킨다. '도둑아이(99행), 다시 일어나겠느냐(102행), 뒤를 이을 대 끊어진(106행), 고락을 기억하며(111행), 다시는 자식이 없겠구나(115행)'등등의 표현은 전대에 비하여 현재의 자손들이 못남을 비교 탄식한 것이다. ' 토스카나 사람(124행)'은 단테를 가리킨다. 로마냐 인들의 악하게 된 것을 슬퍼함으로 구이도는 울고 싶다(125행)고 했다. 단테와 버질은 앞으로 나아간다(127-129).

4. 질투가 벌 받는 실례(130-151행)

우리가 방향을 바로 잡아서 떠났기 때문에 저들은 침묵(129행)했다. 하늘에서 번개인 듯한 소리가 들린다. 먼저는 성경에서의 '예'를 들었고 나중은 신화에서의 '예'를 들었다. 가인이 아벨을 죽인 것은 질투였다. 133행은 창세기 4:13-14의 인용이다. 두 번째 소리는 '난 바위가 된 아글라우로스(139행)'이다. 아테네왕 케크롭스의 딸 아글라우로스는 언니 헤르세가 헤르메스 신에게 사랑을 받는 것을 질투하다가 벌로 바위가 되었다. 142-151행은 베르길리우스가 인류의 맹목성(Blindness)에 대한 질책이다. '재갈(143행)'은 질투하지 말라는 소극적 교훈이다. '너희는 미끼를 먹은 탓(145행)' - 선악과 먹은 이야기. '너희'는 인류 모두를 이름이다. '휘파람(147행)' - 새 사냥꾼이 새를 부르는 소리이다. '옛 원수(146행)'는 마귀이다. '아리따움(149행)'은 양심이다. 하늘이 그 아름다움을 계시하건만 인간은 땅만 보고 있다(150행). '때리심(151행)'은 벌하심이다. 구이도는 남의 성공과 행복을 시샘한 인물의 전형이다. 지금 연옥 산에서 과거를 돌이켜 보고 죄를 뉘우친다. 지금 그의 눈은 꿰매어 있어도 행복하다. 남의 행복과 성공을 진정으로 기뻐하기는 쉬운 것 같아도 어렵다.

제15곡 (제2-3원) 질투, 온유와 분노

개요

- 햇살과 천사의 빛(1-39)
- 산을 오르며 두 시인이 주고받는 말(40-81)
- 온유의 예(마리아, 페이시스트라토스, 스데반)-(82-114)
- 버질이 단테를 닦달한 이유(115-145)

줄거리

부활주일 오후 3시~5시, 제 2~3대지. 관용의 천사로부터 반사되는 빛이 단테의 눈을 부시게 했다. 제1, 제2대지(Terrace)를 지나는 동안 오만, 질투의 죄를 씻음 받고, 이제 두 시인은 제3대지(Terrace)에 천사의 안내를 받고 오른다. 스승은 그 빛이 단테의 눈에 짐이 되지 않고 큰 기쁨이 될 것이라고 설명해 준다. 제3대지에 오를 무렵(37행) 뒤에서는 '긍휼히 여기는 자 복이 있도다.'라는 노래 소리가 들린다. 구이도(연옥14곡86행)의 말이 무슨 뜻인가 묻자 베르길리우스는 지상재화와 천상재화의 다른 점이 무엇인가를 강론한다(46행). 강론이 끝나자 단테는 비몽사몽간에 분노의 반대인 온유함의 실례를 본다.

첫번째는 성모마리아가 소년 예수께 온유하게 '어찌하여 우리를 걱정하게 했느냐'는 환영이었다. 이것은 하나님께 대한 온유함의 '예'였다. 두 번째는 아테네의 왕 페이시스트라토스께 딸을 포옹한 젊은이의 무례를 벌해 달라는 왕비의 요청을 거절한 이야기이다. 이는 인간에 대한 온유의 '예' 였다. 세

[그림 15-1 눈부신 빛에 눈을 가리는 단테]

번째는 스데반이 박해자에게 순교를 당하면서도 그들의 죄를 용서해 달라고 비는 모습의 환영이었다. 이것은 적에 대한 온유의 '예'였다. 시인은 환영에서 깨어난 단테에게 앞으로의 전진을 재촉한다(136-8행). 그리고 한 떼의 연기가 두 시인을 덮어버린다.

해설

1. 긍휼의 천사(1-39행)

    단테는 15곡에서 〈투사-반사〉의 이미지를 쓴다. 연옥의 오후 3시는 여기 이탈리아의 심야이다. 지상의 재화와 천상의 재화도 반대 이미지이다. 천사가 태양빛을 받아 단테에게 반사한다.

1) 1-6행, '아기들 마냥 재롱부리는(1행)'- 태양이 쉬지 않고 회전하는 모습을 묘사한 것이다. '저기는(5행)'-연옥 정죄산이고, '여기는(6행)'- 이탈리아이다. '세시의 끄트머리와 해 돋을 시초(1행)'는 한 날의 시작(오전 6시)부터 오후 3시까지이다. 15곡의 시작은 일몰 전 3시간부터이다. 시간의 묘사가 자못 복잡하고 어렵다. 두 시인의 활동하는 때의 시간을 묘사하고 있다.

2) 7-24행, 정죄산의 동에서 서쪽을 향해 돌고 있다(7-9행). 저녁 햇살을 마주보고 있다. 단테는 태양보다 더 강한 빛을 받고 두 손으로 눈을 가린다 (10-15행). 강렬한 빛(15행)이 비치는 모양을 광선의 투사 및 반사의 원리로 설명한다. 내려오는 각도나 위로 오르는 각도가 수직선이며 같은 거리에 있다. 16-21행은 센 빛(천사의 빛)에 대한 비유 설명이다. 하나님께로부터 투사된 빛이 단테에게로 반사되어 시각이 도망쳤다(22-24행)고 한다.

3) 25-39행, 강렬한 빛에 눈이 부시어 단테는 스승에게 '이게 무엇입니까?(25행)'라고 묻자 베르길리우스는 그를 안심시키고 그것은 천사(30행)라고 말해준다. 천사가 와서 죄를 지워 줄 것이니 오히려 즐거움(33행)이 될 것이라고 말한다. 먼저 빛의 반사로 두 시인이 천사에게로 다가갔을 때, 그는 제3대지에 오르는 계단이 전의 것보다 덜 경사지다(36행)고 말해준다. 죄를 씻어갈수록 하나님께로 가는 길은 덜 가파르고 그 길이 완만해 진다. 질투의 반대는 긍휼이다. 긍휼은 자비심이다. 다른 사람을 대하여 자비의 마음을 가지는 자는 복된 자이다. 이 구절(38행)은 마태복음 5:7의 인용이고, '이겼도다(39행)'는 요한계시록 2:7의 인용이다. 질투를 극복하였다는 뜻이다. '긍휼히 여기는 자'는 산상수훈의 5번째 복이다.

2. 오르며 두 시인이 주고받은 말(40-81행)

1) 40-57행, 단테는 연옥 14곡 86행의 '함께 누리게 되어있지 않은 거기다가 어찌하여 마음을 두는 것이냐'라고 말한 구이도(로마냐의 저 영혼-44행)의 말을 상기시키며 그 뜻을 풀어 달라고 했다(43-45행). 구이도는 질투가 빚은 결과를 알고 있기에 우리를 책망하는 것이니 이상히 여기지 말라고 베르길리우스가 말했다(46-48행). 지상의 재물은 많이 가지려는 욕심 때문에 상대에게 질투를 유발시키고, 그 결과 각자의 몫은 줄어들 수밖에 없다(49-51행). 가장 높이 있는 청화천(엠피레오의 하늘, 하나님이 계신 곳)의 사랑은 인간의 소원을 높은 곳으로 지향케 하니 두려워할 것은 없다(52-54행). 재화를 공동의 소유(우리의 것, 55행)라 일컫는 자들은 나눌수록 영적 축복이 더 커진다. 그 이유는 수도원(천국, 57행)에서 사랑이 (불)타고 있기 때문이다. 지상의 행복과 천상의 행복은 정반대이다. 지상의 것은 줄어드는 반면, 천상의 것은 늘어난다.

2) 58-81행, 천상의 재화는 나눌수록 늘어난다(61-63행)는 것이 어떻게 가능합니까? 라고 단테가 묻자 스승은 너 땅의 것에만 정신을 쏟기에 마치 진리 안에서 어둠을 모으려는 것과 같다고(64-66행) 답한다. '저 보배(68행)'는 하나님의 은총이다. 빛나는 물체는 광선을 흡수하여 그 광을 밖으로 발산하는 것 같이(67-69행), 사랑이 하나님의 은총을 흡수하여 이를 발산한다. 하나님을 사랑하는 열정이 클수록 더 많이 남에게 준다. 사랑이 넓어지면 사랑은 오히려 농후해진다. 사랑이 넓어지면 희박해지지 않는다. 이같이 각각 자기의 행복을 타인에게 비추어 주는 것이 마치 거울과도 같다(73-75행). 지금 나의 말이 이해되지 않을 지라도 천국에서 베아트리체를 만나면 그녀가 모든 의문을 풀어 주리라(76-78행). '다섯 상처(79행)'는 앞으로 지워질 5가지 죄(인색, 분노, 나태, 탐욕, 음욕)이며, 앞서의 두 상처는 오만과 질투이다.

3. 3가지 온유의 모범(82-114행) - 3대지

'다음 둘레(83행)'는 제3대지이며 여기서는 분노의 죄를 지운다(82-84행). 단테는 비몽사몽간에 3가지의 환상을 본다.

1) 85-93행은 누가복음 2:41이하의 인용이다. 12살 때 부모와 함께 예루살렘 성전에 갔다가 돌아오는 길에 예수가 없음을 알았다. 되돌아가서 성전에 있는 아들을 보고 마리아가 온유하게 타이른다. 곧 환영은 사라진다.

2) 94-105행은 신화에서의 인용이다. 아테네의 왕 페이시스트라토스는 공주를 무례하게 껴안은 젊은이를 징계해 달라는 왕비의 요구를 거절한다. 그리고 젊은이를 감싸 안는다. 온유의 모범을 예로 들었다.

3) 106-114행은 스데반이 순교 순간에도 적들을 위해 기도하는 모습에서 온유의 모범을 설교한다.

이상 3가지의 온유의 모범들은 모두 하나님의 공의에 기초하는 것이다. 하나님의 정의에 기초하지 않은 온유는 비굴함으로 전락하기 때문이다.

4. 스승이 단테를 닦달한 이유(115-145행)

1) 115-123행, 단테는 꿈에서 깨어난 사람처럼 제 몸을 가누지 못하고 비틀 걸음으로 5~6km를 걸어갔다. '그릇됨이 거짓 아님(117행)'은 단테가 본 환상은 실재는 아니었으니 거짓은 아니었다(my errors were not false-Hollander)

2) 124-129행, 스데반의 순교 장면은 실재가 아니나 사실의 재현이었기에 에러(error)는 아니었다.

3) 130-138행, 베르길리우스는 인간의 이성이므로 단테의 속내를 다 알고 있다. 이성의 근원은 하나님의 영이시기에 황홀상태에 빠져있는 때에도 그의 속을 다 알고 있다(130-132행). '영원한 샘(130행)'- 하나님이시다. '평화의 물(131행)'은 관용의 덕이다. 스승은 120행의 물음을 단테에게 상기시켜준다. 물음의 의도(136-138행)는 비틀거리는 단테의 다리에 힘을

주어 전진하게 함에 있다.

4) 139-145행, 천국의 순례는 제자리에 있으면 퇴보이다. 그래서 스승은 단테로 하여금 정신을 차리게 하려고 채찍을 가한 것이다. 채찍은 하나님이 여로를 인도하시는 방법이다. '한 떼의 연기(142행)'는 분노의 연기이다. 연기에 휩싸이면서 분노의 죄를 씻는다(143-144행). 15곡의 핵심은 58-78행에 있다. 지상의 질투는 독식에서 비롯되었으나, 천상의 온유는 나눌수록 풍요로워진다. 구이도는 질투의 화신이었다. 그의 쓰라린 체험을 통해서 주는 교훈을 되씹어 보자. 질투의 무모함이여!

[그림 15-2 스테반이 돌에 맞아 순교당하는 장면]

제16곡 (제3원) 분노자 마르코(Marco)

개요

- 버질의 안내와 정죄자들의 기도(1-24행)
- 단테와 롬바르디아의 마르코의 대화(25-66)
- 원죄에 대한 마르코의 설명(67-129)
- 마르코가 단테를 떠나 되돌아 감(130-145)

줄거리

제16곡은 오후 6시반/제3 분노의 대지이다. 두시인은 아직도 여기에 있다. 연옥 제16곡은 신곡 100 곡의 중심으로, 50번째에 해당한다. 시각장애인이 손목 잡히어 걸어가듯 괴롭고 탁한 공기 속을 단테는 베르길리우스에게 이끌리어간다. 검은 연기 속에서 분노자들은 그들의 죄를 정죄하고 있다. 분노는 검은 연기처럼 하나님의 참 빛을 흐리게 한다. 혼들은 연기 속에서 아뉴스 데이(Agnus Dei: 하나님의 어린양)를 한 목소리로 읊조린다. 마르코(Marco)가 단테의 질문에 답하며 연기가 둘러싸인 언저리 까지 두 시인과 동행한다. 마르코는 인간의 모든 행위가 하늘의 필연성의 결과로 돌아간다는 이론의 오류를 지적하고 인간내면의 자유의지(Free Will)에 대하여 설명한다. 마르코는 또 정교분리를 주장하고, 이의 혼동에서 생긴 폐해에 대하여 논한다. 교회와 국가에 탁월한 지도력의 결핍을 탄식한다. 마르코의 말이 끝날 때 연기를 뚫고 빛이 번쩍인다.

두 시인은 천사를 떠난다. 단테는 이 중심 곡에서 신곡 정치사 상의 기반인 성(교황권)과 속(황제권)의 분리를 주장한다.

[그림 16-1 분노자들의 혼을 벌하는 캄캄한 연기 속]

해설

1. 버질의 안내/정죄자들의 기도(1-24행)

16곡은 전곡이 분노의 연속이다(1-6행). 두 시인을 뒤덮고 있는 연기는 지옥의 캄캄함, 밤의 캄캄함 보다 더하다(7-15행). 마치 시각장애인처럼 길잡이에게 밀착하여 단테는 어둡고 캄캄한 연기 속을 걸어 나간다(16-21행). 하나님의 어린양의 라틴어 기도 문구가 AGNUS DEI(아뉴스 데이)이다. 가톨릭교회의 미사(Mass)에서 부른 노래이다.(요한복음 1:29 참조) '오롯한 조화(21행)'- 조화는 진노에 대응하며, 진노는 부조화이고 온유는 조화이다. 노래하는 혼들은 분노의 죄를 씻음 받으며 가고 있다(22-24행).

2. 단테와 마르코의 대화(25-66행)

1) 25-36행, '달력으로 절후를 따지는(26행)' – 지상에 살고 있는 사람이라는 뜻이다. '다시 돌아가고자(32행)'는 '아름답게 돌아가고자'라고도 번역한다 (日譯). 나의 의사를 하나님의 의사에 따르게 하는 것이 하나님께 돌아가는 길이다. '묘한 것을 들으리로다(33행)'는 몸을 지니고 영계를 두루 다닌 이야기이다. 죄 씻음이 되지 않으면 제3대지를 떠날 수 없다. 자기에게 허용된 거리까지는 단테를 따라 동행할 수 있다.

2) 37- 51행, '죽음이 풀어놓는 입성(38행)'은 죽으면 풀어지는 육체의 보자기이다. 보자기는 시신을 감싼다. 여기서는 반대이다. 시체를 감싸지 않고 죽음이 육체(보자기)를 풀어버린다(전도서 12:6 참조). '지옥의 헐떡임(39행)'은 지옥의 고통이다. 단테는 여기서 마르코에게 자기가 어떻게 순례했음을 묘사하고 있다. '롬바르디아의 마르코(46행)'– 롬바르디아는 마르코가 사는 지방인지 혹은 베네치아의 롬바르디아가 출신이라는 것인지 분명하지 않다. 마르코(Marco Lombardo)는 당시인이 구하지 않은 덕을 구하고 살았다(46-48행).

3) 52-63행, 연옥14곡 29행 이하에서 구이도는 토스카나의 부패를 개탄했고, 마르코의 귀뜸(16:58-60)을 통하여 세상의 타락원인에 대하여 2겹의 의문이 생겼다. 첫 번째 의문은 환경이 열악해서인가? 아니면 습관이 나빠서인가? 이다. 마르코의 말 '지금엔 아무도 덕을 사랑하지 않는다' 이다. 혹자는 별의 영향 때문이다 하고, 어떤 이는 땅(인간의 의지)에 있다고 하는구나(61-63행).

[그림 16-2 연기 속에서 마르코를 만난 단테]

3. 원죄에 대한 마르코의 설명(67-129행)

1) 67-84행, '청맹(靑盲) 과니(66행)'는 당달봉사이다. 너는 세상에서 왔다는 뜻이다. 현실의 모든 원인을 별의 영향이라고 중세기의 점성학은 생각했다. 단테도 점성학의 영향을 받은 듯하다(67-69행). 70행 이하는 숙명론에 대한 반박이다. 별이 영향을 주되 전부는 아니다. 선악에 대한 도덕적 판단과 자유의지는 별의 힘 외에 너희 마음 속에 주어졌다. 단테도 별들이 인간본성과 행위에 미치는 영향을 믿은 듯하다. 그러나 그는 자유의지(Free Will)가 별들의 영향에서 생긴 인간의 악성과 싸워 이길 수 있다고 말한다(73-79행). 별의 영향이라던가 토양이 나쁘다는 등의 선천적, 숙명적 환경 때문에 세상이 부패해진 것이 아니라 너희의 마음 속에 미혹된 것을 찾아내야한다. '보다 크신 힘(79행)'은 하나님이시다. 자유의지가 나쁜 업을 만들었다. 그러므로 점성의 하늘(81행)은 참견함이 없다는 논지이다. 82-84행에서 단테는 세상의 부패의 원인은 외부의 별의 영향이 아니라 인간성 속에 있다고 결론 짓는다(82-84행).

2) 85-105행, 인간의 어떤 부분에 부패의 큰 책임이 있을까를 논의하고 있다 (85-90행). 하나님은 혼이 존재하기 전부터 이를 알고 기뻐했다(85행). 혼의 묘사이다(86-87행). '길잡이(92행)'는 황제 혹은 교황이다. '재갈'은 법전이다. 법률은 영혼을 바른길로 인도한다. 정치와 왕이 필요했던 이유 (94-96행)를 말한다. '참다운 도성'은 정의이다. 국왕과 법률의 존재의미를 강조한다. 그러나 법이 주어졌으되 이를 지키게 할 지도자는 없었다. 교황 (教皇,牧者,98행)은 사색, 묵상(새김질, 98행)은 잘 했어도 시비선악을 분별하지 못했다(굽이 갈라지지 못했다, 99행). 지도자가 분별이 없었으니 백성들도 지상의 행복(101행)만을 추구했다는 뜻이다. 세상의 부패의 원인은 썩은 본성이 아니고 종교지도자의 지도가 나빴기 때문이다. 인간성이 속임을 받을 위험이 있으나 가장 큰 원인은 지도자에게 있다.

3) 106-120행, '두 개의 태양(107행)'은 교황과 황제이다. 세상의 평화는 교황권과 황제권이 분립되어 각각 자기의 영역을 지켜나갈 때 유지된다. 법왕이 속권을 삼키면 횡포와 부패가 만연해진다. '목장(牧杖)'은 교권이다. 교권이 정권을 지배한 후 그 결과(이삭,113행)를 생각하라고 말한다. 정교혼합 이전과 이후의 사태를 묘사한다(115-120행).

4) 121-129행, 묵은 세대의 덕을 잇는 3 명의 노인이 있어 하나님께 돌아갈 때를 기다리고 있다.(Corrado da Palazzo, Gherardo da Camino, Guido da Castel) 127행은 지금까지의 논의의 결론이다. 세상의 부패의 원인은 교권이 속권을 삼키고 횡포를 일삼은데 있다고(127-129행).

4. 마르코가 되돌아 감(130-145행)

1) 130-135행, '레위(Levi)의 자손(신10:9-10)'들에게 땅을 분배하지 않은 이유를 단테는 이제야 알겠다고 말한다. 교권이 돈 맛을 알면 반드시 부패하기 때문이다. 마르코가 단테에게 한 말이다

2) 136-145행, 너 토스카나인이면서 게라르도(Gherardo)를 모르노라하면 나를 속이려는 것이냐? 아니면 떠 보려는 것이냐? 토스카나인 이면서 게라르도를 모를리 없다. 게라르도의 이름은 토스카나에서 가장 잘 알려져 있기 때문이다. 게라르도는 트레비소인으로 오랫동안 이 시를 다스렸다. 1306년에 사망했다. 마르코는 아직 죄를 다 씻지 않았으므로 천사가 오는 것을 알고 두 시인을 떠나 되돌아간다.

결어

16곡은 사회와 세계 부패의 근본적 책임을 교황의 잘못된 인도에 있다고 단테는 생각했다. 이는 중세 스콜라 철학에 의한 가톨릭 사상이다. 이에 대해 개신교는 이와 정반대의 입장을 견지하고 있다. 사회부패의 근본 원인은 인간성의 타락에 있다고 주장한다. 종교개혁가 칼뱅은 인간성의 전적인 타락을 주장한다. 교황이 정치를 아무리 잘해도 그것만으로는 세계의 부패를 치유할 수 없다. 근본적으로 생각하면 하나님 안에서 교권과 정권은 하나이어야 한다. 그러나 현실의 세계에 있어서는 정교는 분리되어야 한다(矢內原: 煉獄 p378-381). 16곡은 난해한 문제를 던져 준다. 그러나 이 문제는 깊이 씨름할 문제이기도 하다.

제17곡 (제3원-제4원) 분노에서 나태로 오르는 길

개요

- 분노자들의 실례(1-39)
- 자비의 천사(40-69)
- 단테의 질문에 버질이 답변함(70-90)
- 버질의 사랑에 대한 강론(91-139)

[그림 17-1 온유의 천사가 4 대지의 길을 인도하다.]

줄거리

(일몰-한밤중/제3-제4원/분노-나태)

연옥 17곡은 3대지와 4대지의 분노자와 나태자의 죄가 벌 받고 있는 모습을 묘사하고 있다. 연옥에서의 두 번째의 밤을 맞이하고 있다. 오후6시에서 밤을 맞이한다. 17곡은 연옥의 한 가운데 위치하고 있다. 두 시인이 분노자를 둘러싼 연기구름(Smoke-cloud)에서 나오자(11행) 때는 석양과 밤이 교차하고 있다. 단테는 3가지 분노의 실례를 환상으로 본다. 그것들은 프로크네(Procne), 하만(Haman) 그리고 라티누스여왕 아마타(Amata)이다. 곧 환상은 사라지고(33행), 온유의 천사가 나타나 제4대지의 길을 지시한다(47,64행). 한 층계로 발을 옮기자 이마에서 P(罪:Peccati)자가 지워진다. 화평을 짓는 자 복이 있도다'라는 말을 듣는다. 계단의 맨 끝에서 단테는 두 다리에 힘이 빠지는 것을 느낀다(74-75행). 휴식하는 동안 베르길리우스는 사랑에 대하여 강론한다(91-139행). 자연의 사랑은 그르침이 없으나, 마음의 사랑은 그르칠 수 있다. 사랑은 덕과 부덕의 씨앗이 된다(103-105행). 사랑의 도착(Perverted love)은 이웃에 대한 것 뿐 이다(113행). 이것들은 연옥아래에서 거쳐 온 3가지(114-123행)로 오만, 질투 그리고 분노가 그것이다. 이것들은 사랑의 태만에서 온 것 들이다 .위로 올라가면서 정화해야할 탐욕, 탐식 그리고 애욕은 지나침(過度:Excess,136행)에 의해 그르칠 수 있는 것들이다.

해설

1. 분노자들의 실례(1-39행)

  1) 1-12행, 이제 독자는 신곡의 한가운데 와있다. 17곡에서 베르길리우스를

통해 단테는 인간행동의 동기를 부여하는 힘으로서의 사랑을 설명하고 있다. 아주 적절하게 이 강론을 시의 바로 심장부에 두고 있다(1-9행). 단테는 연기구름 속에서 햇볕을 보기까지의 경험을 독자와 함께 나눈다. '두더지가 꺼풀을 통하여(3행)'- 두더지의 눈은 엷은 막으로 덮여있어 사물을 볼 수 없다. '처음으로(7행)'는 연기구름에서 벗어나서 이다(10-12행). 16곡에서 단테는 연기구름 속에서 스승의 어깨에 기대었다. 그러나 지금은 스승의 발자취를 따르기만 하면 된다.

2) 13-18행, 3가지 환영에 들어가기 전의 도입부이다. 환영이 일어나는 두 가지 방식이 있다. 하나는 성좌의 영향이고, 다른 하나는 하나님께 영감을 받아서 보는 경우이다. 단테는 후자의 입장을 취하고 있다.

3) 19-24행, 분노의 죄 3가지 중에 첫째는 프로크네(Procne:연옥 9:15)에 대한 환영이다. 프로크네의 남편에 대한 분노가 자기 아들을 죽여 남편 테레우스에게 그 고기를 만찬의 스튜(stew)로 만들어 먹게 하였다. 이것을 알고 대노한 테레우스는 두 여인을 칼로 찌르려 달려가는데 프로크네는 나이팅게일이 되었고, 필로펠레는 제비가 되었으며, 테레우스는 후투리가 되었다.(최민순 역, 신곡상권, 346쪽 참조)

4) 25-33행, '십자가에 못 박힌 자(25행)'는 아하수에로스 왕(페르시아)의 신하 하만(Haman)이다. 하만은 유대인 모르드개가 자기를 존경하지 않음에 분노하여 모르드개를 나무에 매달아 죽이려했다. 왕의 칙령을 받아내었으나 모르드개의 조카 에스더가 왕에게 간하여 전화위복이 되었다. 결국 하만은 자기가 만든 덫에 걸려 모르드개를 죽이려던 그 나무에 자신이 매달려 죽게 된다.(에스더 7:10)

5) 34-39행, 셋째 환영은 라티누스(Latinus)의 처 라비니아(Lavinia)의 어머니 아마타(Amata) 왕비의 이야기이다. 침략자 아이네아스의 군대가 다가오자 딸의 약혼자 투르누스(Turnus)가 이미 죽었다는 거짓소식을

듣고 분노하여, 딸이 승리자의 처가 되는 것을 보느니 차라리 죽는 것이 낫다고 자살하였다.

2. 자비의 천사(40-69행)

[그림 17-2 자비의 천사가 단테에게 내려옴]

1) 40-63행, 환영이 사라질 때의 상태묘사이다(40-45행). 초감각적 상상에서 감각으로 돌아왔다(46-48행). 소리는 들었으나 소리의 실체를 보고 싶은 마음 간절하나, 단테의 시력이 미치지 못했다 한다(55-63행).
2) 64-69행, 베르길리우스가 단테에게 천사의 도래의 성격을 설명하고 저물기 전에 오르자고 권면한다(62행). 제3대지에서 제4대지에로의 층계로 발을 옮긴다(65행). 성결(죄 씻음)은 밝은데서 낮 동안만 행해진다(63행). 천사의 날개 짓에 이마의 P(罪)자가 제거된다. '악스러운 분노(68행)'는 정의로운 분노에 대한 사악한 분노이다.

3. 제4원 단테의 질문에 버질의 답변(70-90행)

1) 70-78행, 최후의 여광이 다한 후 밤이 떠올라 여기저기 별들이 보인다. '더 오를 수 없는 사다리까지(76행)'는 제4대지의 층계 끝이다. 연옥 산에 오름을 항해에 비유하고 이때의 모습을 '나루턱에 다다른 배와 같다(78행)'고 했다. 베르길리우스의 입을 빌려서 단테의 사랑론을 피력하고 있다. 단테의 견해는 토마스 아퀴나스의 이론이고 따라서 중세 가톨릭 신학의 사랑론에 기초하고 있다.

2) 79-90행, 새로운 제4대지는 무슨 죄를 정화하는 곳이냐 라고 단테가 묻는다. 의무를 다하지 못한 선(또는 幸福)의 사랑(The Love of Good)이 여기서 메꾸어진다(86행)고 베르길리우스가 답변한다. 나태(Sloth) 곧 게으름의 죄를 회개하고, 열심을 내어 하나님의 뜻을 구한다(85-87행). 신앙을 실생활의 수단으로 생각하는 것이 나태이다. 이익을 위해 신앙하는 것이 아니다.

4. 버질의 사랑에 대한 강론(91-139)

1) 91-105행, '자연의 사랑(93행)'은 본능적 애욕이다. '마음의 사랑(93행)'은 인간특유의 이상적 사랑이다. '다른 사랑'은 이상적 사랑이다. 아퀴나스는 사랑(Amore)을 〈자연의 사랑〉과 〈마음의 사랑〉으로 나눈다. 조물주는 자연의 사랑을 갖고 있지 않다. 하나님께는 마음의 사랑 즉 이성적 사랑만이 있다. 자연의 사랑은 동물에게만 있고 마음의 사랑은 없다. 인간은 생물적 본능의 사랑과 이성에 기초한 마음의 사랑도 가진다. 자연의 사랑은 본능적 사랑이기에 의지의 선택이 없으므로 잘못함에 빠진다(94행). 그러나 판단적 사랑인 '다른 사랑(96행)'은 지나치거나 (excess), 부족(lack)으로 그르칠 수 있다(94-96행). 지상의 사랑이 통제를 잘하면 쾌락마저도 잘못 일수 없다(97-99행). 그러나 선악간의 사랑이

지나치거나 부족하면 피조물은 창조주를 거스르는 짓을 하게 된다(100-102행). 베르길리우스는 지금까지의 내용을 요약하여 사랑은 덕과 부덕의 씨앗이 된다고 했다(103-105행).

2) 106-123행, 베르길리우스는 도착된 사랑의 대상은 무엇이며, 도착된 사랑의 3가지는 무엇이며, 그것들은 어디서 정화되는가를 설명한다(106-113행). 모든 것은 자기를 사랑하므로 자신을 해치지 않는다. 피조물은 전적으로 하나님을 의존하므로 자기존재의 근원을 미워 할 수 없다. 그러므로 도착된 사랑은 이웃을 해칠 때만 나타난다. '진흙 바탕(114행)' 은 인간본성 즉 육신이다. 114-123행은 남을 거꾸러뜨리려는 교만(스스로 높아짐)과 남이 높아지므로 내 것을 잃을까 두려워하는 질투(118-120행), 그리고 분노(121-123행)이다.

3) 124-139행, '저 아래에서 우는 것(124행)'은 제1 대지의 오만, 제2대지의 질투 그리고 제3대지의 분노이다. 하부연옥에서 이 3가지는 씻음을 받았다. '행복(127행)'은 천상의 행복(幸福)이다. '사랑이 태만(131행)' 하다면 하나님을 간절히 사모하는 열심이 게을렀다는 뜻이다. 제4대지가 마련된 이유(130-132행)는 82-83행의 질문에 대한 답이다. '또 하나 다른 낙(134행)'은 지상의 낙이다. 지상의 낙을 지나치게 추구(136행)하는 3가지는 5대지의 탐욕, 6대지의 폭식 그리고 7대지의 정욕이다.

결어

신약 성서는 하나님의 사랑을 아가페, 형제 사랑을 필로스, 이성의 사랑을 에로스, 가족의 사랑을 스톨게라 한다. 이에 대하여 중세 스콜라 신학은 하나님의 사랑도 아모레(Amore)이고 나에 대한 사랑도 아모레이다. 아모레(Amore)의 대상이 다르다는 것이 특징이다. 스콜라 신학은 모든 것을 통일적

체계적으로 설명하려는 경향이 있다. 개신교 신앙은 하나님께로 나온 사랑과 사람이 가진바 자연적인 사랑이 서로 성질이 다름을 지적 한다. 요한복음 3:16과 요한일서 4:9의 사랑의 출발점이 하나님으로 말미암는다. 사람의 죄는 스콜라 신학이 말하고자 하는 것보다 훨씬 더 심각하다. 개신교 입장은 인간이 가진 자연의 사랑과 하나님으로부터 나오는 사랑은 같은 종류, 같은 질이라고 생각하지 않는다. 단테의 사랑론은 토마스 아퀴나스의 설을 그대로 문학적으로 재표현 했을 뿐이다. 밤의 휴식을 이용해서 스승으로 부터 배움의 시간을 갖는 단테의 탐구심이 돋보인다. '우리들에게서 밖의 것을 빼앗아 가는 상상력이여(15행)'에서 단테의 문학은 상상력으로 가득 차 있다.

제18곡 (제4원) 사랑과 자유의지, 나태의 죄를 씻음

개요

- 버질의 사랑에 대한 강론 계속(1-87행)
- 나태의 죄를 씻음, 열심자와 나태의 본보기(88-145)

줄거리

단테의 질문을 받고 베르길리우스는 사랑과 자유의지에 대하여 강론을 계속한다. 베르길리우스의 강론은 토마스 아퀴나스의 가르침에서 따온 것이며, 플라톤, 아리스토텔레스, 에피큐리안 그리고 스토아철학을 인용하였다. 때는 월요일 밤(4/11)이었다. 단테는 스승의 설명을 알아들었으나 또 다시 다른 의문에 직면한다. 사랑이 밖에서 주어진 것이라면 자유의지와는 어떤 관계가 있느냐(43-45행)라는 것 이었다. 그 때에 갑자기 한 무리의 혼령들이 두 시인에게로 달려온다(88-90행). 그들은 나태의 죄를 씻는 자들이다. 급히 서둘러 열정적으로 임무 수행을 한 두 사람의 예를 든다. 하나는 성경(누가복음 1:39-40)에서 처녀 마리아의 경우이고 또 하나는 쥴리어스 시저(Caesar)이다 (100-102행). 그들은 이 사실을 소리높이 외친다. 또 한 무리가 달려오자 산 제노(San Zeno)의 수도원장이 베르길리우스와 의견을 나눈다. 맨 뒤에서 오는 자들이 게으름뱅이의 실례를 든다(133-138행). 하나는 광야의 이스라엘인들(1세대)이고 또 한 무리는 아이네이아스와 트로이에서 시칠리까지는 함께 항해했다가 라티움(로마)에 이르지 못한 자들이었다.

[그림 18-1 나태의 죄를 씻는 영혼들]

해설

1. 단테의 심중을 읽어내는 베르길리우스(1-15행)

스승 베르길리우스의 마음을 읽어내는 단테와 제자의 속을 꿰뚫어 보는 스승과의 관계를 묘사하고 있다. 앞에서도 여러 번 이런 일이 있었다. 사랑은 선과 악의 근원(연옥17곡 103행)이라 했는데 그 "사랑을 내게 가르쳐 주소서"라고 청한다. 베르길리우스는 앞에서 한 종류의 사랑만을 말했다. 자연스런 사랑과 구별되는 합리적인(rational) 사랑만 말했다. 또 다른 사랑 즉 사랑의 본질을 아직 말하지 않았으므로 단테가 질문한 것이다(14행).

2. 소경 된 교사들(16-39행)

'소경들의 그릇됨(17행)'- 마태복음 15:14의 인용이다. 에피큐로스(Epicuros) 철학자들의 "모든 사랑은 선하다"는 주장은 잘못된 것이라고 말했다. '사랑이란 본디 어느 것이든 칭찬할 만 한 것(34-35행)'이라는 주장은 같은 것이다. 사랑의 힘은 생득적이다. 인성 중에 뿌리내려있는 것이다. 그것이 쾌락에 자극을 받자, 실제로 깨어나서 작용하게 된다. 그 대상을 향하여 움직이는 것이다(19행). 아리스토텔레스의 〈질료와 형상〉을 배경에 깔고 있다(22행). 인식은 외부의 실재하는 사물에서, 상(Image)은 실재에서 개념을 추상한다. 사랑이란 것은 관념의 힘이 실체에서 포착한 인상을 향하여 마음이 기울어짐이다. 34행의 '사람들'은 에피큐로스 철학자들이다. 사랑이 대체로 선을 지향하기 때문에 개개의 사랑자체는 선해야 한다는 주장은 잘못된 것이다.

3. 사랑과 자유의지(40-87행)

단테는 사랑이 밖에서 안으로 주어진 것이라면 혼은 선택의 여지가 없다. 그렇다면 도덕적 책임이 인간에겐 없지 않은가? 라는 질문을 베르길리우스에게 던진다. 베르길리우스는 이 물음에 대한 답을 75행까지 논한다. '실체적 형상(50행)'은 인간 안에 있는 혼이다. 그것은 결과를 보고서만 알 수 있다. 그러므로 영혼의 근본 구성요소는 직접 알 수 없는 것이다. 67행의 '사람들'은 플라톤과 아리스토텔레스를 가리킨다. 고대의 철인들은 의지의 자유와 이에 대한 도덕적 책임을 인정했다. 그러므로 사랑이란 필연적인 생득이다. 이것을 자연적 사랑이라고 단테는 말했다. 그러나 이를 다스릴 능력은 인간 안에 있다고 한다(72행). 난해한 부분이다.

4. 열심인 자와 게으른 자의 본보기(88-145행)

[그림 18-2 Dante among the Slothful]

스승의 답변을 듣고, 단테는 향방을 잃은 사람처럼 졸면서 서있다(85-87행). 뒤에서 혼령들이 갑자기 따라붙고 앞에서 두 명이 소리 지른다(97-99행). 그들은 부지런한 두 사람을 실례로 든다. 하나는 성경(누가복음 1:39-45)에서 또 하나는 역사(俗史)에서 카이자르의 고사를 말했다. 저들은 게으름의 죄를 씻는 자들이다. 여기서 산 제노(San Zeno)의 수도원장의 말을 듣는다. 그는 자격이 안 되는 불구자 아들을 수도원장으로 앉힌 베로나의 영주 알베르토 델 스칼라의 죄를 고발한다. '게으름으로 인해 이를 갈며오는 둘(130-132행)' - 그들은 불순종하며 모세의 인도를 따르지 않다가 요단을 건너지 못한 이스라엘인들이다. 또 하나 나태의 예는 아이네이아스와 끝까지 라티움(Rome)까지 항해를 하지 않고 도중에 포기한 무리들이다.

결어

베르길리우스의 사랑에 대한 강론은 단테의 애정관이고 그는 스콜라 신학의 가르침을 그대로 전했다. 스콜라주의 신학은 사랑을 통일적으로 체계적으로 설명하려고 노력했다. '자연의 사랑)'을 좋은 것으로 보았다. 자연법은 보편적이며 하나님의 법을 보충한다고 보았다. 이에 대하여 개신교 측의 입장은 다르다. 인간은 자연 그대로 하나님을 사랑할 수 없다. 십자가에 의한 구원의 은총을 체험할 때에만 비로소 하나님을 사랑할 수 있고, 사람을 바로 사랑할 수 있다. 생래의 인간은 다른 사람을 사랑할 수 없다는 주장이다. 기독교의 사랑은 원수까지라도 사랑하라는 것이다. 형제끼리의 사랑은 기독교 밖에서도 가능하다. '죄'로 인하여 철저히 타락한 인간은 하나님을 만족시킬 정도로 사랑을 할 수 없다. 죄사함을 받아야 하나님을 능동적으로 사랑 할 수 있다. 가톨릭은 자연을 중요시하고, 개신교는 죄를 심각하게 받아들인다. 가톨릭은 생득적으로 덕을 받아 있기에 실행능력이 있다고 보는 것이다. 가톨릭은 체계를 중요시한다. 죄를 개신교만큼 중요하게 생각하지 않는다(矢內原 忠雄). 단테는 가톨릭적이며, 중세의 아들이란 제약이 있다. 그러나 단테는 종교개혁의 선구적인 길을 닦았다.

제19곡 (제4-5원) 나태와 탐욕(교황 하드리아누스)

개요

- 단테 꿈을 꾸다(1-33): 한밤중(1-6),
  꿈에 본 세이렌의 모습(7-15),
  그녀의 노래와 루치아(16-33)
- 천사의 도움(34-87): 열심의 천사(34-51),
  단테가 꿈을 알고 싶어 함(52-69),
  제5대지(70-96)
- 교황 하드리아누스 5세(97-145): 교황자신의 이야기(97-126),단테의 인사받기 거절함(127-145)

[그림 19 바닥에 엎드린 채 탐욕의 죄를 씻고 있다]

줄거리

 연옥의 3일째 새벽(4/12)이 밝아온다. 두 시인은 다섯째 둘레에 올라간다. 꿈에 추녀 세이렌(7-9행)을 본다. 순식간에 세이렌은 미녀로 변신해버린다. 그녀의 노래 소리에 단테가 매혹된다. 그 때 한 귀부인(Lucia)이 나타나 베르길리우스를 명하여 단테를 돕게 한다(28-30행). 베르길리우스는 세이렌의 옷을 찢어 배를 단테에게 보여주니 악취가 난다. 단테는 꿈에서 깨어난다(33행). 두 시인이 산을 오르기 시작하자 천사가 길을 보여주며 '애통하는 자 복이 있도다(哀痛者有福)'라고 축복해준다(50행). 두 시인이 다섯째 둘레에 이르러 보니 혼령들은 모두 땅에 엎드려 '내 영혼이 땅에 붙었도다'라는 시편의 말씀을 탄식하며 읊조리고 있다(73행). 그들은 전에 탐욕자들이었다. 여기서 단테는 한 영혼에게 주목한다. 그는 지상에 있을 때 교황 하드리아누스 5세였다. 하드리아누스는 왜 저들이 땅바닥에 엎드려있는지를 설명해 준다(97행). 그는 로마의 목자가 된 후 인생무상(108행)을 알게 되었고, 인색의 죄를 씻고 있다고 말한다(116행). 단테는 그가 전직 교황이었음을 알자 무릎을 꿇는다. 교황의 혼령은 그를 말리며 일어서라고 한다(133-135행). 현세의 신분은 영계에 와서 아무런 쓸모가 없다고 말한다. 조카 알라지아에게 중보기도를 부탁해 달라고 말한다(145행).

해설

1. 꿈에 본 세이렌(Sirene)(1-33행)

   1) 1-6행, 밤 10시 지나 새벽 가까이에 꿈을 꾼다(18곡 145행). 당시 사람들은 밤이 되면 별들이 차가워져 '다시는 더 따뜻하게 하지 못한다고(3행)' 했다. 새벽이 되었다는 뜻이다. '점장이들(4행)'- 땅에 작은 돌을 모아서 점하는 사람들이다. '큰 운수(大吉, 5행)'- 이는 새벽에 뜨는 보병궁의 후반분과 쌍어궁의 전반분을 결합시킨 모양이다. 이것은 일출 전 2시간 경을 뜻한다.

   2) 7-9행, 연옥의 제3일의 아침이 밝아온다. 연옥의 아침마다 단테는 꿈속에서 환상을 본다. 이른 아침에 보는 꿈은 바른 꿈(正夢)이라고 당시 사람들은 생각한 모양이다. 그 때문에 단테는 아침에 본 꿈의 내용을 기록했는지도 모른다. 추하고 일그러진 여인의 모습을 묘사하고 있다. '계집(9행)'은

세이렌(Sirene)이란 요녀이다. 시칠리섬 가까이의 고도에서 반인반어의 모습을 하고서 노래를 불러서 뱃사공들을 유혹했다.

3) 10-24행, 추녀가 미녀로 변신을 한다. 단테도 그녀의 마법에 끌려갔다(8행). '고운 것도 거짓되고, 아름다운 것도 헛되다(잠언)'라는 경구를 생각한다. '오딧세우스(22행)'- 호머의 오딧세우스에는 세이렌의 유혹을 두려워하여 선원들의 귀를 밀랍으로 막고 자기는 나무에 몸을 결박하여 그 유혹을 면했다고 하는데, 단테는 중세의 속설에서 소재를 취한듯하다. 오딧세우스도 유혹에 넘어갔다는 것(23행)이다. 세이렌은 탐욕, 탐식 그리고 욕정의 화신이다.

4) 25-33행, '거룩한 부인(26행)'- 루치아 혹은 베아트리체를 가리킨다고 한다. 부인의 도움으로 그녀의 옷을 벗기니 악취가 코를 찌른다. 단테가 실체를 보고 꿈에서 깨어난다(33행).

2. 천사의 도움(34-96행)

1) 34-51행, 단테는 세이렌에게서 인간의 추한 모습을 보고 생각에 잠겨 태양을 등지고 산을 오른다(37-42행). 대조적으로 아리따운 천사의 안내(43-45행)를 받는다. 4번째 P(죄), 즉 나태의 죄가 지워진다(49-51행). 마태복음 5:4의 '애통하는 자의 복'을 인용했다. '여왕(50행)'은 영혼을 상징한다.

2) 52-69행, 세이렌의 환상이 단테의 머릿속에 남아있다(57행). '늙은 요부(58행)'는 태초부터 있던 죄를 가리킨다. '우리 위에선 다만 저 때문에 울게 되는데(59행)'- 앞으로 오를 5 대지, 6 대지, 7 대지에서 탐욕, 식욕, 색정의 죄를 아파한다는 뜻이다. '뒤꿈치를 박차고(61행)'- 허리를 펴고 힘차게 걸으라는 뜻이다. '커다란 바퀴(67행)'- 제천의 바퀴이다. '둘레가 시작되는 데 까지(69행)'- 제 5 대지이다.

3) 70-87행, '땅에 엎어져 울고 있는 백성(70행)'-탐욕의 죄를 씻는 혼령(백성)들이다. 저들은 등을 하늘로 향하고 머리와 배를 땅에 붙였다. 욕심에 사로잡힌 자는 땅에 엎어져 죄를 애통하는 것이다. 지옥에서와 같이 연옥에서도 죄에 상응한 벌을 받고 있다. '정의와 희망으로써 모진 고통을 덜고 있는 자들(76행)'- 하나님의 공의(정의)에 따른다는 자각을 가질 때 탐욕이 저지른 고통의 죄를 덜어 가는 것이다. 그리고 천국으로 향한다는 희망이 고통을 덜어준다. '숨어있던 혼령(84행)'이 단테에게 이른 말들이다.

3. 교황 하드리아누스(97-145행)

'그 없이는(91행)'- 죄의 정화 없이는 하나님께 갈 수 없다. 단테가 숨어서 말해주는 혼령에게 '그대 누구이며 무슨 까닭에 등을 위로 휘고 있는지 말해달라(94행)'하자 그는 자신이 전직 교황(99행)이라고 대답한다. '흙탕물을 조성하는 자(103행)'- 교황의 자리를 더럽히지 않으려는 자에게는 입고 있는 법의가 무겁다는 것을 한달 재위 기간 중에 경험했다고 털어놓는다(103-105행). '목자 된 뒤에야~ 인생이 헛된 줄을 알게 되었노라(106-108행)' 교황이 되어서야 죄를 회개한다는 사실이 흥미롭다. 최대의 탐욕자, 명예, 권력을 탐하는 자가 교황이 된 시절이 있었다. 교황위에 더 오를 자리가 없는 것을 알고 그는 인생무상을 깨달았다. 솔로몬이 전도서에서 인생이 추구하는 일체의 것이 '헛되도다'라고 일찍 갈파했다. 그는 죄를 씻고 있는 고통을 단테에게 말해주고 있다. 탐욕의 죄를 정화함과 동시에 하나님의 정의가 무섭다는 것을 강조하고 있다(124행). 하드리아노의 혼령은 여기 연옥에서의 엎드림이 뜻하는 바를 설명해 준다. 탐욕은 땅의 것, 세상 것이다. 가질수록 더 갖고 싶은 것이 탐욕의 속성이다. '엎어져있는(126행)'- 위를 우러러보지 못하는 고통을 상상해보자. 단테는 교황임을 알아보자 그 앞에 무릎을 꿇었다(127행). 이 세상에선 직책의 상하가 있으나 하나님 앞에서는 모두가 평등하다는 것을 교황은 강조하고 있다 (133-136행). 마태복음 22:30에서 예수님은 천국에서는 시집가고, 장가드는 일이 없다고 했다. 96행에서 단테가 교황의 혼에게 소원을 말하라고 했다. 교황의 기도 제목은 '알라지아라 부르는 조카 딸(142행)'이다. 알라지아는 말라스피나의 아내이다. 1306년 단테가 그녀의 집에서 체류한 적이 있다고 한다. 예우상 그녀의 이름을 거명했다는 설이 있다.

결어

세상 남자들이 세이렌의 허상에 반하여 인생을 망치는 경우가 허다하다. 세이렌은 다름 아닌 내 자신 속의 탐욕이다. 속된 욕망의 실체를 직시하자. 금강경에 '무릇 있는 바, 모든 상은 허망하다(凡所有相 皆是虛妄), 온갖 상을 실재의 상이 아니라고 보면, 여래를 보는 것이다(諸相非相 即見如來)'라는 말이 있다. 목전의 모든 현상을 허상과 실상으로 보는 안목을 길러야 할 것이다. 교황 재위 38일 만에 그는 더 오를 자리가 없는 것을 알고 '인생이 헛된 줄을 알게 되었다(108행)'고 고백했다. 인생들이 추구하는 권력, 명예, 돈이 궁극적 목표가 아니다. 눈은 높은 데를 바라보아야 하거늘 여기서 '저들의 눈은 '땅 속에 잠겨있다(120행)'. 배와 얼굴을 땅에 대고 죄 씻는 장면이 우리들에게 경각심을 일깨운다.

제20곡 (제5원) 탐욕 - 위그 카페(Hugo Capet)

개요

- 청빈의 덕을 노래함(1-33): 성벽에 붙어서(1-9),
  저주와 사냥개(10-15),
  3인의 청렴(16-33)
- 위그카페의 독백(34-123): 단테에게 위그의 답변(34-42),
  프랑스 역사(43-96),
  탐욕의 실례(97-123)
- 지진(124-151): 떠남과 직유(124-132), 영광(133-138),
  떠나감(139-144), 지진의 원인(145-151)

줄거리

[그림 20 죄를 씻는 망령들과 갑자기 큰 지진 소리에 놀라는 단테]

부활주일의 화요일(4월12일) 오전 연옥의 제 5둘레에서의 이야기다. 두 시인이 탐욕의 죄를 씻기 위하여 엎어져있는 망령들 사이를 지나 바위에 바싹 붙어 갈 때에 한 영혼이 앞에서 청빈자의 예를 들면서 부르짖는 소리(19-33행)를 듣는다. 청빈은 탐욕에 반대되는 덕목이다. 그들은 성모 마리아, 로마의 집정관 파브리키우스(BC282), 그리고 성자 니콜라우스(3-4세기)이다. 그의 관용은 가난한 아비가 세 딸을 팔려고 했을 때 창문으로 돈 자루를 던져 넣어서 그들을 수치스런 삶에서 구출해냈다. 말하는 자는 카페왕가(AD987)를 세운 위그 카페(Hugo Capet)였다(49행). 단테의 질문을 받고 자신은 누구이며 그의 후계자들이 저지른 일을 비난하며 폭로한다(40-123행). 카페는 이 망령들이 낮 동안에는 덕성 지닌 자들의 공덕, 밤 동안에는 탐욕으로 정죄 받은 것들에 대하여 울부짖는다(100-102행)고 말한다. 그들의 이름은 황금 때문에 아비를 죽인 피그말리온(Pygmalion: 두로의 왕, 아이네아스), 미다스(Midas: 프리기아의 왕), 아간(Achan: 여호수아 7:24 이하), 삽비라(Sapphira: 사도행전 5:1-2), 헬리오도로스(Heliodorus: 마카베오하 3:25), 폴리메스토르(Polymnestor: 트라키아 왕) 그리고 마르쿠스 루키니우스 크라수스(Crassus: 로마 3두정치의 한 사람, BC 53사망)이다. 7인의 탐욕자들이 103-117행에 열거되어 있다. 두 시인이 위그 카페를 떠나려 할 무렵에 산이 무너지는 듯한 소리를 듣고 얼어버린다(129행). '지극히 높은 곳에서는 하나님께 영광(누가복음 2:14)'이라는 노래를 들으며 묵묵히 가던 길을 계속 걸어간다.

해설

1. 청빈의 덕을 노래함(1-33)

   1) 1-15행, 단테는 교황 하드리아누스 5세(Pope Adrian v)의 혼에게 회개의 기회를 주기 위하여 더 알고 싶은 것이 있었지만 그를 떠나 다른 망령들로 가득 찬 둘레 길 사이(Ledge)를 지나 바위에 붙어서 앞으로 나아간다. '늙어빠진 암 승냥이(she-wolf,10행)"는 지옥 1곡 49행에 나온다. 그 죄가 옛 부터 있었기 때문이다. '몰아 낼 자(15행)'는 사냥개(지옥편 1곡100행)이다. 단테의 메시아적 인물의 출현에 대한 기대와 확신은 〈신곡〉처음서부터 뚜렷하다.

   2) 16-33행, 탐욕의 반대인 청빈자 세 명에 대하여 혼들의 하나가 노래한다. 마리아(누가복음 2:15 이하)는 구유에서 구세주를 낳았다. 로마의 집정관 파브리키우스(Fabricius)는 청백리의 전형이다. 죽을 때 장례비가 없을

정도로 가난했다. 딸들의 결혼 지참금을 로마 시민이 부담했다. 성자 니콜라우스(St.Nicholas: Myra의 주교)는 3-4세기에 주교로서 기원325년 니케아회의에도 참석했다. 그는 성자로서 추앙되었으며, 오늘도 우리에게 산타클로스(Santa Clause)로 더 잘 알려져 있다. 자본주의 사회는 유전무죄, 무전유죄라는 말을 많이 쓴다. 청빈이란 '깨끗하여 자유한 마음의 상태이다'- '청빈사상'을 쓴 나가노코지(中野孝次)는 '대량생산-대량소비 사회의 출현과 자원의 낭비는 기술 문명이 가져 온 결과이다. 이 문명에 의해 지구 환경파괴가 일어났다면, 새로워야 할 문명사회의 원리는 청빈의 사상에서 나와야 할 것'이라 했다. "인간이후"라는 책을 참고하라.

2. 위그 카페(Hugo Capet)의 독백(34-123행)

43행 이하의 화자는 단테에게 자신의 경력의 일부를 말하고 있다. 어떤 학자는 스피커가 위고 1세(956년 사망)라고 주장하나 어떤 이는 말하는 이가 위고 2세라고 한다. 그는 위그 카페라 불리는 자이다. 단테는 이 두 사람을 혼동하고 있다고 한다. 권력과 재물은 손바닥의 양면처럼 밀착되어있다. 단테는 위그 카페의 입을 빌려 그의 후계자들이 저지른 탐욕의 사례를 들고 있다. 역사란 통치자가 인민을 수탈하고 자신의 배를 채운 이야기로 가득 차있다. 여기서 단테는 프랑스의 역사를 통해 통치자들의 탐욕죄를 폭로하고 있다. 엎어져있는 망자들은 낮에는 청빈의 덕을, 밤에는 탐욕의 죄를 노래한다고 위그 카페는 단테에게 말한다. 그리고 7명의 탐욕자들을 열거했다.

3. 연옥 산의 진동(124-151행)

위그 카페를 떠나 단테와 스승이 길을 가는데 갑자기 와르르 산이 무너지는 지진소리에 혼령들은 애달프게 통곡하며 맨땅에 엎어져 크게 한숨짓고 울부짖는다. 단테가 이 소리에 떨고 있을 때 스승이 가까이 와서 위로의 말을 한다. 그 소리는 '지극히 높은 곳에서는 하나님께 영광이요'(누가복음 2:14)라는 말씀이었다. 단테는 무서운 생각에 잠겨 침묵 속에 스승과 함께 다시 자기 길을 걸어간다. 교황과 황제는 옛 이리(지옥편 1곡)의 희생자들 이었다. 부와 소유에 대한 탐욕이 세속적 야망을 불러일으킨다. 위그 카페 가의 역사에서 보듯 탐욕자들은 그것들을 얻기 위하여 온갖 잔인함 과 수단 방법을 가리지 않았다.

신화해설

피그말리온(Pygmalion)

1) 티로스(Tyre)의 왕으로 그의 누이 디도(Dido)의 남편인 시카이오스(Sichaeus)의 부를 탈취하려고, 그를 죽이고 디도에게 거짓말을 하여 죄를 감추려 아프리카로 가서 카르타고를 건설한다.
2) 그리스신화에 나오는 키프로스섬의 왕. 조각에 뛰어나 상아로 여인상을 만들어 갈라티아라고 이름 붙였다. 여자의 결점을 너무 많이 보아 믿지 않고 혐오하여 결혼하지 않을 것을 맹세하였으나, 자신이 만든 상아 조각상에 반하여 사랑과 미의 여신 아프로디테에게 조각상을 인간으로 만들어 달라고 부탁하였다. 아프로디테가 소원을 들어주자, 결혼하여 딸 파포스를 낳았다.

미다스/마이더스(Midas)

그리스 신화에 나오는 프리기아의 왕 '마이더스'와 술의 신 '디오니소스' 간에 있었다는 에피소드에서 비롯되었다. 마이더스는 고르디오스와 키벨레 여신

사이의 아들. 어느 날 농부들이 술에 만취해 방황하는 실레노스를 마이더스의 궁전에 데려온다. 그는 디오니소스의 어릴 때 스승이며 양부로 디오니소스는 행방불명되어 찾고 있었다. 왕인 마이더스는 그를 알아보고 열흘에 걸쳐 밤낮 주연을 베풀고 환대해 그의 제자들에게 돌려보냈는데, 그 이야기를 전해들은 디오니소스는 마이더스에게 소원이 무엇이냐고 물었다. 그러자 마이더스는 "만지는 것은 모두 황금으로 변하게 해 달라"는 소원을 말한다. 그러나 그것은 재앙이었다. 만지는 것은 모두 황금이 되어버렸기 때문에 먹는 것, 입는 것은 물론, 심지어 자신의 딸 까지도 황금이 되어버렸다. 당황한 마이더스가 원래대로 돌아가게 해달라고 애원하자 디오니소스는 파크트로스 강에서 목욕을 하도록 해 원래대로 돌아가게 했다고 전한다. 헬리오도로스(Heliodorus)는 예루살렘성전에 들어가 보물을 훔쳐오도록 시리아의 왕 셀레우코스의 명을 받았다. 그가 성전에 들어가 보물을 약탈하려 할 때에 홀연히 나타난 황금갑옷의 기사가 탄 말 발굽에 채여 죽을 번하였다.(마카베오서 하 3:25)

헤카베(Hekabe)와 폴리메스트로(Polymnstor)의 복수극

그리스 신화에 나오는 트로이왕 프리아모스의 아내. 프리아모스와의 사이에 트로이의 용장 헥토르, 스파르타 왕비 헬레네를 납치하여 트로이전쟁의 직접적인 원인을 만든 파리스, 예언자 카산드라 등 19명의 자식을 낳았다. 트로이가 함락된 뒤 모든 것을 잃고 그리스의 영웅 오디세우스의 포로가 되어 끌려가던 도중, 트라키아에 있는 그리스군 진영에서 헤카베가 벌인 복수극이다. 헤카베의 딸 폴릭세네는 적장 아킬레우스의 망령을 달래기 위해 산 제물로 바쳐지고, 많은 금은보화와 함께 트라키아왕 폴리메스트로에게 맡겨진 아들 폴리도로스도 트로이 함락과 함께 재물에 눈이 먼 폴리메스트로에게 살해되어 바다에 던져졌다. 슬픔에 잠긴 헤카베는 복수심에 불타 폴리메스트로에게 보물이 숨겨진 곳을 알려주겠다고 속여 그의 두 아들과 함께 자신들의 천막으로 끌어들인다. 그리고 시녀들과 함께 그의 눈을 후벼내고 자식들을 죽인다. 이에 놀란 그리스인들은 그녀를 돌로 쳐서 죽였는데, 나중에 돌무더기 속에서는 시체 대신 한 마리의 암캐가 발견되었다.(오비드의 변신 13편-429)

제21곡 (제5원)인색과 낭비/스타티우스(Statius)

개요

- 망령이 나타남(1-39): 시인의 뒤를 따라감(1-6),
  한 영혼이 나타남(7-15),
  버질과 한 영혼(16-39)
- 지진과 큰소리를 설명함(40-81): 연옥의 기상학(40-57),
  정화느낌- 울림, 고함(58-72),
  이제야 알겠노라(73-81)
- 스타티우스가(82-102): 버질의 물음에 답함.
  〈테바이스〉와 〈아킬레우스〉의 저자
- 너도 그림자 나도 그림자(103-136): 스승이 잠잠하라 했으나
  스타티우스에게 말함

[그림 21-1 단테, 스타티우스에게 베르길리우스를 소개]

줄거리

두 시인이 다섯째 대지를 지나갈 때 망령 하나가 나타나 그들에게 말을 건넨다(10행). 베르길리우스는 단테가 아직도 이승의 육체를 지닌 사람임을 설명해주고 그들의 여행목적을 망령에게 들려준다(31행). 그리고 어찌하여 산이 진동했는지를 물어본다. 그는 망령들의 고함소리와 연옥 산의 비, 바람, 천둥의 변화를 두 시인에게 설명한다(40행). 그리고 정화의 때가 끝나고 천국에 오를 준비가 되면 산이 진동하고 하나님을 찬미하는 고함소리가 난다고 했다. 지금 말하고 있는 망령도 500년 이상의 정화를 끝내었기에 산이 진동했다고 설명한다(67행). 그는 자신이 스타티우스(Statius)라고 말한다(91

행). 스타티우스는(AD45-96년) 테바이스(Thebaid)와 아킬레이스(Achilleid)의 저자이다. 그는 베르길리우스의 서사시 '아에네이스(Aeneid)'로 부터 시적영감을 받았다고 말한다. 스타티우스는 베르길리우스가 살았던 시절에 살았더라면 좋았을 것이라고 말한다(100행). 단테는 억제 할 수 없는 웃음을 참는다. 단테는 스타티우스에게 당신이 말하는 분이 바로 여기 계시다고 말한다 (124행). 스타티우스는 베르길리우스 앞에 무릎을 꿇고 그의 발을 껴안으려 할 때, 스승은 이를 만류하면서 나도 그림자 너도 그림자라고 말한다(130-132행).

해설

1. 영혼 하나가 우리에게 나타났다(1-39행)

20곡 마지막 행(127, 145-148)의 의문이 갈증(요한복음 4:6 이하)이 되어 단테를 괴롭혔다. 사마리아 여인이 찾아오신 예수께 생수를 구함같이 단테는 진리에의 탐구정신과 목마름을 우리에게 가르쳐준다. '정의의 복수(6행)'는 정당한 복수이다. 탐욕자들이 받고 있는 형벌이다(1-6행). 죄란 달콤하다. 보암직하고 먹음직하고 지혜롭게 할 만큼 탐스럽기도 하다. 범하는 순간 죄는 양심의 그물이 되어 삶을 속박하는 속성이 있다. 죄(罪)라는 한자의 윗부분은 그물모양이고 아랫부분은 새의 날개 모양이다. 자유롭게 공중을 날으는 새가 그물에 걸리면 어떻게 될 것인가? 이것이 죄다. 이때에 영혼 하나가 두 시인에게 나타나서 말을 걸어온다(10행). 베르길리우스는 림보에 자기를 보낸 하나님의 이름으로 그를 축복한다(7-18행). 스타티우스는 림보의 혼이 또 하나의 망령(단테)을 데리고 어떻게 여기까지 오를 수 있었느냐고 묻는다(19-21행). 그는 망령이 아니고 육체를 지닌 사람이며 그 증거로 이마에 3개의 P(23행)가 있으며,

그가 사람이라는 증거는 운명을 맡은 세 여신 클로토(수명할당), 라케시스(수명의 실을 짬), 아트로포스(수명의 실을 짜름) 중 아트로포스가 아직 생명을 짜르지 않았다고 말한다(25-27행). 베르길리우스 자신은 하늘의 부르심을 입고 단테의 길잡이로 여기 있다고 설명한다(19-33행). 영어의 옷감(cloth)은 클로토에서 파생한 말이다. 하나님이 우리 인생에게 할당한 수명을 매일 길쌈하듯 열심히 살아야 한다. 아트로포스 여신이 수명의 실을 자르기 전 까지.

2. 그 산이 요동한 이유가 무엇이냐? (40-78행)

정죄산은 베드로의 삼층 계단 아래를 전연옥이라 하고 그 위를 본연옥이라 한다. 스타티우스는 '성스러운 이산(40행)' 즉 본연옥은 하늘 자체의 이유 외에는 기상변화의 영향을 전혀 받지 않는다고 설명한다. 삼층 계단은 연옥 9곡 76행 이하 참조할 것이다. '타우마스의 딸(51행)'은 무지개의 여신이다. 아침에는 서쪽에 저녁엔 동쪽에 나타나므로 '자리를 바꾼다'고 한다(34-57행).

스타티우스는 전연옥에서 300년 제4둘레에서 400년 제5원에서 500년 총 1200년을 정죄했다면서(67-69행) 산이 진동한 것은 지진 때문이 아니고 정죄가 끝나고 천국을 오르려 할 때 일어나는 현상이라고 말한다(58-60행). '의지하나 뿐인데(61행)'는 천국에 오르겠다는 의지 이다. '벗을 갈다(63행)'는 연옥의 벗을 떠나 천국의 벗을 만나게 된다는 뜻이다. 연옥의 정죄의지는 천국행 의지를 거스른다(66행). 스타티우스의 설명을 듣고 단테는 아주 기뻐한다(58-78행). 루터가 회심의 눈을 뜨자 16세기 서유럽의 땅이 진동했고 수많은 영혼들의 합창소리가 종교개혁의 새벽을 열었다. 한 영혼의 진정한 깨우침이 그 사회를 진동시킨 사례는 역사상 많았다.

3. 스타티우스의 자기소개(79-102행)

베르길리우스의 두 번째 질문이 시작된다. 너는 누구였으며 누슨 일로 이렇게 오래 죄를 씻느뇨(79행)? 기원70년 로마의 황제 티투스(Titus)가 예루살렘을 함락했을 무렵에 자기 자신은 신앙은 없었으나 명성은 떨쳤다고 한다(79-85행). 단테는 예루살렘 멸망이 예수를 팔아넘긴 죄 값이라고 이해했다. 스타티우스 (AD 45~96)는 로마시인으로 서사시 〈테바이스〉와 미완성의 〈아킬레우스〉를 남겼다. 단테는 불란서 출신의 스타티우스(89행)를 나폴리출신의 스타티우스로 혼동하고 있다. 스타티우스는 베르길리우스 면전에서 그 인줄 모르고 그로부터 시적 영감을 받은 것과 그에 대한 사모의 정을 토로하고 있다(94-102행). '불길(95행)'은 베르길리우스의 서사시 '아이네이스'이다. 베르길리우스는 기원 전 19년에 사망했다. 아비 없는 자식을 호로자식이라 하듯 스승이 없는 제자는 이와 마찬가지이다. 김흥호는 유영모 선생을, 유달영은 김교신 선생을 강연 할 때마다 말했다. 내 인생을 변화시킨 한 권의 책이 있는가? 나는 고교시절 〈사상계〉에서 함석헌 선생님의 글을 읽고 선생님을 늘 사모해왔다. 1970년도 중반 경에 부산 집회에서 함석헌 선생님이 참석하여 나의 에베소서 강의를 듣고 소감을 말씀해준 적이 있다. 함 선생님을 통해서 김교신, 우찌무라 간조와 무교회를 알았다. 단테를 알게 된 것도 무교회주의 선생님들의 글을 통해서였다.

4. 스타티우스와 베르길리우스의 해후(103-136행)

베르길리우스가 스타티우스의 말을 듣고 단테에게 아는 척하지 말라고 눈짓을 준다. 단테는 참지 못하고 반만 웃는다. 스타티우스가 씽긋 웃음을 내게 보여준 이유가 무엇이냐고 묻는다(114행).

스승의 허락을 받고 단테는 이 분이 베르길리우스라고 말한다(124-126행). 너무나 반가운 나머지 스타티우스는 자신이 실체 없는 혼이란 사실을 잊어버리고 스승의 발목을 잡으려 몸을 굽히매 베르길리우스는 '너도 그림자요 너 보는 것(

나)도 그림이거든, 형제여, 그리 말라(130-132행)' 한다. 스타티우스는 이 말을 알아듣고 '그림자를 단단한 무엇(실체)인 양 다루었구료'라고 말한다. 색즉시공(色卽是空)이요, 공즉시색(空卽是色)이다. 허깨비 놀음을 사실로 착각하고 사는 것이 우리네 인생살이이다.

용어해설

스타티우스(Publius Papinius Statius, AD 45~96)

고대 로마 시인. 나폴리 출생. 시인이었던 아버지에게 시를 배우고 궁정시인으로 있으면서 이름을 떨쳤다. A. 단테와 G. 초서에게 큰 영향을 끼쳤다. 현존 작품으로는 서사시 〈테베 이야기(12권)〉, 서사시 〈아킬레스 이야기(미완)〉, 32편의 시를 모은 〈실바에(5권)〉이 있다. "내 아킬레스 건을 건들이지 마라" 흔히 약점을 건들지 말라고 쓰는 이 말의 아킬레스건(An achilles"heel)은 발뒤꿈치에 있는 중요한 근육의 이름으로 그가 쓴 〈아킬레스 이야기〉에서 유래되었다. 아킬레스의 어머니이자 바다의 님프인 테티스는 아들이 태어나자 불사의 몸으로 만들기 위해 스틱스 강물에 아들을 담그었는데 그녀가 손으로 잡고 있던 발뒤꿈치만은 강물에 닿지 못했다. 테티스는 이 하나의 결점을 고치기 위해 다른 신에게 부탁해보지만 결국 그리스의 영웅 트로이의 파리스(Paris)에게 아킬레스의 건(발꿈치)에 독화살을 맞고 죽는다. 1864년 토마스 칼라일은 이 은유에 인간의 치명적인 결점이나 가장 상처받기 쉬운 점이라는 의미로 사용한데 이어 발뒤꿈치의 근육이름을 아킬레스건이라는 의학적인 용어까지 만들어 냈다.

[그림 21-2]

제22곡 (제5-6원) 버질(Virgil)과 스타티우스(Statius)의 대화

개요

- 어찌 탐욕의 죄에 빠졌는가(1-24)
- 낭비의 죄로 여기 왔노라(25-54)
- 누가 너를 기독자가 되게 했는가(55-93)
- 나의 시인친구들이 어디 있느냐(94-114)
- 생명나무의 분신(115-154)

[그림 22-1 탐욕의 5대지에서 탐심의 6대지로]

줄거리

부활주일(4/12) 오전 11시경, 제 5둘레와 제 6둘레에서 생긴 이야기 이다. 두 시인은 5 번째 둘레를 지나 스타티우스(Statius)와 함께 6 번째 둘레로 올라간다. 거기서 자유의 천사는 단테의 이마에서 다섯 번째 P(탐욕)를 지워준다. 그리고 '의에 목마른 자들이 복 되도다(마태복음 5:6)'라고 축복하고 떠난다. 베르길리우스는 림보에 내려온 유베리날리스를 통해서 스타티우스의 자기에 대한 사랑과 존경을 듣고 그에 대해서 친밀감을 느꼈다고 말해준다(16-18행). 이어서 베르길리우스는 예지의 사람 스타티우스에게 어찌하여 탐욕이 그 속에 깃들일 수 있었는지 첫 번째 질문을 한다(19-24행). 스타티우스는 자기의 죄는 탐욕이 아니고 낭비의 죄라고 답한다(25-36행). 두 죄는 상반되는 것이나 연옥에서는 같은 둘레의 언덕 위에서 함께 정화되는 것이라고 답변한다(52-54행). 이 말을 듣고 베르길리우스는 스타티우스에게 입신의 동기를 묻는다(61-63행). 그가 기독교에 관심을 갖게 된 것은 베르길리우스의 메시아적 예언시 때문이라고 말한다. 세례를 받고 기독교인이 되었으나 박해가 무서워서 그의 믿음을 고 비밀로 했기 때문에 제4 둘레의 언덕에서 400년 이상(91행)을 보냈다고 한다. 이어서 스타티우스는 베르길리우스에게 림보에 있는 로마 그리스 시인들의 안부와 테바이스와 아킬레스 두 작품 안의 인물들의 사후 처소에 대하여 묻는다. 두 시인과 단테는 6번째 둘레 꼭대기로 올라간다. 거기서 향기롭고 맛좋은 열매 맺은 한 그루의 나무를 본다. 그 나무 아래서 절제의 예를 들으며 훈계의 소리를 듣는다(130-154행). 이 부분은 23곡의 서막이다.

해설

1. 어찌 탐욕의 죄에 빠졌는가?(1-24행)

천사는 3시인을 여섯 번째 둘레로 인도하고 단테의 이마에서 5번째의 P(탐욕의 죄)를 지운다. 그리고 천사는 의에 목마른 자들을 축복하고 사라진다. 단테는 두 시인의 뒤를 힘들이지 않고 따라 올라간다(1-9행). STITUNT는 목마르다의 뜻이다(마태복음 5:6). 베르길리우스의 스타티우스에 대한 말이다. 로마의 풍자시인 유베날리스(AD130년 사망)의 소개로 '너의 나에 대한 애정을 듣고 나 또한 너에게 친해졌노라(13-15행)라고 말한다. 이렇게 친한 사이가 되었으니 실례가 되겠지만 한 가지 물어 보겠다. 예지의 사람인 그대가 어떻게 탐욕의 죄에 빠졌는가?(22-24행). 시공을 초월한 사제지간의 너무나 아름다운 관계에 감동을 받는다.

2. 낭비의 죄로 여기 있었노라(25-54행)

여기서 스타티우스는 탐욕의 죄 때문에 제5둘레에 있었던 것이 아니고(34행), 낭비의 죄(43행) 때문 이었다고 답한다. 5백년에 1년 12달을 곱하면 6천번의 달이 바뀌는 동안 낭비의 죄 때문에 고통을 치룬 것을 이제 알았으리라고 말한다(34-36행). 스타티우스는 '오, 황금의 저주받은 갈증이여, 너 어찌 사람의 욕심을 못 다스리느뇨'(베르길리우스의 시, 아이네이스 3권 56-57행 인용)라는 말을 알아듣고 마음을 바로 잡지 않았더라면 나도 지옥(7곡 25행 이하)에 떨어져서 인색한자 와 낭비자가 서로 부딪히며 욕설을 했을 것이며(42행), 그 때에 자기는 낭비벽에 빠져있었으나 회개했다고 말한다. '무지는(46행)' 낭비(prodigality)가 죄인 줄 몰랐다는 뜻이다. '머리카락을 잃고 되살아날 자는(48행)' 최후의 심판 때 낭비자는 기념으로 머리털이 깍인 채 무덤에서 나온다 (지옥 7:56-57 참조).

태양이 나무와 풀을 동시에 말리듯 참회가 탐욕이든 인색의 죄를 씻는다. 탐욕과 낭비는 상반된 죄이나 같은 뿌리에서 나온 죄이므로 스타티우스는 탐욕자의 둘레에 있었다고 말한다(52-54행).

3. 누가 너를 기독자가 되게 했느뇨?(55-93행)

'목가의 가인(55행)'- 베르길리우스의 다른 저작의 이름이 목가이다. 목가를 노래한 사람을 가리킨다. 스타티우스의 전쟁시 '테바이스'에 나오는 이야기이다. 이오카스테는 비극의 주인공이다. 테베 왕 오이디푸스의 어머니이자 아들의 처가 되어 두 아들을 낳았다. 오이디푸스가 죽자 두 아들이 왕권을 놓고 싸우다 한 칼에 둘이 죽어 버린다. 이것이 '이오카스테의 두 겹 슬픔(56행)'이다. 이 시를 노래했을 때 스타티우스는 시의 신 '클레오'를 불러내어 기원하는 것을 보면(58행) 그때 까지 신앙인이 아니었다고 베르길리우스가 말한다. '선행에 있어야 할 그 신앙(59행)'이란 베르길리우스 자신의 상태를 반영하는 말이다. 선행은 했지만 신앙이 없었기에 자신은 림보에 가있게 된 것이다. '태양'은 신의 계시이고,'촛불'은 지상의 빛을 가리킨다. '고기잡이'는 사람을 낚는 어부(마태복음 4:18) 즉 사도 베드로를 가리킨다. 파르나소스(64행)는 북 그리스의 연산으로 아폴로와 무사이 들이 살고 있는 산으로서 시의 샘물을 마시게 한 분은 베르길리우스 였으며, 그의 메시아적 예언시(에로기아)가 자기로 하여금 기독자가 되게 했다(73행)고 말한다. '무궁한 왕국의 사자들(76행)'은 예수의 사도들 이다. 스승의 예언의 시는 사도들의 전하는 설교와 일치했고 그 후 그들을 자주 만났다고 한다. 더욱이 그들의 바른 삶은 기독자들을 신뢰하게 했다. 도미티아누스(재위 AD 81~96) 황제의 박해로 기독자들이 고통을 받고 눈물을 흘릴 때 마다 자신도 울었다고 한다(83행). 자신의 전쟁 시 '테바이스'를 다 쓰기 전에 세례를 받았으나 박해 때문에 익명의 신자로 있었다(88-90행). '미지근함(92행)'은 신앙의 태만을 의미하며 이 죄 때문에 400년 이상 제4의 나태자의 둘레에서 벌을 받았다. 베르길리우스의 예언 시와 사도들의 언행일치의 삶이 그를 신앙의 길로 인도했다. 스타티우스의 회심이야기에선 예수님을 어떻게 만났다는 핵심이 빠져있다.

4. 나의 시인들이 어디 있느뇨?(94-114행)

'큰 보화(94행)'는 신앙이다. 스타티우스는 스승에게 그가 알고 있었던 라틴 시인(97-102행)이며, 그리스 시인(106-108행) 및 자기의 작품 속에 나오는 인물(109-114행)들이 사후 어디에 있는지를 물었다. 베르길리우스는 그들이 지옥1환 림보 지옥에 있다고 대답한다. 저들은 희극시인, 풍자시인들이었으며 기원전 2세기에서 기원1세기에 살았던 자들이었다. '그 그리스 인'은 호머이다. 호머는 수많은 시인들을 낳고 젖으로 기른 시의 유모이자 어머니였다. 호머는 베르길리우스의 유모였고, 베르길리우스는 단테의 유모였다. 에우리피데스(BC 480-406년)는 그리스 3대 비극시인의 하나이고, 안티폰(연대 미상)은 그리스 아티카의 비극 서사시인, 시모니데스(BC 556~468)는 서정시인이며 돈을 받고 노래한 최초의 그리스 시인 이다(106-108행). 아가톤(BC 448~401년)은 아테네 출신의 비극 시인이다. 세 번째 그룹이 스타티우스의 시 테바이스 혹은 아킬레스에 등장하는 인물들 8명이다. 지옥 4곡에는 여러 분야의 선량한 혼들을 나열해두었는데 여기서는 시인들의 이름만 거명하고 있다. 왜 시인들을 이렇게 많이 거명하고 있을까?

5. 생명나무의 분신(115-154행)

때는 오전 10시에서 11시 사이, 단테는 두 시인의 뒤를 따라 오르며 시에 대하여 주고받는 이야기를 들으며 글 짓는 묘리(129행)를 터득한다. 제 6둘레의 언덕을 다 올라 왔을 무렵 갑자기 이야기가 그쳤다. '한 그루 나무(132행)'를 본다. 에덴동산의 생명나무의 분신이다. 원추형을 뒤집어 놓은 모양의 이상한 나무이다. 향기롭고 맛좋은 열매가 맺어있다. 아무도 올라갈 수 없게 되어있다. 여기서부터 23곡을 준비하고 있다. 폭식의 죄를 정화하는 상징이 이 나무이다. 이 열매를 따먹지 말라는 소리가 나뭇잎 속에서 들린다(140-141행). 소리는 계속 나온다. 탐식자들에 대한 책망이며 훈계의 말이다. 마리아(요한 2장)가 저번에는 같은 말씀을 가지고 자애의 예를 들었으나 여기서는 절제의 본보기로 나온다(142행). 고대 로마의 여인들은 술을 마시지 않았으며, 다니엘(다니엘 1:3 이하)은 육식을 삼가고 채식을 하여 왕의 꿈을 해몽하는 지혜를 얻었으며(146행), 원시의 황금시대는 과일과 실개천의 물을 거룩한 술처럼 마셨다. 그리고 세례요한은 광야에서 석청과 메뚜기를 먹고 살았다(마태복음 3:4).

 베르길리우스의 메시아 예언 시(에로기아 4, 5권 5-7)는 사도들의 가르침을 이해하는 세례요한의 역할을 했고 제자들의 언행일치의 삶이 그를 신앙의 길로 인도했다. 언행이 일치하지 않는 설교가 수많은 쭉정이 신자를 양산했다. 스타티우스가 예수를 그리스도로 고백했지만 담대하게 드러내지 못했기 때문에 오랜 세월 죄를 씻는 고통을 겪었다. 크리스천이 된다는 것은 목숨을 거는 일이다. 오늘의 기독자들 중에는 함량미달의 저질품이 많다. 기독자가 된다는 것은 무엇을 의미하는 것일까? 나 스스로에게 던지고 싶은 질문이다.

제23곡 (제6원) 탐식 / 포레세 도나티(Forese Donati)

개요

- 버질의 재촉(1-6), 단테는 두 시인을 따라간다(7-9)
- 탐식자들의 정화(10-36): 단테의 물음에 답함(10-15), 무리들이 우리를 지나침(16-21), 탐식자의 모습(22-36)
- 단테와 포레세의 대화(37-75): 포레세의 얼굴을 알아냄(37-48), 서로 말하기 원함(49-60), 나무의 능력(61-75)
- 너 어찌 여기 있느냐(76-117): 단테의 질문(76-84), 포레세의 답변(85-93), 포레세의 예언(94-114), 단테 버질의 역할과 스타티우스를 말해줌(115-133)

[그림 23-1 Among the gluttons]

줄거리

두 시인과 스타티우스가 함께 6번째 둘레에 올라가는 도중, 단테가 생명나무의 푸른 잎을 넋을 잃고 바라보고 있을 때 베르길리우스는 정해진 시간을 낭비하지 말고 유용하게 쓰라며, 갈 길을 재촉한다(6행). 그때 'Labia Mea Domine(주여! 내 입술을 여소서, 시편 51:15)'를 울며 노래하는 소리가 들린다. 단테는 이 말이 무엇을 뜻하는지 몰라 스승에게 묻는다. 스승은 '그림자[靈魂]들이 자기들의 진 짐[罪]의 매듭을 풀며[悔改]간다'고 설명한다. 그들이 지나가면서 단테 일행을 바라보는데, 단테가 그들의 몰골을 보니 눈알은 움푹 꺼져 쑥 들어가 있고, 창백한 얼굴은 해골같이 뼈만 남아있다(22행). 배고픔을 견디지 못해 제

살을 먹었다는 에리시크톤도 이처럼 험하게 보이지는 않았으리라고 생각하며, 단테는 무엇이 이들을 이렇게 야위고 말라비틀어진 뼈 가죽만 남게 했단 말인가? 궁금해 한다. 그때 '이게 웬 은혜인가'하며 반갑게 맞이하는 한 영혼이 있는데, 단테는 그의 몰골을 보고는 알 수 없었으나, 목소리를 듣고 그가 단테의 처의 먼 친척으로 교분이 있었던 포레세 도나티(Forese Donati)임을 알게 된다 (48행). 단테는 그가 죽었을 때 눈물을 많이 흘렸는데 이제는 더 이상 슬픔이 없을 줄 알았는데, 어떻게 이 모양으로 변했는가? 네 모습을 보니 더 고통스러워 또 이렇게 울게 되는구나. 무엇이 네 살을 벗겨 냈는지를 말해보라고 한다. 포레세는 하나님의 뜻으로 말미암아 힘이 내리니 이렇게 말랐노라고 말한다(61-63행). 이 영혼들은 모두 다 세상에서 탐식을 일삼은 탓으로 여기서는 굶주림과 목마름으로 그 죄를 정화하는 과정임을 말해준다. 열매와 잎새 위에서 퍼지는 향기로운 냄새가 우리의 목마름과 먹고 싶은 욕망을 불타게 하고 그 자리를 맴도는 것이 한번 만이 아닌데, 우리는 이 노정을 위로라고 말해야 옳지만, 나는 차라리 고통이라고 말하게 되는구나. 그러나 예수님이 십자가에 달려 우리 죄를 대신 지실 때 '엘리엘리 라마 사박다니(Eioi, Eloi, lama sabachthani? 나의 하나님, 나의 하나님, 어찌하여 나를 버리셨나이까?)'하시며 하나님의 뜻에 따라 기쁜 마음으로 십자가의 죽음을 택하신 것처럼 우리 영혼들도 하나님의 뜻을 받아들여 이 고행의 길을 기쁘게 행한다고 포레세가 말한다(64-75행). 그런데 너 죽은지가 5년이 넘지 않은 것 같은데 어떻게 여기까지 왔는가(76-84행)? 그것은 그의 처 넬라(Nella)가 그를 위해 헌신적 기도로 흘린 눈물의 강이 기다림의 언덕에서 그를 끌어당겼다고 말한다(88-90행). 그리고 그는 예언한다. 무절제한 피렌체의 여자들이 가슴과 젖꼭지를 내놓고 다니는 것이 강대상(100행)에서 금하게 될 것이라고 말한다. 이때처럼 풍기문란으로 몸을 가리도록 영적으로 규율이 필요한 적이 없게 되며, 하늘이 마련한 것[災殃]을 미리 알았다면, 저 수치심 없는 계집들이 자장가 소리에 고이 쉬는 놈의 볼 앞에서 울었을 것이라고 말한다(106-111행). 단테는 이승에서 베르길리우스를 통하여 지옥을 거쳐 여기까지 오게 된 경위를 포레세에게 들려준다(118-133행).

해설

1. 탐식자들의 회개(1-9, 10-36행)

생명나무의 분신인 잎사귀를 보며 생각에 골몰할 때, 정해진 시간을 쪼개어 써야한다는 스승의 말씀을 듣고, 단테는 두 시인의 뒤를 따라 올라간다(1-9행). 기쁨과 아픔을 해산하는 노래(Labia Mea, Domine, 내 입을 열어 당신을 찬양 하나이다. 시편 51:15)가 들린다. 식탐자들의 회개의 기도 소리이다. 입은 먹고 마시는 기관일 뿐만 아니라 하나님을 찬양하는 수단이다. 피골상접의 이승 탐식자들이 여기서 고통을 치르는 장면을 묘사하고 있다(22-33행). '에리시크톤(25행)'은 오비디우스의 '변신'에서의 인용으로서 여신의 숲에서 떡갈나무를 찍었기에 노를 사서 끊임없는 기갈에 시달리다 자기의 사지를 뜯어먹었다. 이들은 에리시크톤 보다 더 하다고 말한다. 유대 여인 마리아는 기원 70년 티투스가 예루살렘을 포위했을 때 배가 고파 자식을 먹었다. 여기 이들이 당시 그들의 상황과 비슷하다(28-30행). 그들의 눈자위는 보석이 빠져버린 반지와 같아서 O자와 비슷하고, 눈썹과 코는 M자와 비슷하니 그들의 얼굴을 OMO(32행)로 표기한 것이다. 단테는 무엇이 그들을 저토록 굶겼는지 궁금해 한다(39행). 아파만 하는 곳이 지옥이라면, 울면서 노래하는 곳이 연옥이다. 크리스천의 삶은 이 양면성을 가진다.

2. 위로를 괴로움이라 하는구나(37-75행)

　탐식자의 무리 중에서 단테는 아내 젬마의 먼 친척이며 단시를 주고받았던 포레세를 알아본다. 현재 6편의 시가 남아있다고 한다. 포레세는 1296년에 죽었다. 포레세는 단테에게 그와 함께한 두 영혼이 누구인지 말해달라고 한다(40-58행). 포레세는 자기가 이렇게 마르게 된 이유를 설명하며, 여기 있는 혼들은 과음, 과식의 죄를 주림과 목마름으로 씻는다고 말한다(64-66행). 열매와 잎새에서 나는 향내가 영들의 갈증과 식욕을 불타게 한다. 그리스도의 십자가상에서의 고난이 영광을 가져왔듯이 이들의 고통도 위로라고 해석한다. 회개의 고(苦)는 기쁨을 가져다준다. 고진감래의 결과는 성화의 특징이다.

3. 너는 어찌 여기 있느냐?(76-133행)

[그림 23-2 포레세와 단테의 만남]

포레세가 1296년에 죽었고 단테의 삼계 여행이 1300년에 시작되었으니 아직 5년이 안 되는 짧은 기간이다. 임종 전까지 회개를 미뤄왔던 자들은 생전에 회개지연의 시일만큼 연옥문 밖에서 지내야 한다. 단테는 포레세에게 어떻게 전연옥에서 5번째의 둘레를 지나 여기까지 오게 되었느냐고 묻는다. 초고속 승진을 의아하게 생각한 직장동료들이 묻는 것 같이...' 재혼(79행)'은 하나님과 구원 얻은 영혼의 결합을 의미한다. '복스러운 시름의 때(moment of sweet grief)'죽음의 순간은 슬픔과 기쁨의 두 얼굴을 갖고 있다. 포레세는 아내 넬라의 기도 덕분에 여기 빨리 오르게 되었다고 한다. 혼자인 그녀가 아이를 양육하며 외로운 가운데서의 기도를 하나님이 받으셨다(85-93행). 기도의 후원자를 가진 자의 축복을 본다. 성공자와 위인들의 배후에는 훌륭한 어머니, 아내 혹은 스승이 있다. 포레세는 경건한 아내를 생각하며 가까운 장래를 예언한다. 피렌체의 풍기문란한 여인들을 신랄하게 비판하며 교회의 강단에서 그들의 심한 의상노출에 대한 금지령이 내릴 것이라고 말한다. '하늘이 저들에게 마련한 것들(106행)'은 1300년 이후의 여러 가지 재난이다. 1301년 '발로아의 샤를'의 침공, 1302년 기근, 1303년 성무정지 그리고 1315년엔 피렌체의 패배이다. '자장가 소리에 고이 쉬는 놈의 볼에 수염이 채 나기도 전에(109-110행)' 는 애기가 사춘기가 될 때까지의 15년간(1300~1315년)이다. 1315년 이전에 저들은 슬픔을 겪을 것이라는 뜻이다. 단테는 육체를 지닌 채 여기까지 온 여정과 앞으로의 여행 계획을 포레세에게 다 말해준다(118-130행). 이 여행은 하나님의 뜻에 의한 것이며, 베르길리우스가 단테의 이승과 지옥문 사이를 헤매고 있을 때(4/8) 그를 끌어내어 깊은 밤 지옥을 거쳐 여기 연옥까지 왔으며, 베르길리우스의 임무는 베아트리체가 있는 곳까지이다(121-129행). '그 어느 날(180행)'은 1300년 4월 8일이다. '누나가 동그란 모양'은 만월이다. '깊은 밤 속을 거쳐(122행)'는 지옥여행을 가리킨다. '진정 죽은 자들'은 몸뚱이와 하나님을 잃은 자들이다. '너희를 바로 잡는 산(124-125행)'은 연옥 산이다. '베아트리체가 있다는 그리

(127행)'는 천국이다. 3계 여행의 주인공은 단테 자신이나 베르길리우스의 안내 없이는 절대 불가능한 것이었다. 53행의 '저 두 영혼이 누구인지 바로 말해다오'에 대한 답변이다. 한 분은 베르길리우스이고 한 분은 최근 정화를 끝낸 스타티우스이다.

제24곡 (제6원) 탐식자들 / 두 번째 나무

개요

- 탐식자들을 바라봄(1-33): 행복한 상태(1-6), 피카르타가 있는 곳을 말하라(7-12,13-33)
- 루카의 보나준타(34-69): 단테 보나준타를 택하여 말하게 함 (34-48), 보나준타와의 대화(49-69)
- 포레세의 예언(70-99): 직유(70-81), 코르소의 죽음 예언 (82-90), 포레세 단테를 앞서 감(91-99)
- 두 번째 나무 소리(100-154): 탐식의 예(121-126), 세 시인이 걸어감(127-135), 절제의 천사(136-154)

[그림 24-1 발걸음을 재촉하며 포레세와 대화하는 단테]

줄거리

　아직도 6번째 대지이다. 단테와 포레세의 대화는 계속 중이다. 포레세는 지금 천국에 있는 누이 피카르타(Picarda)에 대하여 말하고 있다. 그리고 동료들의 이름을 가리킨다. 그들 중엔 보나준타가 있다. 그는 단테를 동료시인으로 인정하고 그에게 피렌체의 서정시학파(Lyricist)의 감미로운 시풍에 대하여 묻는다. 그리고 투르(파리 서남에 있는 고을)의 교황 마틴 5세(23행), 우발딘 (오타비아노 추기경의 형제), 보니파스(라벤나의 대주교1274-1294), 메셀르 마르케세(포를리 가의 일원, 1296 大飮酒家) 등을 소개한다. 그들은 생전에 모두 포식자들 이었다(1-33행). 단테는 이들 중 루카의 보나준타를 대화의 상대로 택한다. 보나준타는 단테에게 '사랑을 잘 아는 아씨들이여(Ladies who have intelligence of love)'로 시작하는 새로운 시형을 일으킨 그 이신가라고 묻는다(49-51행). 이 구절은 단테의 애정시〈신생(Vita Nuova,1293-4)〉의 서두 묘사이다. 신생(Vita Nuova)은 단테가 베아트리체에게 바친 시와 산문으로 혼합된 31편의 노래이다. 여기서 그는 에로스(Eros) 아닌, 순수 사랑의 시형을 사용했다. 신곡을 쓴 단테의 영감은 이 사랑에서 온 것이라 한다. 그는 최상의 선과 하나님의 목적에 일치하는 글을 썼다(52-54행). 간단한 토론을 마치자 혼령들은 모두 걸음을 재촉한다.

포레세만 남아서 단테와 더 이야기를 나눈다. 단테는 고향의 타락상을 탄식한다(79-81행). 포레세는 단테의 말을 받아 몇 마디 예언을 하고 떠난다. 단테와 두 시인(Virgil, Statius)은 두 번째 나무를 본다(103행). 그 속에서 탐식의 실례를 들려준다. 나무에서 '가까이 오지 말고 그냥 지나가거라(115행)'는 소리를 듣는다. 저주받은 자들(122행)은 반인반마의 켄타우로스(Centaurs)들이다. 단테는 저들을 '구름의 아들(121행)'이라 부른다. 결혼식장에서 술을 퍼마시고 신부와 다른 여인들을 납치하려했다. 그래서 테세우스에게 죽임을 당했다. 또 다른 탐심의 예는 구약 사사기에서의 인용이다. 미디안과의 싸움에서 기드온은 얼굴을 대고 물을 마시던 자들을 뽑지 않았다. 조심스레 사방을 살피며 손으로 물을 들어 올려 마신 300명의 정예를 뽑아 싸움에서 승리했다. 세 시인은 생각에 몰두하다가 천사의 책망(133-135행)을 듣는다. 아마도 그들은 앞서 나눈 시에 생각을 집중한 듯하다. 그들의 1차 목적인 산을 오르는 것을 잊은 듯하다. 천사의 안내를 받고 다시 산을 오른다. '의에 주린 자는 복되도다.'(마태복음 5:6)라는 음성을 듣고.

해설

1. 대식가들을 바라 봄(1-33행)

단테와 포레세의 대화는 마치 순풍에 밀리는 배와 같이 미끄러웠다(talking and walking). 두 번 죽은 것만 같은 몰골의 기아자들이 단테를 주목한다. 포레세에게 누나 피카르타의 안부를 묻고 이곳의 영혼들을 소개해 달라고 한다 (1-12행). 피카르다는 수녀였으며 재색겸비(virtuous/lovely)의 그녀는 지금 천국의 월천에 있다고 한다(천국 3:34 이하 참조). 올림포스는 그리스 북부에 위치한 산으로 신들이 사는 곳이다. 기독교의 올림포스는 천국이다. 왜 피카르타의 안부를 물었을까? 포레세는 보나준타(13세기말, 청신파 시인), '성교회를 그 팔에 안아보았다(22행)' 는 교황 마르틴4세(1281~1285 재위)를 가리킨다. 그는 볼세나 호수의 뱀장어를 포도주에 넣어 취하게 한 다음 구워먹었다고 한다. 그도 포식가였다. 지금 여기서 그도 속죄를 하고 있다(19-24행). 지옥에선 거명되는 것을 싫어했으나 연옥에선 모두 좋아했다(27행). 피사의 대주교 루지에리(지옥 33:15)의 아버지 우발딘 달라 필라와 추기경(1274~1294, 재위) 보니파티우스의 굶주리는 모습을 본다. 그리고 대음주가 마르케세(1296년, 피엔차의 장관)를 본다. 교황, 추기경, 대주교 등 고위성직자들이 양들을 먹이는 일보다 마시고, 자신의 배를 채우기에 급급하다가 여기서 속죄하는 모양이 충격적이다.

2. 루카의 보나준타(Bonagiunta) (34-69행)

기아자들 중에 루카의 시인 보나준타가 단테에게 말을 걸려하여. 대화가 시작된다. 13세기 후반에 이탈리아의 시단에 시칠리 파와 교훈파가 있었는데 양파 모두 시형, 시풍에 독창성이 없었을 때 단테와 친구들이 신풍을 일으켰다. 보나준타는 신파의 대표적 시인이었다. '정의의 고통을 그들이 겪는 거기(38

행)'는 음식으로 범한 죄를 씻으려 가장 고통을 당하는 입안을 가리킨다. 그의 입안에서 '젠투카(39행)' 라는 말을 단테는 듣는다. 아마도 젠투카는 단테의 유랑 중 그를 돌보아준 여인 인듯하다. 그녀는 1300년에는 아직 결혼하지 않았다. 보나준타는 '루카'가 정치적 부패로 이름난 도시였기에 사람들이 헐뜯기는 해도 너는 가까운 장래에 이 여인의 친절을 생각하고 마음에 들리라'고 말한다 (43-45행). 보나준타는 단테의 '신생(Vita Nuova)'의 서두 1절인 '사랑을 잘 아는 아씨들이여!'를 인용하며 신파의 시형을 시작한 분인가(49-51행) 라고 인사한다. 단테가 자기 시에 대하여 간단히 설명한다(52-54행). 보나준타는 단테의 새로운 시형에서 매듭(knot)을 풀었다고 칭찬한다(55-63행). 두 시인의 시론이 끝나자 '거기 있던 모든 사람도 죄를 씻으려는 소원 때문에 다시 걸음을 빨리 했다(64-69행)

3. 포레세의 예언(70-99행)

무리들을 앞서 보내고 뒤에 쳐진 포레세는 단테에게, '내 언제나 그대를 다시 보게 될꼬(75행)' 라 말하고 이별을 예고한다. 단테는 "얼마를 더 살지 모르나 죽어서 다시 연옥 해안(강둑)에 언제 올지 모른다"고 답한다. 돌아가서 살아야 할 피렌체의 서글픈 장래를 슬퍼한다(76-81행). 피렌체에 화를 자초한 사람, '죄가 많은 자(83행)'는 코르소이다. 그는 포레세의 형제이며, 단테의 적이고 흑당의 수령이었다. 1308년에 그는 반역죄로 도망치다가 말에서 떨어져 밟혀 죽는다 (82-87행). 1300년에 일어날 불길한 장래를 예언한다. '죄 사함이 없는 계곡(84행)'은 지옥이다. 연옥에선 시간이 소중하다면서 포레세는 단테를 떠났으므로, 두 장수 베르길리우스와 스타티우스를 모시게 되었다(91-99행).

4. 두 번째 나뭇 소리(100-154행)

[그림 24-2 '가까이 오지 말고 그냥 지나가거라'고 말하는 두 번째 나무]

포레세가 3시인의 앞에서 까마득히 멀어질 무렵, 그의 예언의 말도 정신에서 몽롱해진다. 이때에 또 하나의 열매달린 나무를 본다. 이 나무 역시 기아자들이 달라 해도 그들의 애원과 눈물을 박차 버린다. 3시인은 큰 나무 밑으로 들어선다 (100-114행).

나무속에서 '가까이 오지 말고 그냥 지나가거라(115행)'는 소리를 듣는다. 익시온(Ixion)과 구름사이에서 태어난 켄타우로스(半人半馬)들이 결혼식에서 난동을 부리다가 테세우스에게 패배를 당했다는 2번째 소리를 듣는다(121-123). 기드온이 미디안과 싸울 때, 물에 기갈 들어 무릎을 꿇고 마신 자들은 용사로 뽑지 않고, 손으로 물을 떠서 사방을 살피던 병사들을 뽑았다는 3번째 소리를 듣는다. 이렇게 탐식의 죄를 들으면서 단테와 두 시인은 벼랑의 안쪽에 붙어서 길을 따라간다(115-129행).

세 시인이 깊은 생각에 잠겨 길을 걸어가고 있을 때 7째 둘레의 천사의 소리를 듣는다. 천사는 길을 안내해주고, 단테의 이마에서 6번 째 P자를 지운다. 큰 은혜를 받았기에 식욕을 적절히 조절할 수 있게 되었으며 '의에 주린 자는 복이 있다'는 천사의 소리를 듣는다(130-153행). 단테는 천국을 향해가는 나그네이다. 이것이 여행의 제1목표이다. 보나준타와 좋아하는 시에 대한 담론을 주고 받았으나(49-62행) 이것은 2차적인 것이다. 24곡에서 여러 번 간다, 오른다, 지나간다는 동사가 반복된다. 단테와 포레세가, 버질과 스타티우스도 걸어가면서 문학과 시를 논하고 있다. 아리스토텔레스의 소요학파의 영향을 받은 듯하다고 하라모토 아키라(原基晶)는 말했다. 나뭇 소리를 들으며 3 시인이 생각에 빠지자 천사에게서 책망을 듣고 오르는 본래의 일에 집중한다. 예수께서도 하나님께로부터 보냄을 받고 구원사업에 집중했다. 우리 인생의 1차 목표는 하나님께로 가는 것이다. 탐식의 혼들을 만나는 것도 포레세, 보나준타와 이야기를 나누는 것도 중요하다. 그러나 이것들은 모두 막간에 불과하다. 나의 달려 갈 길에 매진하는가를 물어본다.

제25곡 (제6-7원) 스타티우스(Statius)의 강론

개요

- 산협을 오르는 3시인(1-33): 별자리(1-3), 직유/질문(4-15), 스타티우스로 답변케 함(16-33)
- 인체 형성및 영혼의 형성(34-78): 혈액의 작용(48-60), 생물에서 인간이 되어가는 과정(61-78)
- 사후 영혼 상태(79-108): 사후 영혼이 육체에서 분리, 테베레강에 이름(79-87), 야위게 된 까닭(88-108)
- 음란죄를 정화 받음(109-139): 제7대지에 오름(109-120), 정결의 실예와 애욕의 정화(121-139)

[그림 25-1 불길 속에서 애욕의 죄를 정화하는 망령들]

줄거리

    4월 12일 오후2시경, 세 시인이 6 대지(둘레)에서 일렬종대로 일곱째 둘레의 협착한 계단을 향하여 오른다(8행). 층계를 오르며 단테는 앞서 본 식탐의 죄를 씻는 무리들에 대하여 질문하고 싶었으나 포기한다(13-15행). 스승 베르길리우스가 질문하도록 오히려 도와준다(17-18행). 단테는 몸도 없는 그림자뿐인 망령들은 먹지도 않을 텐데, 이렇게 야위어 있느냐고 묻는다(21행). 간단하고도 은유적인 말을 마친 후 베르길리우스는 스타티우스로 하여금 답을 하게 한다(28-30행). 스타티우스는 아리스토텔레스의 인간생성의 이론과 아퀴나스의 교리를 바탕으로 해서 영혼의 몸에 대한 관계를 설명해 준다. 몸의 형성과정과 혼이 태아 속으로 들어가는 내용을 설명한다(61-72행). 그리고 사후 영혼이 육체로부터 풀려 나온 후(79행), 지체 없는 영혼이 어떻게 희로애락의 감정을 가지며 말하는지를 설명해 준다. 스타티우스의 설명이 끝나자, 3 시인은 마지막 제7 둘레에 이른다(109행). 여기서는 애욕의 죄를 씻는다. 거기서 그들은 절벽의 안쪽에서 밖으로 내 쏘는 불꽃을 본다. 길의 가장자리에서는 바람을 일으켜 불꽃을 되돌려 작은 길을 틔어준다. 그래서 그들은 둘레의 맨 가장자리를 따라 걸을 수밖에 없었다. 불길 속에서 단테는 '지극히 자비하신 주여,'라는 찬양의 소리를 듣는다(121행). 그리고 불길 속에서 애욕의 죄를 정화하는 자들의 혼을 본다. 노래가 끝나자 그들은 함께 성처녀 마리아의 순결의 덕을 찬미한다(127-129행). 부드럽게 곧 그들은 여신 디아나의 집요한 처녀성을 노래한다. 그들은 또한 덕스런 결혼생활을 한 아내와 남편들을 칭송한다(135행).

해설

1. 산협의 층계를 오르다(1-33행)

3 시인은 6째 둘레에서 7째 둘레의 좁은 산협을 끼고 일렬종대를 지어 오르고 있다. 단테는 제6둘레의 탐식의 혼들이 음식이 필요 없는데도 왜 그렇게 야위어 있는지를 알고 싶어 한다. 베르길리우스가 그의 마음을 읽고 질문하게 한다(1-18행). 별자리(금우궁, 천갈궁)의 배열에 따라 시간을 나타낸다(1-3행). 필연에 의한 등반이기에 위험에도 불구하고 오른다(4-9행). 묻고 싶은 단테의 마음을 보금자리를 떠나 날개를 폈다가 접는 황새새끼에 비유한다(10-15행). 마음을 항상 깊이 읽어내는 스승이 제자로 하여금 질문을 하게한다(16-21행). 훌륭한 리더의 자질을 본다. 자기 말만 하기에 급급한 자는 미련한 리더이다.

베르길리우스는 이 문제에 대하여 짧게 은유적인 말을 한 다음 스타티우스로 하여금 이 물음에 답변하도록 한다. 멜레아그로스의 목숨을 좌우하는 힘은 음식 외에도 있다는 〈변신〉의 이야기를 알면 너의 질문은 쉽게 풀린다. 음식물이 아니더라도 야위게 하는 무엇이 있다는 암시(23행)이다. 그가 숙부를 죽였으므로 어미가 숨겨둔 나무를 불 속에 던졌다. 그가 죽었다는 신화를 인용한다. 사후의 영혼과 육체를 연결하는 것을 보지 못하더라도 영체는 영혼의 움직임을 따른다는 주장이다. 탐식자의 경우 영혼의 굶주림은 영혼을 둘러싼 대기에 투사(거울에)된다는 것이다. 영혼의 실상이 거울 같은 영혼에 비친다(22-27행). 멜레아그로스와 거울의 은유를 알면 문제도 풀릴 것이라고 말한다.

2. 인체 형성 및 영혼의 생성(34-78행)

스타티우스는 아리스토텔레스의 '동물 발생론(Generation of Animals)'과 토마스 아퀴나스의 교리를 바탕으로 인체의 형성과정으로부터 영혼의 창조까지를 설명한다. 현대의 독자에게는 난해하고 생소하나 이것이 단테 당시의 과학, 철학 그리고 신학을 반영하고 있다는 점에서 참고할 가치가 있다. 기원전 4세기의 아리스토텔레스의 학설을 13세기의 신학자와 단테가 믿고 있다니 놀라운 일이다. 혈액의 흐름은 위, 간, 심장, 사지의 4단계 흡수 과정을 거치며, 혈액은 불순에서 순수해진다고 한다. 가장 순수한 피가 심장과 뇌에 영양을 공급하고, 남성의 피가 '자연의 그릇(45행)'인 자궁 안으로 들어가서 정자가 된다(38-45행)는 것이다. 남성의 정액 중엔 '능동의 힘(52행)'이 있고, 태아는 식물적 혼의 성장기능이 있고, 동물적 감각기능으로 발전하여 지적기능을 통하여 인간이 된다. 뇌의 조직이 완성되자(69행), 신은 새 영혼을 불어넣는다(70-72행)고 했다. 이 영혼은 이리하여 살고(식물) 느끼고(동물), 지적활동을 한다. 여기서 논리적 설명을 그치고 시적표현으로 비약한다.

태양열을 하나님의 영으로, 포도즙을 동물성의 힘으로, 술을 새로운 인간성으로 직유하고 있다.

3. 사후 영혼의 상태(79-108행)

스타티우스의 강론의 계속이다. 사후 육체에서 풀려난 영혼은 인간적(식물적/동물적)기능과 신적인(지적)기능을 가진다. 전자는 감퇴하나 후자는 전보다 더 왕성해진다(Mark Musa, 79-84행). 지옥의 영은 아케론강 언덕으로, 연옥 행 영들은 테베레 언덕으로 간다(86행). 거기서 혼은 기체와 어울려 생시의 육체와 같은 형성 작용을 한다. 비를 머금은 공기가 다른 빛살들로 인하여 무지개 색을 내는 것과 같다(88-93행)는 것이다. 영을 둘러싼 기체도 그 안의 영혼의 힘이 프린트 하는 대로 모양을 드러낸다(94-96행). 이리하여 불(영혼)이 움직이는 대로 불꽃(영의 그림자)도 따라다니게 된다(97-99행). 여기서 육체도 없는 혼들이 지상에서처럼 말도 하고, 웃기도 하고, 한숨과 눈물을 가지기도 하는 이유를 설명했다. 최후의 심판 때 영과 육이 재결합한다는 것이 성서의 교리이다. 이 부분은 단테의 발명이라고 한다(100-108행).

4. 음란죄의 정화(109-139행)

좁은 계단을 오르는 동안 스타티우스의 육체에서 영혼의 발생, 사후영혼의 상태에 대한 긴 강론이 계속되었다. '마지막 굽이(109행)' 즉 제7둘레는 사음의 죄를 정화하는 곳인데, 세 시인이 여기에 올라왔다. 언덕길의 절벽 쪽에서 밖으로 불꽃을 내쏘고 길의 낭떠러지 쪽에서 바람을 위로 일으켜서 불길을 되넘겨 한 가닥 길을 틔어 주었다. 세 시인은 하나씩 초긴장의 걸음을 걸어갔다. 스승은 주의를 준다. 아슬아슬하게 걸어 나가야만했다. 한쪽엔 불길이, 또 한쪽엔 낭떠러지 … 그 사이에서 '눈의 고삐'는 마태복음 5:28의 '여인을 보고 음욕을 품는 자마다 마음에 이미 간음한 자'를 뜻한다는 해석도 있다(112-120행). 불과 불길은 제7둘레의 성격을 나타내는 은유이다. 불은 욕정과 태움의 이중적 뜻이 있다. 불길 속에서 '지극히 자비한 주시여'라는 노랫소리와 그 속을 다니는 영혼들을 보면서 단테의 눈은 영혼들과 자신의 발목을 왔다 갔다 한다(121-

126행). 성가가 끝날 무렵' 그들은 '나는 남자를 알지 못한다(누가복음 1:34)'라는 소리를 듣는다. 순결의 첫 번째 실례는 마리아. 그 다음은 정결의 두 번째 예(130-132행)이다. 디아나는 제우스의 딸로서 수렵의 여신이었다. 비너스는 연애의 여신으로 여기서는 색욕의 뜻이다. 엘리체는 디아나를 섬기는 여신인데 비너스의 색욕에 감염되었다. 제우스에게 욕을 당하고 아들을 낳고 쫓겨나서 곰이 되었다. 여기서 혼들은 덕과 깨끗한 결혼생활을 한 부부를 찬미하였다. 7번째의 마지막 죄가 지워진다(133-139행).

25곡에서 단테는 스타티우스의 입을 통하여 연옥의 혼들이 어떻게 육체를 지닌 사람들처럼 말하고 행동하는가를 길게 강론했다. 혼들이 먹지 않는데도 야윌 수 있다는 설명이 결코 황당하지 않게 들렸다. 사실은 황당하지만… 그의 상상력에 압도당했다. 중세 스콜라 신학을 통하여 아리스토텔레스가 살아 숨쉬는 모습을 보고 경탄한다.

[그림 25-2 낭떠러지 아래 불길 속 정화를 보는 단테와 두시인]

제26곡 (제7원) 사음의 죄를 씻음

개요

- 구이도의 물음(1-24): 사음의 죄를 씻는 자들(1-15),
  너 아직 살아 있느뇨(16-24)
- 두 종류의 사음자(25-48): 동성애와 이성애(37-42),
  직유-두루미 떼(43-48)
- 나는 구이도(49-111): 단테의 자기소개(49-72),
  구이도의 말(73-96), 단테와 구이도(97-111)
- 구이도와 아르날도(112-148): 단테에게 기도를 부탁함
  (112-126, 127-148)

[그림 26-1 불꽃 속에서 사음의 죄를 정화하는 영혼들]

줄거리

세 시인은 제7 둘레에 있고 때는 오후 4-5시경이다. 불꽃 속에서 사음의 죄를 정화하고 있는 한 영혼이 단테에게 걸음을 멈추고 말해 주기를 요청한다. 이 세상의 육체 그대로 연옥에 와 있으니 그들의 주목을 끈 것은 당연하다(7-9행). 단테가 자신을 밝히려는데 반대쪽에서 오는 다른 무리들에 의해 방해를 받는다(25-27행). 두 종류의 무리들은 간단히 인사를 나누고 헤어지기 전에 사음의 실례를 소리높이 외친다(39행). 새로 온 무리가 '소돔과 고모라(창세기 19:1-28)'를 외치고, 다른 무리는 '파시파에(Pasiphae)'를 외친다(40-42행). 주위가 조용해 질 때 단테는 말을 청하던 사람들에게 자신의 여행목적을 말하고 그들이 누구인지를 알고 싶어 한다(64-66행). 처음에 질문했던 자(73행)가 단테에게 급하게 온 무리(76행)는 남색자들이였기에 '소돔(sodom)'을 외치고 갔고, 자기가 속한 무리는 이성간의 사음(heterosex)의 죄(82행)를 지은 자들이기에 '파시파에'라고 소리친다고 설명한다. 단테에게 말을 걸어온 자는 구이도 구이니첼리 라고 자신을 소개한다(92행). 단테는 그에게 존경과 애정을 표시한다. 그러자 구이도는 자기보다 더 훌륭한 시인을 소개한다. 그의 이름은 아르노(Arnault)이다(142행). 울며 노래하며 가지만 그는 앞에 올 기쁨을 바라고 즐겨 마지않는다(142-144행). 단테에게 구이도는 천주경(주기도문,130)을 아르노는 기도(147행)를 부탁한다.

해설

1. 구이도의 물음(1-24행)

때는 4월12일, 오후 4-5시경이다. 스승은 애욕의 죄(연옥 25:118-120)에 대한 훈계를 상기시킨다. 정화의 혼들은 단테의 그림자를 보고 몸을 지닌 사람임을 알아본다. 불길 밖으로 나오지 않으려 조심하면서도 그에게 접근해온다. '목마름(18행)'이란 단테의 육신에 대한 알고 싶은 열망이다. 예수를 만난 사마리아의 여인은 영혼의 갈증을 느끼자마자 계속 질문을 한다. 처음에는 갈증을 느끼지 못했다. 예수와의 대화를 통해서 자신의 진정한 갈증을 깨달았다(요한복음 4장). 지옥 혼들의 갈증과 연옥혼의 갈증은 다르다. 전자는 육적 갈애이고 후자는 진리를 향한 영적 갈증이다. 불속의 한 영혼(Guido Guinizzelli)이 단테에게 어떻게 햇빛 그림자를 낼 수 있는지를 묻는다(22-24행).

2. 두 종류의 사음자(25-48행)

　단테는 자신을 밝히려다 새로운 사태에 직면하여 잠시 주춤한다(25-30행). 불붙는 길 양쪽에서 두 무리가 마주 대하여 오더니 입을 맞추고 간단히 인사하고 모두들 큰 소리를 지른다(31-39행). 한 무리는 자책하여 '소돔과 고모라여!'를 외치고 또 한 무리는 '파시파에가 암소 속으로 들어가서 제 음욕을 채우네(40-42행)'라 외친 후 각기 길을 계속 간다. 전자는 동성애자들(homosexuals)의 죄를 씻는 무리(창세기 19장)'이고 후자는 짐승 같은 이성애자들이다(heterosexuals). 전자는 부자연스런 성행위이고 후자는 성이 다르다는 뜻에서 자연스럽다고 구이니첼리는 분류하나 극단적으로 상상하기 어려운 짐승(황소)과의 관계이다. 레위기는 수간자를 돌로 쳐 죽이라고 했다. 파시파에는 크레타섬의 왕 미노스의 왕비이다. 왕에게 포세이돈이 검은 황소를 제물로 바쳤다. 왕비 파시파에는 음욕에 못 이겨 장인 다이달로스에게 부탁하여 목제 암소를 만들게 한다. 파시파에가 그 속에 들어가서 황소와 관계를 맺고 반인반수의 괴물 미노타우루스를 낳았다는 신화의 여인이다. 3시인은 이성애자들의 곁에 있었다. 지옥의 사음자들(지옥15-16곡)은 사막의 불비를 맞으며 고통뿐이었으나, 연옥의 사음자들은 눈물로써 참회하고 찬미하는 것이 다르다.

3. 나는 구이도 구이니첼리이다(49-111행)

　단테는 이제 앞서 질문자들에게 자신을 밝히기 시작한다. 자신은 그림자가 아니고 이승의 몸뚱이를 그대로 갖고 여기 있다고 말한다(49-57행). '익었던 설었던(55행)'은 수명이 다되었건, 수를 다 누리지 못 했건의 뜻이다. '소경이 아니 되고자(58행)'는 영적소경이 아니 되고 자의 뜻이다(요한복음 9장). '저 위의 마님(59행)'은 성모 마리아 혹은 베아트리체이다. 그들의 은혜로 이 순례의 길을 간다고 말한다. 단테는 연옥여행의 목적을 말하고 기록에 남기기 위하여 그들의 이야기를 요청하며, 그들의 등 뒤로 가는 무리가 누구냐고 묻는다(58-66

행). 단테에게 가까이 온 이성애자들의 모습을 두몃사람들에 비유하여 묘사한다(67-72행). '아까 내게 묻던 자(73행)'는 구이도 구이니첼리(13행)이다. 구이도는 13세기 이탈리아 최대의 시인이었다. 93행까지는 구이도의 단테의 질문에 대한 설명이다. 그는 단테를 축복한다. 연옥의 사람들은 '훌륭한 죽음을 죽고자(73행)' 하는 자들이다. 만인이 죽지만 죽음이 내포하는 수준은 천차만별이다. 개죽음이 있는가 하면, 예수님 같은 숭고한 죽음도 있다. 이성애자들의 무리 반대편에서 오는 자들은 동성애자들(76행)이다. 카이사르를 '여왕(78행)'이라 부른 것은 전설에 의하면 그가 비두니아왕과 동성애를 했기 때문이라는 것이다. 맞은편에서 와서 지나간 무리들은 자책하는 뜻에서 소돔을 외쳤고 자기들의 죄악은 동성간의 정욕을 추구했다는 것이다(85-87행). 구이도는 단테에게 자기무리의 죄를 말할 수 있어도 이름을 말할 수 없으나 자기의 이름은 구이도 구이니첼리이며 죽기 전에 회개한 덕분에 여기서 정죄하고 있다고 한다(88-93행).

단테는 말 걸어 온 이가 감미청신파(甘美淸新派) 시인 구이도임을 알아보고 반가웠으나 불 때문에 그리로 더 가까이 하지 못하고 생각에 잠긴 채 걸어갔다. 실컷 눈요기를 한 다음에 그에게 헌신하겠다고 했더니 구이도는 55-60행에서 이미 단테의 인상을 깊이 받았다고 말한다(97-108행). 레테강도 지우지 못할 인상을... 구이도는 단테에게 너 무슨 사연이 있길래 그토록 나를 사랑하는 것을 드러내느냐고 묻는다(109-111행).

4. 기도를 요청하는 구이도와 아르날도(112-148행)

단테는 구이도가 당시 시에 속어를 구사하는 것(113행)은 새로운 격식이며, 그의 시는 값진 것이라고 극찬을 아끼지 않는다. 이 말을 듣고 구이도는 앞에 있는 아르날도를 가리키며 그는 모국어 방언(프로방스) 구사에 있어서 자기보다 뛰어난 자라고 말한다. 당시의 격조 높은 라틴어 숭상의 시절에 지방사투리를 섞어 연애시를 썼다는 것은 파격적이었다. 단테의 신곡은 토스카나 지방어를 구사했다. 현대 이탈리아어의 모체가 된 것은 단테 이전에 이런 훌륭한 선각자들이 있었기 때문이다. 단테는 보편주의자이면서 도시국가 피렌체를 사랑했다. 한문 일어의 시대에 우리말 연구를 한 선각자들을 나는 존경한다. '씨알', '알짬' 같은 말을 쓴 함석헌의 글은 인상에 깊이 남는다. 영어가 세계어라 해서 우리말을 무시해서는 안 된다. 소설 '태백산맥(조정래)'에서 전라도 사투리를 구사한 것은 높이 평가해야 할 것이다. 인기 없는 한글을 구사하여 세계적인 작품과 학술서들이 쏟아지기를 기대해본다. 세계화시대에 지방화를 병행해야할 이유이다. 구이도는 아르날도를 추천하면서 당시인의 편견을 비판한다(115-126행). 구이도는 시론을 마치고 단테에게 '우리를 시험에 들게 하지 마옵시고(131행)를 뺀 나머지 주기도문을 외워 달라고 한 뒤 불 속으로 사라진다(133-135행).

단테는 구이도가 손가락질 하던 아르날도와 말을 주고받는다. 아르날도는 연옥인답게 과거의 어리석은 죄를 참회하며 미래를 생각하고 기뻐한다. 하나님의 힘을 의지하여 아르날도 역시 이승에서 뛰어난 시인이었지만 기도부탁을 하고 있다. 그도 죄를 씻어주는 불 속에 숨어버린다. 나의 나 된 것은 다른 사람들의 기도덕분임을 절감한다. 남에게 기도부탁을 하는 사람은 기도를 아는 사람이다. 오직 기도! 기도의 힘을 의지하자.

제27곡 (제7원) 낙원입구에 이른 단테

개요

- 화염 속으로 들라는 천사의 명령(1-18)
- 단테와 베아트리체를 갈라놓는 불벽(19-45)
- 베르길리우스의 솔선수범(46-66)
- 연옥에서의 마지막 밤(67-90)
- 단테, 예언적 꿈을 꾸다(91-108)
- 베르길리우스의 고별사(109-142)

[그림 27-1 단테가 화염 속을 통과하며]

줄거리

　제 7둘레에서 지상낙원의 입구까지의 이야기이다. 때는 오후 6시경 해지기 전이다(1-6행). 둘레의 바깥쪽(火焰)에 서서 다음 층계를 보여줄 천사(純潔의 天使)가 '마음이 청결한 자는 복이 있도다 (마태복음 5:8).'를 노래한다. 불꽃길(火焰)을 통과해야 한다고 말한다(10-12행). 베르길리우스는 공포에 빠진 단테를 안심시키며 설득한다(20-36행). 베아트리체의 이름을 말하면서 그에게 불 속으로 뛰어들라고 권면한다(49-51행). 불길을 통과하는 도중에 불길 저쪽에서 노래 소리가 들린다. 불길에서 나오자 '내 아버지께 복 받을 자들이여 나아와 창세로부터 너희를 위하여 예비된 나라를 상속받으라(마태복음 25:34).' 는 환영의 노래 소리를 듣는다. 해가 저물자 세 시인은 층계를 침대 삼아 밤을 지샌다(73-75행).꿈에 단테는 예언적 환상을 본다(99-109행). 잠이 깨자 단테는 다시 오르기 시작한다. 아마 여기서 단테 이마의 마지막 P(罪)가 지워졌을 것이다. 새벽이 동트자 시인들은 지상낙원의 입구까지 올라간다(124-126행). 베르길리우스가 단테에게 고별사를 말한다(127-142행). 단테는 죄를 완전히 정화했기에 이제 베르길리우스의 도움이 없이도 오를 수 있다. 이성의 안내는 끝나고 이제부터 계시(神的啓示:베아트리체)의 인도 받게 된다.

해설

1. 불꽃 속으로 들라는 천사의 명령(1-18행)

세 시인이 제 7둘레에서 정욕의 무리를 떠나려 할 때의 시간이 예루살렘은 일출이고, 스페인(이베로)은 한밤이며, 인도의 갠지스는 한낮이고, 연옥 산은 석양이다(1-6행, time-telling). '천사가 화염 바깥 비탈 위에 서서 (7행)' 세 시인을 축복하고(마태복음 5:8), 불길 속으로 들어가라고 명한다. 이 말을 들었을 때 단테는 무덤 구멍에 거꾸로 처박힌 자(지옥 19:4-9)의 심정이 된다(7-15행). 불길 속을 들여다 본 단테는 피렌체의 화형수들의 타는 몸을 연상했다(16-18행, human bodies being burned). 일곱 둘레에서 지상낙원으로 올라가는 마지막 관문이 이 화염벽(wall of fire)이었다

2. 단테와 베아트리체 사이의 담벽(19-45행)

망설이는 단테를 보고 스승 베르길리우스는 설득을 시작한다. 크리스천은 사후 그리스도의 심판대 앞에 서서 몸으로 행한 것을 따라 받으나(형벌), 영원한 형벌(죽음)은 받지 않는다(고린도후서 5:10). 본 지옥(디스)을 내려갈 때 게리온

(지옥편17:79 이하 참조)을 타고도 무사했는데 하나님께 가까워진 지금 두려워할 것이 없지 않느냐? 화염 속에 천년을 있다손 치더라도 머리털 하나도 상하지 않는다. 혹시 너 나한테 속는다 싶거든 바싹 다가서서 네 손으로 네 옷자락을 만져보라. 너 지금 무서움을 물리쳐라! 스승의 말을 순종해야 한다면서도 그는 그대로 서 있었다(19-33행). 버질은 비장의 무기를 끄집어내었다. 너 베아트리체를 만나고 싶지! 둘 사이에 이 화염의 벽이 가리어있다. 그렇다면 이 불벽을 통과해야 한다. 이 말을 듣고 단테는 바빌론 청년 피라모스와 티스베의 고사(자료참조)를 생각하고 자신의 고집을 누그러뜨린다(34-45행).

3. 베르길리우스의 솔선수범(46-66행)

먼저 불 속으로 뛰어든 스승은 스타티우스에게 들어오라고 한다. 맨 나중에 뛰어든 단테는 뜨거움의 묘사를 차라리 '끓는 유리 속에라도 몸을 식히려 뛰어들고 싶더라(50행)'고 했다. 베르길리우스는 베아트리체 이야기로 단테에게 힘을 돋구어주었다(52-54행). 파스칼이 치통으로 시달릴 때, 기하문제를 풀므로 극복했다는 이야기를 연상케 한다. 노랫소리의 안내를 받으며 화염을 통과하여 마침내 오르막으로 나왔다(55-57행). 단테는 '내 아버지께 복 받을 자들이여 나아와(마태복음 25:34)'는 천사의 소리를 들으나 눈이 부셔서 쳐다보지 못한다 (58-60행). 이어서 천사는 해지기 전에 걸음을 빨리하라(61-63행)고 재촉한다. 스승의 솔선수범, 베아트리체 이야기 그리고 천사의 노랫소리가 화염벽을 통과하게 했다. 참으로 우리에게 시사하는 바가 크다.

4. 연옥에서의 마지막 밤(67-90행)

단테의 그림자가 사라지자 두 시인들도 해가 진 것을 깨달았다. 셋은 오르는 걸음을 멈추었다. 밤이 되어 지평선과 어둠의 경계가 사라져 세상이 하나로 되기 전에 세 시인은 층계를 침상으로 삼았다(67-75행). 연옥 산의 밤은 힘을 앗아가기 때문이었다(70-75행). 여기 산양과 목자의 묘사가 인상적이다. 단테 자신은 산양에 두 스승은 목자로 비유하고 있다. 지옥에서 여기까지 스승 베르길리우스는 단테와 운명을 함께하며 온갖 위험(들짐승들)에서 그를 지켜주었다. 마지막 밤, 바위 틈새로 반짝이는 별들을 보면서 그는 감회에 젖었으리라. 목자는 적은데 삯군이 많고, 목자의 탈을 쓴 이리들도 많았다. 단테의 목자(교황)들 중에서도 삯군과 이리들이 많았다.

5. 예언적 꿈을 꾼 단테(91-108행)

별들을 우러러 보며 묵상(새김질)하다가 단테는 잠이 들었고 예언적 꿈을 꾼다(91-93행). 창세기 29장16절 이하에 라반의 딸 레아와 라헬의 이야기가 기록되어있다. 둘 다 야곱의 아내가 된다. 이스라엘 12족장의 어머니들이다. 언니 레아는 다산을 했고, 라헬은 요셉과 베냐민 둘만 낳았다. 야곱은 라헬을 더 사랑했다. 신곡에서 레아가 단테의 꿈속에 나타났다. 레아는 마텔다(연옥 33:119)의 예표이고 라헬은 베아트리체의 예표라고 한다. 레아 와 라헬은 신약의 마르다와 마리아에 상응된다. 레아는 시력이 약했으나 활동적이고, 라헬은 명상적이고 미인이었으나 아이를 많이 낳지 못했다. 자기 동생은 거울을 들여다본다고 했다(103-108행). 말씀만 듣던 마리아를 언니 마르다는 예수께 자기 일을 돕지 않는다고 불평했다. 마리아를 마르다 보다 높이 평가하는 경향이 있는데 나는 그렇게 생각하지 않는다. 우리 속에 레아(활동적 삶의 전형)와 라헬(관상적 생활의 전형)이 각기 자기 역할을 하게해야한다. 단테는 시인이며 사상가이었으나 정치활동에도 수완을 발휘했다.

6. 베르길리우스의 고별사(109-142행)

꼭두새벽에 일어나 보니 스승들이 먼저 일어나 있었다(109-114행). 베르길리우스는 '사람들이 애써가며 그토록 많은 가지들을 더듬어 찾는 그 달디 단

열매가 오늘 네 주림을 가시게 해 주리라(115-117행)'고 말한다. 많은 가지들은 행복을 찾는 여러 가지 인생행로이고, 달디 단 열매란 참된 행복이다. 오늘 지상낙원에서 이 행복을 누린다는 뜻이다. '걸음마다 날개가 돋아나서 나는 것만 같이 느껴지더라(121-123행)' 여기서 천사가 7번째 P를 지워준 것 같다. 너무 좋아서 껑충 껑충 맨 위 층계에 올라갔을 때 스승은 제자에게 최후의 고별사를 시작한다(127-142행). '너는 연옥(순간)과 지옥(영원)의 불을 다 보았다. 내가 너를 인도할 수 있는데 까지 이제 다 왔다(127-129행). 험하고 좁은 길은 벗어난 너이니 이제부터는 네 의지(뜻)를 길잡이 삼아라(130-132행). 네가 길 잃고 처음에 방황할 때 네 곁에 나를 오게 하느라 눈물 흘리던 베아트리체가 오기까지 너는 여기서 놀아라. 이제 다시 내 눈치나 말을 기다리지 말라. 완전한 죄 씻음을 받은 지금, 너의 판단은 바르고 온전하다. 이러므로 너 위에 지상왕권과 천상의 성스런 관을 씌우노라. 이제 자유자재의 경지에 이르렀으니 단테에겐 스승의 도움 없이도 갈 수 있다는 뜻이다. 공자는 "일흔 살이 되어 내 마음이 하고자 하는 바를 따라도 법도에 어긋남이 없었다(七十而 從心所欲 不踰矩)"고 말했다.

　7세기 초 중국 선(禪)의 6대인 혜능은 23세에 스승 홍인에게서 가사(robe)와 의발(bowl)을 받는다. 이것은 스승의 법맥(法脈)을 전수 받는 상징적 의식이다. 홍인선사는 제자에게 닥칠 위험을 예견하고 남방으로 떠나보낸다. 양자강을 건너야 했다. 스승이 노를 저어 제자를 보내려하자 혜능은 이를 거절한다.'이제는 제가 노를 저어 혼자서 갈 수 있습니다.'라고 말했다. 제자가 스승의 가르침 없이도 성숙했다는 것이다. 청출어람인 셈이다. 쪽에서 뽑아낸 푸른 물감이 쪽보다 더 푸르다는 뜻으로, 제자나 후배가 스승이나 선배보다 나음을 비유적으로 이르는 말로 순자의 〈권학〉 편에 나오는 말이다. 베르길리우스는 단테를 더 이상 안내할 수 없는 자신의 한계를 깨닫고 마지막 말을 하고 있다. 요한이 자기의 제자를 예수님께 넘겨주는 장면이 연상된다.

참고자료 : (그리스신화 판 로미오와 줄리엣) 피라모스와 티스베

바빌로니아에서 가장 미남 청년 피라모스(Pyramus), 가장 미녀는 티스베(Thisbe). 두 사람은 옆집에 살았다. 담벽의 구멍을 통하여 은밀한 대화를 나누며 애타는 사랑을 하였으나 부모들은 반대하였다. 그들은 함께 도망을 가기로 약속하고 늦은 밤 뽕나무 아래에서 기다린다. 이때 입에 피를 잔뜩 묻힌 사자가 걸어와 티스베는 너울을 땅에 흘리며 몸을 숨긴다. 사자는 물을 마신 뒤 떨어진 너울을 입으로 갈기갈기 찢은 채 떠났다. 뒤늦게 피라모스는 피 묻은 너울을 보고 티스베가 자신을 기다리다 사자에게 목숨을 잃었다 생각한다. '가엾은 티스베! 나로 인해 죽음의 공포를 맛보았구나' 그는 너울을 부둥켜안고는 칼을 뽑아 자신의 심장을 찌른다. 그의 몸에서 솟아나온 피는 나무아래 흙으로 스며들어 나무뿌리를 타고 올라가 뽕나무 열매에 까지 스미게 된다. 바위 뒤에서 나와 죽어가는 그를 보고는 티스베도 함께 운명을 같이 한다는 슬픈 사랑의 이야기이다. 이 이야기는 오비드(Ovidius)의 〈변신〉에 실려 있다.

제28곡 (제7원) 지상낙원 - 레테(LETHE)

개요

- 단테 숲속으로 들어감(1-24)
- 지상낙원-레테-마텔다(25-81)
- 지상낙원의 기상에 대한 설명(82-132)
- 지상낙원이 파르나소스이다(133-148)

줄거리

부활주일(4/13) 수요 아침, 단테는 마침내 지상낙원에 들어가서 여기저기를 둘러본다. 향기피어 나는 흙을 밟는가하면(6행), 한결같이 훈훈한 바람이 스쳐지나가는 것을 느낀다(7-9행). 낙원의 나무들, 어린 새들의 재롱을 본다(15행). 지상낙원의 서두(1-24행)는 지옥편 서곡에서 '한늬 나그네길 반 고비에 올바른 길을 잃고 헤매던 나 컴컴한 숲속에 서 있었노라(지옥 1:1-3)' 와 아주 대조적이다. 단테의 순례는 '숲속의 방황'에서 시작해서 '숲속의 환희' 에 이르렀다(22-24행).

단테는 '시내 하나가 내 갈 길을 막는구나(25행)'라고 말한다. 시냇물의 맑음에 대한 묘사는 한 폭의 그림을 보는 듯하다(25-36행). 시내 저편에 한 여인이 나타나 노래하며 꽃을 꺾으며 가고 있다. 단테는 시냇물 이쪽으로 '더 다가와' 그녀의 노래 소리를 알아들을 수 있게 해 달라고 요청한다(46-48행).

[그림 28-1 지상낙원에서 마텔다를 만난 단테]

그녀를 바라본 자신의 소감과 모습을 그린다(49-69행). 시냇물은 단테와 그녀 사이의 거리를 세 걸음 정도 떼어 놓고 있다(70행). 단테는 그녀(마텔다)에게 다가 갈 수 있는 거리에 있었지만 그렇게 할 수 없었다. 홍해의 물이 이스라엘을 위해 갈라지듯 그렇게 되기를 바랐다. 그는 건너지 못함으로 그 강을 미워한다(73-75행). 그는 여인과 단테 사이의 신비스런 장벽을 느꼈음에 틀림없다.

마텔다는 단테에게 의심나는 것은 무엇이고 물으라고 말한다(82-84행). 마텔다는 항상 미풍이 부는 이유를 설명한다(89-91행). 지상낙원의 자연현상 즉 풍수설상을 설명한다. '그 아랫녘에서 일어나는 어지러움이 사람과 아무런 싸움도 못하게 이 산이 이토록 하늘로 까마득히 솟아서 가두어진 그 고장과 상관없게 됐느니라(28:99-103행)'고....연옥 산이 이토록 하늘로 까마득히 솟아서 연옥 산의 입구와 상관없게 되었다고 한다(100-102행). 따라서 이곳은 기압 변화의 작용을 받지 않는 공기가 동에서 서쪽으로 분다(103행). 이곳에서는 북반구(지구)의 물의 시스템과는 달리 '한결같이 다함없는 샘'에서

연옥 415

물이 흐른다(124행). 여기서 흐르는 레테(Lethe)강은 죄악의 기억을 앗아갈 뿐 아니라 강의 저쪽은 온갖 좋은 기억을 새롭게 한다(127-129행). 인류역사의 황금시대를 노래한 시인들의 주제는 바로 여기 지상낙원을 말하는 것이라고 베르길리우스와 스타티우스에게 여인은 말했다(142-144행).

해설

1. 인간의 숲과 신의 숲(1-24행)

'새로 밝은 날의 햇빛(1행)'은 낙원의 아침이다. 지옥 1곡에서 단테는 컴컴한 숲속에 서 있었는데, 낙원에서 '새로 밝은 날의 햇빛(28:1행)' 즉 아침에 '하나님의 숲(2행)'을 알고 싶어 들판으로 한 걸음씩 흙을 밟는다. 7-21행 사이에 훈훈한 바람(7행), 잔잔한 바람(9행), 새벽바람(17행), 아이올로스(바람의 신), 시로코(사하라사막에서 이태리 지중해로 부는 동남 열풍,19행)를 거듭 노래했다. 연옥 산정까지의 걸음과 대조적인 굼뜬 걸음(22행)은 단테를 오래 묵은 수풀 속으로 이끌고 들어갔다. 단테는 무서운 지옥을 거쳐, 연옥의 정화를 끝내 마침내 낙원의 숲속에서 이를 즐기게 되었다. 밀턴의 복락원을 연상케 한다.

2. 지상낙원 속의 시내(25-81행)

단테는 길을 막는 작은 시내 물을 본다(25-36행). 들판을 지나 숲속에 들어가 보니 세 걸음(70행)의 넓이를 가진 시내가 흐른다. 거기 레아의 현신인 한 여인이 꽃송이를 꺾으며 노래를 부르며 가고 있다. 단테는 그녀에게 시냇물 이쪽으로 다가와 노래 소리를 알아들을 수 있게 해 달라고 요청한다(37-48행). 단테가 그 여인을 보았을 때 페르세포네를 연상했다(49-52행). 페르세포네는 제우스와 데메테르 사이에 태어난 딸인데 어미와 함께 들에서 꽃을 따다가 플루토(지하의 마왕)에게 납치되어 지하의 왕비가 된다. 어미가 봄을 잃었고 그 때 포르세포네는 어디 있었고, 어떤 모습을 했을까를 생각나게 했다. 에덴 상실과 페르세포네의 봄의 상실에 상통하는 바가 있다. 무희처럼 곤두세운 두 발을 모아서 뱅그르 돌면서 다가왔다. 여인은 지상낙원을 의인화 한 것이라 볼 수 있고, 베르길리우스와 스타티우스의 역을 대신하고 있다.

[그림 28-2 지상낙원에서 흐르는 시내(Lethe)]

3. 지상낙원의 기상학(82-132행)

　스타티우스는 단테에게 본연옥에서는 지상의 풍수상설이 전혀 영향을 미치지 못한다고 말한바 있다(연옥 21:46~48). 지상낙원에 들어와서 단테의 마음에 의구심이 일어났다(85-87행). 여기서도 기상의 변화를 본 것이다. 낙원의 여인은 그 의문을 풀어준다. 여인은 먼저 에덴낙원을 상실한 이유를 말하고(91-96행) 본론에 들어간다. 지상의 기상에 전혀 영향을 받지 않는 것은 스타티우스나 여인의 설명이 일치한다. 낙원에 기상변화가 일어나는 것은 '원동천의 회전에 따른 것(103-105행)'이라고 말한다. '이 곳은 온갖 변천에서 자유롭되 다만 하늘이 저로부터 제게로 받아들이는 그것 외에 다른 것으로부터는 그 원인이 될 수 없느니라(연옥 21:43-45)', 103-111행은 바람의 생성을 설명한 대목이다. 여기서는 식물이 씨도 없이 싹이 튼다(112-120행). 121-132행은 지상낙원의 물의 성격을 언급했고, 두 물줄기의 한쪽은 죄악의 기억을 앗아가는 레테(Lethe)이고 한쪽은 에우노에(Eunoe)이다. 그리스도 안에서 우리의 죄는 기억도 안하신다고 했다(히브리서10:14). 좋은 기억을 새롭게 하자. 행복하게 사는 비결이다. 쓰라린 과거가 현재를 발목 잡게 하지 말아야한다.

4. 파르나소스는 지상낙원 여기다(133-148행)

낙원의 여인은 단테를 어여삐 여겨 보너스의 말을 한다. 파르나소스는 아테네 북방의 산 봉오리인데 아폴로와 무사이들이 살았다고 한다. 베르길리우스와 스타티우스가 노래하던 산이 여기 지상낙원이었을 것이다. 인류의 근본(142행)은 시조 아담이다. 넥타르란 여기 동산의 과실이다. 죄로 파괴되었던 세상은 유토피아로 바뀌었다. 지금 단테가 여기 와 있다. 이 말을 듣고 단테가 뒤를 돌아보니 두 시인이 웃으며 끝마디를 듣는 것을 확인한다. 그리고 여인에게로 얼굴을 돌린다. 지옥입구의 숲과 천국입구의 숲을 비교해본다. 여기서 단테는 두 시인의 앞에 서있음에 유의하자.

숲은 복잡하게 얽힌 인생행로 그 자체이다. 숲을 바라보는 단테의 내면이 달라졌다. 죄인의 눈에 숲은 절망과 공포를 안겨 주었다. 지상낙원의 숲은 훈훈한 바람과 잔잔한 흐름의 내와 생명의 풍성을 맛보게 했다. 불교에서 만물은 마음이 만들어낸다고 했다(萬物唯心造). 그리스도를 모신 마음의 소유자에게 슬픔 많은 세상은 천국으로 화한다.

제29곡 : (제7원) 승리교회의 행렬

개요

- 승리교회의 서막
    - 마텔다의 말(1-15)
    - 단테 해와의 죄를 꾸짖음(16-42)
- 승리교회의 행렬
    - 일곱 황금촛대(43-54)
    - 24장로(55-96)
    - 4짐승/수레/그리프스(97-120)
    - 3숙녀와 4숙녀(121-132)
    - 4복음서 다음의 신약서신(133-154\)

[그림 29-1 7개 금 촛대를 앞세운 승리교회의 행렬]

줄거리

마틸다가 말을 끝내자 노래를 부르며 강을 거슬러 걸어간다. 단테도 맞은편 둑에서 같은 방향으로 보조를 맞추며 걸어간다. 얼마 가지 못해서 여인은 단테를 향하여 '나의 형제여, 자세히 보고 들으라(15행).'고 말한다. 갑자기 한 줄기 빛이 팔방으로 번쩍인다. 단테는 '이게 무얼까?'하고 생각한다. 이어서 간드러진 노랫가락을 듣고 이브의 무엄한 행동을 꾸짖는다. 이제 단테는 동산의 정경을 보고 시의 여신(무사이:Muse)들을 부르며 영감을 구한다. 방금 공중에 번쩍이던 빛이 처음에는 일곱 그루의 나무로 보였는데, 알고 보니 그것은 7개의 금 촛대이었다. 금 촛대는 성령의 7은사(지혜, 명철. 권고, 능력, 지식, 경건, 주를 경외함)를 상징하고, 그 다음에 24장로가 둘씩 흰옷을 입고 머리에 백합화관을 쓰고 따라오고 있다. 이것은 구약성서를 상징한다. 그 뒤에는 6 날개달린 4마리 짐승이 따라온다. 이 짐승들은 4 복음서를 나타낸다. 4 짐승사이로 바퀴달린 수레(교회)가 자리 잡고, 상반신은 독수리요 하반신은 사자인 그리프스(Griffin:가공동물로 여기서는 신성과 인성을 지닌 그리스도를 상징)가 이 수레를 끌고 온다. 수레의 오른쪽에는 3 숙녀(믿음, 소망, 사랑)가 춤을 추며온다. 왼쪽에는 4 명의 귀부인(4 가지 덕)이 역시 춤을 추며 오고 있다. 그 뒤에 두 노인(사도행전-누가복음, 서신서-바울)이 따르고, 그다음에는 4 명(야고보서, 베드로서, 요한서신, 유다서)이 맨 나중에는 한 노인(사도요한)이 졸며(묵상) 따라간다. 이상은 신구약성경을 상징하고 있다. 태초에 하나님의 신이 수면에 운행하였고, 구약성경의 스토리가 전개되고, 4 복음서가 교회를 에워싸고 사도행전, 바울서신, 소 서신 그리고 요한계시록의 순서로 되어있다. 수레가 단테의 맞은편 어느 지점에 오자 뇌성이 들리고 행진은 갑자기 중단된다.

해설

1. 승리교회의 서막(1-42행)

1) 나의 형제여 자세히 들으라(1-15행).
레테(Lethe) 강둑을 걷는 마틸다는 'BEATI QUORUM TECTA SUNT PECCATA(그 죄의 가리움을 받는 자는 복이 있도다, 시편 32:1)' 라는 노래로 말을 끝맺는다. 단테가 레테강에서 죄의 가리움 받을 것을 암시한다. 숲속의 요정 님프처럼 마틸다는 물을 거슬러 올라 둑 위로 거닐고 단테도 나란히 보조를 맞추어 따라간다(7-9행). 둘이 각각 50보를 채 못 걸었을 때 양쪽 언덕이 굽이를 틀어 단테로 하여금 해 뜨는 쪽으로 향하게 한다(10-12행). 여인이 단테 쪽으로 몸을 돌리더니 '형제여 자세히 보고 들으라(13-15행)'고 말한다.

2) 하와의 무엄을 꾸짖노라(16-42행).

한 줄기 빛이 번개처럼 비쳤는데 이냥 있으면서 번쩍거리기에, '이게 무얼까'를 생각하는 동안 간드러진 노랫가락을 듣는다. 이 때 단테는 하와의 불순종을 생각하고 분노를 느끼며(너울 속에 있지 못했음, 25행)'을 책망한다. 하와의 불순종이 가져온 처참한 결과를 생각하고서…. '영원한 정복(31행)'은 천상의 행복이다. '첫 과실'은 지상낙원의 행복이다. 단테는 첫 과실들을 맛본다, '더욱 더욱더 즐겁고자(32행)'할 때'는 베아트리체를 만날 것을 기대함이다. 34-42행에서 단테는 시의 여신들 즉 무사이들에게' 지상낙원을 보고 시의 영감을 호소하고 있다. '푸른 나뭇가지 밑에 있는 공기가 마치 불꽃처럼 타오르고 있고 그 흐뭇한 소리는 어느덧 노래같이 들릴 때(34-36행)' 단테의 시심이 발동하였고 무사이들에게 영감을 구하고 있다. '헬리콘, 40행'은 보이오티아의 연산으로 아폴로와 무사이에게 바쳐진 성스런 곳인데 샘들이 여기 있다. '우라니아'는 무사이의 하나로 천체에 관한 일을 맡는다고 한다. 형식상 이교적이나 뜻은 하나님의 지혜를 구하는 것이다. 당시 시인들의 관례라고 한다.

2. 승리교회의 긴 행렬(43-154행)

이 부분은 각종 행렬들의 상징으로 구성되어있다. 7황금촛대, 24장로, 네 마리 짐승, 수레, 독수리 머리요, 몸은 사자인 그리핀, 3숙녀와 4숙녀, 일곱 사람 등이다. 이 모든 것들이 길고도 신비스런 행렬을 지어 움직인다. 성령의 감동으로 쓰여진 신구약성서, 교회, 그리스도, 신자의 덕을 논한 뒤 단테 시대까지의 역사를 요약하고 있다.

1) 일곱 황금촛대(43-54행).

금으로 된 7그루의 나무처럼 보였는데 가까이서 보니 7황금촛대이었다. 요한계시록에서 얻은 힌트인데 7교회라고 해석하는 이도 있으나 마크 무사(Mark Musa)는 이를 성령의 일곱 은사라 했다. 그것들은 지혜, 총명, 권면, 능력, 지식, 경건, 경외심이라고 한다. 그 불꽃은 '청명한 밤중의 달보다도 휘영청 더 밝더라(54행)'고 했다.

2) 24 장로(55-96행).

24 장로는 구약을 상징하는 것으로, 요한계시록 4장 4절의 인용이며, 교부 제롬의 설을 단테는 따랐다. 구약 39권 중, 소선지 12권을 한권으로, 사무엘상하, 열왕기상하, 역대기상하를 한권으로, 에스라와 느헤미야를 한권으로 압축하는 식이었다. 단테가 놀라 베르길리우스를 뒤돌아보았더니 그는 눈짓으로 대꾸할 뿐이었다. 연옥 27곡 이후 스승도 제자에게 더 가르쳐 줄 것이 없었다. 여기는 이제 인간이성의 한계를 넘는 곳이기에 스승은 더 이상 가르쳐 줄 것이 없으므로 '눈짓으로 대꾸 할 뿐(57행)' 이었다. 마틸다는 싱싱한 빛 뒤에 오는 것을 보라 한다. 단테는 뭇 사람들이 (24장로, 82-84행) 흰 옷을 입고 따르는 것을 본다. 불꽃이 앞서가며, 일곱 가닥으로 갈라져 뒤를 비친다. 공중에서는 무지개와 달무리를 지었다(76-78행). 7황금 촛대 뒤에 24장로가 오고 있다. 24장로는 구약의 여러 책을 상징하고 있다. 구약의 예언자라 할 예언자들도 누가복음 1:28의 말을

빌어 마리아를 찬양했다(백합의 화관, 83행), 마리아 찬양은 바로 출현할 메시아에 대한 대망이며 찬양이다. 이리하여 24장로들이(뽑힌 백성, 88-90행) 지나가고 신구약 중간시대가 온다.

3) 네 마리 짐승/수레/그리프스(97-120행).

별이 사라지면 다른 별들이 그 자리를 대체하듯 24장로의 행렬이 지나간 후 네 마리 짐승이 그 뒤를 따른다. 네 마리 짐승은 사자(마태), 황소(마가), 사람(누가) 그리고 독수리(요한)의 4복음서를 가리킨다. 짐승들은 초록색 잎새(93행)를 쓰고 나온다. 그것은 그리스도에 대한 희망을 나타낸다. 짐승 한 마리에 날갯죽지 여섯을 달고 있다. 이것은 복음의 신속한 전파를 뜻하는 것이요, 날개 마다 눈이 가득 박혀있다. 많은 눈은 일체의 사물에 통달하다는 뜻이다. 단테는 독자에게 짐승의 묘사에 싯구를 아낀다고(97-99행) 했다. 에스겔은(1:4이하) 날개가 넷이고 눈이 없으나 사도 요한은 단테가 본 것과 같다(날개가 여섯. 네 마리 사이에 수레(교회)가 자리 잡고 있다. 사도행전에서 우리는 전투의 교회를 보고, 요한계시록에서는 승리의 교회를 본다. 지금 한국에선 자본의 시녀로 전락된 세속화된 교회를 본다. 그리프스는 상반신은 독수리이고, 하반신은 사자인 가공의 괴물인데 신성과 인성을 지닌 그리스도를 상징한다. 그리프스가 교회를 끌고 오는 모습을 단테는 본다. 그리프스는 지상에 있으나 지상을 초월한 몸뚱이는 황금(신성)이고, 나머지는 희고도 불그스름(인성)하다. 수레로 상징화된 수레(교회)의 영광은 한니발을 물리친 스키피오와 아우구스투스의 수레보다 더 빛났으며, 파에톤(지옥17:106)의 태양의 수레도 무색했다 (115-120행). 이상형을 잃은 중세 단테의 교회나 현대교회는 네 짐승(복음서)의 비호와 그리스도의 인도를 받아야 한다.

4) 세 숙녀와 네 숙녀(121-132행).

　오른쪽 수레바퀴 옆에서 세 여인이 춤을 추며온다. 세 여인은 주님을 향한 신학적인 덕, 즉 믿음(信), 소망(望), 사랑(愛)의 상징이다. 신앙의 덕이 사랑과 소망을 이끌기도 하고, 사랑이 신앙과 소망을 이끌어 간다(127-129행). 그리고 왼쪽 수레바퀴 옆으로 4숙녀가 노니는데 이것은 4가지 기본 덕 즉 정의, 용기, 절제 그리고 사려를 상징한다. 그리고 네 가지 크리스천의 기본 덕은 신(信), 망(望), 애(愛)의 3덕을 토대로 한다.

5) 사복음서 뒤의 신약(133-154행).

　사복음서 뒤의 신약 기자들은 두 노인이라 불렀다. 전자는 사도행전을 기록한 의원 누가이고, 후자는 서신을 많이 쓴(에베소서 6:17) 바울이다(134-142행). 그 다음에 본 것이 비천하게 차린 네 명(소서신)인데 '베드로서, 야고보서, 요한 1,2,3서, 유다서'이다. 맨 나중에 한 노인은 밧모 섬의 사도 요한이다. 날카로운 얼굴(144행)이란 예리한 통찰력을 가리킨다. '졸며' 오더라(144행)는 묵상하는 요한의 모습이다. 단테는 신약성서의 편집 순서를 연대순으로 이해한 듯하다. 사실은 바울서신이 복음서 보다 먼저 쓰여 졌다. 이들 일곱이 앞서 본 무리(24장로)들처럼 같은 옷을 입었으되 머리에 감긴 화환이 백합(율법의 의)이 아니고, 장미와 다른 빨간 꽃들(그리스도에 의한 계시의 사랑)이었다(148-150행). 수레가 단테 앞에 닿았을 때 신구약, 3덕 및 4덕은 더 나아가지 않고, 처음의 촛대와 그 여광과 더불어 거기 멈추었다(154행), 단테 시대에 와서 행렬(역사)은 끝난다.

결어

사도요한이 밧모 섬에서 계시를 받고 장차 될 일을 그린 것과 마찬가지로 단테는 지상낙원에서 창세기와 계시록에 이르는 하나님의 계시의 파노라마(panorama)를 상징적으로 잘 그려놓았다. 이브를 꾸짖으며 낙원의 상실을 애타하는 글귀(25-30행)며, 형언할 수 없는 언어의 한계를 절감하고 무사이(Muse)를 부르는 간절한 마음이 가슴에 깊이와 닿는다. 승리하는 영광의 교회상과 단테 시대의 교회가 대조적이다. 썩고 악취 나는 중세교회에서 아름답고 신비스런 이상적 교회와 교회되게 하는 말씀과 그리스도의 묘사가 감동적이다. 성령의 빛에서부터 에덴동산… 그리고 구약과 신약을 상징적으로 한눈에 조감할 수 있어서 많은 은혜를 받았다.

제30곡 (제7원) 버질의 퇴장과 베아트리체의 출현

개요

- 나의 신부여 나오라(1-33)
- 단테여 아직 울지 말아라(34-72)
- 어찌 그의 기를 꺾으시나이까(73-99)
- 베아트리체 단테의 허물을 책망함(100-145)

[그림 30-1 오라 나의 신부여! 노래하는 천사들]

줄거리

행렬의 행진이 멈추자 진실된 무리(24장로: 구약 상징)가 수레(교회-신약)로 몸을 향한다. 24 장로중 하나가 '오라 나의 신부여! 레바논에서(아가 4:8)'라고 노래 부른다. 100명의 노래하는 천사가 공중에 나타난다(16-18행). 그들은 꽃비(a rain of flowers)로 공중을 장식한다. 꽃들을 뚫고 신.망.애(信.望.愛)의 옷을 입은 베아트리체가 나타난다(31-33행). 단테는 베르길리우스를 향해 돌아섰는데 그는 이미 떠나고 없다. 그가 없는 슬픈 심정을 강도 높게 토로한다(46-51행).

스승이 떠나 가버린 것을 알고 눈물을 흘리는 단테를 베아트리체는 엄하게 꾸짖는다(57행). 정말로 울어야 할 것이 있다고 말한다(55-57행). 수레의 왼쪽 끝에서 너울을 쓰고 단테에게 눈을 주면서 '나는 베아트리체이다.'라고 말한다(73-75행). 단테는 부끄러워서 이마를 들지 못한다. 천사들의 합창 소리를 듣고 위로를 받는다. 그러나 베아트리체는 단테가 하나님으로부터 받은 은사를 바로 사용하지 않은 죄를 엄히 책망한다. 그를 구원의 길로 인도하고자 부득불 지옥 순례를 하게한 경위를 설명한다. 베아트리체의 입을 빌어 단테는 자신의 죄를 깊이 되돌아보고 있다.

해설

1. 나의 신부야 나오너라(1-33행)

아랫 하늘의 북두칠성이 사공으로 하여금 포구로 돌아가게 하듯(3행), '첫 하늘(엠피리오)의 일곱 성좌(6행)'는 누구에게든 제 할일을 알게 해준다. 일곱 성좌는 앞서 행렬을 인도한 일곱 촛대를 가리키며 이것은 또한 성령의 일곱 은사를 뜻한다. 일곱 성좌가 멈추었을 때 '진실된 무리(8행)'곧 24 장로(구약) 중의 하나가, '나의 신부야 너는 레바논에서 나오라(VENI SPONSA DE LIBANO, 아가 4:8)'를 노래하자 모두 따라 부른다. 24인의 장로 중 하나는 아가서(The song of songs)이다. 구약은 교회의 출현을 대망했다. 꽃들의 구름 속에 새하얀 너울 위를 감람으로 질끈 매고 초록색 웃옷 아래 타오르는 불꽃의 빛깔을 입은 베아트리체가 단테 앞에 나타났다(31-33행). 베아트리체의 의상은 신망애(信望愛)를 상징하고 있다. 베아트리체의 출현을 묘사한 장면이 황홀하다.

2. 아직 울지 말아라(34-72행)

베아트리체가 나타나자 단테는 '옛 사랑의 줄기찬 움직임을 느낀' 나머지 (39행) 스승 베르길리우스에게 '떨리지 않는 피란 한 방울도 없나이다(46행)'라고 말한다. 베르길리우스는 이미 떠나가고 없다. 그의 슬픔은 절정에 달한다 (52-54행). 베아트리체는 단테에게 그대는 잘못 울고 있다. "단테여!"를 부른 베아트리체(55행)의 말은 '이 시의 절정이다'(climax of the poem). 마땅히 울어야 할 '다른 칼'이 있다(57행) 고 말한다. 예수께서도 '나를 위하여 울지 말고 너와 너희 자신을 위하여 울라'고 말씀하셨다. 눈물에도 우선순위가 있다는 뜻이다. 자신의 죄에 대한 통렬한 심판의 눈물이 '다른 칼(57행)'이다. 단테에게 비친 베아트리체는 에로틱한 여인의 모습이 아니고, 엄격하고 의젓한 해군제독 (62행) 혹은 여왕(70행)처럼 보였다.

3. 어찌 그의 기를 꺾으시나이까(73-99행)

단테는 면사포 때문에 똑똑히 그녀를 보지 못했기 때문에 베아트리체는 '나를 자세히 보라. 진정 나는 틀림없는 베아트리체로다(73행)'라고 말하면서 단테를 책망한다. 단테는 부끄러워서 풀밭(77행)으로 눈길을 돌린다. 책망을 듣고 단테는 '쓰거운 자비에는 매운 맛이 따른다(81행)'고 말했다. 천사들의 노랫소리를 듣기 전엔 눈물도 한숨도 없었다(93행). 천사들의 노랫소리는 '아씨여, 어찌 이다지 그의 기를 꺾으시나이까(94행)?라고 말하는 것보다도 더 간절하게 단테를 위로하는 것 같았다. 단테의 마음에서 탄식과 눈물이 쏟아져 나왔다(97-99행). 단테와 베아트리체 사이에 천사들의 중재가 돋보인다. '이탈리아의 등줄기(85행)'는 아펜니노 산맥이다. '무궁한 환(91행)'은 제천의 환(環)이다. '얼음(97행)'은 근심이다.

4. 천사들에게 단체의 죄를 말하다(100-145행)

단테는 칼에 찔린 듯 회개의 눈물을 흘린다. 이윽고 베아트리체는 여전히 수레의 가장자리에 섰기만 하다가 천사들에게 그의 죄를 말하고 그를 회유하기 위하여 힘썼던 것과 급기야 그를 구원하기 위하여 지옥순례를 시킬 수밖에 없었던 경위를 설명한다. 베아트리체는 왜 단테에게 직접 말하지 않고 천사들에게 간접으로 말했을까(106행).

천사들에게 그들의 지나친 동정심을 돌아볼 수 있게 함이요. 혼미한 상태에 있는 단테에게 직접 말하는 것은 효과가 덜 하기 때문이다. 인간의 운명은 별들에 의해, 하나님의 은총으로 말미암아 결정된다(109-114행). 단테는 하나님으로부터 은총을 받았으나 이 은총을 남용했다. 단테는 베아트리체의 사후 천상의 일을 버리고 지상의 일에 몰입했고, 다른 여인에게 관심을 가졌다(124-126행).

행복을 겉치레하는 허깨비(following false images of good)를 따랐다(132행). 베아트리체가 여러 가지 방법으로 그를 구하려 시도했으나 단테가 돌이키지 않자, 최후의 수단으로 지옥순례를 하게 했고 베르길리우스에게 단테의 안내를 부탁했다. 단테는 연옥 산을 오르면서 7가지 도덕적인 죄를 모두 씻었다. 야나이하라 교수는 계명의 위반이 아니고 영적인 죄를 가리킨다고 했다. 생활의 방향이 잘못된 죄라고 한다. 하나님이 주신 달란트를 잘못 사용하였다.

30곡에서 단테는 직유(simile)를 7번 사용했다(1-7, 13-18, 22-33, 43-45, 58-66, 79-81, 85-99). 신곡의 저자 단테의 이름이 단 한번 처음으로 거명되었다(55행). 베아트리체의 단테에 대한 애정이 깊이 표현되어있다. 그러나 그것은 '쓰거운 자비에는 매운 맛이 따르는(81행)' 것이었다. 그리고 단테의 강한 정감의 발로를 본다. 베르길리우스에게 베아트리체를 보았을 때 '떨리지 않은 피란 한 방울도 저에게는 없나이다(47행)'라 했고, 스승이 사라진 것을 알고 슬픔이 극에 달했다(52-54행). 베아트리체에게 매혹되었다가 책망을 듣고 수치감에 '이마를 들지 못했다(78행)'라 했고, 천사들의 위로를 듣고 '온통 내 마음에 엉키었던 얼음이 날숨과 물이 되어 버려 불안과 함께 가슴으로부터 입으로 눈으로 쏟아져 나오니라(97-99행)'는 표현은 격정 그 자체이다.

인물 해설

안키세스(Anchises) 트로이의 왕자, 아이네아스의 아버지.

[그림 30-2 안키세스를 안은 아이네아스]

(연옥 30:20, '자 한 아름 백합을 드리라'는 '아이네이스'에서)

신과 인간과의 사랑은 금지된 것이었고 신과 사랑을 나눈 인간은 형벌을 감수해야 했는데도 여신 비너스는 신들로 하여금 인간과 사랑에 빠지도록 장난을 하기도 했다. 아폴로도 비너스에 의해서 몇 명의 여인들과 사랑에 빠졌다. 이를 못마땅하게 여긴 제우스는 비너스의 장난을 막기 위해 그녀 자신이 인간과 사랑에 빠지도록 만들었다. 비너스는 산에서 양을 치는 한 남자를 보고는 사랑에 빠졌다. 그 남자는 트로이의 왕자 안키세스였다. 인간으로 위장하여 안키세스와 사랑을 나눈 비너스는 자신의 정체를 알려주며 그가 신과 사랑을 나눈 것을 절대 발설하지 말도록 당부했다. 그 일이 있고 난 뒤 비너스는 안키세스의 아들을 낳았다. 몇 년 뒤 안키세스는 실수로 동료들에게 비너스와의 일을 이야기했다. 화가 난 제우스는 번개를 쳐 그의 한쪽 다리를 불구로 만들었다.

안키세스의 삶은 트로이의 멸망과 재건에 걸쳐 있었다. 그리스 영웅들에 의해 파괴된 트로이를 다시 일으킨 것은 그가 비너스와의 사이에서 낳은 아들 아이네아스였다. 오른쪽 다리에 어린 아들 아스카니우스를 매달리게 하고 절름발이 아버지 안키세스를 어깨에 앉힌 아이네아스는 살아남은 트로이인들을 이끌고 새로운 땅을 찾아 항해에 나섰다.

그들이 정착한 곳은 이탈리아였다. 후에 로마인들은 로마 문명의 기원을 이들에게서 찾았다. 절망하고 다시 새로운 희망을 찾아 나서는 인간 삶의 과정은 세 부자에게서 상징화된다. 즉, 안키세스는 과거를 나타내고, 아이네아스는 현재를, 그리고 아스카니오스는 미래를 상징한다.

제31곡 (제7원)지상낙원(4)-
베아트리체의 질책과 단테의 참회

개요

연옥 31곡은 지상낙원(제28-33곡) 중에서 절정의 칸토이다.

- 고백(1-42): 베아트리체가 단테의 죄를 칼로 치듯 닦달한다(1-30),

  눈앞의 거짓 쾌락이 발길을 돌리게 했다고(31-36)

  베아트리체가 단테의 참회를 받아들인다(37-42).

- 통회(43-90): 베아트리체의 닥달(49-63행),

  수염을 쳐들라(64-84), 나는 넘어 졌노라(85-90)

- 만족(91-102): 마틸다 단테를 잠그더니 강맞은편으로 데려감

- 후주: 베아트리체의 미소(103-145) : 마틸다- 네여인에게로-

  세여인(103-111), 세여인이 베아트리체의 눈을 단테에게 돌리라고

  청원함(112-145)

[그림 31-1 진선미 세 아씨와 4추덕 네 아씨들의 안내]

줄거리

베아트리체가 계속 단테를 신랄하게 질책한다. 그동안 범한 죄에 대하여 고백하라고 한다. 그는 목청이 달싹거리기는 하여도 말이 나오지 않는다(7-9행). 눈물과 한숨을 내 뿜다가 죄를 고백한다(14행). 베아트리체는 심한 질책으로 그치지 않고, 무엇이 덕스런 길을 가지 못하게 방해했는가를 다그친다(23-25행). 여기서의 참회는 주로 베아트리체 사후의 10년 동안의 단테의 죄를 묻는다(52-54행). 그는 양심의 가책을 견딜 수 없어 넘어진다(88-90행). 단테의 의식이 돌아왔을 때 자신은 마텔다에 이끌려 강물 속에 잠겨 있음을 발견한다. 마텔다는 단테가 익사하지 않도록 바싹 끌어안는다(100-102행). 그리고 물속으로 목까지를 잠기게 한다. 이렇게 물에 잠긴 단테를 꺼내 네 명의 춤추고 있는 아씨들(4樞德) 사이에 내려놓는다(104행). 네 아씨는 교회성립 이전에의 인간이 지켜야 할 도덕 즉 용기, 정의, 절제, 사려를 상징한다. 그들은 베아트리체 앞에 단테를 안내한다. 단테는 그녀의 눈(진리, 계시)을 응시한다(120행). 그는 그리핀(신인 양성의 그리스도)을 베아트리체의 눈속(反影)을 통해서 본다(121행). 마지막으로 세 아씨(信望愛를 상징)가 베아트리체에게 그의 눈을 단테를 향하여 돌리고 입을 열어 그녀의 아름다움을 보게 해 달라고 간구한다(133행). 아폴로와 시의 여신들이 파르나소스의 우물을 싫도록 마신자라도 베아트리체의 모습을 그리려 들제, 정신이 아찔해지지 않을 것이뇨? 라고 단테는 반문을 한다 (139-145행).

해설

1. 칼날 끝에 찔린 단테(1-21행)

30곡에서 베아트리체는 천사를 향하여 간접적으로 단테를 책망하였다. 그러나 31곡에선 직접으로 그의 죄를 책망한다. 심문을 당하는 죄수의 모습을 연상케 한다. '레테강 저쪽에 서 있는 단테여! 이제 그대의 참회를 듣고 싶구나!' 베아트리체의 칼날은 단테의 참회를 재촉한다(1-6행). '잘못 했습니다'라고 했으나 소리는 목구멍과 입에서 사그라지고 만다(7-9행). 그녀의 다그침은 계속된다(10-12행). '그렇소'라는 말이 나갔으나 입술의 움직임을 눈으로 보고서야 알 정도이었다(13-15행). 단테는 눈물과 한숨으로 목소리가 사그라졌다(16-21행). 교황도 지옥에 처넣었던 당당한 단테였건만, 베아트리체 앞에서 너무나 작아진 모습을 본다.

2. 거짓 쾌락에 빠졌던 단테를 책망한다(22-63행)

　　베아트리체는 단테로 하여금 천상의 행복을 사랑케 하고자 힘썼다. 옛 성 밖에 적의 공격을 막기 위해 주변에 파놓은 못을 해자(25행)라 한다. 단테가 파놓은 해자는 베아트리체의 소원을 막아버린 장애물인데, 그것은 그녀 사후에 다른 여인에게 관심을 돌린 것이다. '다른 무엇(28행)'은 세상의 쾌락이다. 거짓 쾌락(36행)은 '세상에 있는 모든 것 즉 육신의 정욕과 안목의 정욕과 이생의 자랑이다(요한일서 1:16)'. 엔터테인먼트라는 TV프로그램의 대부분은 예술이란 이름의 거짓 쾌락이 많다. 성경은 '고운 것도 거짓되고, 아름다운 것도 헛되다'(잠언 31:30)라고 했다. 심문관의 모습(22-30)으로 나타난 베아트리체는 천상의 법정에선 거짓 고백이 곧 들통이 나며. 진실된 참회는 '하나님의 분노를 진정시킨다고 말한다(40-42행). '세이렌(44행)'은 반인반어의 요정, 즉 세상 즐거움의 상징이다. 위험한 사태의 발생을 알리는 싸이렌(siren)은 세이렌에서 유래했다. '눈물의 씨앗(46행)'-은 눈물을 흘리게 한 슬픔이다. '엉뚱한 데로(47행)'는 단테가 세상 쾌락을 향해 좇아가는 방향과 정반대의 길 즉 바른 길을 뜻한다. '흙에 묻힌 나의 육신(49행)'은 베아트리체의 죽음이다. '첫 화살(55행)'- 속임수의 화살이다. '깃 있는 새'는 성인을 가리키며, 유혹의 화살을 능히 피할 수 있다는 뜻이다. 여기서 베아트리체는 진리의 '계시'를 뜻한다. 베아트리체 사후 단테는 정쟁의 소용돌이에 휘말려 정치라는 여인이 주는 쓴잔을 맛보았다. 철학과 시에 몰입하기도 했다. 오로지 하나님의 진리(베아트리체)의 길을 추구하지 않음에 대한 자신의 성찰이다(55-57행).

3. 수염을 쳐들라(64-90행).

　　'더한 쓰라림(69행)'- 세상 쾌락을 추구하면 더 큰 고통을 맛보리라. '수염(68행)'- 턱에 수염이 나면 어른이 되었다는 뜻이다. 단테가 어린애처럼 꾸중을 듣고 서있다. 어른이 왜 어린애 같이 유치한 짓을 했느냐고 책망을 받은 것이다.

이 말 속에 독이 있음을 나는 알았노라(75행). '이아르바(71행)'는 리비아의 아프리카에서 불어오는 바람이다. '그 버팀성 보다 못지않게 힘들게 겨우 턱을 치켜들었노라(71-73행)'- 참나무가 뿌리 채 뽑힐 때 저항하는 것보다 더 강한 저항을 나는 베아트리체에게 했다는 뜻이다. 그녀는 신인양성(神人兩性)을 지닌 '짐승(81행)' 즉 그리스도만 보고 있었다. 베아트리체는 진리의 계시 그 자체였기 때문이다. 진리 앞에서 전에 가장 좋던 것이 가장 큰 원수로 보인다. '모든 것들(86행)'-세상 쾌락이다. 학문도, 권력도, 명예도, 돈도 그리스도(그리핀) 앞에서는 모두 진리를 방해하는 원수이다. 피렌체에서 추방당한 후 단테는 그가 그때까지 추구해온 모든 것이 물거품이며, 그림자인 것을 깨달았다 (行深般若波羅密多時 照見 五縕皆空). 이 깨달음에 이르렀을 때 단테는 의식을 잃고 쓰러졌다. 진정한 참회의 모습은 이런 것이 아니었을까? 인간의 허상을 직시 할 때 비로소 그리스도를 보는 것이다.

4. 레테의 물속에 잠기는 단테(91-123행)

'축복받은 기슭(97행)'- 베아트리체가 있는 기슭이다. 기슭에 다가왔을 때 '우슬초로 나를 정결케 하소서(시편 51:7)-'라는 노래 소리를 듣는다. 마텔다가 단테를 레테의 물속에 잠기게 하니 그 물을 마신다. 단테가 침례를 받은 것이다. 죄의식을 완전히 잊고 물에서 올라온 단테를 '네 여인(104행)'한테로 데리고 간다. 네 여인은 교회성립이전의 네 가지 덕목(사려, 공의, 강기, 절제)을 가리킨다. '베아트리체가 세상에 내려오기 전'에 그들은 그의 시녀였다. '시녀(108행)'는 네 가지 덕은 교회를 섬기는 덕이니 시녀이다. 네 여인은 그를 '세여인(信望愛)'에게 인도한다. 신망애는 단테의 눈을 날카롭게 해준다. 이리하여 단테는 그리프스의 가슴 앞에 인도를 받는다. 단테는 이제 베아트리체의 눈동자 즉 '비취 알(116행)'을 본다. 그 속에 비친 그리스도의 신성과 인성을 본다(121-123행). 그리스도의 신비는 우리의 육안으로는 볼 수 없다. 베아트리체(啓示)의 눈동자를 통해서만 본다.

5. 천사들이 베아트리체에게 눈을 돌리라고 간구(懇求)함(124-145행)

베아트리체의 눈동자 속에 비친 물체 즉 독수리의 모습에서 사자의 모습으로, 사자에서 다시 독수리로 변하는 모습이다. 인성과 신성의 교차적 변화의 신비를 이렇게 표현한 것이다(124-126행). 단테의 놀란 마음을 독자에게 호소하고 있다. 진리탐구자가 진리를 발견했을 때의 만족감과 곧 이어 더 깊은 탐구에의 배고픔(127-129행)을 말한 것이다. 믿음, 소망, 사랑의 세 아씨가 이제 베아트리체를 향하여 노래하기를' 거룩한눈을 당신의 신실한 종 단테에게 돌리라'고 한다. 당신을 만나려고 천신만고 끝에 지옥, 연옥을 지나서 여기 까지 찾아 온 그가 아닙니까? 라고. 세 아씨는 베아트리체에게 둘째 아름다움은인 미소를 보게 해달라고 요청한다. 첫째 아름다움은 에메랄드 눈이었고, 둘째의 미소는 인류를 위한 구원의 약속(Mark Musa, 342쪽)이다. 133-138행은 세 아씨가 베아트리체에게 단테를 부탁한 기원이다.

단테의 베아트리체 찬양의 노래(139-145행)이다. '끝없이 살아있는 빛의 찬란함이여'는 베아트리체이다. 시의 여신들이 살고 있는 파르나소스의 그늘 밑에서 시의 영감을 듬뿍 받고 시의 완성을 위하여 지친 자들이라 할지라도 너울을 풀어헤친 베아트리체의 아름다움을 묘사하기에는 어려움을 느꼈으리라(142-145행). "오호라 나는 곤고한 사람이로다 이 사망의 몸에서 누가 나를 건져내랴!"(로마서 7:24) 바울의 절규를 생각나게 한다. 단테의 절규, 단테의 끝장에 까지 내려가야 참회라 할 수 있지 않을까?

제32곡 (제7원)지상낙원(5) - 정치권력과 전투의 지상교회

개요

- 천상교회의 이동(1-72): 단테 베아트리체를 응시(1-12), 대열(천상교회)의 이동(13-30), 베아트리체 수레에서 뛰어내림(31-36). 단테-모두가 "아담"이라 부르는 소리 들음(37-42), 그리핀이 수레를 선악과에 잡아맴(43-51), 직유(52-60), 단테 노래 소리 들으며, 잠든 사이에 행렬이 하늘로 올라감(61-72).
- 지상교회 행렬(73-108): 변화산의 직유(마태복음 7:1-5)처럼, 단테 정신이 돌아옴(73-84), 단테 베아트리체를 찾음(85-99), 베아트리체의 당부(100-108),
- 지상교회와 정치권력(109-160)
  : 독수리(로마제국의 박해,109-117), 여우(이단,118-123), 독수리의 깃털(콘스탄틴의 기증,124-129), 용(130-135), 독수리 깃(136-141), 7불과 7머리(부패한교회,142-147) 창녀/거인(보니파시우스 8세, 아비뇽148-160)

[그림 32-1 선악과 나무 그리고 수레위의 거인과 창녀]

줄거리

베아트리체 사후 10년 만에 단테는 그녀의 얼굴을 들여다본다. 세 아씨(信望愛)들이 그의 눈을 왼쪽으로 돌리게 한다. 그의 눈은 잠시 아무것도 볼 수 없게 되었다. 시력이 회복되었을 때 행렬이 돌아감(moving back)을 본다. 단테와 스타티우스 그리고 마텔다는 행렬을 따라간다. 베아트리체가 내려온 나무 앞에서 행렬은 멈춘다. 이것은 선악과나무이요, 그것은 꽃도 잎도 다 떨어져있다. 그리핀(신인 양성의 그리스도)이 끌고 왔던 수레를 나무에 매니 즉시 꽃이 핀다. 무리가 알 수 없는 노래를 부르자 단테는 잠이 들어버린다(63

행). 아씨가 잠을 깨우니 행렬은 떠나갔고, 일곱 아씨와 함께 베아트리체가 혼자 나무아래 앉아있다. 베아트리체는 단테를 데리고 수레를 보라고 명령한다. 그가 볼 때, 독수리 한 마리가 나무에 내려오더니(115행) 새 잎사귀를 찢어버리고 있는 힘을 다하여 수레를 친다. 그 다음 여우가 수레 속으로 뛰어들었으나 베아트리체가 쫓아낸다(120행). 이어서 독수리가 수레의 궤안으로 날아와 앉더니 깃털을 뽑아놓고 가는 것을 본다(126행). 그 다음에 바퀴사이로 용 한 마리가 올라와 꼬리로 수레를 꾹 찌른다. 꼬랑지를 뽑더니 수레 밑 한쪽을 뚝 떼어서 가버린다(124행). 뒤에 남은 것은 깃털로 덮씌워졌고(139행), 거기서 7 머리가 나온다. 수레 위에 창녀가 느슨하게 앉아있고 그 옆에 거인이 서있다 (152행). 창녀가 단테에게 눈을 돌렸을 때, 거인은 그녀를 치며 수레를 숲 속으로 끌고 간다(157-159행).

해설

1. 단테 베아트리체를 응시하다(1-12행)

'십년 동안(1행)'- 베아트리체 사후(1290-1300년)의 10년간. '바람벽(4행)'- 베아트리체의 미소만을 보느라 다른 것을 보지 못했다. '옛날의 그물(6행)'- 옛날의 사랑의 힘. '그것들(6행)'- 단테의 두 눈, 관상

2. 바퀴를 따라 갔노라(13-30행)

'무엇이 자그맣게(13행)'- 수레인데 교회를 상징한다. '큰 빛에(15행)'- 베아트리체를 가리킴. '영광스런 대열(16행)'- 행렬, 레테강은 서쪽으로 흘렀다. 행렬도 이 흐름을 따랐다. 지금 돌아선 행렬은 태양을 마주보고(4/13일 午前)

있기에 앞잡이가 된 일곱 촛대 빛을 얼굴에 받는다(동쪽). '방패 안으로 숨고(19행)'- 중세 전법에 적진 앞에서 방향을 바꿀 때는 적의 습격을 피하기 위해서 방패와 깃발 뒤에 몸을 숨긴다. '아씨들이(25행)'- 지상의 4가지 덕(德)과 천상의 3가지 덕(信望愛). '고운 아씨(28행)'- 마텔다. '보다 작은 활(29행)'- 오른 쪽 바퀴. 행렬이 오른 쪽으로 돌므로 왼쪽(바깥)보다 활꼴이 훨씬 작다.

3. 수레를 나뭇가지에 잡아 매니라(31-60)

'배암을 믿었던 여인(31행)'- 이브가 뱀의 유혹을 믿었다. '베아트리체가 뛰어 내리니라(36행)'- 전투적 교회의 모습을 상징. 교회가 세상의 악과 투쟁함을 상징한다. '아담(37행)'- 롬5:12, '한 그루나무(39행)'- 선악을 알게 하는 나무. '꽃도 잎도 다 떨어진'- 타락을 상징한다, '나뭇가지(40행)'- ⓐ지식의 나무는 천상적 지식에 가까울수록 커지고 많은 가지를 뻗는다. ⓑ이 나무는 로마제국을 상징한다. 단테가 인도의 높은 나무에 비교한다면 기독교제국의 우세를 나타낸다. '이 나무를 입부리로 쪼지 아니한 그리프스여!(44행)'- 그리스도는 아담처럼 먹지 않고 하나님의 명령에 순종했기 때문에 칭송을 받고 있다. '뒤틀리었기 때문이다(44-45행)'-아담이 선악과를 따먹고 추방되었다. '모든 정의의 씨(48행)'- 그리프스가 한 말이다. 하나님의 정의 로마서5:12-19을 참조. '헐벗은 줄기(50행)'- 선악과. 그리스도의 십자가를 헐벗은 나무에 잡아매었다. 단테는 그리스도의 십자가를 선악과나무로 만들었다(was formed from the wood of the tree of knowledge of good and evil)는 전설을 회상시킨다. '하늘의 물고기(52행)'-쌍어궁(星座의 이름). '장미보다는 못하고 오랑캐꽃보다는 진한 빛을 피우며(59-60행)'- 자주빛(purple, 장미)은 그리스도의 죽음과 수난을 상징할 수 있다. 나무를 그 색깔과 합친 희생의 피로 나타냈다.

4. 나도 정신이 돌아와(61-84행)

'끝까지~없었노라(63행)' - 듣다가 잠이 들었다. 쥬피터(제우스)의 아내 쥬노는 남편이 이오(Io)를 사랑하자 그녀의 사냥터지기 아르고스(Argus: 눈이 100개인 괴물)를 감시자로 세운다. 쥬피터는 머큐리(Mercury)를 시켜 아르고스에게 '시링크스와 판'의 사랑 이야기를 들려준다. 이야기를 듣다가 잠시 잠이든 사이에 목숨을 잃는다(64-66행: "변신"에서 인용). '눈부신 한 줄기 빛(71행)'-하늘로 올라가는 행렬. '한소리(72행)' - 마텔다의 소리임. '능금나무(75행)'- 그리스도를 상징한다. '꽃떨기(75행)' - 그리스도의 영광을 상징한다.

76-82행은 마태17:1-8 참조. 변화산의 3 제자가 모세, 엘리야 그리고 예수님이 대화하는 것을 듣고 땅에 엎드러지는 변화산 사건을 인용.

5. 본 바를 적어두라(85-108행).

'한패(88행)'- 4가지 지상의 덕과 3가지 덕의 7명의 아씨들을 가리킨다. 그리스도 승천(昇天)후 베아트리체만이 일곱 아씨의 호위(護衛)를 받아 수레를 지킨다. 베아트리체는 여기서 신학의 진리를 상징한다. 단테가 깨어나서 베아트리체가 어디 있느냐고 찾는다. 그녀는 새잎아래 나무 뿌리위에 앉아있다. 그리스도의 승천(昇天)후 수레를 수호(守護)한다. 베아트리체의 새로운 역할(役割)을 상징한다. 베아트리체는 '이제 수레에 눈을 주라'- 즉, 본 것을 적으라고 명한다. 교회사(사도 시대로 부터1300년까지)의 7 재난₩

6. 교회가 받은 7가지 재난(109-160행)

단테는 자기 앞에 상연되는 정경을 보고하기 시작한다. 정경은 7가지 그림처럼 구성되어있다. 전체적으로 이 정경은 연대적으로 그리스도 승천 후 교회의 지상에서의 사명을 그리고 있다. 1300년대까지의 교회의 역사이다. 1300년까지 교회에 임한 연속적인 재난에 대한 상징적 환상을 취급하고 있다.

[그림 32-2 수레(부패한 지상교회)위의 거인과 창녀]

〈교회사의 7 재난〉

① '제우스의 새(112행)'-로마를 상징하는 독수리. 네로(AD 54~68), 디오클레티아누스(284~305) 황제가 교회를 박해하는 그림(112-117행)을 상징한다.

② 제2의 재난(118-123행)은 초대교회를 위협한 노스틱(영지주의, Gnosticism) 이단이다. '맛진 먹이(119행)'- 건전한 교리. '암 여우(120행)'- 이단. 교활한 속임, 이것이 여우의 특징이다. 이단은 참된 교리의 양식을 공급하지 못한다(121-123행). 그러므로 야위었다.

③ 제3 재난(124-129행)은 황제의 증물(Donation of Constantine, AD 280~337)이다. 15세기에 와서 이것은 전설임이 판명되었다. 밖에서 공격하는 적보다 안에서 썩게 하는 것이 교회에 더 큰 해를 끼친다. 황제들이 교회에 뇌물을 준 것이 129행의 '쪽 배(교회)여! 짐을 잘못 실었구나.'의 뜻이다.

④ 제4 재난(130-135행)은 불확실하다. 용(龍)은 전통적으로 사탄을 뜻한다. '수레 밑 한쪽을 뜯어가더라(135행)' 기원728년 로마교회로부터 정교회(그리스)의 분열을 상징하는 것이라고 해석한다. 또는 무하마드가 기원 7세기에 교회를 분열시켰다고 한다. 지옥편 18곡에 무하마드를 지옥에 넣었다. 용의 행적은 불길이다.

⑤ 제5 재난(136-141행)은 교회의 세속화, 부의 취득을 나타낸다. '아마도~ 바쳐졌을 깃털(138행)'- 교회를 위해 바쳐진 헌물이 잘못 사용되었다.

⑥ 제6의 재난(142-147행)- 교회의 모양이 괴물로 변형. 7 머리(연옥에서 7가지 죄)와 10뿔을 지닌 계시록의 짐승을 생각나게 한다. 7 머리는 7 아씨와 대조를 이룬다.

⑦ 마지막 재난(148-160행)- '창부(149행)'- 보니파시우스 8세라고 한다. 단테 시대의 역사를 나타낸다. 교황청을 음녀로 보았다. '굴대장군(151행)'- 프랑스왕 필립 4세. '함께 입 맞추는 것(153행)'- 교황과 황제가 서로의 이익을 위해 거래함을 말한다. 보니파시우스 8세가 프랑스왕가의 간섭을 피하려다가 필립 4세에게 감금을 당했다(154-156행). '괴물(158행)'- 변질된 교황청이다. 교황청이 1305년 클레멘스 5세에 의해 로마에서

〈아비뇽〉으로 옮겨진 것(157-159행). '별난 짐승(160행)' - 교회가 변질된 것을 의미.

교훈과 소감

그리스도가 승천한 이후 초대교회로부터 단테 시대까지의 교회사를 묵시 언어로 읽게 된다. 난해 하지만 7시기의 상징들을 통해 교회와 정치의 야합, 교회의 부패를 여실하게 묘사했다. 제도권 교회가 괴물로 변질되기까지 타락했다. 교회라는 말은 에클레시아(新約의 敎會)를 뜻하지 않고 교권, 제도권의 체제화된 교회로 사용되는 경우가 많다. 역설적이긴 하지만, 대체로 교회사는 범죄사이다'라는 말이 오늘 믿는 자들에 대한 자성의 소리로 우리에게 더욱 가까이 다가온다. 오늘의 교회에서 정치권력(政敎)과 금력(經敎)이 결탁된 또 하나의 음녀의 모습을 본다.

신화 해설

판(Pan)

목신(牧神). 뜻은 "모든" 또는 "빵". 헤르메스의 아들. 어머니는 드리오페 또는 페넬로페. 일설에는 제우스와 님프 아익스의 아들이라고 한다. 판의 어머니는 그를 낳고서 너무 놀란 나머지 버리고 도망쳤다. 님프들이 버림받은 판을 키웠다. 판은 소가 거의 없고 양이 많은 아르카디아 산악지방에서 유래했기 때문에 양과 같이 뿔과 턱수염이 나있고 다리는 산양과 같은 모습을 하고 있다.

시링크스(Syrinx)

갈대의 님프. 아주 먼 옛날 시링크스라는 님프가 살았는데 이 님프는 너무 아름다워 모두에게 사랑을 받았다. 그러나 시링크스는 달의 여신 아르테미스(Artemis)를 숭배하여 여신처럼 결혼을 하지 않은 채 사냥에만 취미가 있었다. 항상 사냥 옷을 입었지만 시링크스는 너무나 아름다웠다. 목양신(牧羊神) 판(Pan)이 보고 그녀를 유혹하려 하지만 사랑에는 관심이 없는 시링크스는 도망을 치고 만다. 판은 그녀를 따르며 애타게 불렀지만 시링크스는 듣지도 않고 도망을 치다가 판에게 붙잡힐 상황에 이르자 그녀는 다급해서 강(江)의 신에게 도움을 요청한다. 강의 신은 그녀를 갈대로 변하게 했고 그녀의 팔을 잡았다고 생각한 판의 손에는 갈대가 잡혀있을 뿐이었다. 판은 너무도 슬퍼 한숨을 쉬며 탄식을 했고 그 한숨은 갈대 줄기 안에서 구슬픈 소리를 일으켰다. 판은 그 소리를 듣고 그 갈대를 엮어 피리로 만들었고 이 님프의 이름을 따서 시링크스라고 불렀다.

제33곡 (제7원)지상낙원(6)- 단테의 정화완성

개요

- 일곱아씨의 슬픈 노래(1-21)
- 베아트리체의 답변(22-84)
  - 내게 물을 말이 없느냐(22-33)
  - 베아트리체의 예언(34-54)
  - 베아트리체의 선악과에 대한 교훈(55-84)
- 단테의 대답(85-102)
- 베아트리체의 답변(103-117)
- 솟구쳐 오를 만큼 맑아 졌노라(118-145)

[그림 33-1 에우노에 강물을 마시는 단테]

줄거리

　일곱 숙녀들이 수레(교회, 교황청)의 슬픈 운명에 대하여 눈물을 흘리며 노래를 부른다. 베아트리체는 슬퍼한다. 곧 일곱 숙녀(向主三德,四樞德)는 베아트리체 앞에, 단테, 마틸다, 스타티우스는 뒤에 두고 떠난다. 그들이 걸어갈 때 베아트리체는 아주 모호한 말로 예언을 한다. 교회가 마침내 아비뇽에서 로마로 옮겨질 것이며, 산자(지상)를 위하여 그녀가 한 말을 정확히 적으라고 명한다(76행). 단테가 베아트리체에게 그녀의 말이 이해하기 어렵다고 하니 그것은 천상과 지상의 길이 다르기 때문이라고 답한다(88-90행). 그들은 레테와 에우노에 강의 근원에 온다. 마틸다는 베아트리체의 명을 좇아 단테를 데리고 에우노에 강물을 마시게 한다. 에우노에 강물을 마시고 기억을 회복한다. 단테는 형언 할 수 없는 기쁨을 묘사한다(136행). 연옥편에 할당된 페이지가 다 했다고 아쉬워한다. 거룩한 물에서 돌아오니 별에게로 솟구쳐 오르고 싶다고 말한다.

해설

1. 주여! 이방인들이 왔나이다(1-21행)

7덕의 아씨들이 교회(교황청)의 아비뇽으로의 이전(포로)에 대한 예언의 말을 듣고 슬픔에 젖어, 예루살렘 멸망을 탄식한 시편 79편 1절을 번갈아 가며 노래하기 시작했다. '하나님이여! 열방의 사람들이 당신의 유업으로 왔나이다. 저들은 거룩한 성전을 파괴 하였나이다' ....베아트리체는 십자가 밑의 마리아처럼 슬퍼하며 저들의 노래를 듣는다. 베아트리체는 깊이 사랑하는 빛을 얼굴에 나타내며 "조금 있으면 너희가 나를 보지 못하겠고, 또 조금 있으면 나를 보리라"는 말씀(요한복음 16:16)으로 대답한다(10-12행). 베아트리체는 일곱 아씨를 앞에다 세워놓고, 단테 마틸타 그리고 스타티우스를 자기 뒤에 남게 하더니 말을 시작 한다.

2. 베아트리체의 예언(22-84행)

1) 내게 묻는 말이 없느냐?(22-33행). 베아트리체는 단테가 길을 함께 하면서도 질문이 없음을 가볍게 책망한다. 두려워 말을 못하던 단테가 입을 떠어 '당신은 나의 아쉬운 것을 아시나이다(29행).'라고 답한다. '이제부터는 두려워하거나 부끄러워 말라 그리고 꿈꾸는 사람처럼 말하지도 말라(31~33행)'고 베아트리체가 명한다.

2) 자꾸만 지워져 버리나이다(34-84행).

① 34~54, 베아트리체의 예언이다. '뱀이 깨뜨린 그릇(34행)'은 로마에 있는 교황청이 아비뇽으로 옮긴 사건을 말한다. 죄지은 군주 필립4세에 대한 하나님의 심판은 반드시 이루어진다(34~36행). 수파는 피렌체의 살인자가 피살자의 무덤 위에서 9일 동안 술에 적신 빵을 먹으면 유족의 복수를 면한다는 빵 조각이다. 교회(수레)-괴물이 되었다가 후에 미끼가 된-위에 깃을 떨군 독수리(로마제국)는 언제까지나 후계자가 없지는 아니하리라(37~39행). 단테는 프레드리히 2세를 로마제국의 마지막 시저(질서회복과 평화)로 기대했다. 인간의 운명을 결정하는 별들이 가까이 와 제국의 참 후예의 도래를 예언하려한다(40~42행). 515라는 숫자는 위임 통치자를 가리키는 묵시기호(code number)이다. 515는 세상을 바로잡을 인도자(수령)을 가리킨다. 주석가는 그를 룩셈부르크의 헨리7세를 가리킨다고 했다. 그가 도둑년(보니파시우스 8세)과 굴대장군(필립4세)을 없애리라(43~45행)는 뜻이다. 43~45행은 테미스나 스핑크스의 수수께끼(P546 주참고)처럼 들릴지 모르나 곧 풀릴 것이라고 말한다. 지상으로 돌아가거든 이 말을 전해주라고 말한다(52~54행)

② 55~84, 선악과에 대한 베아트리체의 교훈이다. 선악과는 처음에는 아담에게, 두 번째는 독수리(로마황제)에게 찢겼다. 이 나무는 하나님의 정의를 상징한다. 선악과는 하나님의 공의를 드러낸다. 씹은 탓(61행)은 계명을 어김이다. 아담은 낙원추방 후 930년을 살았고(창5:5), 연옥에서 4302년(천20:118)을 살았다. 오천 년 이상(62행)을 벌 받고, 구원을 받았다. '그이'는 그리스도이시다. 그리스도가 아담 때문에 벌을 받았다.'나무 끝이 높으면서도 꼭대기가 구부러진 이유'는 제국의 불가침성에 대한 하나님의 소원을 나타내기 때문이다(64~66

행). 단테의 헛된 생각들이 지성을 경직화하여, 그를 화석화 시키지 않는다면, 그리고 그를 쾌락에 물들지 않게 한다면(67~69행),금단의 나무에 있어 하나님의 권위에 대한 복종과 제국의 권위에 대한 복종의 뜻이 있음을 알게 될 것이다(70~72행).그러나 너의 정신이 굳고 흐려져 마음에 새겼다가 쓸 수 없거든 순례자들이 기념으로 지팡이에 종려를 감고 돌아가듯 순례역정의 인상을 몸에 그려서 지니고 가라(73~79행)고 베아트리체가 말했다. 이에 대하여 단테는 '베아트리체의 말씀이 머리에 아로새겨졌으나' 그 말이 어렵다고 답한다(79~84행).

3. 생각 못하겠나이다(85-102행)

85~102, 베아트리체가 말한 목적은 세상의 학문 즉 철학이 천상의 교리와 동떨어져 있는 것임을 알게 하고, 하늘이 땅에서 떨어져 있음을 보이기 위함이다(85~90행). 이렇게 말하자 단테는 베아트리체와 등진 적이나 양심이 켕긴 적이 없다고 말한다. 그러자 베아트리체는 네가 레테의 물을 마셨다는 것을 생각하라고 말한다. 이렇게 망각이야말로 네가 죄 지었음을 증명해주는 것이라고 답한다(94~99행).

4. 한 근원의 두 흐름(103-117행)

단테는 태양의 움직임으로 시간을 측정해왔다. 지금은 연옥의 정오이다. 정오에 태양은 더욱 느린 걸음을 걷는다. 이 때 일곱 아씨는 동산의 어두컴컴한 그늘 그 끝에 머문다. 티그리스와 유프라테스는 에덴의 3번째, 4번째 강 들이다(창2:14). 터키 남서의 이들 두 강은 이라크를 거쳐 페르샤 만으로 흘러 들어간다. 베아트리체를 '빛과 인류의 영광'으로 불렀다. 단테는 한 근원에서 흘러나오다가 두개로 갈라지는 물은 무엇 입니까?라고 묻는다.

5. 솟구쳐 오를 만큼 맑아졌노라(118-145행)

단테의 물음에 베아트리체는 마텔다에게 물어보라고 대답한다. 여기서 단 한번 마텔다의 이름이 거명되었다. 마텔다는 연옥 28곡 88행 이하에서 여러 가지 문제를 이미 설명해주었다고 한다(121~123행). 다시 베아트리체는 '골똘하게 정신을 쓰는 일(a more important thing,124행)이 그의 눈을 흐리게 한 것이라고 답한다. '더 중요한 일'이란 단테를 책망한 사실 혹은 단테 앞에서 지나간 행렬일 것이다. 베아트리체는 에우노에(과거 선행의 기억을 회복시켜가는 강)를 가리키며 단테를 거기 데리고 가서 까무러진 그의 힘을 되살게 하라고 했다(127~129행). 마텔다의 역할은 베아트리체의 뜻을 실천하는 것이다....(Matelda's appearance and action is reality for every saved soul on it's way to Paradise). 앞서 여러 번 독자를 불렀던 단테는 마지막 독자여! 를 부른다. 신곡의 구성상 여기서 연옥편을 종결짓는 아쉬움을 말한다. 신곡 총 100곡은 지옥 1곡을 3편의 총서로 제하면 각 편은 33곡으로 짜여져 있다. 그래서 둘째 노래 연옥편도 3편의 조화(예술의 고삐,140행)를 위해서 여기서 끝을 맺는다. 에우노에 물을 마시고 돌아와서 활력을 얻은 단테는 천국을 오를 수 있게 완전 준비가 되었다. 지옥과 연옥편도 별(stelle-stars)로 끝을 맺는다. 별은 하나님을 향한 상승운동을 강조하며, 신곡 전체의 목표이기도 하다.

33곡은 교회의 7시기 재앙을 들은 아씨네의 비곡(悲曲)에 대한 베아트리체의 답변으로 시작하여 선악과의 의미를 밝혀주고 있다. 마지막으로 에우노에의 물을 마심으로 새 힘을 얻어 천국에 오를 만반의 준비를 갖춘다. 선악과는 하나님의 공의를 드러내는 표식이고 아담의 실패를 하나님은 십자가로 회복시켜주셨다.

서론(Preface)

1. 천국편에 들어가기에 앞서서

청화천(淸火天)-Empyrean

원동천(原動天)-Premum mobile

항성천(恒星天)-Fixed stars

토성천(土星天)-Saturn

목성천(木星天)-Jupiter

화성천(火星天)-Mars

태양천(太陽天)-Sun

금성천(金星天)-Venus

수성천(水星天)-Mercury

월천(月天)-Moon

지상낙원 -Earthly paradise

연옥(煉獄) -Purgatory

신곡을 한 번 읽는데 4년 7개월이 걸렸다. 읽고 또 읽어도 얻을 것이 있는 것이 단테의 신곡이다. 이제 제3편인 천국편을 읽는다. 신곡은 지옥, 연옥, 그리고 천국의 삼계편력기(三界遍歷記)이다. 이 3편은 독립되어 있으면서도 한 권의 책에 서로 연결되어있다. 지옥편은 신곡의 서론 및 도입에 해당하고, 연옥편은 그 전개이며, 천국편은 결론 및 완성이라 할 수 있다. 그러므로 3편 모두를 하나의 통합체로 인식(認識)할 때에야 그 진가를 터득 할 수 있다. 모든 독자들이 인내심을 갖고 신곡의 정상에 오르기를 바란다.

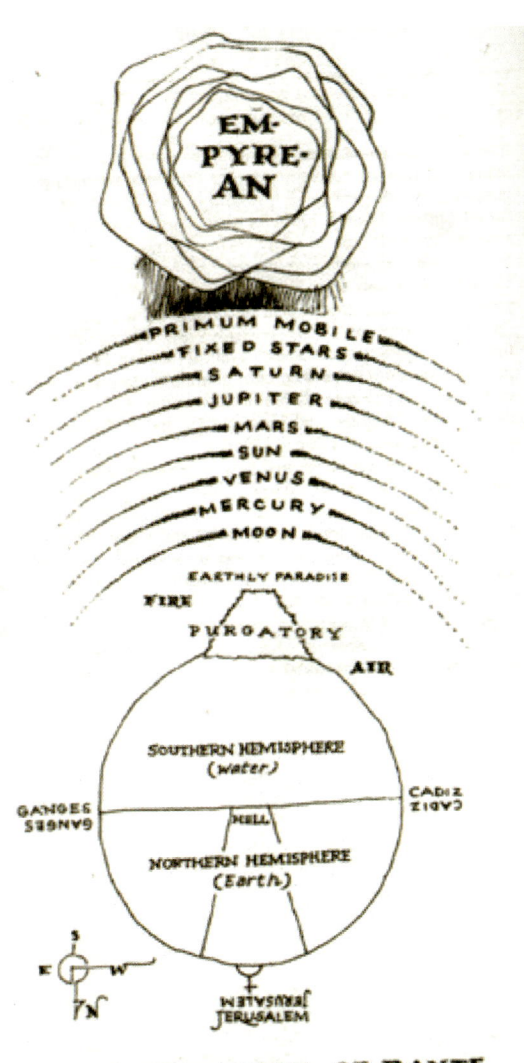

[그림 0-1]

2. 두 가지 평론에 대하여

① 첫째는 천국편이 지옥편 과 연옥편에 비하여 흥미가 떨어 질 뿐 아니라 무미건조하다는 혹평이다. 신앙 없이 문학으로만 읽으려는 독자에게는 천국편이 단조롭게 느껴질 수 있다. 천국편은 지옥편과 철저한 대조를 이룬다. 지옥편의 묘사는 신앙이 없는 독자라도 공감할 수 있는 것이 아주 많다. 그러나 천국편은 순수영적인 것을 가지고 묘사하려니 지옥, 연옥 보다 어려운 점이 많다. 지옥은 광산의 갱도를 따라 내려가는 것 같고, 연옥은 등산하며 여러가지 경치를 보나, 천국은 하늘을 올라가는 여행이니 거기에는 빛과 음악과 리듬을 통한 운동이 있을 뿐이다. 그러므로 거기에는 변화가 거의 없다.

② 둘째는 중세기 신학과 철학의 논의를 길게 늘어놓았기에 지루하고 난해하다는 비평이 그것이다. 크리스천 독자라도 700년전의 점성학, 천문학, 철학 그리고 신학은 생소할 뿐이다. 하물며 영적인 안목이 없이 천국편을 읽는 독자에게는 천국편이 무리일 수 있다는 점을 이해할 수 있다.

천국편을 대하는 또 다른 비평이 있다. 그것은 신앙의 눈으로 읽는 것이다. 천국편을 대하면 비행기를 타고 상공을 끝없이 오르는 기분이다. 작은 먼지가 기류를 타고 태양 빛 속을 오르는 것과 비슷하다고나 할까? 천국편이 그 시대의 제약을 받고 있는 것은 어쩔 수 없는 것이다. 지옥은 불의에 대한 하나님의 심판을 묘사한 조각 같고, 연옥은 죄의 정화과정을 그린 그림 같고, 천국은 빛으로 장식된 음악으로 하나님을 즐거워하며 하나님을 명상 관조하는 영역이다. 천국편에서는 구속받은 하나님의 지복자들이 존귀와 영광을 그에게 돌리는 곳이다. 그것을 표현하기 위하여 단테는 중세기의 신학 철학 및 천문학을 소재로 삼았다. 환언하면 중세기 신학, 철학은 천국을 묘사하고 설명하기 위한 도구였다. 그러므로 그 시대적 제약이라는 옷을 벗기고 천국편을 읽으면, 천국편의 진수를 맛볼 수 있을 것이다. 기독교 신앙이 없어도 문학적 순수

감성으로 읽으면 〈천국편〉은 결코 무미건조하지 아니 할 것이다. 중세기적 의상이 낡았다는 이유로 몸통까지 버리는 어리석음을 범하지 말아야 할 것이다. 단테자신은 천국편에 가장 많은 심혈을 기울였다고 한다.

3. 내용 및 구조

지옥편은 베르길리우스의 〈아이네이스〉에서, 연옥편의 구조는 아리스토텔레스의 〈니코마코스의 윤리학〉에서, 천국편의 구조는 프톨레미의 〈천문학〉에 따른 것이다. 지구가 중심이 되어 그 주위에 천체가 돌고 있다는 천동설에 입각하여 썼다. 지구의 외측에 공기가 있고, 대기권 외측에 불의 층이 있다. 대기와 불의 층을 넘어서 그 위에 지구에 가장 가까운 하늘이 있다. 제1의 월천(Moon)은 수도서원파기(修道誓願破棄)의 영들이 있고, 제2의 수성천(水星天: Mercury)에는 대망야심(大望野心)의 영들이, 제3의 금성천(金星天:Venus)에는 연애(戀愛)의 영들이, 제4의 태양천(Sun)에는 현철(賢哲), 신학자(神學者)의 영들이 제5의 화성천(Mars)에는 신앙전사(信仰戰士)의 영들이, 제6의 목성천(Jupiter)에는 정의(正義)를 위해 싸운 영들이, 제7 토성천(土星天:Saturn)에는 명상의 영들이, 제8의 항성천(恒星天: Fixed Stars)에는 성도들의 집합(集合)처이고, 제9의 원동천(原動天: Primum Mobile)은 여러 하늘운행에 힘을 주는 천사들의 집합처이고, 제10의 청화천(Empyrean)은 하나님 나라의 보좌이다. 단테에게 각 천(天)을 설명하기 위하여 여러 영들이 나타난 것이지 모든 천국의 영들은 청화천(淸火天)에 있다. 제10 청화천이 소위 천당이다.

지옥편은 자기상실의 참참한 모습의 기록이요, 연옥편은 구원받은 혼의 성화의 기록이라면, 천국편은 자기완성 즉 영화의 과정이라 할 수 있다. 그러므로 신곡은 로마서의 칭의, 성화, 영화 교리의 해설서로 읽으면 아주 유익하다. 지옥편만 읽고, 연옥편과 천국편을 읽지 않는다면 성지순례를 가다가 도중에 포기한 것과 같다고 하겠다.

4. 천국편 각곡(各曲)의 주제

(1곡)-아폴론신께 도움 요청하는 서시(序詩)로 시작. 때는 부활주 수요일 정오, 장소는 지상낙원. 베아트리체가 태양을 응시, 제천의 음악소리, 빛의 바다에 둘러싸임, 단테 베아트리체와 함께 승천하며 우주의 질서를 설명듣는다.

(2곡)-단테와 베아트리체는 달에 도달한다. 천국편이 어렵다고 독자들에게 미리 주의를 준다. 베아트리체가 달의 얼룩, 의혹(疑惑)들과 하늘의 조직, 대소 별들의 빛을 단테에게 설명한다.

(3곡)-월천의 계속이다. 지복자들의 위계(Hierarchy), 포레세 도나티의 누이 피카드라의 이야기. 동정을 어긴 영혼들이 살고 있다. 황후는 콘스탄차를 가리킨다.

(4곡)-단테의 두 가지 물음, 베아트리체가 한 가지를 풀어줌. 동정서원 파기에 따른 상급이 감소된 것이 아니냐? - 플라톤의 설을 따르는 것이 아닌지? 이에 대한 베아트리체의 답변.

(5곡)-베아트리체가 수도서원(修道誓願)에 관한 의문을 풀어줌. 서원을 가볍게 여기지 말라. 제2수성(水星)천. 많은 혼들이 단테를 맞이함. 유스티아누스 황제가 단테를 맞이함.

(6곡)-수성천, 선행을 행한 혼들이 살고 있다. 로마법전(Roma法典) 편찬자(Justinianus)가 단테에게 나타나 제국에 숨겨진 하나님의 섭리(攝理)를 말함. 이태리의 현상(現狀)을 개탄(慨嘆)함.

(7곡)-유스티아누스가 청화천(淸火天:Empyrean)으로 오른다. 베아트리체가 단테에게 그리스도를 죽인 자들에 대한 형벌이 정당하다는 것과 그리스도의 강생과 죽음의 필요성을 설명함.

(8곡)-제3 금성천에 오름, 애욕(愛慾)자들의 넋을 만남, 카를로 마르텔로 (Charles Martel)가 단테에게 지상에서 왕이었음을 말한다. 훌륭한 아비로 부터 못난 자식이?

(9곡)-제3 금성천 계속, 애욕자들의 혼, 쿠니차 다 로마노(Cunizza da Romano)가 베네치아 시민들의 썩은 풍속(風俗) 이야기, 풀코가 자신을 드러냄, 라합, 성직자의 탐욕을 조소함.

(10곡)-제4 태양천(太陽天:the Sun)에 오름. 지식인들의 혼이 살고 있다. 철학자(哲學), 신학자(神學者)들이 베아트리체를 맞이한다. 성 토마스의 혼이 사랑을 들어 말하고 다른 혼들에 대하여 얘기한다.

(11곡)-태양천 계속, 단테는 성토마스 아퀴나스(St.Thomas of Aquinas)의 말에서 의문을 가짐, 도미니칸(Dominican) 수도회원인 성토마스가 프란체스코와 그의 제자들을 찬미하고 도미니칸의 타락한 수도자들을 꾸짖는다.

(12곡)- 지복(至福)의 넋들이 베아트리체를 에워싼다. 보나벤투라(St. Buonaventura)가 프란체스코 수도회원으로서 도미니코 수도원을 기리고, 자기 수도회(Franciscan)의 부패를 개탄한다.

(13곡)- 제4 태양천, 지복의 넋들이 노래와 춤을 춤. 신앙의 지성들, 성토마스 아퀴나스가 다시 나타나 단테의 의문을 풀어준다.

(14곡)-제4 태양천 계속, 베아트리체가 지복(至福)의 혼들에게 질문을 하니, 지혜의 솔로몬왕(Solomon)이 시공을 초월하여 대답을 한다. 화성천(火星天:Mars)에 오른다. 순교자들의 넋, 십자형을 이룸.

(15곡)- 제5 화성천, 한 영혼이 십자가 밑에 내려온다. 후손인 단테에게 문안한다. 고조부 카차구이다(Cacciaguida)를 만나 피렌체의 역사와 십자군 원정 때 황제 쿠라도를 따라 원정했으며. 순교하여 천국에 오른 사연을 듣는다.

(16곡)-제5 화성천 계속, 카차구이다에게 조상들과 피렌체의 초기역사를 묻고 듣는다. 기사(knighthood)의 작위를 얻은 조상에 대하여 긍지를 갖는다. 피렌체 가문들의 몰락이야기..

(17곡)-제5 화성천 계속, 카차구이다에게 자기의 미래 운명, 귀양살이에 대한 예언의 뜻을 듣고, 삼계편력(三界遍歷)후, 고조부는 이를 써서 사람들에게 교훈을 주라고 한다. 순례의 목적.

(18곡)-제5 화성천, 카차구이다가 단테에게 여호수아를 비롯하여 신앙의 옹호자들의 영혼을 소개한다. 베아트리체가 단테를 위로, 노래를 부르며 그는 십자가형의 다른 혼들과 섞인다. 제6 목성천으로 오른다. 혼들이 글자를 형성하고, 마지막 M이 독수리로 바뀜. 교황이 책망받음.

(19곡)-제6 목성천, 독수리 형상 속에서 소리가 들린다, 그가 영광에 오른 까닭을 말한다. 그리스도 없이 구원의 가능성 있는가? 이에 대한 해답. 신앙의 필요성, 기독교국 왕들의 죄악을 꾸짖는다.

(20곡)-제6 목성천, 독수리침묵, 영혼들이 다시 노래를 부르며, 지복의 영혼들을 기린다. 다윗은 눈동자이고, 그 주위로 여러 왕들이 있다. 독수리가 트라야누스(불신자)가 어떻게 천국으로 오게 되었는지 알려준다. 예정론, 궁극적 은혜

(21곡)-제7 토성천에 오름. 베아트리체의 사랑스러움이 더해감, 사닥다리, 명상의 혼들이 살고 있다. 피에트로 다미아노가 예정교리의 현의(玄義)를 단테에게 들려준다. 고위성직자들의 타락한 생활을 비판한다 (21곡 130행).

(22곡)-제7 토성천, 베아트리체가 단테를 확신시켜줌, 성 베네딕투스가 관상자들의 영혼들을 보여준다. 수도원의 타락(St.Benedict 76-90행: 단테)을 슬퍼한다. 제8항성천(恒星天:the Fixed Stars)에 올라가 아래의 7별과 지구를 내려다본다.

(23곡)-제8 항성천에서, 승리의 교회, 그리스도의 내려오심을 본다. 그리스도는 올라가고, 가브리엘 천사가 내려와 성모마리아에게 대관한다. 성모의 승천.

(24곡)-제8 항성천, 성 베드로(St.Peter)가 나아와 베아트리체를 대접한다. 마님이 베드로에게 믿음의 본질에 대하여 단테를 시문하라 하니 대답을 한다. 성 베드로가 단테의 답변을 듣고 축복한다.

(25곡)-제8 항성천, 성 야고보(St.James)가 나타나 소망에 대하여 묻고, 단테 물음에 답변한다. 성 요한이 나타남. 눈이 부시어 베아트리체를 보지 못한다.

(26곡)-제8 항성천, 성 요한(St.John)이 애덕(愛德)에 대하여 단테에게 질문을 한다. 이에 시험이 끝난다. 시력을 회복한 단테가 아담(Adam)이 오는 것을 봄.

(27곡)-제8 항성천, 영광의 송가, 성 베드로(St.Peter)가 목자들의 부패를 꾸짖는다. 승리의 혼들이 청화천으로 들어가고, 베아트리체와 함께 제9 원동천(原動天: the Primum Mobile)으로 올라감.

(28곡)-제9 원동천, 단테가 천사들 무리에 휩싸이신(the Angelic Hierarchies) 하나님을 비로소 본다. 하나님은 빛의 한 점으로 보인다. 베아트리체가 하늘들의 움직임이 천사들의 그것과 어떠한 관계를 가지는지 시인에게 알려준다.

(29곡)-제9 원동천, 베아트리체가 단테에게 천사와 제천(諸天)의 생성(生成) 과정을 설명. 반역한 천사들의 죄악과 벌, 그리고 죄악의 성격을 들어 말한다. 설교가들의 무익한 변론을 개탄한다.

(30곡)-단테는 베아트리체와 함께 제10 청화천(淸火天:Empyrean)에 들어간다. 천국은 그에게 두 꽃 언덕 사이로 흐르는 빛의 강물처럼 보여 진다. 천사들의 개선과 지복자들로 이루어진 장엄한 장미꽃을

본다.

(31곡)-제10 청화천, 단테가 지복자들의 영광에 취하여 있는 동안, 베아트리체가 보좌에 오른다(淸火天:Empyrean). 성베르나르가 나타난다. 베아트리체를 시인이 기리니 그는 웃음으로 화답 한다.

(32곡)-제10 청화천, 성베르나르가 시인에게 흰 장미 안에 있는 구약 및 신약의 성자들을 알려준다. 가브리엘이 마리아를 찬양하니 모든 지복자들이 복창한다. 단테가 성모를 뵈오니 베르나르는 그에게 빌기를 재촉한다.

(33곡)-제10 청화천, 천상의 장미, 성베르나르의 기도, 단테 하나님을 앙망한다. 그가 본 비젼을 말할수 있도록 기도함, 하나님 안에 있는 우주를 본다. 삼위일체 신의 모습을 관상함.

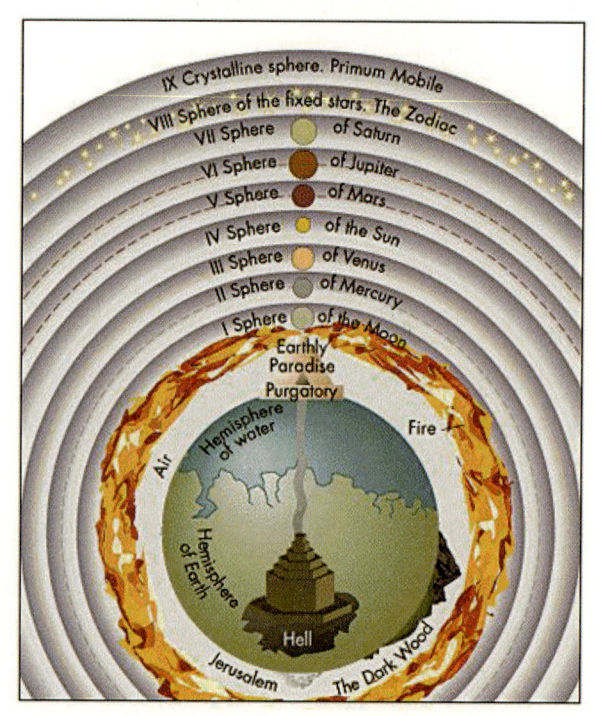

제1곡 연옥 산정/비상(飛翔)

[그림 1-1]

줄거리

단테는 부활주일 수요일에 지상낙원에서 베아트리체와 함께 월천(月天)을 향해 이륙을 준비하고 있다. 천국편 서곡의 서막(1~12)에서 단테는 바울처럼 (고후12:4), '하늘에서 내려온 몸으로서 어떻다 말할 수 없는 여러가지를 내 보았노라(4~6행)'고 말한다. 기억이 미쳐 따라올 수 없지만 노래의 주제는 천국의 일이 되리라고 말한다(10~12). 태양은 춘분을 가리키고, 때는 연옥의 정오였다. 단테는 천국편의 노래를 읊조려 계관시인이 되고저 아폴론(Apollon)

에게 영감을 구하고 있다. 단테는 베아트리체가 태양을 응시하는 것을 보고, 그도 또한 그렇게 해본다. 하나님이 하늘에 또 하나의 태양을 둔 것처럼 특이한 광명을 체험하게 된다. 천국경험을 준비하기위하여 인간을 초월하는 자신을 느낀다. 그는 하늘을 날아오르면서 그것이 혼인지 몸인지 분간하지 못하고 있다(74행). 단테와 베아트리체가 지구권에서 그 위에 있는 화권(火圈)으로 들어갈 때, 단테는 여러하늘(諸天)의 음악소리를 듣는다. 이 음악은 그에게 경이(驚異)로움과 당혹(當惑)감을 갖게 했다. 베아트리체가 단테의 심중의 의문(99행)을 읽어내고 우주의 목적론적(目的論的, teleological) 질서를 설명해 준다. 그는 이제 베아트리체의 안내로 하늘을 향해 비상(飛翔)한다.

해설

1. 천국편의 서시(序詩)(1-36행)

단테는 시를 쓰는 작업의 어려움을 강조 하고 있다.1~12행은 서곡의 전주(前奏)에 해당한다. 지상에 내려와 그 본 것을 시로 묘사하고져 할 때의 어려운 심경을 토로하고 있다. 13~36행은 지옥편(2곡7행)과 연옥편(1곡8행)에서 시의 영감(靈感)을 부어달라고 뮤즈(Muses)에게 청했던 것과 같이 천국편에서는 무사이와 아폴론(Apollon:詩神)의 도움을 구하고 있다. '어디는 더하고 어디는 덜하시나니(3행)'-피조물의 완전 불완전에 따라 다르게 비침. 아폴론의 도움을 구하는 것은 당시의 관행이었다. 이교적이나 기독교의 하나님을 뜻한다. 이 특이한 전주(前奏)와 '독자에의 호소'는 연옥(1곡1-6행)과 지옥(2곡7행)의 구절을 연상시킨다. 하나님의 진리에 들어 갈수록 인간의 기억은 사라진다(7~9). '마지막인 이 일(13행)'은 천국편을 쓰는 일이다. 지옥, 연옥편을 쓸 때 까지도 무사이 들의 도움으로 가능했으나 천국편을 쓰려는 지금 무사이와 아폴론의 두 신(17행)의 도움이 필요하다. 천국편을 쓰는 작업의 어려움을 말한 것이다. 마르시아는 반인반양(半人半羊)으로 아폴론에게 겨루다가 껍질이 벗겨지는 패배를 당했다. 단테는 내게도 그런 힘과 기운을 불어 넣어 달라고 한 것이다(19~21행). 아폴론은 물귀신 페네이오스의 딸 다프네를 사랑했으나 그녀는 아폴론을 싫어했다. 그를 만나 쫓기다 그녀는 월계수로 변했다는 신화를 인용하고 있다. 아폴론은 태양신이면서 음악과 시의 신이었다. 그 잎 새들로 단테의 머리에 월계관을 씌워 달라(22~27행)한 것이다. 월계관은 공훈을 세운 장군이나 시인이 좀처럼 받기 어려운 것이긴 하나 천국편을 성공적으로 쓰면 델포이의 신 아폴론에게 기쁨을 주리라(28~33행)고 말 한다. '작디작은 불티(34행)'는 단테의 시이다. 후에는 더 좋은 시가 나와서 키라(파르나소스의 한 봉우리)는 이에 화답하리라(34~36행). 그의 의도는 천국을 제대로 그리는 것이다. 그가 직면한 첫 번째 어려움은 본 것을 기억하는 것이고 두 번째의 난관은 시로 표현하여 전달해 주는 것이다.

2. 태양을 응시하는 베아트리체(37-72행)

단테는 천국순례를 한 후 그 본 것을 묘사하고 있다. 태양이 떠오르는 지점(37-42행)을 묘사한다. 연옥(地上樂園,저기)은 아침이고, 지구(여기)는 저녁이 된다. 고리 넷(38행)은 지평선(地平線), 황도(黃道), 적도(赤道) 그리고 주야(晝夜)평분선(平分線)을 가리킨다. 태양이 계절에 따라 3곳을 통과할 때 십자가(十字架)모양이 된다. 베아트리체가 태양을 응시(47행)하고, 단테도 해를 응시한다(54행). 베아트리체와 단테는 월천(月天)을 향해 오르면서 본 광경(화염 권)을 그리고 있다. 때는 춘분이다. 첫째 빛살은 투사광이고, 둘째 빛살(50행)은 반사광이다.'우리의 습관을 넘어(54행)'는 지상에서 해를 직시할 수 없음을 뜻하는 것이다. 여기 이탈리아에서 불가능한 것이 저기(에덴 지상낙원)서는 가능하다. 태양을 직시한 순간의 묘사(58~60행)이다. 단테는 지상낙원에서 승천을 시작했다. 대기권을 통과하여 지금 화권(the sphere of fire)을 접근하고 있다. 그것은 지구와 달 사이를 둘러싸고 있다고 생각되었다. 태양을 향해 오를 때 점차 밝아지는 빛이 그의 주위를 둘러있다. 마치 둘째 태양이 그를 비치는 것 같이 생각되었다. 영적으로 순례자는 하나님의 은혜를 받고 있는 중이다(61-63행, M. Musa, 13쪽). 수레바퀴들(64행)은 여러 층의 하늘(諸天)이다. 글라우코스(p557,주 참고)가 어부로서 해신이 됨 같이 베아트리체를 보는 단테의 마음도 그러하였다(67~69행). 글라우코스가 바다의 신으로 변신함 같이 단테는 인성을 초월해서 변신한다(transhumanize). 영화의 단계라 할까? 이런 변화의 상태에서 천국행이 가능해졌다. 은총이 이런 상태를 가능케 했다(71행) 고 한다.

3. 단테의 의문을 풀어주는 베아트리체(73-102행)

천공(天空)에 들려 올려진 단테는 '태양의 불꽃에 타는 것 같음(79~81행)'을 본다. 여기는 대기와 월천 사이의 화염권(the atmosphere of fire)이다. '나 맨 나중에 창조하신 한쪽뿐인 나였던지(73~75행)'는 몸 창조 후의 영에 있었는지를 분간하지 못한 상태를 말한다(고후12:2~3참조). '바퀴(77행)'는 원동천을 가리킨다. 원동천은 회전 중의 모든 천체 둘 중에서 가장 밖에서 가장 빠르게 도는 우주의 경계(boundary)이다. 제천이 그것에게로 끌려간다. 제천의 음악소리와 빛들의 까닭을 알고 싶던 차 베아트리체가 그 의문을 풀어준다(79~82행). - '그대는 그대의 그릇된 상상으로 둔해져 있으므로 여느 때 같으면 보일 것조차 보이지 않는 거예요(88~90, 허인 역)', '나를 들어 올리셨으니(74행)', '그 것한테로 나를 잡아끌었을 제(78행)', '너는 땅위에 있지 않으니(91행)' 등의 표현은 단테가 월천(月天)으로 올라가고 있음을 표현한 말이다. 여기 '바퀴(77행)'는 원동천이다. '제 자리(92행)'는 화염권이다. 여기 화염권에서 나오는 번개는 지구로 떨어지고, 단테는 천상으로 날라 가는데 속도가 더 빠르다는 뜻이다(91~93행). 은유적으로 타락을 상징하는 것 같다. '끔찍한 경이(one great wonder of mine,79~81행)'는 화염권을 가리킨다. 두 번째 의문은 무게를 지닌 단테의 몸으로 어떻게 화염권을 통과하느냐? 이다. 아리스토텔레스의 이론을 원용 하고 있다. 여기서 단테는 자신을 의아해하는 아들로, 베아트리체는 안타까워 모르는 것을 깨우쳐 주려는 어머니로 묘사했다(100~102행).

4. 우주의 질서를 상세히 설명함(103-142행)

이 부분을 보다 더 잘 이해하기 위하여 아리스토텔레스(BC384~322)의 형상(形相, Form)과 질료(質料, Matter)의 관계를 살펴보자. 그리스의 자연철학자들은 사물의 본질을 무엇으로 구성되었는가의 관점에서 보았다. 그러나 플라톤은 사물은 왜 존재하는가의 목적론적 관점에서 보았다. 목적론적 관점은 형상론(形相論)으로서, 사물의 본질은 질료가 아닌 형상에 있다는 것이다. 따라서 목적인(目的因)인 형상은 질료(matter) 밖에 초월해있다. 플라톤은 현실의 세계는 형상(Idea)의 그림자로 이해했다. 이에 대하여 그의 제자였던 아리스토텔레스는 형상은 질료위에 초월해 있지 않고 질료 안에 내재한다고 했다. 자연의 운동은 질료가 자신 안에 존재하는 형상을 향해 나아가는 과정으로 이해했다. 태아는 자신 안에 인간이라는 현 실태를 품고 있는 가능태라 것이다. 따라서 형상은 질료의 목적이 된다. 개개의 모든 형상들도 자신을 그곳으로 움직이게 만드는 최종적 목적을 갖고 있다는 것이다. 그러나 최종적 형상만큼은 질료 밖에 존재해야 한다. 질료 밖에 있는 유일한 순수 형상을 아리스토텔레스는 신이라고 부른다. 신은 다른 사물들로 하여금 자신을 향해 움직이게 하는 궁극적인 목적 내지 최초의 원인으로 이해한다. 신은 세계 밖에 있는 원인이다(한스 큉, 교회, 27쪽 참조)

베아트리체는 단테에게 어떻게 지상에서 천국에 오를 수 있게 되었는가를 아리스토텔레스의 학설로 설명했다. 베아트리체에 의하면 만물은 목적론적으로 질서 매김을 받고 이 질서에 따라서 만물은 하나님의 형상(形相)을 닮아있다고 한다. 가장 완전한 것이 하나님께 가장 가까이 있고, 덜 완전 할수록 하나님으로부터 먼 거리에 있다. 각 부분은 본능적으로 위계(位階, hierarchy) 안에서 적합한 위치를 찾는다. 자기에게 부여(附與)된 곳을 향하여 움직인다. 하나님의 형상대로 지음을 받고, 그리스도로 말미암아 속량(贖良)받은 인간은 최고의 천국에 있다고 한다. 베아트리체는 단테가 정화(淨化)되어있기 때문에 천국행은 어려움 없이 이뤄진다고 설명한다.

결어

지옥여행의 시작은 저녁, 연옥은 아침, 천국여행은 대낮에 이루어졌다. 음악, 빛 그리고 운동으로 충만한 천국순례는 제1곡부터 아주 난해하다. 저자 자신도 천상의 세계의 묘사는 언어의 한계를 넘어선다고 했다. 제1곡은 천국편 전체의 서곡인 동시에 특별히 1~12행은 서곡의 서사라 할 수 있다. 프톨레미의 천동설, 아리스토텔레스의 철학, 아퀴나스의 신학, 신화 등은 독자에겐 난해한 것이 당연하다. 난해하기 때문에 도전해 볼만하다. 1곡을 통해서 중세 신학이 어떻게 해서 플라톤에서 아리스토텔레스 쪽으로 기울어졌는지를 알게 되었다. 만물이 그에게서 나와서 그에게로 돌아간다는 말씀이 새롭게 비쳐온다.

제2곡 월천(月天)에 오름

개요

- 독자에게 주는 경고(1-22)
- 월천에서 겪은 신비체험(22-48)
- 단테의 견해를 논파함(49-105)
  a) 베아트리체의 첫 번째 논파(49-72)
  b) 베아트리체의 논증(72-105)
  4) 흑점의 참 원인(106-148)

줄거리

　단테와 베아트리체는 빛의 속도로 월천(the sphere of the moon)에 오른다. 단테는 얄팍한 독자들에게 경고하기를 천국의 기쁨을 맛보려면 철학적, 신학적 소양(素養)을 갖추어야 한다고 했다. 그렇지 못하면 표류의 위험에 직면하게 된다고 했다. 미네르바, 아폴론 그리고 아홉의 뮤즈(Muse)신들께 기도를 마치고 두 순례자는 월천으로 들어간다. 빛이 물속으로 흡수됨 같이, 하나님이 인간 속으로, 사람이 하나님 안으로 다시 융합(融合)됨 같이 월천이 그들을 포용(包容)한다. 아직도 궁극적 계시에 조명을 받지 못한 단테는 무엇이 달 표면에 흑점(黑點)을 만들었는지에 대하여 질문을 한다. 베아트리체는 먼저 단테의 생각을 물어보고, 그의 잘못을 지적한 뒤 흑점의 참된 원인을 설명해 준다. 이렇게 말하면서 신의 능력과 여러 하늘(諸天)의 관계를 밝혀준다.

[그림 2-1 월천(the sphere of the moon)에 오름]

해설

1. 독자에게 경고함(1~21행)

　단테는 천국편 2곡에 들어가면서, 그의 노래하는 배를 따르는 작은 쪽배(詩語:교리의 희미한 지식)를 탄 독자들에게 행여 길을 잃을까 하니 깊은 바다로 들어가지 말라고 주의를 환기시킨다. 이제 가는 물길은 아무도 건너보지 못했다. 예지(叡智)의 여신 미네르바(Minerva)가 영감을 주고, 노래의 신(神) 아폴론(Apollo)은 나를 이끌고, 예술적 영감을 가진 무사이(Muses)는 나에게 방향을 제시한다(7~9행)고 했다. 단테는 천국편을 전인미답(全人未踏)의 항해

(航海)에 비유한다. 두 부류의 독자가 있다. 하나는 쪽배에 탄 천박한 '그대들(2행)'이고, 또 하나는 '천래의 만나를 먹고자 일찍부터 길게 목을 빼고 있는 몇몇 사람네(10~11행)'이다. '콜키스로 건너간 저 영웅들(16~18행)'- 이아손의 용맹스런 행동을 보고 놀랐던 (최민순 역주, 565쪽) 자들 보다 단테의 독자들은 그의 천국편을 다루는 솜씨(철학, 신학 및 기타 학문)에 더 놀랄 것이라 했다. '천국에의 갈망(19~21행)은 환언하면 본향회귀(本鄕回歸)에의 본능이다.

2. 월천에서 겪은 신비체험(22~48행)

베아트리체는 위를 응시하고, 단테는 베아트리체를 보고 있다. 두 순례자는 화살처럼 달을 향해 오른다(22~24행). 달의 실체를 보고 놀라움으로 가득 찬 단테에게 베아트리체는 첫 번째 별에게 인도하신 하나님께 감사를 드리라고 말한다(25~30행). 단테가 월천에 포용된 경험을 신비스럽게 묘사한다(26~42행). 월천 안에 두 순례자를 받아들이는 모양을 물과 빛살의 하나 됨, 한 몸체가 다른 몸체를 용납함 등의 은유(metaphor)로 표현했다. 두 순례자를 감싸는 듯 번쩍이는 구름 같은 것을 본다. 인월천합일(人月天合一)의 기적은 성육신의 신비를 알고 싶어 하는 욕망을 불러일으킨다(40~42행). 여기 지상에서 우리가 신앙으로 인식 하는바 성육신의 진리는, 저기 천국에서는 제1원리처럼 자명하게 알게 되리라(43~45행 Musa, p317). 고린도전서13:12를 참조하라. 중세 천문학(天文學)에서 지구에 그림자를 드리우는 것은 불완전하게 창조되었기 때문이라고 한다. 코페르니쿠스는 그 외에 태양궤도를 도는 달(月:Moon)과 수성(水星:Mercury), 그리고 금성(金星:Venus)에만 그림자가 있다고 주장하였다. 단테는 월천으로 인도하신 하나님께 감사를 드린다(46~48행).

3. 단테의 견해를 논파(論破)함(49-105)

1) 베아트리체의 첫 번째 논파(49-72행). 이제 어찌하여 달에 검은 그림자가

있는가에 대한 토론이 시작된다. 방금 단테는 달 표면이 금강석인양 눈부시고 짙고 단단하고 번쩍거린다(31-32행)고 했다. 여기에 검은 그림자는 무엇인지 말해주시오 라고 했다(49-51행). 스콜라철학은 모든 인식(認識)의 출발은 감각(感覺)에서 비롯한다고 믿었다. '감각의 열쇠가 채워지지 않는 그 곳(53행)'은 천국의 영역이다. 이 세상 차원의 감각과 이성이 천국에 대해서는 무기력하다. 영적세계의 경이의 화살이 그대를 찔러도 놀랄 일이 아니다. 감각에 기초하여 판단하는 이성(理性)의 날개는 한계가 있는 것을 그대는 본다(51-57행). '베아트리체가 먼저 달의 흑점에 대한 단테 자신의 견해를 물으니 단테는 물체의 밀도가 희박하거나 농후하기 때문이라고 대답한다(58-60행). 이것은 아리스토텔레스 학자 아베로이스의 설이다. 그는 달 표면의 아주 희박한 부분이 진한 부분에 비하여 빛을 약하게 반사하기 때문에 검은 점으로 보인다고 했다. 베아트리체는 단테의 믿는 바가 오류에 잠겨있다고 말해준다(61~63행). '여덟째 천구'는 항성천이다. 항성천의 별들은 빛의 질과 양이 서로 다르다(64~66행). 베아트리체의 논증은 중세의 가정(假定)이다. 별들은 각기 다른 힘의 작용을 부여 받는다는 것이다. 단테는 질료 원리로 흑점현상을 말했는데 베아트리체는 형상원리(Formal Principle)로 그의 견해를 논파한다. 형상 원리란 아리스토텔레스가 창시했고 스콜라 신학이 이를 계승 발전시킨 학설이다. 그것은 모든 물체 속에서 질료원리와 형상원리를 구별한다. 질료는 동일하나 형상은 다양한 종과 선의 형상을 만들어 낸다. 질료는 수동성과 부동성의 원리요, 형상은 실체를 실체되게 하는 능동성과 규정성의 원리이다. 그러므로 만물을 단일원리에로 환원시키는 단테의 견해는 거짓이다(67-72행).

2) 베아트리체의 논증(73~105행)

[그림 2-2 Beatrice explains to Dante the origins of the dark patches on the moon's surface]

베아트리체는 일식과 촛불 실험의 예로 단테의 '밀도(密度) 차이론(희박/농후)'의 오류를 지적한다. 밀도의 희박(稀薄)이 흑점의 원인이라면 달 표면 한 쪽의 표면이 아주 엷어지거나 아니면 양피지(羊皮紙)두루마리 전후면의 얇고 두터운 층 때문에 빛의 밀도를 달리하리라(73~78행)고 했다. 일식의 예를 들면서 모순을 지적한다(79~93행). 일식이 일어나는 동안 달은 해와 지구 사이에 끼인다. 이 때 빛은 얇은 밀도 사이를 투과하여 달의 일부가 보여 져야 할 것이 아닌가(79~81행)? 둘째, 달이 두껍고 얇은 층층으로 구성되었다면 얇은 부분에서 반사되는 것이 두꺼운 부분의 그것 보다 약하게 반사될 것이니, 이런 논리의 귀결점이 흑점으로 보일 것이라는 주장에 대하여, 거울 셋을 든 채 둘이랑 그대로부터 같은 거리에 두고 하나이랑 더 멀리, 앞에 것 둘 사이에 놓고, 그 셋을 보라. 얼굴을 그 쪽으로 향한 다음 등 뒤에 불을 켜 한꺼번에 세 거울을 비치게 하라. 이렇게 했을 때 먼 쪽의 영상의 밝기나 가까이 둘의 영상의 밝기가 매한가지라는 것이다(97~105행). 강도의 차이는 있어도 색의 차이는 없다는 것이다(矢內原, 天國編,p55).

4. 흑점의 참 원인(106~148행)

단테의 설을 논파한 베아트리체는 달 흑점의 참된 원인을 설명하기 시작한다. 햇볕에 눈이 녹아 물만 남듯이, 베아트리체는 단테의 지성에 덮인 의심의 구름을 걷어낸다. 흑점의 실상을 알고 단테는 놀랄 것이라고 말한다(106~111행). '평화의 하늘'은 청화천(Empyrean)이다. 그 안에 원동천이 있어 제천(Heavens, 諸天)은 그 힘의 작용아래 놓여있다. 그 다음에 있는 것이 항성천(The fixed Stars)인데 여러 본질(토성 이하 여덟 유성)에다 힘을 나눠 준다. '하나의 힘이 청화천에서 원동천으로, 원동천에서 항성천으로 옮겨, 그 이하의 여러 하늘에 이동한다. 힘의 작용을 받는 제천은 각각의 특성을 발휘한다(106~126행,矢內原,p56).' 제천의 운행과 능력은 천사들의 입김을 받아야 했다. 하늘(항성천)은 깊으신 얼(케루비니 천사)을 받아 제 능력을 뭇 별에게 나누어 주었다. 사람의 영혼이 온 몸에 퍼져 여러가지 기능을 하는 것 같이 예지도(항성천의 천사들) 자기의 순수함을 갖고 돈다(고전 15:41). 갖가지 능력은 영혼이 몸에 엉기듯 귀한 물체(천사)와 결합한다. 하나님의 본성에서 나오는 까닭에 이 섞여진 힘이 물체를 빛나게 하며, 눈에서 환희를 나타낸다. 단테의 달은 기쁨과 희망이 있다. 달의 표면에 흑점이 보이는 것은 달빛의 진하거나 희묽음 때문이 아니라고 말한 뒤 지금까지의 설명은 형상원리(形相原理)에 의한 것이라 한다. 그것은 물질을 만드는 소재원리(素材原理)가 아니고 물질의 특성을 만드는 원리이다. 하나님의 선성을 따라 달 표면의 명암이 생겼다는 것이다. 달표면의 밀도 차이로 흑점의 원인을 설명하려는 것은 질료이론이다. 베아트리체의 논증은 중세 물리학에다 신학과 신비주의가 섞여있다. 천체관계론의 중심에 하나님이 계시고 하나님이 부리는 천사의 역할이 있다. 14세기 서양의 천체 물리학과 동양의 그것을 비교해

보면 흥미 있으리라.

소감

천국편을 단지 문학적 흥미로 읽으려는 자는 곧 실망하게 될 것이다. 영적으로 눈을 뜨고, 지적으로 준비를 해야 단테의 우주여행을 따라 갈수 있다는 다짐을 해본다. 달 착륙을 한 우주비행사들이 무엇을 느꼈을까? 단테의 황홀감이 가슴을 찡하게 한다. 단테의 상상은 인간의 달 착륙으로 현실화 되었다.

14세기 스콜라 신학의 사변(思辨), 그것의 논파(論破) 그리고 논증(論證)의 분위기를 실감한다. 논리(論理)가 빠진 신앙(信仰)은 맹목에 빠지기 쉽고, 계시(啓示)가 결핍된 논리는 공허(空虛)하다(칸트). 이성(理性)과 계시를 상호보완(相互補完)한 중세신학이 공리공론(空理空論)이 아니라는 사실을 확인한다. 험산준령(險山峻嶺)에 다 달아서는 후회도 했지만 올라와 보니 날아갈 기분이다.

제3곡 월천(月天)(서원을 파기한 피카르다, 코스탄차)

개요

- 단테의 생각이 바르게 돌아섬(1-9), 실물을 허상으로 착각(10-24)
- 나는 피카르타 도나티(25-66)
- '더욱 높은 하늘을 원하는가' 라는 단테의 물음에 대한 피카르다의 응답(67-87)
- 단테의 물음에 대한 피카르다의 답변(88-108)
- 피카르다가 환속동료 코스탄차를 소개한 후 사라짐(109-130)

[그림 3-1 월천에서 서원을 파기한 자들을 만남]

줄거리

단테는 달의 흑점에 대한 베아트리체의 지적을 옳다고 여겨 그녀에게 말을 하려는 때에 창백하고도 흐릿한 많은 얼굴들을 본다. 그것들이 투영물(投影體)인가 싶어 살펴보았으나 아무것도 보지 못한다(1~24행). 베아트리체는 그의 실수에(실물을 허상으로) 미소를 지으며 그들은 하나님께 서원을 하고 그것을 어긴 자들이라고 말해준다. 그들의 자리는 청화천(Empyrean)에 있지만 천국에서 가장 낮은 자리인 월천에 와 있다고 한다. 베아트리체는 단테에게 저들과 얘기하고 그들이 말하는 것을 잘 들으라고 한다. 그 영혼들 중의 하나가 피카르다 도나티(Piccarda Donati)이다. 그녀는 폭력에 의하여 수도원을 떠나게 되었고, 정략결혼을 하게 되었다(25~33)라고 말한다. 단테는 피카르다에게 더 높은 천국에 오르고 싶지 않느냐고 묻는다(66행). 피카르다는 사랑의 힘이 우리로 하여금 현재의 자리를 원하게 하고 다른 것은 갈망치 않게 한다고 말 한다. 단테는 이 말을 듣고 제1월천에서 청화천 까지 모두 낙원인 것을 깨닫게 된다(67~90행). 단테는 무엇이 서원을 끝까지 지키지 못하게 했는가를 묻는다. 피카르다는 클라라 수녀회에 들어갔다가 폭력에 의하여 끌려 나오게 된 경위를 설명 하고(91~108행), 같은 처지의 황녀 코스탄차(1154~1198)의 영혼을 가리키며 그녀의 사연을 말해준다(109~120행). 이렇게 말한 뒤 피카르다는 사라지고 단테의 눈은 베아트리체에게로 향한다(121~130행).

해설

1. 실물을 허상(虛像)으로 착각(1-24행)

'내 가슴을 불태우던 저 해님(1행)'은 단테 9세 때 베아트리체를 처음 만났을 때의 상태를 가리키고, 해님은 2곡에서 흑점에 대한 오류를 지적해 주신 베아트리체이다. 자기의 잘못을 말씀 드리려 할 때 한 영혼의 방해로 뜻을 이루지 못한다. 3곡의 주인공이 한 여인임을 미리 암시 한다. '내 아룀(9행)'은 달의 흑점에 대한 자기의 생각이 잘못되었음을 시인하는 것이다. '이마 위의 진주(14행)' 는 중세 귀부인의 헤드드레스에 있는 진주이다. 천국 2곡33~34행에 진주는 달을 의미했다. 달빛은 희미한데 이 속에 나타난 사람의 얼굴은 더욱 희미하다. 진주 빛 속에 흰 진주와 같은 얼굴이 사람들 눈에 잘 들어오지 않는다는 뜻이다. 단테는 그러한 얼굴들은 나르키소스(Narcissus)가 샘물에 비친 자기 얼굴을 실물로 착각하고 그를 사랑한 것과 반대의 착각(실물을 그림자)을 한 것이다. 그 실체의 얼굴들을 영상으로 본 것이다. 주위를 살폈으나 아무 것도 보지 못하자 베아트리체를 보니 그녀는 웃음과 거룩한눈에 사랑이 빛났다(13-24행).

2. 나는 피카르다 도나티(Picarda Donati) (25-66행)

베아트리체는 단테를 훈계하며, 그대가 보는 것은 실체이며 서원(誓願)을 어긴 자들이었기 때문에 월천 낮은 곳에 와 있다고 말한다. 저들의 얘기를 잘 듣고 믿으라고 한다(25~33행). '나의 웃음을 이상히 여기지 말라(25행)'는 것은 그대는 천상에 있으면서 아직도 발은 지상에 있으니 믿음과 신뢰를 가지라는 뜻이다. 달은 지구에 가장 가까우나 청화천(Empyrean)에서 가장 먼 별이다. 여기 있는 영혼들은 초지일관하지 못하였기에 표면이 고르지 못한 달에 와 있는 것이다.

단테는 말하고 싶어 하는 혼을 향해 이름을 밝혀 달라 하니 '나는 세상에서 동정 수녀였으며 이름은 피카르다 라고 말한다. 피카르다는 단테 아내의 친척이며, 친구 포레세의 누이이며 정적 코르소의 누이이다.'더딘 친구(51행)'는 회전 속도가 느린 달을 가리킨다. 월천에 배치된 것은 서원을 어겼기 때문이라고 한다. 지옥의 혼들은 비참하게 변했으므로 알아 볼 수 없었으나 천국의 혼들은 행복하게 변했으므로 알아보기 힘들었다고 말한다. 그러나 지금은 피카르다를 알아본다고 말했다(34-63행).

3. 더욱 높은 하늘을 원하는가?(67-87)

단테는 림보 지옥의 혼들이 거기서 벗어나기를 원했으나 벗어나지 못한 것을 생각하면서 서원파기자(誓願破棄者)들도 높은 하늘에 오르기를 원하는가? 라고 묻는다. 피카르다의 행복한 심경을 '사랑의 첫 불길에 타는 양(68행)'이라 표현했다. 각각의 하늘은 용량에 비례하여 하나님의 빛을 받는다. 이와 같이 개개의 혼들도 받을 용량에 따라 축복을 받는다. 이리하여 천국의 어느 계층에 있든지 그들은 모두 만족해하고 있다는 것이 피카르다의 답변이었다. 그러므로 피카르다가 더 높은 하늘에 오를 것이라고 열망한 것은 단테의 생각이었다. 상위의 천국에 대한 열망이 있었다면 이것은 하나님의 목적론적 질서에 위배되는 것이었다. 천국에서는 하나님의 의지가 곧 우리의 평화(에베소서 2:14)라 했다. 피카르다의 말을 듣고 단테는 하늘나라에서 비록 은혜의 빛이 골고루 비치지는 않는다 해도 어디서나 천국인 것을 알게 되었다.

4. 베(cloth, 布)를 다 짜지 못한 사연(88-108행)

첫 번째 질문에 흡족한 답을 얻은 단테는 또 다른 질문을 한다. 음식이라는 은유를 사용했다. '어떤 날실이 그녀로 하여금 서원의 북(shuttle)을 끝까지 놀리지 못하였는지를 알고 싶어 했다(94~96행 최현역)' 아시시의 성녀 클라라(St Clare of Assisi 1194~1253)는 성. 프란시스의 감화를 받고 수도자가 되어 최초의 여자수도원을 세웠다. 피카드라는 피렌체에 있는 이 수도원에 들어가 서원을 하고 수녀생활을 하던 중, 악에 젖었던 사람들(106~108행)에 의하여 강제환속(強制還俗)을 당했다. 피카르다의 오라비 코르소(Corso Donati)와 그의 부하들이 이런 일을 저질렀다. 코르소는 피카르다를 정략결혼의 희생자로 만든 장본인이요, 단테 추방에 일익을 담당한 인물이다. 이것이 두 번째 단테의 질문에 대한 피카르다의 답변이다. 피카르다가 서원을 파기한 것은 자의(自意) 아닌 타의(他意)에 의한 것이지만, 단테는 목숨을 걸고 서원을 초지일관 지키지 못한 책임이 그녀에게도 있다하였다. 달 표면의 고르지 못한 흑점은 피카르다의 일관성 없음(inconsistency)을 상징한다는 해석에 공감한다.

5. 환속(還俗) 동료 코스탄차(Empress Constance) (109-130행)

피카르다는 말을 마치고 또 하나의 다른 얼굴을 단테에게 소개한다. 그녀는 황후 코스탄차이다(1154출생,1185결혼,1198사망). 그녀도 폭력에 의하여 서원을 파기했다. 황후 코스탄차(1154~1198)는 헨리 6세의 아내요, 프레드릭 2세의 어머니이다. 만프레디는 자신을 코스탄차의 손자(연3:113)라 했다. 단테는 당시의 전해오는 이야기를 그대로 믿고 이렇게 기록했다고 한다. 코스탄차가 세속으로 돌아갔으나 마음의 너울(veil)을 벗은 적은 없었다. 슈바벤(Swabia)은 서남 독일의 한 공국(公國)이었는데, 단테는 이 나라의 세 왕자를 가리켜 '바람들'이라고 말한다. 첫째는 프레드릭 바르바로사 이고, 둘째 바람은 헨리 6세(콘스탄차의 남편)이고, 셋째가 황후의 아들 프레드릭 2세이다. 저는 단테에 의하면 로마제국의 마지막 황제이다. 피카르다가 이렇게 말한 다음(112-120행), 아베 마리아를 반복하더니 조용히 사라졌다. 이것은 3곡 10-24행의 투영(Reflection)을 연상시킨다. 코스탄차를 더 이상 볼 수 없게 되었을 때 단테의 눈은 열망의 과녁인 베아트리체에게로 옮겼다.

결어

제3곡은 피카르다, 성녀 클라라, 황후 코스탄차 등 여성들이 주인공으로 등장한다. 달 표면의 고르지 못함 그리고 흑점을 수도서원 파기의 상징으로 묘사했다. 종교적 서원은 하나님께 한 것이기에 이를 지키지 못하는 죄가 크다. 비록 월천의 동정서원 파기자들이 타의에 의한 환속이지만 그들은 청화천에서 가장 멀고 지구에서 가장 가까운 달나라에서 단테를 만났다. 모든 사후의 영혼은 청화천에 살지만 월천에 나타난 것은 서원파기와 무관하자 않으리라. 하나님과의 서약한 것은 순교를 무릎 쓰고 지키는 것이 신의 뜻임을 3곡을 통하여 배운다. 그러므로 영적서원은 함부로 할 것이 아니며 신중에 신중을 기해야 할 것이다(30행). 황후 코스탄차는 슈바벤의 역사를 장식한 광채 이었다. 그녀는 천국에서도 광채를 비추고 있으나 수녀로서의 이름도 없이 빛도 없이 살기를 더 원했다(115-117행). 최고의 값진 삶은 하나님의 뜻에 합당하게 사는 것이다. 비록 이렇다 할 세속적 무엇을 나타내지 못할망정…. 단테는 사랑에 실패했고, 정치에 실각했고 일생 유랑의 생을 살았을 지언정 하나님 보시기엔 가장 값진 삶을 살았다고 생각한다. 신곡을 세상에 남기려고 그는 피렌체에 태어났다. 우리는 무엇을 하러 무엇을 남기려 세상에 왔을까?

제4곡 월천(月天) 단테의 3가지 질문

개요

- 구원받은 영혼은 나를 출생케 한 별로 돌아갈 수 있는가?(1-63행)
  두 질문 사이에 끼인 단테(1-27행)
  플라톤 학설의 문제점(28-63행)
- 절대의지와 상대의지의 구별(64-117행)
- 한 번 깨진 서원은 회복할 수 있는가?(118-142행)

줄거리

피카르다(Piccarda)의 이야기를 들은 단테는 3 가지 의문에 사로잡혀 고민을 한다. 베아트리체는 그의 고민을 읽어내고 답변을 한다. 첫째 질문은 좋은 의지가 서원을 계속 지켜 나가는데 타인이 어떻게 폭력으로 그 덕성을 감퇴시킬 수 있는가(19행)이다. 둘째 질문(22-24행)은 영혼들이 각각 다른 하늘에 나타난다면 영혼들은 별에서 나와서 별로 되돌아간다고 믿는 플라톤의 설이 옳은가 하는 것이다. 세 번째 질문(136-138행)은 한번 깨진 서원을 회복할 수 있는가 이다. 베아트리체는 두 번째 질문부터 풀어 준다. 각인의 영혼은 별에서 나와 별로 돌아간다는 플라톤의 학설이 잘못되었음을 설명해 준다(22~63행). 첫 번째 의문은 천국에서 각 영혼의 위치이다. 어찌하여 하나님의 정의는

[그림 4-1 천국에서 각 영혼의 위치는?]

서약을 파기한 두 여인을 월천(공덕을 감하여)에 나타나게 했는가 이다. 여기서 베아트리체는 하나님의 의지의 본질을 강론한다. 의지는 두 가지로 나눌 수 있는데 절대의지와 상대의지(조건부의지)가 그것이다. 베아트리체는 절대의지(絶對意志:Absolute Will)와 상대의지(相對意志:Relative Will)의 차이를 설명한다(91-114행). 피카르다(Piccarda)가 수도서원을 폭력에 의하여 파기한 것은 상대의지(환경에 의해)이고, 코스탄차가 환속(還俗)한 후에도 베일을 잊지 않은 것은 절대의지이다. 두 의지의 모순을 피카르다는 드러낸 것이다(112-114행). 설명을 들은 후 단테의 의문은 해소되었다(117행). 앞의 파도가 지나간 뒤 새로운 파도가 밀려오듯 단테는 또 질문을 제기한다. 그것은 한번 파기한 서원을 선으로 보상할 수 있는가?이다(136-138행). 이에 대한 답변은 5곡의 과제이다. 4곡의 요점은 지복자(至福者:The Blessed)의 본래 위치는 어디 인가(월천~

청화천?), 플라톤 학설의 오류는 무엇인가?, 절대의지와 상대의지, 서원 파기를 선행으로 보상 할 수 있는가? 등이다.

해설

1. 두 질문 사이에 끼인 단테(1~27행)

첫 의문은 '서원의 의지가 진실할진대 타인의 폭력이 서원자의 공덕을 감하는가? 이고, 두 번째 의문은 영혼들이 별들에서 나와서 별들로 돌아간다는 믿음이 옳은가? 이다. 두 가지 질문을 '같은 거리에 둔 같은 맛의 두 음식(접시) 사이의 사람, 두 마리 이리의 틈에 있는 어린 양, 두 마리 사슴 사이의 개에 비유했다. 이 상상적 딜레마는 '부리단(Buridan)의 당나귀의 역설'이라 불리는 것인데 중세 논리학 연습에 많이 사용되었다(Mark Musa,p48)고 한다. 3곡에서 피카르다의 사연을 듣고 단테는 의혹의 딜레마를 이렇게 묘사하였다(1~9행). 다니엘이 느부갓네살 왕의 분노를 가라앉힌(다니엘 2장) 것 같이 베아트리체도 단테의 두 가지 의문을 시원하게 풀어준다.

2. 영혼선재설(靈魂先在設)의 문제점(28~63행)

베아트리체는 단테가 제기한 두 번째 질문부터 답변을 시작한다. 플라톤의 주장이란 영혼들은 별에서 나와서 육체에 깃들다가 사후에 별로 돌아간다는 주장이다. 이것을 영혼선재설이라 부른다. 플라톤의 학설은 기독교 교리에 위배될 뿐 아니라 교회에 아주 해롭다. 6세기에 콘스탄티노플 공의회에서 이 설은 이단으로 정죄되었다. 모든 영혼은 하나님에 의하여 출생됨과 동시에 창조된다는 것이 교회의 가르침 이다. 플라톤의 설은 신학적 과오가 깔려 있다는 점에서 해롭다. 베아트리체는 단테에게 천국권(天國圈)은 하나이며 모든 영혼은 사후에 거기서(엠피레오) 산다고 말했다. 그러나 이 하나인 천국에서 혼들은 다른 레벨에서 나타난다. 그 것은 각 유성(遊星)이 제멋대로 그들을 배치했기 때문이 아니고, 천국의 여러 권(圈)의 개념은 축복의 정도를 상징적으로 나타낸 것이다. 베아트리체는 여기서 천체의 별들이 인간의 삶에 영향을 준다는 것에 대하여 부정하지 않는다. 하나님은 지성으로는 영적인 사물을 깨닫기 어려움으로 감성에 호소하여 얻는 인상을 지성에 전하는 방식을 취한다. 이러므로 성서는 하나님을 의인화(擬人化)하여 하나님께 손과 발을 부여했고, 교회가 천사들을 의인화 했다. 인간의 이해 수준을 알기 때문에 하나님도 천사도 인간의 언어로 표현한 것이다. 이것을 글자 그대로 이해하면 오류를 범하게 된다. 이 경우에는 의인화를 상징적으로 해석해야 한다. 플라톤의 영혼선재설을 축자적으로 해석하면 오류에 빠지나 상징적으로 해석하면 일부 긍정적인 것도 있다. 로마시대에 별들에 신성을 부여한 것은 과오였다고 베아트리체는 말한다 (61~63행).

[그림 4-2 Dante's questions and Beatrice answers]

3. 절대의지(絶對意志)와 상대의지(相對意志)(64-117행)

　베아트리체의 강론은 첫 번째 의혹부터 시작한다. 이것은 의지의 본성에 대한 오해에서 나온 것이기에 해로울 것이 없다고 말한다. 타인의 폭력 때문에 착한 소망의 공덕이 감해 지는가? 에 대하여 해명한다. 이 부분은 아리스토텔레스의 〈니코마코스 윤리학〉을 근거로 하고, 토마스 아퀴나스의 설에 따른 것이다. '폭력이 있을 때 그것을 받는 자가 그걸 강행한 자에게 아무 짓도 아니 했다 치더라도 그 영혼들이 전혀 책임이 없는 것은 아니다(73-75행)' 스스로 굴복함은 스스로 폭력을 돕는 것과 같으니 그렇게 하지 않았다면 그들은 성스런 향연의 자리로 돌아갈 수 있었으리라. 불꽃이 바람 때문에 잠시 방해를 받을 수 있으나, 불의 속성은 불꽃을 위로 오르게 함 같이 인간의 의지도 외압에 의하여 서원을 파기할 수 있으나, 폭력이 사라지면 바른 방향으로 움직이게 된다(76~81행).

　라우렌티우스는 발레리아누스 황제 때에 교회의 보물 창고를 숨긴 장소를 말하라 했으나(기원258년) 거절하고 철판 위에 팔이 굽혀도 비밀을 지켰다. 그는 대신 거지와 병자들을 데리고 가서 저들이 진정한 교회의 보물이라고 말했다. 무키우스는 로마 청년으로 로마를 포위한 포르세나 왕을 죽이려다 잡혔다. 실패의 원인이 오른 손이라 하여 왕 앞에서 오른 손을 불 속에 집어넣어 태웠다는 고사를 베아트리체가 인용하면서 이같이 굳센 의지는 매우 드물다고 했다(82~90행). 91~114행에서 베아트리체는 단테의 마음을 읽고 다른 어려운 문제를 또 갖고 나온다. 여기서 의지의 본성에 대하여 말하면서 의지는 절대의지와 상대의지가 있다고 말한다. 피카르다가 코스탄차의 베일을 잊지 않는다 함은 절대의지를 말하는 것이고, 폭력에 의하여 서원을 파기한 것은 상대의지라고 말한다. 베아트리체는 암피아라오스(선견자)의 아들 알크마이온의 예를 든다. 암피아라오스는 전쟁에 나가면 죽을 것을 미리 알고 몸을 숨긴다. 아내 에리필레의 밀고로 죽게 된. 그는 죽기 전에 아들에게 어머니를 죽이라고 한다. 알크마이온은 효를 지키기 위하여 불효를 저지른다(100-105행) .'폭력이 의지와

뒤섞일 때 잘못을 변명할 수 없느니라(106~108행)'- 피카르다는 그녀의 의지가 폭력에 동의한 것이니 면책을 피할 수 없다는 뜻이다. 절대의지가 동의한 것이 아니나 거부할 경우 죽을까 두려워하여 수도원을 빠져나오는 것에 동의한 것이 된다. 이 경우 절대의지가 악에 동의한 것은 아니지만 상대의지가 동의한 것이다. (106~111행). 피카르다가 콘스탄차에 대하여 말한 베일을 평생 잊지 못한 것은 절대의지이고, 서약을 어긴 것은 상대의지이다(112-114행). 피카르다의 콘스탄차에 대한 말에서 수도원에서 나온 뒤에도 평생 베일을 잊지 않았다 함은 절대의지의 자리에서 한 말이고, 베아트리체의 말은 상대의지의 자리에서 말한 것이다. 모순된 것 같으나 둘 다 진리를 말한 것이다. 이리하여 단테는 두 가지 의혹을 말끔히 해소했다(115-117행). 오늘의 말로 상대의지는 상황윤리라고 할 수 있다.

4. 한 번 파기한 서원을 원상복구 할 수 있습니까?(118-138행)

118-138행 까지는 두 가지 절박한 의문을 풀어준 베아트리체에게 단테 자신의 감사의 말씀이다, 하나님을 '첫 님(첫연인)'이라 불렀고, 베아트리체를 '하나님의 그대여'라 했다. 그녀의 말씀이 자기를 살렸다고 한다. 우리의 지성은 하나님이 밝혀주지 않는 한 만족할 수 없음을 단테는 잘 알고 있다고 고백한다. 지성이란 진리 안에 이르러 비로소 터를 잡으며, 그렇지 못하면 모든 소망이 헛되다고 했다. 의혹의 역할에 대하여 말한다. 그것은 발치에서 나와서 언덕을 거쳐 꼭대기로 오르는 것이 본성이라고 했다(118-132행). 이 의혹은 단테를 든든히 해주고 또 다른 문제를 묻게 한다. 마지막 행은 한번 깨져 버린 서원을 다른 선으로 보상 할 수 있는지를 물었다(133-138행).이 물음은 5곡에 넘기기로 한다. 베아트리체가 성스런 눈으로 바라보기에 기가 눌리어 어리둥절해진다 (139-142행).

소감과 교훈

1) 수도서원을 파기한 피카르다와 코스탄차를 통해서 절대의지와 상대의지의 차이를 생각해 본다. 원리주의자의 문제는 교리를 자구에 묶어 모든 일을 절대시하기에 융통성이 없다. 불가항력적인 폭력 앞에서도 의지를 관철한 라우텐티우스(St.Lawrence)와 무키우스(Gaius Mucius)가 의지의 가능성이 어느 정도의 위력을 발휘할 수 있는지를 알게 했다.
2) 알크마이온(103-104행)이 아버지의 명령을 지킴으로 효도를 했으나, 그 대신 친모를 죽이는 불효를 저질렀다. 이율배반이라는 샌드위치에서 제3의 길은 없었을까? 절대의지(Absolute Will)는 아버지의 요구를 거절해야 함에도 상대의지(Relative/Conditioned Will)는 친모살해의 모순율(矛盾律)에 떨어지게 했다.
3) 상황윤리가 상대의지의 불가피성을 변호했다. 기독교 윤리에서 논란을 빚은 내용이다. 사랑하기 때문에 기존윤리를 파기할 수 있다는 주장이었다. 남편을 사랑했기에 부인이 불륜을 할 수 밖에 없었다는 사례(히틀러 때, 아우슈비츠 수용소)들이 있다.

제5곡 수성천(水星天)에 오름
(지복의 혼들/황제 유스티니아누스)

개요

- 단테의 물음에 대한 베아트리체의 답변(1-84)
  사랑을 불지르는 빛(1-15)
  베아트리체의 강론(16-84)
- 단테와 베아트리체가 수성천에 오름(85-99)
- 수성천에 나타난 지복의 혼들(100-139)
  지복의 혼들의 축복(100-114)
  경건한 한 영혼의 축복(115-139)

[그림 05-1 수성천에 오르는 단테]

줄거리

단테는 4곡 136행에서 한번 깨트린 서원을 다른 선으로 배상할 수 있느냐? 고 물었다 5곡1행에서 84행까지는 이에 대한 베아트리체의 답변이다. 85행에서 마지막 139행 까지는 제2 수성천 이야기이다. 3곡에서5곡 중반은 월천의 수도서원 이야기를 다루고 있다. 5곡 후반에서 7곡은 제2 수성천 이야기이며, 여기서 유스티니아누스 황제를 만나서(5곡) 로마제국에 대한 하나님의 섭리를 듣고(6곡), 베아트리체는 그리스도 강림의 필연성을 단테에게 설명(7곡) 한다. 서원(誓願)이란 한사람의 자유의지(Free Will)를 하나님께 자유롭게 드린 희생(犧牲)제사라고 설명한다. 자유의지는 하나님이 피조물에게 준 가장 귀한 선물이므로, 무엇이 그것을 대신할 수 있을까? 그러나 교회는 때때로

서원으로부터 개인을 자유롭게 해왔으므로, 베아트리체는 이에 대하여 더 설명할 필요를 느낀다. 사람이 자유의지로 하나님께 드린 것을 함부로 취소할 수 없는 것이기에, 두 가지 조건하에서 서원의 실체를 바꿀 수 있다고 말한다. 그는 먼저 교회의 승인을 얻어야하고, 그 다음 대체(代替)하는 내용은 첫 번째 약속(約束)보다 더 값져야한다. 이렇게 말한 베아트리체는 인류에게 서원을 경솔히 하지 말 것을 경고하고, 성경과 교회의 권위를 안내의 지침으로 사용하라고 말한다. 그런 다음 조용히 그녀의 눈은 높은 데로 향한다. 단테는 물어볼 것이 있었으나 감히 말을 꺼내지 못한다. 베아트리체와 단테는 아주 빠른 속도로 제2 수성천(水星天:Mercury)에 오른다. 베아트리체가 제2천에 들어가자 수성천(水星天)은 더욱 빛난다. 헤아릴 수 없는 빛이 순례자(단테)에게 비춰온다. 그들 중의 하나에게 그대는 누구이며 왜 여기 있느냐고 묻는다. 빛으로 변한 혼이 자신을 숨기고 다음곡이 노래할 그 모양으로 화답한다(M.Musa, p.55 참조).

해설

1. 사랑을 불 지르는 빛(1-15행)

베아트리체의 사랑의 눈길을 받고 단테는 어리둥절해졌다(천4:139~142행). 베아트리체는 단테에게 새로운 빛이 어디로부터 비롯되는지를 설명한다. 사랑은 가슴을 불태우고 눈을 멀게 한다. 지상에서는 단테가 베아트리체를, 천상에서는 그녀가 단테를 사랑한다. 사랑의 빛은 하나님을 인식 한대로 그것에 따라 깨달은 선만큼 실천하는 직관에서 나온다. 사랑의 열기가 단테의 시력을 앗아간다 해도 놀라지 말라고 한다. 천상의 빛은 오를수록 강렬해지기 때문에 시력의 강화를 받아야한다. 그녀가 단테의 시력을 강화하기 위하여 시력을 앗아간다고 말한다. 베아트리체는 단테의 지성 안에 하나님의 빛이 벌써 빛나는 것을 봄으로, 보이는 것만으로도 사랑을 불 지른다(7~9행)고 말한다. 인간의 사랑이 지상의 것에 고정되었다면 그것은 이 대상물이 하나님의 빛의 일부를 내포하고 있기 때문이다. 최고선에 직면했을 때 깨닫지 못한 혼은 선 그 자체와 선의 일부를 분별하지 못하고 사소한 선에 이끌린다(M.Musa,p60). 13~15행에서 단테의 의문을 말해준다. 깨트린 서원을 어떤 다른 봉사로 메꾸어 송사(訟事)를 면할 수 있을까?

2. 베아트리체의 강론(16-84행)

단테는 천국 3곡에서부터 5곡 84행 까지를 수도서원(修道誓願)에 대하여 지루할 정도로 길게 논의(論議)하고 있다. 단테 시대의 스콜라 신학의 중요 관심사는 수도서원인 것 같다. 베아트리체의 입을 빌려 강론을 하고 단테는 듣고 의문을 푸는 형식을 취하고 있다.

5곡 16행에서 24행은 하나님이 인간에게 주신 가장 큰 선물은 의지의 자유(Freedom of the will)라고 했다. 그러므로 서원이란 자유의지에서 나온 것이며 하나님도 뜻을 같이 한 것이니 그 값이 아주 높은 것이다. 하나님께 계약을 맺을 때 자유의지를 자발적으로 제약하고 한 것이니 이를 어겼을 때 회복의 길은 불가능하다. 이는 도적질한 물건으로 좋은 일을 하겠다는 것과 같은 것이다(25~33행). 목적은 수단을 정당화 시키지 못한다. 한번 깨트린 그릇은 원상회복이 안 된다는 뜻이다. 서원은 상대방이 하나님이기 때문에 인간의 약속과는 근본적으로 다르다는 것이 단테의 생각이다. 원칙에서 불가하나 실제 적용에 들어가서 길이 있다고 말한다. 이 모순처럼 들리는 의문을 해명하고자 34행 이하에서 63행 까지 베아트리체는 계속 설명을 하고 있다. 지금 듣는 이야기는 단단한 음식이어서 이해하는데 시간이 필요하다는 것과 마음을 열었다가 안으로 굳게 잠그고 묵상하라고 한다(34-42 행).

43-63행 - 서원에는 제물과 계약이라는 두 가지 요소를 포함하고 있다. 첫째요소인 제물은 바꿀 수 있으나 둘째요소인 계약은 변경이 불가하다. 제물은 서약의 내용으로 순결, 청빈, 절제 같은 것이다. 그 둘째인 서원의 본질은 신과의 계약(compact)이므로 서약을 이행하지 않고는 거기서 벗어날 수 없는 것이다. (31-33, 48행 참조)

유대인에게 첫째 것(제물)은 바꿀 수 있었다(레위기 27장)하더라도 제사 (offering)는 불가분의 것이었다(49-51행). 서약 자체는 변경이 불가 했다. 서약 그 자체의 변경은 안 되나, 서약 내용은 두 가지 조건하에 변경이 가능하다. 그 하나는 교회의 승인(55-57행)이요, 또 하나는 내용물(제물)이다(58-60행). 떨어진 물건(깨트린 서원)은 주워 올리는 물건(再誓願) 안에 싸여져야한다. 더 값진 것으로 바쳐야 한다. 여섯 안에 넷처럼 되어야 한다. 육(6)은 뒤에 바치는 예물이요, 넷(4)은 첫 예물이다(58-60행). 피카드라와 코스탄차의 서원(저울대가 처지게 할 만큼 무거운 물건)을 겨냥하여 말한 것이다. '모든 저울대가 처지게 할 만큼 무거운 물건(61행)'은 두 여인의 자유의지이다. 저들의 회개와 서원은 받아들여졌다.

63-84행에서 서원을 경홀(輕忽)히 여기지 말라고 경고한다. 그 예로 입다(사사기 11:29~40) 와 그리스 장군 아가멤논(최민순p586 주 참고)을 든다(64~72 행). 두 사람의 서약을 위한 서약은 더 큰 과오를 저지른다. 단테는 '차라리 잘못 했나이다하는 것'이 더 나을 뻔했다고 말한다.

73행에서 84행은 기독교인에게 주는 경고이다. 성경과 교회의 가르침을 따르라 한다. '다른 몹쓸 탐욕(79행)'은 잘못된 수도집단의 수사들이 돈을 받고 서원 면책을 해준다고 하더라도 이런 것에 현혹되지 말고 사람이 되라고 한다. '제 어미의 젖(82행)'은 성경과 교회의 젖, 즉 가르침이다. 성경과 교회의 가르침을 떠나지 말라는 말이다. 서원 파기에 대한 재서원(再誓願)의 가능성에 대한 베아트리체의 강론이 끝났다.

야나이하라(矢內原) 교수의 글이 도움을 줄 것 같다.'서원은 준수이외에 이에서 벗어나는 길은 없다. 이것이 대원칙이다. 그러면서도 이의 적용 면에서 면제의 방법이 마련되어있다. 절대의지와 상대의지의 구분, 서약의 형식과 서약의 내용의 분리에 의하여, 교회의 승인(베드로의 사면의 열쇠)에 의하여 사면의 길을 열어 놓은 것이 스콜라 신학이다. 원칙의 아니(NO)를 주장하면서, 구체적 적용에 있어서 완화의 방법을 제시했다. 의지는 하나이지 둘로 나눌 수 있을까? 가톨릭의 대원칙은 엄중하면서도 빠져나가는 길을 많이 만들어 놓았다' 개신교의 입장은 천국입성이 오직 하나님의 은총이다. 이에 반하여 가톨릭은 신의 은총에다 인간의 공적을 첨가하는 것 같다. 서원을 지킬 능력이 사람에게 없는 것을 알면서도 여러 가지 면제책(免除策)을 내놓았다. 개혁자 루터도 서원을 파기했고 결혼을 했다. 단테도 서원론의 난해를 인정했고 이에 대한 비판의 흔적을 보였다. 예수는 마태복음 5:34에서 도무지 맹세하지 말라고 했다. 하나님 앞에 결심의 표명은 필요하나 단테의 서원론은 너무 어렵고 복잡한 것 같다.

3. 수성천에 나타난 지복의 혼들(85-139행)

서원에 관한 긴 설명을 끝내고 베아트리체와 단테는 아주 빠른 속도로 수성천을 오르고 있다. 날아오르는 모습을 '활시위의 떠는 것이 멎기도 전에 이미 과녁을 맞추는 화살'에 비유하고 있다. 멋진 묘사이다. 베아트리체가 수성(mercury)을 찬란하게 했다면 단테의 몸의 변화는 황홀했을 것이다. 유성천의 혼들이 몰려와 단테를 환영한다. 그들은 기쁨에 가득 차 보였다(85~108행). 독자에게 기대감을 잔뜩 불어넣고 있다. 빛으로 변한 혼들 중 하나가 '육을 지닌 채 하나님의 보좌를 보도록 태어난 단테를 환영'한다(115~120행)고 했다. 베아트리체도 저 혼들을 신들처럼 믿으라고 말한다. 신적인 무엇에 참여하는 그들을 신이라 일컬을 수 있다(시편 82:6). 이에 단테는 귀하신 넋을 향하여

[그림 5-2 The host of myriad glowing souls]

그대 누구시며 어찌하여 수성 천에 계시는지를 묻는다. 기쁨에 겨운 빛 속에 자기를 숨긴 채 단테에게 화답한다(121-139행).

결어

'이루지 못한 서원을 다른 어떤 봉사로 메꾸어 영혼이 송사를 면할 수 있는지(13행)?'이 질문에 대한 베아트리체의 설명은 곧 단테 자신의 생각이고 중세 신학의 입장이다. 원칙에서는 아니요(No) 했다가 실제의 적용에서는 예(Yes)라는 길을 터주고 있다. 천국입성은 단지 은총에서만이 아니고 의지의 힘을 첨가시키는 것이 아닌가? 스콜라 신학의 미묘한 논의에 감탄하면서도 한편으로는 머리가 어지러워지는 느낌이다. 이래서 번쇄신학(煩瑣神學)이라 불리 운다. 본 곡에서는 수도 서원을 다루었지만, 법정 진술에 앞서 선서하는 정치인들, 주례 앞에 선 신랑신부의 서원 등을 생각해본다. 우리는 너무나 형식적이고 경솔한 서원을 하지 않는지 반성해본다. 감정이 고조되었을 때 사람들은 이성을 앞질러 헛맹세를 많이 한다. 하늘로도 땅으로도 도무지 맹세하지 말라는 예수님의 말씀을 꼼 씹어 보자.

제6곡 수성천(水星天)
뜻으로 본 로마 역사 (유스티니아누스 황제)

개요

- 황제의 자기소개(1-27)
- 건국에서 카를로 2세 까지의 역사(28-111)
  첫 질문에 대한 황제의 답변(28-42)
  공화정 시대(43-93)
  샤를 마뉴대제(94-111)
- 두번 째 물음에 답함(112-142): 로메오 이야기

줄거리

단테의 질문에 답하는 영혼(5곡121행)은 유스티니아누스(주후527~565)이다. 서로마제국 멸망(476) 50년 뒤에 즉위한 황제이다. 그는 로마법전의 편찬자로, 소피아 성당의 건립으로, 서방세계의 정복에 기초한 제국통치의 행정개혁으로 유명한 인물이다. 동로마제국의 최성기를 구축한 황제이다. 대답의 핵심은 로마제국이 쇠퇴(衰退)하고 있으며 제국의 긴 역사를 거룩한 기준의 관점에서 말하고 있다. 건국신화에 등장하는 아이네아스, 로물루스로 시작되는 왕정(전753년), 공화국 제국시대 그리고 그리스도 전후의 시저, 아우구스투스, 티베리우스 그리고 예루살렘을 함락시킨 티투스(AD 70년)의

시대까지 언급한다(91-93행). 94행에서 역사의 시계를 7백년 후인 샤를마뉴(주후742~814)와 카를로(1248~1309)를 언급하며, 역사의 후퇴를 기벨린(황제파)당과 궬피(교황파)당에 돌리며, 양당에 대한 독설로 마무리 짓고 있다.

그 다음은 단테의 두 번째 물음에 대한 답변이다(112행 이하). 유스티니아누스는 수성천(水星天:Mercury)에는 지복자(至福者)들이 있는 곳이라고 설명한다. 그 결과로 축복이 경감되었다. 그럼에도 불구하고 여기 있는 혼들은 그들에게 주어진 축복에 아주 행복해한다. 그들의 축복은 자신들의 공덕과 일치하기 때문이다. 유스티니아누스의 빛(혼)은 6곡의 처음부터 끝까지 거침없이 말하고 있다. 그는 로메오(Romeo:127행)에 대한 이야기로 끝을 맺는다. 로메오(Romeo)는 라몬도(Raymond Berenger)의 딸들을 모두 왕녀(王女)로 만들었다. 뒤에 시기심 많은 벼슬아치들의 모함으로 관직을 떠나 사라진다. 여러 면에서 로메오는 단테의 운명을 암시 하고 있다.

[그림 6-1 콘스탄티누스가 독수리를 돌려놓은 뒤]

해설

1. 유스티니아누스의 자기소개(1-27행)

[그림 6-2 Justinian recalls the history of the Roman Empire]

콘스탄티누스(AD 288년생, 재위 306~337)는 312년에 회심했다고 한다. 기독교를 공인한 첫 황제로 유명하다. 주후324년에 제국의 수도를 로마에서 비잔틴(지금의 이스탄불)으로 옮겼다. 그 후 콘스탄티노플로 개명 하였다. 제국의 상징인 독수리는 트로이에서 이탈리아로 온 아이네아스의 길을 거꾸로 돌려놓았다. 2백년 이상 트로이 가까운 콘스탄티노플에 머물다가 유스티니아누스 황제의 손에 정권이 넘어왔다(1~9행). '카이사르였던 나는 유스티니아누스이니(Caesar I was, Justinian I am)라고 자기를 밝힌다. 세상에서는 황제였지만(과거형 동사) 여기 천국에서는 이름만(현재동사) 말한다. 천국의 성격을 드러내는 표현이다. 자신의 신앙을 소개한다. 처음에는 그리스도의 신성론(單性論)만을 믿었으나 교황 아가페투스의 지도로 신인양성의 양성론(兩性論)을 믿게 되었다고 고백한다. 하나님의 뜻을 따라 법전을 편찬했다고 말한다. 단테는 저를 제국건설을 위한 하나님의 그릇으로 생각했다. 벨리사리우스(AD

505~565)는 그의 오른팔 역을 담당한 명장이었다. 승승장구의 장군을 황제는 시기했다.

2. 건국에서 카를로2세까지의 역사 (28-111행)

1) 단테가 물은 '어찌된 사연(29행)'에 대한 답변이다. 로마의 창건신화로부터 왕들과 영웅들의 사적을 논한 뒤 카이사르(Caesar)의 통치와 그리스도 시대의 일을 언급하고, 뒤이어 기원 700년대의 역사와 궬피당의 리더였던 카를로(1248~1309)를 말한다. 역사를 통하여 이탈리아의 불행의 원인을 밝히고(98행), 이탈리아의 현실을 개탄한다. 28-42행에서 옛 황제는 단테 당시의 기벨린(황제파)과 궬피(교황파) 의 정파싸움을 개탄하면서 고대 로마역사를 회고하고 교훈을 시작한다(31-33행). 로마제국을 상징하는 독수리 깃발을 〈it〉라고 했다. 신성한 깃발을 위하여 싸운 왕정시대의 역사를 언급한다. '큰 힘(34행)'은 로마 영웅들의 힘이다. 팔라스는 아이네아스를 도와 싸운 용사였다. 로물루스(BC 753년 건국)가 사비니족을 초청하여 그들의 여인을 납치하여 아내로 삼았다. 사비니 여인들의 불행에서 시숙으로부터 능욕을 당하여 자살해버린 루크레티아의 비애까지 7대 왕정시대에 깃발의 영역은 넓혀져 갔다. 알바는 라티누스 왕국의 고읍인데 로마의 전신으로 믿었다. 여기서 300년 이상을 지냈다.

2) 43~93행에서 공화정 시대에 깃발이 외적을 물리치고 수많은 승리를 거두었던 사실을 회상 시킨다. '무얼 했는지(what it did) 너 알리니(45행)'는 로마의 깃발이 어떻게 다른 나라들을 물리쳤는가를 말하고 있다. 침범자들의 이름이다. 46~48행에서 공화국 영웅들의 이름을 열거했다. 단테 시대 카르타고는 아라비아인이 점령했다. 카르타고의 명장 한니발(전247~183년)이 스페인을 거쳐 알프스를 넘어 이탈리아를 침범했을 때(전218년) 스키피오 장군이 저를 무찔렀다. 폼페이우스

(BC 106~48년)는 북 아프리카 전에서 승리를 거둔 명장으로서 시-져, 크라수스와 더불어 삼두정치를 했다. 두 장군 역시 그것(독수리 깃발) 밑에서 로마로 개선했다. 여세를 몰아 깃발은 단테가 태어난 피렌체의 언덕 아래에서 진노를 보였었다(54행). 피에솔레(Fiesole)언덕에서 피렌체를 내려다본다. 황제의 혼이 갑자기 단테의 출생지를 언급하는 것이 흥미롭다. 55~75행은 카이사르(BC 100~44)의 전승(戰勝), 업적, 피살까지의 역사를 말한다. 카이사르는 라벤나에서 루비콘강을 건너 파죽지세(破竹之勢)로 나일강으로, 한편으로 트로이 쪽으로 진격했다. 브루투스와 카시우스의 음모로 죽음을 맞이했다. 유스티니아누스는 카이사르의 일을 길게 말한다. 79~93행에서 아우구스투스 황제의 깃발과 로마의 평화에 대하여 말하고 디베리우스 황제(그의 치하에서 그리스도가 나시고 죽음) 때 독수리 깃발은 하나님의 뜻의 절정을 나타냈다. 옛 죄(93행)는 아담의 죄이다. 그리스도의 죽음을 옛 죄의 복수라 했고, 티투스(후70년)의 예루살렘 함락은 유대인의 그리스도 죽임에 대한 복수(復讐)를 했다. 환언하면 복수의 복수이다. 중세 스콜라철학(Scholasticism)은 이렇게 법률학적 해석을 한 것이다. 디베리우스의 대리인이 빌라도이고 그가 그리스도 처형에 직접 가담했다. 디베리우스와 빌라도가 한 일은 신으로부터 권위를 받아서 한 것이라는 해석이다.

3) 94~111행 단테는 유스티니아누스의 입을 빌려 역사의 시계바퀴를 7백년 뒤로 돌려서 말했다. 롬바르트 데시데리우스왕의 교회박해를 막은 샤를마뉴(742~814)를 말한다. '이제 내가 위에 흠잡은 사람들과 너희 모든 불행의 원인이 된 그네들의 잘못을 가려 낼 수 있으리라(97-99행)' 지금까지 이야기의 결론이다. 오늘은 어제의 아들이다. 모국 피렌체의 불행의 원인을 역사를 통해서 배운다. 궬피당은 독수리 깃발을 거슬러 프랑크의 문장인 노랑 백합을 내세우고, 기벨린당은 독수리 깃발을 자기

당파의 이익을 위하여 내 세웠으니 양파가 모두 잘못을 하고 있다는 뜻이다(100-102행). 기벨린당은 다른 깃발 아래서 제 술책을 부리게 하라. 왜냐하면 독수리 깃발아래서 정의를 차단하는 자들은 참된 추종자가 아니기 때문이다(103-5행). 궬피당의 수령인 카를로2세(1248~1309)는 이 깃발을 찢지 말 것이며 제국의 발톱을 무서워하라고 말한다. 109~111행은 카를로 2세의 아들 카를로 마르텔의 불운을 말하는 것 같다. 하나님은 카를로에게 공기(公器)인 로마제국의 인장을 하찮은 프랑스 왕가를 위하여 바꿀 것이라고 믿지 말라고 했다.

3. 황제의 혼(魂)이 로메오를 소개함(112-142행)

1) 112-26행 - '이 자그마한 별(수성)'의 이야기로부터 유스티니아누스는 단테의 두 번째 물음에 답하기 시작한다(천5곡127-129행). 여기 있는 영혼들은 하나님의 사랑에 의해서 선행을 행했을 뿐 아니라 지상의 명성에 의해서도 동기가 유발된 사람들이다(112-114행). 지상에서의 세상명예 추구는 하나님께 초점을 집중시키는 것을 방해했다. 그래서 천국에서 낮은 수준의 복을 누리며 살고 있다. 그러나 그들은 하늘에서 그것을 족하게 여기고 있다(115-126행). 그들의 상급은 공덕에 일치하는 것을 알고 있다.

2) 127-142행 - 피카드라가 황후 콘스탄차를 소개하듯 여기서 황제의 혼은 로메오라는 별을 소개하고 있다. 진주는 수성을 가리킨다. 그의 업적은 푸대접을 받았다. 단테는 빌라니(Villani)가 기록한 전설을 인용하고 있다. '미천한 사람이며 순례자이던 로메오는 프로방스의 라몬도 베린기에리에게 고용되어 궁궐의 재정을 담당했으며, 네 공주를 모두 왕가에 결혼 시키는데 주역을 했다. 귀족들의 시기와 모함의 말을 듣고 베린기에리는 횡령죄를 덮어 씌웠다. 로메오는 이말을 들었을 때 프로방스의 궁전을

떠나 문전걸식의 유랑생활을 했던 자이다. 유스티니아누스의 혼은 그가 높이 기림을 받아야 한다는 말로 길고 긴 로마인 이야기를 끝낸다. 이 로메오가 바로 단테의 장래 모습을 암시하는 것이 아닐까?

결어

전반부는 단테의 정치 및 종교의 이상을 그리고 후반은 수성천의 혼들 그 중에서 고귀한 로메오의 혼을 그려주었다. 아이네아스와 로물루스의 로마 건국신화로 부터 왕정, 공화정, 제국시대를 거쳐 디베리우스 때 그리스도의 출생과 죽음에 무게를 두고 있다. 정치권력과 교회는 하나님의 뜻을 이루는 두 기둥이라 보았다. 그러나 단테 당시의 두 정당의 싸움은 이탈리아 불행의 원인이며, 하나님의 뜻을 거역하는 것이라고 비판했다. 단테는 도덕이 정치권력의 기초라는 생각을 하고 있다. 이제 권력은 제왕으로 부터 민중의 손으로 넘어갔다. 함석헌의 〈뜻으로 본 한국역사〉가 생각난다. 21세기의 독수리 깃발은 미국이다. 미국은 신보수주의 기독교가 대통령 선거에 엄청난 영향력을 행사해왔다. 신보수주의 기독교가 하나님의 독수리 역할을 바로 하는 걸까? 중국이 21세기의 로마가 된다면 세계는 어떻게 될까? 지구촌 시대를 가슴에 품을 수 있는 정치와 종교는 어떤 모습을 갖추어야 할까? 도덕정치를 실현하려면 교회가 바로 서야한다.

제7곡 수성천(水星天)
베아트리체의 강론(贖罪論)

개요

- 황제의 퇴장과 베아트리체의 등장(1-18)
- 단테의 첫 질문에 대한 답변(19-51)
- 단테의 두 번째 질문에 대한 답변(52-120)
- 단테의 세 번째 질문에 대한 답변(121-148)

줄거리

둘째 수성천에는 현세에서 명예를 높이려고 선행을 베푼 혼들이 살고 있다. 강론을 마친 뒤 유스티니아누스는 그 반려(伴侶)들과 라틴어 찬송을 부르며 총알의 불티들처럼 홀연히 자취를 감춘다. 그들이 물러가고 난 후에, 단테는 속죄(贖罪)에 대하여 의문을 품는다. '어떻게 의로운 복수가 바르게 보복(報復) 당할 수 있는가? (How just vengeance can justly be avenged). 아담의 죄는 형벌을 받았다. 이것을 죄에 대한 하나님의 복수라고 했다. 이 복수는 바르게 집행되었다. 예수를 죽음에 넘긴 유대인의 죄는 AD 70년에 티투스에 의하여 바르게 앙갚음이 되었다. 베아트리체는 단테의 마음을 읽어내고 의문을 풀어 나간다. 십자가 대속의 죽음은 그의 인성의 측면에서는 바른 형벌이 되었다.

그러나 그의 신성(神性)의 측면에서 볼 때 형벌(刑罰)은 신성모독(神性冒瀆)이며 불의(不義)하다고 했다. 첫 번 째 의문을 해결하자 두 번 째 의문이 일어난다. 그것은 중세 스콜라철학의 창시자, 켄터베리 대주교였던 성 안셀무스(St .Anselm 1033-1109)의 '왜, 신은 인간이 되었는가(Cur Deus homo)? 에 대한 화두(話頭)이기도 하다. 하나님은 구원을 위해서 왜 십자가 처형이란 방식을 택했는가? 베아트리체는 그 방법이 가장 값진 길이었기 때문이라고 답변한다. 하나님께 범죄한 인간은 그 어떤 것으로도 결코 그 죄를 갚을 수 없었다. 영원한 죽음만이 기다리고 있을 뿐이었다. 그러므로 십자가의 구속(救贖) 만이 인간이 하나님께 나갈 수 있는 유일의 길 이었다고 말한다.

하나님의 구원을 성취하는 길은 두 가지인데 그 하나는 자비(慈悲)의 길이요 다른 하나의 길은 공의(公義)의 길이다. 아들을 보내주심으로 하나님 자신의

[그림 7-1 '호산나, 만군의 주님이시여!']

자비를 나타내셨고, 수난과 죽음을 통하여 하나님의 공의를 나타내 보여주셨다. 베아트리체는 단테가 세 번 째 질문할 것에 대비하여 말한다.

그것은 어찌하여 하나님이 기초원소(基礎元素-물, 공기, 불, 흙)라고 직접 만드신 것이 영원하지 못하고 부패하는가? 이것은 그녀가 앞서 말한 것과 상치되는 것처럼 보였기 때문이다. 하나님은 물질을 창조하셨지만, 그 형상은 제2의 원인에 의하여 부여되었다. 그래서 이것들은 소멸되는 것이다. 그러나 인간의 육신과 혼은 하나님이 호흡을 불어넣어 창조하셨으며, 이 때문에 항상 주를 찾고 동경하는 것이다. 영과 혼은 하나님에 의하여 직접 지음을 받았으므로 썩지 않는다. 이 사실은 최후심판에 따른 몸의 부활을 불가피 하게한다.

해설

1. 황제의 퇴장과 베아트리체의 등장(1-18행)

유스티니아누스의 혼과 그 동료들이 라틴어와 히브리어가 섞인 노래와 춤을 추며 사라지자 (1-9행), 베아트리체가 제7곡의 서곡을 준비 한다(10~18행). 두 겹 빛(twin lights fused,4행)은 지상에서의 법률수여자 및 황제의 역할을 나타낸 것인지 천상에서의 밝음과 복됨인지 불확실하다. 단테는 천국의 혼들을 빛으로 표현한다. 베아트리체 앞에서 작아진 자신의 모습을 그리고 있다. 유스티니아누스의 말이 의문으로 남아 있는데 그녀 앞에서 말을 꺼내지도 못하고 고개 만 숙이고 있다. 도가니(17행, 연옥 27:46-57을 참조)는 연옥 최종의 대지 지상낙원에 들어가기 전에 불도가니를 통과해야했다. 베르길리우스가 맞은편에 베아트리체의 미소가 기다리고 있다고 격려해 주었다. 그 때의 미소를 다시 보이며 의문을 풀어주기 시작한다.

2. 옳은 복수가 바르게 앙갚음 되었는가?(19-51행)

[그림 7-2 Justinian explains Christ's death as God's just vengeance]

아담의 죄에 대한 원수풀이가 십자가 처형에서 유대인을 통해서 옳게 집행되었다면, 그 다음 왜 예루살렘 멸망으로 또 유대인은 복수를 당하게 되었는가? 이것이 단테의 의문이었다. 하나님이 직접 창조하셨으니 아담과 해와는 사람에게서 '나지 않았던 그 사람(아담)'이다. 아담의 죄로 인류가 '저 아래(지상)' 세상에서 병들어 있을 때 그리스도의 성육신의 불가피 했음을 설명한다(19-30행). 31-33행은 하나님이 육화(肉化)된 예수의 인성에 신성을 취하게 된 것을 말한다. 순수하게 지음 받았던 아담의 불순종으로 낙원에서 추방 당하게 되었다(34-39행). 십자가의 죽음은 인성의 측면에서 볼 때 의롭게 형벌을 갚는 길이었다. 그러므로 옳게 이루어진 것이다. 그러나 신성의 측면에서 볼 때 이 이상의 신성모독이 없다고 말한다(40-45행). 신성에 형벌을 가했기 때문이다. 십자가 형벌을 통해서 인류의 죄가 청산되어서 하나님을 기쁘시게 했다. 유대인은 나쁜 동기에서 걸림돌이 되어 있었던 예수를 제거했으니 기뻐했다 (사도행전 2:28). 그리스도의 죽음으로 지진이 일어났고, 구원이 이루어졌다. 인류에게 닫혔던 하늘나라의 문이 열렸다(46-48행). 유대인이 그리스도 처형 으로 하나님의 뜻을 사실상 이루었을 찌라도 유대인은 죄를 범했고 그들의 동기는 악했다. 티투스를 통한 예루살렘 멸망은 의로운 복수가 공정하게 앙갚음

된 것이다(49-51행). 베아트리체는 25-50행의 설명으로19-20행의 질문에 대한 해답이 되었을 것이라고 말한다(49-51행).

3. 하나님은 왜 사람이 되셨는가?(52-120행)

1) 하나님은 인류구원을 위해 왜 십자가라는 극단적 방편을 사용하셨을까? 이것이 단테의 둘 째 번 질문 이였다. 베아트리체의 설명을 들어보자. 하나님의 결정은 사랑을 체험하지 못한 사람의 눈에는 감추어져있다. 십자가의 사건은 누구의 눈에도 드러나는 표적(標的, mark)이나 그 뜻은 사람에게 감추어 있었기에 이 길이 가장 적합했다고 말한다(52-63행).

2) 그녀는 인류타락의 사실을 설명하려고 먼저 창조의 일을 말한다. 천사, 인간 그리고 천구(天球)등은 하나님이 직접 지으셨기에 불멸하며, 하나님이 인을 치셔서 그 흔적이 영원하다. 창조의 제1 원인은 하나님이고 제2원인은 천체와 제원소(諸元素)이다. 인간은 직접 하나님의 지음을 받았기에 자유롭다. 그러므로 제2 원인에 종속되지 않는다. 천체와 제원소는 하나님에게 근접할수록 더욱 그를 기쁘게 했고, 만물을 비추는 하나님의 빛은 자기 형상을 더 닮은 것 속에 더 빛난다. 인간은 불멸성, 자유의지 그리고 하나님 닮음의 특권(gifts)을 누렸으므로 죄가 이 중 하나만이라도 탈취해 갔다면, 그 흠집 낸 자리는 하나님의 은혜로만 구원받을 수밖에 없었다. 인류는 조상 아담의 원죄에 동참함으로써 불사 및 자유를 상실하고 낙원에서 멀어졌다(64-87행).

3) 범죄 후 하나님과 벌어진 틈(여울)을 건너가는 방법은 두 가지 이였다. 이 중의 하나는 하나님의 긍휼로 용서(容恕) 받는 길이요, 또 다른 하나는 나의 선행으로 죄를 갚는 길이다. 베아트리체는 섭리의 심연을 깊이 들여다보라고 권한다. 인간은 제 힘만으로는 스스로 낮추고 복종한다 해도 치올랐던 죄를 용서받을 수 없었다. 아담의 반역은 하나님의 도움

없이는 결코 속량 받을 수 없었다(88-102행).

4) 이리하여 하나님은 공의와 긍휼의 두 가지 길로 사람을 완전한 삶으로 회복하셔야만 했다(103-105행). 최후의 심판 날과 창조의 첫 날의 순서를 바꾸어 쓴 것은 '회고와 예언의' 뜻(Mark Musa, 91쪽)이 있다고 한다. 구원사업은 인류사에 전무후무한 사건이라는 뜻이다. 하나님 자신(예수)을 주심으로 공의의 요구가 충족되었고 죄 용서를 하심으로 긍휼의 요구도 만족되었다. 공의 없는 용서와 용서 없는 공의는 참구원이 될 수 없었다. 싸구려 구원이 되지 않게 하시려고 아들 자신의 희생이 필수 요건이 되어야 했고, 누구에게나 값없는 구원이 되게 하려고 믿기만 하라고 하셨다. 십자가의 도는 이 두 길이 만나는 점(crossing point) 이 되었다. 그가 사람으로 오지 않았다면(빌립보서 2:7) 기타의 모든 방법은 등가적 보상(等價的報償)의 요구를 충족시키지 못했을 것이다. 용서의 영어는 위해서(for)와 주심(give)의 합성어이다. 우리를 위해서 예수님을 보내어 주지 않았다면 결코 용서는 이루어질 수 없었던 것이다(103-120행). 우리에게는 선물이고 하나님 편에서는 엄청난 희생이 있었다는 사실을 생각할 때 어찌 죄를 가볍게 여길 수 있으랴!

4. 세 번 째 질문(121-148행)

고대 그리스 철학자들은 자연은 불, 물, 공기 그리고 땅으로 구성되어 있다고 믿었다. 이것을 4원소설이라 한다. 이것들이 세계를 구성한다. 단테는 의문을 갖는다. 4원소와 그것들로 파생된 모든 것이 하나님께로부터 나왔다면 왜 만물은 영원하지 못하고 썩는가? 이 사실은 앞서 베아트리체가 말한 것과(67-72행) 모순되는 것이 아닌가(121-129행)?

베아트리체는 하나님의 직접 지은 피조물(천사 및 인간) 과, 기타 만물을 구별했다. 전자는 무한하고 후자는 유한하다. 그래서 전자는 썩지 아니하고 후자는 썩는다(천국 2:112~38 참조). 물, 불, 공기, 흙 등은 직접 하나님의 피조물이긴 하나 실제에 있어서 창조된 힘들(천사, 별)로부터 형체를 부여받았다. 각종 동식물의 혼은 잠세복합(潛勢複合:potential complex)을 지닌 원질(原質)에서 나왔고, 원질은 별들의 빛과 그것들의 움직임에서 나왔다.

그러나 인간에게 하나님은 혼을 불어 넣으시고 하나님을 사모하게 했다. 이상의 설명을 미루어 영적 몸을 지닌 부활은 필연의 결과이다(130-148행). 인간의 혼과 몸은 하나님의 직접적인 창조물 이므로 불멸의 것이다. 비록 한 때 죽음으로 영육이 분리되었으나 마지막 부활의 날에 육체는 다시 살아나 영원히 죽지 않는다.

결어

천국 6곡에서 단테는 로마사에 관여하신 하나님의 섭리를 논했다. 7곡은 스콜라 신학의 창시자인 안셀무스(AD 1033~1109)의 〈신이 왜 인간이 되었는가?〉라는 책에 기초한 단테의 시적으로 표현한 속죄론이다. 단테가 복음을 어떻게 이해했는가를 엿볼 수 있었다. 구원성취의 과정에서 하나님의 마음이라는 심연을 들여다본다. 어떻게 된 구원인데 이 과정을 이해할수록 크리스챤은 엄숙해질 수밖에 없다. 값없이 거저주시는 구원, 용서를 너무 강조하다 보면 값싼 복음으로 전락될 수 있다. 한편 중세의 스콜라 신학이 너무 합리적으로 신앙을 설명하려는 나머지 예수를 인성과 신성으로 나누어 놓고 인성의 측면에서 그의 희생적 죽음은 정당하나 신성의 측면에서 불의하다는 논의는 설득력이 있으나 속죄론을 너무 해부한 감이 든다.

제8곡 금성천(金星天:Venus) : 카를로 마르텔로

개요

- 금성의 유래(1-30)

  디도의 사랑의 무릎(1-12)

  금성의 혼들이 다가옴(13-30)

- 카를로 마르텔로(31-84)

- 마르텔로의 유전론-遺傳論(85-124)

- 마르텔로의 결론(125-148)

- 소감및 교훈

[그림 8-1 셋째하늘 금성천에 오른 단테]

줄거리

　제8-9곡의 무대는 제3 금성천(金星:Venus)이다. 여기서 지상에서 평생 애욕을 추구했던 혼들을 만난다. 그들의 이름은 카를로 마르텔(8곡), 쿠니챠, 마르세이유의 풀코, 라합(9곡)이다. 제8곡의 서두는 금성이라는 유성의 이름 풀이로 시작한다(1~12행). 순례자 단테는 안내자 베아트리체가 더욱 아름다워진 것을 보고서야 금성천(金星天:Venus)에 오른 것을 알게 된다. 기쁨으로 충만한 빛들이 순례자를 맞이하러 나왔다(13-30행). 순례자(단테)에게 말을 한 영혼은

천국 515

앙주가(Anjou Family)의 카를로 마르텔(1271~1295)이다. 그는 자신의 이름을 결코 직접 말하지 않았지만, 이승의 수명이 짧았다는 점과 프로방스(58~60행), 나폴리 왕국(61행)의 왕관이 그를 기다리고 있었고, 헝가리의 왕관(1290)은 이미 쓰고 있었다. 몹쓸 권력 때문에 왕관이 아우 로베르토에게 넘어갔고, 그 아우의 학정을 비판하는 말을 듣는다(73-84행). 나폴리 군주들에 대한 마르텔의 비판에서 단테의 주목(注目)을 끈 것은 혈통의 유전이었다. 어떻게 좋은 씨에서 쓰디 쓴 열매가 나올 수 있느냐 라고 묻는다. 마르텔은 혈통 과 유전 때문이 아니고 개개인에게 별의 영향력과 본성 때문 이라고 설명한다(85-123행). 마르텔은 많은 사람들이 그릇된 길로 나간 이유는 자신에게 잠재 되어있는 유전 혹은 본성을 따르지 않은 때문이라고 말한다(124~148행).

해설

1. 금성의 유래(1-30행),

1) 디도의 사랑의 무릎(1-12행),단테가 8곡의 허두(opening-words)로 삼은 여신 금성(Venus)은 치프리냐(사이프러스) 바다에서 떠오른다고 옛 사람들은 믿어왔다. 달에서 3 번째인 금성은 주전원(周轉圓,epicycle)을 돌았다. 프톨레미 천문학에 의하면 태양이 금성을 데리고 지구 주위를 돌고, 금성이 작은 원을 그리면서 태양 주위를 돌 때 이를 주전원이라고 한다. 금성의 빛은 지구의 사람들을 사랑으로 미치게 한다고 믿었다. 옛 이교도들은 금성을 여신으로 경배하였고, 디오네를 그의 어미로, 쿠피드를 그의 아들이라 하여 공경하였고, 카르타고(아프리카)의 여왕 디도의 무릎 위에 쿠피드가 앉았다가 사랑을 불질렀다고 한다. 디도는 쿠피드

(Cupid)에게서 아이네아스의 아들 아스카니오스(Ascanius)를 연상했고, 아이네아스가 이탈리아로 떠난 후 이루지 못한 사랑 때문에 자살을 했다는 전설이 나왔다. 금성은 수성과 태양 사이에 위치하여 하루 두 번씩 한번은 태양의 뒤(꼭지)를 한번은 태양 앞(눈시울) 달리며 태양의 사랑을 불 질렀다고 믿었다. 전자가 초저녁의 명성이요, 후자가 새벽의 명성(明星)이라는 것이다. 1-12행은 8곡 후반 노래의 소재(素材)를 제공한다.

2) 금성의 혼들이 다가옴(13~30행), '나는 그 한테(13행)'의 그는 금성이다. 베아트리체가 더 아름다워진 것을 보고, 단테는 금성에 오른 것을 알게 된다. 지옥은 무서움을 갖고 내려가고, 연옥은 힘들게 오르고, 천국은 부지불식(不知不識)간에 올라간다. 도덕적 진보는 의식적으로 애쓰나 영적진보는 의식하지 않는다. 금성의 빛 속에서 지복의 넋들이 빙글 빙글 도는 것을 본다. 신을 보는 정도가 강하면 속도가 빠르고, 약하면 느리다. 비상히 빠른 속도로 넋(빛)들이 세라피니를 따라 단테와 베아트리체 쪽으로 온다. 세라피니(Seraphim)는 청화천(Empyrean)에 살던 최고위 천사들이다.

2. 카를로 마르텔로(31-84행),

단테에게 말하는 혼은 자기 이름을 밝히지 않으나 전후 문맥을 살펴 보건데 불란서 앙주(Anjou)가의 카를로 2세의 아들이다. 주인공은 카를로 마르텔로 (1271-1295)이다. 어머니는 헝가리 왕의 딸 메리였고, 마르텔로는 1291년에 합스부르그가의 클레멘스와 결혼했고, 슬하에 3자녀를 두었다. 1294년에 피렌체를 방문하여 단테와 우정을 나누었던 것 같다. 사가(史家) 빌라니에 의하면 카를로 마르텔로는 피렌체를 방문하여, 거기서 20일을 체류했다고 한다. 본문중의 두 사람의 대화를 미루어 보건데 아주 친했던 것 같다(49~57행 참조). 그의 이야기는 84행 까지 계속된다. 마르텔이 단테를 맞이하여 말을 시작한다.

[그림 8-2 마르텔로를 만난 단테와 베아트리체]

'어느 듯 하나(31행)'는 마르텔로의 넋이다. 우리는 '천상의 어른들(heavenly Princes)'과 같이 회전하고 있다. 천사의 이름이다. 별들에게는 그 별을 다스리는 천사의 계급이 있다. 이를 지혜(Intelligence)라고 부른다. 이가 사물에 형상을 준다. 금성의 인텔리젠스는 권위자(Principal)로 번역된다(엡1:21,3:1참조). '슬기롭게 제3천을 움직이는 그대들(37행)'은 단테의 철학적 저작 '향연'의 서두 구절이다. 이로 볼 때 마르텔은 단테를 이미 알고 있었던 것 같다. 우리는 같은 궤도를 같은 회전 같은 갈망을 갖고 돌지만 그대를 위해서는 잠시 정지하는 것도 즐거움이 된다고 말한다.

단테는 베아트리체의 허락을 얻은 후 마르텔을 향하여 자기소개를 부탁한다(31-48행). 이하 마르텔로의 답변이다. 나는 24세에 삶을 마무리했다(AD 1271~1295). 더 살았더라면 재앙을 미연에 방지했으리라. 학정과 단테의 추방도 없었을지도 모른다(49~57행). 프로방스(58~60행), 나폴리왕국(61~63행)의 왕관이 나를 기다리고 있었다. 1290년에는 헝가리 왕이 되었노라(64-66행). 에우로는 샛바람인데 이곳은 에트나 화산의 연기 때문에 골탕을 먹는다. 머리 100개의 거물 티폰은 에트나 산 아래 묻혀 자유로우려 화산을 폭발시켰다는 전설을 버리고 자연과학적 설명을 한다. 태풍(typhoon)은 티폰에서 유래했다. 트리나크리아는 시칠리의 다른 이름이다.

카를로는 앙주의 카를로1세이며, 마르텔로의 할아버지이고, 리돌프(Rudolf)는 합스부르크(Hapsburg)가의 리돌프이다. 마르텔로의 아내 클레멘스의 아버지이다. 카를로와 리돌프로 부터 나 마르텔로를 거쳐 시칠리는 아직도 여러 왕을 기다렸을 것이다(58~72행). 73~84행은 마르텔로의 로베르토의 학정에 대한 비판이다. 몹쓸 권력이 압제를 하지 않았다면 1282년 불란서 폭군의 압정에 항거하여 팔레르모(시칠리의 수도)에서 반란이 일어나 카를 앙주의 세력을 일소 당하는 일도 없었을 것이다. '내 동기(76행)'는 마르텔로의 아우 로베르토(1309년 나폴리 왕이 되어 탐욕으로 화를 자초함)이다. 로베르토가 아라곤 왕의 인질로 잡혀 있을 때, 카타로니아 인들의 도움을 많이 받았다. 1309년 로베르토가 나폴리와 시칠리의 왕이 되자 카타로니아인들이 이에 합세하여 중세(重稅)에 중세를 더하여 백성이 도탄에 빠졌다. 이런 비극을 미리 보았던들 막을 수 있었다(73~81행).

호라티우스의 시에 '궤짝 속의 돈을 들여다보며 집에 앉아 나 혼자 손뼉을 친다'는 구절을 인용(83행)하며 청렴결백한 신하가 없었다고 말한다.

3. 마르텔의 유전론(85-124행),

단테는 하나님의 관점에서 사물을 보는 마르텔로를 칭찬하면서, 어떻게 좋은 씨에서 쓴 열매가 나올 수 있는지를 묻는다(85-93행). 94~111행은 마르텔의 답변이다. '그대가 등을 지고 청하는 그것을 그대 눈앞에 보리라(95행)'는 불확실한 것을 확실하게 해주겠다는 뜻이다. '온나라'는 천상의 영역이고, 지선

(至善,The Good)은 하나님의 은혜(97행)이다. 천체를 하나님이 섭리하신다. 마르텔로는 여기서 개성의 법칙과 그것의 차이를 설명한다(천2:127~48참조).' 완전한 그 정신(One Mind,100행)'은 하나님이시다. 그 분이 개성의 법칙과 각자에 대한 적절한 목표를 미리 정해 놓았고, 이 활(천체의 영향력,103행)의 힘을 개개인에게 쏘았다. 하나님은 우리 각자를 창조하여 목표를 완수하게 하셨다. 만약에 예견된 자연의 법칙대로 움직이지 않는다면 지상은 폐허가 되고 말 것이다. 이렇게 될 수 없는 이유는 첫 지성(하나님)이 지성(천사들의 계급) 을 다스리고 이 지성들이 별들을 다스려 인간들에게 영향을 주기 때문이다 (97~111행). 이상 설명한 것에 대하여 더 설명을 듣기를 원하는가? 하나님과 그의 피조물(자연,113행)이 있어야 할 자리에 있는 것을 보기에 더 듣지 않아도 된다고 단테가 답한다. 마르텔이 또 묻기를 만약 지상에서 사람이 시민생활을 영위하지 않는다면 사태는 더 악화될까(115행)? 단테는 아니라고 한다. 이하 마르텔의 물음이다(118~120행). 사람이 갖가지 다른 직무를 맡아보는 일 없이 시민생활이 바르게 영위될 수 있을까? 여기까지 마르텔이 따져 오다가 결론을 내린다. 인간의 취향, 능력, 성질도 각각 달라야 한다고.

4. 마르텔의 결론(125~148행),

인간은 다른 소질로 태어나는 실례는 다음과 같다. 아덴인 솔론은 입법가로, 크세륵세스(Xerxes,페르샤전485-465)는 장군으로, 멜기세덱(창14:18)은 제사장으로, 이카루스(아들)를 잃은 크레타의 장인(匠人)다이달로스(아버지) 로 태어난다. 회전하면서 자연(별의 힘)은 썩을 밀랍(mortal, 인간과 만물) 위에다 그의 완전한 예술의 인장을 찍으나 '이 집 저 집(man's lineage-혈통) 을 가리지 않는다(129행).'자연(별의 힘)은 유전과 관계없이 개인의 소질을 결정한다. 야곱과 에서를 그 예로 든다(130행). 퀴리누스(로물루스의 별명)는 천한 출생임에도 로마의 조상이 되었다. 신분을 감추려 그의 아버지는 마르스

(군신)라고 했다는 것이다. 하나님의 섭리의 손길이 닿지 않는다면 자식은 반드시 아비의 길을 가고야 말 것이다. 이제 분명치 않는 사실이 분명하게 되었으리라(뒤에 있던 것이 앞에 있음). 첨언(添言)하노니 겉옷(복장을 갖춤)으로 완전히 깨달으라는 뜻이다(133~138행). 139~148행에서 이상 설명된 것의 예외가 있다. 하나님께로부터 받은 소질들이 사람들에 의하여 좋지 못한 조건에 놓여질 경우 열매를 맺지 못할 것이다. 세상이 자연(별의 영향력)을 따라 그 바탕을 닦았더라면 착한 사람을 얻었을 것이다. 칼을 차러 태어난 자(루도비코)를 수도회에 넣거나, 설교자가 되어야 할 로베르토를 왕으로 삼은 것이 잘못되었다는 뜻이다.

결어

단테는 인간의 소질은 별의 힘에 의하여 결정되며, 별은 하나님의 지배를 받는다고 믿었다. 이것이 중세신학의 한계라고 믿는다. 좋은 부모에게서 어찌하여 나쁜 자식이 태어나는가 라는 질문은 후천적인 환경보다는 유전에 더 결정적인 영향을 받는다고 생각한다. 멘델의 유전법칙에서 돌연변이설이 도움이 될 것이다. 마르텔이 오래 살았더라면 단테의 운명은 달라졌을 것이다. 그가 나폴리와 시칠리의 왕이 되어 오랜 통치를 했더라면 단테는 정치적 실각을 당하지 않았을 것이고, 유랑의 생활은 없었을 것이다. 그 개인은 보다 더 행복했을 런지 모르나 〈신곡〉 같은 불후의 명작은 세상에 남기지 못했을 것이다. 현세의 불행이 영원의 차원에서 볼 때 반드시 불행이 아니다. 우리는 눈앞의 행, 불행이라는 잣대로 인간과 세상을 판단하지 말자. 하나님의 관점에서 현재를 해석함이 어떨는지?

제9곡 금성천(金星天:Venus):
애욕의 혼들: 쿠니차, 폴코, 라합

개요

- 단테의 예언과 쿠니차의 등장(1-24)
- 쿠니차의 이야기(25-63)
- 폴코(Folquet)의 이야기(64-111)
- 교황의 탐욕을 조소함(112-142)

줄거리

9곡은 제3천 금성(Venus)의 계속이다. 여기는 지상에서 애욕에 자기를 불태웠던 혼들이 살고 있다. 마르텔이 시인한테서 떨어지고 에첼리노(Ezzelino da Romano)의 누이 쿠니차 다 로마노(1198~1279)가 단테의 물음에 답변한다(19-21행). 그녀는 두 애인과 4명의 남편을 거쳤다. 비너스의 미친 사랑이 그녀를 흔들어 놓았지만 회개하고 자기를 정화했다. 단테에게 출생지인 북이탈리아의 참상을 말한다. 그리고 지상에서의 거짓 명성을 추구함에 대하여 큰 슬픔을 예언한다(13~63행). 두 번째 등장하는 혼은 마르세이유의 폴코(1180~1231)이다(64~111행). 그는 젊었을 때 음유(吟遊)시인으로서 이름을 날렸고, 쾌락추구에 몸을 던졌다. 뒷날 마르세이유의 주교가 되어 알피

[그림 9-1 금성천에서 만난 애욕의 혼들]

이단자를 공격하던 사람이다. 폴코(Folquet)는 지상에서의 육적 삶을 말하고 후에 하나님의 사랑을 경험하고 열정을 불태웠다. 폴코(Folquet)는 여호수아(Joshua)를 도운 라합(Rahab)을 소개하고 그녀의 공덕을 찬양한다(112-126행). 피렌체의 부패와 교황, 추기경의 탐욕을 탄핵한다. 금화에 눈이 먼 나머지 저들은 성지가 사라센인에 의하여 짓밟혀 있는데도 거기로 눈을 돌리지 못했다(127-138행)고 비난을 받는다. 그리고 머지않아 교회가 정상으로 돌아 올 것을 예언한다(139-142행).

해설

1. 단테의 예언과 쿠니차의 등장(1-24행)

단테가 예언의 형식으로 카를로가(家)의 장래를 말한다(1-9행). '클레멘차(1행)'는 카를 마르텔로의 왕비(妃)라고도 하고, 루이 10세의 왕비가 된 딸 클레멘차라는 두 설이 있다. 단테는 8곡에서 들은 이야기를 왕비와 클레멘차에게 전한다. 아우 로베르토 일가에 내릴 재앙을 예언의 형식으로 말하고 있다. 권모술수엔 재앙이 따르고 정의의 통곡이 오리라고 말한다(1~6행). '거룩한 빛의 생명(마르텔)은 해님(하나님)에게로 돌아가 있다(7-9행).' 홀린 영혼들(Ah, souls deceived, 10-12행), 믿음없는 피조물(신심이 얕은 자)은 인류에 대한 단테의 탄식이요, 책망이다. 쿠니차의 혼이 나타나자 베아트리체의 묵인하에 단테는 내 질문에 답해달라고 말한다(13-21행). 쿠니차가 나타나 먼저 노래를 부르더니 말을 하기 시작한다(22-24곡).

2. 쿠니차의 이야기(25-63행)

[그림 9-2 Dante's meeting with Cunizza in Heaven of Venus]

쿠니차는 먼저 고향 출생지의 지리 설명을 한다(25~33행). 지저분한 이탈리아 국토의 한 모퉁이에 구릉이 있다. 거기에서 횃불(로마노의 폭군 에치리노 3세,1194-1259년)이 내려와 나라에 공격을 가했다. 자기는 쿠니차이고, 폭군은 오라버니라고 말한다. 금성의 빛이 호색녀(好色女) 쿠니차(1198~1279)를 회개시켰다고 한다(25~33행). '알토(베네치아), 브렌타(북쪽 강), 지저분한 땅(트레비소의 소택지, 27행). 피아바(북쪽강)는 지명과 강명이다.'이 별의 빛살이 나를 이겨낸 까닭(33행)'-유성 비너스가 나에게 애욕의 불을 질렀다는 뜻이다. '너희 속한(俗漢)들에겐 아마도 무디어 보이리라(36행)'-지상의 죽을 사람을 속한이라 불렀다. 34-42행에서 쿠니차는 폴코를 칭송하고 있다. 천국에서 과거의 죄를 기억은 하되 괴로워하지 않는다고 한다. 세속의 사람들에게는 이해하기 어려울 것이라면서... 에리치노 3세(로마노의 폭군)는 끓는 피의 강 제7옥 제1원(지12:110)에 있던 자이다. 그는 현세에서 피에 굶주린 자이었다. 에리치노3세와 폴코를 소개한다(25-42행). '보석의 크나큰 명성(38행)'은 마르세이유의 폴코(1231사망)이다. '백 년을 다섯 곱을 더하리니(40행)'-쿠니차는 폴코의 명성이 길이 남을 것을 이렇게 묘사했다. '첫째 삶이 둘째 삶을 길이 남기기 위해 사람은 스스로 얼마나 뛰어나야 하는지 보라(41행)'-첫 째 삶은 현세, 둘 째 삶은 후세에 명성을 남기는 삶이다. 정쟁, 붕당에 휩싸인 이태리의 참상(43-63행)을 말한다. 43-48행은 파두아의(Paduan) 궬피당이 황제 헨리7세에게 빚을 지고도 반항했던 것을 말하고 있다 .제국에 충성하지 못했으므로 피를 흘려 비센차 강물이 더럽혀 질 것에 대한 예언이다.. 49-51행, 실레와 카냐노는 북 이탈아의 작은 강인데 거기(트레비소)에서 합류한다. 누군가(리차르포 다 카미노, 트레비소의 군주, 1306)가 다스리고 있었으나 장기를 두다가 암살당할 것이라고 예언한다(1312년). 52-60행, 이는 1314년에 일어난 사건이다. 펠트로(Feltre)는 베네치아에 있는 타운의 이름 이다. 펠트로 읍의 주교 노벨로(목자,1298-1320, 52행)가 저지른 사건이다. 페라라에서 온 기벨린당원들이 거기서 음모를 꾸미다가 실패하자 주교의 보호 하에 피신을 왔다. 말타(Malta,54행)는 범죄한 성직자들이 들어가는 감옥이다. 주교 노벨로 처럼 배신죄를 짓고 여기 들어간 사람은 없었다는 뜻이다. 58-60행, '싹싹도 하신 주교 노벨로'는 궬피당(붕당)에 충성한다고 피신 온 기벨린당 사람들을 넘겨줄 것이라고 한다. '페라라 사람들의 피(이 따위 선물)가 이 나라의 생활 방식이니라'-비꼬는 말이다. 61-63행, '맨 위에 너희가 좌천사(座天使:寶座Thrones)라 부르는 거울(61행)'-맨 위는 청화천이다. 좌천사(座天使)는 토성천을 관장하는 천사이다. 이 천사(거울)를 통해서 지상의 인간들에 대한 하나님의 심판을 볼 수 있다.

3. 폴코의 이야기(64-111행)

쿠니차가 환(環:dancing wheel) 속으로 들어가자 폴코의 혼(다른 기쁨)이 단테에게 나온다. 70-72행에서 시인은 저 위(paradise)의 기쁨은 여기(지상) 그것이 우리를 미소 짓게 하지만 ,아래서(지옥)의 혼은 얼굴을 어둡게 한다고 했다. 폴코의 빛이 나타났을 때의 단테의 소감이다. 73-81행에서 단테는 폴코에게 소원을 풀어 달라고 청한다(73-81행). 여섯 날개는 이사야 6:2에서의 인용이다. '불들'은 세라피니 천사들이다.

이하 폴코가 자기 말을 시작한다(82-96행). 여기서 폴코는 자기 고향의 지리 지형을 길게 묘사하고 있다. '물을 꽃 목걸이 삼는 저 바다(83행)'는 대서양을 뜻한다. 중세 지리학자들은 대서양이 지구의 모든 마른 땅을 에워싸고 있다고 믿었다. '가장 큰 계곡'은 지중해이다. '토스카나인에게서 제노바인을 갈라놓는 그 물가는 불란서의 마르세이유(Marseille) 이다. '그 옛날 제 피로 포구를 덮게 한 나의 고장(93행)'은 기원전 49년에 시저가 마르세이유에서 폼페이우스의 지지자들을 격파하고 피를 흘린 곳이다. 풀코(1160~1231)는 마르세이유에서 출생했고, 음유시인으로서 생애의 많은 날을 쾌락에 몸을 던졌다가 후일 수도원장을 거쳐 주교가 되었다. 9596행은 세상에서 별의 기운을 받아서 내가 애욕에 빠졌더니 지금은 내 삶의 찬미를 이 별의 기운으로 돌린다고 했다.

97~108행, 시카이오스는 디도의 죽은 남편이었고, 크레우사는 아이네아스의 죽은 처이었다. 여왕 디도는 아이네아스를 사랑했기에 이 두 사람에게 몹쓸 짓을 했다고 한다. 풀코는 디도 보다 더 한 연애를 했다고 고백한다. 로도페나, 알키데스 보다 더한 연애를 했다. 망각의 강(연옥, 레테)에서 죄를 잊었으므로 현재 여기서는 웃음이 있을 뿐이다(103-105행). 여기서 우리는 사랑으로 역사하시는 그 예술(묘하심)을 본다. 하계에서 천상계로 다시 오게 하는 그 지선(The Good)을 본다. 하나님은 모든 영혼이 본향에로 돌아오기를 바라신다(106-108행).

4. 교황의 탐욕을 조소함(112-142행)

라합(여호수아 2:1-24)이 천국에 온 경위를 폴코가 말한다(112-123행). 그녀는 기생의 신분으로서 여호수아가 보낸 탐정들을 위경에서 건져냈다. 림보지옥에서 그리스도께서 음부에 가셨을 때 맨 먼저 구원되어 천국에 왔다. 교황(보니파시우스3세)조차 사라센에 짓밟힌 성지 회복에 무관심했을 때 창기 라합은 여호수아의 첫 번 영광(여리고성 회복)을 가능 하게했다. 교황과 추기경의 죄를 책망한다(127-138행). '저주받은 꽃(130)'은 피렌체의 금화이다. '굵으신 스승들(133행)'은 교부를 가리킨다. '법령만을(135행)'-교황이 내린 법령인데 성서연구는 제쳐두고 교황이 내린 법령을 오직 돈을 위하여만 연구하였다고 한다. 교황과 추기경들은 돈에만 혈안이 되었고 성지 나사렛에는 관심이 없었다. 교회를 책망하면서 회복될 것을 예언함(133-142행). '군사(140행)'는 성 베드로의 모범을 따른 순교자들과 성자들이다. 음행(142행)'은 교황이 속사(俗事)에 골몰하는 행위이다.

교훈과 소감

1) Venus(금성)에 얽힌 신화가 에로스의 속성을 재미있게 설명해 준다. 쿠니차 부인, 마르세이유의 폴코는 단테 시대의 사람들이다. 700여년 전에 이미 자유 연애삼매(戀愛三昧)를 경험하다니 놀랍다. 만년(晚年)에 그들은 연애지상주의(戀愛至上主義)를 청산했다. 하나님의 사랑을 체험했다. 애욕의 종착역 까지 가서야 그것이 허상임을 깨달았다. '누가 사랑을 아름답다고 했던가? 고운 것도 거짓되고 아름다운 것도 헛되나(잠언 31:30)'. 왜 인간은 상대적인 가치를 절대시하여 재앙을 자초하는가? 연애는 하나님께로 가는 징검다리 아닐까?

2) 제9곡에 나오는 지명, 인명은 이탈리아인에게 지리산 계곡과 주변 마을을 소개함 같이 생소하고 어려웠다. 궬피당과 기벨린당의 피비린내 나는 싸움을 단테는 왜 이토록 구체적으로 썼을까? 나는 여기서 인간의 죄성을 깊이 읽는다. 아주 구체적인 문제가 인류의 보편적인 문제이다.

3) 타락한 교황과 추기경들, 단테 시대 성지 예루살렘을 둘러싼 이슬람과 기독교의 주도권 싸움이 치열했던 단면을 본다. 단테는 지옥편에서 마호멧을 지옥에 처넣었다. 교황 보파시우스 8세는 금화에 탐닉한 나머지 성지가 이교도에게 짓밟히는데도 방치해 두었다고 썼다. 성직자의 부패를 엿보는 대목이나 이슬람 세계에 대한 적대감정이 오랜 역사적 사건에 뿌리를 두고 있음을 본다. 단테 역시 시대의 아들임을 본다. 두 종교의 차이를 인정해야한다. 이슬람 원리주의의 기독교에 대한 적개심을 키운 것은 기독교에도 책임이 있다는 것을 인식해야 한다. 정복주의 선교를 지양해야한다. 이슬람 과격 무장세력을 비호하는 것이 아니다. 종교전쟁이면에는 교리 절대주의가 깔려있다. 마태복음 28:19-20(

그러므로 너희는 가서 모든 민족을 제자로 삼아 아버지와 아들과 성령의 이름으로 세례를 베풀고, 내가 너희에게 분부한 모든 것을 가르쳐 지키게 하라 볼지어다 내가 세상 끝날까지 너희와 항상 함께 있으리라 하시니라) 은 예수님의 지상명령이다. 이 구절을 어떻게 해석해야 할까? 가서 제자 삼으라는 말씀을 어떻게 이해해야할까? 우리의 과제이다.

제10곡 제4 태양천(太陽天:The Heaven of the Sun)
성. 토마스 아퀴나스(St. Thomas of Aquinas)

개요

- 창조의 경이를 찬양함(1-27)
- 태양천에 오른 소감(28-51)
- 단테 베아트리체를 둘러싼 화환(52-81)
- 나는 토마스 아퀴나스이로다(82-138)
- 영광의 바퀴에 대한 묘사(139-148)

줄거리

제10곡에서 14곡 81행 까지는 제4 태양천에서 일어난 이야기들이다. 여기는 철학자, 신학자들의 넋이 살고 있다. 창조주를 반영하는 우주의 질서를 찬양하면서 그 구조와 작용의 정확성에 놀란다(1~27행). 단테는 베아트리체의 도움을 받아 태양천에 오른다. 순례자는 태양천에 올라와서 비로소 자신이 거기 있는 것을 알게 된다. 태양천의 영혼들이 말로 표현할 수 없을 만큼 찬란하다. 언제나 하나님은 삼위일체의 신비를 드러내 보이고 계신다(52~60행). 학자의 넋들이 베아트리체와 단테를 화환(花環)처럼 에워싼다. 12광채의 원을 형성하여 단테와 베아트리체 주위를 3번이나 회전한다. 그들의 빛은 태양의 빛과 구별이 된다. 기쁨 중에 노래를 부르며 춤을 춘다. 지상의 말로 표현할 수 없는 노래와 춤을 춘다(64-8행).토마스 아퀴나스가 단테와 베아트리체에게 나타나 12명의 동료들(Theologians and Fathers of the Church)을 소개하고 단테의 의문을 풀어준다(82-138행). 마지막으로 시지에리(Sigier)의 소개가 끝나자 환희에 넘친 맑은 음성이 교회의 시계탑의 종처럼 울려 퍼진다.

[그림 10-1아퀴나스가 소개한 11명의 신학자와 사상가]

해설

1. 창조의 경이를 찬양함(1-27행)

10곡은 장엄한 우주론적 서막으로 시작한다. 말하자면 천국편의 새로운 장의 도래를 나타낸다. 첫 3개의 하늘에서 약간의 측면의 넋들이 등장하였다. 월천, 수성천 그리고 금성천 까지 지구의 어두운 그림자가 영향을 미쳤다. 월천에서 수도서원을 파기한 혼들이 나타났고, 수성천에서는 지상적 지나친 애착을 지녔던 혼들이 살고 있었고, 금성 천에서는 애욕의 혼들이 보였다.

이제 태양천 이후부터는 적극적 영향을 받은 혼들만을 만날 것이다. 창조주의 무한 지혜를 찬양하는 우주론적 태양천에서는 신학자들과 여타의 위대한 사상가들을 소개받을 것 이다. 태양천에서는 혼들이 단테와 베아트리체를 가운데 두고 신성과 완전을 상징하는 원을 형성할 것이다.

1-6행은 3위1체 신의 내부적 질서와 그 하나님의 지으신 우주에 나타나 있는 외부적 질서와의 관계를 아주 아름답게 간결하게 표현하고 있다. 하나님은 창조주, 아들은 지혜 즉 하나님의 말씀이고, 아버지와 아들이 함께 영원히 성령 사랑의 제3 본질을 숨을 내쉼 같이 낳는다. '드높은 바퀴(7행)'는 제천(諸天)을 가리킨다. 7-27행, 창조주는 한번 창조하신 세계를 돌보신다(10행). '배속한 고리(circle that the planets ride, 13행)는 황도(黃道, ecliptic)이다. 백양궁에 있는 태양이 춘분에는 황도와 적도가 맞부딪는 점에 있다(10행). '저 어른님(11행)'은 하나님이시다. 16-18행, 황도나 적도가 같았다면 계절의 구별이 없었을 것이다. 19-21행, 경사의 도가 적정거리를 유지하지 않았다면 우주질서는 이지러졌을 것이다. 22-24행, 단테는 식탁의 은유를 사용한다. 그와 함께 있는 사람은 그가 말한 것을 깊이 이해할 수 있을 것이라면서 독자들을 격려한다. 창조의 완전함에 대한 찬양이다.

2. 태양 천에 오른 소감(28-51행)

28-33행은 태양의 운동을 말한다. 적도와 황도가 교차하는 점에서 태양이 나선형으로 돌아간다. 태양은 대자연(大自然)의 심부름꾼. 그것은 나선형(螺旋形)으로 빙빙 돌아간다. 태양천에 올라와 있으면서도 올라온 줄을 알지 못하였음. 37-42행 초고속으로 날아오르는 베아트리체 묘사. 43-51행 태양천

묘사, 말로 표현 할 수 없으니 믿고 볼지어다. 삼위일체(三位一體) 하나님의 신비(神秘). '낳으시고 부르심을 보이시면서(50행)-하나님이 성자를 낳으셨다. 성령은 성부와 성자로 부터 나왔다. 이를 필리오케라 부른다. 성삼위의 현의(玄義)를 이렇게 표현했다.

3. 저 광채들의 노래(52-81행)

[그림 10-2 St. Thomas introduces Dante to other souls in the Heaven of the Sun]

52-63행, 베아트리체를 잊어버릴 정도로 하나님께 몰입. 얼마나 대단한 몰입삼매의 경지인가! 삶에 지친 현대인들에게 슬로라이프(slow life)는 대단히 중요하다. 몰입으로 가는 첫단계가 "천천히" 이다. 단테에게 추방 유랑의 삶이 있었기에 이 같은 깊은 명상의 글이 가능했다. 베아트리체가 하나님께 감사하라 하심. 64-81행 태양빛과 다른 광채(넋들)가 단테와 베아트리체를 가운데 두고 화환(花環)을 이룸.

4. 나는 토마스 아퀴나스(82-138행)

82-90행 그 중 하나가 소리를 냄. 91-138행 토마스 아퀴나스가 화환(花環)처럼 둘러선 12명의 넋을 소개한다. 알베르토(1193-1280,퀼른에서 사망,

아퀴나스의 스승), 아리스토텔레스의 저작을 주석하고 알린 첫 사람이다. 신곡은 토마스 아퀴나스(1226-11274)의 신학을 거의 시화(詩化)한 것이다.

가장 위대한 중세신학자이다. 그라치아(Gratian, 11세기 말에 출생), 베네딕토 수사, 교회법과 세속법을 조화시킨 공적이 있다. 피에트로(1100~1160),교부들의 어록모음집(Sentences), 파리의 주교. 가난한 여인(누가복음 21:1~4, 과부의 렙돈)처럼 헌금으로 유명함. 다섯째 빛(109행)은 이스라엘 왕 솔로몬. 여섯 번째 촛불의 광명(115행)은 디오니시우스로서 바울의 제자(행17:34)이다. 단테는 그의 천사론(천28:130-139)을 천국편에서 많이 도입했다. 일곱 번째 변론가 (118-1199행)는 이름이 없으나 5세기 스페인의 사제 파울루스 오로시우스로 본다. 단테도 그의 책에서 빚진 바가 있다(천10:118-20).

어거스틴의 '대이교도 논박(對異教徒 論駁)'에 도움을 주었다. 여덟째 빛(123행)인 보에티우스(470-525년경)는 로마 말기의 정치가요 종교가이다. 정직이 화근이 되어 죽었다(125-6행). 옥중에서 쓴 '철학의 위로'는 단테에게 힘이 되었다. 치엘다우로(128행)는 성 베드로 성당이다. 아홉 번째는 이시도로(560-636)스페인의 세비야의 주교이다. 그는 방대한 백과사전을 남겼다. 열 번째의 빛 비드(674~735)는 일생 저술에 몸을 바쳤다. '영국교회사'를 남겼다. 열한 번째 리카르도(1173년 생)이며 12세기의 대 명상가로 신비 신학자이며 1162년부터 파리에 가까운 성 빅토르 수도원의 원장이다. 12번째의 빛인 시지에리 (?1226~?1284)는 1284년에 사망, 파리대학의 철학교수, 지상에서는 이단시 되었으나 천국에서는 아퀴나스와 나란히 있다. 짚가리(street of straw)는 대학 발상지의 이름이다. '미움을 산 진리(138행)는 아베로이즘(Averroism)을 따라 개체의 불멸을 부인한 것을 가리킨다. 단테는 일생 동안 학문연구에 바친 혼들을 존경했던 것을 알 수 있다.

5. 영광의 바퀴에 대한 묘사(139-148행)

10곡의 종결 부분은 신곡 100곡 중 영적으로 가장 에로틱한 묘사이다(Mark Musa,p132). 단테와 베아트리체를 에워 싼 영광의 바퀴(12명의 빛나는 혼들을 포함하여,145행)를 교회탑의 종이 소리를 낼 때(ting! ting!), 신부(교회)가 신랑인 그리스도를 찬양하는 것으로 비유했다. 혼들의 원이 만든 움직임은 시계의 다 기능에 비교되었다.

성 토마스 아퀴나스에 대하여

토마스 아퀴나스(Thomas of Aquinum, 1225-1274)는 가장 유명한 가톨릭 신학자로 귀족가문에서 태어나 베네딕트회 소속 학교에서 교육을 받은 후 도미니칸 수도회에 들어가서 알베르투스 마그누스(Albertus Magnus)밑에서 공부를 했다. 나폴리대학에서 6년간 수학을 했다. 그 후 그는 쾰른, 파리, 로마 그리고 볼로냐 등지에서 가르치고 마지막으로 나폴리대학으로 돌아와서 교수직에 봉사했다. 그의 유명한 저서로는 신학대전(神學大典, Summa Theologica)이다. 아리스토텔레스 철학의 관점에서 쓴 교회 교의(教義)의 주해(註解)서이다. 그는 또한 대이교도대전(對異教徒大典)의 저자이기도 하다. 그것은 불신앙을 논파(論破)하기 위한 기독교 신앙의 강요(綱要)이다. 기독교 신학에 대한 그의 주요 공헌은 아리스토텔레스의 철학과 기독교의 종합(綜合, Synthesis)함에 있다. 1274년에 교황 그레고리 10세의 부름을 받고 리용(Lyons) 회의에 참석하러갔다. 그의 목적은 그리스 교회와 라틴(서방)교회를 합치는 것이었다. 도중에 병이 들어 1274년 3월17일에 포사노바(Fossanova)의 시토(Cistercian)수도회에서 죽었다. 그의 사후 50년이 지나 1323년에 교황 요한22세는 그를 시성(諡聖, Saint)으로 추서했다.

소감과 교훈

태양은 하나님 자체의 지적 비침의 상징이다. 제10곡은 신곡에서 새로운 차원을 여는 곡이다. 그래서 1~27행은 삼위일체 신의 현의(玄義)를 노래했다. 12광채의 원은 12명의 현자, 철학자 그리고 신학자들이다. 단테와 베아트리체를 중심에 두고 빙글 빙글 돌면서 노래와 춤을 추었다. 단테는 천국에서 너무나 큰 대우를 받았다. 단테가 얼마나 호학(好學)의 사람인가를 우리에게 보여주고 있다. 일생동안 진리를 캐내기 위해서 책과 사색에 파묻힌 학자들은 중세를 밝힌 태양과 같은 존재들 이었다. 12광채의 원이 만드는 노래를 신부가 신랑의 사랑을 청하여 아침 노래를 부르러 일어날 시각에 비유했다. 마크 무사(Mark Musa)는 이 부분이 신곡 100곡 중에 가장 에로틱한 영적 표현이라고 했다.

인물 해설

알베르투스 마그누스(Albertus Magnus:1193-1280)

아리스토텔레스를 연구하는 학자로서 중세 스콜라철학의 창건자로 교회사에서 롬바르두스와 아퀴나스를 연결하는 당대의 철학자요, 자연과학자요 신학자, 연금술사이기도 했다. 도미니크 수도회에 가입하여 수도사로 서품되고 대학에서 신학을 가르쳤는데 카톨릭 신학의 최고봉인 신학대전을 저술한 토마스 아퀴나스가 그의 제자이다. 홀란드의 백작 윌리암 2세를 어느 추운 겨울날 만찬에 초대하여 암자의 야외에서 꽃피는 봄날처럼 만찬을 즐기게 했다. 만찬이 끝난 즉시 날씨는 한겨울로 돌아가게 했다는 일화가 있다. 자연과학을 연구하는 이들의 수호성인으로 또 성인으로 시성되었다.

페투루스 롬바르두스(Petrus Lombardus:1095-1160)

롬바르두스는 1095/1100년 경에 이태리의 롬바르디에 있는 노바라(Novara)에서 태어나 볼로냐에서 수학했다. 클레르보의 버나드(Bernard of Clairvaux)의 추천으로 프랑스의 라임(Rheims)과 성 빅토르(St-Victor)에서 공부하였으며 후에 파리에 있는 관구학교인 노틀담 대학에서 신학을 가르쳤다. 그의 대표작으로는 첫째, 시편과 바울서신 주해 둘째, 알레고리적이며 정교한 설교들. 셋째, 그의 유명한 조직신학이라 할 수 있는 '명제집'(Quatuor libri Sententiarum)이 있다. 그의 '명제집'의 명성은 토마스 아퀴나스의 '신학대전'에 가리워진 감이 있음에도 불구하고 16세기 종교개혁에 이르기까지 유럽의 대학에서 신학의 기본적인 교과서로 사용되어짐으로서 중요한 역할을 하였다.

제11곡 제4 태양천(太陽天, The Heaven of the Sun)
성.토마스 아퀴나스가 성.프란시스를 찬양함

개요

- 천국에서 세상사의 허망을 노래함(1-18)
- 성.토마스가 두 성인을 말하기 시작함(19-42)
- 프란시스의 생애를 말함(43-117)
  - 청빈과 결혼한 프란시스(43-75)
  - 수도원 설립을 교황으로 부터 승인받음(76-99)
  - 그리스도로 부터 오상(五傷)을 받음(100-117)
- 〈도미니코회〉의 타락을 개탄함(118-139)
- 소감 및 교훈

[그림 11-1 성.프란시스를 찬양하는 토마스 아퀴나스]

줄거리

제4 태양천의 계속이다, 여기는 신학자, 철학자들의 혼이 살고 있다. 천국의 진리를 찾는 현자들 가운데서 단테는 미망에 묻혀있는 중생들을 권면할 기회를 얻는다(1-9행). 한편 그는 천국에서 힘들이지 않고 베아트리체와 함께 지복자(至福者)들이 있는 곳에 오른다. 지혜의 넋들은 둘러서서 노래와 춤을 그친다. 성.토마스가 순례자(단테)의 두 가지 의문에 대하여 우선 첫 번째 물음에 대하여 답변을 한다. 제 10곡에서 토마스는 도미니코의 양떼들에 대하여 언급했다. 거기서(10곡 96행) 그는 '저들이 빗나가지 않는다면 좋이 살찌리라(all may fatten if they do not astray)'고 했고, 솔로몬의'진리가 진실이라면 그 어떤 버금가는 것도 이렇듯 한 지견(知見)에 도달하지 못하였느니라.'(there never arose a second with such vision, 10곡112-114행)는 말을 했다. 두 왕자가 세상에 태어났다고 단테에게 설명한다. 사랑의 상징인 프란시스와 지혜의 상징인 도미니코가 그들이다. 천국의 은사와 일치의 조화를 보여주기 위해 먼저 성 토마스는 성. 프란시스(1158-1226)의 출생지(43-54행), 청빈과의 결혼(55-75행), 수도회 창설경위와 승인(76-99행), 이집트의 술탄에게 복음을 전하러 갔던 일(100-105행). 그리고 말년에는 그리스도의 다섯 상처의 표식을 몸에 지니고 다녔다(100-117행).토마스는 상대 수도회의 창설자를 칭찬한 뒤 자신이 속한 당시의 도미니코 수도사들의 타락과 부패를 개탄한다(118-132행). 11곡의 종결(133-139행)부분이다.

해설

1. 천국에서 세상사의 허망을 노래함(1-18행)

단테는 하나님 이외의 인생들의 추구 하는바 온갖 일들을'무분별한 허사(1행)'라고 했다. 첫 3연(聯, tercets)과 4번째(10-12행)는 아주 대조적이다. 전자는 지상의 육욕을 추구함에 대하여 후자는 천상의 것을 기술하고 있다. '법률'(4행) 은 세상법과 교회법을, '격언은 의성(醫聖) 히포크라테스의 선서를 가리킨다. 단테의 철학적 저서'향연(3:11)'에서 '이익 때문에 예지(叡智)의 벗이 되는 자는 진정한 철학자 일컬을 수 없다. 이를테면 법률가나 의사나 종교인들로서 이들은 돈과 지위를 얻고자 할 뿐 참된 지식을 위하여 학문하지 않는다고 했다(1-9행).'단테는 정치적 실각과 추방생활에서 자신을 깊이 되돌아보고 전도서의 솔로몬처럼 권면한다. 단테의 경우 세상에서의 추락이 하늘나라에 오르는 계기가 되었다(10-12행). 12명의 위대한 혼들이 제 자리로 옮아간 다음, 그들은 촛대위의 초와 같이 서있는데(13-15행), 10곡에서 말하던 혼, 즉 성.토마스 아퀴나스의 소리를 다시 듣는다(16-18행).

2. 성. 토마스가 두 성인을 말하기 시작함(19-42행)

19-27행, 아퀴나스가 단테의 마음의 의혹을 읽어내고 답변해 주겠다고 한다. 단테의 의혹은 두 가지이다. 하나는 10곡 94-96의 '거기 길을 잃지 않는 한 좋이 살찌느니라(where all may fatten if they do not astray)라는 말이 무엇을 뜻하는가 라는 질문이고, 두 번째는 10곡 112-114행의 풀어쓰기(paraphrase)인데 하나님이 솔로몬 전에도 후에도 그만한 지혜를 받은 자가 없다(왕상3:12)는 말의 뜻이 무엇일까? 이다. 11곡에서는 첫 번 물음만 답하고 두 번째는 13곡에서 다룰 것이다. 섭리는 두 왕자를 임명했다. 프란체스코와 도미니코가 그들이다. 그의 신부인 교회를 돕기 위하여 두 성인을 보냈다. 전자는 사랑에 불타는 세라피니(seraphic) 이었고, 후자는 지성에 빛나는 케루비니(cherubinic) 이었다. 케루비니는 제2위의 천사이나 가장 지혜로웠다. 둘 중의 한 분을 말하면 두 분을 말하는 것이다. 도미니코 수도회원인 토마스 아퀴나스는 프란체스코를 칭찬하고, 프란체스코인 보나벤트라는 도미니코를 찬양했다(34-40행). '같은 목적(40-42행)'은 두 수도원 설립자가 하나는 사랑을, 하나는 예지를 강조했으나 교회를 섬기는 것은 같다는 뜻이다.

3. 프란시스(1158-1226)의 생애를 찬양함(43-117행)

1) 프란시스의 출생지 설명(43-74행) 아씨시의 지리묘사이다. 구비도(Gubbido)지역의 주교가 되기 전에 우발도 성인(1084-1160)은 투피노와 다른 강 사이의 언덕에 은자(隱者)로 살았다. 갠지스(50행)는 단테 시대에

해가 뜨는 가장 먼 동쪽으로 생각되었다. '고향 아세시(Ascesi,53행)'는 오름을 뜻하고, 오리엔트(Oriente)는 해 뜨는 동녘을 의미하니 아씨시를 차라리 오리엔트로 부르라 한다. 프란체스코는 세상에 떠오른 해님 이었다. 1182년 양모(羊毛) 상인의 아들로 태어났다. 젊은이로서 한때 그는 쾌락을 추구했으나 일련의 고난(중병)을 두 번이나 치렀다. 고난을 겪은 후 삶의 방식을 바꾸었다. 그는 세속적인 삶을 버리고 청빈에 그 자신을 던졌다. 청빈을 자신의 신부라고 불렀다. 수련후 그리스도께서 제자들에게 한 말씀에 감동을 받고(마태복음 10:9-10), 신발 허리띠 그리고 지팡이를 버리고 브라운 색의 통옷을 입었다. 이것이 후일 그의 수도회(修道會)를 나타내는 표식이 되었다. 1219년에 술탄에게 복음을 전하러 이집트에 갔으나 성공치 못했다. 4년 후 교황(敎皇) 호노리우스 3세로부터 수도원 설립의 인가를 받았다. 1224년에는 손, 발, 옆구리에 그리스도의 5상처를 받았다. 그것은 그리스도께서 십자가상에서 받은 상처와 같은 것이었다. 2년의 고통 후에 1226년 10월4일 아씨시(Assisi) 가까운 곳에서 소천 했다. 1228년 교황 그레고리 9세로부터 성자의 칭호를 받았다.

2) 청빈과 결혼한 프란시스(43-75행). 24세(1182) 때 프란시스는 불교용어로 말하면 출가를 한다(55-57). 쾌락의 문은 가난을 향하여 문을 열어주지 않는다. 1207년 봄 아버지의 포목과 말들을 팔아서 교회당 개축을 위하여 바쳤다. 분노한 아버지가 그를 데리고 주교 앞에서 재판(61행)을 했다. 프란시스는 옷을 벗어주며 하늘에 계신 분이 나의 아버지라 선언했고 가난이란 아씨와 결혼한다고 했다(62행). '첫 지아비(64행)는 그리스도이다. 그리스도도 청빈이란 여인과 결혼했다. 십자가 상에서 그리스도를 여인 청빈(淸貧)은 프란시스(12세기 말-13세기)때 까지 신랑 없이 버림을 당했다.'무서움을 주던 그이(67행)' 는 카이사르(Caesar)이다. 아미클라스는 가난한 어부 인데 카이사르가 폼페이우스와 싸울 때

아드리아 바다를 건너고자 어느 날 밤 어부의 가난한 오두막엘 들어왔으나 그는 태연자약했다. 청빈은 통치자도 두려워하지 않았다. 그리스도께서 십자가상에 달려 죽는 자리에 까지 가난은 그와 함께했다. 십자가도 두려워하지 않았다. 마리아도 십자가 아래 있었는데....

3) 수도원 설립을 승인받음(76-99행). 사람들이 프란시스와 그 형제들의 청빈생활을 보고 경탄을 금치 못했다. 그의 제자들은 맨발로 스승의 뒤를 따랐다. 제자들은 신부인 청빈을 기쁘게 했다. 그 뒤 프란시스는 교황으로부터 수도원의 인준을 얻으려 제자들과 함께 로마로 갔다(1209). 인노센트 3세로부터 첫 수결(seal)을 받았다(1209-1210). '가난뱅이 무리(96행)'는 프란체스코의 제자들이다, '수도원장(97행)'은 프란체스코 이다. 그 후 1223년에 교황 호노리우스 3세로부터 공식적으로 재인가를 얻는다.

4) 그리스도로부터 오상(五傷)을 받음(100-117행). 프란시스는 몇몇 제자를 거느리고 제오차(1219) 십자군을 따라 이집트의 이슬람 군주(술탄) 앞에서 순교를 각오하고 복음을 전했으나 시간 낭비인줄 깨닫고 익은 영혼들을 거두러 이탈리아로 돌아왔다(He returned to reap a crop in the Italian fields,105행). 그 후 그는 테베레와 아르노 강 사이의 알베르니아 산 위에서 금식하는 동안 그리스도의 5상처(양손,양팔,옆구리)를 그로부터 받는다. 그는 1226년 죽을 때 까지 그 아픔을 몸에 지닌다. 임종(109-104행)에 임하여 청빈을 제자들에게 유산으로 남기고, 벗은 시신 그대로, 관에 넣지 말고 장례치를 것을 부탁했다.

4. 도미니코회의 타락을 개탄함(118-139행)

프란시스의 일생을 찬양한 뒤 성.토마스는 도미니코 수도회의 현재 상태를 개탄한다.'성.베드로의 배(118행)'는 교회이다. '훌륭하신 동료'는 성.도미니코이다. 성조(聖祖)'는 도미니코 수도회의 창시자이다. 창시자는 훌륭했으나 그의 후계자들은 명예와 재물을 탐하게 되어 사회적으로 높은 지위 (사방 군데- 숲,125행)를 찾아 흩어지게 되었다. 그의 제자들이 수도회 설립자의 정신으로부터 멀어질수록 양들에게 베풀 영적 양식은 고갈되어갔다. 이 위험을 알고 소수의 무리가 설립자의 정신을 따랐다. 그 수가 아주 적기 때문에 수도복을 만드는 데에 약간의 천으로도 충분했다. 내 말이 바로 전해졌다면, 그대의 첫 번째 의문은 풀렸을 것이다. '나무(137행)'는 도미니코 수도회를 가리킨다. '갈라져 나오는지'는 교단의 부패를 뜻한다. '첨삭(139행)'은 도려낸다(chipped) 는 뜻이다.

수도회는 변질되었으니 앞서 한 말의 뜻을 네가 알라라고 말한다.

소감 및 교훈

성.토마스가 단테에게 들려준 프란시스의 생애 이야기는 단테자신의 이야기이다. 단테는 정치적 실각, 연애의 실패, 피렌체로 부터의 추방을 통하여, 정신적으로 육신적으로 철저히 청빈을 경험하였다. 당시 교황과 성직자들의 부패의 원인은 재물에 탐닉(耽溺)했기 때문이다. 교회가 살찌면 양들은 배고프기 마련이다. 바울도 '돈을 사랑함이 일만 악의 뿌리'라고 말했다. 예수님도 '가난한 자가 복이 있다' 고 말씀하셨다. 물질의 축복이 기독교인들의 머리속에 너무 많은 비중을 차지하고 있다. 물질의 부(富)가 곧 축복(祝福)이라면 가난은 하나님의 저주란 말인가? 공산주의라면 기염을 토하며 반대하나 자본주의 및 시장경제는 너무나 당연시 한다. 자본주의는 과연 인류가 도달한 이상적 경제체제인가? 현세의 복음인가? 일본의 CEO들 중엔 20평 남짓한 집에 사는 분들도 있다고 들었다. 이런 때에 프란체스코의 청빈사상(清貧思想)과 청빈의 삶에서 신선한 충격을 받는다.

평화의 기도

성.프란시스

오, 주여!
저를 당신의 도구로 써 주소서,
미움이 있는 곳에 사랑을,
다툼이 있는 곳에 용서를,
분열이 있는 곳에 일치를,
의혹이 있는 곳에 신앙을,
그릇됨이 있는 곳에 진리를,
절망이 있는 곳에 희망을,
어두움에 빛을,
슬픔이 있는 곳에 기쁨을 가져오는 자 되게 하소서.

위로받기보다는 위로하고,
이해받기보다는 이해하며,
사랑받기보다는 사랑하게 하여주소서.
우리는 줌으로써 받고,
용서함으로써 용서받으며,
자기를 버리고 죽음으로써 영생을 얻기 때문입니다.

[그림 11-2 St. Francis Statue]

제12곡 제4 태양천(太陽天: The Heaven of the Sun)
성 보나벤투라가 성 도미니쿠스를 찬양함

개요

- 두겹의 장미화환(1-27)
- 보나벤투라의 등장(28-45)
- 도미니쿠스의 출생지(46-72)
- 도미니쿠스의 업적(73-126)
  - 그리스도의 참된 종(73-96)
  - 도미니쿠스와 이단의 싸움(97-111)
  - 프란시스회의 분열을 개탄함(112-129)
- 둘째원의 혼들을 소개함(130-145)
- 소감과 교훈

[그림 12-1 내원(도미니코)은지성(에토스), 외원(프란시스)은감성(사랑)]

줄거리

아직도 제4 태양 천이다. 첫째 원을 에워싸고 둘째원이 돌기 시작한다. 아퀴나스가 강론을 마치자(11곡), 화환같은 넋들이 돈다. 12넋으로 구성된 화환(花環)이 첫 바퀴를 둘러싼다. 두 번째 바퀴의 대변자는 프란시스회 소속의 보나벤투라(St.Bonaventura:1221-1274)이다. 전곡(前曲)에서 하늘의 조화와 균형 속에서 도미니쿠스회 성.토마스 아퀴나스는 성.프란시스(St.Francis)의 삶과 업적을 찬양했다. 12곡에서는 이에 대한 화답으로 프란체스코회 소속의 성.보나벤투라(St.Bonaventura)가 도미니쿠스의 생애와 업적을 찬양한 뒤, 프란시스 수도원(St.Francis 修道院)이 회칙을 잘못 해석하고 두 쪽으로 분열되었고, 부패한 것을 탄식한다. 이어서 그는 둘째 원의 멤버들을 단테에게 소개(紹介)한다.

해설

1. 두 겹의 장미 화환(1-27행)

[그림 12-2 The souls dance around each other in two circles, moving in opposite directions]

12곡의 서막이다. 빛으로 구성된 두 원(20행)의 하나(안의 것)가 밖의 것에 울림(echo)과 반사를 하고, 양원의 완전한 조화 속에서 움직인다. 신학적(神學的)으로 원들의 배열(配列)이 중요하다. 바깥 원의 원천(源泉)이 되는 속의 원은 주로 도미니코회원들로 구성되어있다. 그들은 사랑의 실천보다 학문을 강조했다.성. 토마스 아퀴나스의 신학에 의하면 이해(理解:understanding)는 사랑의 행위(the act of love)에 선행(先行)한다고 했다. 단테 역시 학문탐구자는 사랑하는 자들의 근원이 된다고 보았다. 이 두 서클 사이의 반사와 조화는 두 리더인 프란시스와 도미니크의 활동 속에 반복 된다. '축복받은 불꽃(1행)'은 토마스 아퀴나스의 혼이다. '거룩한 맷돌(3행)'은 성스런 영혼들의 원이다. '두 번째 원이 그 원을 감싸서(박상진역,4행)'-첫째 원은 도미니쿠스의 원이고 둘째 원은 프란체스코의 원이다. 헤라(Juno라고도 읽음)는 제우스(Jupiter)의 아내이다. 시녀는 무지개 여신 이리스(Iris)이자 신들의 전령(messenger)이다. '사랑 때문에 죽어간 저 뜨내기 계집(14-15행)'은 〈변신〉에서 따온 이야기로 보인다. 님프(精靈) 에코(Echo)가 제우스의 연애행각을 돕다가 헤라의 분노를 사서 말의 마지막 음절을 반복하는 외에 말하는 기능을 박탈당했다. 나르키소스가 그녀의 사랑을 돌이키지 못하자 소리만 남긴 채 사라졌다. 나르키소스를 사랑했지만 응답을 받지 못하고, 목소리만 남긴 에코의 이야기이다. 16-18행의 무지개는 창세기(9:8-17)에서의 인용이다. 단테는 이교의 신화와 성경에서 예를 들곤 했다. 안팎의 화환들이 화답하며 돌더니 한 순간에 그쳤다(22-27행). 신학을 제대로 해야 사랑의 실천을 바로 할 수 있다.

2. 보나벤투라의 등장(28-45행)

'그가 시작하되(31행)'-그는 보나벤투라(1221-1274)이다. '내 길잡이(32행)'는 프란체스코이다. '그 분'은 도미니코 이다. 11곡에서 프란체스코를 말씀했으니 여기선 도미니쿠스의 생애와 업적을 말하는 것이 당연하다. 아담의 죄에 대하여 비싼 값을 치른 그리스도의 제자들이 십자가(기치,38행)의 길을 제대로 따르지 못할 때, 하나님(임금님,40행)이 제자들을 은혜로 돌보아 주셨고, 그리스도는 (천국11곡34-36행) 프란체스코와 도미니코 같은 두 용장을 보내시어 흩어진 교회(신부,44행)를 도우셨고, 모으셨다.

3. 도미니쿠스의 출생지(46-72행)

46-57행은 도미니쿠스의 출생지에 대한 묘사이다. '제피로(48행)'는 서풍이다. '싱싱한 잎새들'-유럽의 봄을 묘사하는 말이다. '저기 저쪽'은 스페인이다. 사자와 탑이 쌍을 이루어 아래 위로 나뉘어 새겨져 있다. 위의 사자상이 탑을 지배하고, 아래 사자상이 지배를 받는 거기 칼라로가라는 작은 마을에서 도미니쿠스가 태어났다. 도미니쿠스(Dominicus,170-1120)는 스페인의 귀족가문에서 태어났다. 도미니우스는 라틴어로 하나님(주님)이고 도미니쿠스는 하나님의 소유격이다. 이렇게 성인의 이름은 주님의 것이라는 뜻이 있다. 14세에 팔렌시아(Palencia)대학에서 신학을 공부하기 시작했다. 후일 그는 외교사절의 임무도 수행(遂行)하였고, 알비 이단(Albigensia)과 투쟁하였다. 1215년에 호노리우스 3세로부터 도미니코 수도회 인가를 받았다. 1219년 수도회의 본부를 볼로냐로 옮겼다. 1221년 거기서 죽다. 1234년 그레고리 9세가 그를 시호(諡號)했다. 프란체스코가 청빈과 결혼함(11:61-63행) 도미니쿠스는 신앙과 결혼했다. 세례를 통하여 얻은 신앙은 그를 원죄에서 자유롭게 했고(가톨릭) 그 후 그는 이단으로부터 신앙을 변호했다(61-63행). 유아(도미니쿠스)를 대신하여 신앙을 고백한 모친(代母)은 꿈에 그와 그의 믿음의 후손들이 맺을 열매를 보았다(64-66행). 그의 이름은 도미니우스(주격)의 소유격(도미니쿠스)이다.

4. 도미니쿠스의 업적(73-129행)

1) 그리스도의 참된 종(73-96행).

가난에의 권유(마19:21)를 받아들였으며' 유아 때에 '이를 위하여 내가 왔노라(막1:38)는 듯이 어머니에게 보였다. 아버지 이름 펠릭스는 복되도다라는 뜻이고, 어머니 조반나는 하나님의 은혜라는 뜻이다. 오스티아(1271년사망)는 법령집의 주석가 였고, 당시 뛰어난 의사였던 타데오(1235-1295) 등과 같이 세상적 이익을 추구하지 않고 영원한 만나를 사랑했기에 짧은 시간에 큰 신학자와 교회를 지키는 자가 되었다. '자리(The See)'는 교황좌이다. 그리고 그는 성무(聖務)에서 부당한 이익을 얻으려 하지 않았다. 그는 부임하기 전에 비어있던 자리에 대한 급료나 십일조를 요구하지 않았다. 교황께 그가 요청한 것은 방황하는 세상에 대항하여, 지금 단테를 둘러싸고 있는 24명(두 원)의 신앙(씨앗)을 위하여 싸울 것을 요구하는 것이었다.

2) 도미니쿠스와 이단과의 싸움(97-111행).

1205-1214년에 도미니쿠스는 프로방스 툴루즈 지방에 일어났던 알비 이단에 대하여 급류처럼 싸웠다. 도미니쿠스의 개인 추종자들 혹은 그룹들이 많은 조직을 수도회 안에 세웠다.'수레의 바퀴'는 도미니코 교회이다. 다른 바퀴는 프란체스코 교회이다. 바퀴(chariot)는 두 말이 이끄는 두 바퀴달린 전차를 뜻했다.

3) 프란시스회의 분열을 개탄함(112-129행).

보나벤투라는 프란시스회 출신으로 자기네 수도회의 부패를 말한다. 프란체스코가 닦은 길은 도미니쿠스 회처럼 타락하였다. 뒤축이 밟은 자국을 발끝으로 밟을 만큼 질서가 뒤집혀졌다. 프란체스코회는 규율의 엄격 준수를 고집하는 영성파와 완화를 주장하는 수도파로 쪼개졌다. '가라지가 곳간에서 쫓겨났다(김운찬 역, 480쪽).' 영성파가 본회에서 분리되고 로마교회에서 쫓겨나기도 했다. 118행은 가라지 비유(마태복음 13:24-30)의 인용이다. '한 장 한 장'은 프란체스코 회칙이다. '나는 매양 그대로이다(122행)'-창시자의 정한 규율을 지키는 소수의 회원이 잇다는 뜻이다. '회칙에 충실한 자는 카살레(엄격파)나 아콰스파르타(완화파)에서 나오지 않았다(124-126행). 보나벤투라(St.Bonaventura:1221-1274)는 프란시스파 수도사로서 1255-1256년에는 수도원 총장직을 역임했으며 추기경 및 알바노의 주교가 되었다. 어렸을 때 중병(重病)으로 시달릴 때, 프란시스가 치유(治癒)해 주었다. 치유를 받고 소년은 '보나벤투라!'라고 외쳤다. 보나벤투라는 이탈리어로 '다행이군!'이라는 뜻이다. 어머니가 그 소리를 듣고 이름을 보나벤투라로 바꾸었다는 이야기가 있다. 보나벤투라가 쓴 '성 프란체스코의 전기'는 단테가 11곡에서 인용한 책이기도 하다. 그는 스콜라 철학계에서 플라톤의 지위를 가진다. 1274년에 리옹에서 죽었다. 그는 수도원장(1256)이 되었으며 세상일을 뒤로 미루었다.

5. 둘째 원의 혼들을 소개함(130-145행)

보나벤투라는 12명의 둘째 원을 구성하는 인물들을 소개한다. 그들의 대다수는 모두 프란체스코 회원들이다. 일루미나토는 귀족가문 출신으로 프란체스코와 함께 이집트에 동행(11곡100행)했고, 1280년에 죽었다. 아우구스틴은 아시씨 출신이며, 1216년에 캄파니아 수도원장이 되었다. 프란체스코 와 같은 날 같은 시각에 죽은 것으로 전해진다. 우고(1096-1141)는 수도원장, 피에트로 만자도레(1179사망)는 프랑스 신학자며 스콜라 학사를 썼다. 피에트로 이스파노는 천국에서 만난 단테 동시대의 유일한 교황이다. 나단은 다윗왕의 죄악을 꾸짖은 예언자이고, 크리소스톰(347-407), 4세기 콘스탄티노플 대주교, 설교자로 유명하다. 안셀무스(1033-1109)는 켄터베리 대주교이고, 도나투스는 4세기의 뛰어난 문법학자이다. 라바누스(776-856)는 아퀴나스의 제자였으며 후일 마안즈의 주교가 되었다. 보나벤투라의 옆에는 12번 째 조바키노(Joachim)가 있다(1130-1202).

그는 구약 성부시대, 신약 성자시대 그리고 평화와 완성의 성령시대를 처음으로 주창한 인물이다. 한 때 이단 처벌을 받았으나 단테는 그를 천국에 올려놓았다. 용장(144행)은 성. 도미니쿠스이다.

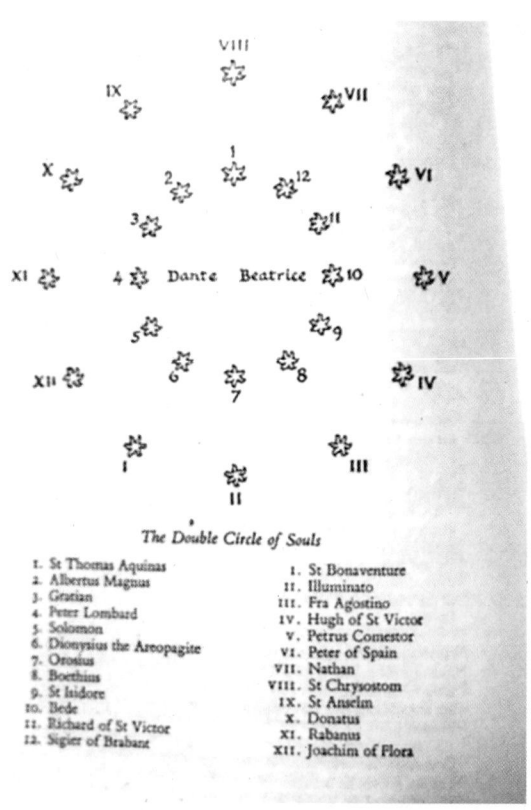

[그림 12-3 둘째 원의 혼들 자료

소감과 교훈

1) 창시자의 순수정신이 세월의 흐름에 따라 더러워지고 부패해짐을 본다. 가톨릭의 두 영성의 지도자가 세운 수도회가 설립정신에서 빗나간 모습을 보고 경각심을 얻는다. 그러므로 마치 흐르는 물처럼 끊임없는 자기반성과 중단 없는 정진이 필요하다. 이와 반대로 정체되어있으면 아무리 맑았던 물도, 고인물이 되고, 썩을 수밖에 없는 것처럼, 어떤 기관과 조직도 부패로부터 자유로울 수 없음을 배운다.

2) 12세기 가톨릭의 두 기둥이었던 도미니코 수도회와 프란체스코 수도회는 그리스도를 따름에는 일치했으나 두 수도회의 강조점은 달랐다. '지성'을 중시했던 도미니쿠스회와 '감성(感性;사랑)'을 중시했던 프란체스코의 관계가 주목을 끈다. 머리와 가슴은 상호 보완적이다. 단테는 12혼의 내원(도미니코회)이 외원(프란체스코회)을 반사하며, 외원은 거꾸로 화응(和應)한다고 했다. 이웃사랑과 이웃에 대한 사랑은 하되, 학문과 이론이 뚜렷해야 한다는 점에 공감한다. 이성 없는 사랑은 맹목, 맹신에 떨어질 수 있고, 사랑이 빠진 이성은 공허에 빠질 수 있다. 그러므로 신학공부를 무시하고 실천만을 강조하는 일부 목회자들에게 천국편 12곡은 시사하는 바가 크다고 하겠다. 이와 반대로 이웃사랑의 실천 없이 신학 교리만을 강조하는 편향된 경우도 마찬가지 일 것이다. 교수들, 연예인들, 심지어 종교계의 인사까지 졸업하지 않은 대학을 졸업했다고 해서 사회에 충격을 던지고 있다.

참고자료

교회사에 나오는 - 프란체스코 수도원 vs 도미니쿠스 수도원

프란체스코 수도회(작은 형제들의 수도회)의 창설자이며 '아시시의 성자'로 불리는 프란체스코(Francesco, 1181?~1226)는 아버지가 프랑스와 상거래를 하였고 어머니는 프랑스인이었기 때문에, 그의 고향인 이탈리아의 아시시에서는 그를 작은 프랑스인 즉, 프란체스코라고 불렀습니다. 그는 철저하고 자발적인 가난과 이를 통한 기쁨의 생활을 추구하였습니다. 프란체스코는 1209년에 뜻을 같이하는 11명의 동료들과 함께 〈삶의 방식, modus vivendi〉이라는 수도회칙을 정하고 교황 인노켄티우스 3세에게 허락을 받아 '작은 형제들의 수도회'를 설립하였습니다.

프란체스코 수도사들의 생활은 설교하고(preaching), 찬양하고(singing), 구걸하는(begging) 것이었습니다. 복음을 전파하고, 하나님께 찬양하고, 복음적인 가난의 삶을 사는 그들의 목표를 통해 프란체스코 수도회는 13세기 교회와 수도원 개혁운동에 동력을 제공하였습니다. 보나벤투라, 둔스 스코투스, 윌리엄 오캄 등이 프란체스코 수도회 출신들입니다.

도미니쿠스 수도회(설교자들의 수도회)를 창설한 스페인 출신의 도미니쿠스(Dominicus, 1170~1221)는 프란체스코와는 달리 학문의 탐구를 강조하였습니다. 학문을 통해서만 이단을 반박하고 정통신앙을 지킬 수 있다고 믿었기 때문입니다.

도미니쿠스회는 1216년 교황 호노리우스 3세의 정식 인가를 받은 뒤 급속히 유럽 전역으로 퍼졌으며, 프란체스코회와 더불어 중세교회와 수도원을 지탱하는 근간이 되었습니다. 이 수도회는 설교, 교훈, 교육, 신학탐구에 열중하여 많은 학자들을 배출하였는데, 토마스 아퀴나스, 알베르투스, 사보나롤라, 에크하르트, 타울러 등이 바로 그들입니다.

제13곡 제4 태양천(太陽天:The Heaven of the Sun)
토마스가 단테의 두번째 질문에 답함

개요

- 상상해보라(1-30)
- 피조물의 생성과정(31-111)
  아퀴나스 다시 입을 열다(31-36)
  단테의 질문을 파악함(37-51)
  직접창조와 간접창조(52-87)
  어찌 솔로몬을 견줄자가 없다했는가(88-111)
- 성급한 판단을 하지 말라(112-142)

[그림 13-1 삼위일체와 그리스도의 신인양성 찬양]

줄거리

태양천의 4번 째 곡이자 마지막이다. 사려와 분별의 덕을 강조 하고 있다. 두개의 원(내측과 외측 각12명의 혼)이 단테와 베아트리체 주변을 노래와 춤을 곁들여 서로 반대로 돌고 있다. 넋들의 장대함을 보여 주기위해 단테는 웅장한 성좌(星座)의 이미지로 서곡을 장식한다(1-24). 노래와 춤이 끝나자 다시 성. 토마스는 말하기 시작한다(33-36). 앞서 10곡 114행에서 토마스가 '그 어떤 버금가는 자도 이렇듯 지견(知見)에 도달하지 못하였느니라'고 말한 바 있다. 이것이 단테의 둘째 번 의문이었다. 토마스는 단테에게 그 의문을 풀어주었다.' 아담과 그리스도께 완전무결한 지혜를 주었고 필적할 자가 없다'해놓고 또

'솔로몬의 지혜를 필적할 자가 없다'고 말했으니. 단테가 혼란(混亂)에 빠진 것을 토마스는 이해 할 수 있다고 말했다. 토마스는 아담, 그리스도의 완전한 지혜와 솔로몬의 지혜가 양립할 수 있다고 말한다. 솔로몬에게 완전한 지혜를 주었다고 말했을 때의 뜻은 이러하다. 그것은 왕으로서의 다스리고 판단하는 지혜이다. 아담 그리스도의 지혜는 근본적이며, 일반적인 것이다. 토마스는 이 경우를 들어 단테에게 조급한 판단은 금물이라고 말한다(118행). 그는 몇 명의 고대 그리스 철학자들과 이단자들의 실례를 들면서 사려깊은 판단을 내려야 한다고 말한다. 아름다운 일련의 시적인 비유(130-142행)로 끝을 맺는다.

해설

1. 상상해보라(1-30행)

시인(단테)은 자기와 베아트리체를 중심으로 서로 반대되는 방향으로 회전하는 24혼들의 광채와 운행을 성좌(星座)에 비유하고 있다. 단테는 독자들에게 상상할 수 없는 장엄한 성좌의 운행을 3번이나 상상해보라고 권면하고 있다. 마크 무사는(p158)은 1,7,10행을 Imagine(명령형, 상상해보라)으로 시작하고 있다. 대웅성(the Great Bear)은 큰곰자리라 불리는 성좌로 7개의 별로 구성되어있는 북두칠성이다. '원동천이 돌아가는 축(axis)의 한 끝(북극성)에서 비로소 시작되는 뿔의 입 부분(bell-mouth,종모양의 입)을 상상해보라(10-12행)고 한다. '뿔이 입에 있는 작은 곰 자리의 두별이다. 미노스의 딸(14행)'은 북반구 하늘에서 늘 볼 수 있는 별인데 그 이름이 아리아드네이다. 그녀가 죽음의 한기를 느꼈을 때 화관으로 성좌를 만들었다. 아리아드네의 연인 테세우스에게 버림을 당했으나 주신(酒神) 바쿠스가 그녀를 아내로 삼았다.

사후 그녀의 화관을 하늘에 올려 성좌를 만들어 주었다고 한다. '그 하나의 빛살이 다른 것 안에 모이고(16-18행)'는 두 개의 별자리가 동심원을 이루도록 모인다는 뜻이다. 15개의 별과 북두칠성(대웅성)의 7개와 소웅성의 2개를 합하니 24개가 된다. 12개는 내측에 다른 12개는 외측에 있으므로 하나가 다른 하나에게 빛을 방사한다. '진실된 성좌(19-21행)'-앞에 언급된 24인의 신학자의 영이다. '지상의 풍습과 천국의 그 것(22-24행)'전혀 다른데 원동천의 속도가 토스카나의 느린 시내(키아나, Chiana)와는 비교가 되지 않을 정도로 빠르다.

2. 피조물의 생성과정(31-111행)

1) 아퀴나스 다시 입을 열다(31-36행).

토마스가 나타나 단테의 의혹을 풀어주겠다고 한다(25-36행). 하늘의 영들은 바쿠스(주신)나, 아폴로에 대한 찬미도 아니고, 삼위일체와 그리스도의 신인 양성을 찬양하는 것이다(25-27행). 노래와 춤이 끝나자 영들은 단테와 베아트리체에게 마음을 쓰며, 위로 하나님을 아래로 단테를 생각하면서 기뻐한다(28-30행). '하나님의 가난한 이'는 성 프란체스코이다. 그의 생애를 이야기하던 빛(아퀴나스)이 혼들 속에서 침묵을 깨고 이야기를 시작한다. '볏짚 하나(곡식단)를 타작하고(34행)'는 앞의 질문을 풀어주었다는 뜻이다. '또 하나'는 둘째 번 의문이다. 선사(禪師)들은 제자에게 의문 덩어리(疑團)를 던져주고 이것을 골똘히 생각하며 깨닫도록 촉구한다. 의문의 제기는 신앙과 학문의 발전을 촉진시킨다. 신곡의 구조는 문제 제기에 대한 스승들의 답변의 연속이다. 질문이 없는 제자나 주입식 가르침만 일삼는 스승은 모두 학문을 정체시킨다(37-45행). 그리스도의 가슴에 채워진 힘은 하나님께로서 왔다(46-48행). '다섯째 빛'은 솔로몬의 넋이다. 단테에게 지금 대답하는 말을 잘 들어라(49-51행)고 한다.

2) 단테의 질문을 파악함(37-51행).

토마스는 아담의 갈빗대(늑골)를 뽑아서 해와를 창조했다는 창세기 2장의 이야기로부터 시작한다. 단테는 자기류로 아담 이브의 이야기를 재 구성 하고 있다. 하와가 선악과를 따먹음(입맛 다심)으로 잃었던 것(낙원상실)을 회복하기 위하여 아담(그리스도)의 갈빗대가 뽑히었다(십자가의 죽음). 아담에게서 뽑아낸 갈빗대로 그리스도의 가슴(십자가)을 채워주셨다. '앞과 뒤'는 수난의 전후 즉 과거와 미래의 죄 까지 담당하시었다. 인간 본성에 최고의 빛은 아담과 그리스도를 지으신 그 힘이다(43-45행).타락이전의 인류의 조상인 아담과 그리스도야 말로 최고의 지혜라고 너는 생각하고 있었는데, 솔로몬의 지혜에 필적하는 것이 없다는 내 말이 너에게 혼란을 일으킨 것을 이해할 수 있다(46-48행).

3) 직접창조와 간접창조(52-87).

피조물의 생성과정을 스콜라 신학의 관점으로 설명한다. 논리적이긴 하나 중세신학의 한계를 본다. 여기 설명은 천국 2곡에서 달의 흑점에 대하여 베아트리체가 강론한 내용과 비슷하다. 토마스의 설명이 베아트리체와 다른 점은 어떻게 불완전함이 피조물 안에 존재할 수 있는가이다.모든 피조물은 이데아의 빛(삼위의 성자)를 반영한다. 이 빛은 성부(제1원인)로부터 나온다. 신적 빛은 9계급의 천사들을 통해서 반사되고, 이 천사들은 그 빛을 다양한 피조물을 통해서 전달한다. 반사가 계속됨에 따라서 빛은 감소된다. 제천(諸天)의 힘을 통해서 피조물은 간접적으로 지어진다. 이 창조에 있어서 기본 물질인 밀랍(蜜蠟, wax)은 다양한 용량에 따라 신적 빛(Divine Light)을 받는다. 이것이 창조행위 속에서 광범위의 다양성과 차이를 설명해 준다. 일체의 피조물은 모두 삼위일체 하나님으로부터 나오는 이데아(로고스 말씀)의 현현이다(52-54행). 성자의 빛이 성부와 성령으로부터 갈라지지 않고, 그리스도의 의지(은총)로써 9천에 있는 아홉 계급의 천사들이 실체들을 통해서 빛을 비추셨다(55-60행). 9개의 실재(天使)로부터 빛살은 천상계에서 지상에 내려서 마침내 단순한 피조물(우연)을 짓게 하였다. 이 우연물(偶然物, 혹은 우발물)이란 광물과 동식물과 함께 생성된 것들을 가리킨다. '밀랍(wax)은 기본적 질료이다.' 마련하는 그것(67행)'은 제천(諸天)의 영향력이다. 밀랍은 같은 모양을 하고 있지 않아서 로고스(Idea)의 표지(標識)아래 더비추거나 덜 비추니 피조물의 우열이 생기게 된다(61-78행). 티 없이 완전한 창조는 아담과 그리스도의 인성(79-87행)안에서 이루어졌다. 피조물의 우열의 과정을 설명한다. 이 완전은 직접창조의 결과인데 성부의 밝은 모습(그리스도)을 움직인 성령의 사랑이 찍어서 된 것이다. 이렇게 하여 아담과 그리스도의 인성이 이루어졌다.'두 가지 인격(85행)'은 아담과 그리스도이다. 완전한 사람은 전에도 이후도 없었고, 앞으로도 없을 것이라는 그대의 생각은 옳다고 토마스는 단테에게 말한다.

4) 어찌 솔로몬을 견줄 자가 없다 했는가?(88-111행).

완전한 지혜는 아담과 그리스도뿐인데, 솔로몬에게 필적할 지혜가 없다고 했으니, 이 두 말이 모순되지 않느냐는 단테의 의문에 대하여, 토마스가 답변하고 있다. 솔로몬에게 준 지혜와 아담과 그리스도에게 준 지혜의 차이를 설명한다. 솔로몬에게 준 지혜는 임금으로서 백성을 다스리는, 정치가에게 준 지혜이다. 환언하면 분야별 전문지혜라고 말할 수 있다(109행). 토마스는 불확실한 일에 조급한 판단은 금물이라고 경고한다. 진리를 알고자 하면서도 그 방법을 모르는 자는 고기를 낚시하고 싶으나 방법을 모르는 자와 같다(121-123행).

3. 성급한 판단을 하지 말라(112-142행)

밭의 이삭, 찔레, 배 그리고 도적 등의 다양한 이미지(130-142)를 예로 들면서 인간은 보이는 것이 참이라고 판단을 내리고 스스로를 기만하고 있다는 것이다. 시적 이미지로 묘사된 교훈이 감동적이다. 하나님만이 참되고 완전한 것을 볼 수 있다. 성급한 판단으로 오류에 빠졌던 고대 그리스 철학자 몇 명과 기독교 이단자 몇 명의 실례를 들었다(112-129행). 그리스의 엘레아학파 철학자(BC 500년경) 파르메니데스는 인간의 기원이 태양에서 나왔다고 했다. 3세기의 사벨리우스는 삼위일체신의 교리를 부정한 이단이다. 그릇된 판단을 하지 말 것을 권면한다(130-142행).

소감 및 교훈

13곡은 태양천에 관한 4번째이자 마지막이다. 이 곡의 첫 부분(1-30행)은 장엄한 천체의 세계에로 우리의 눈을 돌리도록 촉구하고 있다. 성좌를 쳐다봄으로 천국의 24혼들을 실감나게 묵상할 수 있게 했다. 52-87행은 가장 신학적이며 교훈적 색채를 띠고 있다. 하나님의 직접창조와 간접창조라는 생소한 개념에 많은 시간을 쓰게 했다. 솔로몬의 지혜의 성격이 어떤 것인지를 배웠다(열왕기상 3:4-14). 타락전의 아담과 인성을 지니신 예수의 완전창조에 대하여 배웠다. 112-142행까지의 교훈적 문장은 너무나 문학적이었고 교훈적인 감동이 컸다.

'위관규천(葦管窺天)'이란 원효대사가 즐겨 썼다는 말이다. 갈대구멍(葦管)으로 하늘을 엿본다는 뜻이다. 내가 본 하늘은 갈대 관을 통해서 본 하늘이다. 우물 안에서 개구리가 본 작은 하늘을 온 하늘로 착각할 수 있다. 두레박을 타고 우물 밖에 나온 개구리가 하늘을 보고 놀랐다. 우물 안 개구리가 되어서는 안 되겠다. 단테를 통해서 나의 기독교 이해도 넓어지고 깊어지고 높아지는 것 같다.

제14곡 / 제4 태양천(太陽天) - 제5 화성천(火星天)
순교자(殉敎者: Martyr)

개요

- 베아트리체가 질문을 대신함(1-33)
- 솔로몬이 단테의 의문을 답함(34- 61)
- 단테와 베아트리체가 화성에 오름(62-96)
- 순교자의 빛이 십자가를 형성함(97-139)
- 소감 및 교훈

줄거리

제4 태양천에서 베아트리체는 단테를 대신하여 지복(至福)의 혼들에게 '육체의 부활후 저들의 상태는 어떠하겠느냐'고 묻는다(13행). 솔로몬(Solomon)이 대답한다(36행). 제 3의 빛들이 나타난다. 어느덧 단테는 화성천(火星天: The Sphere of Mars)에 올라와 있는 자신을 본다(85-87행). 화성천(火星天)에는 신앙을 위해 싸우다가 목숨을 바친 자의 혼들이 십자 형태로 나란히 빛나고 있다(103-105행). 단테는 그리스도의 환영(幻影)을 본다. 아름다움에 압도되어 순례자는 잠시 베아트리체를 잊어버렸다가 사과한다. 넋들의 찬양, 그것들의 아름다움은 이전의 여러 하늘에서 본 것들을 훨씬 능가한다. 1-84행 까지는 태양천의 계속이다. 85-139행은 화성천의 이야기이다. 이 곡의 주제는 최후심판

이후의 부활체의 영광에 대한 신학적 논의이다.

[그림 14-1 순교자들의 혼이 십자가 주위에 몰려든다]

해설

1. 베아트리체가 질문을 대신함(1-33행)

　토마스는 단테와 베아트리체를 둘러싼 내원(內圓)에 있었다. 밖에서 (가장자리) 안으로 물결치듯 말을 했다면, 이제는 중심부에 있던 베아트리체가 밖으로 물결치듯 말했다(1-9행). 단테는 또 하나의 의문이 무의식(無意識) 속에 있었다. 베아트리체는 단테를 대신하여 24영들에게 부활후의 저들의 상태에 대하여 설명을 부탁한다. 혼들은 기쁨으로 화답(和答)한다(10-24행). '또 하나의 진리의 그 뿌리(10행)'- 단테가 마음 속에 품고 있는 부활체(실체)에 대한 두 가지 의문이다(13-18행). '이 사람'은 단테이다. '여기서 죽어서 저 위에서 산다는 것을 언짢게 생각하는 사람들이 있다면(박상진역,24-25역)' 그것은 부활의 생명(하나님의 은혜 27행)을 보지 못하기 때문이다. '하나, 둘, 셋'-하나는 하나님, 둘은 그리스도의 양성, 셋은 삼위일체 신이다.

2. 솔로몬의 답변(34-61행)

제1질문에 대한 솔로몬의 답변이다. '작은 환의 눈부신 빛(36행)'은 솔로몬(Solomon)왕의 혼이다. '천당의 명절(최민순 역)' 보다는 천국의 축제(박상진 역, 118쪽)라는 표현이 자연스럽다. 지복의 넋들이 지니는 밝은 빛은 하나님을 사랑하는 열기로 말미암고, 그 열기는 하나님을 뵈옵는 직관을 따르며, 직관은 또한 은혜로 말미암는다는 것이다(40-42행).' 하나님을 보는 힘의 다소는 은총의 많고 적음에 달려있지 각인의 공적의 많고 적음과 상관 없다. 제2질문에 대한 답변이다(52-60행). 솔로몬의 혼은 부활체가 되어서도 사랑의 빛을 발할 것이요, 빛도 직관도, 뜨거움도 빛살도 더 커져야 한다고 말한다.

3. 단테와 베아트리체가 화성에 오름(62-96행)

내측(內側) 외측(外側)원의 성가대가 단테를 보고 아멘 한다. 육체부활의 갈망이 그려져 있다. 그 목적은 부모, 친지를 다시 만나고 싶은 것이다(61-66행). 장면이 바뀐다(67-78행). 제3의 빛들이 처음에는 희미하게 나타나더니 눈을 뜰 수 없을 정도로 강렬하게 비친다. . 거기서 새로운 실체(넋)들이 단테의 시야에 들어온다(73-75행). 꿈에 본 것은 기억 넘어 잠재의식 속에 있는 것처럼 베아트리체도 거기 두고 싶었다(79-81행). 이 때 베아트리체의 모습은 더욱 어여쁘다. 베아트리체와 함께 단테는 화성에 오른다. 단테는 하나님께 감사했다.

'하나인 말씨(89행)'는 만인에게 공통한 하나님에의 감사의 말이다. 엘리오스는 태양인데 여기서는 하나님이시다.

4. 순교자의 빛이 십자가를 형성함(97-139행)

화성의 성도들이 모여 십자가의 기호를 만들어 낸다(4분원→⊕). 십자가가 그리스도를 빛낸다. 이 화성천에 나타나는 성도들은 자기 십자가를 지고 그리스도를 따랐던 순교자의 영들이다(106-108행). 십자가의 좌우를 뿔로 표현하고 있다. 영들이 좌우 수직 상하의 운동을 하며 다닌다. 서로 교차할 때 광채가 빛났다. 넋들의 움직임이 햇살에(어둠속에) 비치는 미분자(微分子)들 같았다. 화성에서 본 십자가, 그리스도 그리고 찬송을 듣고 단테는 홀리고 말았다. 베아트리체를 보는 것도 제쳐놓고….

교훈 및 소감

'진리의 그 뿌리까지(10행)'-최후의 심판 후 부활의 몸을 입는 것이 뿌리이다. 진리의 뿌리 까지 철저히 천착하려는 단테의 학구적 노력에 도전을 받았다. 돈이 되는 학과에는 사람들이 모여드는데 돈 안되는 분야에는 대학원 박사과정은 기피한다는 신문기사를 읽은 적이 있다. '죽어야 함을 슬퍼하는 그이야 말로 비의 서늘함을 못 보는 탓이로다(25-27행)'. 하늘에서 비를 내리어 만물이 소생한다. 사후 부활영체를 덧입을 자는 죽음을 슬퍼할 필요가 없다. 그리스도 안에서 죽는 자 하늘에서 소생함이 있기에 기뻐할 수밖에 없다. 화성 천의 순교자의 넋들이 십자가의 그리스도를 중심으로 더욱 빛난다.

제15곡 /제5 화성천(火星天)
단테의 조상(祖上) 카차구이다 이야기

개요

- 한 넋이 단테를 맞이하러 내려옴(1-27)
- 카차구이다가 단테에게 말함(28-69)
- 단테가 카차구이다에게 말함(70-89)
- 카차구이다가 모든 것을 말함(70-148)
- 교훈 및 소감

줄거리

제5 화성천의 계속이다. 단테의 고조부 카차구이다(AD 1090-1147)가 화성천에서 그를 맞이한다. 십자가에 붙어있는 혼들이 단테로 하여금 말을 할 수 있도록 찬양을 중단한다. 큰 십자가에 붙어있는 빛 모양의 넋들은 한 영혼이 십자가 아래로 유성처럼 내려오는 것을 보고 노래를 중단한다.

처음에는 그의 말을 이해 할 수 없었으나 차츰 그의 말을 알아듣게 된다. 그는 단테에게 왜 그대는 내가 누구인지를 묻지 않느냐고 말한다. 베아트리체의 동의(同意)를 얻어 그의 이름을 묻는다. 자기의 이름은 카차구이다이며, 증조부(曾祖父)는 연옥 산 제1대지에 있으며 그를 위해 기도하라고 말한다. 12세기 피렌체의 옛날을 말해주고, 자기의 출생, 업적 등을 말한다. 그의 출생, 결혼,

알리기에리 라는 성(姓)의 유래를 말해주고, 황제 콘라드(ConrAD)를 따라 제2차 십자군 원정에 종군했으며, 도중에 전사하여 천국에 오게 되었다고 한다.

해설

1. 한 넋이 단테를 맞이하러 내려옴(1-27행)

천상의 혼들이 악기연주를 중단하고, 단테의 소원을 들으려 준비한다(1-9행). 유한한 것에 집착하는 자는 천상의 완전한 사랑을 빼앗기고 후회하는 것이 마땅하다(10-12행). 이세상이 기뻐할 제물로는 우리의 근심과 고초를 면치 못한다(찬송가 179장). 저녁 하늘의 별 중 십자가 오른 쪽에서 한 넋이 십자가의 발치에 내려오는 모습을 묘사한다. 위대한 무사이(Muse)는 베르길리우스이다. 아이네이스에서의 인용이다 '안키세스가 아들 아이네아스(Aeneas)가 사나운 길을 이겨내고 마주 오는 것을 보고 아버지가 아들을 정겹게 맞이하듯', 한 넋이 단테에게 내려왔다(13-27행).

2. 조상의 혼이 말씀함(28-69행)

'오 나의 피여'는 자손 단테를 가리킨다. 천국 문이 단테에게는 산채로 한번, 사후에 또 열릴 것이니 두 번이 된다(28-30행). 이 부분의 원문을 라틴어로 쓴 것은 조상에 대한 존경의 표시라고 한다. 단테는 빛의 말을 듣고, 또 베아트리체에게로 눈을 돌렸으니 가운데서 놀란 채로 서있었다(31-33행). 베아트리체의 눈 속의 웃음이 단테의 눈에는 천국의 바닥에 닿은 것 같이 보였다(34-36행). 처음엔 찾아내려온 영의 말을 알아듣지 못했으나, 인간의 수준에 맞게 말을 함으로 알아듣게 된다. 그는 삼위일체 신께 찬양을 돌린다(37-48행),

화성천 까지 오를 수 있게 된 것은 베아트리체 덕분이라고 말한다(49-54). '큰 책'은 하나님의 변함없는 높은 뜻이다. 그 뜻은 후손 단테가 나타나는 것이다.

[그림 15-1 고조부 카차구이다를 만나는 단테]

단테가 자기 앞에 나타난 것을 보고 소원이 성취되었다고 말한 것이다. 단테에게 그는 내가 누구인지 왜 내가 이렇게 기뻐하는 까닭을 묻지 않느냐고 말해놓고 여기 영들은 거울처럼 속을 들여다보기 때문에 말할 필요가 없다는 단테의 생각은 옳다고 했다(58-63행). 그렇지만 너를 향한 내 사랑의 갈증이 채워지기 위하여 소리내어 말하려무나. 내 대답은 준비되어 있다(64-69행).

3. 카차구이다가 모든 것을 말함(70-148행)

단테가 카차구이다에게 답한다(70-87행). 하나님은 원초부터 평등하시다(첫 같으심,73행). 하나님께 속하는 일체의 속성(사랑과 예지)은 전적으로 균형을 유지하고 있다. 하나님께서는 조화와 균형이 잡혀있으나 인간인 단테는 불균형 속에 있으니 당신의 환대를 고맙게 여긴다고 말한다. '더 없이 귀한 보석(85행)'은 십가가형을 이루고 있는 성좌이다. '황옥(黃玉)'은 욕정과 열광을 식혀주는 보석으로 여기서는 카차구이다(73-87행)이다. 88-96행에서 카차구이다는 단테를 '나의 잎사귀'라 불렀고 자신을 '너의 뿌리'라 했다. 이어서 단테의 증조부(카차구이다의 아들)가 연옥 산 제1대지(10-12곡 참조)에서 교만 죄를 씻느라 무거운 짐을 지고 백년 이상 돌고 있으니 그를 위하여 고통을 덜어드리기 위해 기도하라고 했다. 97-108행까지는 고조부 시절(12세기 중엽)의 피렌체를 말해준다. 피렌체는 구 성곽(1078)과 신 성곽(1284)이 있는데 아침 6-9시 사이(옛 시간으로 3시)와 정오와 오후3시(옛 시간으로9시) 에는 종소리로 시간을 알렸다고 한다. 그 때의 피렌체는 평화로웠고 절제있고 깨끗하였다(97-99행). 지긋지긋한 당파싸움도 없었다. 1177년부터 당파싸움이 시작되었다. 결혼비용도 부담이 되지 않았다. 너무 큰 집을 짓지도 않았고 사르다나팔루스(BC 6세기,앗시리아 최후의 왕)는 사치와 음행으로 유명했다. 아직 음행이 없었다(108행). 몬테말로는 로마교외의 언덕이고, 우첼라토이오는 피렌체에서 5 리되는 산이다. 여기서의 뜻은 피렌체가 조상시절에는 로마의 자부심과 웅장함을 능가하지 못하였으나 단테 시대에는 위엄에 있어서도, 퇴폐에 있었어도 로마를 능가했다는 뜻이다(109-111행). 벨린초네 베르티는 피렌체의 지체 높은 집안의 무사였는데 검소한 가죽 띠로 장식했고, 부인은 화장을 하지 않았다(112-114행). 네를리(Nerli)와 베키오(Vecchio)는 피렌체의 귀족가문의 이름이다.

귀족들의 검소를 말하고 있다(115-117행). 정쟁 때문에 남의 나라로 쫓겨나 죽을 염려가 없었고, 남편의 무역 일로 부인들이 독수공방(獨守空房)할 필요가 없었으니 행복하였다(118-120행). 요람을 지키며 옹아리하는 애기를 어르는 엄마의 묘사, 실꾸리에서 실을 뽑으며 식구들과 함께 트로이, 피에솔레 그리고 로마의 옛 이야기하는 평화롭고 단란한 가정들을 이야기해주고 있다(121-126행). 찬겔라는 단테 시대의 평생을 사치와 음탕과 교만으로 살던 여자이다. 라포 살테렐로는 역시 단테의 동시대인으로서 비얀키 가문에 속해있던 법률가이며 재판관이었다. 옷과 음식을 낭비하던 자였다. 이 둘이 킨킨나투스(로마의 집정관)나 코르넬리아(로마의 현부-賢婦,옛 피렌체인)를 보고 놀랄 것이며, 동시에 킨킨나투스나 코르넬리아가 현재의 피렌체인을 보면 놀랄 것이다(127-132행). 133-148행은 그의 출생, 세례받고 그리스도인이 되었으며, 자신의 이름을 밝혔다. 알리기에리(Alighieri)라는 단테의 성(姓)의 유래를 말해준다. 콘라드3세(1093-1152)는 112년에 대관하여 황제의 칭호를 사용하였다. 프랑스의 루이 7세와 함께 제2 십자군 원정을 주도한 인물이다. 카차구이다는 황제로부터 기사의 칭호를 받았고 십자군 원정에 공훈을 세웠다. '목자들 탓(143행)'은 교황들이 이권에 눈이 어두워 성지회복에 무관심했다는 뜻이다. 너희의 땅인 성지를 침범한 사악한 이슬람과 싸웠다. 거기서 순교(殉教)하였고, 더러운 세상에서 풀려나 화성천에 오게 되었다고 말했다.

교훈 및 소감

15-17곡의 주인공은 카차구이다(Cacciaguida)이다. 천국편의 중심부이다. 단테가 가족사를 언급한 것은 여기가 처음이다. 카차구이다를 통하여 단테는 고국이며 고향인 피렌체(12세기)의 역사와 소박한 삶의 이야기를 들었다. 노인의 역할 중의 하나는 전통/전승의 전달자라는 생각이다. 단테가 옛 피렌체를 그린 것은 현재의 피렌체의 참상을 드러내기 위함이라고 생각한다. 유럽의 군수물자의 이동에 따른 전략적 중심지가 피렌체였다. 소아시아, 이집트와

서방의 교통로가 열리자 피렌체는 중계무역의 중심지가 되었다. 상업이 활발해지고 부유해지면서 피렌체는 미풍양속(美風良俗)이 사라지고 정쟁으로 인심은 피폐해졌다. 단테도 정쟁의 희생자가 되었다. 조상 카차구이다의 입을 통하여 피렌체의 어제를 이야기한 것은 피렌체의 구원을 갈망했기 때문이었을 것이다. 물질의 풍요가 정신의 풍요를 반드시 보장하는 것이 아니다. 단테는 십자군 원정을 성전(聖戰)으로 생각하고 조상을 순교자로 묘사했는데 나는 카차구이다를 순교자로 생각하지 않는다. 예루살렘 탈환을 놓고 두 종교가 치열한 전쟁을 치른 것은 두 종교 함께 인류에 대한 범죄이었다고 생각된다. 어디가 성지인가? 내 마음이 성전이고 성지이다. 성지순례가 나름대로의 뜻이 있겠지만 성지를 신앙의 대상으로 신성시 하는데서 종교 전쟁이 발발(勃發)하지 않았을까? '예수께서 이르시되 여인이여 내 말을 믿으라. 이 산에서도 말고 예루살렘에서도 말고 너희가 아버지께 예배할 때가 이르리라(요한복음 4:20-21)'고 하신 말씀의 뜻은 무엇일까?

제16곡 제5 화성천(火星天)
카차구이다 / 피렌체의 어제와 오늘

개요

- 천국에 있는 조상을 자랑함(1-15)
- 단테의 4가지 질문(16-45)
- 피렌체가 불행해진 원인(46-81)
- 피렌체의 명문가를 회상함(82-154)
    - 사라진 명문가들(82-108)
    - 명문가들을 열거함(109-135)
    - 피렌체의 평화가 종언을 고함(136-154)
- 소감과 교훈

[그림 16-1 구주강생 그리고 피렝체의 어제와 오늘]

줄거리

제14-16곡은 천국편의 중심부에 위치한다. 화성천의 둘째곡이다. 단테는 고귀한 가문의 후손임을 자랑한다. 그는 고조부에게 4가지 질문을 한다. 1) 당신의 조상은 누구십니까? 2) 당신의 유년시절은 어떠하였습니까? 3) 당시의 피렌체 인구는 얼마나 되었습니까? 4) 가장 높은 가문의 사람들이 누구였습니까? 그의 조상들에 대하여는 피렌체의 토박이라는 정도로 말하고, 1090년에 성 피에로의 제6구에서 태어났으며, 피렌체의 인구는 단테 당시의 5분의 1정도 이었으며, 4번째 질문에 대한 답으로 인간사는 누구에게나 끝이 있으니 혈통이 끊어지는 것은 놀랄 일이 아니라고 대답했다. 시골 출신의 이주민이 피렌체에 대거 유입함으로, 피렌체 명가들이 몰락하게 되었다고 설명한다. 한 예로 부온델몬티와 아미디

가문 사이의 혼약파기(婚約破棄)와 계속된 보복 살상극이 피렌체의 평화를 앗아갔고 피비린내 나는 당파(黨派)싸움의 출발점이 되었다고 말했다.

해설

1. 천상의 조상을 자랑함(1-15행)

　욕망이 뒤틀려진 세상에서의 가문의 자랑은 별 것 아니다. 그러나 바른 대상을 향한 저기 천상에서 나는 훌륭한 조상의 이야기를 듣고 이를 기렸다. 훌륭한 가문이라도 새로운 공덕을 쌓지 않으면 덧없다. 혈통의 존귀는 짧은 외투에 지나지 않는다(1-9행). 당신을 뜻하는 이태리어 '보이(Voi)'는 당신이라는 2인칭 존칭 대명사인데 단테는 고조 할아버지에게 '보이'라는 경어를 썼다(10-12행). 단테의 조상자랑을 묵인한다는 제스추어를 '웃음지어 보였다'. 베아트리체는 천국에 어울리지 않는다는 것을 '조금 떨어져 있던(13행)'으로 표현했다. 아서왕의 왕비 귀너비어(Guinervere)에게 기사 란슬럿(Lancelet)이 키스하려는 순간 시녀 맬러호트(Malehaut)가 기침으로 주의를 준 것 같이 베아트리체는 웃음으로 단테의 조상에 대한 자랑이 천국에 대한 오해라는 것을 알게 했다(13-15행). 지옥편 5곡(127-138행)에서 프란체스카의 비극적 사랑과 죽음을 불러들이게 한 것이 란슬럿이라는 책이었다.

2. 단테의 4가지 질문(16-45행)

　고조할아버지의 말씀이 끝나고(15곡), 16곡의 서론을 말한 뒤, 단테는 조상에게 4가지를 질문한다. 가계의 뿌리를 알고 싶은 마음이 발동하여 그의 조상이 누구이며, 옛 피렌체의 크기와 당시의 귀족들이 누구였는지를 묻는다

(16-27행). '불꽃 속의 숯 과 빛(28행)'은 '카차구이다' 이다. 카차구이다는 자기의 출생 과 출생지를 말하고, 자기의 조상에 관하여는 그냥 넘어간다. '아베가 아뢰어진 그날'은 마리아께 천사가 구주강생을 알린 날이다(눅1:28). 카차구이다의 출생까지는 '오백 오십 하고도 또 서른 번째(39행)'이다. 옛 천문학자들은 화성의 1회 회전하는데 대략 약687일이 걸린다고 한다. 화성이 사자궁으로 580회를 조응(照應)한 결과 580x687 365=카차구이다의 출생은 1091년이 된다고 대답한다(34-42행 M.Musa,p195참조). 카차구이다의 조상에 대하여는 건너뛴다(43-45행).

3. 피렌체가 불행해진 원인(46-81행)

옛 피렌체의 인구는 단테 당시의 1/5밖에 되지 않았다. '마르스와 세례자 사이(46행)'는 옛 도시의 경계표지(Landmark)를 가리킨다. 폰테 베키오 북쪽의 마르스상(火星像)과 남북 경계인 요한의 세례당은 옛 피렌체이다. 1300년의 인구 3만 명의 5분지1에 해당하는 6천명의 전투원이 살았다고 한다. '캄피, 체르탈도, 페기네는 피렌체 가까이의 마을이름이다. 이런 마을 사람들이 피렌체에 이주해옴으로서 도시가 오염되었다는 것이다(49-51행). 차라리 캄피, 체르탈도 사람들과 이웃하여 갈루초(피렌체 남쪽 2마일,옛 토스카나마을)와 트레스피아노(피렌체 북쪽 3마일 거리)에 경계를 두는 편이 단테에게 사형언도를 내린 아굴리온과 매관매직하던 시냐를 견디는 것 보다 훨씬 나을 뻔 했다(52-57행). 교황과 추기경들이 세속의 황제들과 싸워 피렌체를 분열시키지 않았더라면 피렌체 인들이 쫓겨나고 이방인들이 들어오지 않았으리라(58-60행). 그리고 장사하여 부자가 된 피렌체 인은 그의 할아버지가 구걸하고 다니던 시미폰티(1202년 피렌체 인에 의하여 파괴된 요새)로 돌아갔으리라 (61-63행). 몬테무를로는 구이도 백작일가가 피스토야인의 공격을 받고 1254년에 이 성을 피렌체인에게 팔았다. 체르키(Cerci)가는 배다의 괴수로서 아코네의 작은 도시에서 피렌테로 이주해 온 집안이다. 교회와 황제 사이의 오랜 불화가 체르키/도나티 분쟁이란 사태를 빚어냈다. 낮은 신분의 체르키는 피렌체에서 부와 정치권력을 잡았다. 부온델몬티(Buondelmonti)가는 1135년에 피렌체로 이주했고 궬피당의 지도자가 되었다. 발디그리에베(Valdigreve)는 부온델몬티가 살던 성이었다. 64-66행에 언급된 3곳이 교황권/황제권의 싸움질이 없었더면 피렌체에 들어오지 않고 그대로 있었을 것이요. 따라서 피렌체의 불행은 일어나지 않았을 것이라고 조상 할아버지는 말했다. 67-72행은 피렌체의 불행의 원인이 외부인의 이주 때문이라는 것이다. 피렌체가 큰 도시로 발전했기 때문에 빨리 망했다는 이야기다. '루니'와 우르비살리아'는 단테 시대에 이미 폐허가 된 두 도시 이름이다. 키우시/시니갈리아는 기벨린/궬피의 전투로 13세기에 폐허가 된 두 도시이름이다. 도시들의 흥망과 혈통의 단절을 듣는다 해서 놀랄 것도 새삼스러울 것도 없다(73-79행). 인간의 목숨은 짧고 도시는 오래 갈 것 같지만 그것도 끝이 있다(79-81행).

4. 피렌체 명문가들을 회상함(82-154행)

1) 사라진 명문가들(82-108행). 달의 운행에 의하여 해안의 조수가 들락날락 하듯,피렌체의 명문가들의 부침(浮沈)도 이상히 볼 것이 아니다(82-87행). 88-93행에 열거된 가문도 단테 시대에는 손이 끊긴 귀족들의 이름이다. '대죄(95행)'는 1302년에 백당이 추방되던 일을 가리킨다. '대문(96행)'은 성 베드로의 문이며, 1300년에 신흥귀족 체르키가 살았다. 라비냐(The Ravignani)는 단테 시대 망한 다른 귀족가문이다. 벨린초네(천국 15:112)는 카차구이도 때 가문의 수령이었고, 구이도 백작은 그들의 손자로 추정된다(7-99행). '프레사의 그이'는 이름난 기벨린 가문의 한패이다. 갈리가이오는 프레사와 함께 1258년에 피렌체에서 쫓겨났다.

'도금한 칼자루'는 귀족을 표시한다. '됫박 때문에 얼굴 붉히는 자들(105행)'은 궬피당 키아라몬테시 가(家)로서 옛날 소금장사를 할 때 됫박을 속여먹은 일을 말한다. '밑둥치(106-108행)'는 도나티가(家)인데 이로부터 여러 집안이 나왔고, 칼푸치가도 여기서 나왔다.

2) 사라진 명문가들을 열거함(109-135행). '망해버린 그들(109행)'은 피렌체의 으뜸가는 명문 우베르티 가의 사람들이다. '황금 구슬들'은 역시 피렌체의 명문 람베르티 가, 이 집안의 문장은 방패 위에 황금구슬을 그렸다. 이 집은 아미데이를 부추겨 부온델몬테를 살해함에 책임이 있다. 이 집안싸움이 궬피/기벨린 당파분쟁의 화근이 되었다(109-111행). '너희 교회가 공위(空位)가 될 적마다(112행)'는 주교가 사망하여 후계자가 나타날 때 까지 관리인들이 재물로 배를 채웠다. '오만 불손한 동아리(115행)'는 아디마리 가를 가리킨다. 단테의 추방 후 그의 재산을 몰수했을 뿐 아니라 그의 귀향을 극력 반대하였다. '우베르틴 도나토'는 도나티 가문의 일원이다. 그의 동생을 아디마리 가문에 시집보내자 아주 불쾌하게 생각했다. '카폰사코, 주다, 인판가토'는 귀족에서 평민이 된 자들이다. '페라 가(125행)'는 배(梨)를 문장(紋章)으로 삼은 일가, 명가였건만 단테 시대 망해서 작은 성문 안에 살고 있었다. '위대한 남작'은 토스카나 황제의 대리인이던 우고이다. 1001년 성 토마스의 축일 즉 12월21에 죽으니 그의 어머니가 세운 수도원 성당에 매장하였다. '휘장에 술을 달아준 그이(131행)'는 자노델라 베라는 서민의 편이 되어 권문에 항거 하다가 쫓겨서 프랑스로 도망했다(127-132행,1295년). '구알테로티 와 임포르투니'는 단테 시대에 몰락한 피렌체의 옛 귀족이다. '보르고'는 피렌체의 가장 오래된 지역이다. 낯선 이웃들을 받아들이지 않았더라면 피렌체는 아직도 평안했으리라(133-135행).

3) 피렌체 평화의 종언(136-154행). 카차구이다는 한때 이름이 파묻혀버린 피렌체인들과 가문(家門)을 열거한 뒤, 부온델몬테(Buondelmonte)가 아미디가(家) 사람들에게 살해됨으로 피렌체의 평화는 종언을 고하게되었다. '에마'(143행)-몬테부오노에서 피렌체로 건너오려면 건너야 하는 강 이름이다. 부온델몬테가 이 강물을 건너올 때 빠져 죽었던들 피렌체의 불행은 없었을 것이다. '다리를 지키고 있는 저 이지러진 돌(145-147행) 베키오 다리밑에 있는 마르스 상에 희생을 드려야 했다. 이것을 하지 않으므로 부온델몬테가 다리 밑에서 살해되었다. '백합화가 다시는 꺾어지지 않고(152행)'- 궬피와 기벨린 사이의 싸움 중에 승자가 상대의 기를 땅에 끌고 전장을 한 바퀴 돌면서 멸시의 뜻을 보이는 것은 관례였다. 이리해서 백합화는 깃대 위에서 바뀌어졌다. 1251년 기벨린의 추방 후에 궬피는 피렌체의 기를 붉은 바탕의 흰 백합에서 흰 바탕 위에 붉은 백합으로 바뀌었다(151-153행).

소감과 교훈

한번 귀족은 영원한 귀족이 아니다. 흥망성쇠 이것이 역사의 순환 법칙이다. 어찌 피렌체에만 국한되랴! 보편적 인간의 깊은 죄성을 피렌체 인들이 드러내었다. 명문거족(名門巨族)의 가문도 늘 자신을 보살피며, 새롭게 변화하고 공훈(功勳)을 쌓지 않으면 몰락한다. 이것은 나라도 기업도 개인도 마찬가지일 것이다.

'500년 도읍지(개성)를 필마(匹馬)로 돌았드니,
산천(山川)은 의구(依舊)한데, 인걸(人傑)은 간데없네.

어즈버 태평연월(太平烟月)이 꿈이런가 하노라'

(1353년-1419년 야은 吉再)

옛 시조가 떠오른다. 경제적 풍요가 인간을 구원하지 못한다. 하나님 신앙이 없으면 물질의 풍요가 인간을 병들게 하고 문명을 몰락하게 한다. 단테가 천국에서도 고향 피렌체를 잊지 못하고 피렌체를 탄식하는 것은 피렌체의 구원을 열망하기 때문이다.

제17곡 / 제5 화성천(火星天)
단테의 미래운명과 희망

개요

- 베아트리체가 단테에게 질문을 독촉함(1-12)
- 운명의 타격 앞에 선 단테의 결의(13-27)
- 카차구이다가 단테의 장래를 예언함(28-99)
  - 신의 예지와 인간의 자유(28-48)
  - 추방이후에 일어날 일들(49-75)
  - 칸 그란데 델라 스칼라(76-99)
  - 단테의 각오(100-120)
- 카차구이다가 〈신곡〉집필을 권고함(121-142)

[그림 17-1 단테의 미래운명과 희망]

줄거리

이곡은 화성천에 헌정된 세 번째 곡이다(한형곤). 지옥과 연옥을 다닐 때, 자신의 미래에 대하여 들었던 불길한 예언을 카차구이다(Cacciaguida)에게 자세히 물어보라고 베아트리체가 단테에게 재촉한다(7-12행). 카차구이다는 단테가 피렌체에서 추방될 것이며(47행), 롬바르디아 사람(베로나의 영주)이 그에게 피난처를 제공해 줄 것이라고 말한다(70-72행). 카차구이다는 단테에게 그의 이웃을 질투하지 말라고 덧붙여 말한다(97행). 원수들의 배신행위가 처벌된 뒤에도 그의 목숨은 더 오래 살 것이기 때문이다. 애달픈 귀양살이에 대한 예언을 들은 뒤 그의 참담한 운명에 대하여 고통을 느끼고, 또 한편 여행 중 보고 들은 것을 세상에 발표하자니 두려움이 앞선다. 말하지 않으면 후세인들에게 비굴한 사람이 된다. 진퇴양난의 함정에 빠진다(109, 118행). 그렇지만 걸출한 그의 조상은 사실을 말하라고 한다. 굵고 중요한 사람들에 대한 그의 비판이 처음에는 거칠게 보일지라도, 그가 쓴 신곡은 인류를 풍요롭게 할 것이고, 위로를 줄 것이다. 지옥, 연옥 그리고 천국에서 그가 만난 명사들의 영에 대한 이야기는 지속적인 명성을 그에게 안겨 줄 것이다. 왜냐하면 걸출한 인물들을 통하여 인류는 가장 좋은 것을 배울 것이기 때문이다.

해설

1. 베아트리체가 단테에게 질문을 독촉함(1-12행)

파에톤(Phaethon)은 아버지 아폴론의 아들이 아니라는 말을 듣고 어머니에게 진위를 물었다 클레메네는 사실이라고 말해주면서 아버지에게 직접 확인해보라고 말한다. 파에톤은 그의 아버지를 설득시켜 태양수레를 모는 허락을 얻는다. 이 일로 파에톤은 아버지의 아들임을 증명하려했다. 그는 수레에서 떨어져 죽었다. 이 때로 부터 아비들은 자식의 무리한 요청에 대하여 인색해졌다고 한다(1-3행). 단테도 파에톤처럼 자신의 미래 운명에 대하여 알고 싶어 했다. '거룩한 등불(6행)'은 '카차구이다'이다. '속의 인각'은 네 열망의 도장(the stamp of your desire,Musa,p202)이다. 베아트리체는 네 미래운명에 대하여 알고 싶은 것을 카차구이다에게 물어 갈증을 해소하라고 말한다.

2. 운명의 타격(打擊) 앞에 선 단테의 결의(13-27행)

단테는 조상 카차구이다에게 이미 들었던 자신에 대한 예언을 말하고, 자신의 심경을 고백한다.

'나의 발돋움이여(my own cherished root,p203)'-조상은 묘판(苗板)같은 성토(盛土)이다. 지상의 정신이 여기 인용된 기하학의 개념을 파악할 수 있는 것처럼 천상의 혼은 우연(偶然)과 인과(因果)의 법을 볼 수 있다(13-18행). 하나님을 응시하는 혼들은 과거, 현재 그리고 미래를 볼 수 있다.

'한 점(17행)'은 하나님을 가리킨다. 지옥에서 파리나타(10:79-81)와 브루네토(15:61-71)로부터, 연옥에서 말라스피나(8:133-139), 오데리시(11:139-141)에게서 자신의 추방에 대해서 들었으나, 둥글어서 구르지 않고 사각형이어서 요동하지 않는다고 했다(19-24행). 죽을 때를 미리 알고 이를 조용히 맞이하면 갑자기 죽는 것보다 고통이 적다(19-27행).

3. 카차구이다 단테의 장래를 예언함(28-99행)

1) 신의 예지와 인간의 자유의지(28-48행)

그리스도 이전, 이교도 시대에 아폴로 신전에 와서 신탁(神託)이라는 애매모호한 예언으로 배성들을 걸려들게 한 말씨가 아니라 카차구이다는 은근한 웃음으로 분명히 대답했다(31-36행). 37-45행에서 카차구이다는 단테에게 신의 예지(叡智)와 인간의 자유의지(自由意志)의 관계를 시적으로 표현하고 있다. '물질의 필첩(공책, 筆帖)'은 물질계를 책에 비유한 말이다. 배가 보이는 것은 우연의 사상(事象)이요, 하나님은 이를 보고 계신다(叡智). 보트가 떠있는 것이 인간의 눈에 보이나 그 흐름을 통제하지 못하지만 하나님은 이를 통제한다. 하나님도 우연과 자유의지를 인정하여 인간사를 일일이 간섭하지 않으신다. 영원의 눈으로 인간들이 우연이라 생각하는 일을 바라보고 계신다. 하나님의 예지 속에 인간사는 이미 그려져 있다. '시간'은 단테의 미래이다. 영원의 눈으로 너의 미래운명을 바라보고 있다. 단테의 말에 반응을 보임. 신의 예지와 사람의 자유의지와의 관계를 흘러가는 배와 그것을 바라보는 사람에 비유하고 있다.

[그림 17-2 Cacciaguida Prophecy of Exile]

2) 추방 이후에 일어 날 일들(49-75행). 피렌체에서 추방될 예언이다(48행). 그 것은 교황 보니파시우스 8세가 이미 정한 것이다(55-60행). 신곡중에서 가장 마음을 쓰리게 하는 대목이기도하다. 단테는 이미 일어난 일을 장차 일어날 일로 그리고 있다. '이것이 원하는 바요(49행)'- 단테는 보니파시우스 8세가 이미 그의 추방을 계획했다고 믿고 있는것 같이 표현했다. 단테와 비얀키파 대표가 로마에 갔을 때 피렌체는 이미 네리(흑파)에게 넘어갔다. 1302년 피렌체에 돌아오기 전에 단테와 그의 동료들은 피렌체로부터 추방당하였다. '패배한 편'은 백당이고 비난을 받았다. 그러나 이긴 쪽(네리)도 신의 보복을 받았다. 보니파시우스의

수치스러운 죽음이 그 하나이었다. '사랑하는 모든 것(55행)'은 단테의 처자, 집 그리고 친구들이었다. 추방 후 동가식 서가숙(東家食 西家宿) 할 것이라고 말했다. 눈물 젖은 빵을 먹을 것이며, 남의 집 사다리로 오르내릴 것이다. 인구(人口)에 회자(膾炙)되는 구절이다(58-61행). '억누를 그 자(61행)'는 비얀키(White-白派)를 가리킨다. 1302년 추방이후 비얀키들은 여러 번 피렌체 진입을 기도했으나 단테는 1304년에는 참여를 하지 않았으며 백파와도 손을 떼었다. '나홀로 당'이 될 것을 예언했다. '관자놀이를 붉히리라(66행)'-부끄러워하리라는 뜻이다. 베로나의 영주 바르돌로메오 델라 스칼라가 너를 돌보아 주리라. 그 집의 문장이 금 사닥다리 위에 제국을 상징하는 독수리이다. 단테에게 영주가 아주 후대하리라(73-75행).

3) 칸 그란데 델라 스칼라(Cangrande della Scala)(76-99행)

'힘센 별'은 화성이다. 그는 황제의 대리로서 기벨린당과 용감히 싸웠기에 이런 이름을 얻었다. '뚜렷할 그이'는 바톨로메오의 아우 칸 그란데 델라 스칼라(1291-1321)이다. 신곡의 연대는 1300년이고 칸 그란데는 겨우 9살이었다. 88-93행에서 단테는 이 어린 소년에게 마음으로의 믿음과 희망을 표현 하고있다. 그는 화성 아래 태어나서 1312년에 베로나의 영주가 되어 단테를 많이 도와 준 이다. 단테는 그에게 '천국편'을 헌증했다. '구아스코 사람(82행)'은 교황 클레멘스 5세를 가리킨다. '지체높은 하인리히'는 하인리히 7세로 교황청을 아비뇽으로 옮긴이 이다. 단테는 하인리히7세에게 이탈리아의 구원을 바랐다. 교황 클레멘스는 하인리히를 돕는다고 약속해놓고 그를 배신하고 그의 이탈리아 원정을 방해했다(1310년). 21세(1312)때 황제를 대리했다. '그이를 그리고(88행)'는 그를 바라보고 혹은 그리워하다' 이다. 이렇게 카차구이다는 단테에게 희망의 말씀을 전했다. '네게 말한 것들의 풀림'은 단테가 지옥 연옥 여행에서 들은 예언에 대한 해석이다. 신곡집필의 작품상 년대인 1300년에 예언을 듣고 2년 후의 추방명령이 '함정'이다(94-96행). 고조할아버지는 너의 적인 보니파시우스 8세나 코르소 도나티(연24:82-84) 보다 더 오래 살 것이니 그들을 투기하지 말라(97-99행)고 했다.

[그림 17-3 Cangrande della Scala 베로나 영주와 문장]

4. 단테의 각오(100-120행)

'거룩한 영혼'은 카차구이다 이다. '내가 짜기 시작한 날실'은 방직의 날실(經絲) 곧 단테의 질문이고, '씨줄(橫絲)'은 카차구이다의 답변이다(100-102행). '바르게 보고, 뜻하고, 사랑하는 인격자'는 고조부에 대한 단테의 초상화 같다. 106-120행에서 단테는 다가올 운명에 대한 자신의 각오를 피력한다. 거룩한 영혼'은 카차구이다 이다. 어쩔 수 없이 피렌체를 잃을 지라도 지옥과 연옥에서 보고 들은 것을 〈신곡〉이라는 시(詩)로 발표하려 했을 때, 싫어하는 자들에 대한 두려움을 말하고(115-117행), 이를 하지 아니했을 때에 잃게 될 두려움을 말한다(118-120행).

5. 카차구이다가 〈신곡〉 집필을 격려함(121-142행)

단테의 말을 들은 카차구이다가 '번쩍 번쩍 빛나더니'대답하기 시작한다. 신곡에 등장하는 친척들의 좋지 않은 이야기들을 듣고 그들은 네 말에 지겨워 할 것이나(126행), 네가 본 것(vision)을 다 나타내어라(129행). '딱지가 앉은 자리'는 그들의 상처가 이미 과거사가 되어 잊어버릴 만한 때에 그 '부위를 긁게하라(129행)'는 비극을 코믹하게 처리한 말이다. 양약은 입에 쓰나 몸에 좋은 것 같이 너의 시도 그렇게 되리라(130-132행). 너의 시를 교황 및 정치인들이 들을 것이다. 3계에서 단테가 만난 영혼들은 모두가 유명한자 들이다. 지상에 와서 이야기 할 때 듣는 자들에게 더한 감동을 주기 위함이다. 사람은 터무니없고 근거 없는 이야기는 믿어주지 않기 때문이다.

교훈과 적용

화성천에서의 세 번째 이야기이다. 17곡은 신곡 3편 중 자전적인 요소가 가장 많은 곳이다. 단테의 추방이후의 생활이 중점적으로 다루어지고 있다. 한번 죽는 것은 사람에게 정해져있고. 그 후에는 하나님 앞에서 심판을 받는다. 이것이 인간 누구에게 정해진 미래이다. 이생의 삶은 미래를 준비하는 기간이다. 단테는 자신의 정치적 몰락을 미리 듣고 현명한 대처를 했다. 좌절은 불신자의 상표이고, 비운의 극복은 신자의 표식이다. 단테의 신곡은 첫 맛에 당기지 않는다고 해서 포기할 책이 아니다. 필자는 십 수 년 동안 단테 독서회를 통하여 이 책을 읽고 토론해 왔다. 읽을수록 그 깊은 맛에 매료되어 단테 학도가 되었다. 신곡이란 광맥을 캐면 캘수록 더 진귀한 보석을 발견한다. 17곡 130-132행의 표현이 체험적으로 가슴에 깊이 와 닿았다.

제18곡 제5 화성천(火星天)에서
제6 목성천(木星天)으로

개요

- 베아트리체 단테를 격려함(1-21)
- 십자가의 불을 보라(22-51)
- 목성천에 올라감(52-69)
- 넋들이 독수리 모양을 형성함(70-114)
- 교황의 탐욕을 비난함(115-136)

줄거리

　　18곡의 전반부(1-51행)는 화성천, 후반부(52-136행)는 목성천 이야기이다. 카차구이다의 예언을 골똘히 생각하던 단테가 베아트리체의 말을 듣고 위로를 얻는다. 그녀의 눈을 들여다보는 순간 그 사랑이 단테를 모든 욕망(慾望)으로부터 자유롭게 한다. 베아트리체는 카차구이다에게 돌아가 그의 말씀을 들으라고 한다. 왜냐하면 천국은 베아트리체의 눈 속에만 있는 것이 아니기 때문이다. 카차구이다는 일찍이 용맹을 떨친 전사들 여호수아, 마카베오, 샤를마뉴, 오를란도, 그리고 다른 천사들의 영들을 단테에게 소개하고, 십자가형의 다른 혼들에게로 돌아간다(1-51행). 단테는 베아트리체를 향한다.

그녀의 아름다움에 넋을 잃는다. 그 순간 갑자기 장밋빛의 화성 천(火星天)에서 6번째의 목성천(木星天:The Heaven of Jupiter)에 오른다. 여기서 빛나는 혼들은 구약외경의 지혜서(智慧書)의 첫 구절인 '정의를 사랑하라(Diligite justitiam)', '땅을 재판하는 자들이여(Qui judicatis terram)'라는 문자를 형성한다. 마지막 글자 M을 만든 후 그룹 짓기를 정지한다. 많은 빛들이 M자의 위에 노래하며 내려온다. 독수리의 머리와 목의 모양을 이루더니 독수리의 몸을 완성한다(52-117행). 정의를 상징하는 독수리의 모양을 보던 단테는 하나님께 기도하고, 탐욕에 눈 먼 교황을 비난한다.

[그림 18-1 정의를 상징하는 독수리 모양을 이룬 혼들]

해설

1. 베아트리체 단테를 격려함(1-21행)

'지복(至福)의 거울'은 카차구이다이다. 자기 말을 음미하고 있었으며, '신 것과 단 맛'(2행)- 유랑생활에 대한 불길한 예언이 '신 것'이고, 후일에 빛날 단테의 명성에 대한 예언이 '단맛'이다. 단테도 들은 말씀을 생각하고 있었다. '그릇됨을 벗겨주시는 그이(6행)'는 하나님이시다. '내 위안의 사랑'은 베아트리체이다. 하늘에서 방금 본 베아트리체의 눈에 나타난 사랑의 기억을 지상에 까지 갖고 돌아갈 수 없다(7-12행). '둘째의 모습(18행)'은 베아트리체 얼굴에 반영된 하나님이시다. 몸을 돌이켜 카차구이다의 말씀을 들으라고 한다. 천국은 그녀의 눈 속에 만 있는 것이 아니기 때문이라는 것이다.

2. 십자가의 불을 보라(22-51행)

[그림 18-2 The Cross]

천국 593

카차구이다에게 몸을 돌이켰을 때, 그는 단테에게 화성천의 용사와 왕들의 이름을 불러내어 소개한다. '거룩한 빛의 불꽃(25행)'은 카차구이다인데 불꽃으로 자기의 뜻을 전달하고 있다. 28-36행은 카차구이다의 말씀이다. '꼭대기'는 하나님이 사시는 엠피레오이다. 보통의 나무는 뿌리에서 양분을 흡수하는데 천국에선 꼭대기에서 받는다. '다섯째 자리'는 화성천이다. '성망(聲望)'은 명성과 덕망이다. '무사'는 노래의 신인데 여기선 시인을 가리킨다. 카차구이다에게 몸을 돌이켰을 때, 그는 단테에게 화성천의 전사와 왕들의 이름을 불러내어 소개한다. '거룩한 빛의 불꽃(25행)'은 카차구이다인데 불꽃으로 자기의 뜻을 전달하고 있다. 지상의 나무는 뿌리에서 양분을 흡수하는데 천국에선 꼭대기(엠피레오 천)에서 받는다. '다섯째 자리'는 화성천을 가리킨다. 여기 있는 혼들은 지상에서 널리 알려진 인물들로서 시인들이 저들로 인해서 풍요해졌다. '십자가의 뿔'은 양 팔(arms)을 가리킨다. 십자가 양팔을 보니(34행) 번개 불처럼 빛나는 빛들이 있는데 그들은 여호수아, 마카베오(유대의 용장, 독립투사), 샤를마뉴(742-814, 신성로마제국 첫 황제, 스페인의 사라센인과 싸워 이긴 영웅), 그 다음 구일리렐모(공작, 후일 수도자가 됨, 812사망), 레오나르도(사라센인으로 기독교로 개종, 구일리엘모와 함께 싸운 용사), 제1차 십자군(1096)의 리더, 예루살렘의 왕이 된 고티프레디, 구이스카르도(사라센으로부터 남 이태리와 시칠리를 탈환, 1085년 사망)등이었다(37-48행).

3. 화성천에서 목성천으로(52-69행)

1행에서 51행이 52행 다시 단테가 베아트리체에게로 몸을 돌림. 더할 나위없는 아름다움을 보면서 6번째 하늘에 오른다. '여섯째 따뜻한 별'은 목성천을 가리킨다.

4. 넋들이 독수리 모양을 형성함(70-114행)

(1) 다섯째 낱말(Terram)의 M자(94-96행)
(2) 빛들이 내려와 앉음(98-99행)
(3) 독수리의 머리와 목을 이룸(106-108행)
(4) 독수리 전체의 모양을 이룸(112-114행)

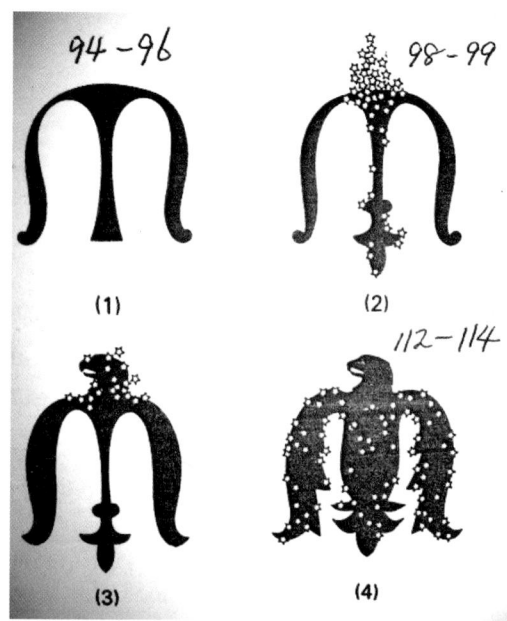

[그림 18-3 영혼의 빛들이 M(Terram: earth 땅)의 글자 모양에서 독수리로 변화되는 과정]

'한 횃불'은 정의의 빛이다. '사랑의 반짝임'은 목성안의 넋들이다. 'D.I.L(77행)'은 라틴어 '너희가 서로 사랑하라(Diligite)'의 첫 세 글자이다. 단테는 무사이(Muse)를 불러 시의 영감을 구한다(82-87행). 82-84행은 시(詩)의 신인 애마(愛馬) 페가세아(Pegasus)에게 기원한 내용이다 영의 빛들은 라틴어 총 숫자 35자를 만들었는데 앞의 글은 '정의를 사랑하라(Diligite justitiam)'이고 뒷글은, '땅을 심판하는 이여!(qui judicatis terram)'이다. 그러더니 5째 낱말(terram)

천국 595

의 M 속에 머문다. M자위에 천(千)도 더 되는 빛살(영)이 있어 동작을 하기 시작한다. 독수리 머리와 목의 모양을 이루고, 몸체와 꼬리를 형성한다. 94-108행에서 단테는 넋의 빛들이 처음에 M자로부터 시작하여 독수리의 머리와 목을 형성하는 과정을 그린다.'그림 그리시는 그이(109행)'는 하나님이시다. '둥지'는 천계이다. '인각(114행)'은 제국의 표상인 독수리이다.

5. 교황의 탐욕을 비난함(115-136행)

'별이여(115행)'는 목성천(木星天)이다. '우리의 정의'-지상의 정의는 목성천의 결과이다. 단테는 로마제국의 권위를 제 6천에 두고있다. 목성천은 정의의 상징이다. 목성천의 힘의 근거는 하나님께 있다. 단테는 목성천을 흐리게 하는 지상의 연기 나는 곳을 보라고 간청한다(115-120행). 거기는 교황청이다. 127-129행에서 단테는 교황 보니파시우스 8세를 향하여 울분을 터트린다. '칼을 들고 싸움질'이란 교황이 파문을 내린다는 뜻이다. '그 어지신 아버지'는 교황을 비꼬는 말이다. '빵'은 성찬식의 빵이다. 파문을 당한 자는 성찬에 참여하지 못한다. 천상(天上)의 영들에게도 세상(世上)에서 길 잃은 자들을 위하여 기도해 줄 것을 촉구한다(124-126행). '지우기만 위하여 기록하는 자(130행)'는 이익을 위하여 파문장을 냈다가 거두었다 하는 짓을 비평한 말이다.'포도밭'은 교회를 가리킨다. '너 좋이 말함직 하도다(133행)'- 악한 교황 요한 22세 '춤 때문에 순교로 끌려 가셨던 그이'-는 세례요한이다 (마태복음 14:1-14 참조). 교황이 세례자 요한에게 굳은 소망을 가진 것이 아니라 피렌체의 금화에 요한이 그려져 있어 돈을 의지한다는 뜻이다. 그러므로 교황은 베드로도 바울도 모르노라했다.

교훈과 적용

화성천에서는 십자가형, 목성천에는 독수리형을 취하였다. 목성천은 정의의 상징이고 여기는 정의의 전사들이 살고 있다. 여기 독수리는 옛 로마제국의 상징이다. 단테는 피렌체의 이상은 로마제국의 재현에 있다고 믿었다. 단테의 정치관을 18곡에서 엿볼 수 있다. 그런데 제 6천의 용사들이 싸운 대상은 사라센인(이슬람)들이다. 이교도 박멸 전쟁을 정의라 할 수 있을까?

교권남용(敎權濫用) : 파문장(破門狀)을 쓰고, 뇌물을 받고, 죄를 지우는 교황청의 죄와 부패가 후일 종교개혁의 불씨가 되었다. 스님들이 돈 맛을 보면 빈대도 남기지 않는다는 말이 있듯이 오늘날 개신교를 비롯해 종교재단에 돈이 넘쳐나는 것이 화근이다. 돈이 더한 곳에 부패가 극심해지는 것은 불을 보듯 뻔한 일이다.

제19곡 제6 목성천(木星天)
로마제국 과 정의

개요

- 하나님의 정의를 반영한 독수리 상(1-33)
- 신의 초월성과 인간의 유한성(34-69)
- 오직 예수 이름으로 만 구원받는가?(70-102)
- 말하는 독수리(103-148)

줄거리

제6 목성천에는 지상에서 정의(正義)를 실행한 자들이 살고 있다. 독수리가 이제 루비 빛으로 형성된 것 같이 날개를 펼치고 단테 앞에 나타난다. 독수리 입부리 모양을 한 혼들의 빛이 움직이더니, 신성한 상징을 가진 자들을 위하여 말하는 소리가 이것들은 신의 정의의 상징으로서 목성 천에 올라 와 있다고 했다. 단테는 독수리에게 신의 정의의 의미를 밝혀주고 자신의 의문을 풀어달라고 부탁한다. 그의 의문은 자신은 잘못이 없지만 복음을 들은 적이 없고, 세례를 받지 못한 영혼이 저주를 받는 다는 교리에 대한 것이다. 이 질문에 답하기 전에 독수리는 하나님의 측량할 수 없는 본성과 피조물이 하나님의 무한 지혜를 이해할 수 없음에 대하여 설명한다. 신의 탁월성(卓越性)은 피조물을 영원히

[그림 19-1 독수리 모양의 영혼들과 대화하는 단테]

능가하며 아무것도 그분의 의지를 꿰뚫어 볼 수 없다. 사람은 성경의 안내로 만족하여야하며, 하나님은 완전하시고, 선하시며, 의(義)로우시다는 것으로 만족해야한다. 이에 대한 독수리상의 대답은 아래와 같다. 그는 하나님의 의도(意圖)에 대하여 이런 저런 판단을 내릴 수 없다 하고, 그리스도 신앙 외에 아무도 천국에 올라가지 못한다고 단언한다. 그러면서도 덕스런 이방인이 이름만의 기독교인 왕들보다 그리스도에게 더 가까이 있다고 말한다. 단테는 1300년대의 짐승같은 왕들의 블랙리스트를 열거하면서 그들의 죄를 탄핵(彈劾)하고 있다.

해설

1. 하나님의 정의를 반영한 독수리 상(1-33행)

13-21행, 독수리 상이 말하기 시작한다. 저들은 영광에로 높이 들림을 받고 있다. 지상의 악인들이 로마제국을 기리면서도 정의(正義)를 지키지 않는다. 영혼들은 여럿 이어도 목소리는 하나이다. 22-33행, 단테의 의혹(疑惑)을 독수리 영들에게 알리고. 풀어주기를 바란다. 대재(大齊,33행)는 진리에 대한 무식과 아울러 이를 인식하려는 열망(배고픔)이다. '다른 영토를 그 거울로 삼으신다면 (28행)- 토성천을 지배하고 있는 천사의 이름은 좌천사(Thrones, 寶座)이다. 그것이 거울이 되어 하나님의 심판을 반영한다. '너울 없이'-거침없이 목성천의 불꽃들이 신의 정의(正義)를 아는 줄 아노라. '대재(大齋,33행)'는-질문의 본질(nature of question)이다.

2. 신의 초월성(超越性)과 인간의 유한성(有限性)(34-69행)

34-39행-매를 사냥터에 데려 올 때 까지 두건을 씌었다가 경기장에서 벗긴다. 매는 먹이 사냥을 위하여 멋진 포즈를 취한다. 중세귀족들의 인기 있는 스포츠이다. 표상인 독수리상도 이렇게 했다. 40-51행, 콤파스(六分儀)를 돌려 세계의 한계를 정하고 그 속에 감춰진 것과 밝은 것을 마련하신 하나님은 말씀 없이는 온 우주 안에 그의 능력을 각인(刻印)할 수 없다(40-45행). 피조물의 최고였던 천사(루시퍼)가 떨어짐으로 저보다 못한 인간들로서는 지고선(至高善)이신 하나님을 받아들일 수 없음이 명백하다(46-51행). 인간의 시각(視覺)은 하나님의 빛이 인간을 초월(超越)하는 것을 인정하지 않을 수 없다(52-57행). 시각의 한계(58-63행) 때문에 하나님의 정의를 알지 못한다(64-69행).

3. 예수 이름으로 만 구원받는가(70-102행).

그리스도를 신앙함이 없이 죽은 이들의 행위는 착하고 의로웠는데. 그들이 지옥에 간다면, 과연 정의는 어디에 있는가? 하고 단테는 자문자답(自問自答)한다(79-90행). '천 밀리아(80행)는 천 마일의 원 거리인데, 인간이 '한 뼘의 근시를 갖고' 심판의 자리에 앉아서 판단하려하는가라고 책망한다. 인간은 근시(近視), 하나님은 원시(遠視)이다. 성서문자의 기계적 해석은 비판의 여지가 있지만 인간은 성서의 권위에 따라야한다(82-84행). 독수리는 인간의 무딘 두뇌를 책망한다(85-87행). 정의란 하나님의 의지에 일치시키는 것이다. 주님의 뜻이 빛을 발하여 사물을 창조하신 이상 피조물 쪽으로 주님의 뜻이 굴곡 될 까닭이 없다(88-90행). '여러 권유(those many wills, 94행)'는 여럿이나 한 목소리를 내는 독수리이다. 따오기가 새끼를 먹이고, 새끼가 어미를 쳐다보는 것처럼, 독수리 상도 그렇게 하였다. 독수리는 돌면서 내 말을 네가 알아듣지 못하는 것처럼 하나님의 영원한 심판도 인간은 알지 못하리라했다(91-99행).

4. 말하는 독수리(103-148행)

독수리상이 다시 말하기 시작한다. 그리스도 없이 인간은 구원받지 못한다(103-105행). 그리스도 신앙없이는 누구나 천국에 들어오지 못한다. 그러나 이름만의 신자는 이교도보다 그리스도에서 더 멀리 있게 되리라(106-108행). 109-114행, 에티오피아인은 미신자를 가리킨다. 불신자가 심판 때 이름만의 신자를 벌준다. 부자는 구원된 자를 가난뱅이는 저주받은 자를 가리킨다. '쑥스러움이 적혀있는 책'은 요한계시록이다. 페르시아인은 이방인인데 그 책에 의하여 기독교국 왕들에게 무엇을 말하려할까? 115-148행에서 단테 시대의 크리스챤 통치자들의 죄를 탄핵하고 있다. 오스트리아의 알베르트는 이탈리아에 가지 않았으므로 대관은 받지 못했으나 1298년에 황제가 되었다. 그는 1304년에 프라그를 침공하여 초토화한 인물이다. 1308년에 생질에게 피살되었다

(연옥 6:95 참조). 그의 소행이 거기(계시록)에 기록되어있다는 것이다. '죽어질 그이(118행)'는 프랑스의 필립4세(1314년)로 사냥하다가 멧돼지가 그가 탄 말을 들이받아 죽었으며 전쟁비용을 조달하기 위해서 위조화폐를 찍어 프랑스에 주었다. 영국의 에드워드 1세와 스코틀랜드의 로버트와의 싸움을 말한 듯하다(121-123행). 에스파냐인은 키스틸랴왕 페르디난도 4세(1295-1312)이다. 보헤미아인은 빈첼슬라우스 4세(1270-1305)이다. '예루살렘의 절름발이(127행)'는 나폴리 왕 카를로2세인데 이름만의 예루살렘 왕이었다. I는 로마글자로 하나를, M은 로마자로 천을 뜻하는데 카를로는 선은 하나라면 악(惡行)은 천 가지란 뜻이다. '안키세스(Anchises)는 아이네아스의 아버지로서 시칠리에서 죽었다. '불의 섬을 지키던 그 자'는 시칠리의 에트나 화산이며, 그 섬의 왕 페데리고 2세이다. 그는 아주 못난 자라 잘못이 많아서 그에게 할당된 자리가 좁아서 적어두기에는 글자를 생략해야 할 정도이다.' 두 왕관(136행)'은 아라곤(Aragon)과 말로르카(Mallorca)의 왕국들이다. 페데리고의 형제 아라곤의 제임스2세와 '그의 숙부'는 제임스 발레아릭(Balearic) 섬의 왕을 가리킨다. '포르투갈 인'은 디오니시오 아그리 콜라(1279-1325)이며 욕심꾸러기였다고 한다. '노르웨이 인(139행)은 아코네 7세를 가리킨다. '라시아 인은 세르비아인이며 라시아(Rascia)의 왕(1321 사망)이다. 베네치아의 화폐가치를 떨어뜨렸다. '헝가리여'는 카를로 마르텔(천rnr 8:64-66)에게 속했던 왕위를 안드류3세에게 뺏긴다. '나바라여'는 필립왕의 왕비, 1304년에 아들에게 왕위를 물려주었다. 피레네 산맥을 방어에 잘 사용했더라면 프랑스 통치로부터 지킬 수 있었을 것이다. '니코시아와 파마고스타(145행)'키프로스 섬의 두 도시이다. 이 두 도시는 프랑스인 루시냐인 헨리7세 치하에서 고통을 받았다. 그는 짐승(146행)같은 자였다. '같은 자들'-위에서 언급한 군주들이다. 이상 언급된 자들의 소행이 계시록에 다 기록되어있다는 말이다

교훈과 적용

단테는 하나님의 정의의 불가지성(不可知性)에 대하여 몹시도 궁금해 했고 또 알고 싶었다. 정의의 하나님이 어찌하여 교회 밖의 착한 이들을 천국에 인도하지 못하시는가? 그들은 복음을 듣지 못했고, 믿을 기회가 없었다. 이들을 지옥에 보낸다면 하나님의 공평을 어디서 찾을 수 있단 말인가? 단테가 제기한 질문은 21세기 신학자들에 의해 활발히 토론되고 있다. 성서에 그렇게 기록되었으니 인간의 이성으로는 하나님의 깊은 세계를 다 측정할 수 없고, 판단할 수 없다는 것이다. 그리스도를 모르고 죽은 의로운 영혼들에게 구원의 기회는 없을까? 이 난해한 문제는 난제로 남겨 두어야 하리라. 정의는 신의 의지에 일치하는 것이다. 개인적으로 나는 단테의 생각에 동의하지 않는다. 성서를 더 넓게 새로 해석해야 할 것이다. 성경은 영원한 책이요, 진리의 책이다. 그러므로 한 시대의 해석을 정형화된 답으로 고정시켜서는 안 될 것이다. 석가, 공자, 소크라테스를 림보 지옥에 둘 수 있을까? 중세신학 현대의 근본주의 입장은 성서를 축자적으로만 보려고 한다. 이미 가톨릭은 바티칸 공의회를 통하여 이러한 시도를 실천에 옮기고 있다. 21세기 지구촌 시대에 지구촌 신학의 틀로 기독교를 해석해야 할 것이다. 가톨릭의 한스 퀑(Hans Kung)같은 이는 이런 점에서 주목 받을 신학자이라고 생각한다. 단테는 전통교리의 범주에 머물러 있으면서도 19곡에서 문제 제기를 잘했다. 그는 이런 점에서 우리시대의 선구자이다.

제20곡 제6 목성천(木星天)
정의로운 군주들과 하나님의 예정

개요

- 독수리의 침묵과 별들의 노래(1-30)
- 정의를 실천한 군주들(31-72)
- 트라야누스와 리페우스의 구원(73-129)
- 예정교리의 현묘함(130-148)

줄거리

제 6 목성천의 독수리가 그 눈에 빛나는 6명이 누구임을 단테에게 말해준다. 그 중에 트라야누스 와 리페우스에 관하여 단테가 품은 의문을 풀어준다. 영원히 변치않는 신의 예정은 인지를 훨씬 초월한다. 독수리 상이 잠시 조용해지자, 지복(至福)의 영들이 찬양을 하는데 상징적 실체로서 한 목소리가 아닌 각각의 제 소리로 노래한다. 찬양이 끝나자 독수리상은 다시 한 목소리로 말하기 시작한다. 독수리상은 그의 눈을 구성하고 있는 빛들은 목성천의 중요한 영들이라고 말한다. 눈동자는 다윗이고, 부리에 가장 가까운 눈썹의 자리에서부터 트라야누스, 히스기야, 콘스탄틴, 시칠리의 구엘리엘모2세 그리고 트로이인 리페우스가 나란히 있다. 단테는 트라야누스 황제와 트로이인 리페우스가 여기에 와 있는 것을 보고 놀랐다. 그 둘은 이교도로 생각했기 때문이다. 독수리는 트라야누스가 림보 지옥에서 구원받아 천국에 오게 된 경위와 리페우스(Ripheus)가 그리스도

[그림 20-1 독수리 모양의 영혼들과 세 여인(信望愛)]

강림 전에 장차올 그를 믿고 여기 온 것은 하나님의 은혜로 말미암은 것이라고 한다. 단테는 다시 덕스런 힌두(Hindu)의 구원과 하나님의 공의에 대하여 의문을 품는다. 독수리는 하나님의 예정의 오묘와 신비를 인간이 알 수 없다고 설명한다. 그리고 하나님의 깊은 뜻을 탐지하려는 인간의 불손(不遜)에 대하여 경고한다.

해설

1. 독수리의 침묵과 별들의 노래(1-30행)

1-15행, '그것이(1행)' 태양이다. '한 빛의 반사인 많은 빛(5행)들'-단테 시대의 천문학은 별 빛은 태양의 반사라고 생각했다. '영도자들의 표지(標識-7

행)'는 왕들의 휘장 곧 독수리상이다. '몸짓(9행)'- 빛살이 사그라질 때 밤 별들이 나타나고, 독수리상의 입부리 안에 통치자(統治者)들의 영이 침묵(沈默)할 때, 밤 별들이 다시 노래를 시작한다. 미소 + 사랑 + 거룩한 생각 = 천국의 특징이다(16-30행). 빛들 위에 소리의 이미지를 점진적으로 전개해 나간다. 시냇물의 속삭임이 비파(琵琶)의 소리로(19-21행), 그 다음은 피리구멍에서 나오는 바람처럼(22-24행), 마지막으로 속삭임은 목소리(25-30행)로 바뀌어 나온다.

2. 정의를 실천한 군주들(31-72행)

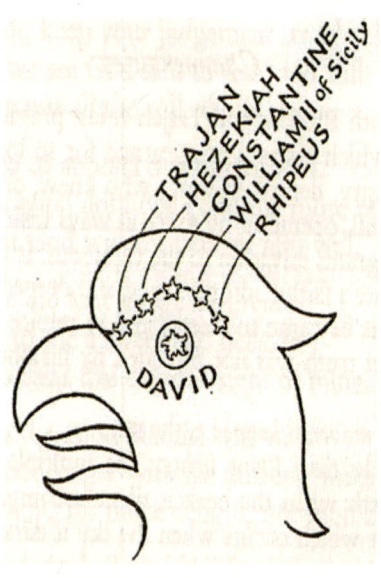

[그림 20-2 독수리의 눈동자와 눈썹 구성]

지상의 독수리의 눈은 햇볕의 직사광선을 견뎌낸다. 너는 이제 내 눈 속을 눈여겨보라(31-33행).독수리 모양을 꾸미는 영혼들 중에 6개의 혼이 눈과 눈썹으로 넌지시 언급되어있다. 이들은 가장 높은 자리의 별들이다(34-36

행). 독수리의 눈동자와 그 눈썹의 커브라인에 5개의 별이 빛난다. 그들은 이승에서 정의를 실천한 통치자들이었다. '눈동자로 빛나는 그이(37행)'는 다윗왕이시다. 그는 언약궤를 메었고, 시편을 노래했다. 여기 와서 하나님을 찬미한 시편의 상급을 받는 줄을 알았다(37-42행). 눈썹처럼 아치(arch) 모양을 하고, 입부리에서 가장 가까운 별인 트라야누스 황제(AD 98-117재위)는 아들을 잃고 원수를 갚아달라는 과부의 원한을 듣고, 싸움터에 나가기 직전임에도 불구하고, 원한을 들어주었다. 이제야말로 그는 지옥의 생활에서 그리스도를 따르지 아니함과 천국의 즐거운 생활의 차이를 알게 되었다(43-48행). 그는 교황 그레고리(540-604)의 기도로 천국에 왔다고 한다. 그 다음이 히스기야(왕하 20:1-6)인데 죽음의 병을 치유 받고 15년의 생명연장을 받은 왕이다. '이제야말로(now he knows)' 히스기야는 값진 기도가 오늘의 사건을 내일로 연기시킬 수 있으나 '하나님의 영원한 심판'은 바뀌지 않았음을 알았다(49-54행). 그 다음 눈썹의 정상에 위치한 콘스탄틴 대제(AD 272-337)는 로마제국의 수도를 비잔틴으로 옮긴이다 그 결과로 로마는 교황에게 넘어갔다. 착한 뜻이 악한 결과를 가져왔다. 로마는 정치권력을 잃게 되었다. 그는 그리스인이 되었으나 '이제야말로'그 결과를 알게 되었다(55-61행).4번째 단테가 보는 나폴리와 시칠리왕 구엘리엘모(AD 1166-1189)는 나폴리 카를로 2세와 페데리고2세가 폭정을 한 것 과는 반대로 선정을 베풀어 하늘이 의로운 왕을 얼마나 사랑하는지를 알게 되었다(62-66행). 5번 째는 트로이인 리페우스이다. 베르길리우스는 그를 가장 정의로운 영웅(Aeneid,p426-27) 이라고 했다. 이교도인 리페우스를 천국에 둔 것은 정의로운 신의 불가해(不可解)의 본질이다. '이제야말로' 리페우스의 눈이 하나님의 깊이를 이해할 수 없으나 하나님의 은혜를 깊이 알게 되었다(67-72행). 다윗, 히스기야는 유대인, 트라야누스와 콘스탄틴은 로마인, 그리고 시칠리의 구엘리엘모(Guiglielmo=WilliamⅡ, AD 1166~89)와 리페우스(Ripheus)는 이교도이다. 6명은 제6천 목성천과도 일치한다.

3. 트라야누스(Trajan)와 리페우스(Ripheus)의 구원(73-129행)

독수리 상의 침묵을 종달새에 비유한다(73-79행), 단테의 의문(疑問)은 그리스도를 믿지 않고 죽은 트라야누스와 리페우스가 어떻게 천국에 와있는가였다(79-87행). 의문이 입에서 튀어나오므로 '대축일'을 즐김같이 기분이 좋아졌다. 지복의 표상(表象) 독수리가 단테에게 말하기 시작한다. 단테는 두 통치자의 구원을 믿지만 이를 설명할 수 없었다(88-93행). 천국은 열렬한 사랑과 치열한 소망에 의해 반칙을 용납하는 수가 있다. 신의 의지 자체가 사람에게 압도당할 것을 원하고 있다. 신 자신이 그렇게 의도하고 계시기 때문에 사람은 신을 압도할 수 있는 것이다. 신의 의지는 지면서도 자신의 사랑에 의하여 이기신다. 신의 의지는 뜨거운 인간의 사랑과 산 소망에 의하여 지면서(압도당하면서) 천국이 침노 받으나 신은 실제에 있어서 이기는 것이다(94-99행). 천국은, 침노(侵擄)하는 자가 빼앗는다(마태복음 11:12)는 말씀대로 천국은 열렬한 사랑과 산 소망을 갖고 침노할 때, 하나님은 져 주신다. 져 주는 것이 이기는 것이다(88-102행). 트라야누스와 리페우스가 천국에 오게 된 경위(經緯)를 설명해 준다(103-129행). 트라야누스와 리페우스는 죽을 때 이교도였다. 십자가에 못 박힌 그리스도를 믿었고, 리페우스는 못 박힐 그리스도를 미리 내다보고 믿었다. 그러나 그들은 죽을 때 이교도로서 죽었다(103-105행). 트라야누스는 림보에 있었으나 자기의 선한 의지로서는 천국에 올라갈 수 없었으나 성. 그레고리의 기도의 힘을 입어 천국에 왔다는 것이다. 육체를 회복한 트라야누스는 그리스도를 믿고 구원을 얻었다는 설명이다(106-117행). 118-126행에서 리페우스가 천국에 오게 된 경위를 설명 하고 있다. '샘(120행)'은 하나님의 예정을 가리킨다. 하나님의 은총에 의하여 오실 그리스도에 대한 믿음의 눈을 열어 주셨다(121-126행). '율법 없는 이방인이 본성으로 율법을 행할 때 그에게 그것이 율법이 된다'는 로마서 2장 14절의 말씀을 리페우스에게 적용할 수 있을까? '세 마님(128행)'은 그리프스가 끌던 수레(연옥 29:121-129)

옆에 나타난 신(信), 망(望), 애(愛)를 가리키는데, 저들을 대리모(代理母)로 구원의 필요요건인 세례를 받았다는 것이다. 이 부분은 단테의 발상이지 성서적 근거는 없다.

4. 예정교리의 현묘(玄妙)(130-148행)

전체를 못보고 부분만 보는 인간에게 하나님의 예정은 얼마나 아득히 멀리 있을까!

하나님의 예정은 너무나 심오하다. 전체를 다보지 못하고 부분만 보는 인간에게, 예정의 신비는 현묘할 뿐이다. 인간은 하나님의 예정을 함부로 판단하지 말라. 구원받은 우리들조차 선택된 자가 누구인지 다 알지 못한다. '우리(136-138행)'- 독수리는 여기서 1인칭 나에서 우리라는 복수로서의 견해를 피력한다. 우리지식의 결핍도 하나님 앞에서 오히려 기쁨이 된다(130-138행). 139-148행은 20곡의 종결부분이다. 천상의 독수리 상은 단테의 근시를 밝게 해 주고자 약이 될 말씀을 주셨다. 지복의 두 빛 즉 트라야누스와 리페우스가 말씀에 맞추어 움직인다.

적용과 교훈

1) 40-72행사이에 '이제야 말로'라는 표현이 6번(40, 46, 52, 58, 64, 70행, 최민순 역) 나온다. 정의 실천의 왕들이 천국에 와서 비로소 알게 된 사실의 감탄사! 이승의 불가사의가 천국에 와서 풀리니 모르는 것은 모른 대로 남겨 두어야한다. 억지로 풀려다가 멸망하는 일이 발생한다.
2) 트라야누스와 리페우스의 구원은 단테가 억지로 꿰어 맞춘 감이 들기는 하나 이교도 구원의 길을 탐색해 보도록 우리를 자극한다. 단테가 제기한

이교도 구원의 문제는 현대신학이 진지하게 토의해 보아야 할 문제이다. 천국에 와서 놀란 두 가지는 꼭 와있어야 할 성직자가 지옥에 가있고, 지옥에 있어야 할 죄인이 천국에 와있더라는 예화도 있다. 마지막 뚜껑은 열어 보아야 할 여백이 있게 남겨두자. 우리가 하나님의 예정을 알지 못하기 때문이다.

인물 소개

트라야누스 로마황제(Trajan the Roman Emperor AD 98-117)

트라야누스는 로마 제국의 제13대 황제이다. 오현제(五賢帝) 중 한 사람이며, 속주 출신자로서는 처음으로 로마 황제에 올랐다. 로마 제국의 영토를 최대 판도로 넓힌 황제이다. 군인 출신인 그는 아우구스투스 황제 이래의 방위정책에 반해 군사원정에 적극적이었다. 도나우 강을 넘어 그리스 북부에 위치한 다키아를 정복하여, 일시적으로 아르메니아와 메소포타미아 지방도 제국령으로 삼는 등 트라이아누스의 치세 동안 로마제국의 영토는 최대에 이르렀다. 이로 인해, 로마 제국의 판도는 동쪽으로는 메소포타미아, 서쪽으로는 이베리아 반도, 남쪽으로는 북아프리카의 지중해 연안 일대에서부터 이집트 남부, 북쪽으로는 브리타니아 남부에까지 미쳤다. 다키아 원정 때의 일은 트라야누스 원주라고 칭해지는 대리석 기둥에 조각으로 새겨져 오늘날까지 전해지고 있다. 내정 문제에 대해서는, 선제 네르바를 본받아 원로원과의 협조를 중시하였다. 또, 구빈제도 충실, 세금부담 경감, 공공사업 진흥 등의 행정 개혁을 대거 실시하는 등 제국의 번영에 노력하였다. 시내에 포로 로마눔 부근에 새로운 광장을 축조하여, 벽돌을 세워 공설 시장을 마련해 시민들을 입주시켰다. 이러한 일련의 정책은 신분과 빈부의 차이를 뛰어넘어 로마 시민 모두의 공감을 얻었다.

제21곡 제7 토성천(土星天)
명상가 피에트로 다미아노

개요

- 웃지 않는 베아트리체(1-15)
- 황금 사다리(16-42)
- 질문을 허락하는 사다리(43-51)
- 단테와 한 빛의 질의 응답(52-72)
- 신의 예정을 인간이 이해할 수 없다(73-102)
- 나는 피에트로 다미아노(103-142)

줄거리

단테와 베아트리체는 제7토성 천에 오른다. 베아트리체는 단테에게 여기서는 웃을 수가 없다고 말한다. 이제 그녀의 아름다움이 극에 달하여, 미소를 발한다면 단테의 눈은 견디지 못할 것이라고 말한다. 지복의 넋들이 내려와 황금사다리를 돌며 시계(視界)밖으로 올라간다. 그들은 지상에서 명상의 삶을 살던 혼들이다. 한 영혼이 단테에게 접근한다. 순례자는 그에게 왜 내게 접근하며 토성천에는 어찌해서 음악이 없느냐고 묻는다. 그 영혼은 음악이 없는 것은 베아트리체가 웃지 않음과 같은 이유라고 설명하면서, 사랑의 몸짓으로 그대를 단지 환영하기 위하여 온 것이라고 한다. 예정론(豫定論)의 본질을 이해하기 위하여, 단테는 그에게 다른 영혼이 아니고 어찌하여 그대가 선택되었는가를 묻는다. 영혼은 빙빙 돌면서 최고위의 천사(세라피니)들도 이 물음에 답할 수 없다고 말하면서, 지상에 돌아가거든 사람들에게 지복자(至福者)들이 이해하고 있는 이상으로 알려하지 말라고 경고한다. 겸손해진 단테는 '그대는 지상에서 누구였느냐'고만 묻는다. 내 이름은 피에트로 다미아노이다. 지상에서 명상가로서 단순한 삶을 살았다라고 말한 후 성직자들의 자기탐닉(自己耽溺)의 삶을 신랄하게 비판했다. 그의 마지막 말이 떨어지자 다른 빛들이 내려와 단테의 주변에 무리를 짓고, 단테는 우레 소리에 기가 죽고 말았다.

[그림 21-1 황금사다리에서 만난 피에트로 다미아노]

해설

1. 웃지 않는 베아트리체(1-15행)

노래와 춤이 없는 제7 토성천에 오르기 위한 준비로 베아트리체가 단테에게 전과 다른 태도를 취하고 있다. 베아트리체의 이런 모습을 전에 보지 못했다. '내 웃었던들~세멜레와 같이 되고(6행)'-세멜레는 테베왕 카드모스의 딸로 제우스를 사랑했다. 헤라(Juno)의 꾐에 빠져 제우스의 위엄의 빛을 보게 해달라고 했다. '영원한 궁궐의 사다리(8행)'- 최고천 엠피리언에 인도하는 여러 별들을 가리킨다. 그 빛을 보는 순간 세멜레가 재로 변했다(變身3권:253-315참조)는 신화를 인용하여 단테의 시력을 보호하기 위하여 웃지 않았다고 그 이유를 설명한다(7-12행). '일곱 째 빛(15행)'-1300년 봄에 일곱 째 토성이 레오(사자성)와 결합한다. 단테의 이상적 명상가들은 차거움과 개혁의 열정을 겸비하고 있다. 베아트리체가 단테에게 웃지 않는 이유를 설명한다.

2. 황금 사다리(16-42행), 질문을 허락하는 베아트리체(43-51행)

베아트리체의 말씀이다. '네 마음을 눈이 이끄는 곳을 쫓도록 하고, 네 눈으로 거울이 되게 하라. 이 거울 속에 나타날 상을 위하여(16-18행)', '나의 수호자(22행)'-베아트리체이다. 그녀에게 순복하는 것이 단테의 기쁨이었다. '이쪽 저쪽(24행)'-이쪽은 영원한 진리를 관상함이고, 저쪽은 그의 명령에 순복하는 활동생활을 뜻한다. 관상(觀想)의 기쁨을 생각할 수 있는 자라면, 순명(順命)의 삶이 더 큰 기쁨을 주었다는 것을 이해할 수 있으리라. 단테가 끝없이 뻗어있는 사닥다리를 본다(창세기 28:12 이하). 사닥다리는 관상(觀想)의 표상이다. 까마귀는 검고 아름다운 새가 아닌데 그것은 수도자의 복장과 모습을 상징한다. 베아트리체가 단테의 '의문'을 알아차리고 질문을 권유한다.

[그림 21-2 황금 사다리 – 관상의 표상]

3. 단테와 한 빛의 질의응답(52-72행),

단테는 자기를 가까이 접근(接近)해오는 이유를 묻는다. 그리고 왜? 이곳에 음악이 없는가를 묻는다. 그리고 단테는 다시 예정론의 신비를 알고 싶어 한다. 하나님께 가장 가까이 있는 세라피니(최고위의 천사)도 모르는 것을 더 이상 알려하지 말라고 한다.

4. 신의 예정을 인간이 알 수 없다(73-102행)

천국에서 보는 자유는 하나님의 섭리를 따름이다. 단테가 알고 싶은 것은 어찌하여 영원 전에 그대 나를 만나기로 선택되었는지를 묻는다. 82-102행은 피에트로 다미아노의 답변이다. 94-96행은 예정의 신비를 말한다. 피에트로의 혼은 순례자에게 예정의 신비에 대하여 깊이 묻지 말도록 세상에 돌아가거든 말해주기를 요청한다. 지상에서 가장 현명한 자라도 예정에 관하여는 연기를 뿜어 잘 보지 못한다고 말한다. 하늘의 천사도 잘 알지 못하는 것을 사람들이 알 수 있겠느냐고 말한다.

5. 나는 피에트로 다미아노(103-142행)

이에 단테는 말머리를 돌려서 그대가 누구냐고 묻는다. 그는 수도원장이었고, 후일에 추기경 모자를 쓴 자이다. 그의 이름은 〈피에트로 다미아노〉이다. 112행에서부터 그는 수도원에 있었고 거기서 관상적 사색에만 몰입했다고 말한다. 그 수도원은 하늘들을 풍요롭게 했다고 한다. 119행부터 자신의 죄를 말한다. 늦게(50세) 추기경이 되었다고 한다. 베드로(요1:42)와 바울(행9:15)은 야위고 맨발 벗고 아무데서도 자고 먹었는데, 당시의 목자들은 사도들과 정반대의 모습을 보였다. '두 마리 짐승(134행)'은 성직자와 말(馬)을 가리킨다. 성직자가 너무 비대해서 짐승(말)을 타지 못했다. 하나님은 오래 참으셨다. 이 소리에 천국의 불꽃들이 분노하여 함성을 질렀다. 단테는 이 소리에 압도당한다.

교훈 및 적용

1) 명상의 영들이 살고 있는 곳, 사색(思索)의 경지가 사랑의 실천의 경지보다 더 높은 하늘에 위치하고 있다는 것을 배운다.

2) 앎에 대한 단테의 추구는 인간의 본성이다. 그러나 하나님의 예정 교리를 다 알려고 함은 무리이다. 알려 할수록 모르는 것이 많다. 철학과 과학 그리고 신학이 신앙의 세계를 설명하는데 도움이 되나 그것들은 한계가 있다. 하나님의 세계를 억지로 풀려다가 멸망한 이단 사상가들이 얼마나

많았던가!

3) 맨발벗고, 거친 음식 먹고, 아무데서나 잠을 자며, 하나님의 복음을 전한 베드로와 바울에게서 성직자의 본 모습을 본다. 오늘의 성직자, 목회자들이 깊이 짚어 볼 대목이다.

신화 해설

[그림 21-3 제우스의 광휘에 타죽는 세멜레(Semele)]

제우스는 카드모스왕의 딸 세멜레를 좋아했다. 이에 질투를 느낀 〈헤라〉 여신은 세멜레의 유모로 변신하여 〈아씨 댁을 드나드시는 그분이 제우스신이시라면 얼마나 좋겠어요? 하지만 많은 사내들이 순진한 처녀

방을 기웃거릴 때는 신들 행세를 한답니다. 자기 입으로 제우스신이라고 하더라도 마음을 놓지 마세요. 아씨를 정말 사랑한다면 증거를 보이셔야지요. 제우스신이시라고 하시거든, 헤라여신 앞에 나타나실 때처럼 위대한 신의 모습을 보여달라고 하세요〉 세멜레는 며칠 뒤 제우스신이 오자, 소원이 있는데 꼭 들어주겠다는 약속하면 말하겠노라고 했다. 〈무엇이든지 말해 보게, 자네가 원한다면 내 스튁스 여신에게 맹세하지, 이 스튁스 강에다 대고 하는 맹세는 신들도 뒤집을 수 없네, 자, 맹세했으니 말하게〉 귀얇은 세멜레는 제 파멸의 씨앗인 줄도 모르고 제우스의 약속만 믿고 어린애처럼 좋아했다. 〈헤라여신 앞에 나타나실 때의 모습을 저에게도 보여주세요〉 이에 약속을 한 바 있었던 제우스는 천둥과 번개의 모습으로 나타났다. 바로 그 순간 세멜레는 디오니소스를 낳고 있었다. 제우스는 디오니소스(박카스)를 구할 수 있었지만 세멜레는 제우스의 본모습을 보는 순간 그 광휘에 몸이 불타 한줌의 재로 변하고 만다.

제22곡 제7 토성천(土星天)/제8 항성천(恒星天)
성 베네딕토

개요

- 고함소리를 단테에게 설명함(1-22)
- 성 베네딕토가 단테에게 말하다(23-51)
- 수도원의 부패를 탄식함(52-96)
- 항성천에 오르는 단테(97-123)
- 베아트리체의 권유(124-153)

줄거리

21곡 마지막 행에서 함성 소리에 귀 먹어 기절 했던 단테에게, 아기를 돌보는 어머니처럼 베아트리체는 함성(喊聲)소리의 전말(顚末)을 설명해 준다. 그 함성 소리는 부패한 성직자에게 떨어질 복수임을 알게 될 것이라고 했다. 그리고 토성천에 있는 다른 영혼들에게 눈을 돌리라고 명한다. 많은 영혼 중에서 가장 크고 빛나는 혼이 단테에게 가까이 오더니 말을 건넨다. 그는 서방교회 수도원의 창시자 성 베네딕토이다. 베네딕토(St. Benedict: AD 480-543)는 몬테카시노(Monte Cassino)수도원을 설립한 이야기를 듣고 순례자는 성자에게 빛의 가림 없이 직접 그를 볼 수 있느냐고 묻는다. 베네딕투스는 최고의 하늘인 청화천에서

[그림 22-1 단테를 만나는 성 베네딕토]

그것이 가능할 것이라고 대답 한다. 베네딕투스는 그가 세운 수도회는 지금 기강이 풀려있고 본래의 영적 힘을 잃어 수도사들이 하늘의 사다리로 오르려하지 않는다고 말했다. 한때 은혜로웠던 수도원이 타락한 것을 슬퍼한다(73-96행). 그 뒤를 따라 베아트리체의 도움을 받아 단테는 항성천(恒星天: Gemini)에 오른다. 이렇게 말한 뒤 성자와 함께한 동료들은 사닥다리를 거쳐 빙빙돌며 사라진다. 베아트리체는 항성천에서 더 높은 하늘로 들기 전에 지금까지 거쳐 온 7별의 성좌를 내려다보라고 한다. 맨 아래 지구가 보잘것없이 보인다. 일곱 성좌의 별은 월천, 수성천, 금성천, 태양천, 화성천, 목성천, 토성천이다.

해설

1. 고함소리를 단테에게 설명함(1-22행)

[그림 22-2 Sword of divine justice]

베아트리체가 고함(高喊)의 시말(始末)을 단테에게 설명해 준다. 단테가 우레 같은 함성을 듣고 놀랐으나 지금 여기는 천국이니 두려워 할 필요가 없다한다. 하늘에서는 무슨 일이 일어나도 그것은 선한 열성의 결과이다. 이 소리가 너를 놀라게 했다면, 토성천의 음악과 미소가 너에게 들렸더라면 그것들이 너를 얼마나 변케 했을까를 생각할 수 있으리라. 너를 압도해버리지 않으려고 토성천에서는 노래도 들려주지 않았고, 미소도 짓지 않았다. 그 소리의 내용은 기도였다. 단테를 괴롭힌 자들은 교황과 추기경들이었다. 그들이 어떻게 벌 받는가를 너는 보게 될 것이다. 하나님의 심판은 시의적절하게 내린다.

2. 베네딕토 단테에게 말함(23-51행)

[그림 22-3 기도하는 성 베네딕토에게 음식을 내려주는 성 로마노]

베네딕토가 단테에게 다가와 카시노(Cassino)수도원의 내력을 들려준다. 성 베네딕토(AD 480-543)는 천국 22곡의 주인공이다. 단테는 저의 혼을 '제일 크고 아주 찬란한 것(28행)'이라 묘사했다. 그는 서방교회 수도원의 창설자이다. 로마에서 교육을 받았고, 3년 동안 동굴에서 수도했다. 그의 규율이 너무 엄격하여 수도자들이 그를 독살하려 꾀했다. AD 528년에 몬테 카시노로 옮겨 그 자신의 수도원을 세웠다. 543년에 그는 죽었다. 이 성자의 빛은 40행에 와서야 자신을 밝혔다. 그러면서도 자신의 이름을 말하지 않았다. 그가 제정한 규약은 서방의 모든 수도자들의 것이 되었다.

'너 나처럼 보았더라면(32행)'-수도자는 하나님의 세계를 깊이 보는 자(觀想者)이다.' 몽매하고 성미 궂은 백성(38행)'은 이교도를 가리킨다. '진리를 지상으로 가져오신 그 분(41행)'은 그리스도이시다. '불경스러운 숭경(44행)'은 베네딕토가 카시노에 왔을 때 아폴로며 비너스 신을 예배하는 신전이 있었다. 수도원은 이교신전을 헐어버린 그 자리에 세워졌다. 토성천(土星天)에는 관상의 혼들이 살고 있었다. 여기에는 마카리우스(AD 301-309)의 혼이 있었다. 그는 이집트인으로 성 안토니(은자, AD 251-356)의 제자였다. 그리고 로무알두스(AD 950-1072)는 라벤나 출신으로 은자의 집을 세웠고 순수 명상에 힘썼다. 베네딕토 수도원을 개혁한 인물이다.

3. 수도원의 부패(腐敗)를 탄식함(52-96행)

52-72행에서 단테는 베네딕토가 나타나서 그의 마음을 틔어 주심을 감사하고 태양이 장미를 활짝 피어나게 해주심 같다고(55-57행) 감사한다. 이어서 단테는 그에게 소원을 아뢴다. 가림이 없는 베네딕토의 상을 보여 달라고 했다. 너의 소원은 마지막 둘레 즉 청화천(Empyrean)에 오르면 성취될 수 있다고 말한다(61-63행). 최후의 권(sphere)은 공간도 없고 축도 없다. 그리고 회전함도 없다. 황금 사닥다리는 거기까지 닿는데 너의 눈에는 보이지 않는다(66-68행).

73-96행에서 베네딕토는 단테에게 당시 수도원의 부패를 탄식하며 설명한다. '지금은 '단테당시의 수도원이다. 수도원이라는 제도는 하나님을 보는 기쁨을 그 목적으로 하는 곳이다. 그런 수도회가 타락하여 저 높은 곳을 오르려하지 않는다. 수도원의 규약은 쓰레기가 되어버렸고, 수도원 돌담은 강도의 소굴(마태복음 21:13)이 되었다. 수도사의 의복은 욕심 자루가 되었다. 고리대금업자보다 더한 욕심을 부렸고, 교회의 재산은 가난한 자를 위해있는 것인데 이를 낭비하였다(75-78행). 베드로, 베네딕토 그리고 프란체스코도 가난을 벗으로 삼고 하나님을 섬겼다(87-88행). 수도원제도는 수도정신을 담는 그릇이었지만

이것마저 오염되면 새로운 개혁을 해야 하는 것이다. 과거 이스라엘에 기적을 행하신 하나님이 당시의 수도자들의 타락을 없애주신다면 이것은 앞의 것보다 더한 기적이 될 것이다. 수도원의 부패의 뿌리가 이토록 깊었던 것을 묘사하고 있다.

4. 항성천(恒星天)에 오르는 단테(97-123행)

베네딕토(St. Benedictus)가 말을 마치고 자기의 곳으로 올라간다. 베아트리체의 주선으로 둘은 항성천(恒星天: Gemini)에 오른다. '독자여(106행)'-독자여!라는 말은 여기서 16번 째 호소이고 마지막이다. 단테가 이를 쓴 것은 지상에 돌아가서 쓴 것이다. 하나님께 경건한 개선으로 돌아갈 수 있기 위하여 자기의 죄를 통곡하고 가슴을 친 것이다. 항성천은 단테 자기의 별이고, 이 별을 통해서 시적(詩的) 재능(才能)을 부여(賦與)받았다고 말한다. '토스카나의 공기를 맡을 적에(115행)'는 단테자신이 출생의 기쁨을 표현한 말이다. '어버이인 그것(116행)'은 태양이다. 태양이 쌍녀궁(雙女宮)의 중에 있었다. 쌍녀궁 사이에 태양이 태어나고 태양이 뜨고 또 몸을 덮었다. 당시 사람들은 태어날 때 별의 힘에 의하여 그의 운명과 재능을 받는다고 믿었다. 단테는 쌍녀궁의 때에 태어났으므로 이 별로부터 문학의 재능을 받았다고 믿었다. '내 영혼이 너희에게 향하여(121행)'- 단테는 이제 마지막 천국에 들어가는 험난한 여행을 위하여 힘을 달라고 쌍녀궁(성좌)에게 탄원한다.

5. 베아트리체의 권유(124-153행),

'마지막 구원'은 항성천(恒星天)이다, 여기서 하나님을 직관한다. 베아트리체는 더 끝에 들기 전에 거쳐 온 일곱하늘의 별들을 내려다보라고 단테에게 말한다. '마지막 구원(124행)'이란 하나님을 뵈옵는 것이다. 단테는 월천 아래 지구를 보고 보잘 것 없다고 말했다(133-138행). 지구 속에서 보는 땅과 산은 웅대(雄大)하고 크다고 말할지 모른다. 그러나 항성천에서 바라보는 지구라는 유성은 작고 보잘 것 없이 보였다. 우주선을 타고 지구를 바라보듯이, 절대의 자리에서 상대(相對)의 지구를 볼 줄 알아야한다.

교훈과 적용

1) '고함소리가 너를 깜짝 놀라게 한 다음이니(10행)' 단테는 명상을 항상 고요한 정적 상태로 생각한듯하다. 불의에 대하여 '함성을 지르는' 동적 명상을 여기에서 본다. 명상은 한적한 광야나 절간에서만 하는 것이 아니다. 삶의 현장이 하나님의 성전이요(칼릴 지브란), 기도의 자리이다. 단테의 동적 명상을 묵상해보자.

2) 명상은 영적 실체를 보는 것이다(32, 48, 59, 72행). 성조(聖祖) 야곱은 하늘 사닥다리의 윗부분이 닿아지는 것을 보았다.

3) 타락하면 영안이 어두워져서 탐욕이 발동한다. 교회를 타락시키는 것은 교회재산이다. 베드로는 금과 은이 없이, 베네딕토는 기도와 금식, 프란체스코는 겸손으로 모임을 착수했다. 그러므로 하나님의 일은 돈 없이도 할 수 있는 것이니 모름지기 기뻐할 지어다! 돈 가지고 위세를 떨치는 선교는 그 돈이 떨어짐과 함께 사라진다. 헤르만 헷세의 〈싯달타〉에서 붓다는 돈을 벌지 못하는 그대가 숲속에서 나와서 걸식하는 것 외에 무엇을 할 수 있느냐 라는 질문을 받고 '나는 생각한다. 나는 기다린다. 그리고 금식한다.'고 대답했다. 기도니 묵상이니 기다림이니 금식은 소극적이며 비생산적인 것처럼 보일지 모른다. 경제활동을 비롯한 삶의 모든 영역에서 일어나는 것의 뿌리는 I Think, I Wait, and I am fasting 이다.

제23곡 제8 항성천(恒星天)
승리교회(The Church Triumphant)

개요

- 베아트리체가 그리스도의 출현을 기다림(1-18)
- 그리스도와 승리의 교회의 개선하는 모습(19-48)
- 천분의 일도 묘사할 수 없다(49-69)
- 꽃밭(성모,사도들)으로 눈을 돌이키라(70-93)
- 천사장 가브리엘이 성모를 감아주다(94-111)
- 성모 마리아의 승천(112-139)

줄거리

23곡은 여덟 번째 하늘인 항성권(恒星圈:The Sphere of Fixed Stars)의 일을 다루고 있다. 때는 부활절의 목요일이다. 시간은 오후 3시에서 9시 사이이다. 베아트리체는 항성권(恒星圈)에서 무엇인가를 간절히 기다리고 있다. 잠시 후 하늘이 밝아지기 시작하고, 베아트리체는 승리교회(勝利敎會: The Church of Triumphant)의 도래를 선언한다. 단테는 그리스도(The Vision of Christ)가 개선의 군사를 이끌고 내려오심을 본다. 단테는 황홀(恍惚)한 상태에 빠진다. 무아지경에 있는 사이 그리스도는 지고천(至高天:淸火天)에 올라간다.

가브리엘 천사가 내려와 성모 마리아(The Virgin of Mary)에게 관을 씌운다. 단테는 베아트리체의 미소를 본다. 빛의 무리가 마리아의 이름을 찬양하는 사이 마리아도 아드님의 뒤를 따라 승천(昇天)한다. 성. 베드로를 위시한 다른 지복의 영혼들은 항성천에 머물고 있다.

[그림 23-1 승리교회의 도래]

해설

1. 베아트리체가 그리스도의 출현을 기다림(1-18행)

　새끼를 돌보는 어미 새가 날이 밝기를 기다리듯 베아트리체는 그리스도와 그의 무리(천상의 교회)가 내려오심을 기다린다. '지대(地帶-11행)'는 자오선(meridian)이다. 베아트리체가 천정을 향하여 우러러 본다. 이 때 태양의 걸음이 더디게 보인다(연33:103). '황홀해하고 그리워하는 그이를 보던 나(13-15행)'- 베아트리체와 단테는 특별한 일이 일어날 것을 기다리는 사람으로 그려져 있다.

2. 그리스도가 개선(凱旋)하는 모습(19-48행)

[그림 23-2 Triumph of Christ]

　'저기 개선하는 그리스도의 무리(19행)'는 천상의 승리교회이다. 로마황제의 개선하는 모습에서 인용했고, 그리스도가 사탄을 쳐 이기고 거둔 열매들이다

천국 **627**

(19-20행). 그것들은 성모, 아담, 사도들, 그리고 그리스도 자신이라고 한다. '수천 개의 등불(28행)'은 성도들의 영이고, '한 해님은 그리스도이시다. "살아 있는 실체" 즉 그리스도가 베아트리체를 통하여 단테에게 투영되었는데 그는 이를 감당 할 수 없었다(31-33행). 34-39행은 도래해오는 그리스도의 힘을 말하고 있다. 40-45행에서 그리스도의 내림 앞에서 단테는 황홀경에 빠진다. 46-48행에서 베아트리체는 단테에게 그리스도의 실체를 볼 수 있을 정도로. 시력이 강화되었음을 상기시킨다. 단테는 황홀경에 빠진다.

3. 천분의 일도 묘사할 수 없다(49-69행)

단테는 꿈에서 깨어난 자가 그 꿈을 기억으로 회복시키려 함에 비유했다. '폴리힘나(55행)'는 아홉 무사이 중 서정시를 맡은 여신이다. 폴리힘나와 여러 자매의 여러 혀를 가지고 도운다 할지라도 베아트리체의 웃음과 얼굴의 맑음을 천분의 일도 묘사할 수 없다고 했다. 이러므로 천국을 그림에 있어 거룩한 시는 논리를 뛰어넘을 수밖에 없다. 67-69행은 천국편 2곡의 서시(1-15행)를 참조할 것이다.

4. 꽃밭(지복의 혼들)으로 눈을 돌이키라(70-93행)

베아트리체가 그리스도의 빛살 아래 피어오르는 지복의 영혼들(꽃밭)에게로 눈을 돌이키라고 명한다. 성모 마리아는 장미로, 성사도(聖使徒)들은 백합으로 불렀다. 그리스도의 광채(光彩)를 보고, 마리아께 찬양(讚揚)을 돌린다. 마리아도 승천(昇天)한다. '눈썹의 싸움(78행)'은 약한 시력으로 엄청난 성도들을 보려는 시도이다. '섬광의 근원'은 그리스도이시다. 그리스도는 성사도들을 위에서 비추신다. 그리스도는 나에게 시력을 주시려 승천하신다. '꽃의 이름'은 장미이신 성모이시다. '가장 커다란 불덩이(90행)'는 그리스도이시다. '산 별'은 성모이시다.

5. 천사장 가브리엘(94-111행)

횃불 가브리엘이 마리아를 감아주고(96행), 그 곁을 맴돈다. 벽옥은 보석 사파이어이며 성모를 가리킨다. 칠현금은 가브리엘이다. 103-108행은 가브리엘의 말이다. '우리 소원의 잠자리였던 뱃속에서 불어오는 드높은 즐거움(103-104행)'은 성모 마리아를 가리킨다. 가브리엘 천사는 이렇게 성모를 호위하였다. '맨 위의 둘레'는 청화천이다. 마리아를 천사들이 찬양하는 것은 그리스도의 어머니이시기 때문이다. 마리아를 숭경함은 단지 마리아 예배가 아니고 곧 그리스도에 대한 예배라 할 수 있다.

6. 성모 마리아의 승천(112-139행)

'당당한 외투(114행)'는 제9 원동천(原動天)인데 여덟 다른 하늘을 덮고 그것들에게 도는 힘을 준다. '그 안쪽(115행)'은 원동천의 내측(內側)으로 지고천(청화천/원동천)에 가장 가까운 자리이다. 그리스도를 따라 성모가 올라가는 자리이다. 단테의 자리에선 그 모습을 아직 볼 수 없다. 단테의 눈은 성모의 승천을 따라 갈 힘이 없다고 했다. 성도들도 젖 먹고 제 어미를 향해서 팔을 벌리는 것 같이 마리아께 향했던 감정을 단테에게 보여 주었다. 레기나 코엘리(Regina coeli)는 부활절에 성모에 대한 찬가로서 '하늘의 여왕이시여'라는 뜻이다. 130-139행은 23곡의 종결연구(終結聯句)이다. 기쁨과 영광스런 경외로 가득 차있다. '바빌론 귀양(134행)'은 세상살이를 가리킨다. 여기 천상에서 그들은 많은 축복 즉 보화를 누리고 있다. 베드로는 신구약 성도와 함께 항성천(恒星天)에 머물고 있다

교훈과 적용

1) 그리스도를 중심으로 성모 마리아, 천사 가브리엘, 성 사도들 그리고 신구약 성도들로 구성된 승리의 우주교회를 단테가 잘 그려놓았다. 우리는 지상의 역사적 교회만 보아왔다. 우리의 교회관은 역사에서도 단절되고, 단지 목전의 단일교회에 제한 받을 수 있다. 천상의 우주적 교회상을 가질 필요가 있다. 단테는 시공을 초월한 이상적 교회의 아름다운 모습을 제시해주고 있다. 우주교회의 관점에서 지상의 지역교회를 볼 줄 알아야 한다. 단테는 지상낙원(연옥 29-30곡)에서 전투의 교회의 행렬을 보았는데, 여기에서(천국 23곡) 승리의 교회와 신구약의 구속받은 무리와 교회의 수장이시며 영광의 근원이며, 우리 구원의 중보자이신 그리스도의 광채를 보고, 성모를 바라보고 있다.

2) 신앙의 궁극 목적은 그리스도와 지복의 혼들을 보고 그들을 만남에 있다. 천국(天國)에서 나의 행복 나의 즐거움을 누리기 위해서 만이 아니다. 궁극의 목적은 하나님 찬양에 있다.

3) 바울은 그리스도 신앙 안에서 죽음의 공포를 극복했다. 그는 '사망아! 너의 승리가 어디 있느냐(고린도전서 15:55)'라고 했다. 그리스도인은 죽음의 공포를 넘어서서 천국의 개선문에 들어가는 자들이다. 로마의 황제들이 전장에서 승리의 전리품을 갖고 로마시민들의 환호를 받으며 개선하듯, 이들은 천국에서 그리스도와 먼저 온 지복자들의 환영을 받으며 당당히 그 문으로 입성하는 자들이다. 단테도 망명자로서 귀양살이의 눈물 젖은 빵을 먹고 고통 받은 자였으나 그 속에서 천국의 보화를 바라보고 즐거워했던 모습을 우리는 여기서 본다. 죽음은 곧 개선의 시작이다. 할렐루야!

제24곡 제8 항성천(恒星天)
단테가 신앙의 검증을 받음

개요

- 베드로의 불꽃이 나타남(1-27)
- 베아트리체 베드로께 단테의 신앙검증을 의뢰함(28-51)
- 제1문-믿음의 정의를 말해보라(52-82)
- 믿음을 네 영혼 속에 간직하느냐(83-111)
- 네 믿음이 있게된 까닭을 말해보라(112-154)

줄거리

여덟 번째 하늘 항성천(恒星天)의 계속(3)이다. 베아트리체는 지복(至福)의 혼들에게 단테로 하여금 천국의 지식을 갖게 해달라고 요청한다. 이에 지복의 넋들이 그 푸짐함을 느끼게 해준다(16-18행). 베드로가 베아트리체의 주위를 3번이나 돈 다음 그녀를 찬양하고 단테에게 신앙문답(信仰問答)을 한다. 믿음이란 무엇인가?(52-53행) '믿음은 희망한 사상들의 실체화하는 것(substantializing)이요, 나타나지 않는 것들의 증명(evidence)'이라고 답변했다. 베드로의 두 번째 물음은 '그 믿음을 네 얼(soul) 속에 지니고 있는지 말하라?'(84행)고 했다. 단테는 순수신앙(純粹信仰)을 그대로 지니고 있다고 대답했다. 3번 째 물음은 '이 믿음은 어디서 왔는지 그 유래를 말하라'(91행)는 것이었다. 단테는 '신구약 성경

[그림 24-1 단테의 신앙을 검증하는 베드로]

과 성령의 빛이라'(92행)고 답변했다. 베드로는 단테의 답변에 만족하고 4번 째 물음을 던졌다. 5번 째 물음은 '너 어찌 성경을 하나님의 말씀으로 믿느냐?'(99행) 말씀에는 기적이 따른다. 기적은 자연의 힘을 초월한다. 그러므로 〈기적〉이 신구약의 말씀은 하나님의 말씀임을 증명한다. 6번 째 물음은 '네가 믿는 그것과 아울러 네 신앙이 있게 된 까닭을 지금 표명하라'(121-123행)는 것이다. 단테는 삼위일체 교리에 근거하여 성서와 아리스토텔레스의 철학을 갖고 훌륭하게 답변한다(130-145행). 신앙 검증의 문답이 거의 끝나자 천상에서 '저희는 하나님을 찬미합니다.'라는 노래 소리가 들린다.(112-114행) 베드로는 기뻐서 단테 주위를 3번 돌고 그를 축복한다.

해설

1. 베드로의 불꽃이 나타남(1-27행)

　베아트리체가 항성천에 있는 지복의 혼들에게 단테에게도 신의 이슬(지식)을 내려달라고 부탁한다(1-9행). '하나님의 어린 양'은 예수님(요한복음 1:29)이시다. 베아트리체의 청탁을 받은 혼들의 반응하는 모습을 묘사한다. 지복의 혼들이 움직이지 않는 축 위에 바퀴가 돌 듯 동시에 움직이매, 어떤 것은 크고, 어떤 것은 작게, 다양한 속도로 돌고 있는 모습을 보인다(10-18행). 베드로의 영이 휘황한 불꽃으로 나타나 베아트리체의 주위를 3번 돈다. 찬양이 너무 신성하여 단테는 그것을 마음에 떠올릴 수 없었다. 24-25행은 묘사의 어려움을 표현한 것이다. '주름 앞에 색채가 너무 진한 까닭이니라(26-27행)'- 화가가 의복의 주름을 그릴 때, 화려하지 않은 색을 써야한다는 뜻이다.

2. 베아트리체가 베드로께 단테의 신앙검증을 부탁함(28-51행)

　베드로는 베아트리체를 '나의 누이'라고 부르며 말을 시작하니, 베아트리체는 베드로를 향하여 '천국의 열쇠를 받은 자(36행)'라 하면서 바다 위를 걸었던 그의 믿음(마태복음 14:28-29)을 상기시키면서 단테의 신앙점검을 부탁한다. 그가 바로 믿고(正信), 바로 소망(所望)하며, 바로 사랑하는지 보아 달라고 했다. 이에 득업사(得業士-학사, bachelor, 중세학제)가 답을 준비함 같이 단테도 대답을 대비했다(40-51행).

3. 제1문: 믿음의 정의를 말해보라(52-81행)

[그림 24-2 St. Peter examines Dante on faith]

제1문은 믿음이란 무엇인가? 이다. '훌륭하신 기수(旗手)'(58행)는 성 베드로를 지칭하는 말이다. '당신과 함께 탄탄대로에다 로마를 앉히신 저 당신의 친애하시는 형제님'(63행)은 바울이다. 단테는 믿음의 정의를 밝힌 히브리서 11:1을 바울의 기록으로 믿었다. 히브리서 기자는 누구인지 모른다. 베드로의 영이 단테에게 '믿음이 무엇이냐? 고 물으니 단테는 '믿음은 바라는 것들의 실상이요 보이지 않는 것들의 증거(히브리서 11:1)'라고 답한다. 즉 신앙은 희망하는 것들의 본체로서 아직 나타나지 않은 것들의 증거(64-66행)라고 한다. 과학은 이성을, 예술은 감성을, 종교는 신앙을 그 인식의 기관으로 삼는다. 믿음은 감각에 인식되지 않은 것을 참 실재로 인식하는 것(faith is perceiving as real fact what is not revealed to senses) 혹은 '믿음은 우리가 희망한 것을 구체적으로(substantializing) 현재화하고 있는 것'이라고 했다.(John Darby역) 아브라함이 하나님의 명령과 약속을 받았을 때 그것은 미래의 희망사항이었다 (창세기 12:1-3). 이삭을 낳기 까지는 약속 받은 후 25년이 걸렸다. 그 희망의 출발이요, 그 희망의 터요, 그 희망의 뿌리요, 그 희망의 시작은 아브라함이 하나님의 약속의 말씀을 믿는 순간부터였다. 아들, 이삭의 실체를 구체적으로 현재화하기 시작한 것은 하나님을 믿는 순간부터였다. 이삭이 아브라함과 사라의 가슴에 잉태된 것은 약속을 믿는 순간부터이었다. 이와 같이 믿음은 희망의 본체이다. 희망의 증명이다. 눈에는 아무 것도 아니 보이고, 귀에는 아무소리 안 들리는데 이를 논증하는 것은 초이성, 초감각의 인식기관인 믿음으로써 가능하다. 하나님이 살아계신다는 것을 과학이 실증하지 못한다. 예수를 믿음으로 나의 삶에 큰 변화가 온다는 것은 보지 못하던 세계에 대한 논증이다. 베드로는 단테가 믿음의 본질을 바로 깨달았다고 인정한다.(69행) 천상의 일들은 하계의 눈들에게는 감추어져(72행), 거기(지상, 73행)선 그것들의 존재가 믿음 안에 있고, 그 위에 망덕(望德, hope)이 세워지고, 그래서 믿음은 실체로 인식되는 것이다. 사람이 다른 방법으로 보아도 판단할 수 없으니 이 신앙으로 연역(演繹)하는 것 이외에는 방법이 없다고 단테는 베드로에게 답변한다.

4. 믿음을 네 영혼 속에 간직하느냐(82-111행)

베드로의 영이 단테에게 '순전한 신앙을 네 얼(soul)속에 지니는지 내게 일러라'(84행)고 말하고 이어서 이 값진 신앙의 근거가 어디서 왔느냐?(91행) '너 어찌 이 명제를 하나님의 말씀이라 간주하느냐?(99행) '누가 너에게 이 사적(事跡)들이 있었다고 일러 주었느냐?(103행) '라고 질문하자 단테는 논리정연하게 답변을 한다. 신앙을 '금전(83행)'에다 비유했다. '전대(84행)'는 금전(신앙)을 담는 자루(영혼)이다. 단테는 금화처럼 빛나는 변질 안 된 신앙을 갖고 있다고 답했다. 신앙을 다른 말로 '값진 보석(90행)이라고 했다. 믿음은 저력 곧 밑힘이다. 아랫배가 밑힘이 아니다. 그러면 이 믿음이 어디서 왔느냐고 물으니 단테는 성경위에 부어진 성령의 흡족한 비가 신앙의 근거라고 답한다.'(91-96행) '옛 되고 또 새로운 명제'(98행)는 신구약 성경이다. 진리를 내게 열어 준 것은 기적이라고 답하니, 기적은 어떻게 믿을 수 있는가 하니 성서에 기록 되어서 믿는다고 답했다. 그렇다면 그것은 순환논법에 빠지는 것이 아니냐? 논리의 모순인 것 같이 보인다. 단테는 '최후의 질문에 답한다.

세계가 기독교로 개종한 것 그 자체가 최대의 기적으로서 이에 비교하면 다른 기적은 작은 것이다.'(106-111행) '지금은 가시나무가 되었어도 ~옛날에는 포도나무'(109-111행) - 베드로는 좋은 나무의 씨를 심었으나 단테 당시 복음은 가시나무로 변했었다. 베드로가 전파한 복음이 최대의 기적이었고 그것이 기독교가 진리임을 열어주는 증명이 되었다.

5. 네 신앙이 있게 된 까닭을 말해보라?(112-154행)

단테는 부활절 새벽에 베드로가 더 젊은 발들을 앞서 무덤에 이른 믿음을 칭송한다. 단테에게 신앙의 내용을 고백하라고 한다. 이에 단테는 아리스토텔레스의 형이상학과 성서를 근거로 삼위일체 하나님을 증거한다. 아리스토텔레스는 하나님을 움직임을 받지 않은 제1원인(The unmoved mover)이라 했다. 그리고 성서와 성령이 믿음의 근거가 되었다고 말한다. 철학과 계시 양쪽이 신의 존재를 증명한다고 했다. 148-154행에서 답변을 마치자 베드로가 흐뭇하여 단테를 축복한다.

교훈과 적용

믿음의 정의를 단테는 히브리서 11:1에서 인용하였다. 하나님의 말씀의 언약(보기: 창세기 12:1-3)과 이의 성취 사이에 우리는 서있다. 이것이 현실(現實)이요, 현재(現在)이다. 공항에 비가 오고 있다. 구름이 하늘을 덮고 있다. 비행기가 이륙하자 구름층을 뚫고 맑게 개인 하늘을 본다. 믿음이란 지금 여기에 비가 오더라도 곧 저 위에는 맑은 하늘이 펼쳐 있는 것을 보고 있음의 상태이다. '믿음이란 우리가 바라는 것들의 구체화하고 있는 그 무엇이다.'(Faith is substantializing of what we hope for. 히브리서 11:1)

24곡은 소요리문답의 성격을 띠고 있다. 신앙에 대한 지적이요, 논증적 검증을 통하여 중세 스콜라 신학의 분위기를 조금이나마 맛본 듯하다. 믿음이 단순해야 한다는 것을 빙자로 해서 맹신(盲信), 열신(熱信) 내지 광신(狂信)을 삼가야한다. 성서와 기적, 신학과 당시의 철학을 동원하여 믿음을 밝혀보려는 단테의 노력과 그 진지성에 경의를 드린다.

제25곡 제8 항성천(恒星天-4)
야고보 단테에게 소망(所望)을 시문(試問)함

개요

- 단테 피렌체 귀환을 소망함(1-15)
- 베드로가 야고보를 영접함(16-33)
- 야고보 소망에 관하여 시문함(34-63)
- 단테가 야고보에게 답변(64-96)
- 요한의 출현과 질문(97-139)

줄거리

　　제8 항성천(4)의 계속이다. 단테는 신곡이란 이름의 자작시를 지옥편에서는 희극(commedia, 지옥 16:127)이라 불렀고, 여기서는 거룩한 시(신곡)라 불렀다. 피렌체의 성 요한의 세례 대(盤)로 돌아가서, 계관시인(桂冠詩人)으로 추앙(推仰)받고 싶은 소망을 표현하고 있다(1-12행). 베아트리체는 야고보를 소개하면서, 소망에 관하여 단테에게 물어달라고 부탁한다, 세가지 질문 중 두 번째 물음을 자기가 앞질러 대답한다. 야고보는 단테를 격려하면서 소망이란 무엇인가? 소망은 어떻게 꽃 피었으며, 소망은 어디서 비롯하는가?라고 묻는다. 단테는 야고보의 첫 번째 물음에 답변한다. '소망이란 미래의 영광에 대한

[그림 25-1 성 요한을 바라보다가 실명하는 단테]

확실한 기대로서, 그것은 은총과 선행으로부터 생기는 것이라고 한다(67-69행). 단테는 또 세 번째 물음, 즉 소망은 어디서 비롯하는 것인가? 에 대하여 그것은 다윗의 시편(9:10, 여호와여 주의 이름을 아는 자는 주를 의지하오리니)과 야고보서에서 비롯한 것이라고 했다. 단테가 대답을 정확하게하자 위에 있는 모든 혼이 노래를 부른다. 야고보는 단테에게 더욱 찬란한 빛으로 수긍의 뜻을 보여주더니 자신이 순교(사도행전 12:2)할 때까지 따라다니던 소망에 대하여 단테에게 설명한다. 이어서 세 번째 빛이 출현한다. 베아트리체는 그가 성 요한(112-124행)이라고 말한다. 단테는 성 요한은 육신이 하늘로 올라갔다는 전설이 사실인가를 그의 눈으로 확인하고 싶었다. 요한은 단테에게 자신의 육신을 보려 애쓰지 말라고 타이른다(123행). 단테는 불꽃으로 빛나는 성 요한의 혼을 응시

천국 639

(凝視)한다. 그리스도와 마리아만이 육신과 영혼을 지니고 있다고 말해준다. 단테가 요한의 빛만 바라보다가 실명하고, 옆에 있는 베아트리체도 볼 수 없게 될까봐 두려워한다.

해설

1. 피렌체 귀향을 하소연함(1-15행)

　신곡의 소재는 천상의 신학과 지상의 학문 양편을 다룬다. 단테의 신곡 집필기간은 45세에서 죽기 까지의 AD 1307-1321년으로 본다. 신곡 집필을 하는 동안 그것은 그의 심신을 피로케 했다. 1302년에 정적들에 의하여 추방을 당하였다. 단테는 자신을 양으로, 피렌체는 양 우리에 그리고 자신을 추방한 세력들을 이리에 비유한다. 신곡이 명성을 얻어 피렌체의 적들의 마음을 바뀌게 했더라면, 연애시를 쓰던 젊은 날이 지금은 성서시를 쓰는 '다른 소리(7행)'로, 젊은 날의 금발이 지금은 회색으로 바뀐 모습으로 피렌체로 돌아와 영세를 받았던 요한 성당에서 계관시인으로 추앙을 받고 싶다는 희망을 피력 하고 있다. 피렌체의 요한 성당은 믿음의 요람이요, 이 때문에 베드로의 혼이 단테의 주위를 3번이나 돌았다고 한다(천24:153행). 앞 곡에서 지복의 혼들이 축대 둘레를 돌았다. 거기서 한 빛이 단테와 베아트리체가 있는 쪽으로 움직였다. 25곡의 서막(1-12행)은 피렌체 귀환의 소망을 노래하면서, 16행 이하의 그리스도인의 소망을 준비하고 있다.

2. 베드로가 야고보를 영접함(16-33행)

베아트리체가 성 야고보(남작)를 보라고 소리친다. 야고보는 세베데의 아들이요, 사도요한의 형제이며, 유월절(AD 44년)전에 헤롯 아그립바 1세에게 처형을 당했다(행12:2). 그는 스페인에서 복음을 전했고, 후에 예루살렘으로 돌아갔다고 전해진다. 순교 후 그의 시신은 기적적으로 북서 스페인 갈리시아의 수도인 산티에고 캄포스텔라로 옮겨졌다고 한다. 중세시대에 순례자들이 그의 무덤을 찾았다고 한다(18행, Musa, 300쪽.). 세이어(Sayers)는 단테가 캄포스텔라사원의 대 성야고보(St. James the Great)와 예수의 형제요 서신의 저자인 야고보를 혼동한 것 같다고 했다. 단테는 베드로와 야고보의 만남을 짝 비둘기에 비유하며 야고보를 '어르신네'라 하고 베드로를 '굵은 어른'이라 불렀다. 서로 인사를 나눈 뒤 베아트리체가 야고보에게 변화산 사건(마태복음 17:1-9)을 상기시키며 소망이 메아리치게 하라고 한다. 세 명의 제자는 베드로, 야고보, 요한이다.

3. 야고보 소망에 관하여 시문함(試問, 34-63행)

[그림 25-2 Militant Church]

'너희 중에 누구든지 지혜가 부족하거든 모든 사람에게 후히 주시고 꾸짖지 아니하시는 하나님께 구하라(야고보서 1:5)', '온갖 좋은 은사와 온전한 선물이 다 위로부터 빛들의 아버지께로서 내려오나니(1:17)…' 저의 지상의 영들은 천상의 빛에 익숙해야 한다고. 베아트리체는 변화산의 사건(마태복음 17:1-9)을 상기시키면서 소망으로 메아리치게 하라고 했다. 질문을 하기 전에 야고보는 단테에게 머리를 위로 들라고 한다. 단테는 베드로와 야고보의 빛을 쳐다볼 수 없어서 머리를 드리우고 있었으나 이제는 눈을 들어 더 큰 비전의 산을 보고 즐길 수 있게 되었다. 시력의 강화를 받았기 때문이다. 이 산은 아마도 더 큰 빛의 반사체 인 것 같다(지옥 1:16-18 참조). '우리 전당의 너그러움(29행)'을 적은 영혼은 야고보이다. 야고보가 단테에게 생전에 그대를 천상에 올라와 지복의 혼들(41행)을 만나게 하신 뜻은 보고들은 것을 설명하고 지상의 사람들에게 희망을 주기 위함이라고 말한다(40-45행). 성 야고보의 불꽃이 단테에게 질문한다. 희망이 무엇인가? 희망이 너에게서 어떻게 꽃피었느냐? 그 희망이 어디서 나왔느냐? 두 번째의 물음을 베아트리체가 대신 대답하고(49-63행) 나머지 두 가지 물음은 단테에게 물어보라고 한다. 52-57행은 베아트리체의 답변의 요지이다. 지상의 교회를 '전투의 교회'라 하고 천상의 교회를 '승리의 교회'라 한다. 전투의 교회에 속한 단테만큼 더 큰 희망을 필요로 하는 자는 없다. 단테는 세상살이에서 천국에 이르기 까지 무엇이 가장 필요한 가를 보고 들었다. 그것은 희망이었다. 타락한 교회가 소생하기를, 바른 정치지도자의 출현을, 그리고 단테 자신의 피렌체 귀향에의 희망을 간절히 바랐다고 했다. 나머지 두 가지 질문은 단테가 답할 것이라고 했다.

5. 단테의 답변(64-87행)

단테는 '소망이란 미래의 영광에 대한 기대(期待)이고, 희망을 낳는 것은 은총과 공덕(功德)' 이라고 대답(67-69행)한다. 개신교는 믿음에 의한 은총을 강조함에 비해 가톨릭은 양자(信行)을 강조한다. 이 점이 양자의 차이이다. 이 희망은 '많은 별들(70행)'인 66권의 성서의 글과 특별히 다윗의 시(詩)와 야고보서에서 배웠다고 한다. '테오디아(THEOS+DIA-송가)'는 다윗의 시를 가리킨다.'당신의 이름을 아는 자로 하여금 당신을 바라게 하라(시편 9:10)' 시편 전편의 무드(MOOD)는 소망에 관한 것이다. 그 뒤 야고보서에서 소망이란 '방울'을 떨어뜨려 주었다. 단테는 야고보서를 통하여 소망을 얻었고 다른 이들에게도 이를 되부어 주었다. 단테의 말에 만족한 야고보의 섬광(79-81행)이 계속 말한다. '종려나무(83행)'는 순교자가 받는 상급이다. 이 세상의 싸움터에서 순교의 죽음을 하는 최후의 순간까지 그는 소망을 안고 죽었다. 소망의 내용은 "나에게 네가 말하니 나는 기쁘다"(85-87행)이다.

6. 야고보가 단테에게 말함(88-96행)

아브라함을 비롯하여 그 외에 하나님이 친구라 부른 모든 혼들에게 육체의 부활이라는 희망을 보여 주었다. '두벌 옷(91-93행)'- 부활후 영육 합일의 두벌 옷을 가리킨다. 이사야가 '너희가 수치대신에 보상을 배나 얻으며 능욕대신에 몫으로 말미암아 즐거워 할 것이다. 그리하여 그들의 땅에서 갑절이나 얻고 영원한 기쁨이 있으리라(61:7)했다. 여기 '보상을 배나 얻으며'는 최후심판과 부활후 영과 육의 연합을 말하는 것이다. 야곱의 아우님 성 요한은'이 일 후에 내가 보니 각 나라와 족속과 백성과 방언에서 아무도 능히 셀 수 없는 큰 무리가 나와 흰 옷을 입고 손에 종려가지를 들고 보좌 앞과 어린 양 앞에 서서(계시록 7:9)'라는 말씀에서 육체의 부활에 대한 계시를 더 분명히 했다(88-96행).

7. 요한의 출현과 질문(97-139행)

요한의 불꽃이 베드로와 야고보의 불꽃에게로 나온다(100-111행). 베아트리체가 성 요한의 불꽃을 소개한다.'그들 가운데 한 빛(100-102행)'은 성

요한이다. 게자리별(Crab,巨蟹宮)이 이런 빛을 가졌더라면 12월21일부터 1월21일까지 동지 한 달은 밤하늘이 밝았을 것이다. 성 요한의 찬란한 빛이 베드로와 야고보에게 오는 것을 보았다. 셋은 기독자의 3덕 신(信), 망(望), 애(愛)를 상징한다. 베아트리체는 가슴에 피를 흘려 새끼를 살리며 자기 목숨을 버린 새가 펠리칸이다. 펠리칸은 그리스도를 상징하는 새이다. 그리스도는 피를 흘림으로써 영적 죽음에서 사람을 살리셨다(112-114행)고 했다. 성 요한은 펠리칸인 그리스도의 가슴에 기대었던 자였다(요한13:23). 단테가 요한의 육신을 보려했을 때, 요한이 단테의 잘못된 노력을 바로 잡아준다. 천국에서 영과 육을 지니신 분은 그리스도와 마리아 뿐 이라고 말한다(121-129행). 마리아가 육를 입고 승천했다는 이야기는 전승(傳承)이지 성서적 근거는 없다. 단테의 눈이 어두워져 옆에 둔 베아트리체를 보지 못할까 두려워한다. 단테의 당황해진 감정이 마지막 4행에 잘 묘사되어있다(136-139행).

교훈과 적용

단테는 추방생활 중에서 쓰라림을 누구보다 깊이 맛본 사람이다. 그가 희망의 본질, 근거를 논한 것은 공리공론에서 나온 것이 아니다. 깊은 절망에서 하나님께 희망을 발견하였다. 천국에서 그가 희망의 실체를 보고, 피렌체의 구원, 아니 인류의 구원의 희망을 가슴에 안고 신곡을 썼다. 그의 피렌체 귀환의 소망은 당대에 이루어지지 않았고, 그는 라벤나에 묻혀있지만 700여년이 지난 지금도 계관시인(桂冠詩人)으로 존경을 받고 있다. 눈앞의 희망이 성취되지 않는다 해서 절망하지 말자. 단테의 희망이 불후의 신곡을 남기게 했다. 불교에서 발원(發願)이란 대염원(大念願)을 세워놓고, 이의 성취를 위해 끊임없이 정진한다. 지장보살(地藏菩薩)은 한 명의 영혼이라도 지옥에 남아있으면 그 영혼이 극락왕생 할 때까지 자신은 열반(涅槃)에 들지 않겠다고 했다. 단테는 연애시인에서 성서시인으로, 신곡 전편에서 인류구원의 희망을 노래하고 있다. 얄팍한 희망을 내걸어 놓고 일비일희에 놀아나지 않아야 할 것이다. '이 몸의 소망 무엔가? 우리 주 예수 뿐 일세 굳건한 반석이시니 그 위에 내가 서리라.' 아우슈비츠수용소에서 마지막까지 살아남은 자들은 살아남아야 할 이유를 가진 자들이었다. '로고 테라피(Logo Therapy)'를 쓴 프랭클 박사는 수용소 생활을 체험한 유대인이었다. 최악의 상황 하에서도 가족을 만나야 겠다던가, 애인을 만나야겠다는 소박한 희망의 소유자들의 생존율이 높았다고 했다. 깊은 신앙을 가진 기독자의 희망은 얼마나 그 위력이 더 크랴!

제26곡 제8 항성천(恒星天-5)
애덕(愛德)에 대한 질문/아담(Adam)을 만남

개요

- 애덕(愛德)에 대한 시문과 답변(1-81)
  - 요한이 애덕에 대하여 단테를 시문함(1-18)
  - 누가 사랑의 동기를 불러 일으켰는가(19-45)
  - 하나님께로 너를 당기는 다른 동기가 있었는가(46-66)
  - 베아트리체가 단테의 시력을 더 밝게 회복시켜주다(67-78)
- 조상 아담을 만남(79-142)
  - 단테 아담에게 궁금증을 풀어 달라고 간청하다(79-108)
  - 아담이 단테에게 답변함(109-142)

[그림 26-1 단테, 성 요한의 시문(試問)에 답하고 아담을 만나다]

줄거리

24곡에서 신앙에 대하여, 25곡에선 소망에 대하여 26곡에서는 성 요한의 영으로부터 사랑의 원천에 대하여 질문을 받고 답변하기 전에 단테는 요한의 불꽃을 집중해서 보려다가 안광이 꺼져 버린다. 시력이 회복될 것이라고 안심을 시킨다(76-78행). 성 요한의 영은 단테에게 사랑의 최종목표는 무엇인가(7-9행)를 물으면서 베아트리체가 시력을 회복시켜 줄 것이라고 안심을 시킨다. 단테는 크든 작든 사랑의 시작과 끝은 하나님이라고 대답한다(16-18행). 성 요한의 영은 또 무엇이 단테로 하여금 사랑의 동기(Motive)를 불러 일으켰느냐(22-24행)고 묻는다. 단테는 철학의 논증과 성서 및 교회의 권위라고 답한다. 그러자

성 요한의 영은 철학 및 성서의 권위 외에 무엇에 이끌려 하나님을 사랑하게 되었느냐?(49-51행)고 묻자 단테는 세상과 자신의 존재, 인간의 구원을 위한 예수의 죽음, 영원한 축복에 대한 소망(58-60행)등이라고 대답한다. 답을 마치자, 지복자들과 베아트리체가 거룩 3창(唱)을 부른다. 베아트리체가 단테의 시력을 회복하여준다(76-78행). 단테는 4번째 빛으로 다가온 아담의 빛을 보고 어리둥절 놀라며 그를 경배한다. 그의 궁금증을 풀어달라며 4개의 질문을 던진다(94-96행).

a) 아담이 지음을 받고 림보지옥에서 구출될 때 그이 나이는 몇 살인가?
b) 지상낙원(연옥)에서 얼마나 오래 있었는가?
c) 아담이 에덴동산에서 추방된 진정한 이유는 무엇인가?
d) 아담이 처음에 사용한 언어는 무엇이었나?

아담은(c),(a),(d),(b)의 순서로 답했다. 아담의 혼도 단테의 물음을 지레 짐작하고 하나님의 분노를 유발시킨 원인(c), 땅에서 930년 머물었고(창세기 5:5), 림보에서 4302년, 합치면 5232살이 된다(a). 그리고 그가 사용한 언어(d), 에덴동산에 머문시간(b)에 대하여 답변한다(109-142행). 이곡은 항성(恒星)천에 관한 마지막 부분이다.

해설

1. 요한, 애덕(愛德)에 대하여 단테를 시문(試問)함(1-81행)

[그림 26-2 성 요한의 질문에 답하는 단테]

1) 요한이 단테를 안심시킨다(1-18행).

단테가 시력을 잃고 당황해 할 때 성 요한이 나타나 단테를 안심시킨다. 시력을 회복할 때까지 사랑에 대한 물음이 곧 단테에게 보상이라고 말한다. 아나니아의 손(행9:12)이 사울의 눈을 뜨게 한 것처럼 베아트리체가 단테의 눈을 뜨게 할 것을 암시한다(10-12행), '성 요한과 단테사이에 사랑에 대하여 문답(質疑應答)을 시작한다. '눈부신 불(2행)'은 사도 요한이다. 16행의 '선(The Goodness)'은 하나님을 가리킨다. 하나님은 사랑을 가르치는 성서의 시작(알파)이요, 끝(오메가)이시다.

2) 누가 사랑의 동기를 불러일으켰는가(19-45행)?

철학의 논증, 성서 및 교회의 권위라고 답변한다(19-45행). '철학의 논증 즉 이성의 추리(25행)'이란 아리스토텔레스 철학의 제1원인으로 신의 존재를 증명함에 사용했다. '권위(26행)'는 성서와 교회의 가르침이다. '실체의 첫사랑을 내게 보여준 사람(39행)은 아리스토텔레스였다'고 성 요한에게 단테는 말한다. 중세의 스콜라 신학은 이처럼 철학을 신학적 교리의 도구(시녀)로 사용했다. 28-30행은 하나님 인식과 사랑의 관계를 말한 대목이다. 앎이 사랑에 선행한다는 논리이다. 그 다음 출애굽기 33:18-19과 요한복음 1:1-3을 인용하면서 성서의 권위를 증명한다.

3) 하나님께로 너를 당기는 다른 동기가 있었는가(46-66행)?

'사랑이 어떤 이빨로 너를 무는지(51행)'-사랑이 심히 강렬하여서 '물고 늘어진다'는 표현을 사용했다. '독수리의 거룩한 뜻(52행)'은 사도 요한을 가리키는 표현이다. 피조의 세계속에 그리고 나의 존재속에 그리고 신자의 소망등이 단테를 무는 이빨들이었다. 이런 모든 것들이 단테를 비뚤어진 사랑에서 바른 사랑으로 건져냈다고 답변한다. 그리스도의 십자가 사랑이 단테를 살려냈다. 감동스런 구절이다.'영원하신 꽃밭지기의 꽃밭(64행)'은 하나님이 지으신 세계이다. 삼라만상의 계시이기에 이것들을 사랑한다고 했다.

4) 베아트리체가 단테의 시력을 더 밝게 회복시켜 주다(67-78행).

단테의 답변이 끝나자 하늘곡조가 울려 퍼진다. 이것은 하늘의 뭇 영들이 그의 답변에 아멘한다는 뜻이다. 베아트리체도 이를 흡족히 여겨 '거룩 거룩 거룩' 삼창을 외친다. 베아트리체는 멀리 비치는 눈빛을 가지고 온갖 티끌(감각적, 육적사랑)을 단테의 눈에서 씻어준다(76-78행). 큐피드의 화살을 뽑아주었다.

2. 인류의 조상 아담을 만남(79-142행)

1) 단테는 아담을 보고 궁금증을 풀어 달라고 간청한다(79-108행).

[그림 26-3 Adam addresses Dante in the Heaven of Fixed Stars]

아담이 단테의 간청을 들어주겠다고 약속한다. 인류의 조상을 만나서 단테의 궁금증을 풀었다는 대목이 우리의 호기심을 자극한다. 그의 죄를 씻기 위하여 지옥에서 4302년을 지냈다는 것은 물론 상상이지만 그의 죄가 얼마나 컸던가를 암시한다. 아담이 구원되었다는 사상도 물론 성경적근거가 없다. 단테의 상상이다.

2) 아담이 단테에게 말함(109-142행).

아담의 나이는 지상에서 930년, 림보(Limbo)에 머문기간(4302년)을 합하여 5232세가 된다(118-120행). 림보에서 그리스도를 만날 때까지의 나이이다. 하나님의 분노(忿怒)를 사게 된 원인(原因)은 금단의 열매를 먹었다기보다 하나님의 말씀을 거역했기 때문이다. 자신이 사용한 언어는 언어 혼돈(창11:4-9)때 사라졌다고 말한다. 지상낙원(연옥,地上樂園)에서 머문 시간은 7시간이라고 말한다(109행), 아담은 인류의 이중 원형이다. 타락의 우두머리인 동시에 구원의 첫째 자리에 있다. 그리스도께서 죽으시고 음부에 내려가셔서 아담을 구출하여 연옥에 올려놓았다는 이야기가 함축하는 뜻이 깊다고 생각한다. 죄수번호 1번이자 구원번호 1번이 그것이다. 127-136행에서 인간의 언어는 영원하지 않으며, 언어의 변천이 야훼(Yhweh)에서 엘로힘(Elohim)으로 바뀌었다고 했다.

교훈과 적용

1) 어떻게 해서 왜 단테는 바른 사랑에 이끌려 들어갔을까?

(How and why he is drawn to right love). - 자연 이성(理性)의 추리(推理)즉 아리스토텔레스의 철학적 논증(37-39행)이 하나님을 향하게 만들었다. 하나님은 제1 원인자(原因子) 즉 그 어떤 것에도 움직임을 받지 않고 만물을 움직이는 원동자(原動者, unmoved mover)라는 것이다. 둘째는 하나님에 대한 사랑의 최고의 형태가 성서(출애굽기 33:17-19, 요한1:1-18)에 각인 되어있어서 바른 사랑에 이끌려가게 되었다고 한다. 셋째로 피조된 세계와 나의 존재 속에 하나님의 사랑의 인각(stamp)을 본다는 것이다. 넷째, 십자가에 못 박힌 그리스도의 죽음과 부활이 하나님 사랑에로 이끌어 내었다고 말한다(25-60행)

2) 단테의 시력(1행, 61-63행, 76-78행)

단테는 천국에서 요한의 몸을 찾으며, 보려 애쓰다가 시력을 잃었고, 옆에 있는 베아트리체를 보지 못하여 불안에 빠졌다(25:136-139). 사랑을 큐피드의 화살이라고 했다. 애욕에 빠지면 맹목이 된다. 사랑이 눈을 멀게 한다는 말을 많이 듣는다. 베아트리체는 '비뚤어진 사랑의 바다에서 나를 건져냈다(61-63행)고 단테는 말했다. 모든 사랑은 하나님에게서 비롯되어야 한다. 안목의 정욕(the lust of eyes) 때문에 얼마나 많은 사람들이 희생을 당했고, 지금도 고통의 바다 속에서 아우성치는가?

인간과 만물은 사랑을 받기위해 태어났고, 사랑을 위하여 살고 있다. 26곡은 사랑이 무엇이냐? 라는 사랑의 정의(Definition)를 묻지 않는다. 왜? 나는 하나님을 사랑하고 있는가? 라는 물음을 나에게 제기하고 있다. '나 같은 죄인 살리신 그 은혜가 놀라워'서이다. 우리의 삶(生)을 움직여 주는 프로펠러(propeller)는 사랑이다. 이것이 출발점(알파)이요, 종착점(오메가)도 사랑이다. 하나님(예수님)은 사랑이시다. 우리는 도대체 무엇을 위해서 아침부터 저녁까지 이렇게들 사는가? 머리도 꼬리도 없는 토막뿐인 삶에 대하여 집착할 것인가? 강력한 도전을 받는다.

제27곡 제8 항성천(恒星天)/원동천(原動天) 천상(天上)의 분노(忿怒)

개요

- 우주의 미소와 합창의 중지(1-18)
- 베드로의 얼굴색이 변함(19-36)
- 베드로의 목소리가 변함(37-75)
- 지구를 다시 내려다 봄(76-102)
- 원동천에 오른 단테(103-148)

[그림 27-1 지복의 혼들이 하나님께 영광의 노래를 부른다]

줄거리

제27곡은 제8항성천(恒星天)에서 제9원동천(原動天)에 이르는 사이에 발생한 이야기이다. 베드로, 요한, 야고보 그리고 아담의 혼이 단테 앞에 서 있다. 지복의 혼들이 삼위일체 하나님께 영광의 노래를 부른다. 단테는 우주의 미소(微笑)에 흠뻑 취한다. 베드로의 불빛이 붉게 변하고 노래 소리가 그친다. 베드로는 그의 후계자들과 교회를 신랄하게 책망한다. 베아트리체를 비롯하여 모든 혼들과 온 하늘이 붉은 색깔로 바뀐다. 단테는 그 변화를 (그리스도가 죽을 때의 일식(日蝕)에 비교한다(36행). 베드로는 스키피오(BC 234-183)를 통하여 로마제국을 구한 것 것같이(61행), 섭리가 교회를 구할 것이라고 예언하며, 천상에서 듣고 본 것을 세상에 알리라고 명한다(66행). 항성 권(恒星圈)의 모든 혼들이 청화천( )에 오르는 것을 단테는 본다(72행). 베아트리체는 이제 단테에게 그가 거쳐 온 하늘들과 지구(地球)를 내려다보라고 한다(78행). 다시 그는 베아트리체를 보고 마음이 애타 오른다90행). 그녀를 바라보게 하는 힘이 단테를 쌍둥이자리(항성천-gemini,星座)에서 순식간에 원동천에 올려놓는다. 베아트리체는 원동천(Primium Mobile)의 기능을 설명해 준다(106행). 이곳은 하나님이 직접 움직이시고, 제천의 운행도 여기서 비롯한다. 베아트리체는 인간의 탐욕과 지상의 무질서를 책망한다. 그리고 어린이들의 믿음과 순진성을 칭송한다. 이 곡은 지상의 타락한 교회를 천상의 교회가 어떻게 보고 있는가를 보여주고 있다.

해설

1. 우주의 미소(微笑)와 합창의 중지(1-18행)

단테는 신, 망, 애의 시문(試問)을 마치고, 원동천을 거쳐 순례의 목적지인 청화천을 오를 준비가 완료되었다. 아담은 향주삼덕(信-望-愛)을 모두 갖춘 완전한 인간이었다. 성부의 존재를 신앙하고, 성자의 부활에 희망을 걸었고, 성령의 사랑에 응답하여 하나님을 사랑하였다. 그래서 지고천으로 영광의 개선을 장식하였다. 1행의 '영광있으라'의 찬양은 천국에서 그에게 주어진 축복이었다(原 基晶-p628). 단테는 노래에 취했었고, 우주의 미소를 보는 듯 취해 있었다(1-9행). '횃불 넷(10행)'은 베드로, 요한 야고보 그리고 아담을 가리킨다. '맨 앞에 온 것'은 베드로의 혼이다. 목성은 흰색이고, 화성은 붉은 색인데 베드로의 것이 붉은 색으로 바뀌었다는 뜻이다(13-15행). 하나님의 섭리(providence)가 합창을 중지시킨다(16-18행).

2. 베드로의 얼굴색이 변함(19-36행)

[그림 27-2 St. Peter condemns the popes and the corrupt Church]

베드로가 단테에게 얼굴색이 변하더라도 놀라지 말라고 양해를 구한다. '비어 있는 내 자리(22행)'는 지상에 교황이 있으나 교황의 자리를 더럽혔으니 하나님 보시기에는 없다고 했다. 그래서 빈자리라고 말했다. 그는 보니파시우스 8세이다. '내 분묘(25행)'는 바티칸에 묻혀있는 베드로의 무덤이다. 하나님의 성소를 도둑의 굴혈로 만들어버린 예루살렘 성전을 방불케 했다. 지옥으로 떨어진 루시퍼가 이를 좋아한다고 말했다. 베아트리체도 낯빛을 분노의 색으로 바꾸었다. 천국이 분노의 붉은 색으로 바뀌어오는 것을 단테가 보았다. 그리스도께서 십자가에 달렸을 때도 '온 땅에 어두움이 임하였다(마태복음 27:45)'. 단테는 베드로의 분노의 말씀(19-27행), 온 하늘의 변화 그리고 베아트리체의 안색의 달라진(28-36행) 모습을 전하고 있다. 후계 교황들이 베드로의 자리와 바티칸을 시궁창으로 변질시킨데 대한 천상의 반응을 묘사하고 있다.

3. 베드로의 목소리가 변함(37-75행)

베드로가 다시 말한다. 자기의 뒤를 이은 훌륭한 교황들을 열거한다(40-75행). 교회는 순교(殉教)의 피로 성장했다. 리누스는 베드로의 뒤를 이었다고 전해진다(기원64-67년경). 사투르니우스에 의해 76-79년에 목 베임을 당했다고 전해진다. 클레투스는 리누스를 이었다고(79-90년)한다. 둘 다 순교했다. 세워진 교회는 황금을 얻기 위함이 아니다(40-42행). 식스투스(115-126년), 파우스(140-155년), 칼릭스투스(217-222년), 우르바누스(222-230년)의 네 교황도 선혈을 뿌렸다. 베드로와 사도들의 뜻은 교황파(Guelf)와 황제파(Ghiberin)로 나누는 것이 아니었다(46-48행). 베드로에게 맡겨진 열쇠는 싸움의 깃 폭에 문장이 되기 위함도 아니다(49-51행). 장사나 거짓의 특전이 되기 위한 옥새(베드로의 그림이 새겨져있음)도 아니었다(52-54행). '카오르인'은 교황 요하네스 22세(1316-1333년)이고, 가스코뉴인(1305-1314년)은 클레멘스 5세로 교황청을 아비뇽으로 옮긴 장본인이다. 스키피오(235-

183BC)는 한니발을 쳐부수고 로마를 건진 명장이다. 스키피오 같은 구원자가 어떤 형태로 오리라(61-63행). 베드로는 단테에게 지상으로 돌아가거든 천상의 분노를 알리라(64-75행)고 명한다. '암염소 뿔'은 성좌의 하나로 마갈궁(the horn of heaven,' goat)이라고도 한다. 이 때는 한 겨울이다. 단테는 함께 하였던 혼들이 청화천으로 올라가는 것을 본다(70-72행).

4. 지구를 다시 내려다 봄(76-102행)

단테가 더 높이 오르기 전에 베아트리체가 단테에게 아래 세계를 내려다 보라고 한다(76-78행, 천22:127-154). '첫째 클리마(81행)' 제1대는 기후 상으로 본 지대분류인데 중세의 지도제작에 있어서 북반구를 적도와 평행시켜 일곱지대로 나누었다. 단테가 지금 있는 쌍자궁은 첫 클리마(climate)에 해당한다(79-81행). 82-87행에서 단테는 스페인의 서남해안 가데(Cadiz)의 저쪽에서 오뒷세우스의 뱃길(지26곡)을 보았고, 페니키아(84행) 해안을 보았다. 태양이 금우궁(金牛宮:황소자리)을 떠나 백양궁(白羊宮:양자리)으로 가버렸으므로 지구를 더 잘 볼 수 없었다(85-87행). 88-96행에서 단테는 지구별을 내려다보면서도 그의 마음은 베아트리체를 보고 싶은 열망으로 가득 찬다. 베아트리체의 모습이 더욱 아름다워 보인다. '레다의 고운 보금자리(98행)'는 쌍자궁이다. 쌍자궁(Gemini)의 두별은 카스토와 폴룩스인데 저들은 레다의 자녀이다. 레다는 제우스의 사랑을 받았다. 쌍둥이가 죽었을 때 제우스는 그들을 쌍둥이자리에 두었다. 단테를 응시한 베아트리체의 힘이 그를 원동천으로 끌어 올렸다(77-99행).

5. 원동천에 오른 단테(103-148행)

베아트리체는 106-120행에서 원동천의 기능을 설명하고 있다. '여러 성좌를 회전시키면서 중심인 지구를 쉬게 하는 우주의 본성인 원동천이 여기를 출발점으로 해서 움직이느니라(106-108행)' '한 원(112행)'은 하나님이 몸소

[그림 27-3 Hymn to Father, Son and Holy Ghost]

지배하시는 지고천(청화천)으로 원동천을 휘감고 있다. '마치 이것이(113행)'는 원동천이다. 하나님만이 원동천의 경계를 아신다. '화분'은 원동천을 가리키고,' 딴 것들(119행)'은 여러 하늘(諸天)이다. '잎을 피움'은 눈에 보이는 제천의 운행이다. 121-148행에서 '베아트리체가 질서 정연한 우주에서 인간성의 연약함과 무가치함을 말한다. 베드로가 앞에서 책망한 것을 베아트리체가 종결부에서 끝낸다. 인간의 탐욕을 책망하며 이를 의인화했다(121-123행). 어렸을 때 순진함이 나이 들어 변질됨을 교훈한다. '볼이 덮여진다(128행)'는 수염이 나서 어른이 되기 전을 가리키는 말이다. '혀가 풀린 뒤(131행)'는 어른이 된 후다. '어떠한 달 에고(131행)'는 금식해야 할 사순절 등을 뜻한다. 아리스토텔레스에 의하면 인간은 '하계에서 소홀히 하는 백분의 일(142행)'은 줄리우스 카이사의 계산법이 틀렸음을 말하고 있다. 카이사력(曆)은 1년을 365일6시간으로 만들었다. 백년에 하루의 오차를 생기게 하고 90세기가 조금 덜 되어서 1월이 봄으로 옮겨질 것이다. '겨울이 나기 전에(143행)'는 얼마 오래지않아 라는 뜻이다. 145-147행은 배가 바른 방향으로 가게 되었다는 뜻이다. 단테는 하나님의 개입이 있을 것이라는 희망을 결코 버리지 않고 있다.

교훈과 적용

천상에서 보는 단테 당시 지상의 교회는 형편 무인지경이었다. 베드로의 자리(3번이나!)를 더럽혔고, 바티칸을 피와 악취의 시궁창으로 만들었고, 순교자의 피를 마시고 세워진 교회를 돈벌이의 수단으로 변질시켰다. 교황권(敎皇權)이 정치판에 끼어들어 영혼을 피폐케 하였고, 교황 뿐 만아니라 목자(牧者)들도 탐욕의 이리로 바뀌어 하나님의 진노를 불러 일으켰다. 넓게는 세계의 종교가, 좁게는 한국의 기독교가 종교 본래의 사명에 충실한가를 물어보게 한다. 황금, 교권 그리고 정치의 야합이 교회를 부패케 하고 있다. 과연 천상에서 보이는 오늘의 교회는 어떻게 보일 것인가? 땅에서 매면 하늘에서도 매이고, 땅에서 풀면 하늘에서도 풀린다. 절망적인 당시 교회의 상황을 보면서 절망은 없다는 사실을 다시 확인한다. 메시아가 오셨고 예언자와 개혁자들을 통해서 하나님은 자기의 몸 된 교회를 늘 새롭게 하신다.

제28곡 제9 원동천(原動天)
제천(諸天)과 천사들

개요

- 제천(諸天)과 천사계의 상호관계(1-96)
  베아트리체 눈의 일점에 비친 것을 단테가 뒤돌아서 본다(1-21)
  한 점(하나님) 둘레에 9개의 원(천사의 빛)이 회전하고 있음(22-42)
  9품 천사들과 제천(諸天)에 대한 단테의 물음과 베아트리체의 답변
  (43-96)
- 베아트리체가 구천(九天)에 배치된 천사들을 설명함(97-139)
  상급3품(세라핌-원동천, 커룹-항성천, 트로니-토성천)(97-114)
  중급3품(도미나시오-목성천, 비르투테스-화성천, 포테스타테스-
  태양천)-(115-126)
  급3품(프린치파투스-금성천, 아르칸젤루스-수성천, 안제루스-월천)
  디오니시오는 옳았고, 그레그리오는 틀렸음(127-139)

[그림 28-1 The sparkling circles of the heavenly host]

줄거리

제9 원동천에서는 하나님과 천사들이 살고 있다. 베아트리체가 하계 인간들의 탐욕(貪慾)에 대하여 말하기를 끝내자, 단테는 베아트리체의 눈에 비친 아주 맑은 빛을 보고 하늘로 시선을 옮긴다(12행). 그것은 하나님의 빛이고, 그 원점 둘레를 햇무리처럼 에워싸면서 아홉개의 불바퀴가 돌고 있다. 하나의 불테두리가 원동천의 둘레보다 더 빠른 속력으로 돌고 있고 이 테두리는 여덟 개의 다른 둘레들에 의해 감싸여있다. 바깥쪽의 둘레 일수록 점점 더 속도가 느리고 덜 밝다. 단테는 9개의 별이 지금 눈앞에 보이는 불테두리와 서로 어긋나지 않는가에 대하여 묻는다(55-57행). 베아트리체는 단테에게 그가 보는 별의 둘레의 크기로 판단해서는 안되고, 그 둘레(별)를 지배하는 천사의 힘에 의해서 판단해야 한다고 설명한다. 하나님께 가장 가까이 있는 세라핌(seraphim) 천사가 지구에서 가장 먼 원동천을 지배하고 있으므로, 세라핌 천사가 원동천과 상응하는 것은 단테에게 역순(逆順: Inverse order)으로 보인 것이다. 단테는 이제 영적입장에서 보니 이해가 되었다. 단테는 베아트리체의 설명을 듣고 머리가 맑아진다(85-87행). 이어서 베아트리체는 단테에게 3 그룹 합창대로 나뉘어 있는 천사들의 서열과 그들의 기능을 설명하여준다. 교황 그레고리(Gregory, 590-604)가 천사의 위계서열(位階序列)을 잘못알고 있었으며 디오니시우스가 옳았다고 말한다. 디오니시우스(Dionysius)가 바로 말한 것은 바울에게 들었기 때문이라고 한다. 단테는 이전의 견해를 시정하고, 토마스 아퀴나스의 설을 받아들였다.

해설

1. 베아트리체의 눈을 들여다보고 시선을 하늘로 옮긴다. 그 둘레 안에 한 점을 주목한다. 그것은 하나님의 상징적인 그림이요, 하나님의 본질은 아니고 천사들의 품급들과의 관계이다. 하나님은 실상이요, 베아트리체의 눈은 거울이다(1-15행).
2. 한 점(하나님의 실재)을 둘러싼 불의 티(세라핌 천사)와 그것을 둘러싼 제2 ~ 제9 테두리, 중심 에서 멀어질수록 늦게 움직인다. 모든 자연과 하늘들은 이 제일동자(第一動者, The First Mover)를 의존한다(16-39행).
3. 초감각(천사)과 감각(諸天)의 서열이 정반대인 것에 의문이 생김(40-57행),
4. 제천(諸天)과 천사의 상응관계(58-78행),

5. 단테는 베아트리체의 설명을 듣고 마음이 맑아진다. 하나님을 향하여 천사들의 합창소리를 들음 (79-96행),
6. 하나님을 둘러싼 세 등급의 천사들(97-129).

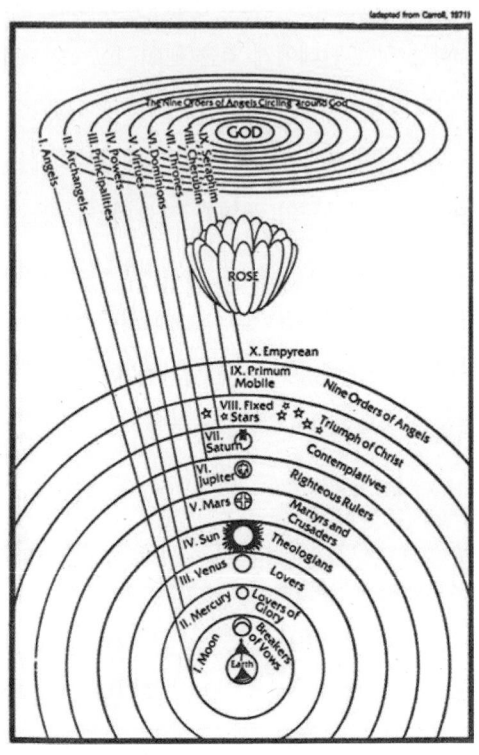

[그림 28-2]

제1품급 - 세라피니(Seraphim), 케루비니(Cherubim), 트로니(Thrones),
제2품급 - 도미나치오니(Dominions), 비르투디(Virtues), 포테스타디(Powers),
제3품급 - 프린치파티(Principalities), 아르켄젤리(Archangels),
        안젤리(angelic sports),

7. 디오니시우스가 천사들의 등급을 알아냄. 그레고리우스는 잘못되었음 (130-139행)

교훈 및 적용

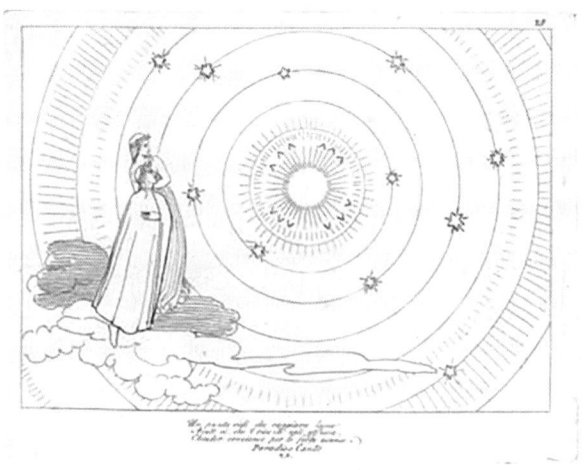

[그림 28-3 Dante sees a piercing point of light]

천국의 핵심인 '점(하나님의 실재)'을 마침내 단테가 보았다.

그 〈점〉을 에워싼 천사들의 빠른 운행을 묘사하고 있다. 천국여행의 목적이 하나님을 뵙는 것이다.

천상에 이르는 9천과 천사와의 관계를 배운다. 단테는 물리적 우주를 하나님 계신 점에서 새롭게 보고 있다. 우주의 운행과 우리 삶의 운행이 부동의 점이신 하나님을 향하고 있음을 알 때, 그 목적은 달성하는 것이다. 우리는 지금 여기서 날마다 매 순간 하나님을 만나 뵈올 수 있다(요한계시록 3:20).

제29곡 제9 원동천(原動天)(2)
천사론 / 교회비판

개요

- 직유로 천체 묘사(1-9), 베아트리체 말하기 시작(1-12)
- 베아트리체가 천사의 창조에 대해서 설명한다(13-69)
- 베아트리체 잘못된 천사론과 교회의 잘못을 비판함(70-126)
- 베아트리체 천사들에 대하여 더 많은 지식을 말해준다
  (127-145)

줄거리

잠시 침묵하더니 베아트리체는 하나님의 마음 속에서 단테가 의문이 있음을 알아채고, 설명을 시작한다(10행). 천사와 우주는 동시에 창조되었고(37-45행). 그것은 하나님의 순수사랑의 행위였다. 그녀는 왜? 일부의 천사들이 하나님을 거역하였으며, 다른 천사들은 하나님께 충성하였는지를 말해준다(49-57행). 천사들의 다른 성질에 대하여 지상에서 많은 혼란이 있으므로, 더 명확한 설명의 필요를 그녀는 느꼈다. 천사들이 기억력을 갖고 있다는 주장은 잘못된 것이다. 왜냐하면 그들은 모든 것을 하나님을 통해서 보기 때문이다(70-81행). 천사론의 주제에서 빗나가서, 베아트리체는 성경의 권위를 떨어뜨리는 학설과 잘못을 가르치는 설교자들을 꾸짖는다(82-96행). 그리스도는 사도들에게 복음을

[그림 29-1 Crystalline Heaven (Dante, Beatrice, God as a point of light, surrounded by angels)]

전하라했지 만담을 전하라하지 않으셨다(109-111행). 그러나 이 욕심스런 설교자들은 거짓으로 자신들의 배를 살찌웠다. 베아트리체는 다시 천사론의 주제로 돌아와서 천사의 수는 무수히 많다는 것을 말하고, 그들은 하나님의 빛은 이 많은 천사들에게 비친다. 그들은 하나님을 비치는 거울이다. 그리고 천사들은 다양하다고 설명한다(127-145행).

해설

1. 베아트리체가 한 점(하나님)을 응시할 때의 천구(天球)와 성좌(星座)의 장엄한 모습을 묘사한다. 하나님의 창조행위에 대한 무대설정을 한 뒤(1-9행), 베아트리체가 단테의 궁금증을 풀기 시작한다(10-12행).

2. 13-48행, 하나님은 피조물 속에 당신의 사랑을 나타낸다(16-18행). 시공을 초월해 계신 삼위일체의 하나님이 천사(순수형상), 제천(諸天)-질료, 그리고 형상과 질료를 합한 인간을 창조하시고, 질서를 창조하셨다(22-24행). 천사를 청화천(엠피리오)과 지구사이에 두었다. 제롬(예로니모)의 설이 잘못되었다고 지적한다(37-39행). 천사의 위치, 천체와 동시, 그리고 완전하게 지어졌다고 한다(46-48행).
3. 선한 천사는 하나님에게서 눈을 떼지 않았다(52-54행). 타락한 천사들은 교만 때문이다(55-57행). 천사는 인식하거나 기억하고, 의욕하지 않는다(70-72행). 잘못된 천사론을 비판한다(70-84행).
4. 베아트리체는 주제(천사론)에서 빗나간다. 진리를 왜곡하고 잘못 가르치며, 탐욕의 배를 채운 설교자들을 책망한다(85-96행).
5. 다시 본론으로 돌아와서 천사들의 수효는 많다는 점과 그 종류는 다양하다는 점을 덧붙인다. 천사는 하나님을 비추는 거울이다(127-145행).

교훈과 적용

창세기는 천지와 인간의 창조 그리고 사탄의 존재를 언급할 뿐이다. 단테는 14세기 신학의 천사론을 소개한다. 창조에 임하신 하나님이 어떤 분이신지 우리의 상상력을 자극한다. 천사들이 언제, 어디에, 어떻게 창조(46-48행)되었는지의 기술은 호기심을 더욱 자극한다. 21세기의 현대인들에게 천사론은 별 흥미를 끌지 못한다. 그러나 설교자들에 대한 비판과 책망은 오늘의 문제를 그대로 재현하고 있다. 인기 스타들의 설교를 냉정하게 곱씹어 보게 한다. 설교의 본질은 무엇일까? 설교자들이 하나님의 소리를 들어내는 악기의 기능을 넘어서서 그 영광을 침범하지는 않는지?

[그림 29-3 The sermon of the hypocritical priest]

제30곡 제9원동천(原動天)/
제10청화천(淸火天:Empyrean)

개요

- 직유(simile): 새벽을 묘사한 구절(1-13)

- 베아트리체의 아름다움을 찬양함(14-36)

- 제10 청화천에 올라감(37-54)

- 단테가 처음 본 비젼: 빛이 강물처럼, 두 언덕(55-69)

- 베아트리체가 지금 본 것을 설명해줌(70-81)

- 청화천에서 단테가 양국 묘사(90-114)

- 천상의 장미원 묘사(115-126)

- 베아트리체의 마지막 말(124-148)

  헨리 7세(133-138),

  클레멘스5세에 대한 예언(145-148)

[그림 30-1 Flowing River of the flashing Light]

줄거리

한 점 빛을 가운데 두고 9겹으로 돌던 천사들의 불 바퀴가 점점 사라지자 단테는 다시 베아트리체를 바라본다(1-13). 그녀의 아름다움을 묘사하기에 문장의 한계를 절감한다. 베아트리체는 단테에게 엠페리오(淸火天)에 와 있다고 말한다. 단테는 빛의 베일에 감싸여 잠시 시력을 잃어버린다. 그러나 시력은 더 강하게 회복된다. 강의 양 언덕은 꽃으로 덮여있고, 빛의 대하(大河)를 본다. 강과 꽃들 사이에 수 없이 많은 섬광들이 오간다. 베아트리체는 지금 보는 것은 참모습의 서경(序景)일 뿐이라고 단테에게 말해준다. 베아트리체는 단테에게 그의 눈을 빛의 대하(大河) 위에 고정하라고 말한다. 그 속에 눈을 목욕(沐浴)한다. 꽃 모양의 환영(幻影)은 지복자(至福者)들의 혼이고, 불꽃의 환영은 천사들이다. 긴 일직선의 빛은 호수처럼 둥글게 변한다. 복판에 있는 빛을 에워싸고 천사와 지복자들의 무리가 장미(薔薇)꽃처럼 원을 짓고 펼쳐져있다. 이 장미는 원형극장 같은 모양을 하고 있다. 베아트리체는 단테를 장미의 중심으로 인도한다. 자리는 거의 찼고 채울 자리는 조금 남았다. 베아트리체는 헨리 7세가 앉을 빈자리를 가리킨다. 이탈리아에 병을 치유하러 왔으나 때가 일러 실패한다. 교황 클레멘트 5세 때문이다. 그는 전임자 보니파시우스가 성직매매의 죄로 거꾸로 처박힌 구멍에 그를 더 밑으로 내려 보내고 자신도 그렇게 될 것이라고 예언한다(지옥편19:76-78).

해설

1. 1-13행, 천구(天球)의 새벽을 묘사함(1-6행). 천사들이 싸도는 점(하나님)이 천사들을 도리어 감싼다. 하나님은 중심점(中心點)이면서 테두리이다(7-13)

2. 14-36행, 베아트리체의 아름다움이 절정에 달하여 어느 재간으로도 묘사할 수 없다.

3. 37-81행, 빛만이 있는 청화천에 와있다. 루시퍼와 싸운 선천사와 지복(至福)의 혼들을 여기서 본다(43-45행). 빛의 면사포로 감싸여 시력(視力)을 잃으나 곧 회복된다. 그리고 시력은 더욱 강화된다. 강물처럼 흐르는 빛의 흐름을 본다(61-63행). 불꽃이 튀어 나온다(천사). 꽃들(지복자) 속으로 떨어진다(65행). 단테의 깊은 욕망을 칭찬한다(70-72행).

4. 82-126행, 빛의 강물을 마신다. 시력은 더욱 밝아진다. 천사와 지복자의 두 궁궐(宮闕)을 본다. 본 것들을 그대로 표현 할 수 있는 힘을 구한다(99행). 빛들은 장미(薔薇)의 화원(花園)으로 변한다(115행).

5. 127-148행,

[그림 30-2 Seat of Henry VII in the heavenly rose]

장미(薔薇)의 화원(花園) 가운데로 단테를 인도 한다.

장미의 도성(都城)의 주위가 얼마인지를 보라고 한다. 이 우람한 자리의 잔치를 맛보기 전에 하인리히(Heinrich) 7세가 앉을 자리를 보여준다. 동시에 이탈리아의 구원을 망친 클레멘트 5세의 비운을 예언한다.

교훈과 적용

제9 원동천에서 베아트리체와 단테는 제10 청화천에 올라왔다. 천국순례에서 단테는 베아트리체의 아름다움을 찬양했다. 오를수록 그의 시력은 밝아진다. 신앙과 경건이 더 할수록 우리들의 영안은 더 밝아진다. 하나님의 지혜, 계시를 상징하는 베아트리체의 아름다움은 청화천에서 절정에 달한다. 단테의 눈이 밝아지자마자(89행), 하늘의 두 궁전을 보고(96행), 왕국의 장미원을 묘사하고 있다. 마음이 청결한 자가 하나님을 본다(마태복음 5:8). 피조물의 평화는 오직 창조주를 바라보는 것이다. 그것이 관상기도이다.

제31곡 제10청화천(淸火天:Empyrean)(2)
베아트리체(Beatrice)와 베르나르도(St.Bernard)

개요

- 천국의 모습을 바라본 단테(1-54)
  - 새하얀 장미(1-3)
  - 천사들(4-24)
  - 천국묘사(25-54)
- 베르나르도의 안내로 베아트리체를 봄(55-78)
  - 한 노인의 안내(55-63)
  - 단테 베아트리체를 다시 봄(64-78)
- 단테가 베아트리체에게 감사의 찬미를 드림(79-93)
- 베르나르도가 순례자에게 성모님께 눈을 돌리라고 말함(94-142행)
  - 거룩한 노인의 말씀(94-102)
  - 나도 그렇게 생각 했노라(103-111)
  - 단테 성모님을 바라보니라(112-142)

[그림 31-1 "이 왕국이 딸려있고 충성을 드리는 저 여왕께서 좌정해 계심을 볼 수 있게끔 눈을 들어라" (제31곡 116~117행)]

줄거리

이곳은 하나님, 천사들 그리고 지복의 성도들이 살고 있는 청화천(淸火天)이다. 단테는 새하얀 장미모양의 지복자들과 하나님 사이를 계속 오르내리며 하나님의 사랑을 실어 나르는 벌 같은 천사들을 보고 있다. 그들의 수가 많음에도 불구하고 결코 하나님의 빛을 단테로부터 차단하지는 않았다. 단테는 천사의 경이로움을 북극에서온 야만인들이 처음으로 로마의 위용을 보고 놀라는데 비교하였으며, 천국의 기쁨을 마지막 지점에 도착한 순례자의 그것에 비교하였다. 이곳의 경치를 살펴본 후 베아트리체에게 물어보고자 뒤를 돌아보았을 때, 그 자리에 한 노인이 있는 것을 발견한다. 노인은 베아트리체의 부탁을 받고 "그대를 돕고자 왔노라"라고 말한다. 노인이 베아트리체는 새하얀 장미 최상층(最上層)에서 세 번째 계단에 있다고 말해준다. 단테는 그녀를 쳐다보며 지금까지 자기를 위해 순례(巡禮)의 길을 안내해 줌에 대하여 감사를 표시한다. 베아트리체는 단테에게 미소(微笑)를 던지며 곧 하나님께로 시선(視線)을 돌린다. 노인이 자기는 베르나르드(Bernard)이며 단테에게 앞으로의 여행(旅行)에 깊이 의지해야 할 성모님께 시선을 집중하라고 타이른다.

해설

1. 1-54행: 1-24행 흰 장미(white rose,1-3행): 장미는 중세 유럽의 문학에서 사랑의 상징이었으나, 단테의 '흰 장미'는 신의 사랑을 나타내었고, 원형극장 모양이었다. 장미는 또한 열정과 연결되었고, 성모 마리아와 연결되었다. 알버트 마그누스(Albertus Magnus)는 "그리스도가 장미이고, 그의 교회가 장미이며, 그의 성도가 장미"라고 말했다. '성스런 무리(2)'는 승리교회의 성도들이고, '또 다른 무리(4)'는 천사들이다. 천사들은 벌떼처럼 꽃잎과 벌통을 왕래했으며, 얼굴은 불꽃이었고, 옷은 하얀색이었다. 천사들은 평화와 영광을 이 자리 저 자리에 전해주었다. 천사들은 하나님이 계시는 보좌와 꽃 사이에 끼어들어도 빛을 가로막지 않았다(7-24).25-27행 단테는 즐거운 나라의 모습을 본 소감을 말한다. 거기엔 신구약 시대의 구속받은 백성들이 하나님께만 직관과 사랑을 모으고 있었다. 한 별이신 삼위의 하나님께 끊임없이 풍랑에 흔들리는 지상의 세계를 살펴달라고 기도한다.

28-30행 헬리케는 대웅성, 자식은 소웅성을 가리킨다. 북극에 가까운 성좌 밑에 살던 야만인들이 자신들이 살던 고장에서 로마로 와서 놀랐던 것처럼,

단테는 세상에서 천상계로, 시간에서 영원으로, 의롭지 못한 피렌체에서 건강한 백성에게로 와서 우두커니 서있다고 말했다.

31-42행 중세의 성지순례자가 목적지에 와서 좋아하며 말하고 싶어 하는 것처럼, 그 속을 살피고 있었다.

43-54행 단테는 하나님의 빛과 그 백성들의 얼굴 그리고 거동들을 보았다. 천국의 모습을 대충 보았으되 한 곳에 머물지는 못했다.

2. 55-78행: 단테는 장미천국을 바라보다가 문득 정신이 들어 베아트리체에게 묻고 싶어서 몸을 돌이켰다. 전혀 다른 상황에 직면했다. 베아트리체를 보는 줄만 알았던 단테는 한 노인(베르나르드, Bernard, AD 1091-1153)을 보고 물었다. 노인은 베아트리체가 너의 소원을 풀어주려고 나를 여기 보냈다고 말하면서, '너 맨 위층에서 셋째계단을 보면 베아트리체를 보리라'고 말해 주었다. 천둥소리 나는 하늘에서 바닷속으로 사람의 눈이 파고들어도, 베아트리체와 단테의 눈 사이만은 못했다. 멀리 떨어져 있어도 베아트리체와 단테사이는 지척에 있는 것 같았다.

3. 79-93행: 순례자 단테가 베아트리체에게 바친 마지막 감사기도이다. 여기서 단테는 그동안 불러온 공식적 '당신'(보이:voi)를 쓰지않고 친근한 '당신'을 뜻하는 (투:tu)를 사용했다. 이 호칭의 변화는 놀라운 것이다. 이것은 베아트리체의 신분과 역할의 변화를 나타내는 것이다. 그녀의 역할이 더 이상 순례자 단테의 안내자가 아니라는 뜻이다. 그는 여기서 다시 한 번 지상에서 그가 사랑했던 숙녀의 축복받은 영혼으로 본 것이다. 단테는 79-93행에서 당신(Tu)이란 호칭을 8회나 사용했다. '지옥에 당신의 발자국(지옥편2:52-108참조)'. 종살이에서 자유로 끌어내셨으니(86-90행)-신곡 전체의 목적이 죄로 부터의 해방이다. '그이 웃으며 나를 굽어보고'(91-

93)-베아트리체의 웃음은 전 순례를 통하여 단테를 견고하게 해주었다. 이 미소는 최후의 확신을 순례자에게 주었다.

4. 94-142행: 94-102행은 베르나르도의 단테에게 한 말씀이다. 베르나르도는 단테의 천국 여정을 마치도록 보냄을 받았다고 말했다. 순례자의 오름의 절정은 33곡에서 이루어질 것이다. 여기서는 이 꽃밭(장미)을 단테의 눈(eye)과 더불어 날거라고 했다(97-99). 베르나르도는 성모 마리아를 소개하며, 자신은 그의 충성된 종이라고 한다(100-102). 먼지방(크로아티아)에서 그리스도의 진영(眞影, 베로니카)을 보러 온 순례자가 그것을 보고 마음에 차지않아 "당신의 얼굴이 이러하였나이까?"라고 했던 것처럼 나(순례자)도 관상가 베르나르도를 보면서 이렇게 생각했노라 (103-109,just so did I).

[그림 31-2 Virgin Mary enthroned]

다음은 베르나르도의충고이다. 하계의 밑바닥으로 시선을 향하는 한 하늘 삶의 즐거움은 알 수 없고, 이 왕국을 다스리는 여왕 성모님을 볼 수 있도록 눈을 들라고 했다(112-120). 순례자는 눈을 들어 흰 장미의 맨 위쪽(122)을 보았다. 태양이 오르는 곳(125)엔 빛이 더욱 타오르고, 흰 장미 가운데 성모 마리아가 자리 잡은 중심도 한 가운데가 눈이 부시었다(127). 천도 더 되는 천사들이 한복판에 있는 것을 본다. 한 아름다우심(성모 마리아)이 저들을 보았는데 그는 모든 성자들의 기쁨이더라.

베르나르도는 지극한 애정으로 성모께 눈을 향하며, 내 눈을(순례자의 눈) 더욱 더 뜨겁게 해주었다(118-142행).

교훈과 적용

항상 함께 있던 베아트리체 자리에 거룩한 노인(관상의 상징)베르나르도가 자리하고 있다. 베아트리체의 역할(79-90행)을 기술한 대목에 깊은 감동을 받는다. 79행의 당신(베아트리체)은 형식상의 존칭 '당신(Voi)'이 아니고, 애칭의 '당신(Tu)'이라고 한다. 지상에서 그토록 그립게 불렀던 '당신(Tu)'이다. 위를 보니 그녀는 미소를 남기고 하나님께로 시선을 돌린다. 노인 베르나르도는 관상(觀想)을 상징한다. 단테는 베르나르도를 따라서 관상을 한다. 우리도 지금 여기서 날마다 관상기도를 통하여 하나님을 볼 수 있다. 매일 실천하면 이를 어느 정도 체험할 수 있다. 베르나르도는 마리아를 주목하라고 한다. 성모공경이 개신교인들에게는 생소하다. 단테에게서 마리아 공경의 신앙을 엿본다.

제32곡 제10청화천(淸火天:Empyrean)(3) 지복자들의 배치도

개요

- 베르나르도가 중심 맨위층에서 아래로 히브리여인들의 흰 장미좌석의 배치를 말함(1-18)
- 장미의 중심의 우편(구약성도), 좌편(신약성도), 중심의 아래 (세례요한부터 어거스틴)(19-39)
- 유아 세례자(왼편아래)(40-48), 여기 와 있는 이유를 단테에게 설명해줌(49-87)
- 천사들이 성모 위에 내림(88-99), 안내자가 단테에게 가브리엘을 보라함(100-114) 베르나르드가 단테에게 다른 혼들을 소개(115-138)한 뒤, 하나님을 주목하라 함 (139-151)

[그림 32-1 청화천의 지복자들]

줄거리

제 10 청화천에는 하나님, 천사들 그리고 성도들이 살고 있다. 성모마리아를 눈여겨보면서 베르나르도는 단테에게 원형경기장 모형의 장미(The Rose: 薔薇)속에 지복의 혼들이 어떻게 배열되어 있는지를 설명한다. 마리아가 맨 윗자리에, 그 아래 하와(Eve), 셋째 둘레에 라헬(Rachel)과 베아트리체가 앉아있고, 그 아래 사라(Sarah), 리브가(Rebecca), 유딧(Judith) 그리고 다윗의 증조모 룻(Ruth)이 자리하고 있다. 혼들의 선은 〈장미〉를 수직으로 양분하여 왼편에는 오실 그리스도를 바라보던 영혼들이, 오른편에는 주후의 영혼들이 있다. 마리아는 최고위 석에 있는 히브리 여인들(오실 그리스도)을 포함한 선의 절반을 다스린다. 세례요한(John the Baptist)이 그리스도 강림 후 구성된 절반의 혼들을 다스린다. 여기에는 프란체스코(Francis), 베네딕투스 (Benedict), 어거스틴(Augustine)등이 보인다(34-36행).

그리고 두 구획(區劃)을 한복판에서 가로로 갈라놓은 층(41행)아래에는 어린이의 혼들이 있다. 단테의 의혹(疑惑)을 알아챈 베르나르는 어린이들이 층층이 달리 배치(配置)한 것을 설명해 준다. 여기서 하나님의 예정(豫定)과 은총에 대하여 언급한다. 베르나르가 그리스도를 관상(觀想)할 충분한 힘을 얻기 위하여 성모께 시선을 집중하라고 한다(85-87행). 단테에게 말할 때, 천사 가브리엘이 뻗힌 날개로 오는 것을 본다. 모든 천사들이 노래로 화답한다 (97-99행). 그런 다음에 베르나르는 다른 거물(巨物)들의 자리를 가리킨다. 아담(Adam)과 모세(Moses), 베드로(Peter)와 사도요한(John), 마리아의 모친 안나(Anne)와 단테를 도와달라고 베아트리체를 부른 루치아(Lucy) 등이 보인다. 순례의 길이 얼마남지 않음을 안 베르나르는 단테에게 하나님께 시선을 집중하라고 말한다(142-144행). 여행의 막바지에 필요한 은혜를 공급해 주시도록 베르나르가 기도를 시작한다.

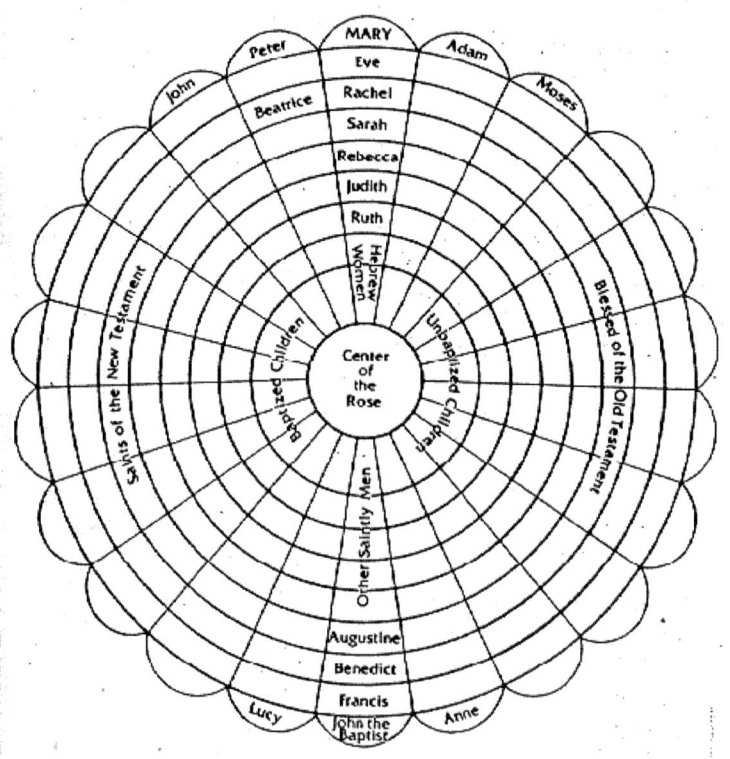

[그림 32-2 청화천 지복자들의 장미꽃 자리배치도]

해설

1. 1-18행. 베르나르가 장미(薔薇:성도들)의 구도(構圖)를 설명한다. 맨

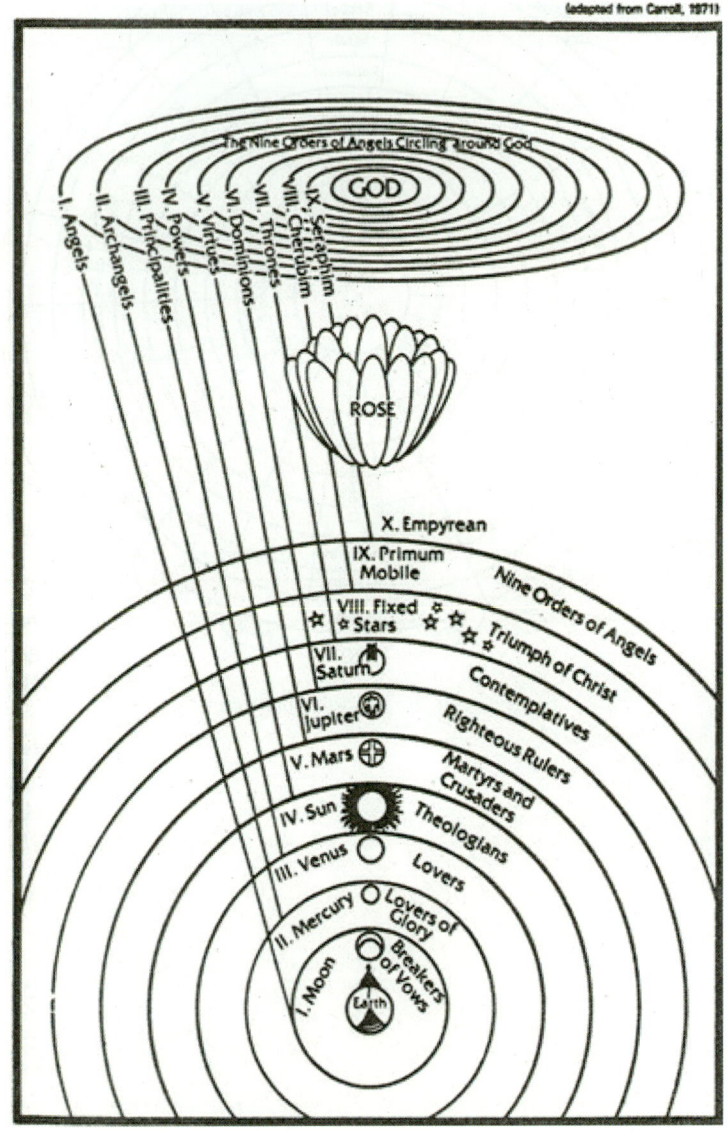

[그림 32-3 천상의 장미]

위층서부터 7째 층까지, (마리아-룻)히브리 여인들이 수직으로 양편을 나눈다.

2. 19-39행, 왼편에 장차 오실 그리스도를 믿는 이들(구약), 오른편에 이미 오신 그리스도를 믿는 이들(신약). 마리아와 그 아래, 맞은편에는 세례요한과 그이 밑에 위대한 혼들(34-36행)이 있다.

3. 40-87행, 한 가운데(장미)를 가로로 갈라놓은 층의 오른 쪽에는 세례(洗禮) 받은 어린이(신약)의 혼, 왼쪽에는 세례 받지 않은 어린이(구약)의 혼들이 있다(40-48행). 베르나르가 단테의 의혹, 즉 여기 혼들의 차이가 있는 이유를 설명한다. 그것은 하나님의 예정(豫定)에 의해서이다(49-75행). 부모들의 신앙(信仰)에 의해서(아담 - 아브라함이전), 아브라함으로부터 그리스도 이전까지 할례, 그리스도 이후로는 세례(洗禮)에 의해서 이 자리가 결정(決定)되었음을 알려준다(76-87행).

4. 88-138행, 천사 가브리엘이 마리아를 찬양하니 이에 화답(和答)한다. 가브리엘에 대한 설명 이 있은 후, 장미꽃 속에 있는 다른 지복자(至福 者)들을 소개한다. 마리아 좌우에는 아담과 베드로, 그 옆에 요한(사도)과 모세, 그리고 베드로의 맞은 편 쪽으로 세례요한 좌우에 안나와 루치아가 보인다.

5. 139-151행, 천국여행(天國旅行)의 마무리 할 시간이 다가오자 베르나르는 마리아께 주목하여 은총을 받고, 하나님의 빛살을 꿰뚫으라고 부탁한다. 이어 단테를 위해 베르나르도가 기도를 시작한다.

교훈과 적용

천상의 장미(薔薇) 구도 속에 신구약의 성도들, 천사들 그리고 하나님이 계신다. 신구약 성도들의 대칭, 지상에서의 공덕에 따라 그들의 자리의 상하가 결정되어있다. 성도(신구약)들이 천상의 거대한 장미를 장식하고 있다. 지상의 자리(위치)는 성공에 의하여 좌우되나 천상의 자리는 신앙과 헌신, 그리고 하나님의 의지에 따라 결정이 된다. 천상에서 우리의 자리(좌석)는 어디 쯤 있을까? 순간 순간의 성실한 삶이 그 자리를 결정할 것이다.

[그림 32-4 Virgin and child in the Celestial Rose]

제33곡 제10청화천(淸火天:Empyrean)(4)
베르나르의 기도/하나님을 만나뵘

개요

- 베르나르가 성모의 위대를 찬양함(1-21)
- 베르나르가 성모께 단테를 위한 기도(22-39)
- 기도의 응답으로 단테는 하나님을 직관하게 됨(40-66)
- 단테가 본 것을 다음 세대에 전할 수 있게 해달라고 기도함(67-108)
- 단테가 본 삼위일체 하나님의 신비를 묘사함(109-145)

줄거리

제10 청화천(淸火天:Empyrean). 여기에는 하나님, 천사들 그리고 수복자(受福者)들이 살고 있다. 성베르나르는 단테로 하여금 하나님의 본성을 관상(觀想)할 수 있도록 마리아의 도움을 기원한다. 베르나르는 먼저 성모를 찬양(10-12행)하고, 그 다음 단테의 필요를 하나님께 부탁한다(25-30행). 마리아는 베르나르의 기도를 수락한다. 중보기도의 효험이 나타난다. 단테는 하나님의 본성을 관상한다(52-54행). 단테의 시력은 언어와 기억을 초월할 정도가 되었다. 이제 그는 하나님께 직접 간구하여 지금까지 본 것을 후대에 남겨 줄 수 있게 해 달라고 기도한다(70-72행). 조각조각 우주에 흩어져있는 것들이 한권의 책에 엮어져 있는 것을 단테는 보았다(85-87행). 그 다음 그는 하나님의 본체의 현의(玄義)와 그리스도의 신비를 본다(115-118, 127-129행). 단테는

'독립체'속에서 삼색일용적(三色一容積)의 세 개의 환(環- 성부, 성자, 성령)을 본다. 첫째가 둘째에게 반사되고, 둘(성부,성자)에게서 똑같이 내불어지는 불꽃(a flame,성령) 같은 것이 보여 진다(118-120행). 그 다음 단테는 반사된 빛의 둘째 환(環)에 그의 눈을 고정한다. 그것이 사람의 형상으로 오신 그리스도임을 알게 된다(130-132). 그러나 그리스도의 인성이 신성에 어떻게 합일하는지를 알 수없다. 여기에 이르러 그의 표현의 힘은 한계에 이른다. 마침내 은총의 작용은 끝나고 직관도 막을 내린다.

[그림 33-1 삼위일체의 하나님]

해설

1. 1-21행, 베르나르가 단테를 위한 중보의 기도에 앞서 먼저 마리아의 위대를 찬양한다. '동정 어머니 와 아들의 따님'이란 표현은 지극한 모순이다. 그러나 성모는 여성 최고의 이상인 처녀성과 모성을 고스란히 한 몸에 지니셨다. 그리고 당신 아들 그리스도가 하나님이시므로 이 뜻으로 아들의 따님이시기도 하다. 그리스도의 어머니가 되실 것을 하나님이 결정하셨다(1-3행). 9행의 '이 꽃'은 지복자들로 구성된 장미꽃이다.

2. 22-39행, 베르나르가 마리아께 단테의 시력이 강화되어 하나님의 빛을 꿰뚫어 보도록(penetrate) 하나님께 기도한다. '우주의 맨 아래 늪'(22행)은 지옥이고, '이 사람'은 단테이다(22-23행). '마지막 구원'은 하나님이시다(26행). '구름(32행)'은 인간의 모든 지상적 장애물이다. '이러한 것을 본 다음의 저의 애정(36행)'은 바울이 계시를 받고 교만하지 않게 해달라는 기도(고린도후서 12:7)를 연상케 한다.

3. 40-66행, 베르나르의 기도는 마리아를 통해 하나님께 상달되었고 그 효험은 즉각 나타났다. '사랑과 공경을 받는 눈(40행)'은 성모의 눈이다. 피조물(44행)은 성모 마리아이다. 일체 소망의 막바지(46행)는 하나님이시다. 단테는 하나님의 빛을 꿰뚫어 볼 수 있게 되었고(52-54행), 그의 직관은 언어와 기억을 초월해 버린 상태가 된다(55-57행). '시빌라'의 넋두리(65행)는 무녀들의 총칭이고, 그 중 하나인 쿠마이의 시빌라는 신탁을 나뭇잎에 적어서 바람에 흩날렸다.

4. 67-108행, 이제 단테가 하나님께 직접 기도한다. 단테가 본 것(神曲)을 다음

세대(世代)에 직접 전할 수 있게 해 주옵소서. 우주에 흩어져있는 모든 경관(景觀)을 한눈으로 본다. '곧 어리둥절하리라 믿는다(78행)'는 내 눈이 멀어 버린다(lost my sense)는 뜻이다. 85-87행 이하는 시인이 형이상학적 진리를 직관하고, 차츰 삼위일체의 신학적 진리에 도달하는 부분이다. '아르고'(94행)는 황금 양털가죽을 찾아 원정을 떠났던 배의 이름이다. '포세이돈을 놀라게 한 저 계략'(95행)은 바다의 신 포세이돈으로 하여금 처음으로 배의 그림자를 보게해 깜짝 놀라게 한 계책이다. 25세기(95행)는 이아손이 이 계획을 세운 것이 기원전 1223년이고, 단테의 집필 당시가 1300년이니2500년의 세월이 지났다고 표현한 것이다. 106-108행은 천국의 지복에 대한 희미한 기억을 갖고 표현한다는 것은 젖먹이가 젖통에다 제 혀를 갖다 댄 그것보다도 훨씬 모자란다는 뜻이다.

5. 109-145행

'신성의 본체 속에서 '부피는 하나인 세 개의 둘레'를 본다(115-117행)'는 표현은 삼위일체 하나님을 묘사한 것이다. 118-120행에서 이리스(Iris)는 무지개이다. 성부 하나님은 반사하시고, 성자는 반사되신다. '셋째"는 성령을 가리킨다.

'스스로 당신 안에 있어(124행)'는 하나님은 본질적 독립체이심을 재차 강조하신 것이다. '당신 안에 인지되고(125행)'는 성자를 가리키며, 하나님의 로고스(말씀)이시다. '사랑하고 웃으시는(126행)'은 성부와 성자가 서로알고 사랑하시는 성령을 표현하신 것이다. '영원한 빛'은 삼위일체(Trinity) 하나님이시다. '우리들 모습을 찍어 내는 듯(130-131행)'은 신과 인간이 하나 된 모습의 그리스도이시다. '나의 얼이 한 빛으로 후려침을 받아야(140행)'는 그리스도의 신비를 인간이 깨칠 수 없으므로 하나님의 비추심이 필요하다는 뜻이다. '143-144행'은 지금 단테는 완전한 조화 속에 균형을 잡고 있다는 뜻이다.

[그림 33-2 Dante and Bernard, Mary and the Trinity]

교훈 및 적용

신곡 각 편의 끝에서 순례자 단테의 눈은 별들(stelle)에 고정하여 있다(지옥 34곡 139행, 연옥 33곡 144행, 천국 33곡 145행). 우리 모두의 눈은 하나님의 별들을 주목하여야 한다. 왜냐하면 거기에 행복이 있기 때문이다. 빌립이 예수님께 하나님을 보여 달라고 했을 때 '나를 본 자는 하나님을 보았다(요한복음)'고 말씀하셨다. 천국 33곡에서 단테의 피안(彼岸) 여행은 막을 내렸다. 여행의 목적이 하나님을 뵈옵는 것이다. 나는 삼위일체 하나님을 이렇게 시적으로 표현한 것은 단테의 영감이라고 믿는다. 지금까지 배워온 삼위일체론 중 가장 가슴에 와 닿았다(115-121행). 인생의 절정은 하나님을 뵙는 것이다. 하나님은 상이 아니고 빛으로 묘사된 점이 인상에 깊이 남는다.

도움받은 글

구스타프 도레 그림. 최승 옮김, <단테의 연옥 여행기(최초소설)>. 동문사. 2005.
단테 지음. 김운찬 옮김. <단테 신곡>. 열린책들. 2007.
단테 지음. 박상진 옮김. <신곡(천국편)>. 민음사. 2007.
단테 지음. 최민순 옮김. <단테 신곡(하)>. 가톨릭출판사. 2013.
단테 지음. 최민순 옮김. <단테 신곡(하)>. 을유문화사. 1988.
단테 지음, 한형곤 옮김. <신곡>. 서해문집. 2005.
차기태 지음. <단테의 신곡 - 에피소드와 함께 읽기>. 필맥. 2015.
한스 큉지음. 정지련 옮김. <교회>. 한들출판사. 2007.2
Dorothy Sayers. *The Divine ComedyIII-Paradise*. Penguine Classics. 1975
E. Gibbon. 中野好之譯. ローマ帝國衰亡史(第6卷). ちくま學藝文庫. 1996. p2~4
John Ciardi. *The Divine Comedy*. Penguine Books Canada. 1970
Longfellow Trans. Paradiso. Internet Address. cafe.daum.net.danteclub
Mark.Musa Trans. *The Divine Comedy(Paradise)*. Penguine Classics. 1984
R.Hollanders and Jean Hollander 옮김 . *Paradiso*. Anchor Books
Singleton. *Paradiso*. Princeton university press. 1975
原 基晶譯(天國篇). 講談社. 2014
塩野七生(시오노 나나미). ローマ人物語(第1卷). 新潮文庫. 2002
山川丙三郎 譯. 神曲(下),天堂. 岩波文庫. 1990
村川堅太郎. 世界 歷史(第2卷). 中公文庫. 1990.
矢內原忠雄(日語), 土曜學校講義(6), 煉獄編, Misuzu書房, 1969
野上素一. Dante神曲物語. 社會思想社. 昭和43年
韓亨坤 옮김. 神曲. 서해문집. 2005